가람 이병기 전집 6

일기 I

가람 이병기 전집

❻

일기 I

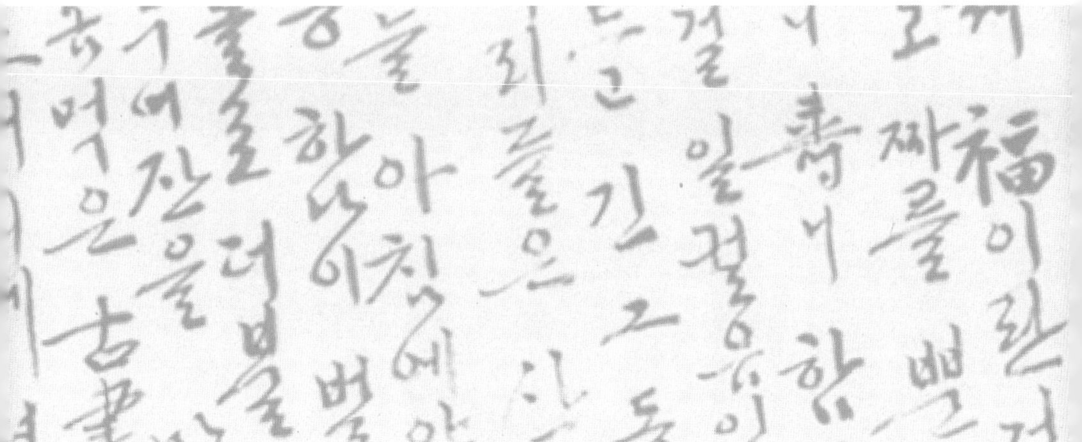

전북대학교
출판문화원

△ 젊은 시절의 가람 이병기(연도 미상)

△ 한성사범학교 재학 시절 가람(앞줄 오른쪽 끝, 1911-1913)

△ 이병기 선생 석별기념사진(전주제이공립보통학교 4학년 1917.7.8.)

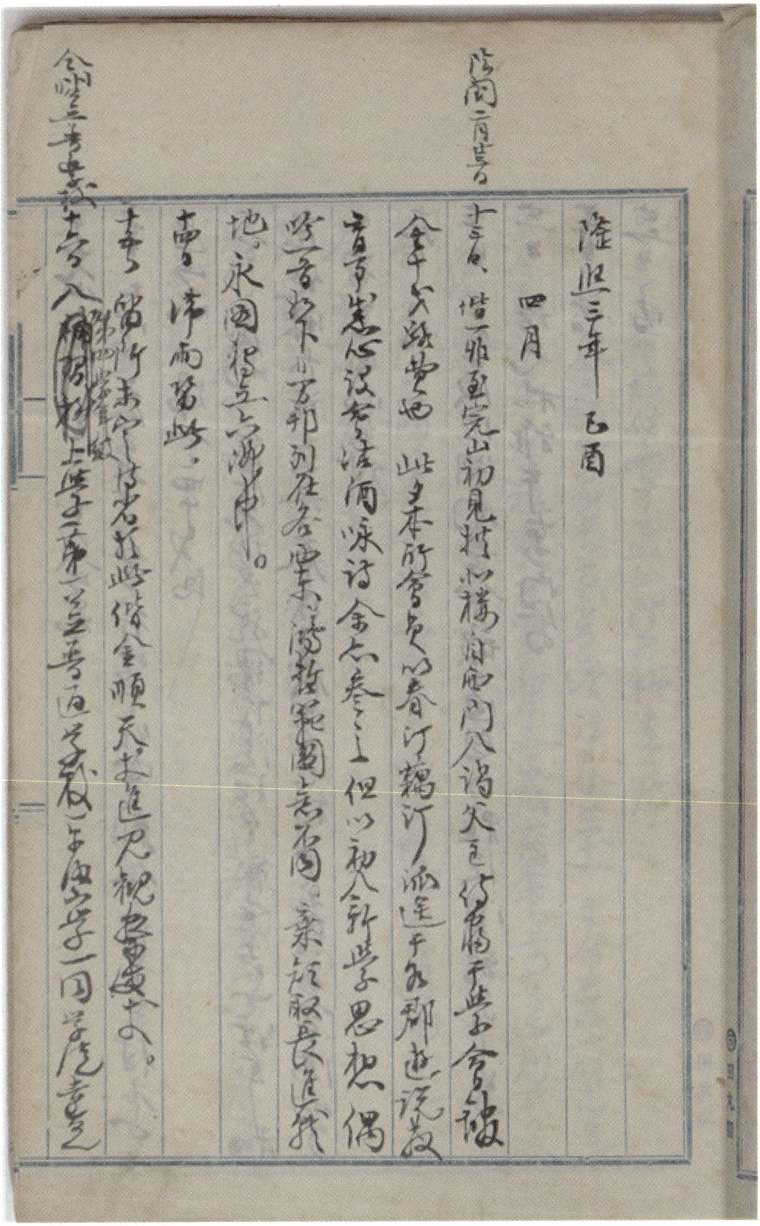

隆熙三年 己酉

四月

△『가람일기』 원문 첫 권 첫 페이지(1909년 4월 13일)

일러두기

1. 『가람일기』(신구문화사, 1976)는 원래의 일기를 선별하여 펴냈으나, 이번 전집에는 현재 남아있는 1909년부터 1966년까지의 가람 일기(한문일기 3권, 한글일기 48권) 육필 노트 원고 전체를 유족의 협조로 확보하여 본 전집에 전문을 모두 수록하였다.
2. 가람의 일기 중 유실된 15권과 50권은 『가람문선』(신구문화사, 1966)과 『가람일기』(신구문화사, 1976)에 실려 있는 부분을 수록하였다.
3. 행초서로 쓴 한문일기는 탈초한 원문과 아울러 한글 번역문도 수록하였다.

※한문일기 1, 2, 3권의 탈초는 유화수 교수(호원대학교)와 황재문 교수(서울대학교 규장각한국학연구원)가, 번역은 황재문 교수가 맡아 수고하였음을 밝힌다.

4. 원문 일기의 표기법을 존중하여 수록하되, 띄어쓰기는 가독성을 고려하여 현재의 한글맞춤법과 표준어규정에 따르는 것을 원칙으로 하였다.
5. 국한혼용 일기의 한자어는 가독성을 위하여 '한글漢字' 형태로 표기하였다.(1923. 9. 12. ~ 1926. 6. 10. 한글일기의 한자어는 원문에 한글과 한자가 병기된 것이며, 이후 일기는 한자어로만 쓰인 국한혼용임.)
6. 날짜는 한문으로 쓰여 있으나 한글과 아라비아 숫자로 전부 표기하였다.
7. 원문에 없는 문장부호는 현대 어법에 맞게 붙였다.
8. 조사 '은'과 '는', '을'과 '를'이 뒤바뀌어 쓰인 경우가 많은데, 이 또한 가람의 글쓰기 습관을 나타내주는 징표라고 생각하여 그대로 표기하였다.
9. 가람일기의 권별 자료는 다음 표에 정리하였다.(원본 일기는 한문일기 1~3, 이후 일기 1~48로 표시되어 있으나 본 전집 권번호는 1~51의 일련번호로 표시함.)

가람일기 원본 정리표

구분		권	기간	치수	면수(면)	비고
한문일기		1	1909. 4. 13. ~ 1912. 12. 31.	16×23.5cm	228	
		2	1913. 1. 1. ~ 1915. 3. 24.	16×23.5cm	184	
		3	1915. 3. 25. ~ 1917. 3. 31.	17×24.5cm	134	
한글일기	순한글	4	1919. 4. 14. ~ 1919. 8. 31.	12.5×19cm	126	
		5	1919. 9. 1. ~ 1919. 9. 25.	16×21cm	110	
		6	1919. 9. 27. ~ 1919. 10. 19.	16×20cm	76	
		7	1919. 10. 20. ~ 1919. 12. 6.	14×20cm	70	
		8	1919. 12. 7. ~ 1920. 5. 16.	14×20cm	76	
		9	1920. 5. 17. ~ 1920. 6. 14.	14×20cm	52	
		10	1920. 6. 15. ~ 1920. 7. 19.	14×20cm	58	
		11	1920. 7. 20. ~ 1920. 9. 12.	14×20cm	58	
		12	1920. 9. 13. ~ 1920. 11. 30.	14×20cm	52	
		13	1920. 12. 1. ~ 1921. 2. 9.	13.5×19cm	60	
		14	1921. 2. 10. ~ 1921. 5. 14.	14×20cm	62	
		15	결권(1921. 5. 15. ~ 1921. 12. 31.)			
		16	1922. 1. 1. ~ 1922. 7. 31.	15×20cm	72	
		17	1922. 8. 1. ~ 1922. 12. 31.	16×20cm	86	
		18	1923. 1. 1. ~ 1923. 7. 15.	14.5×20cm	80	
		19	1923. 7. 16. ~ 1923. 9. 11.	15×20cm	98	

한글일기	순한글	20	1923. 9. 12. ~ 1923. 10. 31.	14×19.5cm	90	
		21	1923. 11. 1. ~ 1924. 3. 25.	14×20cm	134	
		22	1924. 3. 26. ~ 1924. 6. 5.	14.5×20cm	78	
		23	1924. 6. 6. ~ 1924. 8. 17.	14×20cm	62	
		24	1924. 8. 18. ~ 1925. 10. 7.	14×20cm	124	
	국한혼용	25	1925. 10. 8. ~ 1926. 6. 30. (1926. 5. 1.부터 국한 혼용)	14×20cm	78	
		26	1926. 7. 1. ~ 1927. 7. 26.	14.5×20cm	106	
		27	1927. 7. 27. ~ 1928. 8. 13.	14.5×20cm	146	
		28	1928. 8. 14. ~ 1929. 7. 19.	14×20cm	82	
		29	1929. 7. 20. ~ 1930. 9. 21.	14×20cm	90	
		30	1930. 9. 22. ~ 1931. 7. 23.	14×20cm	68	
		31	1931. 7. 24. ~ 1931. 8. 27.	13.5×20cm	68	
		32	1931. 8. 28. ~ 1932. 4. 22.	14×20cm	98	
		33	1932. 4. 23. ~ 1933. 1. 22.	14×20cm	122	
		34	1933. 1. 23. ~ 1934. 7. 3.	14×20cm	130	
		35	1934. 7. 4. ~ 1935. 5. 16.	14×20cm	66	
		36	1935. 5. 17. ~ 1937. 2. 3.	14×20cm	130	
		37	1937. 2. 4. ~ 1938. 8. 31.	14×19.5cm	134	
		38	1938. 9. 1. ~ 1939. 12. 31.	14×19.5cm	114	
		39	1940. 1. 1. ~ 1941. 4. 19.	14×19cm	114	
		40	1941. 4. 20. ~ 1942. 4. 30.	14×19cm	94	
		41	1942. 5. 1. ~ 1942. 10. 22.	14×19cm	54	
		42	1943. 9. 19. ~ 1944. 4. 30.	14×19cm	74	
		43	1944. 5. 1. ~ 1946. 8. 31.	12.5×19.5cm	226	
		44	1946. 9. 1. ~ 1948. 3. 25.	15×21.5cm	96	
		45	1948. 3. 26. ~ 1949. 10. 8.	15×21cm	96	
		46	1949. 10. 9. ~ 1950. 10. 5.	14×20cm	95	
		47	1950. 10. 6. ~ 1951. 12. 21.	14×20cm	92	
		48	1951. 12. 22. ~ 1954. 8. 27.	15×21cm	158	
		49	1954. 8. 28. ~ 1957. 10. 5.	15×21.5cm	184	
		50	결권(1958. 2. 7. ~ 1964. 9. 30.)			
		51	1964. 10. 1. ~ 1966. 6. 20.	18.2×25.7cm	187	
			합계		5,072	

차례

한문일기

제1권

1909. 4. 13. ~ 1912. 12. 31.

탈초 : 유화수(호원대학교 교수)
번역 : 황재문(서울대학교 규장각 한국학연구원 교수)

[원문]

日誌一

自己酉春至壬子冬

(1909. 4. 13. ~ 1912. 12. 31.)

1909년(단기 4242년)

日記

自隆熙 三年 春*

* 내지에 있는 기록이다. "융희 3년 봄부터(自隆熙三年春)"는 우측의 상단에 기록되어 있다.

隆熙 三年 己酉

四月

十三日. [陰閏二月卄三日] 偕一𠃵至完山. 初見拱北樓. 自西門入謁父主, 侍寢于學會舘. 金十錢, 路費也. 此夕, 本所會員, 以春汀·藕汀派送于各郡, 遊說教育事悉心. 設會沽酒咏詩, 余亦參之. 但以初入新學思想, 偶吟一首如下. "万邦列在各西東, 鴻哲範圍意不同. 棄短取長進就地, 永圖獨立六洲中."

十四日. 滯雨留此.

十五日. 留所未定. 侍省於此. 偕金順天丈, 進見觀察使丈.

十六日. [全州公立普學校] 入第四學年級, 上學(第一公立普通學校). 午後, 下學, 一同學徒, 遠足于完山之上. 金二十錢, 入學費.

十七日. 土曜. 午時下學. 家君行次于任實郡, 命留于東村李連山家. 下賜金, 四十錢也.

十八日. 午後, 雨. 早出. 往見柳君龍錫於隱松里鄭進士家. 經年相逢, 促膝長話. 更參養成學校測量科卒業式宴會. 滯雨了日. 帶黃昏, 歸東村.

十九日. 晴.

二十日. 下學後, 往湖南學會舘. 適因白雅便, 聞親候之安.

廿一日. 訪見朴雅于東門外.

廿二日. 晴.

廿三日. 晴.

廿四日. 往會舘. 付函于益山. 往見柳書房.

廿五日. 往見會舘, 則家君尙未還次. 訪春史丈. 主令上京. 付家書.

廿六日. 副訓導李起奭氏, 轉勤于京城. 一同會集, 有送別式. 又以明朝期會於拱北樓.

廿七日. 久陰不雨. 往見會舘. 家君尙未回次. 拱北之會, 因晩未參.

廿八日. 雨且晴. 午後, 忽有腹痛以退.

廿九日. 因金友, 始聞家君安候與留所.

三十日. 訪鄭翼謨氏. 逢着李憲求及李起碩兩氏, 憑聞家候之安耳.

五月

一日. 晴.

二日. 金友歸路, 付數字上書. 午後四時, 日副總裁至完府云. 各官廳及各學校·各會社, 歡迎于拱北樓前.

三日. 朝雨, 不長.

四日. 晴.

五日. 大霧盡日未晴. 人惟不勞而自困. 往會舘. 付上書于郵便. 三錢, 切手一枚也.

六日. 非雨非霧, 朝陰夕晴. 昨昏, 一丱自任實來見. 聞家君安候. 請定處留, 偕一丱還家. 金三十一錢九厘, 苗木代價也. 卽桂一, 梨一, 李一, 松一, 檜一也. 七錢五厘, 路費.

七日. 久陰得晴. 爽快精神.

八日. 登龍華山, 望豊沛.

九日. 風. 花彌天.

十日. 衣次未成, 故未能入完.

十一日. 雨事終日, 未得出發. 多日缺席, 可歎可歎.

十二日. 風和日暖. 偕一丱出發. 金十六錢, 痲鞋代. 十錢, 路費. 五錢, 良末. 歸着主宅, 主令間以回還矣. 一丱則寄宿于會舘.

十三日. 一丱卽發送任實, 付上書矣. 一丱未久回來, 告家君之回次. 進謁于南倉洞.

十四日. 早往省親候. 金六錢, 饒飢.

十五日. 一丱發送臨陂. 持去洋傘, 隨家君, 往見鄭判事丈.

十六日. 早往省親候. 家君與諸丈, 來見主宅. 登梧木坮, 偶吟一首. "軟脚遲遲上古坮, 先皇遺跡不生苔. 遙指鄕山雲新別, 窓前虛度幾花開."

十七日. 往省親候. 一丱來見.

十八日. 往省親候. 金順天丈來留.

十九日. 朝有大雨. 辨當·箸·布巾, 幷五十錢.

卄日. 家君行次于益山. 起送一柳于金溝. 柳屐及鉛筆, 二十二錢五厘. [自此日, 午飯始.]

卄一日. 往見南倉洞. 家君未回次, 一丱未返.

卄二日. 往見南倉洞. 家君回次. 花坪柳委員來到. 詳聞吾姊安候. 進見郡守丈.

卄三日. 養士齋, 一邑老人會集設禊, 要我書. 故終日關於此. 晩往見, 則家君出他. 尹進士丈, 昨暮來留云.

卄四日. 往省親候.

卄五日. 生徒一同, 遠足於助村面. 終日驅馳, 自新作路歸. 往見南倉洞, 則家君與順天丈, 行次于群山, 數日後回次云. 柳委員來訪, 其久友亦來見.

卄六日. 一丱發送本第. 渠亦太急歸時, 不告而去. 未得一寄上候. 往見尹進士丈, 益山郡守在座.

卄七日. 往見南倉洞. 家君尙未回駕. 柳委員在座.

卄八日. 往見南倉洞. 家君尙留于群山云. 尹進士及柳委員丈在座.

卄九日. 全州大韓協會, 大設運動會. 各校生徒, 雲集雷動, 一大壯觀也. 一丱來見. 聞家君安候. 五錢, 學費用.

三十日. 主宅有書役, 盡日於此. 晩往南倉洞, 家君回駕.

三十一日. 二町教師轉勤于京城. 早出發行, 故一同未得送別. 新來教師, 守山五百足氏也. 自此夕, 寄宿金濟國先生宅.

六月

一日. 守山教師演說. 往省親候. 尹進士丈在座.

二日. 守山教師, 奠接于二町教師前有所. 訪見守山教師. 任員亦來見.

三日. 家君行次于金堤. 下賜金, 一円也. 尹進士丈, 亦發還.

四日. 大雨. 陰四月十七日, 卽家君生辰也.

五日. 雨事支離.

六日. 養士齋書役畢了.

七日. 主令上京.

八日. 細雨.

九日. 柳委員丈, 逢見于李鳳朝家.

十日. 每日, 復習於金先生家.

十一日. 晴.

十二日. 沐于寒碧堂下流. 往見春史丈. 又訪柳友.

十三日. 朝雨.

十四日. 晴.

十五日. 薄暮, 主令還駕.

十六日. 往見南倉洞. 逢宋生員丈.

十七日. 晴.

十八日. 下午三十分, 日有食之. 堂叔主來臨, 聞家候. 且, 承家君之下書, 行次于扶安郡云.

十九日. 金十六錢, 二町教師記念物銀盃四箇之代, 捐助也.

二十日. 得見二町教師書. 堂叔主還駕.

卄一日. 因李雅來便, 承家君下書. 午前八時, 地震.

卄二日. 端午. 天中佳節也.

卄三日. 一丱負衣來見. 承下書, 聞家候. 金七十三錢, 扇子代料, 內七錢, 一丱治送費.

卄四日. 朝雨. 一卯發送. 上書于扶安郡.

卄五日. 晴.

卄六日. 自學部, 放學期退於來月間云. 然, 自七月試驗云.

卄七日. 炎天酷暑. 沐于寒碧堂下流. 往見南倉洞. 金順天丈來留.

卄八日. 柳委員丈來訪云.

卄九日. 往見柳友. 方以面腫太苦.

三十日. 生徒一同, 視察學林地於僧岩谷. 帶夕陽歸來. 三從祖以訟事來見, 堂叔主亦作伴. 聞家候之安.

七月

一日. 雨與雷聲, 俱廓. 觀察丈上京.

二日. 晴.

三日. 自人便承下書, 家君行次于高敞郡. 五錢, 三從祖午飯代料. 往龍頭峴, 見宋生員丈.

四日. 三從祖與堂叔主, 呈訴帖. 歸路, 買送苗木. 金二十八錢六厘, 苗木代也. 賴於鳳祚家, 周衣洗濯. 試驗畢了. 往見鄭翼謨氏.

五日. 生徒一同, 耕耘果園.

六日. 昨夜之雨, 尙在未虧.

七日. 雨痕尙在.

八日. 晴.

九日. 金三十錢, 麻鞋價. 自碧樵丈貸來.

十日. 晴.

十一日. 學部司令官到着全州. 生徒一同, 歡迎. 雷一聲, 電一光, 大雨下來.

十二日. 前年放學之日也. 花坪閔君龍植, 入學次來見. 往見鄭翼謨氏. 三從祖來全云. 旋卽反去.

十三日. 閔友上學. 一卯自井邑來到, 承家君下書. 付下金一円, 內六十錢, 一卯往來費.

十四日. 早發送一卯. 華氏寒暖計九十一度上. 同閔友上學.

十五日. 同閔友, 往見鄭翼謨氏. 逢見柳友.

十六日. 金十錢, 小刀二箇. 五錢, 扇子改良價.

十七日. 金十錢, 衣服洗費. 試驗成績揭示, 賞者賞. 覓得試驗紙.

十八日. 韓先生作觀行. 閔·柳兩友逢見.

十九日. 初伏. 守山教師作觀行. 五錢, 饒飢. 玉万, 負衣來.

二十日. 放學式. 閔·柳兩友, 亦作勤行. 送玉万, 所費十五錢.

二十一日. 放學日也. 待一卯, 未發行.

二十二日. 一卯, 昨昏來着鳳祚家. 一卯, 收二円金於面長. 下書有承歸家之命, 今才發行. 路費, 十錢. 金二十六錢, 竹櫛二箇, 滑石一个價. 四十四錢, 北魚卄尾, 沈石魚四尾. 仲弟以豆子不售而回返.

二十三日. 休脚.

二十四日. 路德尙在.

二十五日. 晴.

二十六日. 早發送一卯, 付上書. 五錢, 路費所入也.

二十七日. 母主生辰也. 十八錢, 市用.

二十八日. 太旱.

二十九日. 晴.

三十日. 金四十五錢, 江景市用. 三從祖被捉於群山裁判所.

三十一日. 堂叔主入全州. 季父主入群山.

八月

一日. 十錢金, 雇價. 暮雨.

二日. 大雨. 二成自全州來. 時耗盡聞焉.

三日. 季父主, 自群山來次.

四日. 晴. 季父主, 作群山行. 第三堂, 自完來.

五日. 晴.

六日. 自鶴洞, 得見古城書.

七日. 夕, 鄭叔作伴, 堂叔自群山來.

八日. 一丱自扶安來, 承下書.

九日. 地震. 一柳去江景.

十日. 一丱來.

十一日. 一丱早發扶安行. 方以手腫, 未得上書. 金五錢, 費.

十二日. 午雨.

十三日. 不雨久陰.

十四日. 夕雨. 高祖考諱日也. [陰六月卄九日]

十五日. 雨. 李起碩書, 出群山來. 季父主尙未還次.

十六日. 日氣明朗.

十七日. 雨.

十八日. 陰.

十九日. 得見三嶋書. 三嶋再鴻轉任于群山警察署之辭令, 來.

卄日. 參見三嶋送別式.

卄一日. 堂叔主自群山來次.

卄二日. 送玉万于古城里, 付書.

卄三日. 玉万回見, 有書聞候. 午時, 京銅峴崔議官致與來訪.

卄四日. 十錢, 江景市用.

卄五日. 日熱. 姜文安來見.

卄六日. 午正, 下雨.

卄七日. 午正, 細雨. 季父主, 自群山回駕.

卄八日. 晴.

卄九日. 晴. 朝飯後, 三從祖還宅. 尹進士丈來訪.

三十日. 晴.

三十一日. 夕飯時, 一丱來見. 家君下書.

九月

一日. 與僮入完. 寄宿于南門內. 侍家君側.

二日. 早往主人宅. 開學出席. 寄宿於東村本所.

三日. 金十九錢, 柳屐一箇.

四日. 金先生濟國氏, 轉勤于江景公校. 方以病脚, 未得送別. 新來教師金顯斗氏, 已爲到着. 韓先生, 尙未來.

五日. 家君留所改定于西門內李相國家. 逢見柳學圭及李綺榮氏. [自此日, 寄宿李相國家.]

六日. 往見南門外市.

七日. 朝雨. 金十錢, 爲金先生記念物也.

八日. 朝雨. 卽陰七月卄四日, 太皇帝陛下萬壽聖節. 五錢, 午飯.

九日. 往見李進士. 以二扇子惠我紀念. 家君金溝行次.

十日. 晴.

十一日. 尙可寄宿於李相國家.

十二日. 午後, 往見隱松里. 春史以腫太苦. 見閔友龍植·柳友光錫.

十三日. 晴.

十四日. 柳學圭, 以病見苦. 悶情悶情.

十五日. 以手風更發, 治療歸養次還家. 路費, 七錢也.

十六日. 晴.

十七日. 江景市去人便, 付書于金先生. 八錢, 藥買費.

十八日. 秋冷漸催. 服藥始, 卽加味防風通聖散也.

十九日. 往社稷峴. 十七錢五厘, 藥價.

卄日. 午熱, 夕凉.

卄一日. 楊先生來.

卄二日. 晴.

卄三日. 日事服藥而已.

卄四日. 乍雨.

卄五日. 金巡査來記戶籍.

卄六日. 晴.

卄七日. 一卯來見. 聽家君安候.

卄八日. 祖父主行次于獐項里.

卄九日. 米洞戚叔及普常里再從叔, 來宿.

三十日. 梁求禮來訪. 金益而來見. 一卯去泰仁. 金五錢, 路費.

十月

一日. 高山市場大運動會云. 釋弟往見.

二日. 豆溪金書房來見.

三日. 服藥了.

四日. 古城里柳兄來訪. 釋弟亦歸來.

五日. 挽留柳兄.

六日. 柳兄歸去. 服藥二十帖, 一無見效, 故準備塗藥.

七日. 晴.

八日. 塗藥治療中.

九日. 柳兄與測量人偕來. 卽裵文泳·金鍾徽也.

十日. 眞絲洞後麓測量. 吳荷泳又來. 測量者四人也.

十一日. 眞絲洞後麓鷹峰一支, 測量濟.

十二日. 測量人出張于盤谷與北支.

十三日. 測量人出張于獐項里. 上書于本校長.

十四日. 測量人一同休.

十五日. 測量者二人出張, 測量驛基山所.

十六日. 測量人, 自益山乘昏而來.

十七日. 四人共同和不圖.

十八日. 四人測量于宋氏山. 正午時, 一卯自茁浦來. 下書有承.

十九日. 測量人出張于鶴洞山所. 豆溪金進士來訪.

卄日. 手數料金出給. 測量人各歸其家.

卄一日. 一卯去扶安茁浦, 付上書.

卄二日. 祖父主行次于鳴川.

卄三日. 金進士離去.

卄四日. 晴.

卄五日. 夜雨.

卄六日. 霧結爲霜.

卄七日. 玉宇廓淸, 風高山淨.

卄八日. 鴈南歸.

卄九日. 晴.

三十日. 送玉万于龜亭里. 蔓東里李倫五氏來訪. 夕雨入夜.

三十一日. 夜雨.

十一月

一日. 筆商金泰圭, 率其子來宿.

二日. 朴京煥來宿. 聞東洋大獵.

三日. 晴.

四日. 入本郡豊成學校, 視察.

五日. 入完. 路費, 五錢也. 寄宿于柳應烈家.

六日. 薄暮, 父主行次回此. 侍寢于南倉洞.

七日. 姜曄氏來逢. 一卯歸家.

八日. 雨.

九日. 未晴.

十日. 一丱來見. 家中一無故云.

十一日. 晴.

十二日. 父主行次于茁浦.

十三日. 晴.

十四日. 往隱松里, 見閔龍植. 不見柳光錫.

十五日. 晴.

十六日. 寄宿于文正炫家.

十七日. 晴.

十八日. 晴.

十九日. 晴.

卄日. 公私立學校一同, 步自龍峴, 行在山脈, 轉到南固山城, 登万頃坮. 轉吟風光, 興悉快樂. 有志文章, 豈獨專受於古敎. 可呵可呵.

卄一日. 本校紀念日不遠. 凡百準備中度了.

卄二日. 暖若春日. 有季父下書.

卄三日. 貸來五錢於韓先生. 付書于茁浦.

卄四日. 日氣乖宜.

卄五日. 降雪.

卄六日. 寒風烈烈.

卄七日. 午後七時, 月有食之.

卄八日. 大風終日.

卄九日. 風雪大作.

三十日. 朝雪, 暮雨.

十二月

一日. 朝雨.

二日. 晴.

三日. 晴.

四日. 本校紀念日兼學藝會. 外國官吏來臨, 格別贊成.

五日. 陰.

六日. 晴.

七日. 暖若春和.

八日. 不是冬天氣候.

九日. 逢扶安李直員, 付上書于家君.

十日. 尋晤閔友. 歸便, 付書于柳兄.

十一日. 奉見父主下書. 往見郡守丈, 卽朴逸憲氏也.

十二日. 晴.

十三日. 日寒. 試驗始.

十四日. 試驗.

十五日. 試驗.

十六日. 試驗.

十七日. 訪見李進士. 三從祖來便, 聞家候.

十八日. 一丱自扶安來, 三從祖與同行歸去. 往見朴郡守丈.

十九日. 晴.

廿日. 尙暖.

廿一日. 陰冷.

廿二日.

廿三日. 雪降.

廿四日. 降雪. 了試驗. 往見李倫五氏. 惠我二十錢也. [訪西門外商人知者, 請借金, 見辱.]

廿五日. 早發, 還省. 路費, 六錢也. 歸路, 拾二十錢也.

廿六日. 趙潤九來宿.

廿七日. 雪化雨.

廿八日. 晴. 從季父主, 往見鄕校普成學校.

廿九日. 晴.

三十日. 晴.

三十一日. 晴.

1910년(단기 4243년)

隆熙 四年[四二四三(一九一〇) 庚戌]

一月

一日. 付書于守山先生.

二日. 陰.

三日. 天氣和清.

四日. 諡山石岩李友重紹來.

五日. 一丱去扶安, 付上書.

六日. 晴.

七日. 入完. 路費, 六錢也. 薄暮, 自北門, 入東村.

八日. 昇校. 參見開學式.

九日. 往見宋生員丈. 金十八錢, 痲鞋代.

十日. 新聞, 彗星大事.

十一日. 朝陰, 夕晴.

十二日. 陰.

十三日. 細雨.

十四日. 暮陰.

十五日. 雨雪霏霏, 夜作大雪. 人謂近年初雪.

十六日. 朝雪, 午晴.

十七日. 昨雪大積. 寒氣正酷.

十八日. 文令監上京.

十九日. 雪全未消, 路深泥濘.

卄日. 陰.

卄一日. 夜雪.

卄二日. 陰.

卄三日. 陰.

卄四日. 晴天, 近日初見.

卄五日. 風寒.

卄六日. 晴.

卄七日. 晴.

卄八日. 日暖.

卄九日. 逢見宋聖律. 進見崔判事俊植氏.

三十日. 往龍頭峴, 見宋生員丈.

三十一日. 日寒甚酷.

二月

一日. 氷固如石.

二日. 降雪. 家君回次于此. 西門內, 留安.

三日. 日氣稍暖.

四日. 陰.

五日. 家君還次于本第.

六日. 家君又與季父主及金台煥, 同臨此地. 侍寢于西門內. [逢見尹相德. 京城居者.]

七日. 侍從家君及季父側而還家. 兪主事, 自數日前來留.

八日. 華山柳兄來訪.

九日. 柳兄及柳主事亦歸.

十日 [庚戌一月一日]. 晴.

十一日. 晴.

十二日. 半陰半晴. 身有病.

十三日. 病未却.

十四日. 與宋童入完. 僑于李春史宅.

十五日. 昇校. 午後三時, **薙**髮. 帽子幷李花代金, 一円三十錢. 正午, 往見李炳稙與文雲峰家. [入職員室, 諸先生共同爲謀**薙**髮.]

十六日. 午後, 往訪鄭參奉丈及柳友光錫.

十七日. 陰寒. 宋童歸便, 付家書.

十八日. 晴. 金壹円出給于主人丈.

十九日. 晴. 正午, 訪鄭參奉丈.

廿日. 自南門外至東村, 訪李連山丈宅及文雲峰家. 訪李進士及鄭參奉家.

廿一日. 陰寒. 益山金樵泰來宿同所.

廿二日. 陰寒.

廿三日. 晴. 金二十錢, 辨當一器.

廿四日. 晴朗. 訪李蓮坡丈. 訪見柳主事及鄭參奉丈.

廿五日. 雨.

廿六日. 金四錢, 鉛筆一箇也.

廿七日. 陰.

廿八日. 下學後, 往鄭參奉家. 見柳兄·宋兄·其他諸友.

三月

一日. 一丱來見. 李承旨及宋友逢見.

二日. 一丱留食於此.

三日. 一丱去扶安便, 上書.

四日. 雪降. 金主事鍾純便, 有下書.

五日. 雪.

六日. 尙寒.

七日. 夜見幻燈活動寫眞.

八日. 金三十錢, 貸於完玉.

九日. 卽陰正月廿八日, 我生日也. 請願于師範學校長金奭基殿. [十三錢, 衣巾價.]

十日. 日本陸軍紀念式也. 一般生徒, 被請往見. 朝, 一丱來見. 承下書.

十一日. 一卯歸家, 付書. 父兄會開催. 十錢, 主宅所入.

十二日. 天氣明朗. 同校五十名, 風于梧木坮. 一卯出發. 夢見伯曾祖下賜橘一箇.

十三日. 往見李連士丈及文雲峰家. 回路, 入見郡守丈.

十四日. 朝晴, 夕雨. 夜作大風. 茁浦朴象基君來便, 承家君下書.

十五日. 雨. 與朴友入校, 見師範試取問題. 但, 算術日語了. 了此後, 正書一張纂, 送于平壤普通學校展覽會.

十六日. 晴. 入見師範學校試取問題. 但, 漢文作文了. 但, 師範試驗則了.

十七日. 朝晴夕陰. 農科試驗.

十八日. 日語文法作文書取譯文, 試渡.

十九日. 理科試驗了. 古城里柳委員來訪.

二十日. 陰且暖. 往見隱松里鄭參奉丈, 柳委員.

卄一日. 陰. 南門內, 逢見金順天丈. 見物產品評會與陳列所.

卄二日. 雨.

卄三日. 一卯來見. 古城里柳兄伴來.

卄四日. 朝飯於金鍾淳家. 乾元節在明故, 爲慶祝. 費, 三錢.

卄五日. 一般公私立學校生徒, 皆進道廳內慶祝萬萬歲.

卄六日. 雨. 成績發表. 往見守山氏. 慰問其親患歸覲. 逢南連煥.

卄七日. 一卯去扶安便, 柳兄亦同. 金友許貸十五錢. 上書于茁浦. 李連山家及文雲峰家, 訪見.

卄八日. 卒業, 擧式. 卒業生, 總四十一人也. 其中崔景燁, 以農科教師兪奭濬取試之不正事, 爲咎. 如此多會中, 發說討罪其師, 可想其惡, 不可道之. 三昨日, 群山學校職員生徒, 幷四十餘名來留, 亦參今日之會.

任員中寄付於卒業生册子五十卷. 以品行方正, 受得一册.

卄九日. 觀察丈及職員及卒業生, 聯合寫眞. 往見隱松里.

三十日. 自茁浦有便, 承下書. 往見隱松里.

三十一日. 往見李進士丈, 傳家君書. 同朴友, 見李連山家·文雲峰家及韓先生·兪先生.

四月

一日. 柳兄與一卯來. 辛淇文來留. 柳兄光錫逢見.

二日. 前日之事, 以師弟間平和所決議. 進見郡守丈. 訪見李連山·文雲峰及李進士. 回路, 訪見李委員丈.

三日. 與柳兄還歸. 但, 一卯與毛褥一件, 柳屐一件, 辨當一器, 笠子一件, 帽子一件, 留置于春史宅. 池錫永所纂玉篇及如干紙屬, 留置于李壽榮氏宅.

四日. 晴.

五日. 晴. 往古城里姊家. 自全州校長, 來師範學校入格通知. 下人費, 一円拾二錢也.

六日. 早有玉万來告急歸. 故卽歸家.

七日. 晴. 游行準備.

八日. 游行. 幷人馬, 路費, 二十五錢也. 午後, 止于隱東. 午後, 雨降. [京城之行, 始於此日. 自家持八円.]

九日. 自隱東又發. 得金三円也. 正午時, 至太田午飯. 費, 三十五錢. 人馬卽旋治送, 出給十六錢五厘.

十日. 午前七時三十分, 乘京行車. 早飯費, 七錢五厘. 汽車賃, 二円八十三錢. 午後一時, 到着京城. 僑于大寺洞大東寄宿旅館. 葉書及切手各二枚, 九錢. [始到京城. 初入南山下某旅館, 逢辱.]

十一日. 往桂洞, 逢見金昌洙. 與往雲峴宮內永寶堂, 見石圃丈. 金昌洙許貸與金, 一円三十錢也. 付書于本第及本校. 付書于隱洞及茁浦.

十二日. 日前乘馬, 餘毒闖發, 臀腫突起. 洋藥價, 十五錢. 金斗煥貸金十錢.

十三日. 名啣紙五十張正書, 十一錢. 餅價, 五錢.

十四日. 雨. 自午前九時, 至午後二時頃, 入漢城師範學校, 再考試驗. 科目, 則漢文, 日語, 體格檢查. 試場, 逢見趙兄春元氏. 逢見林喆周及金容灝·安龍珍·高亨鎭三人.

十五日. 入格, 見榜. 入校則惟安龍進一人未入. 金昌洙許貸與金一円五十錢. 切手及葉書二枚, 九錢. 洋藥價, 十一錢. 柴價, 五錢. 付書于本第. 付書于隱東及本校. 付書于茁浦.

十六日. 金昌洙許貸與金, 一円也. 圖章價, 十二錢五厘. 餅價, 五錢. 洋襪, 二十錢. 食費, 一円二十錢出給. 移入于中部大寺洞十九統九戶金鎭雨方師範學員寄宿舍.

十七日. 與趙兄登南山. 逢水塢詠詩. 辨當一介幷其包網, 二十五錢. 空册一部, 四錢. 餅, 二錢五厘. 誓約書題送, 副保證人則吳智洙也, 卽住於漢城中部上漢洞五十九統六戶.

十八日. 始上學. 金容灝許, 貸與四錢. 尹相德氏來訪, 卽回謝訪, 聞家君之安候也.

十九日. 入校. 有給與品. 四書集註, 生理學, 地理書, 外國歷史, 各一册式. 空册一部及鉛筆. 金八錢, 麻鞋.

廿日. 承親候. 葉書二枚價, 三錢. 自校有貸與品, 書帖一册. 自校得畫筆一介也.

廿一日. 自校得筆墨. 二錢, 洋紙. 五十六錢, 生理學一册.

廿二日. 三十錢, 籠一通也. 承親候.

廿三日. 以誓約書正保證人下無捺章, 不可證明云. 故上書于家君前. 該書, 幷付于郵便耳. 三錢, 切手. 金容灊許, 貸與二錢五厘.

廿四日. 雨. 承親候. 訪見李箕鎬.

廿五日. 晴朗. 下學後, 往南山下商店. 十錢, 手土巾. 自校受國語文典.

廿六日. 晴. 李箕鎬來訪. 同書付上于家君前. 先訪李箕鎬矣.

廿七日. 朝晴夕陰.

廿八日. 晴. 芋川泰次先生, 以大阪高等教諭, 爲本校教諭赴任. 一同會集于講堂內, 擧行初見禮. 當番學員日誌. 往桂洞, 金昌洙逢見.

廿九日. 晴. 放課後掃除當番. 趙兄與族叔觀承氏來訪.

三十日. 晴. 承季父主下書. 放課後, 往寺洞. 靑石洞廿五統五戶, 初見族叔博士丈. 同時, 劉禧烈氏逢見.

五月

一日. 午後三時, 往桂洞, 見昌洙. 與入永寶堂, 見石圃丈. 岳丈方來留, 巧値出他故, 未見. 午前, 則與趙兄往南門外, 又至東門內. 觸目風光, 志氣快活. 歸路, 訪見泥洞尹佑炳氏. 促膝淸話. 金容灊許, 四錢推覓. 葉書二枚, 三錢也.

二日. 晴. 自郵便, 付書于全州連山家及江景普通學校金濟國氏. 下學後, 有體格檢查. 製洋服, 所料見量. 往雲峴宮, 亦未見岳丈. 有家君下書也.

三日. 晴. 修身書, 受來.

四日. 往見昌洙. 有家君下書及隱松里鄭參奉書. 柳光錫書來. 金正祥名啣與安龍進名啣來. 自校受生理學及植物學各一册. 鄭鎭龍書, 自隱松里來.

五日. 晴. 大皇帝陛下, 親耕于東門外. 本校學員幾人, 爲先進謁. 各級全體, 則午後一時, 同爲祇迎于東門外. 上書于家君前.

六日. 晴. 各級學員一同, 遠足于北漢山城. 各級八人或九人式, 分爲一隊, 出自彰義門. 羊腸曲道, 魚貫而進, 風于高原, 或行或止, 頂入山城內, 三角山下, 白石清溪上, 紅桃花滿發, 間間有鳥聲耳. 登山映樓, 開食辨當. 足爲饒飢. 午後一時, 發還于惠化門. 英皇崩云.

七日. 曇. 往桂洞, 見昌洙. 往青石洞, 見族叔. 一同休業. 往雲峴, 未見岳丈.

八日. 午前, 往雲峴, 見岳丈. 得見家君下書. 以教師治送之事, 往見李箕鎬, 未見. 午後, 往三清洞. 傍路逢見暫語. 五錢, 所費.

九日. 曇. 以茁浦學校教師聘送旅費推還事, 往光化門郵便局. 金拾円受來後, 往見李箕鎬. 日語算術册, 自校受. 朴象基書來. 金濟舜轉任上京.

十日. 風, 晴. 旦曇. 暑氣困人. 下學後, 往桂洞昌洙, 貸來三十錢. 見箕鎬. 夕飯后, 往中央理髮所. 七錢五厘, 理髮料也. 葉書六枚, 九錢. 切手一.

十一日. 晴. 寄書于本家. 付書于隱松里鄭參奉宅及柳光錫, 鄭鎭龍,

文雲峰家. 尹相德來訪, 兼有家君下書傳到, 而博士族叔丈許亦有去書. [夜訪茁浦所去教師, 未逢. 出給八円爲料.]

十二日. 晴. 朝得見茁浦電報, 教師何不送云. 下學後, 卽往見教師孫英洙, 來六日出發爲約. 同封李箕鎬書, 付上于茁浦. 自校, 空册及鉛筆受來. 金八円, 出給于孫英洙. 但, 其二円爲費用. 二十錢, 貸與李箕鎬. 洋襪一件買. 三錢五厘, 與李箕鎬所入費.

十三日. 放課後, 直行光化門郵便局. 以孫英洙發送於來六日事, 電報于茁浦. 所費金, 十錢(三字). 付書于朴象基. 每日新聞上, 彗星之說發表. 人心騷動.

十四日. 晴. 朝仰觀天氣, 則東方有一星有一尾, 向西貫過中天.

十五日. 晴. 見孫英洙. 往雲峴宮, 見岳丈. 訪李箕鎬, 未見. 與趙兄往商店, 以册袱件, 買唐木一尺三寸, 卽價又十四錢五厘. 又往裁縫所, 割爲袱. 分取新道. 金友來訪.

十六日. 下學歸來時, 逢瑩九. 聞連山丈上京. 往訪, 則初不來留云. 但, 體操教諭轉勤于平壤高等學校. 後任先生, 則横地捨次郎氏也. 一同會于講堂, 擧行餞別及歡迎相見式. 二錢五厘, 印度膏.

十七日. 朝霧夕雨. 日氣甚曇.

十八日. 晴. 彗星之說, 實無聞焉. 日前每日申報上彗星之說, 已爲落空.

十九日. 早有尹相德來訪. 下學後, 往見崔氏. 孫英洙, 於今月十六日已爲發行云. 往尹相德家, 得見. 七錢五厘, 切手及葉書.

卄日. 晴. 下學後, 與趙兄往仁王山, 望長安一幅. 今日則英皇之大葬式擧行也. 故午後休業. 付書于茁浦. 又於孫英洙許有書. 一金四錢, 餠價.

廿一日. 午前七時頃, 以前田教師餞別次, 諸級學員一同, 往見于南大門外停車場. 午後, 往見昌洙及岳丈. 下午五時, 親臨來訪.

廿二日. 訪見金濟舜. 與三四人, 往見湖南學生親睦會運動會(訓鍊院). 亦與趙兄. 但, 五錢, 午站饒饑價.

廿三日. 當番掃除.

廿四日. 晴. 有南風. 尹佑炳來訪. 有其親命傳及, 卽爲往見. 代書以相德氏啣字証書, 付于茁浦.

廿五日. 上校之路, 逢李連山丈. 從入留所, 卽旋昇校.

廿六日. 晴. 得見辛淇文書, 朴象基入日本云. 四錢五厘, 葉書三枚.

廿七日. 付書于辛淇文.

廿八日. 晴. 茁浦李鉉璣氏, 下午三時頃, 來訪云. 適其時, 往大安洞寄宿寺, 未見. 二錢五厘, 石鹼.

廿九日. 往雲峴宮, 謁岳丈, 出他云. 往桂洞. 五十錢, 推來於金昌洙. 訪李鉉璣氏於北部碧洞金基永家, 適出他, 未見. 又訪來見. 回路, 見趙兄, 則近以臂腫委苦. 貸與二十錢. 白露二張, 四錢. 內一張, 貸與趙德善許.

卅日. 晴. 洋靴一個, 自校給與. 下學後, 身忽不平, 有惡寒及滯氣. 適藥商來到, 買健胃清心丸一貼. 出金, 八錢.

卅一日. 小陰. 靴不適足, 改換次入校.

六月

一日. 上午三時, 電光出斜. 自今日, 上午八時, 始業. 下午二時半, 終業. 自校受洋服, 卽夏衣裏衣二件及帽子弁官師表一個也. 四錢, 獐腋筆雜靑毛者一個. 二錢, 橘. 卽喉中有北魚之骨, 銳以碍障. 故聽醫說, 用此也.

二日. 晴. 與趙兄同歸舍. 途中, 逢見連山丈.

三日. 大雨. 冒雨歸舍.

四日. 受音譜一册.

五日. 金容灊貸去三錢. 付書于本第. 三錢, 切手. 往見湖南學會館內湖南學生親睦會, 卽會長李殷永, 副會長柳星秀, 總務許鋼. 出席員, 六十一人. 臨時會長, 朴炳哲. 以上會長與總務, 薦定. 劉禧烈氏, 李根容氏在傍.

六日. 陰四月晦日. 尹相德來訪. 聞李議官下去. 付上書于父主前. 付書于柳光錫.

七日. 晴. 葉書二枚, 三錢也. 自李在衡葉書來.

八日. 付書于公立全州學校師中及公立農校在李在衡. 針一帖, 二錢. 洋絲二末, 一錢.

九日. 李綺榮氏, 携帶家君下書而來訪. 其留所則南署中茶洞十統六戶李圭錫家云.

十日. 晴. 趙兄來訪. 與金友訪見李謙益. 逢見李殷永. 受音樂空册.

十一日. 晴. 訪見趙兄. 圖畵用紙二枚, 五厘.

十二日. 曇. 下午, 訪見連山丈于靑石洞, 未見博士丈. 李謙益來訪, 故回謝. 逢白友及金友. 圖畵用紙二枚, 五厘.

十三日. 雨. 自亨鎭許得見黃始顯書.

十四日. 晴. 夜有李箕鎬及金濟舜來訪.

十五日. 上午十時頃, 衛生局長來校. 諸級學員一同, 會於講堂, 聽其衛生說. 時至正午乃止. 放課後, 花園淸潔. 受空册六卷. 趙兄來訪.

十六日. 往見李箕鎬. 飮氷室下卷, 借來. 逢金友. 有父主下書.

十七日. 曇. 上書于父主前. 三錢, 切手. 柳校長書到. 下學後, 趙兄來訪.

十八日. 往見大安洞寄宿舍. 訪濟舜, 未見. 鄭龍基, 李容相, 李秉俊, 以工業傳習所補缺生, 上來. 柳光錫書來. 鄭進士丈書與畵扇子一柄來. 黃始顯書來. 守山先生名啣來. 李殷永來訪.

十九日. 雨. 金兄及崔兄來訪.

卄日. 晴. 自校受空册一卷. 增戶學監, 北道學校視察次, 出發.

卄一日. 修身時間, 校長以學員注意事件, 頒布. 受帽子外衣及鉛筆一介.

卄二日. 陰. 三錢, 葉書. 付書于鄭進士宅.

卄三日. 晴.

卄四日. 晴.

卄五日. 五錢五厘, 見失.

卄六日. 與趙兄及宋, 朴, 尹, 鄭, 孫, 朴諸氏, 出西門外. 至西江, 卽有風景. 兼訪朴氏, 暮頃還. 但, 午前趙兄與朴友, 往見京城植物院.

卄七日. 本舍費用, 十錢也.

卄八日. 往大安洞.

卄九日. 訪見李瑩求.

三十日. 今才得着洋靴. 釘價七錢五厘. 理髮, 八錢五厘. 在來所着洋靴, 卽金友所有. 故實加修繕次, 留置于造靴店. 先金三十錢也. 自辛淇文, 來書. 十五錢, 孫友許貸用.

七月

一日. 陰五月二十五日也. 陰熱. 金友許還付洋靴. 修繕費計, 三十七錢五厘也. 添付靴末二紐. 試驗日字揭示. 花園掃除當番.

二日. 昨雨連降.

三日. 晴. 李箕鎬許梁書還完. 訪見趙兄. 李鉉斗來, 傳家君下書. 尹相德氏來訪. 金十五錢, 金友許還給. 圖畵用紙, 一錢也.

四日. 晴. 自此日, 半日修業. 李鉉斗來, 傳茁浦下書.

五日. 正午時頃, 李石峴氏訪臨, 兼傳家君之下書. 問其住所, 卽南部小公洞十六統六戶云. 有尹相德氏許所去札, 傳未逢而親傳其家.

六日. 自夜大雨. 沐浴.

七日. 陰. 尹相德氏訪來.

八日. 自此日, 始試驗. 史. 修. 夜雨.

九日. 文. 法. 下午, 往安洞.

十日. 晴.

十一日. 晴. 日語, 數學. 一錢五厘, 洋靴修繕. 七錢五厘, 保命丹價. 上書于本第.

十二日. 晴. 博物, 國語. 往安洞. 鄭昌植來訪. 趙德善貸與二錢.

十三日. 日語書取. 體操.

十四日. 陰. 小雨. 本國歷史. 試驗終了. 往小公洞, 見李石峴氏. 回路,訪瑩九, 未見. 往謁博士丈. 往大安洞寄宿舍. 訪見李鉉斗. 二錢, 曹達價.

十五日. 修植物學一科. 往大安洞. 與趙兄及尹鄭三人, 作伴往泥洞, 至南大門外. 趙德善, 貸去二錢.

十六日. 終日雨. 往大安洞寄宿舍, 與趙兄逍遙.

十七日. 小雨. 往大安洞. 又紅峴, 見侍讀佑氏. 訪碧洞李鉉斗氏. 又於上漢洞, 見金永常氏. 午後, 訪金先生, 出他未見. 又於金濟舜許, 訪未見. 往西門外, 又往桂洞, 見昌洙. 往齋洞, 訪金友, 未見. 孫均玉貸去五錢. 一錢, 砂糖.

十八日. 雨. 自泥峴往茶洞, 訪李綺榮氏, 未見. 自大安洞至泥洞, 見尹相德氏. 聞之, 則長興居金童, 至十四歲. 願遊學于京城, 請其父母, 其父母亦以季子最愛而不許. 其兒不得已亡命, 負米負陶器, 自炊而艸行露宿, 以至京城七百餘里, 逗留于慈恩洞. 其洞居趙氏, 受養. 入學于壽鎭坊學校, 期於成就云. 年今十五歲, 儀範淸俊, 果離凡物云爾.

十九日. 雨. 訪李石峴氏, 未見. 往湖南學會舘, 告別. 見李謙益, 見昌洙, 見金濟舜, 相別. 訪金先生, 未謁. 訪族丈佑氏, 告別. 往永寶堂, 未謁.

廿日. 終日待尹祐炳之來, 不得已往見, 則此夕斷當變通之意現約. 故又歸而待之. 當夜深不來, 又不得已往見, 則臨時浪敗故, 周旋四方, 不可得之. 中宵還宿. 只經一時間後, 又起. 至泥洞尹相德氏處, 則門戶閉鎖, 方聲馳呼, 尙如不聞出見. 又往他處, 則亦然. 躊躇於焉之間, 東方次明. 往小公洞, 叩門, 訪見李石峴氏, 貸來參圓金也.

廿一日. 雨. 午前二時頃起. 自李石峴氏, 貸來參圓. 往見大安洞寄宿舍, 告別金先生·朴先生. 仝八時頃, 至南門外. 仝九時十分頃, 乘金泉團體車. 車賃則二圓也. 但太田團體車亦有之. 然前以無餘所致, 失期也. 正午, 至太田, 下車. 訪扈明善家, 與諸友七人饒飢. 但我與趙兄所費, 二十錢. 麻鞋, 六錢. 黑子, 一錢. 砂糖, 四錢. 自太田至豆溪, 買負役一夫. 其賃衆合, 五十錢也. 逢洪巡査, 同行. 至柳川, 脫衣越川. 水深至五尺許, 水勢甚險. 同行七人, 相推乃提共渡. 至柯水原, 乘筏以渡. 夜深月到中天. 至豆溪, 涉川, 寄宿于洪商家. 但與趙兄, 往隱洞宿焉.

卄二日. 午前九時, 出隱洞. 至洪家, 行具留實. 但與我名啣, 問洪氏之名, 則終不答. 但言後日推來時, 以豆溪之新作舍洪家推覓, 則無稽矣. 伊時, 使人持我名啣爲安云云, 故唯唯而來. 訪金赫洙. 至連山邑內, 逢大雨, 入金應八家. 避雨因爲宿.

卄三日. 晴. 食後出發. 食費幷九十錢, 未給恐見辱. 故沒廉入見郡守, 請貸, 則月俸未至, 都無變通之路云. 不得已退來, 以後寄送之意爲約矣. 至馬九坪鵝湖, 雨大降. 巧値郵遞小包, 滯于水邊酒店矣. 此行則俄自連山郡有電報於論山, 船夫交送云. 故於此船來而待之. 至下午三時, 船來, 乃越川. 至彭進江上, 見彌勒佛. 至恩津邑境, 與趙兄相分. 至金華亭, 日已暮矣. 至本邑內, 林哲周路營闖發, 十步難行, 留宿於客主店. 但與蘇金吳三友, 歸家. [連山郡守, 申佑善也.]

卄四日. 三友別去.

卄五日. 往見堂叔主患候, 及宋苔岩丈宅.

卄六日. 陰.

卄七日. 晴. 旦雨. 送弟于邑內. 付郵上書于茁浦.

卄八日. 李順昌來訪.

卄九日. 金主事來議.

卅日. 晴.

三十一日. 金鍾南來訪. 推尋一円四錢五厘.

八月

一日. 楊友來.

二日. 晴.

三日. 晴. 送騾于豆溪, 給二十錢, 借用. 送九十錢于金應八家. 付書于隱東. 但洪家則只以名啣送之. 宋聖三來訪, 終日逍遙.

四日. 晴.

五日. 下人推來行具. 得見隱東書. 往見宋丈, 以米少許寄付.

六日. 金鍾南親與小丱來推. 付書于金友. 外堂叔來宿.

七日. 晴. 鄭商人來留宿.

八日. 晴. 登山臨泉.

九日. 晴. 訪林泉而逍遙.

十日. 晴. 烈暑. 訪林泉.

十一日. 晴. 登龍華山.

十二日. 晴. 往浴水湯.

十三日. 晴.

十四日. 晴. 或讀書, 或習字.

十五日. 晴.

十六日. 晴. 復習.

十七日. 晴. 登山而風. 臨泉而浴.

十八日. 晴.

十九日. 晴且陰. 金主事許出給四圓六十錢, 治送. 往鵲村, 訪見舍姊及趙兄. 逢族叔.

廿日. 晴. 訪見外堂叔. 聞金先生濟國氏安候, 則尙留于講習所, 日前來歸云. 故早飯後, 急與趙兄往見, 以氷砂糖水要我. 逢孫均玉. 往見趙兄大宅. 出午飯及餠, 食之. 理髮料, 十錢. 毛套紙一軸, 七錢五厘. 此夜, 趙兄往大宅參祀.

廿一日. 晴. 趙兄與趙査丈, 尙未還, 日已午矣. 午後, 趙兄來, 與往黃山, 視察學校情況. 訪見韓相舜, 兼逢金在台. 不意大雨, 不得已留宿.

廿二日. 早出, 還鵲村. 飯後告別, 與趙兄作伴. 但, 毛套紙留置于姊家. 歷訪李參奉而午頃歸着.

廿三日. 與趙兄登鷹峰. 咏一句.

廿四日. 上午大雨.

廿五日. 晴. 與趙兄作伴, 往三盤里, 訪族宅, 送別趙兄. 但, 文弟往論山. 於族宅, 傳博士丈書. 卽得答書而還.

廿六日. 晴.

廿七日. 晴.

廿八日. 雨.

廿九日. 晨後行, 至隱東, 留宿與下人一名. 費, 五錢. 自此日, 韓國無名.

三十日. 又發. 至太田, 逢諸友, 還送下人. 所費則三十四錢五厘也. 於停車場, 見勅告及諭告. 下午, 乘京行車. 仝九時, 至南大門, 下車. 車費, 二円八十錢也. 入寄宿舍. 夕飯後, 進見學員監. 所費, 五錢五厘也.

三十一日. 雨. 早飯後, 往見博士丈, 傳其家書. 又往見大安洞寄宿舍,趙兄如未來. 只與觀承氏, 終日相語而已. 聞大東旅館留學生, 自刎以死. 又有錦山郡守死報. 夕飯後, 往見謙益, 滯雨留宿.

九月

一日. 早還寄宿舍. 逢朴洙魯及朴基溶. 往訪尹相德氏, 未見. 往見侍讀丈, 有不穩和說. 上午九時, 有開學式. 校長勸學演說. 其次學監演說, 概說諭告事項也. (陰七月卄八日)

二日. 下學後, 卽進見連山丈. 付家書, 葉書二. 十五錢, 封套紙及毛套紙. 往見昌洙. 未見尹相德氏.

三日. 往見博士丈. 午飯後, 與趙兄往南山公園.

四日. 以健康診察事, 不得外出. 往訪趙兄, 未見. 只與姜友, 偕往大安洞. 深夜, 本舍學員二十一人, 被捉於警視廳. 卽北部警察署也.

五日. 只三時間上學. 巡査來檢本舍.

六日. 李謙益來訪.

七日. 往見趙兄. 郵便制度書一册持來.

八日. 學監演說. 諸班學員一同, 回集於講堂. 冬服見量. 自校受學用品等.

九日. 下學後, 速成科全班及本科一年級一同, 遊戲始之.

十日. 往見趙兄. 與訪李友.

十一日. 雖日曜日, 而外出時間只半日也. 白露, 二錢. 與趙兄, 訪見尹始鏞.

十二日. 雨. 訪見李殷永.

十三日. 往見李殷永及李謙益.

十四日. 花園掃除. 洋靴釘價, 三錢.

十五日. 趙兄昨出家書, 今得見. 果然郵便之迅速者也. 逢見金友.

十六日. 晴.

十七日. 訪見金永運於趙昌植家. 往見李連山丈及博士丈. 付家書, 三錢.

十八日. 陰八月十五日也. 秋夕佳節, 前日盛況, 今在何. 無心惕訪故人家. 早往磚洞. 與趙兄訪李殷永, 李謙益, 尹相德. 往艸洞, 見尹始鏞, 促膝相談. 回路, 訪見博士丈. 午後, 往見金永近兄弟. 往圖書所, 先金五錢, 圖章一箇. 單層雙文行四字. 定價, 二十五錢.(角)

十九日. 往磚洞. 爲趙兄往郵便局, 付其小包物. 往圖書舖, 推還. 卽釋弟圖章. 六錢, 鍵. 自上學以後所費, 三円七十八錢五厘也.

二十日. 付書于全州公校內.

二十一日. 上書于茁浦.

二十二日. 所費, 五錢也.

二十三日. 晴.

二十四日. 卷煙五匣, 寄付于金友. 往見李秉俊, 得長尺二箇.

二十五日. 往見李殷永及金永運. 往見金昌洙.

二十六日. 晴.

二十七日. 得見父主下書. 訪尹相德, 未見.

二十八日. 下學後, 得見諸君之得放. 朴·彭兩先生, 依願免本官. 往校洞, 見蘇丈.

二十九日. 金友許貸與三錢. 下學後, 往井洞. 又往校洞. 金·黃·崔三人, 命出學. 其餘十八人, 命無期停學.

三十日. 群港九福洞金洪斗, 方留. 家君下書來. 蘇秉寔之去便, 付家書及圖章.

十月

一日. 受冬服. 往苑洞. 訪尹相德, 相約明朝來見. 回路, 入磚洞, 見趙兄, 借來圖畵紙七章. 付書于全州金友. 切手, 三錢入. [自此日, 午前九時十分始業, 午後三時五十分終業.]

二日. 爲金友, 與金準明相議次, 早往夜珠峴二·十戶. 相約, 以今日正午相逢於寄宿舍內. 往見尹相德氏, 又以來明日來見之意, 爲約矣. 回時, 逢昌洙, 相語. 午後又逢之意爲約矣. 往見永運春府丈與白氏, 未得見. 下午, 爲其約, 往見昌洙. 適有不時之需, 多食少遊. 推覓二円十錢, 卽殘在壹圓四十錢也. 往小公洞李石峴, 未見. 圖畵紙九張, 二錢也. 理髮費, 拾錢也.

三日. 新敎諭朴宗薰·朴宗稙兩氏赴任. 學員一同, 會集於講堂, 擧行相見禮. 下學後, 往見金準明. 訪見金永運與其春府丈.

四日. 終待尹氏之來而未得見. 自校受日本語敎科書二册.

五日. 自校受來算術册二卷.

六日. 晴.

七日. 沐浴.

八日. 午後, 往見尹氏及李友. 洋靴見量.

九日. 送金友於南門外仁行車. 偕趙兄與金·鄭二友, 往寫眞店, 價格不相當, 未得撮影. 訪見金永運與其春府丈. 訪見趙兄. 自金友, 葦帶一末得來. 付家書, 三錢也. 夜十一時十分, 松本敎諭逝去云.

十日. 早往見金司課丈與金永近兄弟. 裏衣二件, 受來.

十一日. 正午, 學員一同, 進見松本敎諭之出葬. 訪昌洙, 不知其移住, 未見. 往磚洞, 與趙兄相談.

十二日. 學員全體, 擧行運動場大掃除. 夜往見朴先生, 告別. 朴先生行次于尙州私立廣興學校云.

十三日. 下學後, 直行尹相德氏家. 又以明日準備債金來見之意, 爲約矣. 金一錢, 黑絲一末.

十四日. 以明日遠足準備, 只五時間休業. 往苑洞紫文谷, 訪尹氏. 四錢, 草鞋.

十五日. 午前八時半, 諸先生及學員一同, 建隊遠足. 出發自景福宮, 出於彰義門外. 滿山紅葉, 踏石臨溪. 有一石逕, 如羊腸之曲. 故作隊學員, 分爲一列, 魚貫而進. 自北至西, 有古城及城門. 或毁或存. 入於其門, 則別有天地. 隨其川水而下, 忽抵山川洞, 有普渡閣(北部延恩坊). 下流水止而不去. 但, 白沙沖積, 水入其裏, 未現於表面故. 三國谷先生, 以此說明爲理學上關係云. 少休於此, 又發. 自沙路, 至數里, 更未見其水. 捨此路, 至南白沙場, 近有一果樹園, 果木繁茂. 少休於此. 福島先生說明農業上關係. 云卽此地, 則前日白沙場而無用不良土, 至于今空地. 幸有人開墾此地而種木, 乃成今日之壯觀物. 是利益, 非但一人之私益, 抑亦國家之公益也. 但, 我國則非止於此地之空, 塡亦勝於此地者, 爰有空濶. 今人之生活困難, 理所固然也. 此國, 則不能產於歐米及日本者, 亦能產出. 假使人工能爲生活者, 莫勝於此邦云. 至紅柱院, 登山而休, 卽白蓮山也. 有齊藤先生之說, 爲理學的說也. 云, 若南山以來, 至北岳仁王山, 皆其母崑花崗崑也. 故草木無生, 但白沙而已. 若南山以西, 至此峰, 則其母嵓片厤嵓也. 故草木多生, 土地肥沃也. 又福島先生之說. 凡草木之生, 比南勝北. 但於此爲反對者. 卽片厤嵓土地在此, 花崗嵓土地在彼故也. 又有三國谷先生之說. 於此, 京城論之. 則前日戰爭, 別無銃礮及機械之利用時代, 則若此四圍城壁爲都. 四處卽如此地, 稱盆地. 乃今如此盆地, 何可用及乎. 又發, 攀樹以下, 有奉元寺, 比一時間半, 休憩. 午飯取食. 又發, 自西大門入終. 與趙兄伴歸. 有李友來訪.

十六日. 與趙兄往安洞. 與金友往樓洞, 因往工業傳習所展覽會. 逢尹始鏞. 有李秉俊紹介, 入此. 來覽者, 數多, 不可比肩而進. 逢崔友.

十七日. 早與趙兄, 往見尹始鏞. 卽往獎忠壇, 休憩. 有家書. 午後, 往昌洙及族叔宅.

十八日. 晴.

十九日. 陰. 花園整理.

二十日. 往訪尹氏, 未見.

卄一日. 尹氏來見.

卄二日. 往見趙兄.

卄三日. 早訪尹氏, 未見. 訪見校洞李友.

卄四日. 晴.

卄五日. 晴.

卄六日. 晴.

卄七日. 自校受洋靴.

卄八日. 上書于本第.

卄九日. 訪尹氏·金氏, 未見.

三十日. 往見趙兄與尹友. 往見大韓醫院運動會. 才有李友箕鎬之紹介, 入視. 訪金友及尹氏, 未見.

三十一日. 主人住居于校洞故, 同舍學員, 早退校. 以舍監命令, 各員一物以助移事之際, 巧値柳兄來訪. 喜不可言也. 但恨今日禁外出, 不能出行, 故霎逢霎別, 反如不逢. 夕飯後, 入舍監室, 請外他. 卽崔氏强限不放, 只自咄咄耳. [有感]

十一月

一日. 與趙兄, 早訪尹呂史家留柳兄, 小話. 日本文部省官吏來視.

二日. 自群山承家君書. 第六時, 一同於講堂, 學監以明日天長節事說明.

三日. 天長節日也. 一般學員, 往南山下總督府內景祝, 於本校講堂唱歌. 有砂糖餠一箱之饌.

四日. 柳兄之來, 未得進見, 甚悵甚悵.

五日. 柳兄早發春川行云. 進未得相語, 悵不可言.

六日. 晴. 與趙兄·金友, 訪李友及金永近兄弟. 訪見尹相德, 更以陰十五日爲約矣. 往見昌洙. 逢崔友, 携來奉謁石圃丈. 同歸其所, 晩遊而還.

七日. 自高友許有來函及托事, 卽付金四十錢. 故往光化門郵便局. 不以校印捺之故, 退而不給耳.

八日. 往郵便局, 推覔四十錢, 卽往圖書舖. 一層角章, 邊有尙史, 一箇定價三十錢. 受領証受來. 四錢五厘, 葉書. 三錢, 切手一. 一錢五厘, 白露紙一. 自校有孟子講義題目十二頁.

九日. 上書于群山九福洞家君. 一錢, 圖畵紙. 高友許修來章圖推來.

十日. 付書于高友許. 卒寒.

十一日. 沐浴. 受洋襪.

十二日. 土曜日. 習字, 寫呈. 此成績入統監府云.

十三日. 終日閉門, 作講義題目.

十四日. 講義題目答案提出.

十五日. 雨. 去十月卄六日, 任命校長桑原護一氏, 今才到此. 行相見禮.

十六日. 風雪大作.

十七日. 甚寒.

十八日. 昨寒尙酷.

十九日. 晴. 自十字閣, 訪金氏, 未見. 至磚洞, 又遊. 訪崔友, 未見.

卄日. 晴和. 往安洞, 見族兄. 爲我薙髮, 又與項帶. 往磚洞, 與趙兄, 自興化門, 尋之書肆而還.

卄一日. 頭痛. 終日辛苦.

卄二日. 晴和. 第二時休.

卄三日. 終日雨. 新嘗祭日也. 降雨終日, 不得外出.

卄四日. 雨歇, 霧深. 尙以毒感, 未收精神.

卄五日. 晴和.

卄六日. 往訪李友, 未見. 訪尹氏, 得見. 又以延施.

卄七日. 早往磚洞. 與趙兄·金友, 訪見李殷永少遊, 而又往南門城上, 轉到公園邊. 憶故鄕, 回望風景. 巧逢東京新來者, 悠然相話. 回路, 至普信閣, 相罷而各歸. 午後, 逢李友及崔友.

卄八日. 雨. 烟突防塞. 火氣不通, 居室甚寒.

卄九日. 晴和.

三十日. 豫習記念式序.

十二月

一日. 晴. 酷寒.

二日. 晴. 甚寒. 第六時休業, 行大掃除. 三錢, 洋靴修繕料.

三日. 本校第三回紀念日也. 但, 本校設立, 則開國五百四年, 其設備不完全. 至隆熙元年十二月三日, 竣工建築于松峴, 至今大成學校之樣云云. 附屬普通學校職員, 與諸般生徒, 本校職員一同學員, 遊戲運動後, 會于體操場, 一同宴食. 往磚洞, 與趙兄諸友談話. 訪李殷永, 未見. 訪全州李友, 相語.

四日. 往安洞寄宿舘. 但見金友與鄭友. 逢族叔與吳友, 因往磚洞, 適有餠站, 得爲食. 午後, 承視族叔氏來訪. 葉書一枚, 與于趙兄.

五日. 晴寒.

六日. 晴.

七日. 晴.

八日. 晴.

九日. 極寒. 自校受習字筆一箇.

十日. 晴寒. 下學回路, 訪安洞. 族叔許, 借來歷史一卷.

十一日. 終日不出. 趙兄來訪.

十二日. 近日來酷寒.

十三日. 掃除當番. 金·李兩友來見. 往磚洞寄宿舍.

十四日. 晴. 自金永運來函.

十五日. 晴.

十六日. 高友來訪.

十七日. 第一時, 松本教授歸骸, 餞送.

十八日. 終日不出.

十九日. 自今日始試驗. 二錢五厘, 印度膏. 歷史, 修身, 地理.

二十日. 漢文, 日講.

二十一日. 博物, 體操.

二十二日. 會話, 數學. 聞李參判丈上京, 往見. 有來家書謄, 入五円紙錢.

二十三日. 書取, 習字. 畢往南門外, 別學監. 學監任于平壤高等學校長. 自茁浦有父主下書. 往見博士丈. 一金六錢, 洗濯料. 三錢, 切手. [試驗了]

二十四日. 風雪紛紛. 往磚洞, 訪金友, 未見.

二十五日. 自磚洞, 訪梁友. 十二錢, 理髮機械也.

二十六日. 午前十時, 一同會講堂, 豫習一月一日式順. 金友許貸與五十錢.

二十七日. 早往見李秉俊. 午後, 往浴湯. 五錢, 洋紙. 付書于金永運.

二十八日. 午前十時, 有閉學式. 往磚洞. 李友引我及金吳宋諸氏, 入校洞, 爲謁李參判. 參判則爲我輩, 料理進食. 往見二腹七脚靈山獐及萬人傘. 徘徊鐘路以還. 三錢, 切手. 付書于本第.

二十九日. 自安洞, 至磚洞, 與趙兄訪謁金先生. 往滙東書館, 見筆帖.

卅日. 貸與二十錢于金昇燦. 往磚洞.

卅一日. 移留于寺洞前所. 午後, 往磚洞. 付書于全校, 鄭碩謨氏, 金濟國氏. [柳兄來訪校, 則令人無說.]

1911년(단기 4244년)

辛亥[四二四四(一九一一), 明治 四十四年]

一月

一日. 雪來. 昨今兩日酷寒. 九時, 昇校. 行新年式. 得四介蜜柑. 往磚洞, 終日與諸君逍遙. 付書于柳光錫. 自鄭碩謨氏及光錫, 書來.

二日. 酷寒. 自磚洞, 往安洞. 與趙兄, 訪見博士丈及侍讀丈. 回路, 逢金弼洙. 往見金永近. 見李殷永, 問其祖母喪.

三日. 磚洞速成科, 合併此舍. 下午, 往漢陽沐浴湯. 高亨鎭許貸與二錢.

四日. 乍雨. 午後, 與金友, 往見李參判. 逢李, 有以冷麵以待我.

五日. 午後, 往滙東書舖. 買來王羲之之筆帖一册, 三十五錢也.

六日. 日寒甚酷. 往安洞, 訪見金友.

七日. 歸鄉諸友, 多入本舍.

八日. 早訪謁金先生. 訪見金永近及李友·尹始鏞. 自永運來函.

九日. 上午九時, 行第三學期開學式. 後行大掃除. 午後, 與金鍾南及吳榮喆, 往見李參判丈. 明日歸鄕云. 趙兄來訪. 隨往安洞, 終日. 此夕, 有柳兄來訪, 喜不可言也. 而乍逢乍別, 勢也. 前日只日, 悵致而已.

十日. 天氣暖若春和. 上午九時, 昇校. 下學後, 與趙兄往見柳兄. 歸路, 訪謁石圃丈. 柳兄則當明日歸鄕云. 付上書于少山丈. 付書于龍植耳. 自此日, 第三學期始業也.

十一日. 雪降. 一錢, 筆價. 筆墨洋襪, 自校受來.

十二日. 酷寒. 一錢, 册子.

十三日. 如常寒氣.

十四日. 十一錢, 墨一筆三. 自高友收貸金.

十五日. 晴和. 趙兄來訪.

十六日. 晴和. 下午七時, 橫地教授來說.

十七日. 學校有來觀吏.

十八日. 自金鍾南許, 五十錢內, 但二十錢, 收入.

十九日. 日氣尙和.

二十日. 和氣之日也.

二十一日. 自金濟國氏來書. 自守山氏來書.

二十二日. 午前, 李殷永來訪. 午後, 與趙兄, 訪金·李兩友.

二十三日. 晴.

二十四日. 酷寒.

二十五日. 下學後, 往見李友. 付家書.

卄六日. 正午, 李石峴氏來傳家父下書. 十錢, 壓釘及竹尺.

卄七日. 日氣尙暖.

卄八日. 醫士來說베스도. 日暖如春. 尹從善許五錢, 孫均玉許二十錢,

貸與.

廿九日. 晴.

卅日. [辛亥年] 午後, 雨. 本日則陰曆辛亥正月一日也. 朝飯後, 與趙兄往謁松堂先生. 因往見金友兄弟與李友二人. 往安洞. 昨夜, 火山雪夜韻. “到此漢城偶一年, 客中心事正悽然. 萬端世慮難成語, 千里鄕懷不得眠. 梅瘦柳新春已地, 砲振蘆燒夜深天. 因循堪耐男兒志, 他日必期偉業傳.”

卅一日. 晴. 春和日氣.

二月

一日. 晴.

二日. 晴和日氣.

三日. 少有寒氣.

四日. 春寒尙峭.

五日. 雪. 午後, 與趙兄, 往西門外, 訪金友, 訪博士·侍讀丈.

六日. 昨寒尙殘.

七日. 有家書. 兼送衣服而來.

八日. 晴.

九日. 付書于本第, 與趙兄書同封. 四錢五厘, 郵費.

十日. 本校學員募集廣告出揭. 第四時, 豫習紀元節式.

十一日. 紀元節也. 故休業. 午後, 有飮食物. 會集學員, 與甘餠一封. 往安洞.

十二日. 趙兄來見. 午後, 與趙兄, 往見李石峴氏, 未見. 訪李殷永及尹始鏞, 未見. 訪博士丈, 得見. 五錢, 菓子.

奉見松堂先生除夕韻, 如左. "昨夕已除元旦新, 消長一理竟歸眞. 梅老猶探天下土, 柳舒多見少年人. 戰砲陰崖兵自散, 賓迎陽馭氣相親. 溉根拭葉須勞力, 好是槿花再度春."

十三日. 雨雪紛紛.

十四日. 忽寒.

十五日. 如昨之寒.

十六日. 晴.

十七日. 晴.

十八日. 往崔友昇烈家, 適見金弼洙.

十九日. 往見趙兄. 與高友, 訪李秉俊.

廿日. 晴和. 一金二十錢五厘, 洋襪, 葉書, 白露紙.

廿一日. 上書于家君.

廿二日. 金三十錢, 洋服修繕. 自尹從善君, 五十錢收捧.

廿三日. 晴.

廿四日. 有家君下書.

廿五日. 晴.

廿六日. 李秉俊來傳完山信. 與趙兄登南山.

廿七日. 習字納校.

廿八日. 自金昇燦許, 十七錢五厘收捧.

三月

一日. 雪.

二日. 自柳友許來函.

三日. 晴.

四日. 晴.

五日. 晴. 付書于韓忠爀氏.

六日. 曇.

七日. 晴. 自群山, 電換三円來.

八日. 本校有學員募集試驗事, 故全級一同休業. 午後, 往見趙兄. 與往觀西宮. 自苗浦有家君之下書.

九日. 休業.

十日. 陸軍記念日也. 故京城內官私立學校學徒一同, 參觀龍山模擬戰爭. 午後六時, 還. 訪見博士丈.

十一日. 休業.

十二日. 與趙兄, 往光化門郵便局, 付書于蘇君.

十三日. 得見一權書.

十四日. 往光化門郵便局. 時間有違, 電換金, 未得推尋.

十五日. 午前, 一時間授業. 其後, 休業. 自光化門郵便局, 三円推來.

十六日. 始試驗. 二十錢, 洋服修繕料. 二錢五厘, 菓子.

十七日. 晴. 第三學期初試驗. 修身, 地理, 日講. 高亨鎭貸去二十錢也.

十八日. 歷史, 博物, 漢文試驗.

十九日. 貸與五錢於劉瑄鍾, 二錢五厘於高亨鎭. 四錢, 菓子.

二十日. 數學, 書取, 體操. 往見趙兄.

二十一日. 會話, 習字. 往與趙兄, 同遊.

二十二日. 與趙兄及金·鄭二友, 往觀博物舘. 二十錢, 費. 葉書, 三錢. 訪文龍浩, 未見.

二十三日. 晴. 與趙兄往南山. 歸路, 訪李友.

二十四日. 五錢, 同誼錄所入費.

二十五日. 同誼錄書役, 終日沒在. 付書于守山校監及柳光錫兄.

二十六日. 二十六錢, 小包料. 二十三錢五厘, 黑染物價. 自金在哲許, 貸來十錢. 自鄭求哲許, 二円收捧. 午時, 有本校宴會. 會罷後, 與許鋼及金鍾南, 訪李殷永, 未見.

二十七日. 金弼洙來訪.

二十八日. 訪見金弼洙·李秉俊. 午後, 與趙兄, 往南山. 十八錢, 粉四箱. 七錢, 五錢, 痲鞋價.

二十九日. 卒業式擧行. 下午五時頃, 與趙兄, 訪見李殷永, 李謙益及金永龍, 告別. 訪尹始鏞, 未見. 訪博士丈. 午後十時頃, 與趙兄及諸友, 乘南行車. 一円四十二錢, 車費. 七錢, 五錢, 食費.

三十日. 連雨. 上午二時頃, 下車於太田. 鷄聲亂起. 夜暗市寂. 因一丱指導, 訪扈明錄食店而宿. 同行亦同苦. 朝雨未歇. 至下午四時頃, 少晴, 更發. 至可水原, 止宿. 一金四十五錢, 宿泊費. 六錢, 菓子及駄價. 眞個辛酸耳.

三十一日. 晴. 自可水原出發. 上午八時頃, 至隱洞. 他諸友留豆溪. 自隱朝飯後, 卽發. 更至豆溪, 訪金友, 未見. 至連山邑近, 與江景歸友分岐, 只與林哲周, 至梅溪食店, 午飯, 六錢也. 步步進進, 暮還家.

四月

一日. 晴. 林哲周出發. 外叔·外從祖, 來臨.

二日. 晴. 外從祖·外叔, 出發.

三日. 晴. 使墨甫, 付書于趙兄.

四日. 墨甫還, 傳趙兄書. 又覓小包而來.

五日. 晴.

六日. 晴.

七日. 晴. 趙兄兄弟, 蘇秉寔君, 來訪.

八日. 陰雨. 與趙兄作別. 與蘇友作伴出, 至曲長城, 分路. 余獨冒雨進行. 跋涉泥濘, 寒雨濕衣, 肌骨蒼冷. 至鳴岩暫休. 終日立脚, 千辛萬苦, 黃昏至豆溪. 泥染衣襟, 血流足蹠. 入食店, 脫衣而乾, 擁爐而坐. 四錢, 草鞋. 九錢, 砂糖及食費. 苦餘, 食亦不甘. 止宿. [本日卽舍妹婚日也. 以上學期在迫之故, 不得已出發. 於情不忍也.]

九日. 細雨. 朝飯後, 往隱洞. 謁金進士丈, 岳丈. 卽告別. 下午三時頃, 至太田. 仝四時, 乘京行車. 至南大門, 卽仝八時也. 卽向大寺洞, 涉泥艱步, 入寄宿舍. 見朴學員監, 出歸着屆書. 車費一円四十二錢. 七錢, 食費. 一円, 洋傘. [今日車費, 自隱洞受.]

十日. 路毒闖發, 終日不出. 非常見苦而治療.

十一日. 入校. 參開學式. 體操室, 大掃除. 入景福宮內, 開墾古跡地, 作農科實習地. 訪見李殷永及金永龍從兄弟. 二十錢, 洋襪.

十二日. 晴.

十三日. 入景福宮, 終日苦役. 二十錢, 用紙及郵票.

十四日. 得見柳校長, 尹濟玉丈書. 付家書. 入景福宮, 苦役.

十五日. 旦陰暮晴. 入景福宮, 苦役. 下午, 訪安洞新入學生尹相勳. 三十錢, 貸與金鍾南. 逢見朴友澈.

十六日. 往見李殷永及金友從兄弟. 往北部紫門洞, 訪尹相德. 移其住所於齋洞云. 故問於巡查幕, 逢見尹相德, 促督. 訪謁石圃丈. 往南山. 有父主下書. 卽上書于茁浦. 付書于隱洞. 自校長, 受慰勞金八錢. 夜有菓子會.

十七日. 晴朗.

十八日. 圖畵用筆及鉛筆, 自校受來.

十九日. 風雨瀉作. 自校, 受來空册九卷. 逢見金鍾南.

二十日. 晴.

二十一日. 晴. 自校有廣告, 云本月卄四日, 卒業生一同來校之事. 故卽電報于趙兄及孫均玉. 二十錢, 電報料. 二十錢, 貸與權寧植.

二十二日. 自校, 洋靴度量, 受化學册一卷.

二十三日. 訪李殷永, 李謙益, 尹相勳, 金鍾南, 金永近. 五錢, 費.

二十四日. 卒業生會集. 齊藤教授, 與總督府來使換指命書.

二十五日. 雷雨. 夏服見量.

二十六日. 金鍾南許貸與一円. 自校, 受日語材料一册. 付家書.

二十七日. 趙兄與孫均玉來京. 第六時, 休業, 準備明日遠足. 自校, 受代數學及列國地圖, 高等漢文讀本. 夜限五十分, 願得外出, 出届書于學員監. 訪趙兄及孫均玉. 付柳校長, 李春史, 尹碧樵, 守山敎監書於趙兄便. 七錢, 麻鞋. 家書亦出付.

二十八日. 與趙兄作別. 路費, 不得變通故, 貸與一同. 上午六時, 遠足于果川郡冠岳山. 自南大門出, 渡銅赤江. 登山崖小路而連行十餘里. 越嶺又越嶺, 渡水又渡水. 下午二時頃, 至戀主峯下戀主菴. 午飯, 休憩三十餘分間. 鼓缶放歌而更發. 自果川邑, 至銅赤江, 乘船放歌而還, 七時頃也. 至本校而解散. 二錢五厘, 餠.

二十九日. 休工. 以入學次, 往數學精理舍, 則無人. 與蘇秉寔友, 訪李殷永. 下午, 訪李相天氏, 未見. 訪見博士丈及敎理丈, 尹相勳. 訪尹相德, 未見.

三十日. 晴. 訪見金永近, 金昌洙, 宋淳在.

五月

一日. 往精理舍, 出入學書. 月謝金及入學金, 五十五錢也. 受一册.

二日. 晴. 自校, 受東語讀本一册. 自權寧植君來函.

三日. 自校受農業學册一卷.

四日. 陰.

五日. 陰. 荻原擴, 被日本高等學校硏究科十五人選拔中, 依願免官而去. 新任手工敎授西村豊一氏, 來校. 有披露式.

六日. 晴. 李友謙益來訪.

七日. 午後, 訪金弼洙. 訪朴永斗丈及李謙益, 未見.

八日. 晴. 實習于景福宮中.

九日. 自校受東語讀本一册. 沐浴.

十日. 晴. 高亨鎭以神經衰弱病, 外泊. 往訪見. 洋靴一件, 見盜失.

十一日. 晴.

十二日. 陰. 訪見高亨鎭. 趙兄書來.

十三日. 往見總督府中學校運動會.

十四日. 晴. 午前, 訪見金永近. 訪見鄭寅翼. 午後, 訪朴退石(永斗)丈.

十五日. 晴.

十六日. 晴.

十七日. 自校, 受繪具. 往精理舍. 給月謝金, 二十五錢.

十八日. 自校, 受染物一匣.

十九日. 晴.

二十日. 晴. 往見高等學校運動會.

二十一日. 晴. 午後, 往見族叔丈, 相面叔母. 崔景燁來見. 訪金昌洙, 金永龍. 自柳龍錫君來書.

二十二日. 晴.

二十三日. 晴.

二十四日. 自家有書及小包. 衣服來.

二十五日. 晴.

二十六日. 付家書. 父主下書來. 有總督府參觀客. 有孫均玉書.

二十七日. 付書于孫均玉及柳光錫君. 有參觀客(原敬曾經大臣).

二十八日. 晴. 金永龍來招. 往謁金進士丈. 午後, 往謁博士丈. 李竹下(相天)丈來訪.

二十九日. 有芋川教授送別式. 芋川氏轉勤于平壤高等學校. 往見金永龍. 金進士丈, 未得謁.

三十日. 午後, 休業. 日間, 總督來校云. 故豫習待賓禮. 訪見學員監于碧洞.

三十一日. 行掃除, 大清潔. 往見金永龍, 與往謁金進士丈兄弟分.

六月

一日. 陰. 五月端午日也. 與金炳祐, 往精理舍. 往塔洞, 適有軍樂.

二日. 自校, 受夏洋服上下衣一件. 梁允煥學員監, 被任訓導. 具滋鶴氏來校.

三日. 小雨.

四日. 陰. 午後, 往見金永近從兄弟君. 訪李殷永, 李竹下, 金先生, 侍讀丈, 梁炳禹. 高亨鎭, 未見. 自蘇秉寔, 貸來五錢.

五日. 往景福宮, 種苗.

六日. 自校, 受鉛筆一個. 往校之路, 逢謁石圃丈與李範龜氏. 自金鍾南許, 自書及金一円三十錢也. 葉書二張, 見失.

七日. 身體檢查.

八日. 付書于金鍾南君. 往謁博士丈.

九日. 晴. 付書于趙兄.

十日. 往見李範龜氏. 往安洞寄宿舍, 與金甲濟君, 訪金先生宅. 訪金永近君.

十一日. 晴. 終日不出, 圖寫地圖.

十二日. 晴.

十三日. 與金昌鎭書刷.

十四日. 總督明日來校云. 故第一時間休業, 行大掃除.

十五日. 雨.

十六日. 晴. 總督明日來校云. 故行大掃除.

十七日. 晴. 總督日間來校云. 臨時大掃除, 擧行.

十八日. 陰雨. 畢役地圖. 終日不出.

十九日. 晴. 總督來校, 有訓辭.

二十日. 行花園大掃除. 沐浴.

二十一日. 夜雨. 與金炳祐, 往精理舍.

二十二日. 音樂試驗. 着新衣.

二十三日. 晴.

二十四日. 漂泊粉一封買來, 二錢也.

二十五日. 陰雨. 與湖南諸友, 往見湖南學生親睦會. 人員未滿, 故破之, 而更以來翌日上午九時, 預定. 往見金永近君.

二十六日. 晴. 與許鋼, 訪見李殷永, 議以親睦會事.

二十七日. 朝曇, 午晴. 上書于茁浦. 午後, 與李宗建寧, 往景福宮.

二十八日. 下學後, 不出. 爲復習.

二十九日. 與蘇友, 往三清洞.

三十日. 晴. 自李道榮來書.

七月

一日. 小雨, 盜失一円金.

二日. 與宗兄及蘇·車二友, 鄭·李二友, 往苑洞上谷詠舞臺. 下午五時, 歸來.

三日. 小雨. 付書于趙兄. 訪李根容氏.

四日. 晴. 沐浴.

五日. 午後, 與諸友, 往三清洞上上谷.

六日. 晴. 菓子, 二錢也.

七日. 陰雨. 咸南洪原等地, 降霰.

八日. 始第二學年第一學期試驗. 修身, 農業.

九日. 雨. 菓子, 二錢也.

十日. 雨. 地理, 數學. 自苗浦有父主下書. 卽上答書.

十一日. 物理, 日語.

十二日. 教育. 漢文. 雨.

十三日. 歷史, 日語. 與諸友登南山, 觀望漢江漲流.

十四日. 雨. 博物, 體操. 試驗後, 與蘇友, 往工業傳習所. 訪謁博士丈. 訪見金永近兄友君.

十五日. 雨且晴. 訪見李範龜氏.

十六日. 訪謁金司課丈, 李根容氏. 逢見辛淇文.

十七日. 訪李相天, 尹始鏞, 未見. 名啣紙五十張, 買來, 五錢也.

十八日. 晴. 往安洞典當局. 典當洋靴及洋服, 得二円. 月利十錢也. 訪, 未見竹下. 訪見博士丈. 自苗浦電換金五円來. 訪金永運, 得謁石圃丈.

十九日. 氷水, 五錢也. 昨日典當物, 貸與金志淵君. 付書于朴先生及完山校諸先生, 諸友, 鄭碩謨氏等處. 扇子, 七錢. 自趙兄, 二円五十錢及其書來. 有托其名啣紙印刷件, 百五十張也.

二十日. 雨. 放學式擧行. 各學員許, 分與路費金. 余則七円八十錢所得也. 往光化門郵便局, 推尋貯金七円. 名啣紙推尋. 淸心保命丹, 八寶丹, 各一封, 總十五錢. 小包, 三十六錢. 李圭夏許貸與二円. 五十錢, 精理舍預金. 十六錢, 長襪. 往精理舍. 往謁博士丈. 呈出發届書于學員監. 往見金永近.

二十一日. 雨. 午前二時頃, 起寢. 同四時頃, 喚起同友. 同六時頃, 往南大門停車場, 則自太田至連山間汽車不通. 且其割引券亦無用云. 臨時浪敗, 故余迺收合諸友之割引券, 乘車, 直入本校. 改正捺校印. 又乘電車而至停車場. 留待南行直行車. 同九時頃, 買車票. 但, 諸友中尹相勛君, 盜失其金匣, 不得買車票, 彼獨留京, 見甚悶惝. 余搜囊中, 幸有餘金二円, 而同乘車. 正午, 至太田, 同入食店, 午飯. 更發, 渡洪水而至可水原, 則鐵橋無型. 幸得小船乘越. 至鎭岑邑內而宿. 一金一円四十二錢, 車費. 二十錢, 路費. 七錢, 雜費.

二十二日. 晴. 早發, 至豆溪食店, 乾衣調理. 與諸友作別, 余入隱洞.

二十三日. 晴. 朝飯後出發. 自金進士丈, 別受二十錢. 自五岱入山谷間, 越嶺. 至連山郡廳, 請見郡守, 方不在, 未得見. 往訪其私邸, 只付函而少出. 逢家僮, 與至鳴岩, 逢金仁洙, 隨入其家, 午飯. 至綺村外家而宿.

二十四日. 陰且雨. 朝飯後出發. 至曲長城, 逢雨. 訪見三盤內族家. 至本郡郵便所, 買郵票而歸宿.

二十五日. 夜雨. 付上書于茁浦及朴澈, 李鍾運, 尹相鶴, 李道榮, 鄭忠時, 許鋼君等處.

二十六日. 陰閏六月初一日也. 雨. 使釋弟付書于郵便所.

二十七日. 晴.

二十八日. 晴. 往見堂叔宅及宋台岩丈.

二十九日. 晴. 自鄭碩謨氏來書.

三十日. 晴. 崔昇烈君名啣來. 社峴李丈來臨.

三十一日. 晴. 白紙四張, 買來.

八月

一日. 晴. 完山李友象祚來宿.

二日. 晴. 李友出發.

三日. 釋弟往江景.

四日. 晴.

五日. 雨.

六日. 夕雨. 釋弟與金君來. 聞趙兄安信.

七日. 晴.

八日. 陰雨.

九日. 晴. 與弟四人, 徘徊于龍華山上.

十日. 晴. 金君出去. 使釋弟往郵便所, 付書及買葉書來.

十一日. 晴. 同學返來. 得見趙兄書及査丈書. 且別尾扇二柄來.

十二日. 晴.

十三日. 晴. 自朴澈及鄭忠時君來書.

十四日. 晴.

十五日. 晴.

十六日. 晴.

十七日. 夜雨.

十八日. 晴.

十九日. 晴.

廿日. 晴.

廿一日. 晴. 趙兄來.

廿二日. 午前雨, 午後晴. 趙兄歸.

卄三日. 與社峴李丈及小僮, 出發. 過益山邑, 逢林哲周. 至裡里, 午飯. 誤訪梧山里李石峴氏, 不得見. 止宿金堤邑內. 路費, 十四錢. 自家, 受四十五錢路費.

二十四日. 陰雨. 早發, 至立石, 早飯. 逢雨, 小休. 至浦橋, 冒雨渡津. 至首九地, 逢大雨. 沒廉, 訪入女人旅舘, 待雨歇出發, 渡귀쿠지津. 暮入茁浦江東里, 得謁父主. 七錢, 朝飯. 三錢五厘, 船價. 六錢, 燒酒. 七錢, 午飯.

卄五日. 陰且晴. 往見金同福家. 逢宋鎭禹, 盧泳龜.

卄六日. 晴. 得謁金定山丈.

卄七日. 逢見金性洙君, 若干談論.

卄八日. 晴. 訪見金性洙, 午飯. 午後, 訪朴炳善氏, 夕飯. 訪見辛淇文祖父丈.

卄九日. 晴. 朝飯於辛淇文君家. 午後六時頃, 乘小蒸氣船, 同黑四林次, 告別于諸丈前. 出海, 時已七時頃矣. 船出灣中, 天已黃昏. 茁浦渺然, 諸般送人歸去, 惟父主儼立江頭, 至下送子之情, 余乃數數回頭仰慕. 船去夜昏, 遙遙不見. 以是不肖心, 亦深感吾父愛子之情, 其所悵慕, 實難爲形. 所見者, 蒼空星辰而已. 所聽者, 風濤打船聲而已. 如拳水粒, 爭落船中, 大破苦寢之亂夢, 又有寒氣侵入肌骨, 眷眷耿耿之服, 苦待朝旭之昇照. 汽船賃, 一円. [最眞愛我者, 父母.]

三十日. 晴. 曉入群山灣內. 待東方日出, 直上陸. 向入九福洞, 訪金洪斗氏家, 朝飯. 逢印昌燮. 買船票, 有證明, 二割引. 乘大阪商船(木浦丸), 日暮海上, 萬里滄波. 向黃海, 經瑞川개뉴及烟島, 經夜於海中. 夜昏, 不得見海景之如何. 二円, 船賃. 十六錢, 丸藥.

三十一日. 晴. 早至仁川灣內, 留待東方之明, 早飯. 日出後, 上陸. 直至枏峴, 八時頃, 同印君, 乘車. 同九時頃, 至南大門, 下車, 入舍. 逢李瑩九. 訪謁博士丈, 傳父主書. 訪金永近, 未見, 夜訪得見. 付上書于父主前及金洪斗氏. 三十五錢, 汽車賃. 十錢, 費.

九月

一日. 晴. 入校, 參開校式, 聞新教育令. 式後, 一同行大掃除. 訪謁博士丈. 訪見尹相勛友. 十五錢, 理髮料. 十五錢, 夏服洗濯料.

二日. 晴. 訪見印昌燮君. 十四錢, 雜費.

三日. 晴. 終日不出, 正書課題.

四日. 晴. 往訪柳一宣氏家, 初見崔奎東氏, 聞數學講義事.

五日. 午後雨. 訪見金先生及博士丈.

六日. 雨. 付書于趙兄.

七日. 晴. 與鄭忠時君, 至安洞, 訪見金弼洙及印昌燮·崔昇烈兩友. 金五十錢, 貸與韓相範君.

八日. 晴. 與鄭忠時君, 訪李石峴氏, 未見. 往訪各書舖. 回路, 至圖章舖. 徵一箇章. 先給其金二十錢.

九日. 晴. 訪謁佑氏及金友. 得見趙兄書.

十日. 晴. 往弔李石峴氏. 歸路, 推尋圖章. 往溫井洞, 訪見金永近. 歸路, 訪謁金先生宅. 付書于本第.

十一日. 晴.

十二日. 雨. 與尹相勛, 訪鄭判事丈. 付書于尹碧樵丈.

十三日. 細雨. 付書于趙兄.

十四日. 晴. 十一錢, 染墨甁及鉛筆一箇.

十五日. 晴. 五十錢, 自韓相範受.

十六日. 晴. 訪李春世氏, 未見. 訪見博士丈.

十七日. 雨. 訪見李殷永. 往工業傳習所, 見李載日, 傳置辛淇文書.

十八日. 晴. 訪見崔秉熙.

十九日. 晴. 付書于隱洞. 往南洞, 呈硏究會請願書.

二十日. 晴.

二十一日. 晴.

二十二日. 晴. 自柳光錫·朴仁根, 來函.

二十三日. 晴. 訪博士丈, 未見. 往尙洞.

二十四日. 晴.

二十五日. 曇.

二十六日. 雨.

二十七日. 雨. 自尹相勛君, 收捧二円. 一円, 貸與姜炯求君.

二十八日. 晴. 與金金昌進, 謄寫.

二十九日. 雨. 與速成科, 開懇親會. 七錢, 費.

三十日. 晴. 運搬文具于本校寄宿舍. 夕飯後, 移入本舍. 博士丈, 得謁於路中. 付書于本第及茁浦. 二十五錢, 淸語册.

十月

一日. 晴. 往見印昌燮君. 訪李殷永君, 未見. 往寺洞. 午後, 與諸友, 參硏究會(普成學校內).

二日. 夜雨.

三日. 晴.

四日. 付書于趙兄.

五日. 晴.

六日. 晴. 訪博士丈, 未謁. 金鍾國許, 貸與五錢. 十錢, 理髮.

七日. 少雨. 運動準備. 往寺洞及安洞寄宿舍. 訪李殷永君. 金四十錢, 革帶一.

八日. 晴. 行運動會. 受菓子一封. 夜許外出故, 往見金弼洙, 聞研究事, 受其印刷物一張.

九日. 晴. 訪與蘇友, 往見李殷永. 夜降霜.

十日. 晴. 午前八時, 送別三年生于日本.

十一日. 晴.

十二日. 朝雨. 十錢, 貸與金夔庸.

十三日. 晴.

十四日. 晴. 訪謁博士丈.

十五日. 日曜日也. 本校學員一同, 往仁川. 午前五時頃, 起寢. 同三十分, 出舍. 往南大門停車場. 同六時二十分, 乘仁川直行車. 學員二百二十人, 教授十人, 小使一人也. 經露梁津, 至永登浦, 小停車. 至梧柳洞, 小停車. 經素砂富平驛, 至朱安, 下車. 得見天日鹽田. 先見碎鹽器械室. 其原形, 則矗骰子形. 粒大而不可, 故碎之然後, 入俵包之. 但, 其俵亦有機械製了. 往見鹽田, 則引入海水于大溜水地, 而次次灌入小溜水池, 增畜鹽分, 以入結晶池. 此池, 則其面平鋪小石. 其結晶日數, 夏天則一週日後, 冬天則十日後, 收鹽分結晶者, 爲鹽. 若雨日, 則決其水, 入其邃小溝形地. 不使鹽分增加分弛故也. 若廣地逢雨, 則鹽分增加分弛也. 如是, 而雨日則決水, 晴日則以水灌車, 更入結晶池云云爾. 自此徒步而至杻峴, 小休, 更發. 至仁川波濤場, 乘小汽船, 時已午正矣. 船中, 午飯. 入津輕艦, 定列分隊, 隨其指導者, 聽其說明. 區區房房, 依依歷歷, 不遑枚擧其要. 了觀後, 更以正列, 有將校說明. 一. 軍艦目的=斥敵保國 一. 軍隊生活=嚴守規則, 莊行淸潔 一. 學問上關係=專門的學問硏究之必要. 及此艦由來歷史云. 但此艦, 號卽津輕, 二等巡洋艦也. 重量六千五百噸, 軍人六百名內, 淸國留學生二十三人也. 六吋砲十門, 三吋砲十二門, 連射砲四門, 及其他水雷砲等有之. 然不可對敵大艦. 但, 戰時, 艦間通信使用. 非戰時, 如今巡洋. 今則向上海及香港馬來海峽, 又其他日本留學生住所近海等. 且有探海燈及無線電信(暗號電信)等. 凡軍艦之可備者, 則大槪具置. 了觀此艦, 又乘小汽艦. 下陸, 至航路標式管理所, 觀燈臺模範所, 則以石油瓦斯, 如洋燈之胡也形裝置. 元其白熱燈一萬三千燭光, 助爲五萬三千燭光, 其光照二十海里, 卽仁川至京城間距離也. 茫然大霧暗空時, 則不見. 但其時, 以音響通知來艦云. 自此, 經花開洞及各國公園, 至測候所. 有測雨臺及日晷器(英宗及憲宗時所作). 隨其指導者, 入室. 見晴雨計, 氣壓濕度計, 風力計, 地動計, 地振計及其他諸器械等. 聽其說明, 日已暮矣. 至龍洞順興旅舘李鴻來家而宿. 夜許外出, 故與尹相勛周觀市街.

十六日. 月曜日. 早雨. 朝飯後, 一同往觀八阪公園. 轉眄風光, 心事爽快. 午前十一時二十分, 復至永登浦, 乘換南行車, 車中午飯, 至水原下車. 入農林學校及模範場, 隨其指導者, 聽其說明, 觀其物品. 乃至西湖邊杭眉亭, 小休. 凡西湖, 如支那杭州之西湖云, 故附杭字, 稱杭眉亭. 西湖, 水原八景之一也. 自今之年前, 則水不充滿, 自農校營築, 能成瀑沛, 風景佳作. 養魚於此, 二年者, 爲一尺許云. 自此至農校敎室, 小休, 得食甘藷. 轉覽理化室及其寄宿舍, 食堂, 標本室, 生理室. 逢見宋洙格. 出回種苗場及諸種苗圃, 仍至停車場, 乘車. 經安養, 始興, 永登浦, 鷺梁津, 龍山, 至南大門. 時已下五七時十分頃也. 各分隊, 歸其所. 時已八時頃也.

十七日. 晴. 神嘗祭日也. 休業.

十八日. 晴. 見家書.

十九日. 晴. 自家小包來. 又有仲父主下書.

二十日. 晴.

二十一日. 晴. 往見印友.

二十二日. 晴. 付書于本第及茁浦. 付上圖章于仲父前. 有父主下書. 往見工業傳習所展覽會. 又參研究會, 聽講其義, 自今日始也. 八錢, 石鹼. 三十錢, 圖章一.

二十三日. 晴. 付書于趙兄.

二十四日. 暮陰少雨.

二十五日. 晴.

二十六日. 晴.

二十七日. 晴. 自金夔庸許, 收捧十錢.

二十八日. 晴. 農業實習. 得見菊花品評會. 往寺洞.

二十九日. 晴. 往參研究會.

三十日. 晴. 自姜烱求, 收捧一円.

三十一日. 夜小雨. 作七人茶菓會. 五錢, 費.

十一月

一日. 晴. 本校變爲京城高等普通學校附設臨時教員養成所. 午後九時頃, 迎入三學年生于校門內.

二日. 晴. 自茁浦有下書. 送別朴先生·吳書記.

三日. 晴. 天長節云也. 休業. 受菓子一封. 與蘇友往寺洞. 訪見李殷永及金永近. 往謁博士丈.

四日. 晴. 往安洞, 見尹友. 訪見崔昇烈, 金弼洙, 印三洙君. 逢辛淇文. 十五錢, 毛筆三柄.

五日. 晴且陰. 小雨. 朝飯後, 往寺洞. 路逢謁石圃丈. 得見蘇友. 付家書. 因往溫井洞, 訪見金永近從兄弟友. 訪見李殷永. 午後, 往參普成學校研究會.

六日. 晴. 自校, 受鉛筆.

七日. 晴. 新敎諭楢木末實, 相見禮式擧行.

八日. 晴.

九日. 晴.

十日. 晴. 花園淸潔.

十一日. 晴. 自松堂先生前, 受名啣紙書役.

十二日. 往謁松堂先生. 訪安洞寄宿舍及寺洞寄宿舍諸友. 訪博士丈宅. 付書于趙兄. 付送算學通編一卷. 往普成舘研究會. 五十五錢, 算學通編一卷. 八錢, 郵費.

十三日. 晴.

十四日. 晴. 外套見量.

十五日. 陰雨.

十六日. 陰雨. 趙兄書來.

十七日. 陰. 主事渡部春藏新莅, 擧行相見禮式.

十八日. 晴. 午後有東遊談話會. 視學官來參. 終序有視學官演說, 精神的教育.

十九日. 晴. 往寺洞寄宿舍. 參研究會. 往訪精理舍.

二十日. 晴.

二十一日. 夕雨.

二十二日. 夜雨.

二十三日. 午後, 自寺洞寄宿舍, 至精理舍, 數話.

二十四日. 晴.

二十五日. 雨. 往安洞. 往漢陽沐浴湯, 沐浴. 雪滿江山, 寒風蕭蕭.

二十六日. 晴. 往參研究會.

二十七日. 晴. 書呈名啣于松堂先生.

二十八日. 晴.

二十九日. 化學豫備試驗.

三十日. 晴.

十二月

一日. 晴.

二日. 晴. 午後, 有旅行談話會.

三日. 午後, 往參研究會. 付書于茁浦及趙兄.

四日. 往安洞及寺洞.

五日. 晴.

六日. 晴. 自趙兄來書.

七日. 晴且陰. 夜雪小降.

八日. 晴.

九日. 晴.

十日. 晴. 與蘇友往安洞. 往見李殷永及金弼洙. 往研究會.

十一日. 晴. 謄寫.

十二日. 晴. 總督府醫院醫師大槻氏來演說.

十三日. 晴.

十四日. 晴. 第二學期試驗日割, 揭示.

十五日. 晴. 夜雪. 自趙兄來書.

十六日. 晴. 有主事訓諭. 付書于趙兄.

十七日. 晴. 有同室菓子會.

十八日. 雨.

十九日. 陰雨. 第二學期試驗始. 口語法, 農學.

二十日. 晴. 日寒頗酷. 理化, 講讀.

二十一日. 晴. 地理, 教体體.

二十二日. 晴. 修身, 博物.

二十三日. 晴. 漢文, 數學, 會話. 了試驗. 往見博士丈. 自校受外套.

二十四日. 晴. 往安洞寄宿舍, 受金學員監書役, 新賀狀六十餘張. 訪見金永近及李殷永君. 有論理學及社會學寫給. 付書於趙兄.

二十五日. 晴. 往安洞. 與尹君, 訪見金弼洙. 往寺洞.

二十六日. 晴. 寫呈年賀狀于金學員監. 與蘇君, 往泥峴及總督府陳列所.

二十七日. 晴. 往見金永龍君. 與往永寶堂, 未謁石圃丈. 往見李殷永君.

二十八日. 晴. 放學式擧行. 同窓諸友, 皆歸家. 練習元日式. 訪見李殷永, 給其書册. 訪見金弼洙君.

二十九日. 晴. 訪謁博士丈. 又見趙秉奎. 付年賀狀于全州公校及守山氏及鄭碩謨氏及趙兄. 崔昇烈來訪.

三十日. 晴. 金先生枉臨下顧.

三十一日. 晴. 早往謁金先生. 金永近君歸家便, 付書于隱東.

1912년(단기 4245년)

四二四五(一九一二) 壬子

一月

一日. 高校職員及生徒, 並我校先生及學員一同, 會集于本校講堂, 行祝賀式. 往訪崔·蘇兩友. 往與趙炳奎, 講算學. 付書于本第. 李殷永君來訪. 自鄭碩謨氏, 金鍾南, 林哲周君, 來書. 付書于金鍾南, 林哲周君.

二日. 晴. 訪見崔昇烈. 逢金永龍君.

三日. 陰寒. 與鄭忠時, 往謁金先生, 仍往桂洞吳氏家. 回路, 入普及書舘, 光東書舘. 往訪李範龜氏. 自趙兄, 孫均玉, 姜鳳求, 來年賀狀. 付書于孫均玉君.

四日. 雪且晴. 往見崔昇烈君.

五日. 晴和. 黃君瑞勳許, 貸與二円六十錢. 與李國勝, 周覽册舖.

六日. 晴. 午前九時, 行開學式. 一同初見新任校長擧式. 往見蘇·李兩友. 自柳光錫及李觀承氏, 姜鳳求君, 來書.

七日. 晴. 金弼洙來訪. 往見崔友. 付書于姜鳳求君. 自李圭夏許, 收捧二円金.

八日. 晴. 爲速成科募集試驗. 往安洞. 付書于趙兄.

九日. 晴. 自李道榮氏許, 來書. 全羅北道長官選送教員等, 來訪. 自黃瑞勳許, 收捧二円六十錢.

十日. 晴. 自權友寧植許, 來函. 金永龍來傳書札.

十一日. 晴. 酷寒. 自季父主下書. 訪謁金先生.

十二日. 晴. 訪金先生, 得謁. 訪尹友, 未見.

十三日. 晴. 訪印友. 訪謁金先生. 有茶菓會.

十四日. 往謁金先生. 因往溫井洞, 得謁金君慈堂, 談話良久. 又得謁石圃丈. 訪見李·金兩友. 一円五十錢, 貸與黃瑞勳君.

十五日. 晴. 付書于本第, 同封金丈書. 付書于道榮氏.

十六日. 晴.

十七日. 晴. 自趙兄書來.

十八日. 晴.

十九日. 晴.

二十日. 理髮. 往謁博士丈.

二十一日. 晴. 往參普成學校內研究所開學式及紀念式. 卽我語文世宗朝二十五年癸亥冬了成, 然而今吾儕之不瞻者, 只以實質的研究, 不能爲形式云云之院長訓辭. 其次, 周先生訓辭及哲學博士李承晩氏勸勉. 其次, 五星學校學監勸勉辭. 罷式.

二十二日. 晴.

二十三日. 早七時, 準備. 八時, 職員生徒一同, 乘仁川行車. 往觀香取軍艦. 午後七時頃, 還.

二十四日. 晴.

二十六日. 晴.

二十七日. 晴.

二十八日. 晴. 往見李殷永及蘇秉寔君. 四十九錢, 西洋歷史册.

二十九日. 晴. 族叔佾氏來訪.

三十日. 晴. 往謁博士丈. 往西大門外鍮洞, 訪見李春世氏. 又見李鍾國, 李鍾翼君. 訪見李殷永君. 付書于權寧植君.

三十一日. 晴.

二月

一日. 晴.

二日. 晴.

三日. 晴. 往訪李殷永, 未見. 往與蘇友, 往紙物商店. 十三錢, 用.

四日. 晴. 付家書. 往謁博士丈. 訪見蘇友. 往研究會. 三十六錢, 我語文法册一.

五日. 晴.

六日. 晴. 乾寒. 自金先生前, 受見祖父下書. 付家書.

七日. 晴. 甚寒.

八日. 晴.

九日. 晴. 午頃, 一同會集講堂. 主事有言, 募集試驗事.

十日. 晴. 有來趙兄書. 練習紀元節式. 往謁博士丈. 付書于茁浦及趙兄.

十一日. 晴. 午前十時, 擧行紀元節式. 李鍾翼·李秉俊君, 來訪. 尹相

勳亦來見. 往研究會. 往謁金先生. 往見李秉俊君. [有家書來.]

十二日. 晴. 同封金丈書, 付家.

十三日. 晴.

十四日. 晴.

十五日. 晴. 夜有雪.

十六日. 風雪大作. 有家書來, 小包亦來.

十七日. 晴. 陰曆除日也. 此夕, 開親睦會. 日氣陰寒.

十八日. 陰寒. 壬子正月一日也. 往謁金先生. 往研究會. 往謁博士丈. 往見寺洞寄宿寺. 付書于家. [壬子年]

十九日. 晴.

廿日. 晴. 秉穚弟來見.

廿一日. 晴. 入其請願書, 受其試票. 往青石洞.

廿二日. 晴. 自茁浦, 還來前日所書. 甚訝甚訝.

廿三日. 晴.

廿四日. 晴. 金永龍來訪.

廿五日. 晴. 研究會往參. 往謁金先生, 松堂丈, 坐聽誨話, 日已暮矣. 還舍, 巧逢學員監. 有違門限時間, 見叱. 因爲始末書.

廿六日. 晴. 自金永運君來書. 卽付答書.

廿七日. 雨.

廿八日. 雨.

廿九日. 晴.

三月

一日. 入炊事室. 卽炊事當番也.

二日. 晴.

三日. 晴. 秉熇來見. 午後, 往硏究會. 因訪謁博士丈.

四日. 晴和.

五日. 晴和.

六日. 陰.

七日. 晴. 自茁浦有下書. 第三學期試驗始.

八日. 晴. 上書于茁浦.

九日. 晴.

十日. 學校先生及學員一同, 往參龍山陸軍紀念式會. 逢見李鍾翼及金弼洙·崔昇烈君. 午後三時頃, 與金君還來.

十一日. 甚寒.

十二日. 寒氣殘酷.

十三日. 晴.

十四日. 晴. 炊事當番. 試驗了見. 付書于趙兄.

十五日. 晴. 炊事役了.

十六日. 晴.

十七日. 雪. 同室諸友一同, 往天然堂, 撮影. 尹友訪見. 訪謁金先生. 自尹相勳, 收捧一円. 金顯模收捧五十錢. 三十錢, 捐助硏究會.

十八日. 晴.

十九日. 晴.

二十日. 晴. 下學後, 往謁博士丈. 逢見族弟.

卄一日. 晴. 大風. 訪金先生, 未見. 訪見金永近·永運·永龍及金弼洙·李秉俊君.

卄二日. 晴. 風勢如昨. 午前十一時, 一同往高等學校內, 練習卒業式. 揭示試驗成績. 訪蘇友, 未見. 回入寺洞寄宿舍.

卄三日. 晴. 午前九時, 一同往高校內, 擧行卒業式. 訪謁博士丈. 逢見李鍾翼君. 往謁金先生. 二十五錢, 紀念寫眞.

卄四日. 晴. 往見蘇秉寔, 偕往見西門外獨立門. 回路, 訪見李鍾翼. 訪博士丈, 未見. 訪見金冕洙. 自黃瑞勳, 畢捧一円五十錢. 十九錢, 黑染料.

卄五日. 晴. 訪印友及侍讀丈, 蘇秉寔, 博士丈. 午前九時, 放學式行. 午後十一時卄分, 乘南行直行車, 同伴萬石里老人. 博士丈亦來, 餞于南大門驛. 三円五十九錢, 汽車賃.

卄六日. 晴. 午前三時, 下車於太田, 旅館訪入. 八時, 乘湖南車. 十時頃, 下車於江景驛. 至趙兄及金友家, 請與一丱童. 乘暮還家.

卄七日. 午後雨歇. 還送浪青里兒. 付送小學一二卷, 付書.

卄八日. 晴. 訪謁諸宅.

卄九日. 晴. 付上書于茁浦. 午後, 往見新幕堂叔宅.

卅日. 晴. 與叔主及從弟二人, 往見學校及社峴李氏宅.

卅一日. 晴. 祖父主下賜五円, 受諸宅付托件. 與乙星, 至鵲村. 逢趙兄, 情話數時, 午飯. 至江景驛, 乘車, 還送乙星. 五時, 至太田. 六時, 乘北行車. 同十一時, 至南大門驛, 下車, 入舍. 三円五十九錢, 汽車賃.

四月

一日. 午前, 各教室大掃除. 行開校式. 式罷, 卒業生受其辭令書. 往景福宮內, 開墾土地. 午後三時頃, 出. 訪博士丈及蘇秉寔. 一円五十錢, 毛褥一件. 二十五錢, 上針十五匣.

二日. 晴. 付書于趙兄. 往謁博士丈. 黃瑞勳貸與五十錢.

三日. 晴. 神武天皇祭日云. 休業. 入景福宮, 紀念植樹. 付書永龍.

四日. 晴. 春寒尙峭. 付書于永運友.

五日. 晴. 午前八時半, 一同往南大門驛. 送長谷川教授于平壤. 午後, 往謁博士丈. 十七錢, 封套紙及毛土紙.

六日. 晴. 午後, 往見苑洞李鍾翼友.

七日. 晴. 往謁博士丈及金先生. 午後, 與鄭忠時君, 登南山.

八日. 晴. 往植木于本校造林地(東門外). 自趙兄來書.

九日. 晴.

十日. 晴. 午後, 往安洞寄宿舍. 回路, 歷訪博士丈.

十一日. 晴. 自康津族兄來書及人, 有入校者.

十二日. 晴. 自姜鳳求友來書. 入農場, 種瓜.

十三日. 晴.

十四日. 雨. 往謁博士丈, 又見金弼洙君.

十五日. 晴. 自黃瑞勳貸去金, 收納.

十六日. 晴. 四錢五厘, 菓子會.

十七日. 雨且霰. 金夔庸許, 貸與五十錢.

十八日. 陰雨.

十九日. 晴. 遠足準備. 上書于茁浦. 付書于道榮氏.

卄日. 午前, 晴. 午前七時三十五分, 遠足次, 一同出發. 自惠化門, 至三山坪, 小休. 至大水踰里, 小休. 未達目的地牛耳洞, 才至加五里, 午飯休憩, 一時間半. 四面果園, 環山紅花, 山危溪急, 巖石崎嶇, 可感人情矣. 午後, 斜風細雨中, 歸去來. 至醫院邊, 解散.

卄一日. 雨. 午後, 往普成學校, 參我語學開會式.

卄二日. 晴. 訪謁博士丈.

卄三日. 晴. 付書于金冕洙君.

卄四日. 晴. 課外手工實習.

卄五日. 晴. 往見安洞寄宿舍.

卄六日. 晴. 家庭救急方, 買來. 往謁博士丈于畿湖學校內.

卄七日. 晴. 往謁博士丈.

卄八日. 晴. 午前, 訪金永近·永龍, 黃潤, 崔昇烈. 午後, 訪李根昌氏及金先生宅. 往普成學校硏究會.

卄九日. 雨. 朴仁根許來書.

三十日. 晴. 自金夔庸, 收捧所貸條. 捐金十五錢于湖南學生運動會. 入英語講習所.

五月

一日. 晴. 夜見父主下書.

二日. 晴. 自趙兄來書. 付家書. 訪博士丈. 六錢, 切手.

三日. 雨. 付書于趙兄. 四十四錢, 朝鮮讀本八卷. 三十錢, 入學金(英語).

四日. 晴. 往謁博士丈. 往見金漢燁及朴仁根, 未見.

五日. 晴. 早往見朴仁根, 與往奬忠壇, 參湖南學生運動會. 正午頃, 還來. 訪尹始鏞氏. 十二錢, 英國國民讀本.

六日. 晴. 金志淵君, 貸去七錢.

七日. 晴. 訪博士丈, 未謁.

八日. 晴.

九日. 晴. 入景福宮, 見蠶室消毒法. 호로마링液, 溶於三十五六倍水, 用噴水器. 又溶於二倍水蒸發. 其毒, 故不可以近. 以器械, 入其瓦斯體于室內, 或以爐上置其水, 而二三日後, 入其室之蠶. 人亦不可直入. 卽六十瓦千立方尺噴水, 亦同此.

十日. 晴. 大掃除.

十一日. 陰. 自金永運許來書.

十二日. 雨. 往謁博士丈及金先生. 付書于金永運.

十三日. 晴.

十四日. 晴. 暑氣稍生.

十五日. 晴.

十六日. 晴.

十七日. 雨. 甚熱. 五錢, 菓子會.

十八日. 乍雨乍晴. 移于西寮十九室.

十九日. 雨. 往普成學校硏究會.

廿日. 晴且陰. 家書及小包來. 往謁博士丈.

廿一日. 雨且晴. 付書于本第.

廿二日. 晴.

廿三日. 晴.

廿四日. 晴. 養蠶室當番. 欠席於英語科.

廿五日. 有父主下書. 訪博士丈.

廿六日. 曇且雨. 付上書于茁浦. 自博士丈, 往見朴仁根及龍進, 初見李周永君.

廿七日. 三十錢, 月謝金. 往高等校, 行勅語捧讀式.

廿八日. 晴.

廿九日. 晴. 英語科, 有病, 故未學.

三十日. 晴.

三十一日. 晴. 自校, 受夏服及洋靴.

六月

一日. 晴. 往見博士丈.

二日. 曇. 往訪金永龍. 往研究院.

三日. 曇. 自華山義塾李原鎬, 來書. 付答書.

四日. 晴.

五日. 晴.

六日. 晴.

七日. 晴.

八日. 雨. 黃瑞勳許, 收捧所貸條.

九日. 晴. 午前, 訪謁博士丈. 午後, 訪見崔昇烈. 入景福宮, 養蠶當番.

十日. 晴. 十五錢, 洋服洗濯. 三十錢, 月謝金.

十一日. 晴.

十二日. 晴.

十三日. 晴. 入音樂月報會. 月謝金, 二錢.

十四日. 晴. 逢見李鍾翼君.

十五日. 雨. 英語科放學. 付書于蘇秉寔君.

十六日. 午前小雨, 午後晴. 訪金昌善君. 還至塔洞, 小休, 至寺洞, 訪博士丈. 午後, 訪謁金先生. 付書于趙兄.

十七日. 晴. 自今日, 八時始業. 二三學年一同, 往舊龍山. 觀麻浦發電所及總督府印刷局, 瓦斯製造所, 總督府勸業模範場支部, 女子蠶業講習所而歸來.

十八日. 晴.

十九日. 雨. 自趙兄許來函.

二十日. 晴. 放課後, 三國谷氏, 會生徒一同于講堂, 有言.

卄一日. 晴. 書了見學日誌, 呈校.

卄二日. 晴. 與鄭君忠時, 訪見其伯氏.

卄三日. 晴. 午前, 訪謁博士丈宅, 得見龍仁宗孫. 訪見崔昇烈, 逢見李鍾翼, 與往成均館近處. 買櫻桃而食. 還至普成舘, 我語試驗及放學. 付家書.

卄四日. 晴. 自李秉俊及蘇秉寔, 來書.

卄午日. 晴. 自校, 受內衣一件.

卄六日. 晴. 農業日誌當番.

卄七日. 晴. 放課後, 醫師來演.

卄八日. 晴. 付書于蘇秉寔及李秉俊君.

卄九日. 晴.

三十日. 晴. 訪見金弼洙. 訪謁松堂先生. 與崔昇烈君, 往聽李東羲氏演說于青年舘.

七月

一日. 晴. 付上書于父主前.

二日. 晴.

三日. 晴.

四日. 晴. 教育試驗. 貴族院參觀者來校.

五日. 晴. 付書于家.

六日. 少雨. 與姜友炯求, 往隆斌堂後石澗亭, 談話.

七日. 晴. 與黃瑞勳, 往景福宮內, 整理產卵.

八日. 晴. 消火器械使用法練習.

九日. 晴.

十日. 夜雨.

十一日. 晴且陰.

十二日. 晴. 修身, 博物, 漢文試驗.

十三日. 晴. 農學. 與鄭忠時君, 徘徊鐘路而還.

十四日. 陰雨.

十五日. 陰雨. 講讀, 地文.

十六日. 陰雨. 數學, 文法, 體操.

十七日. 晴. 數學. 試驗了. 往謁博士丈. 訪崔友昇烈.

十八日. 陰雨. 入農場, 視役.

十九日. 晴. 對課題有言. 行終業式. 自光化門, 所貯貳円五十錢推來. 白粉, 八十錢. 簪, 二十錢. 酒石酸, 重炭酸曹達, 三十錢. 洋靴藥, 三十錢. 扇及手帖, 十二錢. 洋襪, 十五錢. 軸紙, 十三錢.

卄日. 午前五時, 起寢. 六時頃, 自校舍監許(兒島教授), 受旅費三円三錢.

早飯後, 乘電車, 至南大門停車場, 聞湖南線之不通. 不得已乘太田車. 卽八時半矣. 至太田, 與朴基溶及金弼洙, 入旅舍. 午飯後, 與一童, 纔至三汗里酒幕而宿, 六錢五厘. 汽車費, 一円一錢五厘, 汽車費. 卄六錢, 食價.

卄一日. 晴且雨. 早發, 至隱洞, 朝飯. 午後, 與諸友, 往鎭岑吉軒私立協昌學校. 初見其校長朴禹緖及朴萬緖. 適有放學式, 有酒有瓜而挽我, 夜亦不歸.

卄二日. 晴. 早發, 至隱洞, 往弔于金檢書宅.

卄三日. 雨. 近午頃, 出發. 自進士丈, 受五十錢. 至柯洞, 訪外叔宅. 過山崇里外家及綺村里外家. 暮頃, 歸省.

卄四日. 晴. 慈親生辰也. 三十錢, 正肉. 付書于苗浦及大出氏.

卄五日. 晴. 付書于金丙喜. 兼付尹相勳書. 十五錢, 葉書.

卄六日. 晴.

卄七日. 雨.

卄八日. 曇. 自太田與來一丱, 告歸. 付書于隱東.

卄九日. 曇.

三十日. 曇. 明治天皇作故. 始大正年號.

三十一日. 晴. 往新坪及沙谷, 見申氏及族家, 傳置博士叔書. 回路, 訪謁宋苔嵓丈.

八月

一日. 晴.

二日. 晴. 往見金英振及金仁洙·續龜友, 而與金仁洙君來. 付書于松堂先生及諸友處.

三日. 晴.

四日. 晴.

五日. 晴.

六日. 晴. 鄭顯相氏來訪.

七日. 晴. 午後, 趙兄來訪.

八日. 晴. 與趙兄, 入邑內及社峴, 只見英振. 午後, 往見楊玉臺先生, 宋相協君.

九日. 與趙兄, 往古城里. 是日亦晴.

十日. 晴. 歸路, 訪宋性三氏, 未見. 自山路, 至白雲菴, 午飯. 適驟雨, 待歇歸來.

十一日. 與趙兄往邑內. 郡守丈(千章郁)有酒賜我, 相與談話. 薄暮歸來.

十二日. 隨趙兄往鵲村. 往路, 通譯日人醫師, 爲之入社峴. 午飯于馬山, 夕宿于鵲村.

十三日. 晴. 午前, 往江景, 未見諸知舊. 至黃山理髮所, 訪尹日炳, 金應洙. 午飯. 見舍妹. 還至鵲村, 訪見李鎬成氏. 更至趙兄家, 告別以還.

十四日. 晴. 自朴基溶, 李大泳, 金昌鎭, 來答書. 自權敏玉有書. 父主下書.

十五日. 小雨. 付書于柳友.

十六日. 小雨. 鄭忠時·姜炯求, 來書.

十七日. 往謁堂叔主. 自完來.

十八日. 雨. 付書于父主前.

十九日. 雨.

二十日. 雨. 付書于西村豊一.

卄一日. 小雨. 慈母主往外家. 釋弟及龍弟陪從.

卄二日. 入邑內. 歸路, 買寸蟲藥, 用祖母主. 忽腹痛下痢. 釋弟則還.

卄三日. 晴. 祖母主病患, 少差. 早入邑內, 買藥來.

卄四日. 晴. 自權泰禧君, 更來書.

卄五日. 晴. 午後, 社峴李書房來傳父主書.

卄六日. 晴.

卄七日. 晴. 父主下書. 李應求書來.

卄八日. 晴.

卄九日. 晴. 趙司課丈來訪.

三十日. 晴.

三十一日. 晴. 早起飯, 與乙星出程. 自家受四円六十錢. 午頃, 至鵲村姊家, 午飯. 不見趙兄及查丈. 適過金應洙. 訪李羲容. 午後二時頃, 乘車. 車費, 一円四十二錢. 還送乙星. 同五時頃, 至太田. 換乘北行車. 同九時頃, 至南大門驛, 入寄宿舍.

九月

一日. 晴. 訪見松堂先生, 博士叔, 崔昇烈君, 李鍾翼君, 金永龍君.

二日. 晴. 一同行教室大掃除及運動場大掃除. 同十時, 始業. 午後, 訪見博士叔.

三日. 晴. 付家書. 往安洞. 歸路, 買黑汁一瓶, 鐵筆一柄, 金十四錢五厘也.

四日. 晴. 下學後, 我級一同, 入景福宮內農場, 芽接三株.

五日. 小雨. 與鄭忠時君, 往漢陽湯, 沐浴.

六日. 未晴. 往中東學校, 宣言退學理由.

七日. 晴. 午後, 入農場. 付書于趙兄及姜鳳求君.

八日. 晴. 訪見博士叔. 午後, 往硏究會. 任員及先生不來, 姑未開會. 訪光文會及李石峴氏. 往塔洞公園, 逢學友諸人. 有柳光錫書來. 理髮, 二十錢. 金顯模君, 借去五十錢.

九日. 晴. 連製團扇, 多廢學課.

十日. 晴. 忽然生涼.

十一日. 晴. 金十錢, 同誼錄.

十二日. 晴. 以明日參大葬禮云. 練習參禮.

十三日. 晴. 午前五時, 起寢. 同八時, 一同往高等校, 行奉悼式. 同午後五時, 與高校一同, 往龍山練兵場. 同九時, 始式. 同十二時, 畢了. 滿場人海, 地無立錐. 新一時頃, 還. 一金五錢, 菓子.

十四日. 晴. 終日閉門.

十五日. 晴. 終日閉門. 但讀小說等書.

十六日. 晴. 堂叔主下書. 往見博士叔. 劉瑄鍾書來.

十七日. 晴. 上書于堂叔主前. 往見崔昇烈君.

十八日. 晴. 付家書. 有父主下書, 卽答上書.

十九日. 晴. 往見崔昇烈君.

卄日. 晴. 金七錢五厘, 印札紙百張.

卄一日. 晴. 自農場還路, 訪謁松堂先生.

卄二日. 晴. 往謁博士叔·紅峴校理叔. 訪見李鍾翼君. 逢金弼洙君, 隨往其所. 午後, 往我語硏究會. 金十五錢, 長洋襪一.

卄三日. 晴.

廿四日. 晴. 往漢陽沐浴湯.

廿五日. 晴. 往見崔昇烈君.

廿六日. 晴. 我級三十一人及西村·大出敎授, 與往見釀造試驗場及麻浦煉瓦製造所.

廿七日. 晴. 往光化門郵便局, 推覓貯金二円五十錢, 與鄭忠時君.

廿八日. 晴. 往見博士叔, 宋柱烈君.

廿九日. 晴. 訪黃潤君, 李鍾翼君, 金永龍君, 李範龜氏, 博士叔. 參研究會.

三十日. 晴. 見家書.

十月

一日. 晴. 往日本見學地說明敎受.

二日. 晴. 往日本預習, 分隊行伍.

三日. 晴. 如昨日, 預習.

四日. 晴. 準備行裝.

五日. 晴. 如昨, 準備.

六日. 晴. 整頓行裝.

以下日記, 在別錄旅行日誌.

日誌 第一卷~第二卷間 十月分

(十月 七日로브터 同三十 一日ᄭᅡ지 다음 十一, 十二分도 附添함.
但 此冊은 其時 其所에 提出하므로 日文으로 씀.)

大正元年十月

修學旅行日誌*

京城高等普通學校 教員養成所

三學年 乙組 李秉岐

* "수학여행일지(修學旅行日誌)"는 10월 7일~31일에 일본 수학여행을 다녀온 일을 기록한 것이다. 이 일지는 학교에 제출하여 점검을 받은 뒤 돌려받은 것인데, 가람은 이 기간의 일기를 따로 쓰지 않고 이 일지를 해당 날짜에 편철했다. "수학여행일지"의 글씨는 조 형(趙兄) 즉 조춘원이 썼는데, 이는 11월 5일에 가람이 초본(草本)을 가져가 정서(淨書)를 부탁했다는 데서 확인할 수 있다. 또한 가람은 이듬해인 1913년 3월 8일에 "수학여행일지"를 돌려받았다고 했는데, 학교에서는 붉은 색으로 문장을 첨삭하여 돌려주었던 것으로 보인다. 따라서 원문에 부호를 붙이거나 첨삭한 부분은 가람이 직접 수정한 것은 아닌 셈인데, 이하에서는 이러한 첨삭의 흔적을 드러내기 위해 원문에 해당 부분을 표시해 둔다. 삭제한 부분은 "~~홍길동~~"과 같이 줄을 그어 표시하고, 새로 추가한 부분은 [ ] 안에 기입한다. 글자에 밑줄을 그은 부분은 밑줄을 그어 표시하고, '△' 표를 붙인 부분은 해당 글자 뒤에 '(△)'로 표시한다. 해당 부분의 첨삭 이유를 짐작할 수 있는 경우에는, 번역본의 주석에서 서술하기로 한다.

大正元年十月七日 月曜日 晴

本日ハ修學旅行ノ準備ノタメ午前九時頃我ガ三年生一同ヲ講堂ニ集メテ旅行ノ心得ニツキ先ヅ校長先生ハ物ノ觀察ヲ緻密ニスルコト、秩序ヲ正シク守ルコと、國語ノ深(△)究ニナルコト、攝生ニ注意スルコト、公德ヲ重ズルコト、御大喪中ニ**[付]**謹愼ヲ表スルコト、先生方ノ命令ヲ能ク服從スルコト等、次ニ主事先生ハ到ル処ニ學ヲ深ク研究シタル後知考ニ供スルコト物ヲ見テ輕率ニ判断セザルコト等次ニ三國谷先生ハ昨年ノ經驗ニヨル御話ニテ健康ニ注意スルコト、ナルベキ大ニ觀察スルコト、平氣ニ觀察シテソノ有盡ニ見ルコト、時間ヲ確守スルコト、見聞シタル**[ト]**同時ニ筆記スルコト、元氣ヲ强ク忍耐力ヲ養成スルコト等、次ニ齋藤先生ハ先生方ノ叱責ヲ免ルル樣ニ注意スルコト、先生ノ叱責アラバ數ヘルコト、先生々徒ノ間壁ヲナサザルコト等ノ御訓辞アリ、午後ハ外出ヲ許サレ各々準備ニ着手シタリ

八日(火) 雨

午前六時ニ起キテ七時三十分ニ齋藤先生、小生先生、大出先生、楢木先生、金先生並ニ我ガ三年生一同五十八人校門ヲ出ヅレバ雨降リ始メ南大門驛ニ至ルマデナホ止マズ我ガ一行ハ校長先生、三國谷先生、主事先生、橫地先生、西村先生、山口先生、市川訓導、及各學年ノ總代等御別ヲ告ゲ八時三十分ニ直行列車ニ乘リテ龍山ヲ出デ又停車場ノ當リボツマツノ花盛ナリ黃ナル稻穗玄ナル民家田舍ノ景色ナレバ尙珍シ水原、天安、太田等ヲ経テ永同アタリニ至レバ水成岩山ヲナシテアリ黃磵アタリニ出ヅレバ山ハ靑々トシテ秋ノ風景ハマダ多ク見エザルハ氣候ノ暖カキ**ガ**ナルベシ洛東江ノ鐵橋ヲ渡リテ倭館ヲ過グレ

バ大邱アタリ蔬菜ノ畑平原ノ一帶ヲ占メ整理シテアリ慶山ヲ出デテ始メニ竹ノ林ヲ見タリ密陽アタリニ着ク頃ハ日暮レタリ西ノ方ヨリ遥カニ見エルノハ嶺南樓ナリ三浪津、草梁等ヲ経テ釜山驛ニ下リ直チニ徒步ニテ鐵橋ニ往キテ電氣燈ノ光ノ間ヨリ海ヲ眺ムレバ幸ニモ海ハ凪ニシテ乘客ノ喜ビハ如何ナルカヲ知ラズ今ハ午後八時頃ナリ對馬丸ニ乘リ事ナク寢テ一夜ヲ過ギタリ

九日(水) 晴

午前七時半ニ上陸シテ門司停車場ニ至リ暫ク休ミ賑カナル市街ヲ一回リ見テ又停車場ニ至リ八時三十分ニ汽車ニ乘リ大里、戸畑等ヲ過グレバ鐵道左側ニハゼノ木茂ゲ**[リ]**タリ八幡ニ下リテ製**鉄**所ヲ參觀スレバ溶ス機械壓ス機械運ブ機械等大ナル工場ヲナシテ工夫ノ黑キ顔ニテ石炭瓦斯ノ中呼吸ヲシツヅ勤勉ニ**働**クコト之レ實國富ノタメナルヲ知ルベシ正午頃停車場ニ歸リテ晝食ヲ食ベタリ午後一時四十分ニ汽車ニ乘リ黑崎、折尾等ヲ経テ出ヅレバ遠賀川アリ一面ノ平野アリ平舗(△)ニナル黄色ハ悉ク稲ノ熟シタルモノニシテ豊年**十**ハ勿論ナリ赤門、福門、古賀、香稚等ヲ経テ福岡ニ下リ公園ニ這入レバ歷史上ノ古蹟多シ殊ニ**亀**山天皇ノ御銅像アリ一同進ミテ禮ヲシタリココヨリ千代松原ニ往キテ醫科大學**校**ヲ參觀セリ先ヅ見エルハ大森博士ノ銅像ナリ次ニハ病理學教室ニシテ暗室、顯微鏡室、解剖實習場、標本室等ナリココヲ去リ松居織工場製造本部ニ至リテ參觀セリ午後六時頃ニ橋口町海客館ニ這入リテ宿泊シタリサテ九州ハ石炭產地ナリシカバ停車場ノ距離相近クアリテ交通運輸ニ便利ナリサレバ巨大ナル製鐵所アリ**製糖所(大里)モアリ**大學校モアリ諸業ノ會社等モアリタリ就

中福岡ノ發達シタルハソノ原因アリ卽チ三角洲上(東川、中川、**赤道川**(△))ニアルコト、海ニ近クアルコト、石炭(筑前)產出スルコト、古蹟(香稚宮等)多クアルコト等ナリ門司鐵道院ヨリ一人ノ案內者アリナホ繪葉書等ヲ給與セラレソレホド親切ナルコト今マデ忘レズ

十日(水) 曇リテ雨又晴レタリ

午前三時ニ起キ朝飯ヲ濟ミ行具ヲ整ヘテ市街中ニ出ヅレバ夜ハマダ靜カニシテ唯電氣燈ノ光相**跌(△)**ジテ我ガ一行ヲシテ往ク道ヲ知ラシメタリ四時半ニ博多ノ停車場ニ至レバ遥カニ東方ヨリ夜開ケタリ同時五十五分ニ汽車ニ乘リ八時頃門司ニ下リテ鐵道棧橋ニ至リ二十分間休憩シタリ大瀨戶**[丸]**ニ乘リテ下関ニツキタルハ九時ナリ下関ノ市街中ヨリ坂登リヲシテ興禪寺ヲ前階ニ立**~~テ~~[チテ]**景光ヲ眺ムレバ殷賑ナル商店連綿ナル舟楫目ノ下ニ見エタリ山ハ前後ニアリ海ハ左右ニ連レタリサレバ水ノ交通ノ便ハ勿論ナホ山陽線ノ終點ニモナリテ陸ノ交通モ頗ル頻繁ナリシカルニ土地ハ極メテ**獈狭[狭獈]**ナレドモ九州、朝鮮ニ對シ樞要ノ地位ヲ占メルガ故ニ市況殷賑、瀨戶內海ノ門口ヲ扼スルヲ以テ國防上要害地ナリ下ノ関要塞ノ設ケアルハ之レガタメナリ十時ニ汽車ニ乘リハダブ、一ツノ宮ヲ出ヅレバ右ノ方ヨリ瀨戶內海ノ一面白ク見エタリ長府小月等ヲ經テ時々窓ノ間ヨリ見イダシテ棕櫚、蜜柑等茂ゲタリ之レガ九州ヨリ見ル植物ナレド更ニ珍シ嘉川、小郡等ヲ過グレバ砂防工事ヲ行ヒテ森林茂ゲ[リ]タリ而シテ到ル処蓊鬱**ナ[タ]**ル森林ナキ処ナシ實ニ見事ナルベキモノナリ況ヤ我ガ朝鮮ヨリ來**[タリ]**タル者ニオイテヲヤ大道ヲ出ヅレバ**日(△)明(△)**ケタリ再ビ瀨戶內海見エテ小山点々水面ニ峙チ大ナル岩等海岸近クアリ波

ハ雪ヲ砕ケ[キ]タル様ナリココヨリ瀬戸内海ヲ[ニ]沿ヒテ往ク戸田ニ至レバ柿紅ク柑青シ福川アタリハ鹽田アリ一ツノ平原ヲ占メタリ然ラバ之レ有名ナル産地ニシテコレノミアラジ德山、下松、虹濱、由宇等ヲ出デテ田國アタリニ至レバ此地彼地人家櫛比シテ菜園モ多クアリ山ハ京城附近ニアル山ノ様ナリ大竹、宮島、横川等ヲ經テ廣島ニ着キタルハ午後七時半ナリ大手町五丁目藏内旅館ニ入レリ八時ヨリ外出ヲシテ最モ繁華ナル本通ニ出ヅレバ市街華麗ニシテ商店殊ニ殷賑ナリ而シテ九時ニ歸リタリ

十一日(金) 晴

午前六時ニ起キ七時ニ旅館ヨリ高等師範學校、御幸橋、凱旋碑等ヲ經テ宇**治**[**品**]港海岸ニ出ヅレバ八時頃ナリ宇**治**(△)山近ク峙チ水青クシテ海深キヲ知ルベシサテ此地ハ今ヨリ十四年前ニ淺キ湖水ニ過ギザル処ナリト云フシガ日**露**[**清**]戰爭ノ**後**[**時**]之ヲ埋立シテ今ハ大船モ出入スルコト容易ナリ船ニ乗リ海ヲ見レバクラゲ多ク居リテ波ニ飜ル十時三十分ニ江田島ニツキ山ヲ越エテ海軍兵學校ヲ參觀セリコノ學校ハ明治二十三年ニ構成シタルモノニシテ生徒館、十一**分**分隊教室、御眞影室、分隊就室、磨靴室、食堂、器械場、賄室、穀倉、運用術第一二講堂、(△)属機關、蒸氣関場、水雷機場、柔道稽古場、航海氣像室、喞筒置場、軍艦解剖場、水雷術第二講堂、野砲室、釼術道場並端舟修理野砲置場、軍艦及大砲置場等アリ學科ハ五分科ニシテ兵術、航海、數學、水雷、運用ナリ午後二十分ニ小蒸氣ニ乗リ呉ニ下リテ直チニ造船廠ヲ參觀スレバクレン、**ト**[**ドッ**]クアリ巨大ナル機械ニテ人力ノ及バザル工事ヲナシ一人ニシ[**テ**]百噸[**ニ**]モ餘ル銕板、銕片等ヲ運

轉シ四五尺ノ直徑ナル木材ヲ割ル、之レ實ニ驚クベキモノナリ四時半ニ停車場ニ至リ二十分間休ミ五時二十分ニ發車シテ吉浦、天應矢野等ヲ経、海田市ニ乗換シテ大阪ニ向ヒタリ窓ノ外ハ眞暗クシテ景色何ニモ見エズ腰掛ニヨリテ忽チ眠リタリ

十二日(土) 晴

午前七時十五分ニ大阪ニ下リ停車場ニテ辨當ヲ濟~~ミ~~**[シ]**タリ八時十五分ニ市街中ヨリ中之島公園ヲ經テ造幣局ニ至リ發電所、鑄鐵所、試金部、彫刻場、金塊、銀棒銅塊、金銀銅貨幣、自働天秤等ヲ參觀セリ九時頃天滿橋ヲ渡ル第四師團司令部前ニ至リテ十分間休憩シタリ浪華尋常小學校ニ往キテ御案內ニヨリ先ヅ手工室ニ這入ル各校室及ビ運動場、幼稚園遊戲場等ヲ參觀シテ次ニ第五學年讀方、二學年算術、三學年修身等ノ敎授ヲ參觀シタリ又手工室ニ歸レバ御茶繪端書等ヲ給セラレタリ松本校長以下諸教員恭遜ナル貌容、儉約ナル服裝ハ實ニ感心ズル處ナリ午後一時頃、大齊橋、筑前橋等ヲ渡リテ高等工業學校ニ至リ應用化學場、採金工場、窯業科實修工場、釀造工場、窯業科標本室、木型工場、仕上工場、鍛工場、鑄工場、造船科實修室、電氣科室等ヲ參觀セリ瓦斯株式會社前ニテ電車ニ乗リテ天王寺西門前ニ下リ聖德皇太子項德鍾及寶物館ヲ見テ五重塔ニ登レバ大阪広クアレドモ悉ク見下シテ望ム四時頃ニ公益合資會社ニ至リテ燐寸製造スルノヲ見タリ四時半ニ南區日本橋筋西ヘ六軒目吉野館ニ這入リテ泊レリ八時頃ニ外出シテ道頓堀ニ散步シツツ往ク電氣燈、瓦斯燈等明輝極リ演劇場當リニ至レバ人殊ニ多ク往來シ肩ヲ相磨リテ賑ニ見ユ九時頃歸リ睡眠ニ就ク

十三日(日) 晴

午前七時ニ心齊橋、岱野屋橋、巖屋橋等ヲ渡リテ電車ニ乘リ尼崎下リ庄下橋大物橋等ヲ渡ル紡績會社ニハ縱覽謝絶ノタメ參觀ヲ得ズ東亞セメント株式會社ニ至レバ九時ナリ蒸氣力ニヨリテ大ナル器械ヲ動カスソレニ依リテ石炭、石粘土等ヲ水ト混合シテ乾カシ之レヲ燒**ケ**[**キ**]テ又粉ニシタルハセメントナリ高橋、御橋、大里橋、月池橋等ヲ渡リ製樽株式會社ニ至リテ汽罐室、汽機室、治木場、仕上場等ヲ參觀シテ會社前ニ歸レバ御茶、御菓子、一覽表等ヲ給與セラレタリ我等**ニ**[**ハ**]感謝スベキ處深キナリ又合資會社岸本製釘所ヲ參觀セリ午後一時半ニ又尼崎ニ至リテ電車ニ乘リ梅田ニテ乘換シ三時頃ニ箕面公園ニツキ動物園ニ這入リ獸類鳥類魚類昆蟲類等ヲ見カンランシャニ乘リ天地間ヲ一廻リシテ下リタリ五時頃ハ公園ニ至リ又電車ニ乘リ換シテ石橋ニ下リテ乘換ヘ、寶塚ニ下リ直チニ宝來橋ヲ渡リテ塋山館ニ這入レバ窓ノ下ニ清水流レル小石砂原ヲナシテアリ山ハ前後ニ峙チテ尙松、杉等茂リタルハイト美シ九時頃ニ一橋ヲ渡リ新溫泉ニ這入レリ快爽ナル心地ス

齋藤先生ヨリ御話アリ明日ハ桃山御陵ヲ参拜セシガタメ我等一同左腕ニ喪章ヲツケ尙ホ謹愼ヲ表スベシ今度旅行ノ第一ノ目的ナリト言ヒタリ

十四日(月) 晴

午前六時ニ起キ八時ニ旅館ヲ出デテ、電車ニ乘リ梅田ニテ乘換ヘ天滿橋ノ邊ニテ再ビ乘換ヘ**シ**伏見ニ下リテ桃山ニ往ケバ茶畑處々ニアリ今ニモ青々トシテ茂リテ茂タリ之レ初メテ見ルモノナレバ更ニ美

シ又大竹藪アリテ直径五寸ニモナルモノ多シ道ノ両側ニ蒼鬱**~~ニ~~[トシテ]**立**~~テ~~[チ]**タリ竹、松ノ間ヲ出デテ御陵ニ參拜シ右ヨリ來タル人左ヨリ歸ル人面々ニ連綿複雜ニテ一時モ絶エズ之レ悉ク參**觀(△)**者ナリ故ニ毎日參拜者十九萬人乃至二十萬人ニ達セリト云ヘリ正午頃紀伊教育會休憩所ニ至リテ御茶ヲ飮ミ辨當ヲ遣レリ午後一時四十分ニ停車場ニ至リナライケ、タマミツ、タナクラ、カミコマ等ヲ過ギツツ窓ノ間ヨリ見レバ茶畑人家ノ近邊ニカカハラズ文字ノ模様ヲナシテ山ノ上マデアリ木津驛ニ至リ乘リ換ヘシテ午後四時頃奈良ニ下リ直ニ太モンシヤ旅館ニ這入リテ荷物ヲ預ケ一人ノ案內者ニヨリテ東大寺ヲ參觀セリ大佛殿ニハ大佛アリテ手指ノ長サ四尺五寸ナリ大サ之レニヨリ知ルベシ帝室博**覽[物]會(△)**等ヲ觀ル然ルニ今修繕中ニシテヨク觀ザルニ仕舞ヒタリ此地ハ神社等實ニ多クアリテ一々ソノ名**~~ニモ~~**筆記スル暇ナシ古松老杉等密立シ道路ハソノ間ニ僅ニ通リテ両側ニハ石燈籠等列ビテアリ林の中ヨリ走リテ人ニ近ヨルハ鹿ナリ群ヲナシテ生活シ居リ就中七種木、八重櫻等ハ有名**[ニ]シ[テ]~~ナホ~~**珍シ**~~而シテ之ハ公園ト云ヘリ~~**奈良ハ京城ノ如ク盆地ヲナシテアリ建築物等モ朝鮮ニ似タルモノ多シ之レ珍シク感ジタリ六時**~~ニテ~~**旅館ニ歸リ七時**~~ハ~~**外出シタリ

十五日(火) 曇

午前七時十五分ニ停車場ニ至リ汽車ニ乘リテ木津ヲ經、加茂ニテ乘換ヘシテ笠置、上野、柘植、龜山、津、六軒宮川、筋向橋等ヲ過ギテ山田ニ下リ三日市大夫太郎邸ニ入リ荷物ヲ預ケ豊受大神宮(外宮)**~~ノアタサ~~**ニ詣ル、手ヲ洗ヒテ參拜シタリ午後一時ニ又電車ニ乘リテ宇治ニ詣

ル天照太神宮(内宮)ニ參拜シテ歸リ途ニ解散シタリ內宮及外宮ノ近處ニハ大イナル杉、檜等茂リテ天ニモ見ユ[エ]ズ御大神宮ヲ隱ス此地ハ海ノアタリナレバ參拜者紀念ニ表スベキ貝類細工品等殊ニ多クアリ而シテ之レニヨリ商店モ少カラズ停留場ニ至レバ二時半ナリ電車ニ乘リ二見ケ浦ニ下リ海岸ニ至レバ波ノ立チ來リテ磯ニ碎ケ湧キ出デル白キ雹カ泡カ、走リテ夫婦巖ヲ見、歸リテ電車ニ乘リ山田ニ下リテ旅館ニ這入リタリ

十六日(水) 晴

午前五時ニ起キ七時ニ旅館ヲ出デ一等車ニ乘リ**沙(△)**漕ニ至レバ雨シメヤカニ降リ出デタリ下庄アタリハ桑ノ畑多シココニテ三等ニ乘換シテ加佐藤、河原田、四日市、富田等ヲ過グレバ海見エル木曾川ヲ渡ル長島、弥富、カニエ等ヲ經テ午後二時頃ニ名古屋ニテ下リ中央バザーニ往キテ商品[ノ]陳列シタルヲ見タリ停車場ニ歸リテ二時ニ汽車ニ乘リ、大高、大府、刈谷等ヲ經テ安城ニ下リタリ愛知縣立農林學校ニ這入ル果樹見本圃、種苗園、試作園、練習圃、練習田、試作田、模範田、菜園、農産製造室、堆肥舍、家畜場、脫穀室、溫室葡萄顯微鏡、室、博物標本室、農具標本室、林科實習室、分析室、講堂等ヲ參觀シテ五時頃ニ停車場ニ歸リ二等車ニ乘リテ又名古屋ニ着キタリ屋町二丁目錢屋旅館ニ泊レリ十時頃就褥シタリ

十七日(木) 晴

午前五時半ニ起キ七時二十分ニ出館シテ名古屋城ノアタリニ至リ天守閣上ノ金鯱ヲ見レバ全部金ノ光燦爛キ實ニ寶物ト云フベシ八時

半ニ愛知縣第一師範學校ヲ參觀シタリ各校室、理化器械、博物標本等ノ設備可ナリ寄宿舍ハ自習室、寢室等アリテ書生ノ生活便利ナリ九時頃ニココヲ去リ商品陳列館ニ這入**ラ**ル機械器具、卽賣品等ヲ參觀セリ十一時二十分ニ停車場ニ至リ十二時ニ發車シテ熱田、大高、安城、岡崎、幸田、蒲郡、御油等ヲ出ヅレバ処々菜園多シ**豊川**ヲ渡リテ豊橋、二川等ヲ往濱名湖ニ出ヅレバ兩側ニ海水アリ舟ヲ浮ベ漁業盛ナリ濱松アタリハ實業會社等頗ル多シ天龍川、中泉、袋井、堀ノ內、金谷等ヲ經テ大井川ヲ渡ル島田ニ至レバ製紙會社アリ藤枝、燒津、用宗等ヲ過ギテ靜岡ニツキタルハ午後五時三十分ナリ停車場ヨリ數十步**[ニ]**シテ大東館ニ這入レリ旅館ヨリ御茶ハ勿論ナホ菓子ヲ給セラレタリ七時ヨリ八時マデ外出シテ商店等ヲ見レバ茶器多クアリ又良キナリ

十八日(金) 雨又風アリ

午前四時二十分ニ起キ五時五十分ニ汽車ニ乘リ靜岡ヲ出デテ始メテ富**[士]**山見エタリ江尻ヲ出ヅレバ駿河湾アタリナリ伊豆山遠クアリ山青ク水白キヲ眺メツツ往クミホノ~~ヲ經~~松原~~ニ至レバ~~[ハ]海松ノヒマヨリ現ハル興津ノアタリ園藝模範場アリ梨ノ棚作等多クアリ蒲**園**(△)アタリハ甘蔗及果樹園等多シ岩淵ヨリ富士川ヲ渡リテ見レバ屋葺ハ多ク杉皮ニシテ色赤キモアリ又黑キモアル鈴川ニ至リ富士山再ビ見イダシテ高ク雲ノ中ニ聳エ一ツノ圓錐形ヲナシテソノ先稍々缺キタリコノ上ニハ常ニ氷雪アリ白キ點線ヲ引キタル樣ナリコノアタリ岩石ハ灰色ニシテ無數ノ穴アリ之レ溶巖ト云ヘリサレバ火山ノ近邊ニナルコト明ナリ御殿場ノ當リハ海拔千五百七尺アリ村ヲ眺ムレバ黄ナル一帶屋ニカカル之レ玉蜀黍~~ノ~~**[ヲ]**收穫シタルモノナリ駿河ノ附近

ハ紡績會社等アリ新鮮ナル建築等櫛比シナホ水力發電所モアリ斷崖絶壁処々ニアリテ清水急激ニ流ルル隧道ヲ頻リニ過ギタリ松田、**箱根山**、國府津、二ノ宮、大磯ノアタリハ花園等ヲ設ケ清潔ナル家屋等アリテ東京人ノ別墅ト云ヘリ平塚ヲ径テ馬入川ヲ渡ル茅ケ崎ヲ經十時四十分ニ藤澤ニテ下リ電車ニ乘リテ片瀬ニ下リタリ砂原ニ出デテ見レバ波濤大擧シ來リテ舟ハ一ツモアラズ之レヲ始メテ見ル人驚クベシ一橋ヲ渡リテ江ノ島ニ至リ坂路ヲ登ル紅葉ノ中ニ処々茶屋アリ菓子ヲ賣ル蠑螺燒きタリ斷崖ノ側波濤ノ上ニ一ツノ橋アリ之レニヨリ往キテ岩屋ニ這入ル内部ハ眞暗人間地獄ト思ハル午後一時頃ニ余ハ齋藤先生ト電車ニ乘リ長谷ニ下リテ觀音堂、大佛**寺[等]**ヲ參觀セリ四時四十分ニ對鶴館ニ這入ル七時頃ニ外出シテ八幡宮ノ前ニ至ル遠キヨリ來ル火ノ光ニ僅カ見エテ赤キ柱、黑キ公孫樹アリ八時ニ歸リタリ

十九日(土) 風ニ曇リ

午前五時ニ起キ六時三十分ニ汽車ニ乘リ鎌倉ヲ去リテ大船ニ至リ二等車ニ乘換シテ戸塚、程ケ谷、横濱、神奈川、大森、品川等ヲ經、新橋ニ下リタリ東京市役所ノ前ヨリ二重橋ノ前ニ詣リテ宮城ニ參拜シタリ女子高等師範學校ニ這入レバ御菓子、繪端書、規則書及一覽表等ヲ給ヒタリ高等一年生ノ体操、幼稚ノ手工品及遊戲附屬小學校ノ教授等ヲ參觀シタリ十一時頃ニ聾啞學校ヲ參觀セリ講堂ニテ一人啞者ノ話スノヲ聞キ高等科二年生ノ書取リ、女子ノ裁縫等ヲ見タリ正午頃ハ高等師範學校講堂ニ入リテ晝食ヲ濟シタリ電車ニ乘リテ青山御葬**式**場**[殿]**ニ詣リテ參觀スレバ御葬場殿、御轜車及ビ御靈柩列車等アリ又電車ニ乘リ日比谷公園ノ側ニ下リテ公園ヲ一廻リシツツ花等ヲ觀タ

リ又電車ニ乘リテ神田區ニ下リ神保町十番地旭樓ニ這入レバ午後五時半ナリ七時ニ地震アリ八時ニ外出シタリ

卄日(日) 晴

午前五時ニ起キ八時頃ニ帝國大學**校**赤門ヨリ這入リ不忍池ノ岸ニ出デテ拓殖博覽會ヲ參觀スレバ朝鮮北海道樺太臺灣等ノ物產ヲ陳列シテアリ十一時十五分ニ上野公園ニ至リテ西郷**雄(△)**盛ノ銅像ヲ見文部省美術展覽會ヲ參觀シテ茶屋ノ側ニテ晝食ヲ濟シタリ午後一時十分ニ帝室博物館ニ這入ル目ニ見エタルハ悉く寶物ニシテ一々言**ヒ[フ]**能ハズ就中乃木伊ハ距今二千五百年前ノ屍體ナリ實ニ人ヲ驚カスモノナリ淺草公園ニ至リナホ往キテ吾妻橋ヲ見ルコノアタリ往來人更ニ多シイト賑ナリ淺草寺ヨリ凌雲閣ノ十二階ニ登リテ東京ヲ眺ムレバ東西ニカカハラズ南北ニモ人家ノママニシテ山ハ見エズ廣大ナルコト直チニ知レリルナパークニ這入リテハ木馬ニ乘リ汽車ニ乘リ菊人形ノ演說モ聽キタリ五時頃ニ上野驛ヨリ公園ニ至リテ休ミツツ菓子ヲ食ベタリ何処ニモ電氣燈ノ光燦爛**ニ[ト]**シテ夜トハ思**ハ[ヘ]**ズ人群、汽車、電車、馬車等ノ聲晝夜絶ズ之レ東洋第一ノ都會ナルガタメナリ六時四十分ニ汽車ニ乘リ日暮、田端、王子、赤羽川口町、浦和等ヲ經大宮ニ下リ直チニ岩井旅館ニ這入リテ泊リタリ

二十一日(月) 曇リテ晴

午前五時半ニ起キテ七時五分ニ出館シタリ東部鐵道管理局工作場ヲ參觀スレバ發電所、熔融工場、鍛冶工場、製管工場、製輪工場、仕上工場、組立工場、客車製作引立工場、塗工場等アリ八時乘車シテ蓮

田、白岡、久喜栗橋等ヲ徑、利根川ヲ渡ル関東平野ノ中ヲ過グレバ林ノ間田アリ田ノ間林アリ近キノミナラズ遠キモ山見エズ出小金[井]、石橋、雀橋等ヲ經テ宇都宮ニ乗リ換シテ鶴田ヲ出デテ見レバ始メテ遠山アリ鹿沼、文狹、今市等ヲ經、日光ニ下リ杉ノ並木道ノ兩側立チニ空ニ青ク聳エタリ之レヲ見ツツ神山旅館ニ這入リテ晝食ヲ濟ミ[シ]タリ午後一時ニ電車ニ乗リ大谷川ニ沿ヒテ往ク淸瀧山紅葉青キ松、錦ノ如シ乘客ノ心景色ニアリ電車ノ進ムヲ誰モ知ラズ遊覽者唯我ガ團体ノミニ限ラズ草履ヲ穿キ杖ヲ引ク往來スル人々常ニ絶エズシテ外國人モ多シ而シテ巖鼻ニ下リ山阪を登レバ傾斜急激ニシテ峻險ナレド道螺線ノ如キニシテ車モ通ル雜木密立シテ何處カ瀧ノ聲高シ岸毎ニ茶屋アリ岐路ヨリ往キテ華嚴瀧ヲ見レバ瀧ノ廣サ一丈直下スルコト四十丈ナリソノ勢眞ニ銀河ノ九天ヨリ落ツルガ如ク誠ニ天下壯觀ナリ又他ノ瀧ノ有名ナルモノ多シト雖ドモ華嚴ニ比スルコト足ラズココヨリ七八町ニシテ中禪寺ノ湖アリ湖ノ幅一里長サ三里周圍七里諸山相連ナリテ屛風ノ如シ紅葉モ遍滿ニシテマダ黃ナルモノアリ水ハ深碧[ニ]シテ浮ベル舟二ツ三ツナリ境靜カニシテ又一塵モ動クモノナシ六時頃ニ臨湖樓(蔦屋旅館)ニ泊ルコトニナリ夕飯ヲ濟マシテ明日ノ支度ヲナシ居ル間ニ皎々タル東天ノ明月ハ窓ノ隙ヨリ肝膽ヲ照ラシテ遠客ノ心神ヲ樂シカラシム豈ニ良カラズヤ

二十二日(火) 晴

午前七時ニ起キ九時ニ中宮祠ヨリ發シテ**男体山**ヲ登レバ四望良キナリ此地ハ白根山、本道山系ニシテ山勢逶迤シ之レヲ日光山彙ト云ヘリ山ハ火山作用又ハ水蝕作用ニヨリテナシタルモノナリシガ故ニ形

チ崎嶇斷絶ニシテ処々一様ナラズ岩石等モ富士山アタリノ如シ且ツ高キ処ナルガタメニ秋寒ウシテ落葉多シ漸々下ニ往クニ從ヒテ稍々楓樹靑キ葉アリ之レニヨリ氣候ノ差ヲ知ルニ足**ラス[ル]**般若瀧、方等瀧等ヲ眺メツツ三澤橋、幸橋等ヲ渡リ細尾洞ヨリ荒澤橋ヲ渡ル前皇太子避暑宮ノ側ヨリ德川家光廟ノ前ニ至ル茶屋ニテ晝食シタリ二王門ヲ經テ三代將軍廟表門ヨリ大猷院ニ這入レバ左右ニ銅燈籠等アリ唐門ハ御修繕中ニシテ御拜殿、本殿等ヲ參觀シ皇嘉門ヨリ三代將軍家光墓ノ側ニ詣ル

此レ實ニ德川家光ガ天下ノ富ヲ以テ巧ヲ盡クシテ作リ成シタルモノニシテソノ遺跡今ニモナホ壯麗ナリサテ壯麗ナル建築ニ結構ナル裝飾ヲ加ヘタルコト恰モ金剛石ヲ**錦(△)**繡ニテ包**メ[ミ]**タルガ如シ大猷院ヲ出デテ蘭木ヲ見ナホ進ムレバ道ノ左側ニ寄木アリ東照宮ニ這入ル表門ヨリ陽明門ニ至レバ兩側ニハ諸大名等ヨリ獻納シタル鐘樓鼓樓、燈籠等ナラビ立テリ

陽明門ハ結構ノ華麗ナルコト如何ナル言語、文章ヲ以テ賞讃スベキカヲ知ラズ裝飾ニ用ヒタル繪畵ハ狩野探幽、土佐光起、彫刻ハ左甚五郎ガ作**ル**ニ係ルト云フ皆當代ノ名手ナリソノ精細巧妙ナルコト人ヲシテ日ノ暮ルルヲ忘レシム此レ一ニ日暮御門ノ称アリ

カクテ無數ノ建築ヲ歷覽シテ唐門ニ至ルコノ門ハソノ規模甚ダ大ナラズト雖モ木材ハ一切唐木ヲ用ヒテ作レルモノナリ

拜殿ニ這入ル拜殿本殿ノ裝飾ハ眞ニ結構**ヲ**ヅクメニシテ非常ナル辞ヲモツテ之レヲ賞賛スベキ処少カラズ桐ニ遊ブ鳳凰、牧丹ニ戲ルル獅子、蟠ル龍、嘯ク虎、花咲キ乱レタル草木等ノ彫刻ト繪畫トハ總金ノ柱、床板ナドト相映ジテ恰モ綾錦ヲ以テ包メルガ如ク金碧燦爛光彩

陸離トシテ更ニコノ世ノモノトモ思ハレズ社ノ左ナル門ニハ有名ナル眠猫ノ彫刻アリ板路ヨリ石階ヲ登レバ德川家康ノ廟ニ至ル

老樹道ヲ夾ミテ晝ナホ暗シ冷カナル苔ニ包マレタル石碑獨リ立テリ之レ今ヨリ二百有餘年前ノ一大英雄德川家康ノ墓ナリコノ神山ヲ出デテ見レバ右ノ方ニ朱塗ノ橋アリ之レヲ神橋ト云ヘリ橋ノ下ニハ川アリ川ノ中ニハ奇巖怪石竝ビ峙チ藍ノ如キ急流コレニ激シテ泡沫雪ヲ吐ク軍人紀念碑ノ前ニ至リテ解散シタリ道ノ兩側ニ漆器ノ商店列ビテ凡ソ四五町迠相連レタリ之レ日光ノ名産ナルガタメナリ總ジテ日光ノ結構タルハ實ニ人目ヲ驚カス今迠歷覽シタル大都會名所等幾バクナルヲ知ラズ程アリ都會ノ繁華名所ノ華麗ナルコトハ誰ニモ知ラザルモノナシト誰モ都會ハ都會人ノミ之レヲナシタルヤ名所ハ天然ニナリタルヤ予惟フニ官廳ニハ忠實ナル官吏アリ學校ニハ熱心ナル教育者アリ工場ニハ勤勉ナル勞働者アリ商店ニハ信明ナル商人アリ農家ニハ儉勤ナル農夫アリカクテカノ如ク都會名所アリ豈我等ニ於テ欽羨スベキ処大ナラズヤ、神山旅館ニ宿ル

二十三日(水) 午後ハ曇リ

午前六時ニ起キ八時三十分ニ旅館ヲ出デリ九時ニ汽車ニ乘リ今市ヲ出ヅレバ二宮尊德ノ御墓アリ大狹、鹿沼ノアタリ種子痲畑ニ点々アリ要スルニ製痲會社アルコト之レニヨレリ宇都宮ニ至レバ栃木縣師範學校先生及ビ生徒等來リテ御親切ニ挨拶ヲシタリ然レドモ汽笛一聲ニ殘念[シ]ツツ相別レテ往ク窓ヨリ眺ムレバ一方ニハ稻ヲ刈リ一方ニハ麥ヲ播ク男女共ニ働クコト誠ニ勤勉ナリ之レ繁華ナル都會等ヲ作ルニ及バズヤ小山ニテ乘換ヘ思川、栃木、巖舟、富田、桐生、國定等

ヲ經テ伊勢崎ヲ出ヅレバ赤城山遠ク見エタリ利根川ヲ渡レバ榛名山、妙義山雲ノ間ニアリ高崎ニ下リ往キテ公園ニ這入ル噴水高キ三丈アリ商業學校歩兵第十五聯隊、高崎區、裁判所等ヲ經テ停車場ニ歸リタルハ午後三時頃ナリ汽車ニ乘リ飯塚ニ至レドモ雲アリテ淺間山ハ見エズ、安中、磯部ニツキタルハ日暮レ頃ナリ左ノ方ヨリ薄黑ク見イダシテ奇妙ナル形近ク峙チ之レガ妙義山ナリコノアタリ傾斜急ニシテ汽車ハ靜ニ進ムナホ隧道多クアレドモ二個ノ**水**電車ニヨリテ往クガタメニ乘客安樂ナリアプト式アリト雖モ夜暗クシテ何ニモ見エズ輕井澤ニ下リ清嚮旅館ニ泊レリ

二十四日(木) 曇

朝早ク起キ出デテ見レバ西ノ方ニ火山噴出烟カ雲カ空中ニ湧キ出デリ先日淺間山ト云フハ是ナリ七時半ニ汽車ニ乘リタリ到ル処桒園アレドモコノアタリ最モ養蠶盛ナリ是レ長野縣ト云ヘリ氣候朝鮮ノ如ク雨少シサレバ養蠶ニ適スルガ故ナリ御代田、田中、上田等ノアタリ根刈式ノ桒田多シ汽車ハ川ニ沿ヒテ一帶ノ平野ヲ通ジテ往ク段丘アリ削水山アリ篠ノ井ニ下リ驅歩シテ長円寺ニ至ル平林岩治郎ノ家ニ這入レバ前後左右ニ桒園、果樹等アリ一ツノ丈夫ナル瓦屋アリテ穀倉ト云ヘリ柿ヲ給ヒ茶モ呉レタリ正午頃汽車ニ乘リ稻荷山冠着、西條、松平等ヲ經テ松本ニ下リ高等尋常小學校ニ參観セリ先ヅ紀念館ニ這入レバ明治三十七八年間戰役ニ得タル參考品、教師ノ遺書等三萬册アリ地歷參考室ヨリ松本城模型室マデ見終リテ停車場ニ至レバ午後四時ナリ汽車ニ乘リ大出先生ハ御宅ニ歸ラレタリシホジリ、小野、岡谷、下諏訪等ヲ經テ上諏訪ニ下リ六時三十分ニ牧舟屋ニ這入ル八時頃

ニ溫泉沐浴ヲシタリ

二十五日(金) 雨

午前五時三十分ニ起キ雨ヲ冒シテ鶴遊館ニ至リテ地面ヨリ天然ニ生ズル瓦斯ヲ見タリ高嶋丸ニ乘リ諏訪湖ヲ渡リテ平堅村小口組生糸製造所及再繰所ヲ參觀セリ蓋シテ此処ハ家毎ニ職業是ナリ眞ニ岡谷製糸所ト有名ナル~~ニ足ラス~~**[所ナリ]**八時三十分ニ汽車ニ乘リ奈良井、藪原等ヲ過グレバ宮ノ越アタリ桑ノ木高刈式ナリ汽車ハ山ノ間ニ通ジテ往ク上松ヲ出ヅレバ寢覺床見エテ青キ水ノ側ニ黑キ岩石箱ヲ列ベタル樣ナリ山ニハ赤キ紅葉、青キ檜等アリテイト美シ多治見ヲ出デレバ隧道幾度カ知ラザル程アリ高藏寺ヲ出デテ始メテ蜜柑、甘蔗等ヲ見タリ木曾川ヲ沿ヒテ往ク廣キ平野アリ名古屋ニ下リ午後六時ニ又汽車ニ乘リテ木曾川ヲ渡ル馬場ニテ乘換ヘ十時三十分ニ大津ニ下リテ中村屋ニ泊レリ十一時頃ニ就蓐シタリ

二十六日(土) 晴

午前五時三十分ニ起キ荷物ハ旅館ニ預ケ八時ニ出デテ市街中ヨリ滋賀縣師範學校ニ至レバ案內ニヨリテ先ヅ應接室ニ這入ラル講堂ニハ生徒、成績品ヲ陳列シ寄宿舍ニハナホ奉公團賣店部ヲ設ケテ生徒需用品等ヲ買フニ便利且ツ價モ幾カ易キナリ柔道擊劍場アリ運動場ニハ棍棒體操シタルモノ、懸垂運動スルモノ等元氣ヨク活潑ナリ豫備科ノ講讀~~ナ~~**[ヲ]**教授スルヲ見附屬尋常小學校ノ五學年男子ノ體操及ビ女子ノ唱歌等ヲ參觀セリ十一時頃旅館ニ歸リテ荷物ヲ持チ長等神社ニ至レバ処高シ琵琶湖ハ目ノ前ニ在リテ小蒸氣船等**聲[汽笛]**ヲ**出[鳴]**シ

テココアシコニ走ル風ニ帆ヲ立テタル舟、磯ニ繩ヲ繫レタル舟トリドリニ面白キ浦ノ景色ナリ書食味更ニ旨シナホ師範學校長ヨリ給與シタル辨慶力餅ヲ食ベタリ遠キヨリ処々淡赤ク禿山アリテ見エタリ從ヒテ岩石ハ多ク花崗巖ヨリ成**レ[リ]**タルヲ知レリ林ノ間ヲ出デテ物產陳列場ニ這入リ販賣品陳列場參考品陳列場等ニ絹織物類、綿織物類、生絲、木器、茶器、竹細工品、油紙、金屬美術品、陶磁器、農產物種子、硯、漁場模型、乾詰類等アリ參觀ヲ終リテ二時三十分ニ舟ニ乗リ疏水ヨリ二十四町ノ隧道ヲ經テ又二ツノ隧道ヲ出ヅレバ京都ニ當ルインクラインアリ水力發電所アリ市街景況ヲ見ツツ歩キテ鴨川ヲ渡ル三條大橋ヲ渡リテ布袋旅館ニ泊ルサテ京都ハ疏水ニヨリテ水力電氣ヲ發シ交通ノ便、灌漑ノ便等アリ八時頃ニ外出シテ**窮谷[新京極]**ヲ一廻リシタリ

二十七日(日) 晴

午前五時三十分ニ起キ八時ニ旅館ヲ出デテ日本武德會本部(每年五月柔術釼術會)ヲ經應天門ヨリ這入ル官幣大社平安神宮ノ前ニ進ミテ禮ヲシタリ青**[蓮]**院門跡總門ヨリ這入レバ粟田燒商店等アリ華頂山(寺)、智恩院ニハ寶物多シ左甚五郎ノ作リタル廊下鶯張リト云フハ實ニ珍シ大鐘堂ヲ見テ円山公園ニ這入ル櫻一本老イテ壯付觀ナリ**一石六斗**門ヲ出デテ陶磁器試驗場ニ這入レバ繪付室、參考品陳列館(參考品、試驗品、原料、高麗燒、淸國製、英國製、露、和、瑞、伊、嗹、印其他製)、倒焰式円窯、フリツト窯、日本式手轆轤、搾式攪拌器、泥漿混和機、抔土壓搾機、袋式土搾機、試驗室、動力室、碎石機、施釉室、原型室、機械轆轤室、(繪具摺、機械、磨滅耐勢試驗機)、自働轆轤室(電氣壓迫製造

機)、成形室(仕上機械)瓦斯窯、瓦斯發電室(機械乳鉢、乾式鼓狀分碎機)分碎室(石割機)等アリ清水寺ニ至リ普門閣ニ這入ル坂ヨリ下リテ音羽瀧ヲ見ツツ茶屋ニ休憩シタリ午飯ヲ濟ム大谷本廟豊國神社、帝室博物館**覽會**等ヲ經テ妙法院三十三間堂ニ這入リ千一個ノ金佛ヲ參觀セリ七條橋ヲ渡ル眞宗本廟(東本願寺)ニ至リテ五分間休ミタリ電車ニ乘リテ烏丸丸太町ニ下リ御所ニ詣ル宮殿等赤キ色ヲ塗リタルモノアリテ朝鮮ト似テ居タリ点々松園アリテ蒼鬱シ境極メテ靜カニシテ古代面影ノ變ラザルココチス是レ今ヨリ千年前ノ宮城ナリ喜多川織工場ヲ參觀スレバ錦ヲ織リ色々ナル紋ヲナシテアリ人工ノ妙ナルコト眞ニ現ハル、ココヲ出デテ御所ヲ經旅館ニ歸レバ五時ナリ八時頃市街**ニ[ヲ]**散歩シタリ月ナキ夜ナレド到ル**処**明クシテ商店毎ニ賑ナリ人々肩ヲ相辷リ下駄ノ音殊更ニ鼓膜**[ニ]**振動セリ都會ノ景色夜ナホ良キナリ

二十八日(月) 晴又ハ雨

午前七時ニ旅館ヲ出デテ一里歩キ停車場ニ至ル時計ハ八時五分ヲ指シ汽車ハ進ントセリ向日町アタリ大根、蘿**菖[蔔]**アリテ一面ノ青疊ヲ敷キタルガ如シ竹ハ谷ヲ充テ蒼鬱林ト云フニ足ラス吹田ヲ出デテ見レバ野原ニ白布ヲ敷キテ日ニ照ラセ**タ**リ、フタタビ大阪ヨリ神戸、兵庫等ヲ出デテ始メテ松ノヒマヨリ淡路**由[島]**ヲ見ル瀬戸内海**ヲ[ニ]**沿ヒテ往ク龍野ニ至レバ雨降リタリ岡山、金神、笠岡、大門、尾道等ヲ經テ糸崎ニ至リタルハ午後五時頃ナリ夜暗クシテ景色何ニモ見エズ辨當ヲ遣レリ九時二十分ニ宮島ニテ下リテ直チニ小蒸氣船ニ乘リ嚴島ニツキタリ今夜ハ錦水館ニ宿ル

二十九日(火) 曇

朝六時ニ起キ窓ヲ開**ゲ[キ]**テ見レバ目下ニ海アリ釣垂ルモ可ナリ八時ニ旅館ヲ出デテ紅葉谷公園ヨリ大元公園マデ至ルシバシバ見ルモノナレドモ潮ノ上ニ立**テ[チ]**タル鳥居及神社、山ニ蒼鬱ナル森林更ニ美シ正午頃汽車ニ乘リテ午後七時頃馬関ニ下リ又小蒸氣船ニ乘リ薩**磨[摩]**丸ニ這入ル

三十日(水) 晴

午前六時ニ起キ船不安シテ朝飯ヲ濟ムコト能ハズ八時三十分ニ釜山ニ上陸シテ停車場ニ至ル十時二十分ニ汽車ニ乘リテ往ク窓ヨリ見レバ先ヅ禿山見エタリ先日黃ナル稻田ニ敷キタルガ如クアリシガ今カヘサ頃多ク收穫シテ仕舞ヒタリ僅カ二十日間**[、]**有樣變ル世ニ吾人生活上萬事ノ變遷之レニ同樣ナルベシ況ヤ我等ニ於テ誠實、勤勉ニアラザルヤ倭館ヲ經テ父**ヲ[ニ]**逢ヒタリ父ノ御話ヲ聞キツツ太田マデ至リ御別ヲ告ゲ午後九時二十三分ニ龍山ニ至レバ主事先生、三國谷先生、橫地先生、古藤書記出迎ヘ**[ラレ]**同時三十分ニ南大門驛ニ至レバ校長先生、金先生、福島先生、山口先生、古谷先生、西村先生、鄭先生、金書記、金訓導、李訓導及各級々長、副級長、權敏玉等出迎ニ來ル本校門ノ前ニ至レバ兒島先生並ニ同寄宿舍ニ居ル學友等立列ビテ居リタリ運動場ニ歸リテ校長先生、主事先生、齋藤先生御話アリ寄宿舍ニ這入レバ異ナルココチス

三十一日. 晴. 休學出遊.

十一月

一日. 晴. 趙兄來訪.

二日. 晴. 付家書. 十錢, 葉書及菓子.

三日. 晴. 往見趙兄, 與往景福宮內菊花展覽會. 午後, 趙兄來見.

四日. 晴. 突寒.

五日. 晴. 持日誌草, 往見趙兄, 依賴淸書.

六日. 晴.

七日. 晴. 理髮. 往見趙兄.

八日. 陰寒. 零下八度.

九日. 陰寒. 農業實習. 理葡萄蔓. 葡萄之結實枝, 必出於昨年. 出枝且若非新枝, 决不結實云. 畢役, 食甘藷三塊. 往見趙兄.

十日. 陰. 往見趙兄. 訪博士叔, 松堂先生.

十一日. 晴. 藤倉敎授妻葬云. 午後, 休業.

十二日. 晴.

十三日. 晴.

十四日. 晴. 有家書. 夜甚寒.

十五日. 晴寒. 零下八度.

十六日. 晴. 有家書及小包. 趙兄與徐相應, 來訪. 金三十五錢, 寫眞日光.

十七日. 晴. 不寒. 午前, 以毛物修繕事, 往成基淳處. 애암二箇, 二円也, 先給一円. 付家書. 逢見博士叔. 訪金弼洙君. 午後, 往研究會. 十五錢, 洋靴修繕. 二十錢. 月捐金.

十八日. 晴.

十九日. 晴. 推尋애암.

二十日. 晴. 趙兄來訪.

二十一日. 晴.

二十二日. 晴. 往見總督府陳列舘及恩賜換産場農産品評會.

二十三日. 晴. 與趙兄, 往見商品陳列舘及農産品評會, 登南山. 十錢, 繪葉書. 十錢, 菓子.

二十四日. 晴.

二十五日. 晴. 父主下書. 卽答上書.

二十六日. 晴. 趙兄見訪.

二十七日. 晴.

二十八日. 晴. 往見趙兄.

二十九日. 晴.

三十日. 晴. 訪趙兄, 未見. 訪博士叔.

十二月

一日. 晴. 午前, 往見趙兄. 與訪金先生. 午後, 往研究會及趙兄處.

二日. 晴. 尹相淑及李斗榮, 來訪.

三日. 晴.

四日. 晴.

五日. 晴. 趙兄見訪.

六日. 晴.

七日. 晴. 秉文出他不告, 仲父主下電又下書.

八日. 晴. 與趙兄, 自鐘路, 至南大門驛. 往研究會. 試驗, 休止.

九日. 晴.

十日. 晴. 訪趙兄. 修家書及上書于苗浦.

十一日. 晴.

十二日. 晴.

十三日. 晴. 第四時, 趣旨及行動試驗.

十四日. 晴. 往見趙兄. 五錢, 鉛筆.

十五日. 晴. 趙兄見訪. 往見松堂先生, 金永龍君.

十六日. 晴. 學期試驗日字表示.

十七日. 晴. 仲父主下書來. 趙兄來訪. 聞陸弟婚日此日也, 陰曆十一月九日. 見權寧植君書.

十八日. 雪. 姜鳳求君書來.

十九日. 晴. 齒磨粉, 二錢.

廿日. 晴.

廿一日. 晴. 始試驗.

廿二日. 晴. 往見趙兄.

廿三日. 晴.

廿四日. 晴.

廿五日. 晴. 往見趙兄.

廿六日. 晴. 試驗終.

廿七日. 雪積寸許. 午後, 成績發表. 往見趙兄. 付書于鄭碩謨氏及姜鳳求君. 訪見趙兄及崔昇烈君. 自朴基溶君, 得赤衣雜誌五張. 與尹相勛君, 報給二十五錢. 付書于柳光錫君及權寧植君.

廿八日. 晴. 午前九時半, 行休業式. 一円, 白粉十匣, 針五匣. 十五錢,洋襪. 十八錢, 洗濯曹達, 葉書. 訪松堂丈. 午後, 往見趙兄, 朴萬緖君, 博士叔. 同六時, 往見趙兄, 逢金永龍, 受小包. 與趙兄, 至南大門. 一円四十八錢, 買車票. 自泥峴, 還宿.

卄九日. 晴. 午前七時, 起. 同八時頃, 至南大門, 乘車. 至太田, 換乘湖南線車. 於豆溪驛, 付隱東書於金永文. 至江景, 午後二時頃也. 與白周洙君·趙兄, 同行. 入趙兄家, 夕飯. 出發, 還家, 八時頃也. 夜已昏矣, 家族歡喜不已. 妻有身六朔云.

三十日. 曇. 午後雨雪. 付書于本校諸先生, 全州公校, 守山五百足等.

三十一日. 晴. 父主行次于茁浦.

以下續第二卷.

일지日誌 一

기유년(己酉年 1909) 봄부터

임자년(壬子年 1912) 겨울까지

(1909년 4월 13일 ~ 1912년 12월 31일)*

* 표지에 있는 기록이다. "1909. 4. 13. ~ 1912. 12. 31."은 뒤에 볼펜으로 쓴 듯하다.

일기(日記) 一

융희隆熙 3년 봄부터*

* 내지에 있는 기록이다. "융희 3년 봄부터(自隆熙三年春)"는 우측의 상단에 기록되어 있다.

융희 3년 기유년己酉年

4월

4월 13일. [음력 윤 2월 23일] 일관一丱과 함께 완산完山에 이르렀다. 처음으로 공북루拱北樓를 보았다. 서문으로 들어와 아버님을 뵙고, 학회 회관에서 모시고 잤다. 일금 10전은 노자[路費]다. 이날 저녁에 본소本所의 회원들은 춘정春汀과 우정藕汀을 각 군에 보내서 교육의 일에 마음을 다할 것을 유세하도록 했다. 모임을 베풀고 술을 마련하여 시를 읊었는데, 나도 또한 참석했다. 다만 '신학新學의 사상에 처음 들어간 일'로 시 1수를 읊었는데, 다음과 같다.

만방이 각기 동과 서에 펼쳐져 있으니
큰 현인들의 학문의 경계와 법도는 아마도 같지 않으리.
단점은 버리고 장점을 취해 앞으로 나아가서
육대주 가운데 영원히 독립을 도모하리라.

萬邦列在各西東, 鴻哲範圍意不同.
棄短取長進就地, 永圖獨立六洲中.

4월 14일. 비 때문에 이곳에 머물렀다.

4월 15일. 머물 곳을 정하지 못하고, 이곳에서 아버님을 모시고 살펴드렸다. 김순천金順天 어르신과 함께 관찰사 어르신을 찾아뵈었다.

4월 16일. [전주공립보통학교[1]] 4학년급으로 입학하여[2] 학교—제일공립보통학교第一公立普通學校—에 갔다. 오후에 수업을 마치고, 학도 일동이 완산完山에서 원족遠足을 했다. 일금 20전은 입학비入學費.

4월 17일. 토요일. 오시午時에 하교했다. 아버님이 임실군任實郡으로 행차하시며 동촌東村 이연산李連山 집에 머물도록 명하셨다. 내려주신 돈이 40전이었다.

4월 18일. 오후에 비. 일찌감치 나서서, 은송리隱松里 정진사鄭進士의 집에서 유용석柳龍錫 군을 만나보았다. 해를 넘겨 만났기에, 무릎을 맞대고 앉아 길게 이야기했다. 다시 양성학교養成學校[3] 측량과測量科 졸업식 연회에 참석했다. 비 때문에 하루 종일 머물다가, 황혼 무렵에야 동촌에 돌아왔다.

4월 19일. 맑음.

4월 20일. 하교 후에 호남학회湖南學會 회관에 갔다. 때마침 백아白雅 편에 부모님의 편안하심을 들었다.

4월 21일. 동문 밖에 박아朴雅를 방문했다.

4월 22일. 맑음.

4월 23일. 맑음.

---

1 원문에는 "通"자가 누락되었다.

2 처음에 "보습과(補習科)"로 썼다가 "4학년급[第四學年級]"으로 고친 것으로 보인다.

3 양성학교(養成學校)는 완산에 있던 사립학교이다. 강제병합 이후 다른 학교와 합쳐지는데, 결국은 뒤에 가람이 근무하게 되는 전주 제이공립보통학교로 통합된다.

4월 24일. 회관에 갔다. 익산益山에 편지를 부쳤다. 유 서방柳書房을 방문했다.

4월 25일. 회관에 가서 보니, 아버님께서는 아직 행차에서 돌아오지 않으셨다. 춘사春史 어르신을 방문했다. 주인 영감[主令]은 상경하였다. 집에 편지를 부쳤다.

4월 26일. 부훈도副訓導 이기석李起奭 씨가 경성京城으로 전근하게 되었다. 일동이 모여서 송별식을 가졌다. 또 내일 아침에 공북루拱北樓에 모이기로 기약하였다.

4월 27일. 오래 흐렸지만 비는 내리지 않았다. 회관에 가보니, 아버님께서는 아직 행차를 돌리지 않으셨다. 공북루拱北樓의 모임에는 늦어서 참석하지 못하였다.

4월 28일. 비 내리다가 갬. 오후에 갑자기 복통腹痛이 나서 조퇴했다.

4월 29일. 김 우金友로부터 비로소 아버님의 안부와 머무시는 곳을 들었다.

4월 30일. 정익모鄭翼謨 씨를 방문했다. 이헌구李憲求, 이기석李起碩 두 분을 만나서 아버님의 편안하심을 들었다.

5월

5월 1일. 맑음.

5월 2일. 김 우金友가 돌아가는 길에 아버님께 올리는 짧은 편지를 부쳤다. 오후 4시에 일日 부총재副總裁가 완부完府에 온다고 했다. 각

관청과 각 학교, 각 단체[會社]가 공북루拱北樓 앞에서 환영했다.

5월 3일. 아침에 비. 오래 내리지는 않았다.

5월 4일. 맑음.

5월 5일. 짙은 안개가 종일 개지 않았다. 사람이 힘써 일하지 않아도 절로 피곤해진다. 회관에 갔다. 우편으로 아버님께 올리는 편지를 부쳤다. 3전은 우표[切手] 1매이다.

5월 6일. 비도 아니고 안개도 아닌데, 아침에는 흐렸다가 저녁에 갰다. 어제 저녁에 일관一丱이 임실任實로부터 와서 만났다. 아버님의 안부를 들었다. 처소를 정해 머물기를 청하기에, 일관과 함께 집에 돌아왔다. 일금 31전 9리는 묘목 대금이다. 즉 계수나무 1그루, 배나무 1그루, 오얏나무 1그루, 소나무 1그루, 전나무 1그루이다. 7전 5리는 노자[路費]이다.

5월 7일. 오랫동안 흐렸다가 맑아졌다. 정신을 상쾌하게 한다.

5월 8일. 용화산龍華山에 올라 풍패豊沛를 바라보았다.[4]

5월 9일. 바람이 불어 꽃이 하늘에 가득했다.

5월 10일. 옷감이 완성되지 않은 까닭에, 아직 완산完山에 들어갈 수 없었다.

5월 11일. 비가 종일 내려 아직 출발할 수 없었다. 여러 날 결석을 하게 되니, 한탄스럽고 한탄스럽도다.

5월 12일. 바람은 온화하고 햇볕은 따스하다. 일관과 함께 출발했다. 일금 16전은 미투리 값[麻鞋], 10전은 노자[路費], 5전은 양말良末. 주인

4 풍패(豊沛)는 전주(全州)의 별칭이다. 한나라를 세운 유방이 패군(沛郡) 풍현(豊縣) 출신이어서 건국시조의 고향을 풍패라고 일컫게 되었다.

댁에 도착하니, 주인 영감이 그 사이에 돌아오셨다. 일관은 회관에 묵었다.

5월 13일. 일관이 곧바로 임실로 떠났는데, 아버님께 올리는 편지를 부쳤다. 일관이 얼마 지나지 않아 돌아와서 아버님께서 행차를 돌리셨다고 고하였다. 남창동南倉洞에 나아가 아버님을 뵈었다.

5월 14일. 이른 아침에 아버님께 가서 문안을 드렸다. 일금 6전은 요기.

5월 15일. 일관이 임피臨陂로 떠났다. 양산洋傘을 갖고서 아버님을 수행하여 정판사鄭判事 어르신을 가서 뵈었다.

5월 16일. 이른 아침에 아버님께 가서 문안을 드렸다. 아버님과 여러 어르신들이 주인댁에 찾아와 보셨다. 오목대梧木坮에 올라 문득 시 한 수를 읊었다.[5]

약한 다리로 천천히 옛 대에 오르니,
선황의 유적엔 이끼 끼지 않았네.
아득히 고향 산 바라보니 구름 새로 작별하는데,
창 앞에서 몇 번이나 꽃 피는 시절을 헛되이 보냈던가.

軟脚遲遲上古坮, 先皇遺跡不生苔.
遙指鄕山雲新別, 窓前虛度幾花開.

---

5 오목대(梧木臺)는 이성계(李成桂)가 왜구를 물리치고 돌아갈 때 승전 잔치를 베푼 곳이다. 조선 개국 이후에 여기에 정자를 짓고 그 언덕에 '오목대'라는 이름을 붙였다고 하며, 뒤에 고종(高宗)의 친필인 '태조 고황제 주필 유지(太祖高皇帝駐畢遺址)'를 새긴 비가 정상에 건립되었다.

5월 17일. 아버님께 가서 문안을 드렸다. 일관이 와서 보았다.

5월 18일. 아버님께 가서 문안을 드렸다. 김순천金順天 어르신이 와서 머무셨다.

5월 19일. 아침에 큰비가 왔다. 도시락[辨當], 젓가락, 포건布巾은 모두 합쳐 50전.

5월 20일. 아버님께서 익산에 행차하셨다. 일류一柳를 금구金溝에 보냈다. 나막신[柳屐] 및 연필은 22전 5리. [이날부터 점심식사가 시작되었다.]

5월 21일. 남창동南倉洞에 가 보았다. 아버님 행차는 아직 돌아오지 않았고, 일관도 아직 돌아오지 않았다.

5월 22일. 남창동南倉洞에 가 보았다. 아버님께서 돌아오셨다. 화평花坪 유 위원柳委員이 당도하여, 우리 누님의 안부를 상세히 들었다. 군수 어르신께 나아가 뵈었다.

5월 23일. 양사재養士齋에 온 고을 노인들이 모여서 계제禊祭를 베풀었는데, 내게 글씨 쓰는 일을 요청하였다. 그런 까닭에 종일 여기에 매어 있었다. 늦게야 가 보았더니, 아버님은 출타하셨다. 윤 진사尹進士 어르신이 어제 저물녘에 와서 머무신다고 했다.

5월 24일. 아버님께 가서 문안을 드렸다.

5월 25일. 생도 일동이 조촌면助村面에서 원족遠足을 했다. 종일 뛰어다니다가 신작로로 돌아왔다. 남창동에 가 보니, 아버님과 순천順天 어르신은 군산群山에 행차하여 며칠 뒤에 돌아오신다고 했다. 유 위원이 방문했는데, 그의 오랜 벗이 또한 함께 왔다.

5월 26일. 일관이 본가[本第]로 출발했다. 그 또한 돌아올 날짜가 매우 급했기 때문에 알리지 못하고 떠났다. 그래서 집안의 안부를 여쭙는 편지 하나 부칠 수 없었다. 윤 진사尹進士 어르신을 가서 뵈었는데, 익산군수가 그 자리에 계셨다.

5월 27일. 남창동南倉洞에 가 보았다. 아버님은 아직 돌아오지 않으셨고, 유위원이 자리에 있었다.

5월 28일. 남창동南倉洞에 가 보았다. 아버님은 아직 군산에 머물러 계신다고 했다. 윤 진사 및 유 위원 어르신이 자리에 계셨다.

5월 29일. 전주 대한협회大韓協會에서 운동회를 크게 열었다. 각 학교 생도들이 구름처럼 모여들어 우레처럼 떠들썩하니, 일대장관一大壯觀이었다. 일관이 와서 보았다. 아버님의 안부를 들었다. 5전은 학비學費로 썼다.

5월 30일. 주인댁에 글씨 쓸 일이 있어서, 하루 종일 이 일을 했다. 해 질 무렵에 남창동南倉洞에 가 보았더니, 아버님이 돌아오셨다.

5월 31일. 이정二町 교사가 경성京城으로 전근했는데, 일찍 나서서 길을 떠난 까닭에 일동이 송별을 할 수 없었다. 새로 부임하는 교사는 수산오백족守山五百足 씨였다. 이날 저녁부터 김제국金濟國 선생 댁에 기숙하게 되었다.[6]

6월

6월 1일. 수산守山 교사가 연설을 했다. 아버님께 가서 문안을 드렸

6 이정(二町)은 곧 이정경부(二町經夫)이다. 수산오백족(守山五百足)과 김제국(金濟國)은 모두 공립전주보통학교의 교사로 근무했다.

다. 윤 진사尹進士 어르신이 자리에 계셨다.

6월 2일. 수산守山 교사가 이정二町 교사가 이전에 머물던 곳으로 거처를 정했다. 수산 교사를 방문했다. 임원들도 또한 와서 보았다.

6월 3일. 아버님이 김제金堤로 행차하셨다. 내려주신 돈이 1원이다. 윤 진사 어르신이 또한 되돌아가셨다.

6월 4일. 큰 비. 음력 4월 17일이니, 곧 아버님 생신이다.

6월 5일. 비가 지루하게 내린다.

6월 6일. 양사재의 글씨 쓰는 일[書役]을 마쳤다.

6월 7일. 주인 영감이 상경하였다.

6월 8일. 가랑비.

6월 9일. 유 위원 어르신을 이봉조李鳳朝 집에서 만났다.

6월 10일. 날마다 김 선생 집에서 복습했다.

6월 11일. 맑음.

6월 12일. 한벽당寒碧堂 아래 강물에서 멱을 감았다. 춘사春史 어르신을 가서 뵈었다. 또 유 우柳友를 방문했다.

6월 13일. 아침에 비.

6월 14일. 맑음.

6월 15일. 땅거미 질 무렵에 주인 영감이 돌아오셨다.

6월 16일. 남창동南倉洞에 가 보았다. 송 생원宋生員 어르신을 만났다.

6월 17일. 맑음.

6월 18일. 오후에 30분 간 일식이 있었다. 당숙님이 내려오셔서 집안 안부를 들었다. 아침에 아버님의 편지를 받았는데, 부안군扶安郡에 행차한다고 했다.

6월 19일. 일금 16전은 이정二町 교사의 기념물품인 은잔[銀盃] 4개의 대금으로 냈다.

6월 20일. 이정二町 교사의 편지를 볼 수 있었다. 당숙님께서 되돌아가셨다.

6월 21일. 이아李雅가 오는 편에 아버님이 내려주신 편지를 받았다. 오전 8시에 지진이 있었다.

6월 22일. 단오端午. 천중가절天中佳節이다.

6월 23일. 일관이 옷을 지고 왔다. 내려주신 편지를 받들어 집안 안부를 들었다. 일금 73전은 부채 값인데, 그 가운데 7전은 일관을 떠나보내는 데 썼다.

6월 24일. 아침에 비. 일관이 떠났다. 부안군扶安郡에 편지를 올렸다.

6월 25일. 맑음.

6월 26일. 학부學部에서 방학기간이 다음 달로 미뤄졌다고 한다. 그래서 7월부터 시험을 치른다고 한다.

6월 27일. 더위가 무척 심하다. 한벽당寒碧堂 아래 강물에서 멱을 감았다. 남창동에 가 보았다. 김순천金順天 어르신이 와서 머물러 계셨다.

6월 28일. 유 위원 어르신이 방문하셨다고 한다.

6월 29일. 유 우柳友를 가서 보았다. 바야흐로 얼굴에 난 종기 때문에 무척 괴로워했다.

6월 30일. 생도 일동이 승암산僧岩山 골짜기에 있는 학림學林 땅을 시찰하고, 석양을 받으며 돌아왔다. 삼종조三從祖께서 송사訟事 때문에 와서 뵈었는데, 당숙님도 함께 오셨다. 집안이 평안하다는 소식을 들었다.

7월

7월 1일. 비와 우레 소리가 모두 크게 들렸다. 관찰사 어르신이 상경하셨다.

7월 2일. 맑음.

7월 3일. 인편으로 아버님께서 내려주신 편지를 받들어 뵈었는데, 아버님은 고창군高敞郡으로 행차하신다고 했다. 5전은 삼종조의 점심밥값이다. 용두현龍頭峴에 가서 송 생원宋生員 어르신을 뵈었다.

7월 4일. 삼종조와 당숙님이 소송 서류[訴帖]를 제출하셨다. 돌아오는 길에 묘목苗木을 사 보내셨다. 일금 28전 6리는 묘목 대금이다. 봉조鳳祚의 집에 두루마기 세탁을 맡겼다.[7] 시험이 끝났다. 정익모鄭翼謨씨를 가서 보았다.

7월 5일. 생도 일동이 과수원에서 김을 맸다.

7월 6일. 어젯밤부터 내린 비가 아직 그치지 않았다.

7월 7일. 빗자국이 아직 남아 있다.

7월 8일. 맑음.

7월 9일. 일금 30전은 미투리[麻鞋] 값인데, 벽초碧樵 어르신으로부터 빌려 왔다.

7월 10일. 맑음.

7월 11일. 학부學部 사령관司令官이 전주에 도착하여, 생도 일동이 환영했다. 우레 소리 한 번 나고 번개 한 번 번쩍이더니 큰비가 내렸다.

---

7 6월 9일의 일기에는 "이봉조(李鳳朝)"가 언급되어 있으며, 7월 4일 및 22일의 일기에는 "봉조(鳳祚)"가 언급되어 있다. 표기는 다르지만 같은 사람일 가능성이 있다.

7월 12일. 작년에 방학한 날이다. 화평花坪의 민용식閔龍植 군이 입학하기 위해 와서 만났다. 정익모鄭翼謨 씨를 가서 보았다. 삼종조三從祖께서 전주에 오신다고 했는데, 곧바로 되돌아가셨다.

7월 13일. 민 우閔友가 학교에 갔다. 일관이 정읍井邑으로부터 당도하여, 아버님께서 내려주신 편지를 받았다. 돈 1원을 부쳐 보내셨는데, 그 가운데 60전은 일관의 왕래 비용이다.

7월 14일. 이른 아침에 일관을 떠나보냈다. 화씨온도계[華氏寒暖計]가 91도까지 올라갔다.[8] 민 우閔友와 함께 학교에 갔다.

7월 15일. 민 우閔友와 함께 정익모鄭翼謨 씨를 가서 보았다. 유 우柳友를 만났다.

7월 16일. 일금 10전은 작은 칼[小刀] 2개, 5전은 부채 수리비[改良價].

7월 17일. 일금 10전은 의복 세탁 비용. 시험성적을 게시하고, 상을 줄 이에게는 상을 주었다. 시험지를 찾아 왔다.

7월 18일. 한 선생韓先生이 근행覲行을 갔다. 민閔, 유柳 두 벗을 만났다.

7월 19일. 초복初伏. 수산守山 교사가 근행覲行을 갔다. 5전은 요기. 옥만玉万이 옷을 지고 왔다.

7월 20일. 방학식. 민閔, 유柳 두 벗 또한 근행覲行을 갔다. 옥만을 보냈는데, 쓴 비용은 15전이다.

7월 21일. 방학하는 날이다. 일관을 기다리느라 아직 떠나지 못했다.

7월 22일. 일관이 어제 저녁에 봉조鳳祚의 집에 도착했다. 일관은 면

---

8 화씨 91도는 섭씨로는 약 32.8도이다. "화씨(華氏)"는 독일인 파렌하이트(Fahrenheit)의 중국어 표기인 "화륜해(華倫海)"에서 유래한 말이다.

장面長에게서 2원을 수금收金했다. 내려주신 편지에 귀가하라는 명이 있어, 이제야 겨우 길을 떠났다. 노자[路費]는 10전. 일금 26전은 대나무 빗[竹櫛] 2개와 활석滑石 1개 값. 44전은 북어 20마리와 조기[沈石魚] 4마리. 아우[仲弟]는 콩을 사지 못해서 되돌아갔다.

7월 23일. 휴식[休脚].

7월 24일. 길에서 얻은 피로[路憊]가 아직 남아있다.

7월 25일. 맑음.

7월 26일. 이른 아침에 일관을 보내면서, 아버님께 올리는 편지를 부쳤다. 5전은 노자[路費]에 들인 돈이다.

7월 27일. 어머님 생신이다. 18전은 시장에서 썼다.

7월 28일. 너무 가물다.

7월 29일. 맑음.

7월 30일. 일금 45전은 강경江景 시장에서 썼다. 삼종조가 군산 재판소群山裁判所에서 체포되었다.

7월 31일. 당숙님이 전주에 들어가셨다. 계부님[季父主][9]은 군산에 들어가셨다.

8월

8월 1일. 10전의 돈은 품삯이다. 저녁에 비가 왔다.

8월 2일. 큰비. 이성二成이 전주에서 왔다. 흉작 소식을 많이 들었다.

9 막내 작은아버님.

8월 3일. 계부님[季父主]이 군산에서 오셨다.

8월 4일. 맑음. 계부님이 군산으로 떠나셨다. 제삼당第三堂이 완산[전주]에서 왔다.

8월 5일. 맑음.

8월 6일. 학동鶴洞으로부터 고성古城의 편지를 구해 보았다.

8월 7일. 저녁에 정숙鄭叔과 함께 당숙이 군산으로부터 오셨다.

8월 8일. 일관이 부안扶安으로부터 와서, 아버님이 내려주신 편지를 받았다.

8월 9일. 지진地震. 일류一柳가 강경江景을 떠났다.

8월 10일. 일관이 왔다.

8월 11일. 일관이 이른 아침에 부안으로 떠났는데, 바야흐로 손에 난 종기로 인해 미처 편지를 올리지 못했다. 일금 5전은 비용이다.

8월 12일. 낮에 비가 왔다.

8월 13일. 비는 오지 않았지만 오랫동안 흐렸다.

8월 14일. 저녁에 비. 돌아가신 고조할아버지의 기일[諱日]이다. [음력 6월 29일]

8월 15일. 비. 이기석李起碩의 편지가 군산에서 왔다. 계부님은 아직도 돌아오지 않으셨다.

8월 16일. 날씨가 명랑하다.

8월 17일. 비.

8월 18일. 흐림.

8월 19일. 삼도三嶋의 편지를 보았다. 삼도재홍三嶋再鴻을 군산경찰서로 전임轉任하는 사령장辭令狀이 왔다고 한다.

8월 20일. 삼도三嶋의 송별식에 참석했다.

8월 21일. 당숙님이 군산群山으로부터 오셨다.

8월 22일. 옥만玉万을 고성리古城里로 보내고, 편지를 부쳤다.

8월 23일. 옥만이 돌아와 만났는데, 편지가 있어 안부를 들었다. 오시午時에 서울 구리개[銅峴]의 의관議官 최치여崔致與가 방문했다.

8월 24일. 10전을 강경江景 시장에서 썼다.

8월 25일. 날씨가 뜨겁다. 강문안姜文安이 와서 만났다.

8월 26일. 오정午正에 비가 내렸다.

8월 27일. 오정에 가랑비. 계부님이 군산에서 돌아오셨다.

8월 28일. 맑음.

8월 29일. 맑음. 아침식사 후에 삼종조三從祖께서 집에 돌아오셨다. 윤 진사尹進士 어르신이 방문하셨다.

8월 30일. 맑음.

8월 31일. 저녁식사 때 일관이 와서 만났다. 아버님께서 편지를 내려주셨다.

9월

9월 1일. 가동家僮과 함께 완산[전주]에 들어가서 남문南門 안에 기숙했다. 아버님을 곁에서 모셨다.

9월 2일. 일찌감치 주인댁에 갔다. 개학을 하여 출석했다. 동촌東村의 본소本所에 기숙했다.

9월 3일. 일금 19전은 나막신[柳屐] 1개.

9월 4일. 김제국金濟國 선생이 강경공립보통학교[江景公校]로 전근했는데, 바야흐로 다리가 아파서 송별을 하지 못했다. 새로 오는 교사인 김현두金顯斗 씨는 이미 도착했다고 한다. 한 선생韓先生은 아직 돌아오지 않았다.

9월 5일. 아버님이 숙소를 서문西門 안 이상국李相國의 집으로 바꾸셨다. 유학규柳學圭 및 이기영李綺榮 씨를 만났다. [이 날부터 이상국李相國의 집에 기숙했다.]

9월 6일. 남문南門 밖 시장에 가 보았다.

9월 7일. 아침에 비. 일금 10전은 김 선생金先生 기념물에 썼다.

9월 8일. 아침에 비. 곧 음력 7월 24일이니, 태황제 폐하의 만수성절萬壽聖節이다. 5전은 점심밥.

9월 9일. 이 진사李進士에게 가 보았다. 부채 2개를 기념으로 내게 주셨다. 아버님이 금구金溝로 행차하셨다.

9월 10일. 맑음.

9월 11일. 아직 이상국李相國의 집에 기숙할 수 있었다.

9월 12일. 오후에 은송리隱松里에 가 보았다. 춘사春史는 종기 때문에 매우 힘들어하셨다. 벗 민용식閔龍植과 유광석柳光錫을 보았다.

9월 13일. 맑음.

9월 14일. 유학규柳學圭가 병으로 고통을 겪고 있었다. 안타깝도다, 안타깝도다.

9월 15일. 손의 붓기[手風]가 다시 생겼기 때문에, 치료도 하고 봉양도 할 생각으로 집에 돌아왔다. 노자[路費]는 7전이었다.

9월 16일. 맑음.

9월 17일. 강경江景 시장으로 가는 인편에 김 선생金先生께 편지를 부쳤다.[10] 8전은 약을 사는 데 썼다.

9월 18일. 가을이 찬 기운을 점점 재촉한다. 약을 먹기 시작했는데, 곧 가미방풍통성산加味防風通聖散이다.[11]

9월 19일. 사직현社稷峴에 갔다. 17전 5리는 약값.

9월 20일. 낮에는 무더웠지만, 저녁에는 서늘하다.

9월 21일. 양 선생楊先生이 왔다.

9월 22일. 맑음.

9월 23일. 하루 종일 약 먹는 것을 일삼았을 따름이다.

9월 24일. 가끔 비.

9월 25일. 김 순사金巡査가 와서 호적戶籍을 기록했다.

9월 26일. 맑음.

9월 27일. 일관이 와서 보았다. 아버님의 안부를 들었다.

9월 28일. 할아버님[祖父主]께서 장항리獐項里에 행차하셨다.

9월 29일. 미동米洞 아저씨[戚叔] 및 보상리普常里 재종숙再從叔이 와서 묵었다.

9월 30일. 양구례梁求禮가 방문했다. 김익면金益面이 와서 보았다. 일관이 태인泰仁으로 떠났다. 일금 5전은 노자[路費].

---

10 김 선생은 곧 강경공립보통학교로 전근한 김제국(金濟國)이다. 4일에 다리가 아파 송별을 하지 못했고 7일에 기념물을 마련하였으니, 이날 그런 사연을 담은 편지를 부쳤을 것이다.

11 가미방풍통성산(加味防風通聖散)은 축농증[鼻淵]이나 풍열증(風熱症), 중풍(中風) 등에 쓰는 처방이다.

10월

10월 1일. 고산시장高山市場에 대운동회가 있다고 한다. 석제釋弟가 가서 보았다.

10월 2일. 두계豆溪 김 서방이 와서 보았다.

10월 3일. 약 먹기를 마쳤다.

10월 4일. 고성리古城里 유 형柳兄이 방문했다. 석제釋弟 또한 돌아왔다.

10월 5일. 유 형柳兄을 붙잡아 머무르게 했다.

10월 6일. 유 형柳兄이 돌아갔다. 약 20첩을 먹었지만 조금도 효험이 없다. 그래서 바르는 약[塗藥]을 준비했다.[12]

10월 7일. 맑음.

10월 8일. 바르는 약으로 치료하고 있다.

10월 9일. 유 형柳兄이 측량하는 사람과 함께 왔다. 곧 배문영裵文泳, 김종휘金鍾徽이다.

10월 10일. 진사동眞絲洞 뒷산을 측량했다. 오하영吳荷泳이 또 와서, 측량하는 사람이 네 사람이다.

10월 11일. 진사동眞絲洞 뒷산 응봉鷹峯 한 자락[一支]의 측량을 마쳤다.

10월 12일. 측량하는 사람이 반곡盤谷과 북쪽 자락에 출장했다.

10월 13일. 측량하는 사람이 장항리獐項里에 출장했다. 본교 교장께

12 도약(塗藥)은 살갗에 바르는 약제를 뜻한다. 복약(服藥) 즉 먹는 약으로 효험을 보지 못했으므로 도약으로 치료하고자 한 것이다.

편지를 올렸다.

10월 14일. 측량하는 사람 일동이 쉬었다.

10월 15일. 측량하는 사람 두 사람이 출장하여 역기驛基의 산소를 측량했다.[13]

10월 16일. 측량하는 사람이 익산으로부터 어둑해질 무렵에 왔다.

10월 17일. 네 사람이 함께 일하기를 도모하지 않았다.

10월 18일. 네 사람이 송 씨宋氏의 산에서 측량했다. 정오에 일관이 줄포茁浦에서 왔다. 내려주신 편지가 있어 받들었다.

10월 19일. 측량하는 사람이 학동鶴洞 산소에 출장했다. 두계豆溪의 김 진사金進士가 방문했다.

10월 20일. 수수료를 출급出給했다. 측량하는 사람들은 각기 자기 집으로 돌아갔다.

10월 21일. 일관이 부안扶安의 줄포茁浦로 떠났는데, 아버님께 올리는 편지를 부쳤다.

10월 22일. 할아버님께서 명천鳴川에 행차하셨다.

10월 23일. 김 진사金進士가 떠났다.

10월 24일. 맑음.

10월 25일. 밤에 비.

10월 26일. 안개가 맺혀서 서리가 되었다.

10월 27일. 하늘은 티끌 없이 맑고, 바람은 높이 불고 산은 깨끗하다.[14]

---

13 역기(驛基)는 곧 '역터'이니, 과거 완주 일대가 우주현(紆州縣)에 속했을 때 역(驛)이 설치되었던 곳이다.

14 원문은 "玉宇廓淸, 風高山淨."이다. "옥우(玉宇)"는 옥으로 만든 것처럼 화려한 집이

10월 28일. 기러기는 남쪽으로 돌아간다.[15]

10월 29일. 맑음.

10월 30일. 옥만玉万을 구정리龜亭里로 보냈다. 만동리蔓東里 이윤오李倫五 씨가 방문했다. 저녁에 비가 내렸는데 밤까지 이어졌다.

10월 31일. 밤에 비.

11월

11월 1일. 붓 장수[筆商] 김태규金泰圭가 아들을 이끌고 와서 묵었다.

11월 2일. 박경환朴京煥이 와서 묵었는데, 동양東洋의 대렵大獵에 대해 들었다.

11월 3일. 맑음.

11월 4일. 본군本郡의 풍성학교豊成學校에 들어가서 살펴보았다.

11월 5일. 완산[전주]에 들어갔다. 노자[路費]는 5전이었다. 유응렬柳應烈의 집에 기숙했다.

11월 6일. 땅거미 질 무렵에 아버님 행차가 이곳으로 돌아왔다. 남창동南倉洞에서 모시고 잤다.

라는 뜻이니, 주로 옥황상제나 신선 등이 사는 곳을 가리키는 말로 사용된다. 같은 맥락에서 "하늘"을 뜻하는 말로도 사용된다. 가람은 이 구절에서 당시의 날씨와 풍경을 묘사한 것으로 보인다.

15 한나라 무제(武帝)의 「추풍사(秋風辭)」에 이 구절이 보인다. 그 서두에 "가을바람 일어남이여 흰 구름은 날아가고, 초목이 물들어 떨어짐이여 기러기 남으로 돌아가네.(秋風起兮白雲飛, 草木黃落兮雁南歸.)"라 하였으니, 가람 또한 가을바람을 맞으면서 이 구절을 썼을 듯하다.

11월 7일. 강엽姜曄 씨가 찾아와서 만났다. 일관이 집에 돌아갔다.

11월 8일. 비.

11월 9일. 아직 날씨가 개지 않았다.

11월 10일. 일관이 왔다. 집안은 무고無故하다고 했다.

11월 11일. 맑음.

11월 12일. 아버님께서 줄포茁浦로 행차하셨다.

11월 13일. 맑음.

11월 14일. 은송리隱松里에 갔다. 민용식閔龍植을 보고, 유광석柳光錫은 만나지 못했다.

11월 15일. 맑음.

11월 16일. 문정현文正炫 집에 기숙했다.

11월 17일. 맑음.

11월 18일. 맑음.

11월 19일. 맑음.

11월 20일. 공립·사립학교 일동이 용현龍峴으로부터 걸어서 산맥을 따라 남고산성南固山城까지 이르러 만경대万頃坮에 올랐다.[16] 풍광을 읊조리며 가니, 흥이 나서 모두 즐거워하였다. 문장에 뜻을 둔 이가 어찌 옛 가르침만 오로지 받아들일 수 있겠는가? 우습도다. 우습도다.

11월 21일. 본교 기념일이 멀지 않았다. 모든 준비를 어느 정도 마쳤다.

11월 22일. 봄날처럼 따뜻하다. 계부季父께서 내려주신 편지가 있

---

16 "만경대(万頃坮)"는 "만경대(萬景臺)"의 오기인 듯하다. 남고산성의 위쪽에 있는 만경대는 전주 시가지를 내려다볼 수 있는 곳인데, 만 가지의 경치를 볼 수 있다는 의미에서 이 이름을 얻었다고 한다.

었다.

11월 23일. 한 선생韓先生에게서 5전을 빌려 왔다. 줄포茁浦에 편지를 부쳤다.

11월 24일. 날씨가 심상치 않았다.

11월 25일. 눈이 내렸다.

11월 26일. 찬바람이 매섭다.

11월 27일. 오후 7시에 월식이 있었다.

11월 28일. 종일 큰 바람이 불었다.

11월 29일. 눈보라가 크게 일어났다.

11월 30일. 아침에는 눈이 내리고, 저녁에는 비가 왔다.

12월

12월 1일. 아침에 비.

12월 2일. 맑음.

12월 3일. 맑음.

12월 4일. 본교 기념일本校紀念日 겸 학예회學藝會. 외국 관리가 찾아와서 각별히 찬성贊成했다.

12월 5일. 흐림.

12월 6일. 맑음.

12월 7일. 온화한 봄볕처럼 따뜻했다.

12월 8일. 겨울날의 기후가 아니었다.

12월 9일. 부안扶安 이 직원李直員을 만나서, 아버님께 올리는 편지를 부쳤다.

12월 10일. 민우閔友를 찾아가서 만났다. 돌아가는 편에 유 형柳兄에게 편지를 부쳤다.

12월 11일. 아버님이 내려주신 편지를 받들어 보았다. 군수郡守 어르신을 가서 뵈었는데, 곧 박일헌朴逸憲 씨였다.

12월 12일. 맑음.

12월 13일. 날씨가 차다. 시험이 시작되었다.

12월 14일. 시험.

12월 15일. 시험.

12월 16일. 시험.

12월 17일. 이 진사李進士를 방문했다. 삼종조三從祖께서 오시는 편에 집안 안부를 들었다.

12월 18일. 일관이 부안扶安으로부터 왔다. 삼종조께서 동행하여 돌아가셨다. 박 군수朴郡守 어르신을 가서 뵈었다.

12월 19일. 맑음.

12월 20일. 아직도 따뜻하다.

12월 21일. 흐리고 차다.

12월 22일.[17]

12월 23일. 눈이 내렸다.

12월 24일. 눈이 내렸다. 시험을 마쳤다. 이윤오李倫五 씨를 가서 보았다. 나에게 20전을 주셨다. [서문西門 밖의 아는 상인을 방문하여 돈 빌

---

17 22일의 일기에는 처음에 "降雪. 試驗了. 往見李倫五氏. 往見則畵我, 二十錢也."라고 썼다가 지운 흔적이 있다. 그런데 이 내용은 이틀 뒤인 24일의 일기에도 나타난다. 그 결과 22일의 일기는 날짜만 남게 되었다.

려주기를 청했지만, 욕을 당했다.]

12월 25일. 일찍 출발하여 귀성[還省]했다. 노자[路費]는 6전이었다. 귀성하는 길에 20전을 주웠다.

12월 26일. 조윤구趙潤九가 와서 묵었다.

12월 27일. 눈이 비로 바뀌었다.

12월 28일. 맑음. 계부님[季父主]을 따라서 향교鄕校 보성학교普成學校에 가 보았다.

12월 29일. 맑음.

12월 30일. 맑음.

12월 31일. 맑음.

융희隆熙 4년[4243년(1910년) 경술년庚戌年]

1월

1월 1일. 수산守山 선생에게 편지를 부쳤다.

1월 2일. 흐림.

1월 3일. 날씨가 화청和淸하다.

1월 4일. 익산 석암리石岩里의 벗 이중소李重紹가 왔다.

1월 5일. 일관이 부안으로 떠났는데, 아버님께 올리는 편지를 부쳤다.

1월 6일. 맑음.

1월 7일. 완산[전주]으로 들어갔다. 노자[路費]는 6전이었다. 땅거미 질 무렵에 북문北門으로부터 동촌東村으로 들어갔다.

1월 8일. 학교에 갔다. 개학식開學式을 참관했다.

1월 9일. 송 생원宋生員 어르신을 가서 뵈었다. 일금 18전은 미투리[麻鞋] 값.

1월 10일. 신문에 혜성의 일이 크게 실렸다.

1월 11일. 아침에 흐리고, 저녁에 갰다.

1월 12일. 흐림.

1월 13일. 가랑비.

1월 14일. 저녁에 흐림.

1월 15일. 눈비가 부슬부슬 내리다가 밤에는 큰 눈이 되었다. 사람들이 근년에 처음 보는 눈이라 하였다.

1월 16일. 아침에 눈이 내리다가 낮에 갰다.

1월 17일. 어제 내린 눈이 크게 쌓였다. 추위가 참으로 혹독하다.

1월 18일. 문 영감文令監이 상경했다.

1월 19일. 눈이 아직 완전히 녹지 않아서 길이 매우 질퍽질퍽하다.

1월 20일. 흐림.

1월 21일. 밤에 눈이 왔다.

1월 22일. 흐림.

1월 23일. 흐림.

1월 24일. 맑은 하늘을 근래에 처음 보았다.

1월 25일. 바람이 불고 춥다.

1월 26일. 맑음.

1월 27일. 맑음.

1월 28일. 날씨가 따뜻하다.

1월 29일. 송성률宋聖律을 만나 보았다. 판사判事 최준식崔俊植 씨를 찾아가 뵈었다.

1월 30일. 용머리고개[龍頭峴]에 가서 송 생원宋生員 어르신을 뵈었다.

1월 31일. 날씨가 혹심하게 차다.

2월

2월 1일. 얼음이 돌처럼 단단하다.

2월 2일. 눈이 내렸다. 아버님이 이곳으로 행차를 돌려서 서문西門 안에 머무셨다.

2월 3일. 날씨가 제법 따뜻해졌다.

2월 4일. 흐림.

2월 5일. 아버님이 본가[本第]로 행차를 돌리셨다.

2월 6일. 아버님이 다시 계부님[季父主] 및 김태환金台煥과 더불어 이곳으로 오셨다. 서문 안에서 모시고 잤다. [윤상덕尹相德을 만났다. 경성京城에 거주하는 사람이다.]

2월 7일. 아버님과 계부님을 곁에서 모시고 집에 돌아왔다. 유 주사兪主事가 며칠 전부터 와서 머무르고 있었다.

2월 8일. 화산華山의 유 형柳兄이 방문했다.

2월 9일. 유 형과 유 주사가 돌아갔다.

2월 10일. [경술년 1월 1일] 맑음.

2월 11일. 맑음.

2월 12일. 반쯤 흐리고 반쯤 맑았다. 몸에 병 기운이 있었다.

2월 13일. 병 기운이 아직 가시지 않았다.

2월 14일. 송동宋童과 함께 완산[전주]에 들어왔다. 이춘사李春史 댁에 임시로 머물렀다.

2월 15일. 등교하였다. 오후 3시에 머리를 깎았다. 모자 및 이화李花의 대금은 1원 30전이었다. 정오에 이병직李炳稙, 문운봉文雲峰의 집에 가 보았다. [직원실職員室에 들어가니, 여러 선생님이 함께 머리 깎을 일[薙

髮]을 의논하고 있었다.]

2월 16일. 오후에 정 참봉鄭參奉 어르신 및 벗 유광석柳光錫을 방문했다.

2월 17일. 흐리고 춥다. 송동宋童이 돌아가는 편에 집에 편지를 부쳤다.

2월 18일. 맑음. 일금 일 원을 주인장主人丈께 지급했다.

2월 19일. 맑음. 정오에 정 참봉鄭參奉 어르신을 방문했다.

2월 20일. 남문 밖에서부터 동촌東村까지 가서 이연산李連山 어르신댁과 문운봉文雲峰의 집을 방문했다. 이 진사李進士와 정 참봉鄭參奉의 집을 방문했다.

2월 21일. 흐리고 춥다. 익산益山의 김초태金樵泰가 와서 같은 곳에 묵었다.

2월 22일. 흐리고 춥다.

2월 23일. 맑음. 일금 20전은 도시락[辨當] 한 그릇.

2월 24일. 맑고 쾌청하다. 이연파李蓮坡 어르신을 방문했다. 유 주사柳主事 및 정 참봉鄭參奉 어르신을 방문했다.

2월 25일. 비.

2월 26일. 일금 4전은 연필 1개.

2월 27일. 흐림.

2월 28일. 하교 후에 정 참봉鄭參奉 집에 갔다. 유 형柳兄, 송 형宋兄, 그리고 그 밖의 여러 벗을 보았다.

3월

3월 1일. 일관一丱이 와서 보았다. 이승지李承旨 및 송 우宋友를 만났다.

3월 2일. 일관이 이곳에서 머무르며 숙식을 했다.

3월 3일. 일관이 부안扶安으로 가는 편에 아버님께 편지를 올렸다.

3월 4일. 눈이 내렸다. 주사主事 김종순金鍾純 편에 내려주신 편지가 있었다.

3월 5일. 눈.

3월 6일. 아직도 춥다.

3월 7일. 밤에 환등활동사진幻燈活動寫眞을 보았다.

3월 8일. 일금 30전을 완옥完玉에게 빌렸다.

3월 9일. 곧 음력 정월 28일이니, 내 생일이다. 사범학교장師範學校長 김석기金奭基 님께 (입학을) 청원請願하였다. [13전은 의건衣巾 값]

3월 10일. 일본 육군 기념식이 있었다. 일반 생도들은 와서 보도록 초청되었다. 아침에 일관이 와서 만났는데, 아버님이 내려주신 편지를 받았다.

3월 11일. 일관이 집에 돌아가는데, 그 편에 편지를 부쳤다. 부형회父兄會가 개최되었다. 10전을 주인댁에 들여보냈다.

3월 12일. 일기가 명랑明朗하다. 같은 학교 50명이 오목대梧木坮에서 바람을 쐬었다. 일관이 출발했다. 꿈에 백증조伯曾祖를 뵈었는데, 귤 1개를 내려주셨다.

3월 13일. 이연사李連士 어르신 및 문운봉文雲峰 집에 가서 뵈었다.[18] 돌아오는 길에 군수 어르신을 찾아가 뵈었다.

3월 14일. 아침에 맑고 저녁에 비, 밤에는 큰 바람이 불었다. 줄포의 박상기朴象基 군이 오는 편에 아버님이 내려주신 편지를 받았다.

3월 15일. 비. 박 우朴友와 함께 학교로 들어가서 사범 시취試取 문제를 보았다. 산수[算術], 일어日語는 마쳤다. 이 시험을 마친 뒤에 전서篆書 1장을 제대로 써서 평양 보통학교 전람회에 보냈다.

3월 16일. 맑음. 들어가서 사범학교 시취試取 문제를 보았다. 한문과 작문을 마쳤다. 사범학교 시험은 마친 것이다.

3월 17일. 아침에 맑고 저녁에 흐림. 농과農科 시험.

3월 18일. 일어日語 문법, 작문, 받아쓰기[書取], 번역[譯文] 시험을 치렀다.

3월 19일. 이과理科 시험을 마쳤다. 고성리古城里의 유 위원柳委員이 방문했다.

3월 20일. 흐리고 따뜻함. 은송리隱松里 정 참봉 어르신, 유 위원을 가서 보았다.

3월 21일. 흐림. 남문 안에서 김순천金順天 어르신을 만났다. 물산품평회物產品評會와 진열소陳列所를 보았다.

3월 22일. 비.

3월 23일. 일관이 와서 보았다. 고성리 유 형이 함께 왔다.

3월 24일. 김종순金鍾淳의 집에서 아침밥을 먹었다. 건원절乾元節이

18 "이연사(李連士)"는 이진사(李進士) 또는 이연산(李連山)의 오기인 듯하다.

내일이다.[19] 그런 까닭에 경축을 했다. 비용은 3전이었다.

3월 25일. 일반 공·사립학교의 생도들이 모두 도청 안에 나아가서 경축하고 만만세를 불렀다.

3월 26일. 비. 성적이 발표되었다. 수산守山 씨를 찾아가 뵙고, 부모님 병환으로 귀근歸覲한 일을 위문했다. 남연환南連煥을 만났다.

3월 27일. 일관이 부안扶安으로 떠나는 편에 유 형도 동행했다. 김 우金友에게 15전을 빌렸다. 줄포에 편지를 올렸다. 이연산李連山의 집과 문운봉文雲峰의 집을 방문했다.

3월 28일. 졸업식을 거행했는데, 졸업생은 모두 41명이었다. 그 가운데 최경엽崔景燁이 농과農科 교사 유석준兪奭濬을 시험 부정不正의 일로 허물했다. 이처럼 많은 사람이 모인 가운데 그 스승에게 죄를 들춰내서 따졌는데, 그 악惡을 생각할 수야 있지만 말할 수는 없는 법이다. 그끄저께[三昨日] 군산群山 학교의 직원과 생도를 아울러 40여 명이 와서 머물렀는데, 또한 오늘 모임에 참여하였다. 임원들이 졸업생에게 책자 50권을 기부하였는데, '품행방정品行方正'으로 책 1권을 받았다.

3월 29일. 관찰사 어르신과 직원 및 졸업생이 함께 사진을 찍었다. 은송리隱松里에 가 보았다.

3월 30일. 줄포茁浦로부터 인편이 있어, 내려주신 편지를 받들었다. 은송리隱松里에 가 보았다.

3월 31일. 이 진사李進士 어르신을 가 뵙고, 아버님의 편지를 전해 드렸다. 박 우朴友와 함께 이연산李連山의 집과 문운봉文雲峰의 집, 한 선

---

19 건원절은 순종의 탄생일이다. 1907년에 음력 2월 8일을 기념일로 정하였으나, 이듬해에 양력으로 환산하여 3월 25일로 고쳤다.

생韓先生, 유 선생兪先生을 찾아가 보았다.

4월

4월 1일. 유 형柳兄이 일관과 함께 왔다. 신기문辛淇文[20]이 와서 머물렀다. 유광석柳光錫 형을 만났다.

4월 2일. 전날 일은 스승과 제자 사이의 평화로 결의되었다. 군수 어르신께 나아가 뵈었다. 이연산李連山, 문운봉文雲峰 및 이 진사李進士를 방문했다. 돌아오는 길에 이 위원李委員 어르신을 방문했다.

4월 3일. 유 형과 함께 집에 돌아왔다. 다만 일관이 털로 짠 요[毛褥] 1개, 나막신[柳屐] 1개, 도시락[辨當] 1개, 갓[笠子] 1개, 모자 1개를 가져왔는데, 춘사春史 댁에 두었다. 지석영池錫永이 편찬한 옥편과 약간의 종이들은 이수영李壽榮 씨 댁에 두었다.

4월 4일. 맑음.

4월 5일. 맑음. 고성리古城里 누님 집에 갔다. 전주보통학교 교장으로부터 사범학교 합격[入格] 통지가 왔다.[21] 하인 비용은 1원 12전이다.

4월 6일. 아침 일찍 옥만玉万이 와서 급히 돌아오라고 고하였다. 그

---

20 『조선신사대동보』에 의하면, 신기문(辛淇文)은 1894년 4월 30일생으로 전라북도 부안군 건선면(乾先面) 줄포 강서리(茁浦江西里)에 거주했다. 전주공립보통학교를 졸업하고 관립공업전습소에서 수학했다.

21 「구일기초(舊日記抄)」에 의하면, 가람은 합격 통지가 온 것을 이튿날인 6일에 들었다고 한다. 즉 5일에는 누님 댁에 머물렀기 때문에 합격 소식을 듣지 못하였고, 6일 이른 아침에 옥만이 와서 합격 소식을 전하자 급히 서울로 갈 준비를 하게 된 것이다.

래서 곧바로 집에 돌아왔다.

4월 7일. 맑음. 길 떠날 준비를 했다.

4월 8일. 길을 떠났다. 사람과 말을 아울러 노자[路費]는 25전이다. 오후에 은동隱東에서 멈추었다. 오후에 비가 내렸다. [경성으로 가는 일은 이 날부터 시작되었다. 집에서 8원을 갖고 갔다.]

4월 9일. 은동隱東에서부터 다시 출발했다. 돈 3원을 얻었다. 정오 때에 대전[太田]에 이르러 점심을 먹었다. 비용은 35전이다. 사람과 말은 곧바로 되돌려 보냈는데, 16전 5리를 지급했다.[22]

4월 10일. 오전 7시 30분에 서울행 차를 탔다. 아침밥 값은 7전 5리, 기차 운임은 2원 83전. 오후 1시에 경성에 도착하여 대사동大寺洞 대동기숙여관大東寄宿旅館에 묵었다.[23] 엽서와 우표[切手] 각 2매에 9전. [비로소 경성에 이르렀다. 처음에 남산 아래 모 여관에 들어갔다가 욕을 당하였다.[24]]

---

22 「구일기초(舊日記抄)」에는 '8일'의 일기로 8일과 9일의 일이 기록되어 있는데, "비는 오는데 당나귀를 타고 70리나 달려가 두계(豆溪) 옆 은동(隱洞) 처가에서 자고 또 40리 되는 대전[太田] 가 잤다."고 했다. 둘을 함께 살펴보면, 가람은 8일에 비를 맞으면서 당나귀를 타고 처가까지 가서 묵었고, 9일에 다시 당나귀를 타고 처가에서부터 대전까지 이동한 것이 된다. 처가가 있는 "은동"은 『가람일기』에 "隱洞"과 "隱東"의 두 가지 표기로 나타난다.

23 원문에는 처음에 "대동여관"이라고 썼다가 "기숙"을 보충한 흔적이 있는데, "여관"을 지우려 한 것인지는 분명하지 않다. 「구일기초(舊日記抄)」에는 "대동기숙관(大東寄宿舘)"으로 표기하고 "지금 풍문고여(豊文高女) 앞"이라는 설명을 덧붙였다.

24 「구일기초(舊日記抄)」에는 10일의 일이 상세하게 기록되어 있는데, 그 가운데 "남산 아래 여관에서 욕을 당한 일"을 찾아볼 수 있다. 해당 부분은 다음과 같다. "나는 보따리 하나를 들고 내려 구름다리 층층대를 넘어 출찰구(出札口)로 나섰다. 나를 맞는 이는 여관 집 머슴들이다. 서로 덤비어 내 보따리를 빼앗으려 한다. 마치 함진아비의 경마싸움과 같다. 그러나 다섯 손가락에 힘을 다 드려 보따리를 꼭 잡고 화용도(華容道) 같은 그 곳을 벗어나 숭례문(崇禮門)으로 들었다. 실은 정한 여관도 없

4월 11일. 계동桂洞에 가서 김창수金昌洙를 만났다. 함께 운현궁雲峴宮 안의 영보당永寶堂에 가서 석포石圃 어르신을 뵈었다. 김창수에게 돈을 빌려 주었는데, 1원 30전이었다. 본가[本第] 및 본교本校에 편지를 부쳤다. 은동隱洞 및 줄포茁浦에 편지를 부쳤다.

4월 12일. 일전에 말을 탄 여독餘毒이 문득 일어났는데, 엉덩이의 종기가 갑자기 돋아났다. 양약 값은 15전. 김두환金斗煥이 돈 10전을 빌렸다.

4월 13일. 명함지 50장 정서正書에 11전. 떡값은 5전.

4월 14일. 비. 오전 9부터 오후 2시 무렵까지 한성사범학교漢城師範學校에 들어가 재고시험再考試驗을 치렀다. 과목은 한문, 일어, 체격검사였다. 시험장에서 조춘원趙春元[25] 형을 만났다. 임철주林喆周 및 김용섭金容灄, 안용진安龍珍, 고형진高亨鎭 세 사람을 만났다.

으매 참한 한 여관을 찾으려 하였다. 한 총각이 따라오더니 여관을 찾으신다면 퍽 좋은 여관이 여기 있으니 가십시다 하고 나를 친절히 인도(引導)한다. 나는 따라갔다. 한 샛골목으로 들어가 보니 가운데는 마루 한 칸 그 좌우로는 조그마한 방인데, 방마다 이삼 십 되어 뵈는 부랑자(浮浪者) 같은 놈들이 전염병실(傳染病室)의 병자(病者)처럼 가득 들어누어 있었다. 그 중에는 머리를 들고 내다보는 놈도 있으며 어서 들어오시오 하기도 한다. 나는 묵묵히 마루귀틀에 걸어 앉아서 보따리만 잡고 있었다. 그리고 가만히 도피(逃避)할 꾀를 생각하였다. 방에 누었던 한 놈 두 놈 점점 일어나 오며 이어 수작을 건넨다. 나는 수응하면서 '예서 한성사범학교(漢城師範學校)가 삼사십 리 됩니까.' 한즉, '꼭 30리입니다.' 한다. '그러면 나는 한성사범학교 재고시험(再考試驗)을 보러 온지라, 그 근처(近處)로 가서 여관을 정하여야겠소.' 하고 보따리를 들고 일어서 슬멍 슬멍 나왔다. 걸음은 더욱 잦았다. 그 골목을 벗어나자마자 뭇놈들이 좇아나오며 갖은 욕설(辱說)을 다한다. 나는 모른 척하고 큰 길로 나서 여러 행인(行人) 속에 섞여 갔다."

25 「구일기초(舊日記抄)」에서는 "자형(姊兄) 조춘원(趙春元)을 만났다. 한동안 소식(消息)을 몰랐다가 이렇게 만나게 되니 그 순간(瞬間)엔 서로 맥맥하였을 뿐이었다."고 기록했다. 이후의 일기에서 "조 형(趙兄)"으로 지칭되는 이가 바로 가람의 자형인 조춘원이다.

4월 15일. 합격하였다. 방榜을 보았다. 학교에 들어가니, 오직 안용진安龍進[26] 한 사람이 합격하지 못했다. 김창수金昌洙에게 돈 1원 50전을 빌려 주었다. 우표[切手] 및 엽서 2매에 9전, 양약 값이 11전, 땔감 값이 5전이다. 본가[本第]에 편지를 부쳤다. 은동隱東 및 본교에 편지를 부쳤다. 줄포에 편지를 부쳤다.

4월 16일. 김창수金昌洙에게 빌려준 돈이 1원이다. 도장 값이 12전 5리, 떡값이 5전, 양말이 20전이다. 식비로 1원 20전을 지급했다. 중부中部 대사동大寺洞 19통 9호 김진우金鎭雨 씨 집 사범학원 기숙사師範學員寄宿舍로 숙소를 옮겼다.

4월 17일. 조 형과 더불어 남산에 올랐다. 수오水塢를 만나서 시를 읊었다. 도시락[辨當] 1개에 그 싸개[包網]까지 아울러 25전, 공책 1권이 4전, 떡이 2전 5리이다. 서약서誓約書를 써서 보냈다. 부보증인副保證人은 오지수吳智洙인데, 곧 한성 중부中部 상한동上漢洞 59통 6호에 거주하는 분이다.

4월 18일. 처음으로 학교에서 공부했다. 김용섭金容灄에게 4전을 빌려 주었다. 윤상덕尹相德 씨가 방문하였는데, 곧바로 사례하는 뜻으로 방문하여 아버님의 안부를 들었다.

4월 19일. 학교에 갔다. 지급하는 물품이 있었는데, 『사서집주四書集註』, 생리학生理學, 지리서地理書, 외국역사外國歷史 각 1책과 공책 1권 및 연필이다. 일금 8전은 미투리[麻鞋].

---

26 "안용진"은 "安龍進"과 "安龍珍"의 두 가지 표기로 나타난다. 조선총독부 직원록에는 1910년대에 임시토지조사국 기수(技手)로 있었고 1930년대에 삼례면장(參禮面長)을 지낸 "안용진(安龍珍)"이라는 인물이 올라 있는데, 같은 인물일 가능성이 있다.

4월 20일. 아버님의 안부를 받들었다. 엽서 2매의 값은 3전. 학교에서 빌려주는 물품이 있었는데, 서첩書帖 1책이다. 학교로부터 화필畫筆 1자루를 얻었다.

4월 21일. 학교로부터 필묵筆墨을 얻었다. 2전은 양지洋紙, 56전은 생리학生理學 1책.

4월 22일. 30전은 바구니[籠] 1개이다. 아버님의 안부를 받들었다.

4월 23일. 서약서의 정보증인正保證人 아래에 도장을 찍지 않아서 서약을 증명할 수 없다고 한다. 그래서 아버님 앞으로 편지를 올렸다. 그 서약서도 아울러 우편으로 부쳤다. 3전은 우표[切手]. 김용섭金容灄에게 2전 5리를 빌려 주었다.

4월 24일. 비. 아버님의 안부를 받들었다. 이기호李箕鎬를 방문했다.

4월 25일. 날씨가 맑고 화창했다. 학교 수업을 마친 후에 남산 아래 상점에 갔다. 10전은 손수건. 학교에서『국어문전國語文典』을 받았다.

4월 26일. 맑음. 이기호李箕鎬가 방문했다. 함께 편지를 써서 아버님 앞으로 부쳤다. 이에 앞서 이기호李箕鎬를 방문했었다.

4월 27일. 아침에 맑다가 저녁에 흐림.

4월 28일. 맑음. 우천태차芋川泰次[27] 선생이 오사카[大阪]의 고등교유高等教諭로서 본교의 교유가 되어 부임하였다. 일동이 강당 안에 모여서 초견례初見禮를 거행하였다. 학원일지學員日誌의 당번當番을 맡았다. 계동桂洞에 가서 김창수金昌洙를 만나 보았다.

---

27 이모카와 다이지(芋川泰次)는 1910년에 한성사범학교 교유로 부임하여 평양고등보통학교, 경성여자고등보통학교, 대구공립고등여학교 등에서 1928년까지 교사로 활동했다.『일본문법교과서(日本文法教科書)』(1904)와『사화유전(詞華類典)』(1911)의 저자로 이모카와의 이름이 보이는데, 같은 인물인지는 분명하지 않다.

4월 29일. 맑음. 방과 후에 청소[掃除] 당번을 했다. 조 형趙兄이 족숙族叔 관승觀承 씨와 함께 방문했다.

4월 30일. 맑음. 계부님[季父主]이 내려주신 편지를 받았다. 방과 후에 사동寺洞에 갔다. 청석동靑石洞 25통 5호에서 족숙族叔 박사博士 어르신을 처음으로 뵈었다. 같은 때에 유희열劉禧烈 씨를 만났다.

5월

5월 1일. 오후 3시에 계동桂洞에 가서 창수昌洙를 보았다. 함께 영보당永寶堂에 들어가서 석포石圃 어르신을 뵈었다. 악장岳丈께서 바야흐로 와서 머물고 계셨는데, 공교롭게도 출타하신 까닭에 뵙지 못하였다. 오전에는 조 형과 더불어 남문 밖에 갔다가 다시 동문 안에 이르렀다. 눈에 닿는 풍광에 지기志氣가 쾌활해졌다. 돌아오는 길에 이동[泥洞, 진골] 윤우병尹佑炳 씨를 방문하여 무릎을 맞대고 맑은 이야기를 나누었다. 김용섭金容灄에게서 4전을 받아왔다. 엽서 2매는 3전이었다.

5월 2일. 맑음. 우편으로 전주全州 연산連山 집과 강경 보통학교江景普通學校 김제국金濟國 씨께 편지를 부쳤다. 학과를 마친 후에 체격검사體格檢査가 있었다. 양복을 만드느라 치수를 헤아려 본 것이다. 운현궁雲峴宮에 갔는데, 또 악장岳丈을 뵙지 못했다. 아버님께서 내려주신 편지가 있었다.

5월 3일. 맑음. 수신서修身書를 받아 왔다.

5월 4일. 창수昌洙를 가서 보았다. 아버님이 내려주신 편지와 은송리隱松里 정 참봉鄭參奉의 편지가 있었다. 유광석柳光錫의 편지가 왔다.

김정상金正祥의 명함과 안용진安龍進의 명함이 왔다. 학교에서 생리학生理學과 식물학植物學 각 1책을 받았다. 정진룡鄭鎭龍의 편지가 은송리隱松里로부터 왔다.

5월 5일. 맑음. 대황제 폐하大皇帝陛下께서 동문 밖에서 친경親耕을 하셨다. 본교의 학원學員 몇 사람이 먼저 나아가 알현하였다. 각급 학원 전체는 오후 1시에 동문 밖에서 함께 공경하게 행차를 맞이하였다.[28] 아버님 앞으로 편지를 올렸다.

5월 6일. 맑음. 각급 학원學員 일동이 북한산성北漢山城에 원족遠足을 갔다. 각급 학원이 8명 또는 9명씩 나누어 1개의 대열을 만들어 창의문彰義門에서부터 출발했다. 양의 창자처럼 구불구불한 길에서는 꼬챙이에 꿴 물고기처럼 늘어서서 앞으로 나아갔고, 높은 언덕에서는 바람을 맞으며 가다가 머물다가 했다. 정상에서 산성 안으로 들어가니, 삼각산 아래 백석白石의 맑은 계곡에는 붉은 복숭아꽃이 가득 피고 간간이 새소리만 들릴 뿐이었다. 산영루山映樓에 올라 도시락을 꺼내 먹으니 족히 요기가 될 만했다. 오후 1시에 출발하여 혜화문惠化門으로 돌아왔다. 영국 황제가 붕어崩御했다고 한다.

5월 7일. 흐림. 계동桂洞에 가서 창수昌洙를 보았다. 청석동靑石洞에 가서 족숙族叔을 뵈었다.[29] 일동이 휴업休業하였다. 운현雲峴에 갔지만, 악장岳丈을 뵙지 못했다.

---

28 「구일기초(舊日記抄)」에서는 "대황제 폐하(大皇帝陛下)께서 동대문 밖에 친경(親耕)을 하신다 하여 본 사범 학원(本師範學員) 몇 사람만 먼저 갔었고, 학원(學員) 일동은 오후 한 시 동대문을 나서 지영(秖迎)하였다."고 기록했다. "지영(秖迎)"은 "지영(祗迎)"이 정확한 표기일 듯한데, 백관이 임금의 행차를 공경하게 맞이하는 일을 뜻하는 말이다.

29 청석동 족숙은 곧 "박사 어르신[博士丈]"이다.

5월 8일. 오전에 운현雲峴에 가서 악장岳丈을 뵈었다. 아버님이 내려주신 편지를 볼 수 있었다. 교사를 치송治送하는 일로 이기호李箕鎬를 찾아 갔지만 만나지 못하였다. 오후에 삼청동三淸洞에 갔다가 옆길에서 만나 잠시 이야기했다. 5전을 썼다.

5월 9일. 흐림. 줄포茁浦의 학교 교사를 초빙하여 보낼 여비를 찾아오는 일로 광화문光化門 우편국에 갔다. 일금 10원을 받아온 뒤에, 이기호李箕鎬를 가서 보았다. 일어日語와 산술算術 책을 학교에서 받았다. 박상기朴象基의 편지가 왔다. 김제순金濟舜이 자리를 옮겨 서울에 올라왔다.[30]

5월 10일. 바람 불고 맑음. 아침에는 흐림. 더위가 사람을 노곤하게 한다. 하학 후에 계동桂洞의 창수昌洙에게 가서 30전을 빌려 왔다. 기호箕鎬를 보았다. 저녁밥을 먹은 뒤에 중앙이발소中央理髮所에 갔다. 7전 5리는 이발 요금이다. 엽서 6매에 9전. 우표[切手] 1매.

5월 11일. 맑음. 본가에 편지를 부쳤다. 은송리隱松里 정 참봉 댁 및 유광석柳光錫, 정진룡鄭鎭龍, 문운봉文雲峰 집에 편지를 부쳤다. 윤상덕尹相德이 방문하였는데, 아버님이 내려주신 편지를 가져와 전달해 주었다. 박사博士 족숙 어르신께 가는 편지도 있었다. [밤에 줄포로 갈 교사를 방문하였으나, 만나지 못했다. 8원을 내어줄 생각이었다.]

5월 12일. 맑음. 아침에 줄포에서 온 전보를 받아 보았는데, 왜 교사를 보내지 않느냐고 했다. 하학下學 후에 곧장 교사 손영수孫英洙를 찾아가 만나서 오는 6일에 출발하기로 약속하였다. 이기호李箕鎬의 편지

---

30 김제순(金濟舜)의 이름은『직원록(職員錄)』에 보인다. 이를 통해 그가 1908년에 탁지부 임시재원조사국 양지과의 전주출장소에 근무하였고 1910년에는 임시토지조사국 조사과에서 근무하였음을 확인할 수 있다.

를 동봉하여 줄포에 편지를 올렸다. 학교에서 공책 및 연필을 받아 왔다. 일금 8원을 손영수孫英洙에게 내어 주었다. 단 그 2원은 비용으로 삼았다.[31] 20전을 이기호李箕鎬에게 빌려 주었다. 양말 1개를 샀다. 3전 5리는 이기호李箕鎬의 경비로 주었다.

5월 13일. 방과 후에 바로 광화문 우편국으로 갔다. 손영수孫英洙가 오는 6일에 출발한다는 일로 줄포에 전보를 쳤다. 비용은 10전—세 글자—이었다. 박상기朴象基에게 편지를 부쳤다. 『매일신문每日新聞』에 혜성彗星의 설이 발표되어 인심이 떠들썩했다.

5월 14일. 맑음. 아침에 머리를 들어 천기天氣를 살펴보았다. 동방에 꼬리 하나를 가진 별이 하나 있었는데, 서쪽을 향해 중천中天을 꿰뚫고 지나갔다.[32]

5월 15일. 맑음. 손영수孫英洙를 만났다. 운현궁에 가서 악장岳丈을 뵈었다. 이기호李箕鎬를 방문했지만, 만나지 못했다. 조 형趙兄과 더불어 상점에 가서 책보冊褓 감으로 당목唐木 1척尺 3촌寸을 샀다. 곧 값을 치렀는데, 14전 5리였다. 또 재봉소로 가서 잘라서 책보를 만들었다. 헤어져서 신도新道로 갔다. 김 우金友가 방문했다.

5월 16일. 하학下學하여 돌아올 때 영구瑩九를 만나 연산連山 어르신이 상경하셨다는 말을 들었다. 방문해 보니, 애초에 와서 머물지 않으셨다고 했다. 다만 체조 교유教諭가 평양고등학교平壤高等學校로 전근

---

31 5월 9일 일기에 광화문 우편국에서 10원을 찾아온 일이 기록되어 있다. 가람은 10원 가운데 8원을 교사 손영수에게 지급하고 나머지 2원을 비용으로 처리한 듯하다.

32 「구일기초(舊日記抄)」에서는 5월 13일 일기에 혜성에 대해 기록하였는데, "『매일신문』에 혜성설(彗星說)이 발표되어 인심(人心)을 소동하더니, 그 이튿날 아침에 큰 별이 동천(東天)에 떠서 그 꼬리가 중천(中天)까지 꿰뚫었다."고 했다.

하게 되었는데, 후임 선생은 곧 횡지사차랑橫地捨次郎 씨였다.[33] 일동은 강당에 모여서 전별餞別 및 환영상견식을 거행했다. 2전 5리는 고무[印度膏].

5월 17일. 아침에는 안개가 끼고 저녁에는 비가 내렸다. 날씨가 매우 흐리다.

5월 18일. 맑음. 혜성의 설은 실제로는 들려오는 것이 없다. 일전에 『매일신보每日申報』에 났던 혜성의 설은 이미 허사가 되었다.[34]

5월 19일. 아침 일찍 윤상덕尹相德의 방문이 있었다. 하학下學 후에 최 씨崔氏를 가서 보았다. 손영수孫英洙는 이번 달 16일에 이미 출발했다고 한다. 윤상덕尹相德의 집으로 가서 만날 수 있었다. 7전 5리는 우표[切手] 및 엽서.

5월 20일. 맑음. 하학下學 후에 조 형趙兄과 더불어 인왕산에 갔다. 서울을 한 폭幅에 조망하였다. 오늘은 곧 영국 황제의 대장식大葬式을 거행한다. 그런 까닭에 오후는 휴업休業이다. 줄포茁浦에 편지를 부쳤다. 또한 손영수孫英洙에게서 편지가 있었다. 일금 4전은 떡값.

5월 21일. 오전 7시 무렵에 전전前田 교사를 전별餞別하기 위해 각급 학원學員 일동이 남대문 밖 정거장에 갔다. 오후에 창수昌洙 및 악장岳丈께 가 보았는데, 하오 5시에 친히 방문하셨다.

---

33 요코지 스테지로(橫地捨次郎)는 1909년 7월에 이기동(李基東)과 함께 보통학교 체조과 교원용 도서인 『최신체조교수서(最新體操敎授書)』를 발간한 인물이다. 1909년에 번역하여 간행된 『보통학교 체조교과서』의 원저자로도 알려져 있다.

34 혜성은 곧 핼리 혜성(Halley's Comet)이다. 핼리 혜성이 지구와 충돌하거나 혹은 근접하여 지나가면서 지구가 멸망할 것이라는 설이 당시에 널리 유포되었다. 5월 18일은 지구와 핼리 혜성이 충돌할 것이라고 예견되었던 날짜인데, 가람은 이 날까지 별다른 사건이 벌어졌다는 소문이 없다고 기록한 것이다.

5월 22일. 김제순金濟舜을 방문하였다. 서너 사람과 더불어 호남학생 친목회湖南學生親睦會의 운동회運動會-훈련원訓鍊院-에 가 보았는데, 또한 조 형趙兄과 함께였다. 다만 5전은 오참午站으로 요기한 비용.

5월 23일. 청소 당번.

5월 24일. 맑음. 남풍이 불었다. 윤우병尹佑炳이 방문했다. 그 부친의 명이 전해지자 곧바로 온 것인데, 상덕相德 씨의 함자를 대신 쓴 증서証書를 줄포茁浦에 부쳤다.

5월 25일. 학교 가는 길에 이연산李連山 어르신을 만났다. 머무시는 곳에 따라 들어갔다가 곧바로 학교에 갔다.

5월 26일. 맑음. 신기문辛淇文의 편지를 보았는데, 박상기朴象基가 일본에 들어갔다고 한다. 4전 5리는 엽서 3매.

5월 27일. 신기문辛淇文에게 편지를 부쳤다.

5월 28일. 맑음. 줄포茁浦의 이현기李鉉璣 씨가 오후 3시 무렵에 방문했다고 한다. 마침 그 때 대안동大安洞 기숙사寄宿寺에[35] 갔기 때문에 만나지 못하였다. 2전 5리는 비누[石鹼].

5월 29일. 운현궁雲峴宮에 가서 악장岳丈을 뵈었는데, 출타하신다고 했다. 계동桂洞에 갔다. 50전을 김창수金昌洙에게서 받아 왔다. 북부北部 벽동碧洞 김기영金基永의 집으로 이현기李鉉璣 씨를 방문하였는데, 때마침 출타하여 만나지 못했다. 다시 찾아와서 만나 보았다. 돌아오는 길에 조 형趙兄을 보았는데, 근래에 엉덩이의 종기로 인해 고통을

35 "기숙사(寄宿寺)"는 곧 "기숙사(寄宿舍)"이다. 1912년 2월 18일의 일기에도 같은 표기가 보인다.

겪는다고 했다. 20전을 빌려 주었다. 백로지白露紙 2장에 4전. 그 가운데 1장을 조덕선趙德善에게 빌려 주었다.

5월 30일. 맑음. 학교에서 구두[洋靴] 1개를 받았다. 하학下學 후에 몸이 갑자기 편치 못하였는데, 오한惡寒과 체증[滯氣]이 있었다. 마침 약장사가 와서 건위청심환健胃淸心丸[36] 1첩을 샀다. 낸 돈은 8전이다.

5월 31일. 조금 흐림. 구두가 발에 맞지 않아서, 바꾸기 위해 학교에 갔다.

6월

6월 1일. 상오上午 3시에 번갯불이 비스듬히 비쳤다. 오늘부터 상오上午 8시에 수업을 시작하고 하오下午 2시 반에 수업을 마친다. 학교에서 양복을 받았는데, 곧 하복[夏衣] 속옷[裏衣] 2개, 모자와 관사표官師表 1개이다. 4전은 푸른 털이 섞인 장액필獐腋筆[37] 1개. 2전은 귤橘. 목 안에 북어 가시가 걸렸는데, 날카로워서 장애가 되었다. 그래서 의설醫說에 따라 이것을 쓴 것이다.[38]

6월 2일. 맑음. 조 형趙兄과 함께 기숙사로 돌아왔다. 도중에 연산連山 어르신을 만났다.

---

36 건위환(健胃丸)과 청심환(淸心丸). 건위환은 위장장애에 쓰는 약이며, 청심환은 열을 풀어주고 마음을 안정시키는 데 쓰는 약이다.

37 장액필(獐腋筆)은 노루의 겨드랑이털로 만든 붓이다. 붓 가운데 가장 부드러운데, 주로 세필(細筆)로 활용된다.

38 생선 가시가 목에 걸렸을 때 쓰는 처방 가운데 귤껍질[橘皮]을 씹도록 하는 것이 있다.

6월 3일. 큰비. 비를 무릅쓰고 기숙사로 돌아왔다.

6월 4일. 악보[音譜] 1책을 받았다.

6월 5일. 김용섭金容灄이 3전을 빌려갔다. 본가[本第]에 편지를 부쳤다. 3전은 우표[切手]. 호남학회관湖南學會館 안의 호남학생친목회湖南學生親睦會에 가 보았다. 즉 회장은 이은영李殷永, 부회장은 유성수柳星秀, 총무는 허강許鋼이었다. 출석한 회원은 61명이었다. 임시회장은 박병철朴炳哲이었는데, 이상의 회장과 총무를 천거하여 정하였다. 유희열劉禧烈 씨와 이근용李根容 씨가 곁에 있었다.

6월 6일. 음력 4월 그믐이다. 윤상덕尹相德이 방문했다. 이 의관李議官이 내려갔다는 말을 들었다. 아버님 앞으로 올리는 편지를 부쳤다. 유광석柳光錫에게 편지를 부쳤다.

6월 7일. 맑음. 엽서 2매에 3전이다. 이재형李在衡으로부터 엽서가 왔다.

6월 8일. 공립전주학교公立全州學校 사중師中 및 공립농교公立農校의 이재형李在衡에게 편지를 부쳤다. 바늘 1첩[帖]에 2전. 서양실[洋絲] 2말에 1전.

6월 9일. 이기영李綺榮 씨가 아버님이 내려주신 편지를 휴대하고 방문했다. 그가 머무는 곳은 남서南署 중다동中茶洞 10통 6호 이규석李圭錫의 집이라 한다.

6월 10일. 맑음. 조 형趙兄이 방문했다. 김 우金友와 함께 이겸익李謙益을 방문했다. 이은영李殷永을 만났다. 음악 공책을 받았다.

6월 11일. 맑음. 조 형趙兄을 방문했다. 도화용지 2매에 5리.

6월 12일. 흐림. 하오下午에 연산連山 어르신을 청석동靑石洞으로 방문했는데, 박사博士 어르신은 뵙지 못했다.[39] 이겸익李謙益이 방문했다. 그래서 회사回謝했다. 백우白友와 김 우金友를 만났다. 도화용지 2매에 5리.

6월 13일. 비. 황시현黃始顯의 편지를 형진亨鎭에게서 얻어 보았다.

6월 14일. 맑음. 밤에 이기호李箕鎬와 김제순金濟舜이 방문했다.

6월 15일. 상오上午 10시 무렵에 위생국장衛生局長이 학교에 왔다. 각급 학원學員 일동이 강당에 모여 그의 위생에 대한 말을 들었는데, 정오에 이르러 끝났다. 방과 후에 화원花園을 청소했다. 공책 6권을 받았다. 조 형趙兄이 방문했다.

6월 16일. 이기호李箕鎬를 가서 보았다. 『음빙실飮氷室』 하권을 빌려왔다. 김 우金友를 만났다. 아버님이 내려주신 편지가 있었다.

6월 17일. 흐림. 아버님 앞으로 편지를 올렸다. 3전은 우표[切手]. 유교장柳校長의 편지가 도착했다. 하학下學 후에 조 형趙兄이 방문했다.

6월 18일. 대안동大安洞 기숙사에 가 보았다. 제순濟舜을 방문했지만 만나지 못했다. 정용기鄭龍基, 이용상李容相, 이병준李秉俊이 공업전습소工業傳習所의 보결생으로 올라왔다. 유광석柳光錫의 편지가 왔다. 정진사鄭進士 어르신의 편지와 그림이 그려진 부채 한 자루가 왔다. 황시현黃始顯의 편지가 왔다. 수산守山 선생의 명함이 왔다. 이은영李殷永이 방문했다.

6월 19일. 비. 김 형金兄과 최 형崔兄이 방문했다.

6월 20일. 맑음. 학교에서 공책 1권을 받았다. 증호增戶 학감學監이

---

39 이연산은 서울에 머물고 있었으며, "박사 어르신[博士丈]"의 집은 청석동이다. 이연산을 방문하기 위해 청석동에 들렀는데 집주인인 박사 어르신은 집에 없었다는 의미인 듯하다.

북도北道의 학교를 시찰하기 위해 출발했다.[40]

6월 21일. 수신修身 시간에 교장이 '학원이 주의할 일[學員注意事件]'을 반포하였다. 모자, 겉옷[外衣] 및 연필 1개를 받았다.

6월 22일. 흐림. 3전은 엽서. 정 진사鄭進士 댁에 편지를 부쳤다.

6월 23일. 맑음.

6월 24일. 맑음.

6월 25일. 5전 5리를 잃어버렸다.

6월 26일. 조 형趙兄 및 송宋, 박朴, 윤尹, 정鄭, 손孫, 박朴 등의 여러 사람과 함께 서문 밖으로 나갔다. 서강西江에 이르니 아름다운 풍경이 있었다. 함께 박 씨朴氏를 방문했다가 저물 무렵에 돌아왔다. 다만 오전에는 조 형趙兄, 박 우朴友와 함께 경성식물원京城植物院을 관람하였다.

6월 27일. 본 기숙사의 비용으로 10전을 냈다.

6월 28일. 대안동大安洞에 갔다.

6월 29일. 이영구李瑩求를 방문했다.

6월 30일. 이제야 겨우 구두[洋靴]를 신을 수 있게 되었다. 구두 굽 값은 7전 5리. 이발에 8전 5리. 이제까지 신던 구두[洋靴]는 곧 김 우金友의 것이었다. 그래서 수선을 하려고 구두점[造靴店]에 맡겼는데, 선금이 30전이었다. 신기문辛淇文으로부터 편지가 왔다. 15전을 손 우孫友에게서 빌려 썼다.

40 "증호(增戶)"는 곧 한성사범학교 학감(學監) 마스도 츠루키치(增戶鶴吉)이다.

7월

7월 1일. 음력 5월 25일이다. 흐리면서도 무덥다. 김 우金友에게 구두[洋靴]를 돌려주었다. 수선비는 합계 37전 5리이다. 구두 끝에 장식[紐] 2개를 붙였다. 시험 일자가 게시되었다. 화원花園의 청소 당번이었다.

7월 2일. 어제부터 비가 연이어 내렸다.

7월 3일. 맑음. 이기호李箕鎬에게 양 씨의 책을 온전하게 돌려주었다.[41] 조 형趙兄을 방문했다. 이현두李鉉斗가 와서 아버님이 내려주신 편지를 전달했다. 윤상덕尹相德 씨가 방문했다. 일금 15전을 김 우金友에게 돌려주었다. 도화용지가 1전이다.

7월 4일. 맑음. 이 날로부터 반일半日 수업을 한다. 이현두李鉉斗가 와서 줄포茁浦에서 내려주신 편지를 전달했다.

7월 5일. 정오 무렵에 이석현李石峴 씨가 방문했는데, 아버님이 내려주신 편지를 전해주었다. 그 주소를 물어본 즉 남부南部 소공동小公洞 16통 6호라고 했다. 윤상덕尹相德 씨에게 가는 편지가 있었는데, 전해주려 하였으나 만나지 못하여 직접 그의 집에 전해주었다.

7월 6일. 밤부터 큰 비가 왔다. 목욕을 했다.

7월 7일. 흐림. 윤상덕尹相德 씨가 방문했다.

7월 8일. 이 날부터 시험이 시작되었다. 역사[史], 수신[修]. 밤에 비가 내렸다.

7월 9일. 문법文法.[42] 하오下午에 안동安洞에 갔다.

---

41 6월 16일의 일기에 양계초[梁啓超]의 책을 빌린 일이 기록되어 있다. 곧 "『음빙실(飮氷室)』 하권(下卷)"이다.

42 원문에는 "文, 法"이라 되어 있다. 두 과목을 뜻하는 말일 가능성도 있다.

7월 10일. 맑음.

7월 11일. 맑음. 일어, 수학. 1전 5리는 구두 수선. 7전 5리는 보명단保命丹 값.[43] 본가[本第]에 편지를 올렸다.

7월 12일. 맑음. 박물博物, 국어. 안동安洞에 갔다. 정창식鄭昌植이 방문했다. 조덕선趙德善이 2전을 빌려주었다.

7월 13일. 일어 받아쓰기[書取]. 체조.

7월 14일. 흐림. 비 약간. 본국역사本國歷史. 시험이 끝났다. 소공동小公洞에 가서 이석현李石峴 씨를 보았다. 돌아오는 길에 영구瑩九를 방문했지만, 만나지 못했다. 박사博士 어르신께 가서 뵈었다. 대안동大安洞 기숙사에 갔다. 이현두李鉉斗를 방문했다. 2전은 소다[曹達] 값.

7월 15일. 식물학植物學 한 과목을 수업했다. 대안동大安洞에 갔다. 조 형趙兄 및 윤尹, 정鄭 세 사람과 짝을 지어 이동泥洞에 갔다가 남대문 밖까지 이르렀다. 조덕선趙德善이 2전을 빌려갔다.

7월 16일. 종일 비가 왔다. 대안동大安洞 기숙사에 갔다. 조 형趙兄과 함께 이리저리 돌아다녔다.

7월 17일. 비 약간. 대안동大安洞에 갔다. 또 홍현紅峴에 갔다.[44] 시독侍讀 우佑 씨를 뵈었다. 벽동碧洞 이현두李鉉斗 씨를 방문했다. 또 상한동上漢洞에서 김영상金永常 씨를 보았다. 오후에 김 선생을 방문했지만, 출타하여 만나지 못했다. 또 김제순金濟舜에게도 방문했지만 만나

---

43 보명단은 고냉(痼冷)과 허탈(虛脫)을 치료하는 처방이다. 당시에는 제생당약방의 소화제인 청심보명단(淸心保命丹)도 널리 판매되고 있었는데, 여기서의 '보명단'이 이 약을 가리키는 말일 수도 있다.

44 홍현은 종로구 화동 정독도서관 남쪽에 있던 고개이다. 흙이 붉은 색을 띠고 있으므로 '붉은 고개[紅峴]' 또는 '붉은재'라 하였다.

지 못했다. 서문 밖으로 갔다가 다시 계동桂洞에 가서 창수昌洙를 보았다. 재동齋洞에 가서 김 우金友를 방문했지만 만나지 못했다. 손균옥孫均玉이 5전을 빌려갔다. 1전은 사탕[砂糖].

7월 18일. 비. 이현泥峴에서 출발하여 다동茶洞에 갔다. 이기영李綺榮 씨를 방문했지만 만나지 못했다. 대안동大安洞으로부터 이동泥洞에 갔다. 윤상덕尹相德 씨를 보았다. 이런 이야기를 들었다. 장흥長興에 사는 김동金童은 14세가 되자 경성京城에서 유학하기를 원했다. 부모에게 청하였더니, 그 부모가 또한 막내아들을 가장 사랑하였기에 이를 허락하지 않았다. 그 아이는 부득이 쌀과 도기陶器를 짊어지고 몰래 도망하였는데, 스스로 밥을 지어 먹으면서 길도 없는 초원을 지나고 노숙露宿하여 700여리 떨어진 경성京城에 이르러 자은동慈恩洞에 머물렀다. 그 마을에 사는 조 씨趙氏가 받아들여 길렀는데, 수진방壽鎭坊의 학교에 입학시켜 성취成就를 기대한다고 한다. 나이가 이제 15세인데 예의범절이 맑고도 준수하니, 과연 범상한 인물은 아니라고들 한다.

7월 19일. 비. 이석현李石峴 씨를 방문했지만 만나지 못했다. 호남학회관湖南學會館에 가서 고별하였다. 이겸익李謙益, 창수昌洙, 김제순金濟舜을 만나 작별하였다. 김 선생金先生을 방문했지만, 뵙지 못하였다. 족장族丈 우佑 씨를 방문하여 고별하였다. 영보당永寶堂에 갔지만, 뵙지 못하였다.[45]

7월 20일. 종일 윤우병尹祐炳이 오기를 기다리다가 부득이하여 가 보았다. 그런 즉 이날 저녁에 분명히 변통하겠다는 뜻으로 약속을 했다. 그래서 다시 돌아와 기다렸다. 밤이 깊어서도 오지 않으니, 다시 부득

45 운현궁 영보당(永寶堂)에 머물던 인물은 "석포(石圃) 어르신"이다.

이하여 가 보았다. 그런 즉 때마침 낭패한 일이 있어서 사방에 주선하였지만 어찌할 수 없었다 한다. 한밤중에 기숙사로 돌아왔다. 겨우 1시간 정도 지난 뒤에 다시 일어나서 이동泥洞 윤상덕尹相德 씨의 거처로 가 보니, 문이 잠겨있었다. 바야흐로 소리를 내어 계속 불러보았지만, 오히려 들리지 않는 듯 나와 보지 않았다. 다시 다른 곳에도 가 보았는데 역시 그러했다. 주저하다 보니 어느새 동방이 점차 밝아왔다. 소공동小公洞에 가서 문을 두드려서 이석현李石峴 씨를 만나 뵙고 3원을 빌려 왔다.[46]

7월 21일. 비. 오전 2시 무렵에 일어났다. 이석현李石峴 씨에게서 3원을 빌려 왔다. 대안동大安洞 기숙사에 가서 김 선생金先生과 박 선생朴先生께 고별했다. 동 8시 무렵에 남문南門 밖에 이르렀고, 동 9시 10분 무렵에 김천金泉[47] 단체차團體車에 올랐다. 기차 운임은 2원이었다. 다만 태전[太田] 단체차團體車도 또한 있었는데, 그렇지만 전에 이를 수 있는 여유가 없어서 때를 놓쳤던 것이다. 정오에 태전[太田]에 이르러 하차했다. 호명선扈明善의 집을 찾아가서 7명의 벗과 함께 요기했다. 다만 나와 조 형趙兄이 쓴 비용은 20전이었다. 미투리[麻鞋]는 6전,

46 「구일기초(舊日記抄)」에는 학기를 마치고 잠시 고향으로 가기까지의 과정이 7월 20~23일의 일기에 상세하게 실려 있다. 20일 일기를 보면 가람이 윤우병—윤상덕의 아들—과 윤상덕을 찾아간 이유를 이해할 수 있다. 곧 "이동(泥洞) 윤상덕이 줄포서 내 가친(家親)에게 몇십 원을 꿔어 쓰고 와 내게 갚아주기로 하였다. 그 동안 몇십번 찾아가 독촉(督促)하였으나 매양 내일 내일로 미루다가 오늘은 꼭 가져오기로 약속(約束)하였다. 종일 기다려도 아니 온다. 또 가서 본즉 또 가지고 온다고 한다. 밤에 또 갔더니 문을 걸어 잠그고 천호만호(千呼萬呼)하여야 아무 대답도 없었다." 고 하였는데, 곧 가람은 윤상덕이 부친에게 빌린 돈을 갚으면 이를 여비로 삼고자 했던 것이다.

47 원문에 "금천(金川)"이라고 썼다가 "김천(金泉)"으로 고친 흔적이 있다.

검은 콩[黑子]은 1전, 사탕[砂糖]은 4전. 태전[太田]에서 두계豆溪까지 갈 짐꾼 한 사람을 구했는데, 그 임금은 합쳐서 50전이었다. 홍 순사洪巡査를 만나 동행했다. 유천柳川에 이르러서는 옷을 벗고 하천을 건넜는데, 수심은 5척 정도였지만 물살이 매우 험하였다. 동행하는 일곱 사람이 서로 밀어주고 끌고 하면서 함께 건넜다. 가수원柯水原에[48] 이르러서는 뗏목을 타고 건넜는데, 밤이 깊어 달이 중천에 걸려 있었다. 두계豆溪에 이르러 강을 건너서 홍상洪商의 집에 묵었다. 다만 나는 조 형趙兄과 함께 은동隱洞에 가서 묵었다.

7월 22일. 오전 9시에 은동隱洞에서 나왔다. 홍 씨의 집에 이르러 행구行具를 맡겨 두었다. 다만 내 명함을 주면서 홍 씨의 이름을 물었는데, 끝내 대답하지 않았다. 다만 뒤에 짐을 찾으러 올 때에는 두계豆溪의 새로 지은 홍 씨 집을 찾으면 될 것이라고 말했다. 그때에는 사람을 보내되 내 명함을 갖고 가게 하면 될 것이니 편안히 여기시라 운운하였다. 그래서 '예예' 하고서 왔다. 김혁수金赫洙를 방문했다. 연산連山 읍내에 이르러 큰비를 만났다. 김응팔金應八의 집에 들어가 비를 피했는데, 인하여 그곳에서 묵었다.

7월 23일. 맑음. 식후에 출발했다. 식비는 모두 90전이었는데, 지급하지 못하면 욕을 당할 듯했다. 그런 까닭에 염치없이 군수를 찾아뵙고 빌려주기를 청하였는데, 아직 월봉月俸이 오지 않아서 전혀 변통할 길이 없다고 했다. 부득이하여 물러나 돌아와서는, 뒤에 부쳐주겠다는

---

48 가수원(柯水原)은 현재의 대전 가수원동(佳水院洞)으로 추정된다. 원래 여기에 '가수원(佳水院)'이라는 원(院)이 있었다고 하며, 가수원리 또는 가수원이라고 일컬어진다. 여기서는 한자 표기가 "가수원(柯水原)"으로 되어 있지만, 다른 날짜의 일기에는 "가수원(可水原)"으로도 나타난다.

뜻으로 주민에게 약속을 하였다.[49] 마구평馬九坪 아호鵝湖에 이르니 큰 비가 쏟아졌다.[50] 공교롭게도 물가 주점酒店에 우편 소포가 운송되지 않고 체류되어 있었다. 이 일행은 곧 아까 연산군連山郡에서 논산論山에 뱃사람[船夫]를 보내 달라고 전보를 쳤다고 했다. 그런 까닭에 여기서 배가 올 것을 기다린다는 것이다. 하오下午 3시가 되자 배가 와서 강을 건넜다. 표진강彯進江 위에 이르러서는 미륵불彌勒佛을 보았다. 은진읍恩津邑 경계에 이르러 조 형趙兄과 헤어졌다. 금화정金華亭에 이르니 날이 이미 저물었다. 읍내에 이르니 임철주林哲周는 갑자기 노독이 일어나 열 걸음도 가기가 어렵게 되어 객주집[客主店]에 유숙留宿하게 하고, 다만 소蘇, 김金, 오吳 세 벗과 함께 귀가하였다.[51] [연산군수連山郡

---

49 「구일기초(舊日記抄)」에는 주인의 반응이 함께 나타나 있다. 즉 "이런 사실[군수를 찾아가 돈을 빌리려 하였으나 실패한 일]을 주인(主人)이 알고 그만한 일을 군수(郡守)께까지 알렸다 하고 야단이다. 이후 그 돈을 보내주겠다 하고 우리는 떠나 마구평 아호에 이르렀다."고 했다.

50 "마구평"은 논산에 속한 곳이다. 원래 평천역(平川驛)의 말을 먹이던 곳이 이곳에 있어서 마굿들 또는 마구평(馬九坪)이라 부르게 되었다는 설이 있고, 백제 때에 이 마을에 신마(神馬) 아홉 마리가 나타났다는 전설이 있어서 이 지명이 생겼다는 설도 있다. "아호(鵝湖)" 또한 논산에 있다.

51 「구일기초(舊日記抄)」에는 연산에서 집으로 오는 길에 겪은 일들이 보다 상세히 서술되어 있다. 7월 23일의 일기 가운데 마구평에 도착한 이후의 일을 제시하면 다음과 같다. "비는 더욱 몹시 쏟아진다. 주막(酒幕)집 처마 밑으로 들어 섰다. 마침 일인(日人)이 우체소포(郵遞小包)를 이 주막집 마당에 잔뜩 쌓아놓았던 것이 비에 다 젖게 되었다. 일인(日人)은 이 소포들을 이집 방으로 옮기려하나 말이 잘 통하지 못하여 이 집 주인(主人)은 자기를 멸시하는가 하고 서로 감정만 돋구어 한바탕 싸움이 벌어졌다. 수렁마당에서 서로 안고 뒤척이를 한다. 그러다 흐지부지 말았다. 이건 연산군수(連山郡守)가 논산(論山)에 전보(電報)를 쳐 논산선부(論山船夫)를 보내달라고 하여 예 와 기다린다는 것이다. 오후(午後) 세 시 배가 왔다. 우리도 아호(鵝湖)를 건너 표진강(彯進江) 우의 미륵불(彌勒佛)을 구경하였다. 퍽 거대(巨大) 장엄(壯嚴)하다. 표진강(彯進江)은 지금엔 한 개울이다. 「숙향전(淑香傳)」엔 중국(中國) 배경(背景)으로 하였으나 숙향(淑香)이가 빠졌던 표진강(彯進江)이 이것이

守는 신우선申佑善이었다.]

7월 24일. 세 벗이 작별하고 떠났다.

7월 25일. 당숙堂叔님의 환후患候를 살펴보고, 송태암宋苔岩 어르신 댁에 가 보았다.

7월 26일. 흐림.

7월 27일. 맑음. 아침에는 비. 아우를 읍내로 보내서, 우편으로 줄포茁浦에 편지를 올렸다.

7월 28일. 이순창李順昌이 방문했다.

7월 29일. 김 주사金主事가 와서 의논했다.

7월 30일. 맑음.

7월 31일. 김종남金鍾南이 방문했다. 1원 4전 5리를 추심推尋했다.

8월

8월 1일. 양 우楊友가 왔다.

8월 2일. 맑음.

8월 3일. 맑음. 두계豆溪로 나귀를 보냈다. 20전을 지급했는데, 빌리는 비용이다. 김응팔金應八의 집에 90전을 보내고, 은동隱東에 편지를 부쳤다. 다만 홍 씨의 집에는 명함을 지니고 가도록 했다. 송성삼宋聖

었던가 한다. 「심청전(沈淸傳)」의 심청의 빠져죽었던 인당수(印塘水)가 황해도(黃海道) 장산(長山)곶 앞인 것과도 같다. 은진읍(恩津邑)을 당하여서는 일행(一行)이 갈리고 다만 소(蘇), 김(金), 오(吳) 삼군(三君)과 더불어 여산(礪山) 내 집으로 갔었다."

三이 방문하여 종일 소요逍遙했다.

8월 4일. 맑음.

8월 5일. 하인이 행구行具를 찾아왔다. 은동隱東의 편지를 받아 보았다. 송장宋丈을 가서 뵙고, 쌀 약간을 드렸다.

8월 6일. 김종남金鍾南이 친히 소관小丱과 함께 와서 추심했다. 김 우金友에게 편지를 부쳤다. 외당숙外堂叔이 와서 묵으셨다.

8월 7일. 맑음. 정상인鄭商人이 와서 유숙留宿했다.

8월 8일. 맑음. 산에 오르고 샘물을 찾아갔다.

8월 9일. 맑음. 숲과 샘물을 찾아다니며 소요逍遙했다.

8월 10일. 맑음. 혹심하게 더웠다. 숲과 샘물을 찾아다녔다.

8월 11일. 맑음. 용화산龍華山에 올랐다.

8월 12일. 맑음. 욕수탕浴水湯에 갔다.

8월 13일. 맑음.

8월 14일. 맑음. 때로 책을 읽고, 때로 습자習字를 했다.

8월 15일. 맑음.

8월 16일. 맑음. 복습을 했다.

8월 17일. 맑음. 산에 올라 바람을 쐬고, 샘을 찾아 멱을 감았다.

8월 18일. 맑음.

8월 19일. 맑았다 흐림. 김 주사金主事에게 4원 60전을 지급하고 떠나보냈다. 작촌鵲村에 가서 누님과 조 형趙兄을 방문했다. 족숙族叔을 만났다.

8월 20일. 맑음. 외당숙外堂叔을 방문했다. 김제국金濟國 선생의 안부를 들었는데, 아직 강습소講習所에 머물고 있으며 얼마 전에 돌아왔다고 했다. 그래서 이른 아침을 먹은 뒤에 급히 조 형趙兄과 더불어 가서 뵈었는데, 차가운 설탕물로 나를 맞이하였다. 손균옥孫均玉을 만났다. 조 형趙兄의 큰집에 가 보았는데, 점심과 떡을 내주어서 그것을 먹었다. 이발요금은 10전. 모투지毛套紙 1축軸은 7전 5리. 이날 밤에 조 형趙兄은 큰집에 가서 제사에 참여했다.

8월 21일. 맑음. 조 형趙兄과 사돈 어르신[趙査丈]은 아직 돌아오지 않았는데, 날은 이미 낮이 되었다.[52] 오후에 조 형趙兄이 왔다. 함께 황산黃山에 가서 학교의 정황을 시찰했다. 한상순韓相舜을 방문했다. 또한 김재태金在台를 만났다. 갑자기 큰비가 내려서 부득이 그곳에 묵었다.

8월 22일. 일찌감치 출발하여 작촌鵲村에 돌아왔다. 식사 후에 작별을 고하고, 조 형趙兄과 길동무가 되었다. 다만 모투지毛套紙는 누님 댁에 남겨 두었다. 지나가면서 이 참봉李參奉을 방문하고, 정오 무렵에 돌아왔다.

8월 23일. 조 형趙兄과 함께 응봉鷹峯에 올랐다. 시 한 구절을 읊었다.

8월 24일. 상오上午에 큰 비가 내렸다.

8월 25일. 맑음. 조 형趙兄과 길동무가 되어 삼반리三盤里에 갔다. 친척댁[族宅]을 방문하고, 조 형趙兄을 떠나보냈다. 다만 병문 아우[文弟]는 논산論山에 갔다. 친척댁[族宅]에 박사博士 어르신의 편지를 전달하고 곧바로 답서를 얻어서 돌아왔다.

8월 26일. 맑음.

---

52 "사장(査丈)"은 사돈집의 웃어른을 높여 이르는 말이다. 조 형(趙兄) 즉 조춘원이 가람의 자형(姊兄)이므로, "조사장(趙査丈)"은 곧 가람의 사돈어른이 된다. 20일에 조 형의 큰집에 제사가 있었으므로, 가람은 작촌의 누님 집—즉 조 형의 집—에 머무르면서 조 형이 돌아오기를 기다리고 있는 것이다.

8월 27일. 맑음.

8월 28일. 비.

8월 29일. 새벽이 된 뒤에 길을 나섰다. 은동隱東에 이르러 하인 1명과 함께 유숙留宿했다. 비용은 5전. 이날부터 한국韓國은 이름이 없어졌다.[53]

8월 30일. 다시 출발했다. 태전[太田]에 이르러 여러 벗을 만났다. 하인을 되돌려 보냈다. 비용은 34전 5리이다. 정거장에서 칙고勅告 및 유고諭告를 보았다. 하오下午에 서울행 차를 타고, 동 9시에 남대문에서 하차했다. 차비는 2원 80전이다. 기숙사에 들어갔다. 저녁식사 후에 학원감學員監에게 나아가 만나보았다. 5전 5리를 썼다.

8월 31일. 비. 이른 아침을 먹은 뒤에 박사博士 어르신께 가서 뵙고 그 집의 편지를 전해 드렸다. 또 대안동大安洞 기숙사에 가 보았는데, 조 형趙兄은 아직 오지 않은 듯했다. 다만 관승觀承 씨와 함께 종일 이야기했을 따름이다. 듣건대 대동여관大東旅館에 머물던 학생이 자결하여 죽었다고 한다. 또한 금산군수錦山郡守가 죽었다는 소식이 있었다.[54] 저녁 식사 후에 겸익謙益에게 갔다가 비 때문에 그곳에 묵었다.

---

53 1910년 8월 29일은 곧 국권을 빼앗기는 '경술국치(庚戌國恥)'를 당한 날이다. 일기에는 "이날부터 한국은 이름이 없어졌다.(自此日, 韓國無名)"라고 간략히 기록하였지만, 그 심정은 참담했을 것이다. 「구일기초(舊日記抄)」에는 8월 30일의 일기를 실었는데, "태전역(太田驛)에 이르니 어제 29일의 양국조칙(讓國詔勅)이 벽(壁)에 붙었다. 나는 이걸 보고 서울을 갈가말가 하였다. 왜놈에게 나라를 빼앗긴 줄은 이미 알았지만, 이렇게 되고보니 망극망극(罔極罔極)하다. 이윽고 생각다가 차(車)를 타고 오후 9시 남대문역(南大門驛)에 내렸다."고 했다. 조금 더 구체적인 심경을 드러낸 셈이다.

54 "금산군수"는 곧 벽초 홍명희(洪命憙)의 아버지인 홍범식(洪範植, 1871~1910)이다. 「구일기초(舊日記抄)」에는 "홍관식(洪寬植)"으로 잘못 기록되어 있다.

9월

9월 1일. 이른 아침에 기숙사로 돌아왔다. 박수로朴洙魯 및 박기용朴基溶을 만났다. 윤상덕尹相德을 방문했지만 만나지 못했다. 시독侍讀 어르신을 가서 뵈었는데, 온화穩和하지 않은 말이 있었다. 상오上午 9시에 개학식開學式이 있었다. 교장이 권학勸學하는 연설을 했다. 그 다음으로는 학감學監이 연설을 했는데, 대개 유고諭告의 사항을 말한 것이다. (음력 7월 28일)

9월 2일. 하학下學 후에 곧바로 연산連山 어르신께 나아가 뵈었다. 집에 편지를 부쳤다. 엽서는 2매. 15전은 봉투지封套紙 및 모투지毛套紙. 창수昌洙에게 가 보았다. 윤상덕尹相德 씨를 만나지 못했다.

9월 3일. 박사博士 어르신을 가서 뵈었다. 점심 후에 조 형趙兄과 더불어 남산공원南山公園에 갔다.

9월 4일. 건강 진찰健康診察로 인해 외출할 수 없었다. 조 형趙兄을 방문했지만 만나지 못했다. 다만 강우姜友와 함께 대안동大安洞에 갔다. 깊은 밤에 우리 기숙사의 학원學員 21명이 경시청警視廳에 잡혀갔다. 곧 북부경찰서北部警察署이다.

9월 5일. 3시간 동안만 수업을 했다. 순사가 우리 기숙사에 와서 검사했다.

9월 6일. 이겸익李謙益이 방문했다.

9월 7일. 조 형趙兄을 가서 보고, 우편제도서郵便制度書 1책을 가져왔다.

9월 8일. 학감이 연설을 하였다. 여러 반 학원學員 일동이 다시 강당에 모였다. 동복冬服의 치수를 재었다. 학교에서 학용품 등을 받았다.

9월 9일. 하학下學 후에 속성과速成科 전체 반 및 본과本科 1년급 일동이 유희遊戲를 시작하였다.

9월 10일. 조 형趙兄을 가서 보았다. 함께 이 우李友를 방문했다.

9월 11일. 비록 일요일이지만, 외출 시간은 단지 반나절이었다. 백로지白露紙는 2전. 조 형趙兄과 더불어 윤시용尹始鏞을 방문했다.

9월 12일. 비. 이은영李殷永을 방문했다.

9월 13일. 이은영李殷永 및 이겸익李謙益을 가서 보았다.

9월 14일. 화원花園 청소. 구두 굽 값은 3전.

9월 15일. 조 형趙兄이 어제 집에 편지를 냈는데, 오늘 볼 수 있었다. 과연 우편은 신속한 것이다. 김 우金友를 만났다.

9월 16일. 맑음.

9월 17일. 김영운金永運을 조창식趙昌植의 집으로 방문했다. 이연산李連山 어르신 및 박사博士 어르신을 가서 뵈었다. 집에 편지를 부쳤다. 3전.

9월 18일. 음력 8월 15일이다. 추석 가절秋夕佳節이다. 예전의 성황은 지금 어디에 있는가? 무심코 친구 집을 근심스럽게 찾아다녔다. 이른 아침에 전동磚洞에 갔다. 조 형趙兄과 더불어 이은영李殷永, 이겸익李謙益, 윤상덕尹相德을 방문했다. 초동草洞에 갔다. 윤시용尹始鏞을 만나 무릎을 맞대고 이야기했다. 돌아오는 길에 박사博士 어르신을 방문했다. 오후에 김영근金永近 형제를 가서 보았다. 도서소圖書所[55]에 갔다. 선금先金 5전에 도장 1개. 단층쌍문單層雙文에 줄은 4자이며, 정가

55 "도서소(圖書所)"는 19일 일기에 보이는 "도서포(圖書舖)"와 같은 말이다. "도서(圖書)"는 곧 도장을 뜻하는 말이니, "도서소"는 도장을 새기는 곳을 뜻한다.

는 25전이다—뿔도장[角]—.

9월 19일. 전동磚洞에 갔다. 조 형趙兄을 위하여 우편국에 가서 소포물小包物을 부쳤다. 도서포圖書舖에 가서 도장을 찾았는데, 곧 병석秉釋 아우의 것이다. 6전은 자물쇠. 상학上學 이후로 쓴 돈이 3원 78전 5리이다.

9월 20일. 전주공립학교[全州公校內]에 편지를 부쳤다.

9월 21일. 줄포茁浦에 편지를 올렸다.

9월 22일. 5전을 썼다.

9월 23일. 맑음.

9월 24일. 궐련[卷煙] 5갑을 김 우金友에게 주었다. 이병준李秉俊을 가서 보고, 긴 자[長尺] 2개를 얻었다.

9월 25일. 이은영李殷永과 김영운金永運을 가서 보았다. 김창수金昌洙를 가서 보았다.

9월 26일. 맑음.

9월 27일. 아버님께서 내려주신 편지를 받아 보았다. 윤상덕尹相德을 방문했지만, 만나지 못했다.

9월 28일. 하학下學 후에 여러 사람이 석방된 것을 볼 수 있었다. 박朴, 팽彭 두 선생은 의원면본관依願免本官되었다.[56] 교동校洞에 가서 소장蘇丈을 뵈었다.

9월 29일. 김 우金友에게 3전을 빌려 주었다. 하학下學 후에 정동井洞에 갔다가 다시 교동校洞에 갔다. 김金, 황黃, 최崔 세 사람에게는 출

---

56 "의원면본관(依願免本官)"은 자신의 청원(請願)에 의하여 그 관직을 면직하는 일을 뜻하는 말이다. 이 절차에 따라 박, 팽 두 선생이 교사직을 그만두게 되었음을 말한 것이다. 팽 선생은 팽종헌(彭鍾獻)으로 추정된다.

학出學이 명해졌다. 그 나머지 18인에게는 무기정학無期停學이 명해졌다.[57]

9월 30일. 군산항群山港 구복동九福洞의 김홍두金洪斗가 바야흐로 머물게 되었다. 아버님이 내려주신 편지가 왔다. 소병식蘇秉寔이 떠나는 편에 집에 보내는 편지와 도장을 부쳤다.

10월

10월 1일. 동복冬服을 받았다. 원동苑洞에 갔다.[58] 윤상덕尹相德을 방문하여 내일 아침에 와서 만나기로 약속하였다. 돌아오는 길에 전동磚洞에 들어가 조 형趙兄을 보고 도화지 7장을 빌려 왔다. 전주全州의 김우金友에게 편지를 부쳤다. 우표[切手]에 3전을 썼다. [이날부터 오전 9시 10분에 수업을 시작하여 오후 3시 50분에 수업을 마친다.]

10월 2일. 김 우金友의 일로 김준명金準明과 상의하기 위해 이른 아침에 야주현夜珠峴 2의 10호로 갔다.[59] 오늘 정오에 기숙사 안에서 만나기로 약속하였다. 윤상덕尹相德 씨를 가서 보았다. 또 모레[來明日] 와서 만나기로 약속하였다. 돌아올 때 창수昌洙를 만나 이야기했는데, 오후에 다시 만나기로 약속하였다. 영운永運의 아버님[春府丈]과 백씨

---

57 9월 4일의 일기에 언급된 학생 21명의 처분을 말한 것이다. 일기 원문에는 이 날짜 위에 ○표를 한 흔적이 남아 있다.

58 원동은 현 종로구 원서동의 1936년 이전 명칭이다.

59 야주현은 '야주개' 또는 '야주현(夜晝峴)'으로도 일컬어지던 낮은 고개로, 종로구 당주동과 신문로 1가에 있다. "二·十戶"는 "2통 10호"를 뜻하는 것으로 보인다.

白氏께 가 보았으나 만날 수 없었다. 하오下午에 약속대로 창수昌洙에게 가 보았는데, 때마침 불시지수不時之需가 있어서 많이 먹고 잠시 놀았다.[60] 2원 10전을 받았으니, 곧 나머지는 1원 40전이다. 소공동小公洞 이석현李石峴에게 갔는데, 만나지 못했다. 도화지 9장은 2전, 이발비는 10전이었다.

10월 3일. 새 교유敎諭로 박종훈朴宗薰, 박종직朴宗稙 두 분이 부임했다. 학원學員 일동이 강당에 모여 상견례相見禮를 거행하였다. 하학下學 후에 김준명金準明을 가서 보았다. 김영운金永運과 그의 아버님[春府丈]을 방문했다.

10월 4일. 윤 씨尹氏가 오기를 종일 기다렸지만 만나볼 수 없었다.[61] 학교에서 일본어 교과서 2책을 받았다.

10월 5일. 학교에서 산술算術 책 2권을 받아왔다.

10월 6일. 맑음.

10월 7일. 목욕.

10월 8일. 오후에 윤 씨尹氏 및 이 우李友에게 가 보았다. 구두의 치수를 재었다.

10월 9일. 남문 밖에서 인천행 기차로 떠나는 김 우金友를 송별했다. 조 형趙兄과 김金, 정鄭 두 벗과 더불어 사진관[寫眞店]에 갔는데, 가격이 적당하지 않아서 촬영을 하지 못했다. 김영운金永運과 그의 아버님[春府丈]을 방문했다. 조 형趙兄을 방문했다. 김 우金友로부터 위대葦帶

60 불시지수(不時之需)는 제때가 아닌 때에 먹게 된 음식을 뜻하는 말인데, 여기서는 식사 때가 아닌 오후에 음식을 먹게 되었기 때문에 이렇게 말한 것으로 보인다.

61 윤 씨(尹氏)는 곧 윤상덕(尹相德)이다. 2일의 일기에 언급된 약속에 따라 가람이 기다렸지만, 윤상덕은 약속을 어기고 오지 않은 것이다.

1말을 얻어 왔다. 집에 편지를 부쳤는데, 3전이 들었다. 밤 11시 10분에 송본松本 교유敎諭가 세상을 떠났다 한다.[62]

10월 10일. 이른 아침에 김사과金司課 어르신, 김영근金永近 형제를 가서 보았다. 속옷 2벌을 받아 왔다.

10월 11일. 정오正午에 학원學員 일동이 나아가서 송본松本 교유敎諭의 출장出葬을 보았다. 창수昌洙를 방문했지만, 그가 이사한 것을 알지 못하여 만나지 못했다. 전동磚洞에 가서 조 형趙兄과 더불어 이야기했다.

10월 12일. 학원學員 전체가 운동장 대청소를 거행했다. 밤에 박 선생을 가서 뵙고 고별했다. 박 선생은 상주尙州 사립광흥학교私立廣興學校로 간다고 한다.[63]

10월 13일. 하학下學 후에 바로 윤상덕尹相德 씨의 집으로 갔다. 다시 빌린 돈을 마련하여 내일 찾아오겠다고 약속하였다. 일금 1전은 검은 실 1말.

10월 14일. 내일 원족遠足 준비로 인해 5시간 만에 휴업하였다. 원동苑洞 자문곡紫文谷에 가서 윤 씨尹氏를 방문했다.[64] 4전은 짚신[草鞋].

---

62 "송본(松本)"은 곧 마쓰모토 무네하루(松本宗治)이다. 동경고등사범학교 출신으로 1908년 4월부터 한성사범학교 교유로 재직하였으며, 이과 교과서를 편찬하기도 했다. 32세로 세상을 떠났다.

63 1907년에 경북 김천시 남산동 고성산에 있던 고운사(孤雲寺) 자리에 세운 학교이다. 1907년 5월에 4년제의 사립 광흥보통학교로 이름이 바뀌었고, 1911년에는 김산보통학교(金山普通學校)로 개칭되었다. 1914년 행정구역 변경으로 김천공립보통학교로 개칭되었다. 일본식 명칭은 남산정심상소학교(南山町尋常小學校)이다.

64 "자문곡(紫文谷)"이 어느 곳인지는 분명하지 않다. 다만 1911년 4월 16일의 일기에 윤상덕을 방문하기 위해 "자문동(紫門洞)"에 간 일이 보이는데, 이를 참고하면 "자문곡(紫門谷)"의 오기일 가능성을 생각해볼 수 있다. 자문동은 지금의 신문로 2가

10월 15일. 오전 8시 반에 여러 선생 및 학원學員 일동이 무리를 이루어 원족遠足을 떠났다. 경복궁景福宮으로부터 출발하여 창의문彰義門 밖으로 나왔다. 온 산에는 잎이 붉게 물들었는데, 돌을 밟고 계곡을 지나야 했다. 돌길이 하나 있었는데, 마치 양의 창자처럼 구불구불했다. 그래서 무리를 지었던 학원學員들은 흩어져서 한 줄로 섰는데, 마치 꼬챙이에 꿴 물고기처럼 늘어서서 앞으로 나아갔다. 북쪽에서 서쪽까지에는 오래된 성과 성문이 있었는데, 어떤 부분은 무너지고 어떤 부분은 남아 있었다. 그 문으로 들어서니, 별천지가 펼쳐졌다. 그 냇물을 따라 내려가다 보니 홀연 산천동山川洞에 닿았는데, 여기에 보도각普渡閣이 있었다 ―북부北部 연은방延恩坊―.[65] 그 아래쪽에는 물이 멈춰 흘러가지 않았다. 다만 흰 모래가 퇴적되어 있는데, 물이 그 모래 속으로 스며들어서 표면에 나타나지 않는 까닭이다. 삼국곡三國谷 선생이 이렇게 설명했는데, 이학理學 상의 관계라고 한다. 여기서 잠시 쉬다가 다시 출발했다. 모랫길로부터 몇 리에 이르기까지 다시 그 물을 보지 못했다. 이 길을 버려두고 남쪽 백사장에 이르니 근처에 과수원果樹園이 하나 있는데, 과일나무가 잘 자라 무성하였다. 여기서 잠시 쉬었다. 복도福島 선생이 농업農業 상의 관계를 설명하였다. 말하기를 이 땅은 예전에는 백사장으로 쓸모가 없는 나쁜 땅이어서 이제까지도 빈 땅[空地]이었는데, 다행히 어떤 사람이 이 땅을 개간하고 나무를 심어서 이에 오

에 있던 마을이다. 또한 원동(苑洞)은 지금의 종로구 원서동이다.

65 보도각(普渡閣)은 바위에 새겨진 불상을 보호하기 위해 세운 전각이다. 여기서 언급한 보도각은 홍은동 옥천암(玉泉庵)에 있는데, 그 안에는 '백불(白佛)'또는 '해수관음(海水觀音)'으로 일컬어지는 마애불(磨崖佛)이 있다. 그 아래에 흐르는 물은 곧 홍제천(弘濟川)이다. 연은방은 한성부 북부 12방 가운데 하나이다.

늘날의 장관물壯觀物을 이루게 되었다고 한다. 이 이익은 단지 한 사람의 사익私益일 뿐만이 아니며 오히려 국가의 공익公益인 것이다. 다만 우리나라는 이 땅이 비어 있는 데 그치지 않는다. 개간하면 또한 이 땅보다 나을 곳 가운데에도 완전히 비워둔 곳도 있다. 지금 사람의 생활이 곤란한 것은 이치가 마땅히 그러할 만한 것이다. 이 나라는 구미歐米나 일본에서 생산할 수 없는 것도 또한 생산해낼 수 있다. 만약 인공人工으로만 생활할 수 있는 것이라면 어떤 나라도 이 나라보다 나을 수는 없다고 했다. 홍주원紅柱院에 이르러 산에 올라서 쉬었는데, 곧 백련산白蓮山이다.[66] 제등齊藤 선생의 설명이 있었는데, 이학적理學的 설명이었다. 남산에서부터 북악산과 인왕산까지와 같은 곳은 모두 그 모암母嵒이 화강암花崗嵒이다. 그런 까닭에 초목은 자라지 못하고, 흰 모래만이 있을 뿐이다. 남산 서쪽으로부터 이 봉우리에 이르기까지와 같은 곳은 그 모암母嵒이 편마암片麻嵒이다. 그런 까닭에 초목이 많이 자라고 토지는 비옥肥沃하다고 했다. 또 복도福島 선생의 설명이 있었다. 무릇 초목의 생장生長은 대개 남쪽이 북쪽보다 낫다. 다만 여기서는 반대가 된다. 즉 편마암 토지가 여기에 있고 화강암 토지가 저기에 있기 때문이라고 했다. 또 삼국곡三國谷 선생의 설명이 있었는데, 경성京城에 대해 논한 것이었다. 즉 예전 전쟁에서 특별히 총포나 기계를 이용하지 않았던 시대에는 이처럼 사방을 성벽으로 둘러싸서 도읍을 삼았다. 사방이 곧 이 땅과 같은 곳을 분지盆地라고 칭했는데, 곧 지금이야

66 백련산(白蓮山)은 지금의 응암동에서 홍은동에 걸쳐 있으며, 사찰인 백련사(白蓮寺)에서 이 이름이 유래했다고 알려져 있다. 홍주원(紅柱院)은 어떤 곳인지 분명하지 않은데, 위치로 보면 홍제원(弘濟院)을 잘못 쓴 것일 가능성도 생각해볼 수 있다.

이와 같은 분지를 어찌 쓸 수 있겠는가 했다. 다시 출발했다. 나무를 붙잡으며 아래로 내려오니 봉원사奉元寺가 있었다. 1시간 반 정도 쉬면서 점심을 먹었다. 다시 출발하여 서대문으로 들어와 끝마쳤다. 조 형趙兄과 길동무가 되어 돌아왔다. 이 우李友의 방문이 있었다.

10월 16일. 조 형趙兄과 함께 안동安洞에 갔다. 김 우金友와 함께 누동樓洞에 갔다가 공업전습소工業傳習所의 전람회展覽會에 갔다. 윤시용尹始鏞을 만났다. 이병준李秉俊의 소개가 있어서 여기에 입장한 것이다.[67] 관람하러 온 사람이 매우 많아서 어깨를 나란히 하고서 앞으로 나갈 수 없을 지경이었다. 최 우崔友를 만났다.

10월 17일. 이른 아침에 조 형趙兄과 더불어 윤시용尹始鏞을 가서 보았다. 곧바로 장충단奬忠壇에 가서 쉬었다. 집에서 편지가 왔다. 오후에 창수昌洙 및 족숙族叔 댁에 갔다.

10월 18일. 맑음.

10월 19일. 흐림. 화원花園을 정리했다.

10월 20일. 윤 씨尹氏를 방문했지만 만나지 못했다.

10월 21일. 윤 씨尹氏가 찾아와서 만났다.

10월 22일. 조 형趙兄을 가서 보았다.

10월 23일. 이른 아침에 윤 씨尹氏를 방문했지만 만나지 못했다. 교동校洞의 이 우李友를 방문했다.

10월 24일. 맑음.

10월 25일. 맑음.

---

67 1910년 6월 18일의 일기에 이병준이 공업전습소의 보결생으로 들어왔다는 말이 있다.

10월 26일. 맑음.

10월 27일. 학교에서 구두를 받았다.

10월 28일. 본가[本第]에 편지를 올렸다.

10월 29일. 윤 씨尹氏, 김 씨金氏를 방문했지만, 만나지 못했다.

10월 30일. 조 형趙兄, 윤 우尹友를 가서 보았다. 대한의원大韓醫院 운동회運動會를 가서 보았다. 벗 이기호李箕鎬의 소개가 있어서 들어가서 보았다. 김 우金友 및 윤 씨尹氏를 방문했지만, 만나지 못했다.

10월 31일. 주인主人이 교동校洞에 주거하게 된 까닭에 기숙사의 학원學員들이 학교에서 조퇴했다. 사감의 명령으로 각 학원들이 하나같이 짐 옮기는 일을 도울 때에 공교롭게도 유 형柳兄이 방문했다. 기쁘기가 말할 수 없을 정도였다. 다만 한스러운 것은 오늘은 외출이 금지되어 밖에 나갈 수 없는 것이니, 그런 까닭에 잠깐 만났다가는 곧 헤어져서 도리어 만나지 못하는 것과 같았다. 저녁식사 후에 사감실로 가서 밖에 나가기를 청했는데, 최 씨崔氏는 굳이 제한하여 보내주지 않았다. 다만 절로 탄식했을 따름이다.[유감有感]

11월

11월 1일. 이른 아침에 조 형趙兄과 더불어 윤여사尹呂史의 집에 머물고 있는 유 형柳兄을 방문하여 잠시 이야기했다. 일본 문부성文部省의 관리가 와서 시찰했다.

11월 2일. 군산群山으로부터 아버님의 편지를 받았다. 6교시[第六時]에 모두 강당에 모였다. 학감이 내일 천장절天長節의 일을 설명하였다.

11월 3일. 천장절天長節 날이다. 일반 학원學員은 남산 아래 총독부總督府 안에 가서 축하하고 본교 강당에서 노래를 불렀다. 사탕砂糖과 떡 한 상자의 음식이 있었다.

11월 4일. 유 형柳兄이 왔는데도 아직 나아가 뵙지 못했다. 매우 슬프다. 매우 슬프다.

11월 5일. 유 형柳兄이 이른 아침에 춘천으로 갔다고 한다. 아직 나아가서 이야기를 나누지 못했으니, 슬픔은 말로 할 수 없을 정도이다.

11월 6일. 맑음. 조 형趙兄, 김 우金友와 더불어 이 우李友 및 김영근金永近 형제를 방문했다. 윤상덕尹相德을 방문하여 다시 음력 15일로 약속을 했다. 창수昌洙를 가서 보았다. 최우崔友를 만나서 손을 이끌고 석포石圃 어르신을 뵈었다. 함께 그의 처소로 가서 늦게까지 놀다가 돌아왔다.

11월 7일. 고 우高友로부터 편지가 왔다. 또 부탁하는 일이 있어서 돈 40전을 부쳤다고 한다. 그래서 광화문 우편국光化門郵便局에 갔는데, 교인校印으로 날인을 하지 않은 까닭에 물리치고 지급하지 않았다.

11월 8일. 우편국에 가서 40전을 찾아서 곧바로 도장가게[圖書舖]에 갔다. 1층의 뿔도장으로 가장자리에는 상사尙史가 있는 것 1개의 정가는 30전이었다. 수령증受領証을 받아 왔다. 4전 5리는 엽서. 3전은 우표[切手] 1매. 1전 5리는 백로지白露紙 1장. 학교로부터 '맹자孟子 강의제목講義題目 12항'이 있었다.[68]

11월 9일. 군산 구복동九福洞에 계신 아버님께 편지를 올렸다. 1전은

68 엿새 뒤인 14일의 일기에 강의제목을 제출했다는 내용이 보인다. 이를 참고하면 '맹자 강의 제목 12항'은 학원(學員, 학생)에게 제시된 과제의 내용으로 짐작된다.

도화지. 고 우高友에게 만들어 주기로 한 도장을 찾아왔다.

11월 10일. 고 우高友에게 편지를 부쳤다. 갑자기 추워졌다.

11월 11일. 목욕. 양말洋襪을 받았다.

11월 12일. 토요일. 습자習字를 써서 올렸다. 이 성적은 통감부統監府에 들어간다고 한다.

11월 13일. 종일 문을 닫고 강의제목을 작성했다.

11월 14일. 강의제목의 답안을 제출했다.

11월 15일. 비. 지난 10월 26일에 임명된 교장 상원호일桑原護一 씨가 이제 여기에 도착했다.[69] 상견례를 거행했다.

11월 16일. 눈보라가 크게 일어났다.

11월 17일. 매우 추웠다.

11월 18일. 어제의 추위가 여전히 혹독하다.

11월 19일. 맑음. 십자각十字閣에서 출발하여 김 씨金氏를 방문했지만, 만나지 못했다. 전동磚洞에 이르러 또 놀았다.[70] 최 우崔友를 방문했지만 만나지 못했다.

11월 20일. 맑고 온화하다. 안동安洞에 가서 족형族兄을 보았다. 내 머리를 깎아주고 또 항대項帶를 주었다. 전동磚洞에 갔다. 조 형趙兄과 더불어 흥화문興化門에서부터 책방[書肆]을 찾아다니다가 돌아왔다.

11월 21일. 두통으로 종일 고생했다.

---

69 원문에는 날짜가 25일인지 혹은 26일인지 분명치 않다. 다만 『조선총독부관보』를 살펴보면 발령일자가 10월 26일임을 확인할 수 있다. 구와바라 고이치(桑原護一)는 이후 경성고등보통학교와 경성여자고등보통학교의 교장을 지냈으며, 1914년 10월 7일에 뇌일혈로 사망했다. 이튿날인 10월 8일자 『매일신보』에 약력이 실렸다.

70 당시 조 형(趙兄)이 전동에 살고 있었으므로, 이 구절은 조 형과 노닐었다는 뜻으로 이해할 수 있다.

11월 22일. 맑고 온화하다. 2교시[第二時]에 수업을 쉬었다.

11월 23일. 종일 비가 왔다. 신상제新嘗祭 날이다.[71] 하루 종일 비가 내려서 외출할 수 없었다.

11월 24일. 비가 그치고 안개가 짙어졌다. 아직도 독감 때문에 정신을 수습하지 못한다.

11월 25일. 맑고 온화하다.

11월 26일. 이 우李友를 방문했지만 만나지 못했다. 윤 씨尹氏를 방문하여 만날 수 있었는데, 또 시일을 연장했다.

11월 27일. 이른 아침에 전동磚洞에 갔다. 조 형趙兄, 김 우金友와 더불어 이은영李殷永을 방문하여 잠시 동안 놀았다. 다시 남문성南門城 위로 갔다가 다시 공원 주변에 도착했다. 고향을 생각하면서 풍경을 바라보았다. 공교롭게도 동경東京에서 새로 온 사람을 만나서 유유히 이야기를 나누었다. 돌아오는 길에 보신각普信閣에 이르러 모임을 파하고 각기 자기 처소로 돌아갔다. 오후에 이 우李友 및 최 우崔友를 만났다.

11월 28일. 비. 굴뚝[烟突]이 막혔다. 불기운이 통하지 않으니 거실이 매우 추웠다.

11월 29일. 맑고 온화하다.

11월 30일. 기념식 순서를 미리 익혔다.

---

71 신상제(新嘗祭)는 11월 23일에 일본 천황이 거행하는 추수 감사제 성격의 행사이다.

12월

12월 1일. 맑음. 혹독하게 춥다.

12월 2일. 맑음. 매우 춥다. 6교시[第六時]에 수업을 쉬고 대청소를 했다. 3전은 구두 수선 요금.

12월 3일. 본교의 제3회 기념일이다. 다만, 본교의 설립은 개국開國 504년의 일이지만 그 때는 설비가 완전하지 못했다.[72] 융희 원년 12월 3일에 이르러 송현松峴에 건축을 마쳤으며, 지금에 이르러 학교의 모양을 크게 갖추었다고 한다.[73] 부속보통학교附屬普通學校의 직원과 여러 반 생도生徒, 그리고 본교의 직원 일동과 학원學員들이 놀이와 운동을 한 뒤에 체조장體操場에 모여 잔치를 베풀고 음식을 먹었다. 전동磚洞에 갔다. 조 형趙兄 그리고 여러 벗들과 더불어 담화했다. 이은영李殷永을 방문했지만 만나지 못했다. 전주全州 이 우李友를 방문하여 함께 이야기했다.

12월 4일. 안동安洞의 기숙관寄宿館에 갔는데, 김 우金友와 정 우鄭友만을 보았다. 족숙族叔과 오 우吳友를 만났다. 이어서 전동磚洞에 갔는데, 때마침 떡 새참이 있어서 먹을 수 있었다. 오후에 족숙族叔께서 방

---

72 한성사범학교는 조선 개국 504년 즉 1895년에 설립되었다. 4월에 '한성사범학교관제'를 공포하고 학교를 설립하였으며, 7월에 '한성사범학교규칙'을 공포하였다. 1899년에는 본과 수업연한을 4년으로 연장하는 등으로 제도를 정비했지만, 교실은 좁고 교육과정은 부실한 형편이었다고 알려져 있다.

73 「구일기초(舊日記抄)」에도 12월 3일의 일기가 실려 있다. "본사범학교(本師範學校) 제3회 기념식(紀念式) 및 연회(宴會)가 있다. 본사범학교(本師範學校)의 창립(創立)은 개국(開國) 504년(4228년 을미년)이었으나, 그 설비(設備)가 불완전(不完全)하여 융희(隆熙) 원년(元年) 12월 3일 송현(松峴)에 신축(新築)한 것이라 한다."고 했다.

문하여 둘러보셨다. 엽서 1매를 조 형趙兄에게 주었다.

12월 5일. 맑고 춥다.

12월 6일. 맑음.

12월 7일. 맑음.

12월 8일. 맑음.

12월 9일. 극도로 춥다. 학교에서 습자習字하는 붓 1개를 받았다.

12월 10일. 맑고 춥다. 하학下學하여 돌아오는 길에 안동安洞을 방문했다. 족숙族叔에게서 역사歷史 1권을 빌려 왔다.

12월 11일. 종일 나가지 않았다. 조 형趙兄이 방문했다.

12월 12일. 요즈음에는 혹독하게 춥다.

12월 13일. 청소 당번이었다. 김金, 이李 두 벗이 찾아왔다. 전동磚洞 기숙사에 갔다.

12월 14일. 맑음. 김영운金永運으로부터 편지가 왔다.

12월 15일. 맑음.

12월 16일. 고 우高友가 방문했다.

12월 17일. 1교시에 송본松本 교수教授의 유해가 돌아가는 것을 전송하였다.

12월 18일. 종일 나가지 않았다.

12월 19일. 오늘부터 시험이 시작되었다. 2전 5리는 고무[印度膏]. 역사, 수신, 지리.

12월 20일. 한문, 일강日講.

12월 21일. 박물博物, 체조.

12월 22일. 회화會話, 수학. 이 참판李參判 어르신이 상경했다는 말을 듣고 가서 뵈었다. 집에서 편지가 왔는데, 5원 지전紙錢이 들어있었다.

12월 23일. 받아쓰기[書取], 습자. 시험을 마치고 남문 밖에 가서 학감學監을 전별했다. 학감은 평양고등학교장平壤高等學校長에 임명되었다. 줄포茁浦에서 아버님이 내려주신 편지가 있었다. 박사博士 어르신을 가서 뵈었다. 일금 6전은 세탁 요금. 3전은 우표[切手]. [시험이 끝났다.]

12월 24일. 눈보라가 어지럽게 날린다. 전동磚洞에 갔다. 김 우金友를 방문했지만 만나지 못했다.

12월 25일. 전동磚洞으로부터 양 우梁友를 방문했다. 12전은 이발.[74]

12월 26일. 오전 10시에 일동이 강당에 모여서 1월 1일의 식순을 미리 익혔다. 김 우金友에게 50전을 빌려 주었다.

12월 27일. 이른 아침에 이병준李秉俊을 가서 보았다. 오후에 욕탕浴湯에 갔다. 5전은 양지洋紙. 김영운金永運에게 편지를 부쳤다.

12월 28일. 오전 10시에 폐학식閉學式이 있었다. 전동磚洞에 갔다. 이 우李友가 나와 김金, 오吳, 송宋의 여러 사람을 이끌고 교동校洞에 들어가 이 참판李參判을 뵈었다. 참판은 우리들을 위하여 요리를 먹도록 내놓았다. 배가 2개이고 다리가 7개인 신령한 노루[二腹七脚靈山獐] 및 만인산萬人傘을 가서 보았다.[75] 종로를 배회하다가 돌아왔다. 3전은 우표[切手]. 본가[本第]에 편지를 부쳤다.

12월 29일. 안동安洞으로부터 전동磚洞까지 갔다. 조 형趙兄과 더불

---

74 원문에는 "十二錢, 理髮機械也."로 되어 있지만, "機械也"에는 삭제하려 한 흔적이 있다. 또 "十二"는 "十六"으로도 보인다. 이전의 일기에서는 이발요금이 10전 정도였다.

75 만인산(萬人傘)은 선정을 베푼 고을 수령에게 백성들이 송덕(頌德)의 뜻으로 주었던 물건이다. 일산과 같은 모양에 비단으로 꾸몄다.

어 김 선생金先生을 찾아뵈었다. 회동서관滙東書館에 가서 필첩筆帖을 보았다.

12월 30일. 김승찬金昇燦에게 20전을 빌려 주었다. 전동磚洞에 갔다.

12월 31일. 사동寺洞의 이전 숙소로 머무는 곳을 옮겼다. 오후에 전동磚洞에 갔다. 전주학교[全校], 정석모鄭碩謨 씨, 김제국金濟國 씨에게 편지를 부쳤다. [유 형柳兄이 학교를 방문하였는데, 사람들로 하여금 말하지 못하게 했다.]

신해년辛亥年[4244년(1911년), 명치明治 44년][76]

1월

1월 1일. 눈이 왔다. 어제와 오늘 이틀은 혹독하게 춥다. 9시에 학교에 갔다. 신년식新年式을 거행했다. 밀감 4개를 얻었다. 전동磚洞에 가서 종일 여러 사람과 함께 소요逍遙했다. 유광석柳光錫에게 편지를 부쳤다. 정석모鄭碩謨 씨 및 광석光錫으로부터 편지가 왔다.

1월 2일. 혹독하게 춥다. 전동磚洞에서 안동安洞으로 갔다. 조 형趙兄과 더불어 박사博士 어르신 및 시독侍讀 어르신을 찾아 뵈었다. 돌아오는 길에 김필수金弼洙를 만났다. 김영근金永近을 가서 보았다. 이은영李殷永을 만나 조모상祖母喪을 조문했다.

1월 3일. 전동磚洞의 속성과速成科가 우리 기숙사에 합쳐졌다. 하오下午에 한양목욕탕漢陽沐浴湯에 갔다. 고형진高亨鎭에게 2전을 빌려 주었다.

1월 4일. 때때로 비. 오후에 김 우金友와 더불어 이 참판李參判을 가

76 "명치 44년"은 난상에 기록했고, "단기 4244년(서기 1911년)"은 뒤에 써넣은 것처럼 보인다.

서 뵈었다. 이李를 만났는데, 나에게 냉면을 대접했다.

1월 5일. 오후에 회동서포滙東書舖에 갔다. 왕희지王羲之의 필첩筆帖 1책을 사 왔는데, 35전이었다.

1월 6일. 추위가 매우 혹독했다. 안동安洞에 가서 김 우金友를 방문했다.

1월 7일. 귀향하는 여러 벗들이 이 기숙사에 많이 들어왔다.

1월 8일. 이른 아침에 김 선생金先生을 찾아가 뵈었다. 김영근金永近 및 이 우李友, 윤시용尹始鏞을 가서 보았다. 영운永運으로부터 편지가 왔다.

1월 9일. 상오上午 9시에 제3학기 개학식開學式을 거행했다. 그 뒤에는 대청소를 했다. 오후에 김종남金鍾南, 오영철吳榮喆과 더불어 이 참판李參判 어르신을 찾아가 뵈었다. 내일 귀향歸鄕하신다고 했다. 조 형趙兄이 방문했다. 안동安洞에 따라가서 하루를 보냈다. 이날 저녁에 유 형柳兄이 방문하였는데, 기쁘기가 말할 수 없을 정도였다. 그렇지만 잠시 만났다가 곧 헤어지는 것이 형세이다. 전날도 단지 하루였으니, 슬플 따름이다.

1월 10일. 날씨가 온화한 봄날같이 따뜻하다. 상오上午 9시에 학교에 갔다. 하학下學 후에 조 형趙兄과 더불어 유 형柳兄을 가서 보았다. 돌아오는 길에 석포石圃 어르신을 찾아가 뵈었다. 유 형柳兄은 내일 귀향歸鄕해야 한다고 말했다. 소산少山 어르신께 올리는 편지를 부쳤다. 용식龍植에게 편지를 부쳤다.[77] 이날부터 제3학기의 수업이 시작되었다.

---

77 1909년 7월 12일의 일기에 "화평(花坪)의 민용식(閔龍植)"이 입학하기 위해 왔다는 말이 보인다.

1월 11일. 눈이 내렸다. 1전은 붓 값. 붓, 먹, 양말을 학교에서 받아왔다.

1월 12일. 혹독하게 춥다. 1전은 책자冊子.

1월 13일. 한결같은 차가운 날씨.

1월 14일. 11전은 먹 1개, 붓 3개. 고 우高友로부터 빌려준 돈을 받았다.

1월 15일. 맑고 온화하다. 조 형趙兄이 방문했다.

1월 16일. 맑고 온화하다. 하오下午 7시에 횡지橫地 교수敎授가 와서 이야기했다.

1월 17일. 학교에 관리가 와서 참관했다.

1월 18일. 김종남金鍾南으로부터 50전 가운데 20전을 거두어들였다.

1월 19일. 날씨가 오히려 온화하다.

1월 20일. 온화한 기운이 있는 날이다.

1월 21일. 김제국金濟國 씨로부터 편지가 왔다. 수산守山 씨로부터 편지가 왔다.

1월 22일. 오전에 이은영李殷永이 방문했다. 오후에 조 형趙兄과 더불어 김金, 이李 두 벗을 방문했다.

1월 23일. 맑음.

1월 24일. 혹독하게 춥다.

1월 25일. 하학下學 후에 이 우李友를 가서 보았다. 집에 편지를 부쳤다.

1월 26일. 정오에 이석현李石峴 씨가 와서 아버님께서 내려주신 편지를 전해주었다. 10전은 압정壓釘과 대자[竹尺].

1월 27일. 일기가 오히려 따뜻하다.

1월 28일. 의사가 와서 '베스도'에 대해 말했다. 날씨가 봄처럼 따뜻하다. 윤종선尹從善에게 5전, 손균옥孫均玉에게 20전을 빌려 주었다.

1월 29일. 맑음.

1월 30일. [신해년辛亥年] 오후에 비. 오늘은 곧 음력 신해년辛亥年 정월 1일이다. 아침식사 후에 조 형趙兄과 더불어 송당松堂 선생께 가 뵈었다. 그리고는 김 우金友 형제, 두 사람의 이 우李友를 가서 보았다. 안동安洞에 갔다. 어젯밤에 「화산설야火山雪夜」 시를 지었다.[78]

이곳 한성에 온 지 어느덧 1년
객지에 있는 마음 참으로 처연하네.
만 갈래 세상 근심이야 말로 다하기 어렵고
천 리 먼 곳 고향 생각에 잠들지 못하네.
매화 여위고 버들 새로 돋아 땅엔 이미 봄이요,
대포 같은 소리 울리고 갈대밭 타서 하늘엔 밤이 깊었네.
머뭇머뭇 감내하는 남아의 뜻은
뒷날 위업偉業 전해지기를 기약함이네.

到此漢城偶一年, 客中心事正悽然.
萬端世慮難成語, 千里鄕懷不得眠.
梅瘦柳新春已地, 砲振蘆燒夜深天.
因循堪耐男兒志, 他日必期偉業傳.

---

78 「구일기초(舊日記抄)」에는 4244년 2월 29일의 일기에 "경술(庚戌) 제석(除夕)이다. 칠언율시(七言律詩) 한 편(篇)을 지었다."라고 기록하고 제목 없이 이 시를 수록했다. 날짜는 "1월 29일"의 오기일 것이다. 한편 원문에는 수련의 "진(盡)"을 "정(正)"으로, 함련의 "몽(夢)"을 "회(懷)"로, 미련의 "인(忍)"을 "감(堪)"으로 각각 수정한 흔적이 남아 있다.

1월 31일. 맑음. 봄날같이 온화한 날씨다.

2월

2월 1일. 맑음.

2월 2일. 맑고 온화한 날씨.

2월 3일. 찬 기운이 조금 있다.

2월 4일. 봄의 추위가 아직도 매섭다.

2월 5일. 눈. 오후에 조 형趙兄과 더불어 서문 밖에 갔다. 김 우金友를 방문했다. 박사博士 어르신과 시독侍讀 어르신을 방문했다.

2월 6일. 어제의 추위가 아직 남아 있다.

2월 7일. 집에서 편지가 왔다. 의복을 함께 보내 왔다.

2월 8일. 맑음.

2월 9일. 본가[本第]에 편지를 부쳤는데, 조 형趙兄의 편지를 동봉同封했다. 4전 5리는 우편 비용.

2월 10일. 본교의 학원 모집 광고學員募集廣告가 게시되었다. 4교시에 기원절紀元節의 예식을 미리 익혔다.

2월 11일. 기원절紀元節이다.[79] 그래서 휴업했다. 오후에 음식물이 나왔는데, 학원學員들을 모아서 감병甘餠 1봉을 주었다. 안동安洞에 갔다.

---

79 기원절(紀元節)은 일본의 개국 기념일이다. 신무천황(神武天皇)이 즉위했다는 날로, 2월 11일이다.

2월 12일. 조 형趙兄이 찾아왔다. 오후에 조 형趙兄과 더불어 이석현李石峴 씨에게 가 보았지만 만나지 못했다. 이은영李殷永 및 윤시용尹始鏞을 방문했지만, 만나지 못했다. 박사博士 어르신을 방문해서 뵐 수 있었다. 5전은 과자菓子.

송당松堂 선생의 「제석除夕」 시를 받들어 보았다. 다음과 같다.

엊저녁 그믐 지나 설날 아침 밝아오니
쇠하고 자라나는 이치 필경 참되도다.
늙은 매화는 오히려 천하의 땅을 찾고
움 트는 버들은 젊은이들 많이 보겠지.
어두운 산 대포 소리에 병사 절로 흩어지고
태양을 귀하게 맞이하니 기운 서로 친하리라.
뿌리에 물 대고 잎을 닦아 모름지기 노력할지니
분명히 무궁화 꽃은 다시 봄을 맞으리라.

昨夕已除元旦新, 消長一理竟歸眞.
梅老猶探天下土, 柳舒多見少年人.
戰砲陰崖兵自散, 賓迎陽馭氣相親.
漑根拭葉須努力, 好是槿花再度春.

2월 13일. 눈과 비가 어지러이 날린다.

2월 14일. 갑자기 추워졌다.

2월 15일. 어제처럼 춥다.

2월 16일. 맑음.

2월 17일. 맑음.

2월 18일. 벗 최승렬崔昇烈의 집에 갔다가 마침 김필수金弼洙를 만났다.

2월 19일. 조 형趙兄을 가서 보았다. 고 우高友와 함께 이병준李秉俊을 방문했다.

2월 20일. 맑고 온화하다. 일금 20전 5리는 양말, 엽서, 백로지白露紙.

2월 21일. 아버님께 편지를 올렸다.

2월 22일. 일금 30전은 양복 수선. 윤종선尹從善 군으로부터 50전을 거두어들였다.

2월 23일. 맑음.

2월 24일. 아버님이 내려주신 편지가 있었다.

2월 25일. 맑음.

2월 26일. 이병준李秉俊이 와서 완산完山의 소식을 전해 주었다. 조 형趙兄과 더불어 남산南山에 올랐다.

2월 27일. 습자習字한 것을 학교에 냈다.

2월 28일. 김승찬金昇燦으로부터 17전 5리를 거두어들였다.

3월

3월 1일. 눈.

3월 2일. 유 우柳友로부터 편지가 왔다.

3월 3일. 맑음.

3월 4일. 맑음.

3월 5일. 맑음. 한충혁韓忠爀 씨에게 편지를 부쳤다.

3월 6일. 흐림.

3월 7일. 맑음. 군산群山으로부터 전환電換 3원이 왔다.

3월 8일. 본교에 학원 모집 시험學員募集試驗이 있어서 전급全級 일동이 휴업했다. 오후에 조 형趙兄에게 갔다가, 함께 서궁西宮을 관람했다.[80] 줄포茁浦로부터 아버님이 내려주신 편지가 있었다.

3월 9일. 휴업.

3월 10일. 육군 기념일이다. 그래서 경성京城 안의 관립·사립학교 학도 일동이 용산의 모의전쟁模擬戰爭을 참관했다. 오후 6시에 돌아왔다. 박사博士 어르신을 방문했다.

3월 11일. 휴업.

3월 12일. 조 형趙兄과 더불어 광화문 우편국에 가서 소 군蘇君에게 편지를 부쳤다.

3월 13일. 일권一權의 편지를 보았다.

3월 14일. 광화문 우편국에 갔다. 시간이 어긋나서 전환금電換金을 추심하지 못했다.

3월 15일. 오전에 1시간 수업하고, 그 뒤에는 휴업이었다. 광화문 우편국에서 3원을 찾아왔다.

3월 16일. 시험이 시작되었다. 20전은 양복 수선 요금. 2전 5리는 과자菓子.

3월 17일. 맑음. 제3학기 첫 시험. 수신, 지리, 일강日講. 고형진高亨

---

80 서궁(西宮)은 곧 덕수궁(德壽宮)이다. 원래는 월산대군(月山大君)의 사저였으며, 궁궐로 사용된 이후 경운궁(慶運宮)과 명례궁(明禮宮)으로 일컬어지다가 순종 때 덕수궁으로 이름을 바꾸었다.

鎭이 20전을 빌려갔다.

3월 18일. 역사, 박물博物, 한문 시험.

3월 19일. 유선종劉瑄鍾에게 5전, 고형진高亨鎭에게 2전 5리를 빌려주었다. 4전은 과자菓子.

3월 20일. 수학, 받아쓰기[書取], 체조. 조 형趙兄을 가서 보았다.

3월 21일. 회화, 습자. 조 형趙兄에게 가서 함께 놀았다.

3월 22일. 조 형趙兄 및 김金, 정鄭 두 벗과 더불어 박물관博物館을 관람했다. 20전을 썼다. 엽서는 3전. 문용호文龍浩를 방문했지만 만나지 못했다.

3월 23일. 맑음. 조 형趙兄과 더불어 남산에 갔다. 돌아오는 길에 이우李友를 방문했다.

3월 24일. 5전은 동의록同誼錄에 들어간 비용이다.

3월 25일. 동의록同誼錄의 서역書役에 종일 빠져 있었다. 수산守山 교감 및 유광석柳光錫 형에게 편지를 부쳤다.

3월 26일. 26전은 소포 요금. 23전 5리는 검은 염색물[黑染物] 값. 김재철金在哲에게 10전을 빌려 왔다. 정구철鄭求哲에게서 2원을 거두어들였다. 오시午時에 본교의 연회가 있었다. 연회가 파한 뒤에 허강許鋼, 김종남金鍾南과 더불어 이은영李殷永을 방문했지만, 만나지 못했다.

3월 27일. 김필수金弼洙가 방문했다.

3월 28일. 김필수金弼洙, 이병준李秉俊을 방문했다. 오후에 조 형趙兄과 더불어 남산에 갔다. 18전은 분粉 4상자. 7전과 5전은 미투리[麻鞋] 값.[81]

---

81 원문에 "七錢, 五錢"으로 되어 있는데, 비용이 7전과 5전 즉 12전이 들었다는 뜻인지

3월 29일. 졸업식을 거행했다. 하오下午 5시 무렵에 조 형趙兄과 더불어 이은영李殷永, 이겸익李謙益, 김영룡金永龍을 방문하고 고별했다. 윤시용尹始鏞을 방문했지만 만나지 못했다. 박사博士 어르신을 방문했다. 오후 10시 무렵에 조 형趙兄 및 여러 벗과 더불어 남쪽으로 가는 차에 올랐다. 1원 42전은 차비. 7전과 5전은 식비.

3월 30일. 연이어 비가 내린다. 상오上午 2시 무렵에 태전[太田]에서 하차했다. 닭 울음소리는 어지러이 일어나고, 밤은 어둡고 시내는 적막했다. 일관一丱이 이끄는대로 따라가서 호명록扈明錄의 식당[食店]에 묵었다. 동행하는 이들 또한 고생을 함께 했다. 아침에도 비가 그치지 않았는데, 하오下午 4시 무렵에 날씨가 조금 개어서 다시 출발했다. 가수원可水原에 이르러 묵었다. 일금 45전은 숙박비. 6전은 과자菓子 및 짐삯[駄價]. 참으로 하나하나가 고되었다.

3월 31일. 맑음. 가수원可水原에서 출발하여 상오上午 8시 무렵에 은동隱洞에 도착했다. 다른 여러 벗들은 두계豆溪에 머물렀다. 은동隱洞에서 아침식사를 한 뒤에 바로 출발했다. 다시 두계豆溪에 이르러 김우金友를 방문했지만 만나지 못했다. 연산읍連山邑 부근에 이르러 강경江景으로 귀향하는 친구들과 헤어졌다. 임철주林哲周만 함께 매계梅溪의 식당[食店]에 이르러 점심식사를 했다. 6전이었다. 한 걸음 한 걸음 앞으로 나가서 저물 무렵에 집에 돌아왔다.

분명하지 않다. 7전 5리의 오기일 수도 있지만, 29일 일기에도 이와 유사한 표기가 나타나므로 그 가능성은 높지 않은 듯하다.

4월

4월 1일. 맑음. 임철주林哲周가 떠났다. 외숙外叔과 외종조外從祖님이 여기에 오셨다.

4월 2일. 맑음. 외종조外從祖와 외숙外叔께서 떠나셨다.

4월 3일. 맑음. 묵보墨甫로 하여금 조 형趙兄에게 편지를 부치게 했다.

4월 4일. 묵보墨甫가 돌아와 조 형趙兄의 편지를 전해 주었다. 또 소포를 찾아 왔다.

4월 5일. 맑음.

4월 6일. 맑음.

4월 7일. 맑음. 조 형趙兄 형제와 소병식蘇秉寔 군이 방문했다.

4월 8일. 흐리고 비. 조 형趙兄과 작별했다. 소 우蘇友와 길동무가 되어 출발하였는데, 곡장성曲長城에 이르러 헤어졌다. 나는 홀로 비를 무릅쓰고 앞으로 나갔다. 진흙탕을 건너고 찬비가 옷을 적시니, 살갗과 뼈가 떨리고 시렸다. 명암鳴岩에 이르러 잠시 쉬었다. 하루 종일 걸어서 천신만고千辛萬苦하여 황혼에 두계豆溪에 이르렀다. 진흙은 옷자락을 물들이고 피는 발바닥에 흘렀다. 식당[食店]에 들어가 옷을 벗어 말리고 화로를 껴안고 앉았다. 4전은 짚신[草鞋]. 9전은 사탕 및 식비. 고생한 나머지 밥 또한 달지 않다. 그 곳에서 묵었다. [오늘은 곧 누이의 혼인날이다. 상학上學의 기한이 임박한 까닭에 부득이 출발하였다. 차마 할 수 없는 일이다.][82]

---

82 「구일기초(舊日記抄)」에 4월 8일의 일기가 실려 있는데, 두계(豆溪)까지 가면서 겪은 일과 심정이 상세히 나타나 있다. 명암(鳴岩) 즉 울바위에서 "잠시 쉬었다(暫休)"고 한 것은 주막에서 잠시 몸을 녹인 것임을 여기서 확인할 수 있다. 일기 내용은 다

4월 9일. 가랑비. 아침식사 후에 은동隱洞에 갔다. 김 진사金進士 어르신과 악장岳丈을 뵙고, 곧 작별을 고했다. 하오下午 3시 무렵에 대전[太田]에 닿았다. 동 4시에 서울행 기차에 올랐다. 남대문에 이른 즉 동 8시였다. 곧바로 대사동大寺洞을 향하여 진흙탕을 건너고 힘겹게 걸어서 기숙사에 들어갔다. 박 학원감朴學員監을 뵙고 도착했다는 서류[歸着屆書]를 제출했다. 차비는 1원 42전. 7전은 식비, 1원은 양산洋傘. [오늘 차비는 은동隱洞에서 받았다.]

4월 10일. 노독路毒이 슬며시 일어나 종일 외출하지 않았다. 비상한 고통을 겪으며 치료하였다.

4월 11일. 학교에 들어가 개학식開學式에 참석했다. 체조실 대청소[大掃除]. 경복궁景福宮 안에 들어가 고적지古跡地를 개간하여 농과 실습지農科實習地를 만들었다. 이은영李殷永 및 김영룡金永龍 종형제를 방문했다. 20전은 양말.

음과 같다. "오늘은 내 누이 혼인(婚姻)날이었으나 학교(學校) 개학(開學) 날이 임박(臨迫)하였으므로 떠났다. 궂은비는 시름없이 내린다. 한복(韓服)을 입고 짚신을 신고 사뭇 비를 맞으며 진 길을 걸었다. 40리(里)를 지나 울바위 주막(酒幕)에 이르렀다. 찬비에 옷 속까지 젖었고 배는 고프고 몸은 떨린다. 고향(故鄕)의 부로(父老)이었던 주막주인(酒幕主人)은 나를 보고 깜짝 놀래어 방으로 들여 앉히고 화로(火爐)를 갖다 주고 일변 막걸리를 따끈하게 데어 한 사발을 권한다. 먹을 줄 모르는 술이지만 억지로 드리켰다. 바루 훈훈한 기운이 온몸에 돈다. 그리고 또 나서 걸어서 개태(開泰)재를 넘어 어두어서야 팥거리(豆溪)에 이르렀다. 한 주막(酒幕)으로 들었다. 두루마기 자락은 진흙 투성이고 발뒷굼치는 짚신 뒤에 쏠려 오목하게 팡기어 희질희질하고 피는 버선에 배었다. 주막(酒幕) 방에는 마침 호남선(湖南線)을 놓노라고 각처(各處)서 모여든 역군(役軍) 장정(壯丁)들이 비 때문에 일도 못하고 가뜩 들어찼다. 나는 옷을 벗었더니 장정(壯丁)들이 짜 말리고 화로(火爐)에 불을 피어 주기도 한다. 어떻게나 피로(疲勞)하였던지 저녁밥을 갖다 주는데 밥알이 모래 같아서 한 술도 못 먹었다. 이 밥상을 장정(壯丁)들에게 밀어 주매 번쩍 다 먹어 버린다."

4월 12일. 맑음.

4월 13일. 경복궁景福宮에 들어가서 종일 고된 일[苦役]을 하였다. 20전은 용지 및 우표郵票.[83]

4월 14일. 유 교장柳校長, 윤제옥尹濟玉 어르신의 편지를 볼 수 있었다.[84] 집에 편지를 부쳤다. 경복궁景福宮에 들어가서 고된 일을 하였다.

4월 15일. 아침에 흐리고 저녁에 갬. 경복궁景福宮에 들어가서 고된 일을 하였다. 하오下午에 안동安洞 신입학생 윤상훈尹相勳을 방문했다. 30전을 김종남金鍾南에게 빌려주었다. 박우철朴友澈을 만났다.

4월 16일. 이은영李殷永 및 김 우金友 종형제를 가서 보았다. 북부北部 자문동紫門洞에 가서 윤상덕尹相德을 방문했는데, 주소를 재동齋洞에서 옮겼다고 한다. 그런 까닭에 순사막巡査幕에 물어서 윤상덕을 만나 독촉을 하였다. 석포石圃 어르신을 방문하여 뵈었다. 남산南山에 갔다. 아버님이 내려주신 편지가 있어서, 곧바로 줄포茁浦에 편지를 올렸다. 은동隱洞에 편지를 부쳤다. 교장으로부터 위로금慰勞金 8전을 받았다. 밤에 과자회菓子會가 있었다.

4월 17일. 맑고 쾌청함.

4월 18일. 도화용 붓 및 연필을 학교에서 받아 왔다.

4월 19일. 비바람이 쏟아지듯이 불었다. 학교에서 공책 9권을 받아 왔다. 김종남金鍾南을 만났다.

4월 20일. 맑음.

4월 21일. 맑음. 학교에서 광고廣告가 있었는데, 이번 달 24일에 졸업

---

83 일기에서 처음 "우표(郵票)"라는 단어를 사용하였다. 다른 곳에서는 우표를 뜻하는 말인 "절수(切手)"를 썼다.

84 "유 교장"은 전주공립보통학교 교장을 지낸 유춘희(柳春熙)로 추정된다.

생 일동이 학교에 올 일을 말한 것이었다. 그래서 즉시 조 형趙兄과 손균옥孫均玉에게 전보를 쳤다. 20전은 전보 요금. 20전을 권영식權寗植에게 빌려주었다.

4월 22일. 학교에서 구두의 치수를 측정했다. 화학化學 책 1권을 받았다.

4월 23일. 이은영李殷永, 이겸익李謙益, 윤상훈尹相勳, 김종남金鍾南, 김영근金永近을 방문했다. 5전을 썼다.

4월 24일. 졸업생이 모였다. 제등齊藤 교수敎授가 총독부에서 온 지명서指命書를 주었다.

4월 25일. 뇌우雷雨. 하복夏服의 치수를 측정하였다.

4월 26일. 김종남金鍾南에게 1원을 빌려 주었다. 학교로부터 일어재료日語材料 1책을 받았다. 집에 편지를 부쳤다.

4월 27일. 조 형趙兄과 손균옥孫均玉이 서울에 왔다. 6교시에 수업을 쉬고 내일 소풍[遠足] 준비를 했다. 학교에서 대수학代數學, 열국지도列國地圖, 고등한문독본高等漢文讀本을 받았다. 밤에 50분 제한으로 외출하기를 원하여 서류[届書]를 학원감學員監에게 제출하였다. 조 형趙兄 및 손균옥孫均玉을 방문했다. 조 형趙兄 편에 유 교장柳校長, 이춘사李春史, 윤벽초尹碧樵, 수산守山 교감에게 편지를 부쳤다. 7전은 미투리[麻鞋]. 집에 보내는 편지도 또한 부쳤다.

4월 28일. 조 형趙兄과 작별했다. 노자[路費]를 변통할 수 없어서 일동에게 빌려 주었다. 상오上午 6시에 과천군果川郡 관악산冠岳山에 소풍[遠足]을 갔다. 남대문에서 출발하여 동적강銅赤江을 건넜다. 산기슭의 좁은 길로 올라가 10여리를 걸었다. 고개를 넘고 다시 고개를 넘었고, 물을 건너고 다시 물을 건넜다. 하오下午 2시 무렵에 연주봉戀主峯

아래 연주암戀主菴에 이르러, 점심을 먹고 30여분을 쉬었다. 북 치고 장구 치며 노래하다가 다시 출발하였다. 과천읍果川邑에서 출발하여 동적강銅赤江에서 배에 올라 노래 부르면서 돌아오니 7시 무렵이었다. 본교에 이르러 해산하였다. 2전 5리는 떡.

4월 29일. 공부를 쉬었다. 입학하기 위해 수학 정리사數學精理舍에 갔는데, 사람이 없었다.[85] 벗 소병식蘇秉寔과 함께 이은영李殷永을 방문했다. 하오下午에 이상천李相天 씨를 방문했지만 만나지 못했다. 박사博士 어르신 및 교리敎理 어르신, 윤상훈尹相勳을 방문하였다. 윤상덕尹相德을 방문했지만 만나지 못했다.

4월 30일. 맑음. 김영근金永近, 김창수金昌洙, 송순재宋淳在를 방문했다.

5월

5월 1일. 정리사精理舍에 가서 입학서를 제출했다. 월사금月謝金 및 입학금入學金은 55전이었다. 책 1권을 받았다.

---

85 정리사(精理舍)는 유일선(柳一宣)이 서울에 세운 수리(數理) 전문의 사립학교이다. 유일선은 동경물리학교 출신으로, 정리사(精理舍)라는 출판사를 열고 산술 및 수학 관련 교과서를 저술·출판하고 가르쳤다. 수업은 중부 수진동에 있던 사립 융희학교의 교사를 이용하여 야간에 이루어졌다. 교육과정은 전문학교 수준으로 수학이 중심이었으나 심리, 윤리, 논리, 정신과학, 철학, 물리, 화학 등을 가르쳤다. 설립자이자 교장인 유일선은 휘문의숙 숙장으로 일하면서 최초의 수학잡지인 『수리잡지』를 1905년 11월호부터 1906년까지 통권 8호를 발행하였고, 1908년에는 『초등산술교과서』를 저술하였다. 주시경도 3년간 정리사에서 공부한 일이 있다.

5월 2일. 맑음. 학교에서『동어독본東語讀本』1책을 받았다.[86] 권영식權寧植 군으로부터 편지가 왔다.

5월 3일. 학교에서 농업학農業學 책 1권을 받았다.

5월 4일. 흐림.

5월 5일. 흐림. 적원확荻原擴이 일본 고등학교 연구과의 15인 가운데 선발되어 의원면관依願免官되어 떠났다.[87] 신임 수공교수手工教授 서촌풍일西村豊一 씨가 학교에 왔다. 피로식披露式이 있었다.

5월 6일. 맑음. 벗 이겸익李謙益이 방문했다.

5월 7일. 오후에 김필수金弼洙를 방문했다. 박영두朴永斗 어르신 및 이겸익李謙益을 방문했지만, 만나지 못했다.

5월 8일. 맑음. 경복궁景福宮 안에서 실습하였다.

5월 9일. 학교에서『동어독본東語讀本』1책을 받았다. 목욕.

5월 10일. 맑음. 고형진高亨鎭이 신경쇠약 병으로 인해 외박하였다. 방문하여 만나보았다. 구두 1켤레를 도둑맞아 잃어버렸다.

5월 11일. 맑음.

5월 12일. 흐림. 고형진高亨鎭을 방문했다. 조 형趙兄의 편지가 왔다.

5월 13일. 총독부 중학교 운동회에 가 보았다.

---

86 『동어독본(東語讀本)』은 2권 2책의 연활자본으로, 현재 서울대학교 중앙도서관에도 소장되어 있다. 서지사항은 다음과 같다. 기노자키 요시타쓰(木野崎吉辰), 고야마 사몬지(小山左文二) 저, 도쿄(東京) : 삼송당서국(三松堂書局), 1906년(명치 39). 5월 2일과 9일에 1책을 받았다고 기록한 것은, 전체 2책을 1책씩 나누어 주었기 때문으로 짐작된다.

87 오기와라 히로무(荻原擴)는 1909년 5월 31일[음력 4월 13일]에 한성사범학교 교수로 임명되었고, 1911년 5월 1일자로 의원면관되었다. 뒤에 동경제대 교수로 활동하였다. "의원면관(依願免官)"은 자신의 의사에 따라 관직—여기서는 교사직—을 그만두는 일을 뜻하는 말이다.

5월 14일. 맑음. 오전에 김영근金永近을 방문했다. 정인익鄭寅翼을 방문했다. 오후에 퇴석退石 박영두朴永斗 어르신을 방문하였다.

5월 15일. 맑음.

5월 16일. 맑음.

5월 17일. 학교에서 회화도구[繪具]를 받았다. 정리사精理舍에 가서 월사금月謝金 25전을 냈다.

5월 18일. 학교에서 염색물[染物] 1갑을 받았다.

5월 19일. 맑음.

5월 20일. 맑음. 고등학교 운동회에 가 보았다.

5월 21일. 맑음. 오후에 족숙族叔 어르신을 가서 뵙고, 숙모님을 상면相面했다. 최경엽崔景燁이 와서 보았다. 김창수金昌洙, 김영룡金永龍을 방문했다. 유용석柳龍錫 군으로부터 편지가 왔다.

5월 22일. 맑음.

5월 23일. 맑음.

5월 24일. 집에서 온 편지 및 소포가 있었다. 의복이 왔다.

5월 25일. 맑음.

5월 26일. 집에 편지를 부쳤다. 아버님이 내려주신 편지가 왔다. 총독부의 참관객參觀客이 있었다. 손균옥孫均玉의 편지가 왔다.

5월 27일. 손균옥孫均玉 및 유광석柳光錫 군에게 편지를 부쳤다. 참관객參觀客이 있었다[원경 증경대신原敬曾經大臣].[88]

5월 28일. 맑음. 김영룡金永龍이 와서 초청했다. 김 진사金進士 어르

88 하라 다카시(原敬, 1856~1921)가 참관했다는 의미인 듯하다. '증경대신'은 이전에 대신을 지낸 인물을 뜻하는 말이다.

신을 가 뵈었다. 오후에 박사博士 어르신께 가서 뵈었다. 죽하竹下 이상천李相天 어르신이 방문했다.

5월 29일. 우천芋川 교수의 송별식이 있었다. 우천芋川 씨는 평양고등학교平壤高等學校로 전근한다. 김영룡金永龍, 김 진사金進士 어르신을 방문했지만, 뵐 수 없었다.

5월 30일. 오후는 휴업. 며칠 안에 총독이 학교에 온다고 한다. 그런 까닭에 손님을 맞이하는 예절[待賓禮]을 미리 익혔다. 벽동碧洞에 학원감學員監을 찾아가 만났다.

5월 31일. 청소를 하여 매우 청결하게 했다. 김영룡金永龍을 방문하여, 함께 김 진사金進士 어르신 형제분을 가서 뵈었다.

6월

6월 1일. 흐림. 5월 단옷날이다. 김병우金炳祐와 함께 정리사精理舍에 갔다. 탑동塔洞에 갔는데, 때마침 군악軍樂이 있었다.

6월 2일. 학교에서 여름 양복 상하의 한 벌을 받았다. 양윤환梁允煥 학원감學員監이 훈도訓導로 임명되었다. 구자학具滋鶴 씨가 학교에 왔다.

6월 3일. 비가 조금 내렸다.

6월 4일. 흐림. 오후에 김영근金永近 군 종형제를 방문하였다. 이은영李殷永, 이죽하李竹下, 김 선생金先生, 시독侍讀 어르신, 양병우梁炳禹, 고형진高亨鎭을 방문했지만, 만나지 못했다. 소병식蘇秉寔에게서 5전을 빌려 왔다.

6월 5일. 경복궁景福宮에 가서 종묘種苗했다.

6월 6일. 학교에서 연필 1개를 받았다. 학교 가는 길에 석포石圃 어르신과 이범구李範龜 씨를 만나 뵈었다. 김종남金鍾南으로부터 편지 및 돈 1원 30전을 받았다.[89] 엽서 2장을 잃어 버렸다.

6월 7일. 신체 검사.

6월 8일. 김종남金鍾南 군에게 편지를 부쳤다. 박사博士 어르신을 가서 뵈었다.

6월 9일. 맑음. 조 형趙兄에게 편지를 부쳤다.

6월 10일. 이범구李範龜 씨를 가서 보았다. 안동安洞 기숙사에 갔다. 김갑제金甲濟 군과 더불어 김 선생金先生 댁을 방문했다. 김영근金永近 군을 방문했다.

6월 11일. 맑음. 종일 외출하지 않고 지도를 그렸다.

6월 12일. 맑음.

6월 13일. 김창진金昌鎭과 함께 글씨 쓰고 인쇄했다.

6월 14일. 총독이 내일 학교에 온다고 한다. 그래서 1교시에 수업을 쉬고 대청소[大掃除]를 했다.

6월 15일. 비.

6월 16일. 맑음. 총독이 내일 학교에 온다고 한다. 그래서 대청소를 했다.

6월 17일. 맑음. 총독이 며칠 안에 학교에 온다고 한다. 임시 대청소를 거행했다.

---

89 원문은 "自金鍾南許, 自書及金一円三十錢也"인데, 문맥이 잘 통하지 않는다. 중복되는 "自"가 다른 글자의 오기일 가능성도 있다.

6월 18일. 흐리고 비. 지도 그리는 일을 마쳤다. 종일 외출하지 않았다.

6월 19일. 맑음. 총독이 학교에 왔다. 훈사訓辭가 있었다.

6월 20일. 화원花園 대청소를 했다. 목욕.

6월 21일. 밤에 비. 김병우金炳祐와 더불어 정리사精理舍에 갔다.

6월 22일. 음악시험. 새 옷을 입었다.

6월 23일. 맑음.

6월 24일. 표백분漂泊粉 1봉을 사 왔다.[90] 2전이었다.

6월 25일. 흐리고 비. 호남의 여러 벗과 함께 호남학생 친목회湖南學生親睦會에 갔다. 인원이 차지 않은 까닭에 모임을 중지하고, 다시 오는 이튿날 상오上午 9시로 시간을 정하였다. 김영근金永近 군을 가서 보았다.

6월 26일. 맑음. 허강許鋼과 더불어 이은영李殷永을 방문했다. 친목회親睦會 일을 의논했다.

6월 27일. 아침에 흐리고 낮에 갬. 줄포茁浦에 편지를 올렸다. 오후에 종씨宗氏 이건녕李建寧과 함께 경복궁景福宮에 갔다.

6월 28일. 하학下學 후에 외출하지 않고 복습을 했다.

6월 29일. 소 우蘇友와 함께 삼청동三淸洞에 갔다.

6월 30일. 맑음. 이도영李道榮으로부터 편지가 왔다.

---

90 표백분(漂白粉, bleaching powder)은 소석회 가루에 염소 가스를 흡수시켜서 제조하는 백색 분말로, 칼크라고도 한다. 여기서처럼 "漂白"을 "漂泊"으로 쓴 사례도 있다.

7월

7월 1일. 비가 조금 내렸다. 1원을 도둑맞아 잃어버렸다.

7월 2일. 종형宗兄 및 소蘇, 차車 두 벗, 정鄭, 이李 두 벗과 함께 원동苑洞 상곡上谷의 영무대詠舞臺에 갔다.[91] 하오下午 5시에 돌아왔다.

7월 3일. 비가 조금 내렸다. 조 형趙兄에게 편지를 부쳤다. 이근용李根容 씨를 방문했다.

7월 4일. 맑음. 목욕.

7월 5일. 오후에 여러 벗과 함께 삼청동三淸洞 상상곡上上谷에 갔다.

7월 6일. 맑음. 과자菓子는 2전.

7월 7일. 흐리고 비. 함경남도 홍원洪原 등의 땅에는 싸라기눈이 내렸다.

7월 8일. 제2학년 제1학기 시험이 시작되었다. 수신修身, 농업.

7월 9일. 비. 과자菓子는 2전.

7월 10일. 비. 지리, 수학. 줄포茁浦로부터 아버님이 편지를 내려주셨다. 곧바로 답서答書를 올렸다.

7월 11일. 물리, 일어.

7월 12일. 교육敎育, 한문. 비.

7월 13일. 역사, 일어. 여러 벗과 더불어 남산에 올라서 물이 불어난 한강을 바라보았다.

7월 14일. 비. 박물博物, 체조. 시험 후에 소 우蘇友와 함께 공업전습

91 "종형(宗兄)"은 6월 27일의 일기에 언급된 이건녕(李建寧)을 가리키는 말로 보인다. 영무대(詠舞臺)는 지금의 종로구 가회동에 있다.

소工業傳習所에 갔다. 박사博士 어르신을 방문하여 뵈었다. 김영근金永近을 방문했다.[92]

7월 15일. 비 오다 갬. 이범구李範龜 씨를 방문했다.

7월 16일. 김사과金司課 어르신, 이근용李根容 씨를 방문하여 뵈었다. 신기문辛淇文을 만났다.

7월 17일. 이상천李相天, 윤시용尹始鏞을 방문했지만, 만나지 못했다. 명함지名銜紙 50장을 사 왔다. 5전이다.

7월 18일. 안동安洞 전당국典當局에 가서 구두 및 양복을 전당 잡히고 2원을 구했다. 월 이자는 10전이다. 죽하竹下를 방문했지만 만나지 못했다. 박사博士 어르신을 방문하여 뵈었다. 줄포茁浦에서 전환電換으로 돈 5원이 왔다. 김영운金永運을 방문하여 석포石圃 어르신을 뵐 수 있었다.

7월 19일. 빙수氷水는 5전이었다. 어제 전당 잡힌 것은 김지연金志淵 군에게 빌려 주었다. 박 선생朴先生 및 완산학교[完山校] 여러 선생과 여러 벗들, 정석모鄭碩謨 씨 등에게 편지를 부쳤다. 부채[扇子]는 7전이었다. 조 형趙兄으로부터 2원 50전과 편지가 왔는데, 150장의 명함지 인쇄 일을 부탁한 것이었다.

7월 20일. 비. 방학식放學式을 거행하였다. 각 학원學員에게 노잣돈[路費金]을 나눠 주었는데, 나는 7원 80전을 받았다. 광화문 우편국光化門郵便局에 가서 저금 7원을 찾았다. 명함지를 찾았다. 청심보명단淸心

92 원문은 "訪見金永近兄友君"인데, 이 가운데 "兄友君"이 어떤 의미인지는 분명하지 않다. 앞에서는 주로 "김영근 종형제"를 함께 언급하고 있다.

保命丹,[93] 팔보단八寶丹[94] 각 1봉에 총 50전이었다. 소포小包에는 36전을 썼다. 이규하李圭夏에게 2원을 빌려 주었다. 50전은 정리사精理舍의 예금預金, 16전은 긴 양말[長襪]. 정리사精理舍에 갔다. 박사博士 어르신을 가서 뵈었다. 출발 서류[届書]를 학원감學員監에게 제출하였다. 김영근金永近을 가서 보았다.

7월 21일. 비. 오전 2시 무렵에 기침起寢했다. 동 4시 무렵에 함께 갈 벗들을 깨웠다. 동 6시 무렵에 남대문 정거장에 갔는데, 태전[太田]에서 연산連山 사이의 기차가 불통不通이며 또 할인권 또한 사용할 수 없다고 했다. 시간에 임박하여 낭패가 되었다. 그래서 나는 곧 여러 벗들의 할인권을 수합하여 전차를 타고 곧장 본교本校로 들어가서는 교인校印을 바르게 고쳐 찍었다. 다시 전차를 타고 정거장에 도착하여 그곳에서 남쪽으로 가는 직행차直行車를 기다렸다. 동 9시 무렵에 차표를 샀는데, 다만 여러 벗 가운데 윤상훈尹相勛 군만은 지갑[金匣]을 도둑맞아 잃어버렸기 때문에 차표를 살 수 없었다. 그만 홀로 서울에 남게 되었는데, 바라보니 매우 걱정스럽고 당황스러웠다. 내가 주머니 속을 뒤져보니 다행히 여윳돈 2원이 있어서, 함께 차를 탔다. 정오에 태전[太田]에 도착하여 함께 식당에 들어가 점심을 먹었다. 다시 출발해서 홍수 난 곳을 건너 가수원可水原에 도착하니, 철교鐵橋가 형체도 없었다. 다행히 작은 배를 구하였는데, 배를 타고 강을 건너 진잠鎭岑[95] 읍내에

93 청심보명단(清心保命丹)은 이경봉(李庚鳳)의 제생당약방(濟生堂藥房)에서 개발하여 판매한 소화제이다. 광고를 통해 판매한 사례로 널리 알려져 있기도 하다.

94 팔보단(八寶丹)은 이응선(李應善)의 화평당약방(和平堂藥房)에서 만들어 팔던 가정용 약의 이름이다. 건위소체(健胃消滯)에 쓴다고 광고했으니, 소화제의 일종이다.

95 진잠은 곧 현재의 대전광역시 유성구 진잠동이다. 과거에는 충청남도 대덕군에 속한 면이었다.

이르러 묵었다. 일금 1원 42전은 차비, 20전은 노자[路費], 7전은 잡비.

7월 22일. 맑음. 일찌감치 출발하여 두계豆溪의 식당[食店]에 당도하여 옷을 말리고 몸조리를 했다. 여러 벗들과 작별하고서, 나는 은동隱洞으로 들어갔다.

7월 23일. 맑음. 아침식사 후에 출발했다. 김 진사金進士 어르신으로부터 따로 20전을 받았다. 오대五岱로부터 산골짜기 사이로 들어가 고개를 넘었다. 연산군청連山郡廳에 이르러 군수 뵙기를 청했는데, 마침 자리에 없어서 뵐 수 없었다. 그 사저私邸를 방문하여 다만 편지만 써 두고 얼마 뒤에 나왔다. 가동家僮을 만나서 함께 명암鳴岩에 이르렀는데, 김인수金仁洙를 만나 그 집에 따라 들어가서 점심을 먹었다. 기촌綺村 외가에 이르러 묵었다.

7월 24일. 흐리다가 비. 아침식사 후에 출발하였다. 곡장성曲長城에 이르러 비를 만났다. 삼반리三盤里 친족[內族]의 집을 방문하였다. 본군本郡의 우편소郵便所에서 우표를 사서 돌아와 잤다.

7월 25일. 밤에 비. 줄포茁浦 및 박철朴澈, 이종운李鍾運, 윤상학尹相鶴, 이도영李道榮, 정충시鄭忠時, 허강許鋼 군 등의 처소에 편지를 부쳤다.

7월 26일. 음력 윤 6월 초하루이다. 비. 석제釋弟로 하여금 우편소에 가서 편지를 부치게 했다.

7월 27일. 맑음.

7월 28일. 맑음. 당숙堂叔 댁 및 송태암宋台岩 어르신을 방문했다.

7월 29일. 맑음. 정석모鄭碩謨 씨로부터 편지가 왔다.

7월 30일. 맑음. 최승렬崔昇烈 군의 명함이 왔다. 사현社峴의 이장李丈이 오셨다.

7월 31일. 맑음. 백지白紙 4장을 사왔다.

8월

8월 1일. 맑음. 완산完山의 벗 이상조李象祚가 와서 묵었다.

8월 2일. 맑음. 이 우李友가 떠났다.

8월 3일. 석제釋弟가 강경江景에 갔다.

8월 4일. 맑음.

8월 5일. 비.

8월 6일. 저녁에 비. 석제釋弟가 김 군金君과 함께 왔다. 조 형의 안부[安信]를 들었다.

8월 7일. 맑음.

8월 8일. 흐리고 비.

8월 9일. 맑음. 동생 네 사람과 함께 용화산龍華山 위에서 배회하였다.

8월 10일. 맑음. 김 군金君이 떠났다. 석제釋弟로 하여금 우편소에 가서 편지를 부치고 엽서를 사 오도록 했다.

8월 11일. 맑음. 동학同學이 돌아왔다. 조 형趙兄과 사돈 어르신의 편지를 받아 보았다. 또 따로 미선尾扇 두 자루가 왔다.[95]

8월 12일. 맑음.

8월 13일. 맑음. 박철朴澈과 정충시鄭忠時 군으로부터 편지가 왔다.

8월 14일. 맑음.

8월 15일. 맑음.

8월 16일. 맑음.

---

96 미선(尾扇)은 단선(團扇)의 하나이다. 대오리의 한쪽 끝을 가늘게 쪼개 둥글게 펴고 실로 엮어서 종이로 발라 만든다.

8월 17일. 밤에 비.

8월 18일. 맑음.

8월 19일. 맑음.

8월 20일. 맑음.

8월 21일. 맑음. 조 형趙兄이 왔다.

8월 22일. 오전에 비 내리고 오후에 갬. 조 형趙兄이 돌아갔다.

8월 23일. 사현社峴의 이장李丈 및 어린 하인[小僮]과 더불어 출발했다. 익산읍益山邑을 지나면서 임철주林哲周를 만났다. 이리裡里에 이르러 점심식사를 했다. 오산리梧山里의 이석현李石峴 씨를 잘못 방문하여 만나볼 수 없었다. 김제金堤 읍내에서 묵었다. 노자[路費]는 14전. 집에서 노자로 45전을 받았다.[97]

8월 24일. 흐리고 비. 일찌감치 출발하여 입석立石에 이르러 아침식사를 했다. 비를 만나서 잠시 쉬었다. 포교浦橋[98]에 이르러 비를 무릅쓰고 나루를 건넜다. 수구지首九地에 이르러 큰 비를 만났다. 염치없이 여인의 집[旅舘]에 들어갔다가 비가 그치기를 기다려 출발하였다. 퀴쿠지 나루를 건너서 저물녘에 줄포茁浦 강동리江東里에 들어가 아버님을

---

97 「구일기초(舊日記抄)」에 8월 23일의 일기가 실려 있는데, "어린 하인[小僮]"을 "애놈"이라고 기록하고 있다. 서술된 내용은 간략한데, "사현(社峴) 이생원(李生員) 어른과 애놈과 함께 나서 이리(裡里)서 점심 먹고 김제(金堤) 가 잤다."고 했다.

98 포교(浦橋)는 김제군(金堤郡) 부량면(扶梁面) 신용리(新用里) 포교(浦橋) 마을 또는 김제시 월촌동과 부량면 용성리 사이를 흐르는 원평천에 놓인 다리이다. 조선 세종 때부터 벽골제가 제방의 구실을 못하게 되자 둑이 무너지고 원평천으로 서해의 조수가 밀려들어오기 시작하였는데, 이를 막기 위해 처음에는 나루터로 만들었다가 나중에 교통의 중요성을 감안하여 여기에 나무로 만든 다리를 놓게 되었다. 인근에 마을이 생기면서 갯다리 또는 포교(浦橋)라고 부르게 되었다.

뵐 수 있었다.[99] 7전은 아침밥, 3전 5리는 배 삯, 6전은 소주燒酒, 7전은 점심밥.

8월 25일. 흐렸다 갬. 김동복金同福의 집에 가 보았다. 송진우宋鎭禹, 노영구盧泳龜를 만났다.

8월 26일. 맑음. 김정산金定山 어르신을 뵐 수 있었다.

8월 27일. 김성수金性洙 군을 만나서 잠시 이야기를 했다.

8월 28일. 맑음. 김성수金性洙를 방문하여 점심식사를 했다. 오후에 박병선朴炳善 씨를 방문하여 저녁을 먹었다. 신기문辛淇文의 조부 어르신을 방문하여 뵈었다.

8월 29일. 맑음. 신기문辛淇文 군의 집에서 아침식사를 했다. 오후 6시 무렵에 작은 증기선에 탑승했다. 사방의 숲이 모두 어둑어둑해질 무렵에 여러 어르신께 고별했다. 바다로 나오니 시간은 이미 7시 무렵이었다. 배가 만灣 가운데를 벗어나니 하늘은 이미 황혼이었다. 줄포茁浦가 아득히 멀어지니 전송하는 사람들은 돌아갔는데, 오직 아버님만이 부두[江頭]에 꼿꼿하게 서 계셨다. 아들을 떠나보내는 마음이 전해지니, 나도 자주자주 머리를 돌려 우러러보며 아버님을 생각했다. 배

99 「구일기초(舊日記抄)」에 8월 24일의 일기가 실려 있는데, 여기에는 "여인의 집[旅舘]"이 "젊은 여인이 혼자 바느질을 하고 있는 여염집"으로 기록되어 있다. 여염집으로 풀이해야 "염치없이[沒廉]"라고 표현한 이유를 이해할 수 있다. 또한 "수구지"가 "화호(禾湖)"라고 했는데, 이를 통해 가람이 큰 비를 만난 곳이 곧 정읍의 화호임을 알 수 있다. 일기 내용은 다음과 같다. "새벽에 나서 가다 비를 만나 좀 멈췄고, 포교(浦橋)에 이르러서는 비를 맞으며 나루를 건너 수구지[禾湖]에 이르매 비가 마구 쏟아지는지라. 염치를 불고하고 한 여염(閭閻)집으로 들어갔다. 젊은 여인(女人)이 혼자 바느질을 하며 그 방으로 들어오라 한다. 우리는 그 방 윗목에서 비가 그치기를 기다려 쿼쿠지 나루를 건너서 저물어서 줄포(茁浦) 강동리(江東里)에 이르러 아버님을 뵈었다."

가 어두운 밤바다를 가니 아득히 보이지 않게 되었다. 이 불초不肖한 마음으로도 또한 내 아버지의 아들 사랑하는 정을 깊이 느끼니, 그 슬퍼하면서도 그리는 마음이야 진실로 형언하기도 어렵다. 눈에 보이는 것은 창공의 별들일 따름이요, 귀에 들리는 것은 파도가 뱃전을 치는 소리일 따름이다. 주먹 같은 물방울은 배 안으로 다투어 떨어지며 괴로운 잠자리의 어지러운 꿈을 완전히 깨워 놓는다. 게다가 한기寒氣가 피부와 뼛속까지 침입하니, 잠들지 못하는 마음에 아침 해가 떠올라 비추기를 고대苦待할 따름이었다. 기선 운임은 1원이었다.[100] [진실로 가장 나를 사랑하는 이는 부모이다.[101]]

8월 30일. 맑음. 새벽에 군산만群山灣 안에 들어갔다. 동쪽에 해가 뜨

---

100 「구일기초(舊日記抄)」에 8월 29일의 일기가 실려 있는데, 아버님이 계신 줄포를 떠나는 가람의 마음이 더 섬세하게 그려져 있다. 일기 내용은 다음과 같다. "신기문(辛淇文) 집에서 조반(朝飯) 대접을 받고 오후(午後) 여섯 시 부두(埠頭)로 나가 소증기선(小蒸氣船)을 탔다. 이 증기선(蒸氣船)은 증기기관(蒸氣機關)과 선실(船室)이 있는데 일인(日人)들이 타고, 우리 한인(韓人)들은 이 증기선(蒸氣船) 뒤에 달아 놓은 목선(木船)에 탔다. 일녀(日女) 하나도 여기 끼었다. 닻줄은 벌서 들었으나 떠나지를 않는다. 전송(餞送)하는 사람들이 부두(埠頭)를 덮었다. 아버님께서도 거기 서 계셨다. 한 시간 지나서 배는 나간다. 배가 줄포만(茁浦灣) 중터리에 이르렀을 때에 땅거미가 되었다. 부두(埠頭)를 돌아다보니 보일락말락한데 전송(餞送)하던 사람들은 다 돌아가고 오직 아버님께서만 하얀 옷으로 엄연히 서 계셨다. 배를 처음 타는 이 자식을 호호망망(浩浩茫茫)한 바다로 띄워 보내는 아버님 마음이야 그 어떠실가! 그 어두운 속에서라도 아버님께서는 멀리 떠가는 나의 모습을 분명히 보시는 것이다. 또다시 돌아다보면 그냥 엄연히 서 계셨다. 이때 이러하신 아버님의 마음을 나의 머릿속에서 영영 잊을 수 없다. 어느 부모(父母)가 자식을 아니 사랑할가마는 나는 이때 나를 가장 사랑하시는 이는 나의 아버님이라고 하였다. 밤은 컴컴하여지고 하늘에서는 별만 빤작빤작하고, 파도(波濤) 소리가 높으며 주먹 같은 물방울이 이마에 떨어지고 배는 좌우(左右)로 기우뚱 이우뚱하며 사람들은 서로 이리 밀리고 저리 밀린다. 점점 한기(寒氣)는 더욱 스며든다."

101 이 구절은 "나도 자주자주 머리를 돌려 우러러보며 아버님을 생각했다.(余乃數數回頭仰慕)"는 구절 위쪽의 난상에 씌어져 있다.

기를 기다려서 곧바로 상륙하였다. 구복동九福洞 쪽으로 들어가 김홍두金洪斗 씨 집을 방문하여 아침식사를 했다. 인창섭印昌燮을 만났다. 배표를 샀는데, 증명이 있어서 이할二割을 할인 받았다. 오사카[大阪]의 상선商船—목포환木浦丸—을 탔다. 저물녘의 바다 위에는 만리萬里의 푸른 물결만 일었다. 황해를 향해서 서천瑞川의 개주와 연도烟島를 지났다. 바다 위에서 밤을 보냈는데, 어두운 밤이라 바다 경치가 어떠한지는 볼 수 없었다. 2원은 뱃삯, 16전은 환약丸藥.[102]

8월 31일. 맑음. 일찌감치 인천만仁川灣 안에 이르렀는데, 동방이 밝아오기를 머물러 기다리며 이른 아침을 먹었다. 해가 뜬 뒤에 육지에 올랐다. 곧바로 축현杻峴[103]에 가서 8시 무렵에 인 군印君과 함께 차를 탔다. 동 9시에 남대문에서 하차했다. 기숙사에 들어갔다. 이영구李瑩九를 만났다. 박사博士 어르신을 방문하여 아버님의 편지를 전해 드렸다. 김영근金永近을 방문했지만 만나지 못했는데, 밤에 방문하여 만나볼 수 있었다. 아버님 앞으로 그리고 김홍두金洪斗 씨에게 편지를 부쳤다. 35전은 기차 운임. 10전은 비용.

---

102 「구일기초(舊日記抄)」에 실린 8월 30일의 일기는 다음과 같다. "새벽 군산항(群山港)에 들어 해가 돋아난 뒤 부두(埠頭)로 올라 구복동(九福洞) 김홍두(金洪斗) 씨 집에서 조반(朝飯)하고 인천(仁川) 가는 선표(船票)를 사가지고 대판(大阪) 상선(商船)인 목포환(木浦丸)을 탔었다. 저물어 떠났다. 이 배는 크고 편안하여 내 방에 누은 것 같다. 서천(瑞川) 개주와 연도(烟島)를 지나 대양(大洋)에 나섰으나 캄캄한 밤이라 바다 풍경(風景)은 볼 수 없어 답답하다."

103 축현(杻峴) 즉 싸리재는 오늘날의 동인천역 부근에 있다. 고갯마루에 싸리나무가 많아서 이 이름이 붙었다고 하는데, 경인선이 개통되면서 "축현역(杻峴驛)"이 세워지고 인천 상권의 중심지가 되었다.

9월

9월 1일. 맑음. 학교에 갔다. 개교식開校式에 참석하여 신교육령新教育令을 들었다. 식을 마친 뒤에 일동이 대청소를 했다. 박사博士 어르신을 방문해서 뵈었다. 벗 윤상훈尹相勛을 방문했다. 15전은 이발 요금, 15전은 하복夏服 세탁요금.

9월 2일. 맑음. 인창섭印昌燮 군을 방문했다. 14전은 잡비.

9월 3일. 맑음. 종일 외출하지 않고 과제를 정서正書했다.

9월 4일. 맑음. 유일선柳一宣 씨 집을 방문했다. 처음으로 최규동崔奎東 씨를 보았다.[104] 수학 강의數學講義의 일을 들었다.

9월 5일. 오후에 비. 김 선생金先生 및 박사博士 어르신을 방문했다.

9월 6일. 비. 조 형趙兄에게 편지를 부쳤다.

9월 7일. 맑음. 정충시鄭忠時 군과 함께 안동安洞에 갔다. 김필수金弼洙 및 인창섭印昌燮, 최승렬崔昇烈 두 벗을 방문했다. 일금 50전을 한상범韓相範 군에게 빌려 주었다.

9월 8일. 맑음. 정충시鄭忠時 군과 더불어 이석현李石峴 씨를 방문했는데, 만나지 못했다. 여러 서점[書舖]을 방문했다. 돌아오는 길에 도장포圖章舖에 가서 도장 1개를 부탁했다. 그 대금 20전을 먼저 지급했다.

9월 9일. 맑음. 우佑 씨 및 김 우金友를 방문하여 뵈었다.[105] 조 형趙兄

---

104 유일선(柳一宣)은 곧 정리사(精理舍)의 설립자이다. 최규동(崔奎東, 1881~1950)은 수학교육자로 널리 알려진 인물인데, 이 무렵에는 정리사에서 일하고 있었을 것이다. 최규동은 광신상업학교(廣信商業學校)를 거쳐 정리사(精理舍)의 수학연구과를 졸업했다. 평양 기명학교(箕明學校), 대성학교(大成學校) 등에서 수학교사로 재직했으며, 1949년에는 서울대학교 총장이 되었다.

105 1910년 7월 17일의 일기에 "시독(侍讀) 우(佑) 씨"를 만난 일이 보인다.

의 편지를 볼 수 있었다.

9월 10일. 맑음. 이석현李石峴 씨를 찾아가 조문했다. 돌아오는 길에 도장을 찾았다. 온정동溫井洞에 가서 김영근金永近을 방문했다. 돌아오는 길에 김 선생金先生 댁을 방문해서 뵈었다. 본가[本第]에 편지를 부쳤다.

9월 11일. 맑음.

9월 12일. 비. 윤상훈尹相勛과 더불어 정 판사鄭判事 어르신을 방문했다. 윤벽초尹碧樵 어르신께 편지를 부쳤다.

9월 13일. 가랑비. 조 형趙兄에게 편지를 부쳤다.

9월 14일. 맑음. 11전은 염묵병染墨甁[106] 및 연필 1개.

9월 15일. 맑음. 50전을 한상범韓相範으로부터 받았다.

9월 16일. 맑음. 이춘세李春世 씨를 방문했지만 만나지 못했다. 박사博士 어르신을 방문해서 뵈었다.

9월 17일. 비. 이은영李殷永을 방문했다. 공업전습소工業傳習所에 가서 이재일李載日을 만나 신기문辛淇文의 편지를 전해 주었다.

9월 18일. 맑음. 최병희崔秉熙를 방문했다.

9월 19일. 맑음. 은동隱洞에 편지를 부쳤다. 남동南洞에 가서 연구회청원서研究會請願書를 올렸다.

9월 20일. 맑음.

9월 21일. 맑음.

9월 22일. 맑음. 유광석柳光錫, 박인근朴仁根으로부터 편지가 왔다.

9월 23일. 맑음. 박사博士 어르신을 방문했지만 뵙지 못했다. 상동尙洞에 갔다.

106 "염묵(染墨)"은 검은 먹이라는 뜻이니, 검은 잉크를 가리키는 말인 듯하다.

9월 24일. 맑음.

9월 25일. 흐림.

9월 26일. 비.

9월 27일. 비. 윤상훈尹相勛 군으로부터 2원을 거두어들였다. 1원을 강형구姜烔求 군에게 빌려주었다.

9월 28일. 맑음. 김창진金昌進과 함께 등사謄寫했다.[107]

9월 29일. 비. 속성과速成科와 함께 간친회懇親會를 열었다. 7전은 비용이다.

9월 30일. 맑음. 본교 기숙사로 문구文具를 운반했다. 저녁 식사 후에 본 기숙사로 옮겼다. 박사博士 어르신을 길에서 뵐 수 있었다. 본가[本第] 및 줄포茁浦에 편지를 부쳤다. 25전은 청어淸語 책.

10월

10월 1일. 맑음. 인창섭印昌燮 군을 가서 보았다. 이은영李殷永 군을 방문했지만 만나지 못했다. 사동寺洞에 갔다. 오후에 여러 벗과 더불어 연구회硏究會－보성학교普成學校 교내－에 참석하였다.[108]

---

107 원문에 "與金金昌進謄寫"라고 되어 있는데, "金"을 두 번 쓴 것은 오기로 추정된다. "김창진에게 돈을 주었다. 베껴 썼다."로 풀이할 수는 있지만 부자연스럽다. 6월 13일의 일기에 "김창진과 함께 글씨 쓰고 인쇄했다.(與金昌鎭書刷)"는 기록이 보이는데, "서쇄(書刷)"와 "등사(謄寫)"는 실제로는 같은 행위를 가리키는 말로 짐작된다.

108 가람이 주시경 선생의 조선어강습원(1911년 9월 3일 국어국문 보급을 위해 설치한 강습기관) 강습에 처음 출석한 기록이다. 그는 "조선어강습원"이라 하지 않고 "연구

10월 2일. 밤에 비.

10월 3일. 맑음.

10월 4일. 조 형趙兄에게 편지를 부쳤다.

10월 5일. 맑음.

10월 6일. 맑음. 박사博士 어르신을 방문했지만 뵙지 못했다. 김종국金鍾國에게 5전을 빌려주었다. 10전은 이발理髮.

10월 7일. 가끔 비. 운동회 준비. 사동寺洞 및 안동安洞 기숙사에 갔다. 이은영李殷永 군을 방문했다. 일금 40전은 혁대革帶 1개.

10월 8일. 맑음. 운동회를 거행했다. 과자 1봉을 받았다. 밤에 외출을 허가한 까닭에 김필수金弼洙를 방문하여 연구회의 일을 듣고 그 인쇄물 1장을 받았다.

10월 9일. 맑음. 소 우蘇友를 방문하여 함께 이은영李殷永을 가서 보았다. 밤에 서리가 내렸다.

10월 10일. 맑음. 오전 8시에 일본에 가는 3학년생들을 송별했다.[109]

10월 11일. 맑음.

10월 12일. 아침에 비. 10전을 김기용金夔庸에게 빌려주었다.

회", "우리말 연구회", "연구소" 라는 명칭을 쓰고 있다. 가람은 앞의 9월 19일 원서를 내고 이 날 참석하였으며, 첫 강의를 들은 때는 10월 22일이다. 강의는 매주 일요일 오후 2시간 보성학교에서 있었으며 그는 이 조선어강습원의 중등과와 고등과를 이수하였다. 이 강습을 받은 가람을 비롯한 이규영, 권덕규, 신명균, 최현배, 장지영 등 제자들은 주시경의 학문을 이어받아 조선어연구회(1931년 조선어학회, 1949년 한글학회로 고쳐 오늘에 이름)를 창립하고 한글운동과 어문연구에 큰 업적을 남겼다.

109 수학여행을 가는 3학년생들을 전송한 것이다. 가람 또한 3학년 때인 1912년 10월 7일~30일에 일본으로 수학여행을 갔다.

10월 13일. 맑음.

10월 14일. 맑음. 박사博士 어르신을 방문해서 뵈었다.

10월 15일. 일요일이다. 본교 학원學員 일동이 인천에 갔다. 오전 5시 무렵에 기침起寢하여 동 30분에 기숙사를 나섰다. 남대문 정거장南大門停車場에 가서, 동 6시 20분에 인천 직행차直行車를 탔다. 학원學員이 220명, 교수敎授가 10명, 소사小使가 1명이었다. 노량진露梁津을 거쳐 영등포永登浦에 이르러서 잠시 정차하였고, 오류동梧柳洞에 이르러서 잠시 정차하였다. 소사역素砂驛과 부평역富平驛을 거쳐 주안朱安에 이르러서 하차하였다.

천일염전天日鹽田을 관람했다. 먼저 쇄염기계실碎鹽器械室을 보았다. 그 원형原形은 뾰족한 주사위[骰子] 모양인데, 입자가 커서 그대로 쓸 수는 없다. 그래서 그것을 잘게 부순 뒤에 섬[俵]에 넣어서 포장한다.[110] 다만 그 섬[俵] 또한 기계로 만든다. 염전鹽田에 가서 보니, 바닷물을 큰 유수지溜水地에 끌어들이고 점차 작은 유수지溜水池로 흘러 들어가게 해서 점차 염분鹽分을 축적한다. 그리고 이것을 결정지結晶池로 끌어들인다. 이 결정지結晶池에는 바닥에 작은 돌을 평평하게 깔아 놓았다. 결정이 이루어지는 날수는 여름에는 1주일 후이며 겨울에는 10일 후이다. 염분 결정을 걷어 들이면 소금이 된다. 비 오는 날에는 그 물길을 터서 깊고 좁은 도랑 모양의 땅으로 끌어들이는데, 이는 염분의 증가가 늦춰지지 않도록 만들기 위해서이다. 만약 트인 땅에서 비를 만나게 되면 염분의 증가가 늦춰진다. 이와 같이 비 오는 날에는 물길

110 "표(俵)"는 쌀이나 기타 곡물 등을 담아 유통하기 위해 가마니로 만든 용기이면서, 동시에 그 곡물 등을 세는 단위이기도 하다.

을 터주었다가 맑은 날에는 물대는 수차[水灌車]를 이용하여 다시 결정지結晶池로 끌어들인다고 했다.

여기서부터 도보로 이동하여 축현杻峴에서 잠시 쉬고 다시 출발하였다. 인천 파도장波濤場에 이르러 작은 기선에 탑승했는데, 시간은 이미 오정午正이었다. 배 안에서 점심식사를 했다. 진경함津輕艦에 들어가서는 대열隊列을 나누어서 그 인솔자[指導者]를 따라가며 설명을 들었다. 구역마다 방마다 생생하고 분명하게 서두르지 않고 그 요점을 하나하나 들어가며 설명했다. 관람이 끝난 뒤에는 다시 대열을 바로잡았고, 장교의 설명이 있었다. 1. 군함의 목적 = 적을 물리치고 나라를 보호한다. 1. 군대 생활 = 규칙을 엄수하고, 청결을 철저히 한다. 1. 학문상의 관계 = 전문적 학문 연구의 필요. 또한 이 배의 유래와 역사를 말하였다. 이 배는 이름이 '진경津輕'이며 2등 순양함巡洋艦이다. 중량은 6500톤이며, 군인 600명 가운데 청나라 유학생 23명이 있다. 6인치 포 10문, 3인치 포 12문, 연사포連射砲 4문과 기타 수뢰포水雷砲 등을 보유하고 있다. 그렇지만 큰 배를 대적할 수는 없다. 또 전시戰時에는 배 사이의 통신[艦間通信]에 사용하며, 전시가 아닐 때에는 지금처럼 해양을 순찰한다. 지금은 상해上海 및 홍콩[香港] 말레이[馬來] 해협, 그리고 기타 일본 유학생이 머무는 곳 부근의 바다 등을 항해한다. 또한 탐해등探海燈 및 무선전신無線電信―암호전신暗號電信― 등을 갖추고 있는데, 군함이 갖출 만한 것은 대개 구비해 두었다고 했다.

배의 관람을 마친 뒤에 다시 작은 기선에 탑승하였다. 육지에 내려 항로표식관리소航路標式管理所로 갔다.[111] 등대모범소燈臺模範所를 관

111 "항로표식관리소(航路標式管理所)"는 "항로표지관리소(航路標識管理所)"의 오기인

람했는데, 석유가스[石油瓦斯]를 양등洋燈의 호야胡也[112] 같은 모양으로 설치해 놓았다. 원래 그 백열등은 13000 촉광燭光인데, 53000 촉광燭光이 되도록 돕는다. 그 빛은 20 해리(海里, sea mile)를 비추는데, 이는 인천과 경성京城 사이의 거리에 해당한다. 그렇지만 아득히 짙은 안개가 하늘을 어둡게 할 때에는 그 빛도 보이지 않는다. 다만 그런 때에는 음향音響을 이용하여 다가오는 배에 통지한다고 했다. 여기서부터 화개동花開洞과 각국공원各國公園[113]을 거쳐 측후소測候所로 갔다. 측우대測雨臺 및 해시계[日晷器]—영조[英宗] 및 헌종憲宗 때에 만든 것이다—가 있었다. 인솔자[指導者]를 따라 실내로 들어가서, 청우계晴雨計,[114] 기압습도계氣壓濕度計, 풍력계風力計, 지동계地動計, 지진계地振計 및 기타 여러 가지 기계器械들을 보았다. 그 설명을 듣다보니, 날이 이미 저물었다. 용동龍洞 순흥여관順興旅館 이홍래李鴻來의 집으로 가서 숙박하였다. 밤에 외출을 허락했으므로, 윤상훈尹相勛과 함께 시가市街를 두루 구경했다.

10월 16일. 월요일. 이른 아침에 비가 왔다. 아침식사 후에 일동은 팔판공원八阪公園[115]에 가서 구경했다. 풍광을 둘러보니 마음이 상쾌해

듯하다. 대한제국 때인 1908년에 등대국(燈臺局)을 설치했고, 1910년에 항로표지관리소(航路標識管理所)로 고쳐 설치했다. 총독부에서는 1912년에 관제를 개편하면서 해당 업무를 해사과에서 담당하도록 했다.

112 "호야(胡也)"는 일본 광학 기기 제조사인 호야(hoya)주식회사에서 만든 램프이다.

113 "화개동(花開洞)"은 지금의 인천시 중구 신흥동(新興洞)이다. 인천이 개항하면서 조성되었다. "각국공원"은 만국공원(萬國公園)이라고도 한다. 우리나라 최초의 서구식 공원으로 1888년 러시아의 토목기사 사마틴이 설계하여 각국 거류지 안에 조성하였다. 지금의 명칭은 자유공원이다.

114 "청우계"는 기상 관측용 기압계(氣壓計)이다.

115 "팔판공원(八坂公園)"이 정확한 표기이다. 천조황대신(天照皇大神) 등을 제사하는

졌다. 오전 11시 20분에 다시 영등포永登浦에 이르러 남행차南行車로 갈아탔다. 차 안에서 점심을 먹고, 수원水原에서 하차했다. 농림학교農林學校 및 모범장模範場에 들어갔다. 인솔자[指導者]를 따라가며 설명을 듣고 물품物品을 관람했다. 이어서 서호西湖 곁의 항미정杭眉亭에서 잠시 쉬었다. 대개 서호西湖는 중국[支那] 항주杭州의 서호西湖와 같다고들 하는데, 그런 까닭에 '항杭'자를 붙여서 '항미정杭眉亭'이라고 일컫는 것이다.[116] 서호西湖는 수원팔경水原八景의 하나이다. 지금으로부터 몇 해 전에 이 호수에 물이 가득 차지 않았는데, 농림학교에서 맡아서 제방을 쌓고 폭포瀑布를[117] 만들고부터는 풍경이 더 아름다워졌다. 이 호수에서 물고기를 기르는데, 2년이 된 것은 1자 남짓이 된다고 한다. 여기서 출발하여 농림학교 교실로 가서, 잠시 쉬면서 감자[甘藷]를 먹었다. 이화실理化室 및 기숙사, 식당, 표본실標本室, 생리실生理室을 돌아다니며 관람했다. 송수격宋洙格을 만났다. 밖으로 나와 종묘장種苗場 및 종묘포種苗圃들을 돌아보고, 이어서 정거장으로 가서 기차를 탔다. 안양安養, 시흥始興, 영등포永登浦, 노량진鷺梁津, 용산龍山을 거쳐

곳이기도 했으며, '동공원(東公園)'으로도 일컬어졌다. 전날 일기에 언급된 "각국공원(各國公園)" 즉 만국공원(萬國公園)은 당시에 '서공원(西公園)'으로 일컬어졌다.

116 서호(西湖)는 정조 때 화성(華城)을 건설하면서 조성한 인공 호수로, 화성의 서쪽에 있기 때문에 서호로 일컬어진다. 제방은 축만제(祝萬堤)라고 일컫는다. 항미정(杭眉亭)은 1831년(순조 31)에 화성유수(華城留守) 박기수가 서호 남쪽에 세운 정자인데, 소동파(蘇東坡)가 중국 항주의 서호(西湖)를 "항주(杭州)의 미목(眉目)"에 비긴 일을 따라서 정자의 이름을 지었다고 한다. 중국의 서호 또한 인공호수인데, 그 명칭은 서시(西施)처럼 아름답다는 뜻에서 온 것이라고도 하며 항주의 서쪽에 있다는 뜻에서 온 것이라고도 한다. 또한 소동파는 서호의 제방을 축조하는 일을 맡기도 했다.

117 원문에는 "瀑浠"로 되어 있지만, "포(浠)"는 "포(布)"의 오기이다.

서 남대문에 이르니, 시간은 이미 하오下午 7시 10분 무렵이었다. 각기 무리지어 숙소로 돌아가니, 시간은 이미 8시 무렵이었다.

10월 17일. 맑음. 신상제神嘗祭 날이다. 휴업.

10월 18일. 맑음. 집에서 온 편지를 보았다.

10월 19일. 맑음. 집에서 소포가 왔다. 또 중부님[仲父主]께서 내려주신 편지가 있었다.

10월 20일. 맑음.

10월 21일. 맑음. 인 우印友를 가서 보았다.

10월 22일. 맑음. 본가[本第] 및 줄포茁浦에 편지를 부쳤다. 중부님仲父 앞으로 도장을 부쳐 드렸다. 아버님이 내려주신 편지가 있었다. 공업전습소 전람회工業傳習所展覽會에 가 보았다. 또 연구회硏究會에 참석하여 그 강의를 들었는데, 오늘부터 강의를 시작했다. 8전은 비누[石鹼], 30전은 도장 1개.

10월 23일. 맑음. 조 형趙兄에게 편지를 부쳤다.

10월 24일. 저녁에 흐리고 비가 조금 내렸다.

10월 25일. 맑음.

10월 26일. 맑음.

10월 27일. 맑음. 김기용金虁庸으로부터 10전을 거두어들였다.

10월 28일. 맑음. 농업 실습. 국화 품평회菊花品評會를 관람할 수 있었다. 사동寺洞에 갔다.

10월 29일. 맑음. 연구회硏究會에 참석하였다.

10월 30일. 맑음. 강형구姜炯求로부터 1원을 거두어들였다.

10월 31일. 밤에 비 조금. 칠인 다과회七人茶菓會를 열었다. 5전을 썼다.

11월

11월 1일. 맑음. 본교가 경성고등보통학교 부설 임시교원양성소京城高等普通學校附設臨時敎員養成所로 바뀌었다. 오후 9시 무렵에 교문 안에서 3학년생들을 맞아들였다.[118]

11월 2일. 맑음. 줄포茁浦에서 내려주신 편지가 있었다. 박 선생朴先生과 오 서기吳書記를 송별했다.

11월 3일. 맑음. 천장절天長節이라 한다. 휴업. 과자 1봉을 받았다. 소 우蘇友와 더불어 사동寺洞에 갔다. 이은영李殷永 및 김영근金永近을 방문했다. 박사博士 어르신을 가서 뵈었다.

11월 4일. 맑음. 안동安洞에 가서 윤 우尹友를 보았다. 최승열崔昇烈, 김필수金弼洙, 인삼수印三洙 군을 방문했다. 신기문辛淇文을 만났다. 15전은 모필毛筆 세 자루.

11월 5일. 맑았다 흐림. 비가 조금 내렸다. 아침식사 후에 사동寺洞에 갔다. 길에서 석포石圃 어르신을 만나 뵈었다. 소 우蘇友를 볼 수 있었다. 집에 편지를 부쳤다. 이어서 온정동溫井洞에 가서 벗 김영근金永近 종형제를 방문했다. 이은영李殷永을 방문했다. 오후에 보성학교 연구회普成學校硏究會에 참석했다.

11월 6일. 맑음. 학교에서 연필을 받았다.

11월 7일. 맑음. 신임 교유敎諭 유목말실楢木末實의 상견례 예식을 거행했다.[119]

---

118 10월 10일에 일본으로 수학여행을 떠났던 3학년생들이 학교로 돌아온 것이다.

119 나라키 스에자네(楢木末實)는 1908년에 관립평양일어학교에 부임하여 관립한성외국어학교, 경성고등보통학교 등에서 근무했다. 1913년에는 『朝鮮の迷信と俗傳(조

11월 8일. 맑음.

11월 9일. 맑음.

11월 10일. 맑음. 화원花園 청소.

11월 11일. 맑음. 송당松堂 선생으로부터 명함지名銜紙 쓰는 일을 받았다.

11월 12일. 송당松堂 선생을 가서 뵈었다. 안동安洞 기숙사 및 사동寺洞 기숙사의 여러 벗을 방문했다. 박사博士 어르신 댁을 방문했다. 조 형趙兄에게 편지를 부쳤다. 『산학통편算學通編』 1권을 부쳤다.[120] 보성관普成館의 연구회硏究會에 갔다. 55전은 『산학통편』 1권, 8전은 우편 비용.

11월 13일. 맑음.

11월 14일. 맑음. 외투의 치수를 쟀다.

11월 15일. 흐리고 비.

11월 16일. 흐리고 비. 조 형趙兄의 편지가 왔다.

11월 17일. 흐림. 주사主事 도부춘장渡部春藏이 새로 부임했다.[121] 상견례 예식을 거행했다.

11월 18일. 맑음. 오후에 동유담화회東遊談話會가 있었는데, 시학관視學官이 참석했다. 마지막 순서로 시학관視學官의 연설이 있었는데,

---

선의 미신과 속전)』을 저술했다.

120 『산학통편(算學通編)』은 1908년에 이명칠(李命七)이 지은 수학책으로, 상하 2권 1책의 신활자본이다. 조 형(趙兄) 즉 조춘원이 이 무렵에 순창공립보통학교에서 근무하고 있었으므로, 가람은 편지와 함께 이 책을 조 형에게 부친 것으로 짐작된다.

121 조선총독부 직원록에는 와타나베 슌조(渡部春藏)가 '교유(敎諭)'로 기재되어 있다. 1911년부터 경성고등보통학교에서 근무했으며, 1915~1917년에는 평양여자고등보통학교 교장으로 근무했다.

그 내용은 '정신적 교육'이었다.[122]

11월 19일. 맑음. 사동寺洞 기숙사에 갔다. 연구회研究會에 참석했다. 정리사精理舍를 방문했다.

11월 20일. 맑음.

11월 21일. 저녁에 비.

11월 22일. 밤에 비.

11월 23일. 오후에 사동寺洞 기숙사에서부터 정리사로 갔다. 몇 가지 이야기를 했다.

11월 24일. 맑음.

11월 25일. 비. 안동安洞에 갔다. 한양목욕탕漢陽沐浴湯에 가서 목욕했다. 눈은 강산에 가득하고, 찬바람은 쓸쓸히 불어온다.

11월 26일. 맑음. 연구회研究會에 참석했다.

11월 27일. 맑음. 송당松堂 선생께 명함을 써서 드렸다.

11월 28일. 맑음.

11월 29일. 화학化學 예비시험.

11월 30일. 맑음.

12월

12월 1일. 맑음.

---

122 "동유(東遊)"는 동쪽으로 여행한 일을 뜻하는 말이니, "동유담화회(東遊談話會)"는 3학년생들의 일본 수학여행과 관련된 보고 행사였을 듯하다. 당시 조선총독부 학무국의 시학관(視學官)은 이시다 신타로(石田新太郎)였다.

12월 2일. 맑음. 오후에 여행 담화회旅行談話會가 있었다.

12월 3일. 오후에 연구회研究會에 참석했다. 줄포茁浦 및 조 형趙兄에게 편지를 부쳤다.

12월 4일. 맑음. 안동安洞과 사동寺洞에 갔다.

12월 5일. 맑음.

12월 6일. 맑음. 조 형趙兄으로부터 편지가 왔다.

12월 7일. 맑았다 흐림. 밤에는 눈이 조금 내렸다.

12월 8일. 맑음.

12월 9일. 맑음.

12월 10일. 맑음. 소 우蘇友와 더불어 안동安洞에 갔다. 이은영李殷永 및 김필수金弼洙를 가서 보았다. 연구회研究會에 갔다.

12월 11일. 맑음. 등사謄寫했다.

12월 12일. 맑음. 총독부의원總督府醫院의 의사 대규大槻 씨가 와서 연설했다.[123]

12월 13일. 맑음.

12월 14일. 맑음. 제2학기 시험의 일정[日割]이 게시되었다.

12월 15일. 맑음. 밤에는 눈이 내렸다. 조 형趙兄으로부터 편지가 왔다.

12월 16일. 맑음. 주사主事의 훈유訓諭가 있었다. 조 형趙兄에게 편지를 부쳤다.

12월 17일. 맑음. 동실 과자회同室菓子會가 있었다.

123 대규(大槻)는 곧 대규삼마(大槻三磨)인데, 1911년에 경성고등보통학교의 교의촉탁(校醫囑託)을 겸하고 있었다.

12월 18일. 비.

12월 19일. 흐리고 비. 제2학기 시험이 시작되었다. 구어법口語法,[124] 농학.

12월 20일. 맑음. 추위가 자못 혹독하다. 이화理化, 강독講讀.

12월 21일. 맑음. 지리, 교체敎體.[125]

12월 22일. 맑음. 수신修身, 박물博物.

12월 23일. 맑음. 한문, 수학, 회화會話. 시험을 끝마쳤다. 박사博士 어르신을 가서 뵈었다. 학교에서 외투를 받았다.

12월 24일. 맑음. 안동安洞 기숙사에 갔다. 김 학원감金學員監에게서 서역書役을 받았는데, 곧 신하장新賀狀 60여장을 쓰는 일이었다. 김영근金永近 및 이은영李殷永 군을 방문했다. 논리학論理學 및 사회학社會學을 써서 주기로 했다.[126] 조 형趙兄에게 편지를 부쳤다.

12월 25일. 맑음. 안동安洞에 갔다. 윤 군尹君과 더불어 김필수金弼洙를 방문했다. 사동寺洞에 갔다.

12월 26일. 맑음. 김 학원감金學員監에게 연하장年賀狀을 써 드렸다. 소 군蘇君과 더불어 진고개[泥峴] 및 총독부의 진열소陳列所에 갔다.

---

124 일본어의 문법은 구어법(口語法)과 문어법(文語法)으로 나누어 가르쳤는데, 이 가운데 "구어법"을 가리키는 말로 추정된다. "일어법(日語法)"일 가능성도 있다.

125 원문은 "교체체(敎体體)"인데, 어떤 과목을 가리키는 말인지 이해하기 어렵다. 다만 1학기 시험과 비교해 보면 "교육(敎育)"과 "체조(體操)"가 빠져 있으므로, 이들 두 과목을 합쳐서 부른 말이라고 짐작할 수 있다. 이 경우 같은 글자인 "体"와 "體"는 중복된 것으로 볼 수 있다.

126 원문은 "有論理學及社會學寫給"인데, 정확한 의미는 알 수 없다. 다만 나흘 뒤인 28일의 일기에 이은영을 방문하여 서책(書册)을 주었다는 기록이 있는데, 이를 참고하면 이날 이은영에게 논리학 및 사회학을 "베껴 써 주기로 한 것[寫給]"으로 짐작할 수 있다.

12월 27일. 맑음. 김영룡金永龍 군을 가서 보았다. 함께 영보당永寶堂에 갔지만, 석포石圃 어르신을 뵙지 못했다. 이은영李殷永 군을 가서 보았다.

12월 28일. 맑음. 방학식을 거행했다. 여러 동창생 벗들이 모두 집으로 돌아갔다. 설날[元日]의 예식을 연습했다. 이은영李殷永을 방문하여 그 서책을 주었다. 김필수金弼洙 군을 방문했다.

12월 29일. 맑음. 박사博士 어르신을 방문해서 뵈었다. 또 조병규趙秉奎를 보았다. 전주공립학교[全州公校] 및 수산守山 씨, 정석모鄭碩謨 씨, 조 형趙兄에게 연하장을 부쳤다. 최승렬崔昇烈이 방문했다.

12월 30일. 맑음. 김 선생金先生이 왕림枉臨하여 돌아봐 주셨다.

12월 31일. 맑음. 이른 아침에 김 선생金先生을 찾아가 뵈었다. 김영근金永近 군이 귀가하는 편에 은동隱東에 편지를 부쳤다.

1912년(단기 4245년) 임자년壬子年[127]

1월

1월 1일. 고교 직원 및 생도, 그리고 본교本校 선생 및 학원學員 일동이 본교 강당에 모여서 축하식을 거행했다. 최崔, 소蘇 두 벗을 방문했다. 조병규趙炳奎와 함께 산학算學 강의에 갔다. 본가[本第]에 편지를 부쳤다. 이은영李殷永 군이 방문했다. 정석모鄭碩謨 씨, 김종남金鍾南, 임철주林哲周 군으로부터 편지가 왔다. 김종남金鍾南, 임철주林哲周 군에게 편지를 부쳤다.

1월 2일. 맑음. 최승렬崔昇烈을 방문했다. 김영룡金永龍 군을 만났다.

1월 3일. 흐리고 춥다. 정충시鄭忠時와 더불어 김 선생金先生을 가서 뵈었다. 이어서 계동桂洞 오 씨吳氏 집에 갔다. 돌아오는 길에 보급서관普及書舘, 광동서관光東書舘에 들렀다. 이범구李範龜 씨를 방문했다. 조 형趙兄, 손균옥孫均玉, 강봉구姜鳳求로부터 연하장이 왔다. 손균옥孫均玉 군에게 편지를 부쳤다.

---

127 처음에는 연도 표기 없이 "1월(一月)"이라고만 기록한 듯하다. 이후에 그 위에다 단기 및 서기, 그리고 갑자를 써넣은 것으로 추정된다.

1월 4일. 눈 내리다 갬. 최승렬崔昇烈 군을 가서 보았다.

1월 5일. 맑고 온화하다. 황서훈黃瑞勳 군에게 2원 60전을 빌려주었다. 이국승李國勝과 함께 책방[冊舖]을 두루 돌아보았다.

1월 6일. 맑음. 오전 9시에 개학식을 거행했다. 일동은 처음으로 신임 교장이 식을 거행하는 것을 보았다. 소蘇, 이李 두 벗을 가서 보았다. 유광석柳光錫 및 이관승李觀承 씨, 강봉구姜鳳求 군으로부터 편지가 왔다.

1월 7일. 맑음. 김필수金弼洙가 방문했다. 최우崔友를 가서 보았다. 강봉구姜鳳求 군에게 편지를 부쳤다. 이규하李圭夏에게서 2원의 돈을 거두어들였다.

1월 8일. 맑음. 속성과速成科 모집시험募集試驗을 실시했다. 안동安洞에 갔다. 조 형趙兄에게 편지를 부쳤다.

1월 9일. 맑음. 이도영李道榮 씨로부터 편지가 왔다. 전라북도 장관長官이 뽑아 보낸 교원敎員 등이 방문했다. 황서훈黃瑞勳에게서 2원 60전을 거두어들였다.

1월 10일. 맑음. 벗 권영식權寧植으로부터 편지가 왔다. 김영룡金永龍이 와서 서찰을 전해 주었다.

1월 11일. 맑음. 혹독하게 춥다. 계부님[季父主]으로부터 편지가 왔다. 김 선생金先生을 방문하여 뵈었다.

1월 12일. 맑음. 김 선생金先生을 방문하여 뵐 수 있었다. 윤 우尹友를 방문했지만 만나지 못했다.

1월 13일. 맑음. 인 우印友를 방문했다. 김 선생金先生을 방문하여 뵈었다. 다과회茶菓會가 있었다.

1월 14일. 김 선생金先生을 가서 뵈었다. 이어서 온정동溫井洞에 갔는데, 김 군金君의 어머님[慈堂]을 뵐 수 있었다. 꽤 오래 이야기했다. 또 석포石圃 어르신을 뵐 수 있었다. 이李, 김金 두 벗을 방문했다. 1원 50전을 황서훈黃瑞勳 군에게 빌려 주었다.

1월 15일. 맑음. 본가[本第]에 편지를 부쳤는데, 김 장金丈의 편지를 동봉했다. 도영道榮 씨에게 편지를 부쳤다.

1월 16일. 맑음.

1월 17일. 맑음. 조 형趙兄으로부터 편지가 왔다.

1월 18일. 맑음.

1월 19일. 맑음.

1월 20일. 이발. 박사博士 어르신을 가서 뵈었다.

1월 21일. 맑음. 보성학교普成學校 교내 연구소硏究所의 개학식 및 기념식에 참석했다. 곧 우리 어문語文은 세종世宗 25년 계해년1443 겨울에 완성되었는데, 그런데도 지금 우리들이 넉넉지 못한 것은 다만 실질적實質的 연구硏究로 형식形式을 삼을 수 없었기 때문이라는 등등의 원장院長의 훈사訓辭가 있었다. 그 다음으로는 주 선생周先生[128]의 훈사訓辭 및 철학박사 이승만李承晩 씨의 권면勸勉이 있었고, 그 다음으로는 오성학교五星學校 학감學監의 권면사勸勉辭가 있었다.[129] 식式을 마쳤다.

1월 22일. 맑음.

1월 23일. 일찌감치 7시에 준비하여 8시에 직원과 생도 일동이 인천

---

128 "주 선생"은 주시경(1876~1914) 선생을 지칭한 말로 짐작된다.

129 당시 오성학교(五星學校) 학감(學監)은 장도빈(張道斌, 1888~1963)이었다. 장도빈은 1910년에 보성전문학교를 졸업하고 1910~1912년에 오성학교 학감으로 있었다.

행 기차를 탔다. 가서 향취군함香取軍艦을 관람하였다.[130] 오후 7시 무렵에 돌아왔다.

1월 24일. 맑음.

1월 26일.[131] 맑음.

1월 27일. 맑음.

1월 28일. 맑음. 이은영李殷永 및 소병식蘇秉寔 군을 가서 보았다. 49전은 서양역사西洋歷史 책.

1월 29일. 맑음. 족숙族叔 칙식 씨가 방문했다.

1월 30일. 맑음. 박사博士 어르신을 가서 뵈었다. 서대문 밖 유동鍮洞에 가서 이춘세李春世 씨를 방문했다. 또한 이종국李鍾國, 이종익李鍾翼 군을 보았다. 이은영李殷永 군을 방문했다. 권영식權寧植 군에게 편지를 부쳤다.

1월 31일. 맑음.

2월

2월 1일. 맑음.

2월 2일. 맑음.

2월 3일. 맑음. 이은영李殷永을 방문했지만 만나지 못했다. 소 우蘇友

130 "향취(香取)"는 곧 가토리로, 일본 지바현[千葉縣] 북동부에 있는 도시이다. 1907년에 순종 황제가 인천에 가서 "향취함(香取艦)"에 올라 일본 황태자를 전별했다는 기사가 『승정원일기』에 보인다.

131 원문에 "25일"이 빠져 있다. 특별한 일이 없었던 듯하다.

를 찾아가서 함께 지물상점紙物商店에 갔다. 13전을 썼다.[132]

2월 4일. 맑음. 집에 편지를 부쳤다. 박사博士 어르신을 가서 뵈었다. 소 우蘇友를 방문했다. 연구회硏究會에 갔다. 36전은 우리말[我語] 문법책 1권.

2월 5일. 맑음.

2월 6일. 맑음. 건조하고 춥다. 김 선생金先生으로부터 할아버님[祖父主]이 내려주신 편지를 받아 보았다. 집에 편지를 부쳤다.

2월 7일. 맑음. 몹시 춥다.

2월 8일. 맑음.

2월 9일. 맑음. 오시午時 무렵에 일동이 강당에 모였다. 주사主事의 말이 있었는데, 모집시험募集試驗에 관한 것이었다.

2월 10일. 맑음. 조 형趙兄에게서 온 편지가 있었다. 기원절紀元節의 예식을 연습했다. 박사博士 어르신을 가 뵈었다. 줄포茁浦 및 조 형趙兄에게 편지를 부쳤다.

2월 11일. 맑음. 오전 10시에 기원절紀元節의 예식을 거행했다. 이종익李鍾翼, 이병준李秉俊 군이 방문했다. 윤상훈尹相勳 또한 와서 만났다. 연구회硏究會에 갔다. 김 선생金先生을 가서 뵈었다. 이병준李秉俊 군을 가서 보았다. [집에서 편지가 왔다.]

2월 12일. 맑음. 김 장金丈의 편지를 동봉하여 집에 편지를 부쳤다.

2월 13일. 맑음.

2월 14일. 맑음.

2월 15일. 맑음. 밤에 눈이 내렸다.

---

132 "13전"의 "三"은 원문의 글자가 분명하지 않다. "五"일 가능성도 있다.

2월 16일. 눈보라가 크게 일어났다. 집에서 편지가 왔다. 소포 또한 왔다.

2월 17일. 맑음. 음력 선달 그믐날[除日]이다. 이 날 저녁에 친목회親睦會를 열었다. 날씨가 흐리고 추웠다.

2월 18일. 흐리고 춥다. 임자년 정월 1일이다. 김 선생金先生을 가서 뵈었다. 연구회硏究會에 갔다. 박사博士 어르신을 가서 뵈었다. 사동寺洞 기숙사寄宿寺에 가 보았다. 집에 편지를 부쳤다. [임자년壬子年]

2월 19일. 맑음.

2월 20일. 맑음. 병교秉嬌 아우가 와서 보았다.

2월 21일. 맑음. 청원서請願書를 내고 수험표[試票]를 받았다. 청석동靑石洞에 갔다.

2월 22일. 맑음. 전날 써서 부친 편지가 줄포茁浦에서 되돌아왔다. 매우 의아하다. 매우 의아하다.

2월 23일. 맑음.

2월 24일. 맑음. 김영룡金永龍이 방문했다.

2월 25일. 맑음. 연구회에 참석했다. 김 선생金先生, 송당松堂 어르신을 찾아뵙고 자리에 앉아 가르침을 듣다가 날이 이미 저물었다. 기숙사에 돌아오다가 공교롭게도 학원감學員監과 마주쳤다. 문 닫는 시간을 어겼기에 질책을 받고, 이로 인해 시말서始末書를 썼다.

2월 26일. 맑음. 김영운金永運 군으로부터 편지가 왔다. 곧바로 답장을 부쳤다.

2월 27일. 비.

2월 28일. 비.

2월 29일. 맑음.

3월

3월 1일. 맑음. 취사실炊事室에 들어갔다. 취사 당번炊事當番이었다.

3월 2일. 맑음.

3월 3일. 맑음. 병교秉矯가 와서 보았다. 오후에 연구회硏究會에 갔다. 이어서 박사博士 어르신을 방문하여 뵈었다.

3월 4일. 맑고 온화하다.

3월 5일. 맑고 온화하다.

3월 6일. 흐림.

3월 7일. 맑음. 줄포茁浦에서 내려주신 편지가 있었다. 제3학기 시험이 시작되었다.

3월 8일. 맑음. 줄포茁浦에 편지를 올렸다.

3월 9일. 맑음.

3월 10일. 학교 선생 및 학원學員 일동이 용산龍山 육군기념식陸軍紀念式 모임에 참석했는데, 이종익李鍾翼 및 김필수金弼洙, 최승렬崔昇烈 군을 만났다. 오후 3시 무렵에 김 군金君과 함께 돌아왔다.

3월 11일. 매우 춥다.

3월 12일. 한기寒氣가 잔혹殘酷하다.

3월 13일. 맑음.

3월 14일. 맑음. 취사 당번. 시험을 다 보았다. 조 형趙兄에게 편지를 부쳤다.

3월 15일. 맑음. 취사 일이 끝났다.

3월 16일. 맑음.

3월 17일. 눈. 동실同室의 벗들과 천연당天然堂[133]에 가서 촬영했다. 윤 우尹友가 방문했다. 김 선생金先生을 방문하여 뵈었다. 윤상훈尹相勳으로부터 1원을 거두어들였다. 김현모金顯模로부터 50전을 거두어들였다. 30전은 연구회에 연조捐助하였다.

3월 18일. 맑음.

3월 19일. 맑음.

3월 20일. 맑음. 하학下學 후에 박사博士 어르신을 가서 뵈었다. 족제族弟를 만났다.

3월 21일. 맑음. 큰 바람이 불었다. 김 선생金先生을 방문했지만 뵙지 못했다. 김영근金永近, 영운永運, 영룡永龍 및 김필수金弼洙, 이병준李秉俊 군을 방문했다.

3월 22일. 맑음. 바람 세기가 어제와 같다. 오전 11시에 일동은 고등학교 교내로 가서 졸업식을 연습하였다. 시험 성적을 게시하였다. 소우蘇友를 방문했지만 만나지 못했다. 사동寺洞 기숙사로 돌아왔다.

3월 23일. 맑음. 오전 9시에 일동이 고등학교 교내로 가서 졸업식을 거행하였다. 박사博士 어르신을 방문하여 뵈었다. 이종익李鍾翼 군을 만났다. 김 선생金先生을 가서 뵈었다. 25전은 기념사진紀念寫眞.

3월 24일. 맑음. 소병식蘇秉寔을 가서 보았다. 함께 나가서 서문 밖 독립문獨立門을 보았다. 돌아오는 길에 이종익李鍾翼을 방문했다. 박사博士 어르신을 방문했지만 뵙지 못했다. 김면수金冕洙를 방문했다. 황서훈黃瑞勳으로부터 1원 50전을 모두 받았다. 19전은 검은 염료染料.

133 천연당(天然堂)은 김규진(金圭鎭, 1868~1933)이 서울에 세운 사진관이다. 김규진은 1907년에 일본에서 사진기 조작법을 배우고 돌아와서 이 사진관을 열었다.

3월 25일. 맑음. 인 우印友 및 시독侍讀 어르신, 소병식蘇秉寔, 박사博士 어르신을 방문했다. 오전 9시에 방학식이 거행되었다. 오후 11시 20분에 남행南行 직행차直行車를 탔다. 만석리萬石里의 노인과 동반했다. 박사博士 어르신 또한 오셨는데 남대문역南大門驛에서 전송하셨다. 3원 59전은 기차 운임.

3월 26일. 맑음. 오전 3시에 태전[太田]에서 하차하여 여관을 찾아 들어갔다. 8시에 호남차湖南車를 타서, 10시 무렵에 강경역江景驛에서 하차하였다. 조 형趙兄 및 김 우金友의 집에 이르러, 어린 하인[丱童] 한 사람 주기를 청했다. 저물 무렵에 집에 돌아왔다.

3월 27일. 오후에 비가 그쳤다. 낭청리浪青里의 아이를 돌려보내면서, 『소학小學』 1, 2권을 보내고 편지도 부쳤다.

3월 28일. 맑음. 여러 댁을 방문하여 뵈었다.

3월 29일. 맑음. 줄포茁浦의 아버님께 올리는 편지를 부쳤다. 오후에 신막新幕의 당숙 댁에 찾아가 뵈었다.

3월 30일. 맑음. 숙부님[叔主] 및 종제從弟 두 사람과 더불어 학교 및 사현社峴 이 씨李氏 댁을 가 보았다.

3월 31일. 맑음. 할아버님[祖父主]이 5원을 내려 주셨다. 여러 댁으로부터 부탁을 받았다. 을성乙星과 함께 작촌鵲村에 갔다. 조 형趙兄을 만나 몇 시간 동안 정다운 이야기를 나누고 점심식사를 했다. 강경역江景驛에 이르러 기차를 타고, 을성乙星은 돌려보냈다. 5시에 태전太田에 도착하여, 6시에 북쪽으로 가는 기차를 탔다. 동 11시에 남대문역南大門驛에서 하차하여 기숙사에 들어갔다. 3원 59전은 기차 운임.

4월

4월 1일. 오전에 각 교실의 대청소를 하고, 개교식開校式을 거행했다. 식이 파하고 나서 졸업생은 사령서辭令書를 받았다. 경복궁景福宮 안에 가서 토지를 개간했다. 오후 3시 무렵에 나와서, 박사博士 어르신 및 소병식蘇秉寔을 방문했다. 1원 50전은 담요[毛褥] 1개. 25전은 질 좋은 바늘[上針] 15갑.

4월 2일. 맑음. 조 형趙兄에게 편지를 부쳤다. 박사博士 어르신을 가서 뵈었다. 황서훈黃瑞勳이 50전을 빌려 주었다.

4월 3일. 맑음. 신무천황神武天皇의 제일祭日이라 한다. 휴업休業. 경복궁景福宮에 들어가 기념식수紀念植樹를 했다. 영룡永龍에게 편지를 부쳤다.

4월 4일. 맑음. 봄날 추위가 아직 매섭다. 벗 영운永運에게 편지를 부쳤다.

4월 5일. 맑음. 오전 8시 반에 일동은 남대문역南大門驛에 가서 평양으로 가는 장곡천長谷川 교수를 송별했다. 오후에 박사博士 어르신을 가서 뵈었다. 17전은 봉투지封套紙 및 모토지毛土紙.

4월 6일. 맑음. 오후에 원동苑洞의 벗 이종익李鍾翼을 가서 보았다.

4월 7일. 맑음. 박사博士 어르신 및 김 선생金先生을 가서 뵈었다. 오후에 정충시鄭忠時 군과 함께 남산에 올랐다.

4월 8일. 맑음. 본교 조림지造林地—동문 밖—에 가서 나무를 심었다. 조 형趙兄으로부터 편지가 왔다.

4월 9일. 맑음.

4월 10일. 맑음. 오후에 안동安洞 기숙사에 갔다. 돌아오는 길에 박사博士 어르신께 들렀다.

4월 11일. 맑음. 강진康津의 족형族兄으로부터 편지와 사람이 왔다. 학교에 입학하는 사람이 있었다.

4월 12일. 맑음. 벗 강봉구姜鳳求로부터 편지가 왔다. 농장에 들어가 오이를 심었다.

4월 13일. 맑음.

4월 14일. 비. 박사博士 어르신을 가서 뵈었다. 또 김필수金弼洙 군을 보았다.

4월 15일. 맑음. 황서훈黃瑞勳으로부터 빌려간 돈을 받아들였다.

4월 16일. 맑음. 4전 5리는 과자회菓子會.

4월 17일. 비 오다가 싸락눈이 내렸다. 김기용金夔庸에게 50전을 빌려주었다.

4월 18일. 흐리고 비.

4월 19일. 맑음. 소풍[遠足] 준비. 줄포茁浦에 편지를 올렸다. 도영道榮 씨에게 편지를 부쳤다.

4월 20일. 오전에 맑음. 오전 7시 35분에 소풍을 위해 일동이 출발했다. 혜화문惠化門에서 떠나 삼산평三山坪에서 잠시 쉬고, 대수유리大水踰里에 이르러 잠시 쉬었다. 목적지인 우이동牛耳洞에 도달하지 못하고 겨우 가오리加五里에 이르렀을 때 점심을 먹고 1시간 반 동안 휴식을 취하였다. 사면이 모두 과수원이요, 사방의 산에는 온통 붉은 꽃이 피어 있었다. 산은 높고 계곡은 가파르며 암석은 울퉁불퉁하니, 가히 사람의 마음을 감동시킬 만하였다. 오후에 비껴 부는 바람과 가랑비 속에서 귀거래歸去來를 하였다. 의원醫院 주변에 이르러 해산하였다.

4월 21일. 비. 오후에 보성학교普成學校에 가서 아어학我語學 개회식

開會式에 참석하였다.

4월 22일. 맑음. 박사博士 어르신을 방문하여 뵈었다.

4월 23일. 맑음. 김면수金冕洙 군에게 편지를 부쳤다.

4월 24일. 맑음. 과외課外로 수공手工 실습을 했다.

4월 25일. 맑음. 안동安洞 기숙사에 가 보았다.

4월 26일. 맑음. 『가정구급방家庭救急方』을 사 왔다.[134] 기호학교畿湖學校 안에서 박사博士 어르신을 뵈었다.

4월 27일. 맑음. 박사博士 어르신을 가서 뵈었다.

4월 28일. 맑음. 오전에 김영근金永近, 김영룡金永龍, 황윤黃潤, 최승렬崔昇烈을 방문했다. 오후에 이근창李根昌 씨 및 김 선생金先生 댁을 방문했다. 보성학교普成學校 연구회硏究會에 갔다.

4월 29일. 비. 박인근朴仁根에게서 편지가 왔다.

4월 30일. 맑음. 김기용金夔庸에게서 빌려준 돈을 거두어들였다. 15전을 호남학생 운동회湖南學生運動會에 연조捐助했다. 영어강습소英語講習所에 들어갔다.

5월

5월 1일. 맑음. 밤에 아버님이 내려주신 편지를 보았다.

5월 2일. 맑음. 조 형趙兄으로부터 편지가 왔다. 집에 편지를 부쳤다.

---

134 『가정구급방(家庭救急方)』은 1909년에 박용남(朴容南)이 찬술(纂述)한 의서이다. 김상건(金相健)이 교정(校正)하여 공애당(共愛堂)에서 간행하였다. 1책의 신식활자본이며, 보통 표제에 따라 '정선 가정구급방(精選家庭救急方)'으로 일컬어진다.

박사博士 어르신을 방문했다. 6전은 우표[切手].

5월 3일. 비. 조 형趙兄에게 편지를 부쳤다. 44전은 『조선독본朝鮮讀本』 8권, 30전은 입학금－영어강습소－.

5월 4일. 맑음. 박사博士 어르신을 가서 뵈었다. 김한엽金漢燁 및 박인근朴仁根에게 가 보았지만, 만나지 못했다.

5월 5일. 맑음. 이른 아침에 박인근朴仁根을 가서 만났다. 함께 장충단奬忠壇에 가서 호남학생 운동회湖南學生運動會에 참석하였다. 정오 무렵에 돌아왔다. 윤시용尹始鏞 씨를 방문하였다. 12전은 『영국국민독본英國國民讀本』.

5월 6일. 맑음. 김지연金志淵 군이 7전을 빌려갔다.

5월 7일. 맑음. 박사博士 어르신을 방문했지만, 뵙지 못했다.

5월 8일. 맑음.

5월 9일. 맑음. 경복궁景福宮에 들어가서 잠실 소독법蠶室消毒法을 견학했다. 호로마링[포르말린, formalin] 액液을 35~36배의 물에 녹여서 분수기噴水器를 사용한다. 또는 2배의 물에 녹여서 증발시키는데, 독성이 있어서 가까이할 수 없다. 기계로 그 가스체[瓦斯體]를 실내에 주입하거나 혹은 난로 위에 그 용액을 놓아둔다. 그리고 2~3일 후에 그 잠실蠶室의 누에를 들여놓는다. 사람 또한 바로 들어갈 수는 없다. 즉 60 킬로와트 입방척立方尺의 분수噴水도 또한 이와 같다.[135]

5월 10일. 맑음. 대청소.

5월 11일. 흐림. 김영운金永運에게서 편지가 왔다.

---

135 원문에는 "六十瓦千立方尺"이라 되어 있는데, 의미가 분명하지 않다. 다만 "와천(瓦千)"이나 "천와(千瓦)", "천(瓩)"은 킬로그램을 뜻하는 말로 쓰이므로, 우선 이에 의거하여 "60kw 입방척"으로 풀이해 둔다. "분수"는 곧 "분수기(噴水器)"이다.

5월 12일. 비. 박사博士 어르신 및 김 선생金先生을 가서 뵈었다. 김영운金永運에게 편지를 부쳤다.

5월 13일. 맑음.

5월 14일. 맑음. 더운 기운이 조금 생겼다.

5월 15일. 맑음.

5월 16일. 맑음.

5월 17일. 비. 매우 덥다. 5전은 과자회菓子會.

5월 18일. 잠깐 비 오다가 잠깐 갬. 서료西寮 19실로 옮겼다.

5월 19일. 비. 보성학교普成學校 연구회硏究會에 갔다.

5월 20일. 맑았다 흐림. 집에서 편지 및 소포가 왔다. 박사博士 어르신을 가서 뵈었다.

5월 21일. 비 오다 갬. 본가[本第]에 편지를 부쳤다.

5월 22일. 맑음.

5월 23일. 맑음.

5월 24일. 맑음. 양잠실養蠶室 당번. 영어과에 결석했다.

5월 25일. 아버님이 내려주신 편지가 있었다. 박사博士 어르신을 방문했다.

5월 26일. 흐렸다가 비. 줄포茁浦에 편지를 올렸다. 박사博士 어르신 집에서부터 박인근朴仁根 및 용진龍進을 방문했다.[136] 이주영李周永 군을 처음 보았다.

---

136 원문은 "自博士丈, 往見朴仁根及龍進."인데, 문맥이 잘 통하지는 않는다. "自博士丈" 뒤에 일부 구절이 빠졌을 가능성도 있다. "용진(龍進)"은 곧 안용진인데, 1910년 4월 14일 및 15일, 그리고 5월 4일의 일기에 "안용진"의 이름이 보인다. 표기는 "安龍進"과 "安龍珍"의 두 가지로 나타난다.

5월 27일. 30전은 월사금月謝金. 고등학교에 가서 칙어 봉독식勅語捧讀式을 거행했다.

5월 28일. 맑음.

5월 29일. 맑음. 병이 있어서 영어과는 배우지 못했다.

5월 30일. 맑음.

5월 31일. 맑음. 학교에서 하복夏服 및 구두를 받았다.

6월

6월 1일. 맑음. 박사博士 어르신을 가서 뵈었다.

6월 2일. 흐림. 김영룡金永龍을 방문했다. 연구원硏究院에 갔다.

6월 3일. 흐림. 화산의숙華山義塾의 이원호李原鎬로부터 편지가 왔다.[137] 답서答書를 부쳤다.

6월 4일. 맑음.

6월 5일. 맑음.

6월 6일. 맑음.

6월 7일. 맑음.

6월 8일. 비. 황서훈黃瑞勳에게서 빌려준 돈을 거두어들였다.

6월 9일. 맑음. 오전에 박사博士 어르신을 방문하여 뵈었다. 오후에

---

137 화산의숙(華山義塾)은 사립학교로 보이지만, 같은 이름의 학교가 여러 지역에 설립되었으므로 어느 곳의 학교를 말하는지는 분명하지 않다. 다만 호남지역인 고산(高山)이나 완주(完州)에 설립된 화산학교일 가능성이 높은 듯하다. 1915년 5월 11일 일기에는 고산의 화산학교가 언급되어 있다.

최승렬崔昇烈을 방문했다. 경복궁景福宮에 들어갔다. 양잠 당번養蠶當番이었다.

6월 10일. 맑음. 15전은 양복 세탁, 30전은 월사금月謝金.

6월 11일. 맑음.

6월 12일. 맑음.

6월 13일. 맑음. 음악월보회音樂月報會에 들어갔다. 월사금月謝金은 2전이다.

6월 14일. 맑음. 이종익李鍾翼 군을 만났다.

6월 15일. 비. 영어과 방학. 소병식蘇秉寔 군에게 편지를 부쳤다.

6월 16일. 오전에 비가 조금 내리고 오후에 갰다. 김창선金昌善 군을 방문했다. 돌아오면서 탑동塔洞에서 잠시 쉬고, 사동寺洞에 이르러 박사博士 어르신을 방문했다. 오후에 김 선생金先生을 방문하여 뵈었다. 조 형趙兄에게 편지를 부쳤다.

6월 17일. 맑음. 오늘부터 8시에 수업을 시작한다. 2,3학년 일동이 구용산舊龍山에 가서 마포발전소麻浦發電所 및 총독부 인쇄국總督府印刷局, 가스 제조소[瓦斯製造所], 총독부 권업모범장勸業模範場 지부支部, 여자 잠업 강습소女子蠶業講習所를 관람하고 돌아왔다.

6월 18일. 맑음.

6월 19일. 비. 조 형趙兄에게서 편지가 왔다.

6월 20일. 맑음. 방과 후에 삼국곡三國谷 씨가 생도 일동을 강당에 모아놓고 말을 했다.

6월 21일. 맑음. 견학일지見學日誌 쓰기를 마치고, 학교에 올렸다.

6월 22일. 맑음. 정충시鄭忠時 군과 함께 그의 백씨伯氏를 방문했다.

6월 23일. 맑음. 오전에 박사博士 어르신 댁을 방문하여 뵈었다. 용인龍仁의 종손을 만날 수 있었다. 최승렬崔昇烈을 방문했다. 이종익李鍾翼을 만나서 함께 성균관成均館 근처에 갔다. 앵두를 사서 먹었다. 돌아오면서 보성관普成舘에 갔다. 우리말[我語] 시험 및 방학. 집에 편지를 부쳤다.

6월 24일. 맑음. 이병준李秉俊 및 소병식蘇秉寔으로부터 편지가 왔다.

6월 25일. 맑음. 학교에서 내의內衣 1벌을 받았다.

6월 26일. 맑음. 농업일지農業日誌 당번.

6월 27일. 맑음. 방과 후에 의사가 와서 연설하였다.

6월 28일. 맑음. 소병식蘇秉寔 및 이병준李秉俊 군에게 편지를 부쳤다.

6월 29일. 맑음.

6월 30일. 맑음. 김필수金弼洙를 방문했다. 송당松堂 선생을 방문하여 뵈었다. 최승렬崔昇烈 군과 함께 청년관靑年舘에 가서 이동희李東羲씨의 연설을 들었다.

7월

7월 1일. 아버님 앞으로 편지를 올렸다.

7월 2일. 맑음.

7월 3일. 맑음.

7월 4일. 맑음. 교육敎育 시험. 귀족원貴族院의 참관자가 학교에 왔다.

7월 5일. 맑음. 집에 편지를 부쳤다.

7월 6일. 비가 조금 내렸다. 벗 강형구姜炯求와 함께 융빈당隆斌堂[138] 뒤쪽 석간정石澗亭에 가서 담화를 나누었다.

7월 7일. 맑음. 황서훈黃瑞勳과 함께 경복궁景福宮 안에 가서 달걀[産卵]을 정리했다.

7월 8일. 맑음. 소화기계消火器械의 사용법을 연습했다.

7월 9일. 맑음.

7월 10일. 밤에 비.

7월 11일. 맑았다가 흐림.

7월 12일. 맑음. 수신修身, 박물博物, 한문漢文 시험.

7월 13일. 맑음. 농학農學. 정충시鄭忠時 군과 더불어 종로를 배회하다가 돌아왔다.

7월 14일. 흐리고 비.

7월 15일. 흐리고 비. 강독講讀, 지문地文.[139]

7월 16일. 흐리고 비. 수학, 문법, 체조體操.

7월 17일. 맑음. 수학. 시험이 끝났다. 박사博士 어르신을 가서 뵈었다. 벗 최승렬崔昇烈을 방문했다.

7월 18일. 흐리고 비. 농장에 들어가서 일을 보았다.

7월 19일. 맑음. 과제에 대하여 언급이 있었다. 종업식終業式을 거행했다. 저축한 2원 50전을 광화문에서 찾아 왔다. 백분白粉은 80전, 비

---

138 "융빈당(隆斌堂)"이 어디인지는 분명하지 않다. 다만 "융무당(隆武堂)" 즉 경복궁 융복전의 동쪽에 있는 별당(別堂)을 말하는 것일 가능성도 있다.

139 지문(地文)은 지문학(地文學) 즉 지구 표면의 자연현상을 연구하는 학문을 뜻하는 말로 추정된다. 시험 과목의 이름이므로, 지리학의 일부인 자연지리학을 의미하는 것으로 볼 수 있다.

녀[簪]는 20전, 주석산(酒石酸, trataric acid)과 중탄산소다(重炭酸曹達, 탄산수소나트륨)는 30전, 구두 약[洋靴藥]은 30전, 부채 및 수첩은 12전, 양말은 15전. 두루마리 종이[軸紙]는 13전.

7월 20일. 오전 5시에 기침起寢했다. 6시 무렵에 학교 사감—아도兒島 교수[140]—으로부터 여비 3원 3전을 받았다. 이른 아침식사 후에 전차를 타고 남대문 정거장에 이르러서 호남선湖南線이 불통이라는 말을 들었다. 부득이하여 태전[太田] 가는 차를 탔는데, 곧 8시 반이었다. 태전[太田]에 이르러 박기용朴基溶 및 김필수金弼洙와 함께 여관[旅舍]에 들어갔다. 점심식사 후에 아이 하나[一童]와 함께 겨우 삼한리三汗里 주막에 이르러서 묵었다.[141] 6전 5리였다. 기차비는 1원 1전 5리.[142] 26전은 밥값.

7월 21일. 맑았다가 비가 내렸다. 일찌감치 출발하여 은동隱洞에서 아침식사를 했다. 오후에 여러 벗들과 함께 진잠鎭岑 길헌사립협창학교吉軒私立協昌學校에 갔다.[143] 그 학교 교장 박우서朴禹緖 및 박만서朴萬緖를 처음으로 보았다. 때마침 방학식이 있었는데, 술과 오이가 있는데다 나를 붙잡아서, 밤에도 돌아가지 못했다.

7월 22일. 맑음. 일찌감치 출발하여 은동隱洞에 이르렀다. 김검서金檢書 댁에 가서 조문하였다.

---

140 교유(敎諭) 아도원삼랑(兒島元三郞)을 말한다.

141 삼한리(三汗里)는 지금의 대전시 유성구 방동이다. 삼한이, 산안으로도 일컬어졌다.

142 원문에는 "汽車費"가 두 번 나타나는데, 오기로 보인다.

143 진잠(鎭岑)은 현재 대전 유성구에 속한 지역으로, 고종 때 군으로 승격하였고 1914년에는 대덕군으로 개칭되었다. 길헌(吉軒) 또한 지명이다. 길헌협창학교는 박우서(朴禹緖)가 세운 사립학교인데, 1914년에 폐교되었다.

7월 23일. 비. 오시午時가 가까울 무렵에 출발했다. 진사進士 어르신으로부터 50전을 받았다. 가동柯洞에 이르러 외숙外叔 댁을 방문했다. 산숭리山崇里 외가 및 기촌리綺村里 외가를 지났다. 저물 무렵에 집에 돌아왔다.

7월 24일. 맑음. 어머니[慈親] 생신이다. 30전은 소고기[正肉]. 줄포茁浦 및 대출大出 씨에게 편지를 부쳤다.[144]

7월 25일. 맑음. 김병희金丙喜에게 편지를 부쳤는데, 윤상훈尹相勳의 편지도 아울러 부쳤다. 15전은 엽서.

7월 26일. 맑음.

7월 27일. 비.

7월 28일. 흐림. 태전太田에서부터 함께 왔던 일관이 작별하고 돌아갔다. 은동隱東에 편지를 부쳤다.

7월 29일. 흐림.

7월 30일. 흐림. 명치천황明治天皇이 죽었다. 대정大正의 연호가 시작되었다.

7월 31일. 맑음. 신평新坪 및 사곡沙谷에 가서 신 씨申氏 및 족가族家에 가 보았다. 박사博士 족숙族叔의 편지를 전달해 두었다. 돌아오는 길에 송태암宋苕嵓 어르신을 방문하여 뵈었다.

---

144 "대출(大出)"은 경성고등보통학교 교유(教諭) 대출정독(大出正篤)을 가리키는 말인 듯하다.

8월

8월 1일. 맑음.

8월 2일. 맑음. 김영진金英振 및 김인수金仁洙, 벗 속구續龜를 가서 보았다. 김인수金仁洙 군과 함께 왔다. 송당松堂 선생 및 여러 벗들에게 편지를 부쳤다.

8월 3일. 맑음.

8월 4일. 맑음.

8월 5일. 맑음.

8월 6일. 맑음. 정현상鄭顯相 씨가 방문했다.

8월 7일. 맑음. 오후에 조 형趙兄이 방문했다.

8월 8일. 맑음. 조 형趙兄과 더불어 읍내邑內 및 사현社峴에 들어갔는데, 영진英振만을 만났다. 오후에 양옥대楊玉臺 선생, 송상협宋相協 군을 가서 보았다.

8월 9일. 조 형趙兄과 더불어 고성리古城里에 갔다. 이 날 또한 맑았다.

8월 10일. 맑음. 돌아오는 길에 송성삼宋性三 씨를 방문했지만, 만나지 못했다. 산길로 백운암白雲菴에 이르러 점심을 먹었다. 소나기를 만나 그치기를 기다려 돌아왔다.

8월 11일. 조 형趙兄과 더불어 읍내邑內에 갔다. 군수 어르신–천장욱千章郁–이 술을 내려 주셨다. 함께 담화를 나누다가 어둑어둑해질 무렵에 돌아왔다.

8월 12일. 조 형趙兄을 따라 작촌鵲村에 갔다. 가는 길에 일본인 의사에게 통역을 해주었는데, 이 때문에 사현社峴에 들어갔다. 마산馬山에서 점심을 먹고, 저녁에 작촌鵲村에서 묵었다.

8월 13일. 맑음. 오전에 강경江景에 갔지만, 오랜 벗들은 만나지 못했다. 황산이발소黃山理髮所에 이르러, 윤일병尹日炳, 김응수金應洙를 방문했다. 점심을 먹었다. 누이[舍妹]를 보았다. 작촌鵲村으로 돌아와서 이호성李鎬成 씨를 방문했다. 다시 조 형趙兄의 집에 이르러 고별하고 돌아왔다.

8월 14일. 맑음. 박기용朴基溶, 이대영李大泳, 김창진金昌鎭으로부터 답서答書가 왔다. 권민옥權敏玉으로부터 편지가 있었다. 아버님께서 편지를 내려주셨다.

8월 15일. 비가 조금 내렸다. 유 우柳友에게 편지를 부쳤다.

8월 16일. 비가 조금 내렸다. 정충시鄭忠時, 강형구姜炯求에게서 편지가 왔다.

8월 17일. 당숙님[堂叔主]을 가서 뵈었다. 완산에서 오셨다.

8월 18일. 비. 아버님 앞으로 편지를 부쳤다.

8월 19일. 비.

8월 20일. 비. 서촌풍일西村豊一[145]에게 편지를 부쳤다.

8월 21일. 비가 조금 내렸다. 어머님[慈母主]께서 외가外家에 가셨다. 석제釋弟 및 용제龍弟가 모시고 따라갔다.

8월 22일. 읍내에 들어갔다. 돌아오는 길에 촌충약寸蟲藥을 사서 할머님께 썼다. 갑작스럽게 복통이 일어나더니 설사하셨다. 석제釋弟가 돌아왔다.

8월 23일. 맑음. 할머님의 병환이 조금 차도가 있었다. 이른 아침에

---

145 경성고등보통학교 교유(教諭)이다. 1911년 5월 5일 일기에 신임 수공교수(手工教授)로 부임했다는 기록이 보인다.

읍내에 들어가서 약을 사 왔다.

8월 24일. 맑음. 권태희權泰禧 군으로부터 다시 편지가 왔다.

8월 25일. 맑음. 오후에 사현社峴 이 서방李書房이 찾아와 아버님의 편지를 전해 주었다.

8월 26일. 맑음.

8월 27일. 맑음. 아버님이 편지를 내려주셨다. 이응구李應求의 편지가 왔다.

8월 28일. 맑음.

8월 29일. 맑음. 조사과趙司課 어르신이 방문했다.

8월 30일. 맑음.

8월 31일. 맑음. 일찍 일어나 밥을 먹고 을성乙星과 함께 길을 나섰다. 집에서 4원 60전을 받았다. 오시午時 무렵에 작촌鵲村 누님 집에 이르러 점심을 먹었는데, 조 형趙兄 및 사돈 어르신은 만나지 못했다. 때마침 김응수金應洙를 만났고, 이희용李羲容을 방문했다. 오후 2시 무렵에 차를 탔다. 차비는 1원 42전이었다. 을성乙星을 돌려보냈다. 동 5시 무렵에 태전[太田]에 이르러 북행차北行車로 환승했다. 동 9시 무렵에 남대문역에 도착하여, 기숙사에 들어갔다.

9월

9월 1일. 맑음. 송당松堂 선생, 박사博士 숙부, 최승렬崔昇烈 군, 이종익李鍾翼 군, 김영룡金永龍 군을 방문했다.

9월 2일. 맑음. 일동이 교실 대청소 및 운동장 대청소를 했다. 동 10

시에 수업을 시작했다. 오후에 박사博士 숙부를 방문하여 뵈었다.

9월 3일. 맑음. 집에 편지를 부쳤다. 안동安洞에 갔다. 돌아오는 길에 먹물[黑汁] 1병과 펜[鐵筆] 1자루를 샀다. 일금 14전 5리였다.

9월 4일. 맑음. 하학下學 후에 우리 학급 일동이 경복궁景福宮 내 농장에 들어갔다. 세 그루를 아접芽椄했다.[146]

9월 5일. 비가 조금 내렸다. 정충시鄭忠時 군과 함께 한양탕漢陽湯에 가서 목욕했다.

9월 6일. 아직 날씨가 개지 않았다. 중동학교中東學校에 가서 퇴학 이유를 선언宣言하였다.

9월 7일. 맑음. 오후에 농장에 들어갔다. 조 형趙兄 및 강봉구姜鳳求 군에게 편지를 부쳤다.

9월 8일. 맑음. 박사博士 숙부를 방문했다. 오후에 연구회硏究會에 갔다. 임원任員 및 선생이 오지 않아서, 잠시 개회하지 않았다.[147] 광문회光文會 및 이석현李石峴 씨를 방문했다. 탑동공원塔洞公園에 가서 학우 여러 사람을 만났다. 유광석柳光錫의 편지가 왔다. 이발은 20전. 김현모金顯模 군이 50전을 빌려갔다.

9월 9일. 맑음. 단선團扇을 연이어 만드느라 학과學課를 많이 폐하였다.

9월 10일. 맑음. 갑자기 서늘한 기운이 돈다.

9월 11일. 맑음. 일금 10전은 동의록同誼錄.

9월 12일. 맑음. 내일 대장례大葬禮에 참석한다고 했다. 예식 참석을

---

146 아접(芽椄)은 "눈접"이라고도 하는데, 접붙이기 방법의 하나이다.

147 1911년 9월에 시작한 주시경 선생의 조선어강습원 중등과 강습을 마치고, 이날 고등과 강습을 처음 시작한 날로 보인다.

연습했다.[148]

9월 13일. 맑음. 오전 5시에 기침起寢했다. 동 8시에 일동이 고등학교로 가서 봉도식奉悼式을 거행했다. 동 오후 5시에 고등학교 일동과 함께 용산 연병장龍山練兵場에 갔다. 동 9시에 식을 시작해서, 동 12시에 끝마쳤다. 식장 가득히 사람의 바다요, 땅에는 입추立錐의 여지가 없었다. 새로 1시 무렵에 돌아왔다. 일금 5전은 과자菓子.

9월 14일. 맑음. 종일 문을 닫고 있었다.

9월 15일. 맑음. 종일 문을 닫고 있었다. 다만 소설 등의 책을 읽었다.

9월 16일. 맑음. 당숙님이 편지를 내려 주셨다. 박사博士 숙부를 가서 뵈었다. 유선종劉瑄鍾의 편지가 왔다.

9월 17일. 맑음. 당숙님 앞으로 편지를 올렸다. 최승렬崔昇烈 군을 가서 보았다.

9월 18일. 맑음. 집에 편지를 부쳤다. 아버님이 내려주신 편지가 있었다. 곧바로 답서答書를 올렸다.

9월 19일. 맑음. 최승렬崔昇烈 군을 가서 보았다.

9월 20일. 맑음. 일금 7전 5리는 인찰지印札紙 100장.

9월 21일. 맑음. 농장으로부터 돌아오는 길에 송당松堂 선생을 방문하여 뵈었다.

9월 22일. 맑음. 박사博士 숙부, 홍현紅峴의 교리校理 숙부를 가서 뵈었다. 이종익李鍾翼 군을 방문했다. 김필수金弼洙 군을 만나서 그의 처소에 따라 갔다. 오후에 우리말 연구회[我語研究會]에 갔다. 일금 15전은 긴 양말 1켤레.

---

148 대장례(大葬禮)는 곧 명치 천황(明治天皇)의 봉도식(奉悼式)이다.

9월 23일. 맑음.

9월 24일. 맑음. 한양목욕탕漢陽沐浴湯에 갔다.

9월 25일. 맑음. 최승렬崔昇烈 군을 가서 보았다.

9월 26일. 맑음. 우리 학급 31명 및 서촌西村, 대출大出 교수가 함께 양조시험장釀造試驗場 및 마포 연와제조소麻浦煉瓦製造所에 가서 관람했다.[149]

9월 27일. 맑음. 광화문 우편국에 가서 저금 2원 50전을 찾아 정충시鄭忠時 군에게 주었다.

9월 28일. 맑음. 박사博士 숙부, 송주열宋柱烈 군을 가서 보았다.

9월 29일. 맑음. 황윤黃潤 군, 이종익李鍾翼 군, 김영룡金永龍 군, 이범구李範龜 씨, 박사博士 숙부를 방문했다. 연구회研究會에 참석했다.

9월 30일. 맑음. 집에서 온 편지를 보았다.

10월

10월 1일. 맑음. 일본 견학지를 설명하는 수업[日本見學地說明教受]에 갔다.

10월 2일. 맑음. 일본 가는 일을 미리 연습했다. 무리를 나누어 줄을

149 일기 원문은 "西村犬出教授"처럼 보이는데, "犬"은 "大"의 오기이다. 교유(教諭)였던 서촌풍일(西村豐一)과 대출정독(大出正篤) 두 사람이 견학에 동행했다는 뜻으로 이해된다. 연와제조소는 곧 벽돌 공장인데, 1907년에 처음 설치되었다. 양조시험장(釀造試驗場) 또한 마포(현재 마포구 아현동)에 있었는데, 1909년에 처음 설치되었으며 이후 명칭이 주류시험실(酒類試驗室)로 바뀌었다. 현재 이 자리에 국세청 주류면허지원센터가 있다.

지었다.

10월 3일. 맑음. 어제처럼 미리 연습했다.

10월 4일. 맑음. 행장行裝을 준비했다.

10월 5일. 맑음. 어제처럼 준비했다.

10월 6일. 맑음. 행장行裝을 정돈했다.

이하의 일기는 별도로 기록한 여행일지旅行日誌에 있다.

일지日誌 제1권 ~ 제2권 사이의 10월분

10월 7일로부터 동 31일까지이다. 그 다음의 11, 12월분도 첨부添附한다.
다만 이 책은 특정한 시간과 장소에 제출하기 때문에 일문日文으로 썼다.[150]

대정大正 원년元年 10월

수학여행일지修學旅行日誌[151]

경성고등보통학교 교원양성소

3학년 을조乙組 이병기李秉岐

150 이상은 "수학여행일지"의 표지에 써 놓은 가람의 글이다. 10월 7일~31일의 일기는 이 일지로 대신하며, 11월과 12월분의 일기는 일지 뒷부분에 첨부한다는 것이 그 내용이다. 또 '제출용'이기 때문에 일본어로 작성했다고 했는데, 필체와 용지 모두 다른 부분과는 차이가 있다. 다만 11월과 12월분의 일기는 10월 이전의 일기와 같은 용지에 기록되었으며, "수학여행일지" 뒤에 묶여 있을 뿐이다.

151 원래의 제목 즉 학교에 제출할 때의 제목은 "內地修學旅行日誌"인 듯한데, 이후에 "內地"를 지운 것으로 짐작된다. 가람은 조춘원의 도움을 받아 일지를 정서(淨書)하여 제출하였고, 이듬해 3월 8일에 돌려받았다. 글씨를 지운 것은 이 무렵일 것이다.

대정大正 원년元年 10월 7일. 월요일. 맑음.

오늘은 수학여행 준비를 위해 오전 9시 무렵에 우리 3학년 일동을 강당에 모아놓고 여행에 임하는 마음가짐에 대하여 이야기했다. 우선 교장 선생은 "사물을 치밀하게 관찰할 것", "질서를 잘 지킬 것", "국어國語를 깊이 연구할 것[152]", "섭생에 주의할 것", "공중도덕[公德]을 중시할 것", "대상大喪 중이니 근신의 뜻을 드러낼 것[153]", "선생님의 명령에 복종服從할 것" 등을 말했다. 다음으로 주사主事 선생은 "어디서든 깊이 배움을 추구하여 생각을 기르는 데 도움이 되도록 할 것", "무엇을 보든 경솔하게 판단하지 말 것" 등을 말했다. 다음으로 미쿠니야[三國谷] 선생은 작년의 경험에 근거하여 "건강에 주의할 것", "가급적 많이 관찰할 것", "편안한 마음으로 있는 그대로를 관찰할 것", "시간을 엄수할 것", "보고 듣는 것은 그 자리에서 필기할 것", "건강을 챙기고 인내심을 키울 것" 등을 말했다. 다음으로 사이토[齋藤] 선생은 "선생님의 질타를 받지 않도록 주의할 것", "선생님이 질타하면 헤아려 볼 것", "선생과 생도 간에 벽을 만들지 말 것" 등의 훈시를 했다. 오후에는 외출을 허락받아 각자 준비에 착수着手했다.

10월 8일. 화요일. 비.

오전 6시에 일어났다. 7시 30분에 사이토[齋藤] 선생, 오노[小生] 선생, 오이데[大出] 선생, 나라키[楢木] 선생, 김金 선생 및 우리 3학년 일동 58명이 교문을 나설 때부터 비가 내리기 시작해서, 남대문역에 이를 때

152 "국어(國語)"는 곧 일본어를 말한 것이다.

153 "대상(大喪)"은 임금의 상사(喪事)를 뜻하는 말이다. 여기서는 메이지 천황의 죽음에 따른 상중임을 말한 것이다.

까지 그치지 않았다. 우리 일행은 교장 선생, 미쿠니야[三國谷] 선생, 주사主事 선생, 요코치[橫地] 선생, 니시무라[西村] 선생, 야마구치[山口] 선생, 이치카와[市川] 훈도訓導 및 각 학년 대표 등과 작별을 고하고 8시 30분에 직행열차에 타고 용산을 떠났다. 정거장마다 포츠마츠ボツマツ[154] 꽃이 활짝 피었다. 누런 벼이삭과 검은 민가의 시골 풍경이 매우 진기했다. 수원水原, 천안天安, 대전[太田] 등을 지나 영동永同 근처에 이르니 산이 수성암水成岩[155]으로 되어 있었다. 황간黃磵 근처에 오니 산이 푸르러서 가을의 풍경은 아직 잘 보이지 않았다. 기후가 따뜻한 것 같다. 낙동강洛東江 철교를 건너 왜관倭館을 지나니 대구大邱 근처에서는 채소밭이 평원 일대에 질서정연하게 펼쳐져 있었다. 경산慶山에 이르러 처음으로 대나무숲을 보았다. 밀양密陽 근처에 도착할 무렵에는 해질녘이었다. 저기 서쪽 멀리 보이는 것은 영남루嶺南樓이다. 삼랑진三浪津, 초량草梁 등을 지나 부산역釜山驛에 내려 곧장 도보로 철교로 가서 전기등 불빛 사이로 바다를 바라보니 다행히 바다가 잔잔해서 승객들이 얼마나 기뻐했는지 모른다. 지금은 오후 8시 무렵이다. 쓰시마마루[對馬丸]에 타고 무사히 하룻밤을 보냈다.

10월 9일. 수요일. 맑음.

오전 7시 반에 상륙하여 모지[門司] 정거장에서 잠시 쉬면서 번화한

---

154 "포츠마츠(ボツマツ)"는 소나무의 일종으로 생각되지만, 정확한 것은 알 수 없다. 원문에는 이 단어에 붉은 줄이 그어져 있는데, 일지를 점검한 사람이 이 단어가 무슨 뜻인지 이해할 수 없어서 이와 같이 표시한 것이 아닐까 한다.

155 수성암(水成岩)은 퇴적물이 물속에서 운반되어 물 밑에 쌓여 만들어진 암석을 뜻한다. 곧 퇴적암(堆積岩)이다.

시가지를 한 바퀴 돌아보았다. 다시 정거장에 이르러 8시 반에 기차를 타고 다이리[大里], 도바타[戸畑] 등을 지나니, 철도 왼쪽에는 거먕옻나무[156] 숲이 무성했다. 야하타[八幡]에서 하차하여 제철소를 참관했다. 커다란 공장 안에 녹이는 기계, 누르는 기계, 운반하는 기계 등이 있었다. 검은 얼굴의 일꾼[工夫]들이 석탄가스 속에서 숨 쉬면서[157] 근면하게 일하는 것은 진실로 국부國富를 위해서임을 깨달아야 하겠다. 정오 무렵에 정거장에 돌아와 점심을 먹었다. 오후 1시 40분에 기차를 타고 구로사키[黑崎], 오리오[折尾] 등을 지나니 온가가와[遠賀川]가 보이고, 그 일대에 평야가 펼쳐져 있었다. 평평하게 펼쳐진 노란 것은 모두 벼가 익은 것이니, 풍년임은 물론이다. 아카몬[赤門], 후쿠몬[福門], 고가[古賀], 가시이[香稚] 등을 지나 후쿠오카[福岡]에서 하차하여 공원으로 들어가니 역사적인 고적古蹟이 많다. 특히 가메야마[亀山] 천황의 동상이 있어서, 일동이 앞으로 나가 참배했다. 여기서부터 지요노마쓰바라[千代松原]로 가서 의과대학을 참관했다. 가장 먼저 보이는 것은 오모리 하루토요[大森治豊] 박사의 동상이다. 그 다음은 병리학교실病理學教室로서, 암실, 현미경실, 해부실습장, 표본실 등이 있었다. 이곳을 나와 마쓰이 직공장 제조본부松居織工場製造本部에 가서 참관했다. 오후 6시 무렵에 하시구치마치[橋口町]의 가이캬쿠칸[海客館]에 들어가 숙박했다. 규슈[九州]는 석탄 산지이다. 게다가 정거장의 거리가 가까워서 교통과 운수에 편리하다. 그래서 거대한 제철소가 있고 제당소—다이

156 거먕옻나무[ハゼノ木]는 옻나뭇과의 낙엽 활엽 관목으로, 열매에서 납(蠟)을 채취하고 껍질은 염료로 쓴다. 황로(黃櫨)라고도 한다.

157 원문은 "呼吸ヲシツヅ"인데, "呼吸ヲシツツ"로 수정해야 "숨을 쉬면서"라는 뜻이 된다. "ヅ"는 오기로 보인다.

리[大里]─도 있고, 대학교도 있고 여러 업종의 회사들도 있다. 특히 후쿠오카[福岡]가 발전한 원인이 이것이다. 즉, 삼각주 지역─히가시카와[東川], 나카가와[中川], 세키도가와[赤道川][158]─에 위치한 점, 바다에 가까운 점, 석탄─지쿠젠筑前─이 산출되는 점, 고적古蹟─가시이구[香稚宮] 등─이 많은 점 등이다. 모지 철도원門司鐵道院에서 안내인이 한 사람 나와 주었다. 그림엽서 등도 주었다. 그 정도로 친절하게 대해준 것은 지금까지 잊을 수 없다.

10월 10일. 수요일.[159] 흐리고 비, 다시 맑음.

오전 3시에 일어나 아침식사를 마치고 행구行具를 정리한 뒤에 시내로 나오니, 아직 조용한 밤에 전기등 불빛만이 땅을 비추어 우리 일행이 갈 길을 알려주었다. 4시 반에 하카타[博多] 정거장에 도착하니, 저 멀리 동쪽에서 밤이 밝아왔다. 동 55분에 기차에 타고 8시 무렵에 모지[門司]에 내려 철도잔교鐵道棧橋에서 20분간 휴식했다. 오세토마루[大瀨戶丸]에 승선하여 시모노세키[下關]에 도착하니 9시였다. 시모노세키[下關] 시내에서 언덕을 올라 고젠지[興禪寺] 앞의 계단에 서서 풍경을 바라보니 번성한 상점들과 늘어선 배들이 눈 아래 펼쳐졌다. 산은 앞뒤에 있고, 바다는 좌우에 이어져 있다. 그러므로 수상 교통이 편리함은 물론이려니와, 산요센[山陽線]의 종점으로서 육상 교통도 매우 빈

158 원문에 △ 표시가 되어 있다. 후쿠오카를 거쳐 하카타만[博多灣]에 유입되는 미카사가와(御笠川) 강의 지역 속칭인 이시도가와(石堂川)를 훈이 아닌 음으로 "세키도가와"로 읽어서, 이를 발음이 같은 "赤道川"으로 적은 것으로 추정된다. 지명을 틀린 것이기 때문에 '△' 표시를 한 것일 듯하다.

159 10일은 목요일이다. 다만 여기서는 원문에 따라 수요일로 표기해 둔다.

번하다. 토지는 매우 좁지만, 규슈와 조선을 마주한 요충지에 자리 잡았기 때문에 시장이 홍성하고, 세토나이카이[瀬戸内海]의 입구를 지키고 있기 때문에 국방의 요해처要害處가 된다. 시모노세키에 요새가 건설된 것은 이 때문이다. 10시에 기차를 타고[160] 이치노미야[一ツノ宮]로 나오니, 오른쪽에 세토나이카이[瀬戸内海]가 하얗게 펼쳐졌다. 조후[長府], 오즈키[小月] 등을 지날 때 창문 사이로 때때로 종려나무, 밀감나무 등이 무성하게 보였다. 이런 식물이 규슈에서 볼 수 있는 것인데, 참 진기했다. 가가와[嘉川], 오고리[小郡] 등을 지나니 사방공사砂防工事를 해서 삼림이 무성했다. 가는 곳마다 울창한 삼림이 없는 곳이 없으니 실로 볼 만하다. 하물며 우리 조선에서 온 사람들에게는 어떻게 느껴지겠는가. 다이토[大道]로 나오니 날이 밝았다. 다시 세토나이카이[瀬戸内海]가 보였는데, 작은 산들이 수면에 점점이 솟아있고 큰 바위들이 해안 가까이에 있었다. 파도는 마치 눈[雪]을 부숴놓는 것 같았다. 여기서부터는 세토나이카이[瀬戸内海]와 나란히 간다. 도다[戸田]에 이르니 감이 붉고 귤은 푸르다. 후쿠가와[福川] 일대는 염전이 들판 가득 자리하고 있다. 그렇다면 이것이 유명한 산지産地로서 이 뿐만이 아닐 것이다.[161] 도쿠야마[德山], 구다마쓰[下松], 니지가하마[虹濱], 유우[由宇] 등을 거쳐서 전국田國[162] 근처에 다다르니, 이곳저곳에 인가가 즐비하고 채소밭도 많다. 산은 경성京城 부근에 있는 산과 비슷하다. 오타케[大

160 원문에 "기차를 타고(汽車ニ乗リ)" 뒤에 "ハダブ"라는 말이 있는데, 정확한 뜻은 알 수 없다.

161 이 구절은 뜻이 불분명하다.

162 "田國"이라는 지명은 확인되지 않는다. 다만 "시코쿠(四国)"를 잘못 쓴 것일 가능성은 생각해볼 수 있다. 여기에 언급된 지역 부근부터 세토나이카이를 건너 시코쿠를 마주하게 된다.

竹], 미야지마[宮島], 요카와[橫川] 등을 지나 히로시마[廣島]에 도착하니 오후 7시 반이다. 오테마치[大手町] 5정목丁目에 있는 구라우치 여관[藏內旅館]에 들어갔다. 8시부터 외출하여 가장 번화한 혼도리[本通]로 가니, 시가지는 화려하고 상점들은 대단히 번성하였다. 9시에 돌아왔다.

10월 11일. 금요일. 맑음.

오전 6시에 일어나 7시에 여관을 나와 고등사범학교, 미유키바시[御幸橋], 개선비凱旋碑 등을 지나 우지나 항[宇品港] 해안으로 나오니 8시 무렵이다. 우지나산[宇品山]이[163] 가까이 솟아 있고 물은 푸르니, 바다가 깊다는 것을 짐작할 수 있다. 이곳은 14년 전에는 얕은 호수에 지나지 않았으나, 청일전쟁 때[164] 이를 매립하여 지금은 큰 배도 쉽게 드나들 수 있다. 배에 올라서 바다를 보니 해파리가 많이 있어서 파도가 칠 때마다 뒤집어진다. 10시 30분에 에타지마[江田島]에 도착해 산을 넘어 해군병학교海軍兵學校를 참관했다. 이 학교는 메이지 23년(1890)에 만들어졌으며, 생도관生徒館, 11분대교실, 어진영실御眞影室, 분대취실分隊就室, 구두 닦는 곳[磨靴室], 식당, 기계장器械場, 조리준비실[賄室], 곡물창고, 운용술 제12강당運用術第一二講堂, 부속기관, 증기관장蒸氣関場, 수뢰기장水雷機場, 유도 연습장柔道稽古場, 항해기상실航海氣像室, 펌프 치장[喞筒置場], 군함해부장軍艦解剖場, 수뢰술 제2강당水雷術第二講堂, 야포실野砲室, 검술도장劍術道場 및 단주수리 야포치장端舟修理

163 원문에서는 "宇治山"의 "治" 자 옆에 "△" 표시를 한 것을 볼 수 있는데, 이는 앞에 나온 "우지나 항(宇品港)"에서처럼 "治"자를 "品"자로 수정하라는 의미로 판단된다.

164 제출본에서는 "러일전쟁[日露戰爭]의 뒤에"라고 썼는데, 점검자가 "청일전쟁[日淸戰爭]의 때"로 수정했다.

野砲置場, 군함 및 대포 치장[軍艦及大砲置場] 등이 있다. 학과는 5분과로 이루어져 있는데, 병술兵術, 항해, 수학, 수뢰水雷, 운용運用이다. 오후 20분에[165] 작은 소증기선을 타고 구레[吳]로 내려가 곧바로 조선창造船廠을 참관하니, 크레인과 독(dock)이 있다. 거대한 기계로 사람의 힘이 미치지 못하는 공사를 하며, 한 사람이 100톤이 넘는 철판, 철편鐵片을 운반하고 직경 4~5척 되는 목재를 쪼갠다. 참으로 놀랍다. 4시 반에 정거장에 도착해 20분간 휴식하고 5시 20분에 발차發車했다. 요시우라[吉浦], 덴노[天應], 야노[矢野] 등을 지나 가이타이치[海田市]에서 환승하여 오사카[大阪]로 향했다. 창밖은 깜깜해서 아무런 풍경도 보이지 않는다. 등받이에 기대어 홀연 잠이 들었다.

10월 12일. 토요일. 맑음.

오전 7시 15분에 오사카[大阪]에 내려 정거장에서 도시락을 먹었다. 8시 15분에 시내에서 나카노시마 공원[中之島公園]을 거쳐 조폐국造幣局에 이르렀다. 발전소, 주철소鑄鐵所, 시금부試金部, 조각장彫刻場, 금괴金塊, 은봉銀棒, 동괴銅塊, 금은동 화폐, 자동저울[自働天秤] 등을 참관했다. 9시 무렵에 덴마바시[天滿橋]를 건너서, 제4사단 사령부 앞에 이르러 10분간 휴식했다. 나니와 심상소학교[浪華尋常小學校]에 가서 안내에 따라서 우선 수공실手工室에 들어갔다. 각 교실 및 운동장, 유치원 유희장遊戲場 등을 참관하고, 이어서 5학년의 읽기[讀方], 2학년의 산술, 3학년의 수신 등의 수업을 참관했다. 다시 수공실에 돌아오니 차

165 "오후 20분"이라고만 기록되어 있는데, 만약 빠진 글자가 없다면 오후 12시 20분을 의미하는 것일 듯하다.

茶와 그림엽서[繪端書] 등을 주었다. 마쓰모토[松本] 교장 이하 여러 교원들의 공손한 태도와 검약한 복장은 실로 감탄할 만했다. 오후 1시 무렵에 대제교大齊橋,[166] 지쿠젠바시[筑前橋] 등을 건너 고등공업학교에 이르렀다. 응용화학장應用化學場, 채금공장採金工場, 요업과窯業科 실습공장[實修工場], 양조공장, 요업과 표본실標本室, 목형 공장木型工場, 마무리 공장[仕上工場], 단공장鍛工場, 주공장鑄工場, 조선과造船科 실습실[實修室], 전기과실電氣科室 등을 참관했다. 가스 주식회사 앞에서 전차를 타고 덴노지[天王寺] 서문 앞에 내려 쇼토쿠[聖德] 황태자皇太子 송덕종頌德鍾[167] 및 보물관을 보고 오중탑五重塔에 오르니, 오사카[大阪]가 넓다고 해도 모두 다 내려다보인다. 4시 무렵에 공익합자회사公益合資會社에 이르러 성냥[燐寸] 제조하는 것을 보았다. 4시 반에 미나미구[南區] 니혼바시스지[日本橋筋] 서쪽 롯켄메[六軒目]에 있는 요시노관[吉野館]에 들어가서 묵었다. 8시 무렵에 외출해서 도톤보리[道頓堀]를 산보했다. 전기등, 가스등[瓦斯燈] 등이 대단히 밝고, 연극장演劇場 근처에 가니 사람들이 매우 많이 왕래하면서 서로 어깨를 부딪치는 모습이 홍성하게 보인다. 9시 무렵에 돌아와서 수면을 취했다.

10월 13일. 일요일. 맑음.

오전 7시에 신사이바시[心齊橋], 대야옥교垈野屋橋,[168] 이와야바시[巖

166 현재 오사카에는 "大齊橋"라는 이름을 지닌 다리는 없는 듯하다. 다만 "신사이바시(心斎橋)"의 "心"을 "大"로 잘못 쓴 것일 가능성은 생각해볼 수 있다. 13일자 일기에 "신사이바시(心斎橋)"가 언급되어 있다.

167 원문은 "項德鍾"인데, "項"은 "頌"의 오자로 추정된다.

168 "垈野屋橋"가 어떤 다리인지는 분명하지 않다. 신사이바시 부근에는 "사노야바시[佐野屋橋]"가 있으며, 이처럼 비슷한 이름을 지닌 다리 몇 개가 보이지만 정확히 일

屋橋] 등을 건너 전차를 타고 아마가사키[尼崎]에 내려 쇼게바시[庄下橋], 다이모쓰바시[大物橋] 등을 건넜다. 방적회사는 관람[縱覽]을 사절했기 때문에 참관하지 못했다. 동아東亞 시멘트 주식회사에 이르니 9시였다. 증기의 힘으로 큰 기계를 움직인다. 그렇게 해서 석탄, 석점토石粘土 등을 물과 혼합하여 말린 뒤에 이것을 굽고 다시 가루로 만든 것이 시멘트다. 다카하시[高橋], 미하시[御橋], 오사토하시[大里橋], 쓰키이케바시[月池橋] 등을 건너 제준주식회사製樽株式會社에 이르러 기관실汽罐室, 기기실汽機室, 치목장治木場, 마무리장仕上場 등을 참관하고 회사 앞으로 돌아오니 차, 과자, 일람표一覽表 등을 주었다. 우리들은 매우 감사히 여겼다. 또 합자회사 기시모토 제정소岸本製釘所를 참관했다. 오후 1시 반에 다시 아마가사키[尼崎]에 이르러 전차를 타고 우메다[梅田]에서 환승하여, 3시 무렵에 미노 공원箕面公園에 도착했다. 동물원에 들어가 길짐승[獸類], 조류, 어류, 곤충류 등을 보고, 관람차를 타고 하늘과 땅 사이를 한 바퀴 돈 뒤 내렸다. 5시 무렵에 공원에 이르러 다시 전차를 타서 이시바시[石橋]에서 환승하고 다카라즈카[寶塚]에 내려서 곧장 호라이바시[宝來橋]를 건너 에이잔관[瑩山館]에 들어가니 창문 아래로는 맑은 물이 흐르는 조약돌과 모래의 벌판이 있었다. 앞뒤로 산이 솟아 있고 소나무와 삼나무 등이 무성한 것이 참으로 아름답다. 9시 무렵에 히토쓰바시[一橋]를 건너 새로운 온천에 들어갔다. 상쾌한 마음이다.

사이토[齋藤] 선생의 말씀이 있었다. "내일은 모모야마 어릉[桃山御

치하는 것은 확인되지 않는다. 또 사노야바시 부근에는 "스미야바시[炭屋橋]"도 있었는데, 뒤에 보이는 이와야바시[巖屋橋]가 이 다리를 가리킨 것일 가능성도 생각해볼 수 있다.

陵]을 참배할 것이므로, 우리 일동은 왼팔에 상장喪章을 차서 근신의 뜻을 표해야 한다. 이번 여행의 제일第一의 목적이다."라고 말했다.

10월 14일. 월요일. 맑음.

오전 6시에 일어나 8시에 여관을 나왔다. 전차를 타고 우메다[梅田]에서 환승하고, 덴마바시[天滿橋] 부근에서 다시 환승하여 후시미[伏見]에 하차해서 모모야마[桃山]로 가니 차밭이 곳곳에 있다. 지금도 푸른 잎이 무성했다. 이는 처음 보는 것이어서 참으로 아름다웠다. 또 커다란 대나무 숲이 있는데, 직경 5촌이나 되는 것도 많았다. 길 양쪽에 울창하게 자라 있는 대나무, 소나무 사이를 나와서 어릉御陵을 참배했는데, 오른쪽에서 온 사람들과 왼쪽으로 돌아가는 사람들의 발길이 1시간이나 끊기지 않아서 복잡하다. 이들은 모두 참관자參觀者이다.[169] 그래서 매일 참배자 수가 19만 내지 20만 명에 이른다고 했다. 정오 무렵에 기이 교육회 휴게소紀伊教育會休憩所에 이르러 차를 마시고 도시락을 먹었다. 오후 1시 40분에 정거장에 이르렀다. 나라이케, 다마미쓰, 다나쿠라, 가미코마 등을[170] 지나는 동안 창밖을 보니, 인가人家 옆인데도 차밭이 "文"자 모양으로 되어 있고 그것이 산 위에까지 뻗어 있다. 기즈역[木津驛]에 이르러 환승하고 오후 4시 무렵 나라[奈良]에서 하차하여 곧장 후토몬지야 여관[太モンシヤ旅館]에 들어가 짐을 맡기고, 안내자 한 사람을 따라 도다이지[東大寺]를 참관했다. 대불전에는 큰 불

169 원문의 "參觀者"에 "△" 표시가 되어 있다. 메이지 천황의 무덤을 찾은 사람들을 "참배자(參拜者)"라고 쓰지 않았기 때문에 "△" 표시를 한 것은 아닌지 짐작되지만, 정확한 이유는 알 수 없다.

170 이 지명들은 원문에 한자 없이 가나로만 표기되어 있다.

상이 있는데, 손가락 길이가 4척 5촌이다. 이로써 그 크기를 알 수 있을 것이다. 제실박물회帝室博物會 등을 관람했는데, 지금 수리중이어서 잘 보지 못하고 파했다. 이곳에는 신사神社들이 참으로 많아서 그 이름을 일일이 적을 겨를이 없다. 늙은 소나무와 삼나무가 빽빽이 서 있고, 그 사이에 간신히 도로가 나 있으며 길 양쪽에는 석등롱石燈籠 등이 줄지어 있다. 숲 속에서 달려 나와 사람에게 다가오는 것은 사슴이다. 무리지어 생활한다. 특히 나나이로기[七種木], 야에자쿠라[八重櫻] 등이 유명하고 신기하다.[171] 나라[奈良]는 경성京城처럼 분지 지형이다. 건축물 등도 조선을 닮은 것이 많다. 이것이 신기해서 감탄했다. 6시에 여관에 돌아와 7시에 외출했다.

10월 15일. 화요일. 흐림.

오전 7시 15분에 정거장에 이르러 기차를 타고 기즈[木津]를 지나 가모[加茂]에서 환승하여 가사기[笠置], 우에노[上野], 쓰게[柘植], 가메야마[龜山], 쓰[津], 롯켄[六軒], 미야가와[宮川], 스지카이바시[筋向橋] 등을 지나 야마다[山田]에 내려 밋카이치 다유타로 저택三日市大夫太郎邸에[172] 들어가 짐을 맡기고 도요우케 대신궁[豊受大神宮]—외궁外宮—에 나아가 손을 씻고 참배했다. 오후 1시에 또 전차를 타고 우지[宇治]에 나아갔다. 아마테라스 대신궁[天照太神宮]—내궁內宮—을 참배하고 돌아오

171 "나나이로기[七種木]"는 소나무, 삼나무, 벚나무 등 7종류의 나무가 1그루에서 뻗어난 나무로, 신령한 힘이 있다고 전해진다. "야에자쿠라[八重櫻]"는 곧 겹벚나무인데, 꽃잎이 겹쳐서 피기 때문에 화려한 것으로 유명하다.

172 "밋카이치 다유지로 저택(三日市大夫次郎邸)"이 정확한 명칭이니, 원문에서 "太"를 "次"로 고쳐야 한다. 이세신궁(伊勢神宮)을 찾는 사람들을 위한 숙박을 제공한 곳으로서 오랜 역사를 지니고 있다.

는 길에 각자 흩어지게 했다. 내궁內宮 및 외궁外宮 근처는 하늘이 보이지 않을 정도로 커다란 삼나무와 회나무가 무성해서 대신궁大神宮의 모습을 감추고 있다.[173] 이곳은 바다 근처여서 참배자가 기념으로 삼을 만한 조개류 세공품 등이 매우 많다. 그래서 상점도 적지 않았다. 정류장에 도착하니 2시 반이었다. 전차를 타고 후타미가우라[二見ケ浦]에 내려 해안에 이르렀다. 파도가 일어나서 바닷가로 밀려와 부딪혀 생기는 것은 우박인가 물거품인가. 달려가서 메오토이와[夫婦巖]를 보고 돌아와서 전차를 타고 야마다[山田]에 내려 여관에 들어갔다.

10월 16일. 수요일. 맑음.

오전 5시에 일어나 7시에 여관을 나와 일등차를 타고 아코기阿漕에 이르니[174] 조용히 비가 내렸다. 시모노쇼[下庄] 일대에는 뽕나무 밭이 많다. 여기서 삼등차로 갈아타고 가사도[加佐登],[175] 가와라다[河原田], 요카이치[四日市], 도미다[富田] 등을 지나니 바다가 보인다. 기소가와[木曾川]를 건너 나가시마[長島], 야토미[弥富], 가니에[176] 등을 지나 오후 2시 무렵에 나고야[名古屋]에 내렸다. 중앙 바자中央バザー에 가서 상품이 진열된 모습을 보았다. 정거장에 돌아와 2시에 기차를 타고 오타카[大高], 오후[大府], 가리야[刈谷] 등을 지나 안조[安城]에 내렸다. 아

173 이세신궁(伊勢神宮)에는 내궁(內宮)인 아마테라스 대신궁[天照太神宮] 즉 코우다이 신궁(皇大神宮)과 외궁인 도요우케 대신궁(豊受大神宮)이 있다. 이를 합하여 '고타이진구' 즉 대신궁(大神宮)이라고 일컫는다.

174 원문에는 "沙漕"로 되어 있는데, 이는 지명인 "阿漕"의 오기이다. "沙" 옆에 "△" 표시를 해 둔 것은 이를 지적한 것으로 짐작된다.

175 원문에는 "加佐藤"로 되어 있으나, "藤"은 "登"으로 고쳐야 정확한 지명 표기가 된다.

176 원문에는 "カニエ"로 표기되어 있다. 한자 표기는 "蟹江"이다.

이치 현립농림학교[愛知縣立農林學校]에 들어갔다. 과수 견본포果樹見本圃, 종묘원種苗園, 시작원試作園, 연습포練習圃, 연습전練習田, 시작전試作田, 모범전模範田, 채원菜園, 농산제조실農産製造室, 퇴비사堆肥舍, 가축장, 탈곡실, 온실포도현미경실溫室葡萄顯微鏡, 박물표본실博物標本室, 농구표본실農具標本室, 임과실습실林科實習室, 분석실, 강당 등을 참관하고 5시 무렵에 정거장에 돌아와 이등차를 타고 다시 나고야[名古屋]에 도착했다. 야초[屋町] 니초메[二丁目]의 제니야 여관[錢屋旅館]에 묵었다. 10시 무렵에 취침했다.

10월 17일. 목요일. 맑음.

오전 5시 반에 일어나 7시 20분에 여관을 나와서 나고야성[名古屋城] 근처에서 천수각天守閣 위의 금 샤치호코[金鯱]를 보니, 전체가 금빛으로 번쩍이는 것이 실로 보물이라 이를 만했다.[177] 8시 반에 아이치현 제일사범학교[愛知縣第一師範學校]를 참관했다. 각 교실, 이화 기계理化器械, 박물 표본博物標本 등의 설비를 볼 수 있었다. 기숙사에는 자습실自習室, 침실 등이 있어서 서생書生의 생활에 편리하다. 9시 무렵에 이곳을 나와 상품진열관商品陳列館으로 들어갔다. 기계機械, 기구器具, 즉매품卽賣品 등을 참관했다. 11시 20분에 정거장에 이르러 12시에 발차하여 아쓰타[熱田], 오타카[大高], 안조[安城], 오카자키[岡崎], 고타[幸田], 가마고리[蒲郡], 고유[御油] 등을 지나는데 곳곳에 채소밭이 많다. 도요카와豊川를 건너[178] 도요하시[豊橋], 후타가와[二川] 등을 지나 하마나

177 "샤치호코[鯱]"는 성곽의 용마루 양끝에 장식하는 상상의 물고기로, 화재를 예방하는 효과가 있다고 전한다. 머리는 호랑이 같고 등에는 가시가 돋친 형상을 하고 있다.

178 원문에는 "豊川"에 밑줄이 그어져 있다. 도요카와(豊川)는 강의 이름이기도 하지만

호[濱名湖]로 가니 양 옆에는 바다가 있다. 배를 띄워 어업이 성행하고 있다. 하마마쓰[濱松] 일대에는 실업회사 등이 매우 많다. 덴류가와[天龍川], 나카이즈미[中泉], 후쿠로이[袋井], 호리노우치[堀ノ內], 가나야[金谷] 등을 지나 오이카와[大井川]를 건넜다. 시마다[島田]에 다다르니 제지회사가 있다. 후지에다[藤枝], 야이즈[燒津], 모치무네[用宗] 등을 지나 시즈오카[靜岡]에 도착한 것은 오후 5시 30분이다. 정거장으로부터 수십 보를 가서 다이토관[大東館]에 들어갔다. 여관에서 차는 물론이요 과자까지 주었다. 7시부터 8시까지 외출해서 상점 등을 보니 다기茶器가 많이 있다. 이 또한 좋다.

10월 18일. 금요일. 비오고 바람 불다.

오전 4시 20분에 일어나 5시 50분에 기차를 타고 시즈오카[靜岡]를 나서니 처음으로 후지산[富士山]이 보였다. 에지리[江尻]로 나아가니 스루가만[駿河灣] 근처이다. 이즈산[伊豆山]이 멀리 있다. 푸른 산, 하얀 물을 바라보며 간다. 미호노마쓰바라[ミホノ松原][179] 해송海松 사이로 나타나는 오키쓰[興津] 일대에는 원예모범장園藝模範場이 있다. 배나무를 시렁으로 재배하는 곳이 많다. 간바라蒲原[180] 일대에는 고구마[甘蔗] 및 과일나무를 재배하는 농원이 많다. 이와부치[岩淵]로부터 후지카와[富

여기서 유래한 지역의 이름이기도 하다. 열차는 "도요카와" 지역을 지나간 것인데, 따라서 원문에 "도요카와를 건너(渡リテ)"라고 쓴 것은 다소 어색한 말일 수 있다. 즉 "도요카와"를 강의 이름으로 생각하여 이렇게 표현한 것이 잘못이라고 지적할 수도 있는데, 밑줄을 그은 이유가 이 때문일 가능성도 있다.

179 "미호노마쓰바라[三保松原]"는 일본을 대표하는 소나무 숲 가운데 하나이다.

180 원문에는 "蒲園"으로 되어 있는데, 여기에 "△" 표시가 기입되어 있다. 지명인 "간바라(蒲原)"를 잘못 표기했기 때문인 듯하다.

士川]를 건너서 바라보니 삼나무 껍질로 지붕을 얹은 집이 많아서 붉은 빛이 도는 곳도 있고 검은 빛이 도는 곳도 있다. 스즈카와[鈴川]에 이르니 다시 후지산이 보이는데, 저 높이 구름 사이로 솟아나 원추형을 이루고 있고 꼭대기가 약간 깎여 있다. 산 위에는 언제나 얼음과 눈이 있어서 하얀 점선을 그은 것 같다. 이 일대의 암석은 회색이며 무수한 구멍이 나 있다. 이를 용암이라고 한다. 이로써 화산 근처임을 분명히 알 수 있다. 고텐바[御殿場] 근처는 해발 1,507척이다. 마을을 바라보면 노란 띠가 집에 걸려 있다. 이는 옥수수를 수확한 것이다. 스루가[駿河] 부근에는 방적회사 등이 있다. 새로 지은 건물들이 즐비하게 들어서 있고 수력발전소도 있다. 단애절벽斷崖絶壁이 곳곳에 있어서 맑은 물이 빠르게 흐른다. 터널을 여러 번 지나갔다. 마쓰다[松田], 하코네산[箱根山], 고즈[國府津], 니노미야[二ノ宮], 오이소[大磯] 일대에는 꽃밭을 갖춘 청결한 가옥들이 있는데 도쿄[東京] 사람들의 별장이라고 했다. 히라쓰카[平塚]를 지나고 바뉴가와[馬入川]를 건넜다. 지가사키[茅ヶ崎]를 지나 10시 40분에 후지사와[藤澤]에서 하차하여 전차를 타고 가타세[片瀨]에 내렸다. 모래사장에 나와서 보니 큰 파도가 치고 배는 한 척도 없었다. 이 풍경을 처음 보는 사람은 놀랄 것이다. 히토쓰바시[一橋]를 건너 에노시마[江ノ島]에 이르러 언덕길을 올랐다. 단풍 사이로 곳곳에 찻집이 있다. 과자를 팔고 소라를 구워 팔고 있었다. 절벽 한쪽 끄트머리에 일렁이는 파도 위로 다리가 하나 걸려 있는데, 이 다리를 통해 동굴[岩屋]로 들어간다. 내부는 깜깜해서 인간 세상에 존재하는 지옥처럼 생각된다. 오후 1시 무렵에 나는 사이토[齋藤] 선생과 함께 전차를 타고 하세[長谷]에 내려 관음당觀音堂, 대불大佛 등을 참관했다. 4시 40분에 다이카쿠관[對鶴館]에 들어갔다. 7시 무렵에 외출해서 하치만궁[八幡

宮] 앞에 이르니, 멀리서 비춰오는 불빛에 붉은 기둥과 검은 은행나무가 흐릿하게 보인다. 8시에 돌아왔다.

10월 19일. 토요일. 바람 불고 흐림.

오전 5시에 일어나서 6시 30분에 기차를 타고 가마쿠라[鎌倉]를 떠나 오후나[大船]에 이르러 이등차로 갈아타고, 도쓰카[戶塚], 호도가야[程ケ谷], 요코하마[橫濱], 가나가와[神奈川], 오모리[大森], 시나가와[品川] 등을 거쳐 신바시[新橋]에서 하차했다. 도쿄시청[東京市役所] 앞에서부터 니주바시[二重橋] 앞으로 나아가서 궁성宮城을 참배했다. 여자고등사범학교에 들어가니, 과자, 그림엽서, 규칙서規則書 및 일람표一覽表 등을 주었다. 고등학교 1학년생의 체조, 유치원생의 수공품 및 유희, 부속소학교의 수업 등을 참관했다. 11시 무렵에 농아학교聾啞學校를 참관했다. 강당에서 농아[啞者] 한 사람이 말하는 것을 듣고, 고등과 2학년생의 받아쓰기[書取]와 여자의 재봉裁縫 등을 보았다. 정오 무렵에는 고등사범학교 강당에 들어가 점심을 먹었다. 전차를 타고 아오야마 장의장[青山御葬場殿]에 나아가서 참관하니, 장의장[御葬場殿], 상여차[御轜車], 영구열차[御靈柩列車] 등이 있었다. 다시 전차를 타고 히비야공원[日比谷公園] 근처에서 내려 공원을 한 바퀴 돌면서 꽃 등을 보았다. 다시 전차를 타고 간다구[神田區]에 내려 진보초[神保町] 10번지 아사히루[旭樓]에 들어가니 오후 5시 반이었다. 7시에 지진이 있었다. 8시에 밖으로 나왔다.

10월 20일. 일요일. 맑음.

오전 5시에 일어나 8시 무렵에 아카몬[赤門]을 통해 제국대학에 들어가 시노바즈이케[不忍池] 기슭으로 나가 척식박람회拓殖博覽會를 참관했는데, 조선, 홋카이도[北海道], 사할린[樺太], 타이완 등지의 물산을 진열해두었다. 11시 15분에 우에노 공원[上野公園]에 이르러 사이고 다카모리[西鄕隆盛][181] 동상을 보고 문부성 미술전람회文部省美術展覽會를 참관하고 찻집 옆에서 점심을 먹었다. 오후 1시 10분에 제실박물관帝室博物館에 들어갔다. 눈에 보이는 것이 모두 보물이어서 일일이 거론할 수가 없다. 그 중에서도 미이라[木乃伊]는[182] 지금으로부터 2,500년 전의 시체이니, 실로 사람을 놀라게 한다. 아사쿠사 공원[淺草公園]에 이르러 조금 더 가서 아즈마바시[吾妻橋]를 보았다. 이 일대는 왕래하는 사람이 매우 많고 대단히 번화하다. 센소지[淺草寺]에서 료운카쿠[凌雲閣]의 12층에 올라 도쿄[東京]를 조망하니 동서남북 할 것 없이 모두 인가人家이고 산은 보이지 않는다. 그러므로 그 광대함을 바로 알 수 있다. 루나 파크(Luna Park)에[183] 들어가 목마를 타고 기차를 타고 국화 인형[菊人形]이 연설하는 것도 들었다. 5시 무렵에 우에노역[上野驛]에서부터 공원으로 가서 쉬면서 과자를 먹었다. 어디라 할 것 없이 전기등 불빛이 찬란해서 밤으로 생각되지 않았다. 사람들, 기차, 전차, 마차 등의 소리가 밤낮으로 끊이지 않는다. 이는 동양 제일의 도회지이기 때문이다. 6시 40분에 기차를 타고 닛포리[日暮里],[184] 다바타[田端],

181 원문은 "西鄕雄盛"으로 되어 있으며, "雄" 옆에 "△" 표시가 남아 있다. 사이고 다카모리(西鄕隆盛, 1828~1877)의 이름을 잘못 표기한 것이므로, 표시해 둔 것으로 보인다.

182 원문은 "乃木伊"로 되어 있지만, 이는 "木乃伊"의 오기이다. "목내이(木乃伊)"는 미이라의 한자 표기로, 당시에는 널리 사용되는 어휘였다.

183 "루나 파크(Luna Park)"는 세계 각지에 설치되었던 놀이공원 체인의 이름이다. 도쿄 아사쿠사의 루나 파크는 1910년에 처음 설치되었다.

184 원문은 "日暮"인데, "닛포리[日暮里]"가 정확한 표기이다.

오지[王子], 아카바네[赤羽], 가와구치마치[川口町], 우라와[浦和] 등을 지나 오미야[大宮]에서 하차하여 곧장 이와이 여관[岩井旅館]으로 들어가 묵었다.

10월 21일. 월요일. 흐렸다가 갬.

오전 5시 반에 일어나 7시 5분에 여관을 나와서 동부철도관리국 공작장東部鐵道管理局工作場을 참관했다. 발전소, 용융공장熔融工場, 단야공장鍛冶工場, 제관공장製管工場, 제륜공장製輪工場, 마무리공장[仕上工場], 조립공장, 객차제조 인입공장客車製作引立工場, 도장공장[塗工場] 등이 있었다. 8시에 승차해서 하스다[蓮田], 시라오카[白岡], 구키[久喜], 구리하시[栗橋] 등을 지나 도네가와[利根川]를 건넜다. 간토[關東] 평야의 가운데를 지나가니 숲 속에 밭이 있고 밭 속에 숲이 있다. 가까운 곳 뿐 아니라 먼 곳에도 산이 보이지 않는다. 고가네이[小金井], 이시바시[石橋], 스즈메바시[雀橋] 등을 지나 우쓰노미야[宇都宮]에서 환승하여, 쓰루타[鶴田]로 나아가니 처음으로 멀리 산이 보인다. 가누마[鹿沼], 후바사미[文挾], 이마이치[今市] 등을 지나 닛코[日光]에서 하차하니, 길 양쪽으로 삼나무 가로수가 하늘 높이 푸르게 솟아 있었다. 이 모습을 보면서 가미야마 여관[神山旅館]에 들어가 점심을 먹었다. 오후 1시에 전차를 타고 다이야가와[大谷川]를 따라 갔다. 기요타키[清瀧]의 산단풍[山紅葉]과 푸른 소나무는 마치 비단과 같다. 승객의 마음은 모두 풍경에 가 있어서 전차가 움직이는 것을 아무도 몰랐다. 우리 단체 뿐 아니라 조리[草履]를 신고 지팡이를 짚은 유람객들이 늘 끊이지 않았으며 외국인도 많았다. 그리하여 바위를 내려가 산길을 오르니 경사가 급하고 험준했지만, 길은 나선처럼 되어 있어서 자동차도 다닐 수 있다. 잡목이 우거져 있는 어딘가에서 폭포 소리가 크게 들린다. 기슭마다 찻집이 있다. 갈림길에서 나아가 게곤노타키[華嚴瀧]를 보니, 1길[丈] 정도 너비의 폭포가 곧바로 40길 높이를 떨어진다. 그 기세는 실로 은하수가 구천九天에서 떨어지는 것 같으니, 진실로 천하의 장관이다. 이 밖에도 유명한 폭포가 많지만, 게곤노타키[華嚴瀧]에 비할 수는 없다. 여기서 7~8정町 거리에 주젠지[中禪寺] 호수가 있다. 폭은 1리里, 길이는 3리里, 둘레는 7리里인데, 산들이 병풍처럼 둘러싸고 있다. 온통 단풍이 들었는데, 아직 누런 곳도 있다. 물은 깊고 푸르며, 그 위에 배가 두 세 척 떠있다. 호수는 잔잔해서 티끌 하나 떠다니지 않는다. 6시경에 린코루[臨湖樓]-쓰타야 여관[蔦屋旅館]-에 묵게 되었는데, 저녁을 먹고 내일의 준비를 하고 있는 사이에 동쪽 하늘의 교교히 밝은 달빛이 창틈으로 들어와 간담肝膽을 비추어 나그네[遠客]의 마음[心神]을 즐겁게 한다. 이 어찌 좋지 않으랴.

10월 22일. 화요일. 맑음.

오전 7시에 일어나 9시에 주구지[中宮祠]에서 출발하여 난타이산[男体山]을 오르니, 사방의 전망이 좋다. 이곳은 시라네산[白根山], 혼도산[本道山] 계系로서 산세가 구불구불하니 이를 닛코산휘[日光山彙]라고 한다. 산이 화산작용 또는 물에 의한 침식작용에 의해 만들어졌기 때문에, 형태가 험하고 구불구불하여 똑같이 생긴 곳이 하나도 없다. 암석 등도 후지산[富士山] 일대와 같다. 또한 높은 지대이기 때문에 가을에 춥고 낙엽이 많다. 점점 아래로 내려가면 약간 푸른 단풍나무 잎이 있다. 이로써 기후의 차이를 족히 알 수 있다. 한냐타키[般若瀧], 호토타키[方等瀧] 등의 폭포를 바라보며 미사와바시[三澤橋], 사이와이바시[幸

橋] 등을 건너고, 호소오토[細尾洞]에서 아라사와바시[荒澤橋]를 건넜다. 전前 황태자의 피서궁避暑宮 옆에서부터 도쿠가와 이에미쓰[德川家光]의 사당[廟] 앞에 이르러 찻집에서 점심을 먹었다. 니오몬[二王門]을 지나 3대 쇼군묘 표문表門을 통해 다이유인[大猷院]으로 들어가니 좌우에 구리로 만든 등롱燈籠 등이 있다. 가라몬[唐門]은 수리중이어서 어배전御拜殿, 본전本殿 등을 참관하고 고가몬[皇嘉門]에서 3대 쇼군 이에미쓰의 묘墓를 참배했다.

이는 실로 도쿠가와 이에미쓰[德川家光]가 천하의 부를 이용하여 교묘함을 다해 만든 것으로, 그 유적遺跡이 오늘날에도 역시 장려壯麗하다. 장려한 건축에 멋진 장식을 더한 것이, 마치 다이아몬드를 비단으로 감싼 것과 같다. 다이유인[大猷院]을 나와 난초를 보고, 더 걸어가니 길 왼쪽에 요세기[寄木][185]가 있다. 도쇼궁[東照宮][186]에 들어갔다. 표문表門을 통과하여 요메이몬[陽明門]에 다다르니 양 옆에는 여러 다이묘[大名]들이 헌납한 종루鐘樓, 고루鼓樓, 등롱燈籠 등이 줄지어 서 있다.

요메이몬[陽明門]은 아주 화려하여 그 어떠한 말이나 문장으로도 상찬賞讚할 수가 없다. 장식으로 이용한 그림은 가노 단유[狩野探幽]와 도사 미쓰오키[土佐光起]의 것이요, 조각은 히다리 진고로[左甚五郞]가 만들었다고 한다. 모두 당대의 명수들이다. 그 정밀하고 교묘함은 사람으로 하여금 해가 지는 것도 잊어버리게 한다. 그래서 이곳을 히구라

185 "요세기[寄木]"는 전통적인 목공예의 일종인데, 나무토막을 짜 맞춰서 만든 세공품이다.

186 "도쇼궁[東照宮]"은 1대 쇼군[將軍]인 도쿠가와 이에야스[德川家康, 1543~1616]의 사당으로, 손자인 도쿠가와 이에미쓰가 만들었다. 본전 앞에 세워진 요메이몬[陽明門]을 비롯하여 화려한 건축물이 많다. 이날 일기에는 도쇼궁 내부의 주요 유적들이 차례대로 언급되고 있다.

시노 고몬[日暮御門]이라고 일컫기도 한다.

이리하여 수많은 건물을 관람하고 가라몬[唐門]에 이르렀다. 이 문은 그 규모가 아주 크지는 않지만, 오직 당목唐木만을 써서 만든 것이다.

배전拜殿에 들어갔다. 배전과 본전의 장식은 정말 빼어나서, 최고의 표현으로 상찬賞讚해야 할 곳이 적지 않다. 오동에 노니는 봉황, 모란에 노는 사자, 서려 있는 용, 울부짖는 호랑이, 어지러이 꽃 핀 초목 등의 조각과 그림은 금으로 된 기둥이나 마루 등과 서로 어울려 마치 비단으로 감싼 것 같고, 금벽金碧이 찬란하고 광채가 눈부셔 이 세상의 것이라고는 생각되지 않는다. 도쇼궁[東照宮]의 왼쪽에 있는 문에는 유명한 '잠자는 고양이 조각'이 있다. 나무마루 복도를 거쳐 돌계단을 오르니 도쿠가와 이에야스의 사당에 이른다.

늙은 나무들이 길을 끼고 있으니 낮에도 어둡다. 서늘한 이끼에 덮인 돌비석이 홀로 서 있다. 이는 지금으로부터 2백여 년 전의 대영웅 도쿠가와 이에야스의 무덤이다. 이 신산神山을 나와서 보면 오른쪽에 붉게 칠한 다리[朱塗ノ橋]가 있는데, 이를 '신쿄神橋'라고 부른다. 다리 아래에는 강[川]이 있다. 강 한가운데에는 기암괴석이 줄지어 솟아 있고, 남색의 급류가 이를 때려 포말이 눈처럼 쏟아진다. 군인기념비軍人紀念碑 앞에 이르러 각자 흩어지게 했다. 길 양쪽에 칠기漆器 상점이 4~5 정町 늘어서 있었다. 이것이 닛코의 명산名産이기 때문이다. 닛코[日光]의 아름다움은 참으로 사람을 놀라게 한다. 이제까지 지나며 구경한 대도시와 명소들은 이루 헤아릴 수 없을 정도다. 도시의 번화함과 명소의 화려함을 그 누가 모르겠는가만, 도시는 도시인만이 이를 이루었겠는가? 명소는 자연히 그리된 것이겠는가? 내가 생각하건대, 관청에는 충실한 관리가 있고, 학교에는 열성 있는 교육자가 있고, 공장에는 근면한 노동자가 있고, 상점에는 신용할 수 있는 상인이 있고, 농가에는 검소하고 근면한 농부가 있다. 그렇기 때문에 이처럼 도회지와 명소가 있는 법이다. 어찌 우리가 부러워하지 않을 수 있겠는가? 가미야마 여관[神山旅館]에 묵었다.

10월 23일. 수요일. 오후는 흐림.

오전 6시에 일어나 8시 30분에 여관을 나왔다. 9시에 기차를 타고 이마이치[今市]를 나오니 니노미야 손토쿠[二宮尊德]의 무덤[御墓]이 있다. 후바사미[大狹], 가누마[鹿沼] 일대에는 종자삼種子麻 밭이 점점이 있다. 요컨대 이 때문에 제마회사製麻會社가 있는 것이다. 우쓰노미야[宇都宮]에 도착하니 도치기현 사범학교[栃木縣師範學校]의 선생과 생도들이 와서 친절하게 인사를 했다. 하지만 열차의 기적이 울리기에 서로 아쉬워하며 이별하여 길을 떠난다. 창밖을 보니 한편으로는 벼를 베고 한편으로는 보리종자를 뿌리는 남녀가 함께 일하는 모습이 참으로 근면하다. 이것이 번화한 도시들을 만들지 않았겠는가? 오야마[小山]에서 환승하여 오모이가와[思川], 도치기[栃木], 이와후네[巖舟], 도미타[富田], 기류[桐生], 구니사다[國定] 등을 지나 이세사키[伊勢崎]를 나오니 아카기산[赤城山]이 멀리 보였다. 도네가와[利根川]를 건너니 하루나산[榛名山]과 묘기산[妙義山]이 구름 사이로 보인다. 다카사키[高崎]에서 하차하여 공원에 들어갔다. 분수가 3길[丈] 높이로 뿜어져 나온다. 상업학교, 보병 제15연대, 다카사키구 재판소[高崎區裁判所] 등을 거쳐서 정거장에 돌아온 것은 오후 3시 무렵이었다. 기차를 타고 이즈카[飯塚]에 이르렀지만 구름이 끼어서 아사마산[淺間山]은 보이지 않는다. 안나카[安中], 이소베[磯部]에 도착한 것은 해질 무렵이었다. 거무스름하고 기묘한 형체가 왼편으로 가까이 솟아나 있는데, 이것이 묘기산[妙義山]이다. 이 근처는 경사가 급해서 기차는 조용히 나아간다. 터널도 많지만, 두 개의 전차로 가기 때문에 승객들은 안락하다. 앱트(Abt) 시스템 철도라고 하는데, 밤이 어두워서 아무것도 보이지 않는다. 가루이자와[輕井澤]에서 하차하여 세이쿄 여관[淸響旅館]에 묵었다.

10월 24일. 목요일. 흐림.

아침 일찍 일어나서 나가보니 서쪽에서 화산이 분출하여 연기인지 구름인지가 공중으로 솟구쳐 나왔다. 전날 아사마산[淺間山]이라고 한 것이 이것이다. 7시 반에 기차를 탔다. 도처에 채소밭이 있지만 이 지역에서는 양잠이 가장 성행한다. 이는 나가노현[長野縣]의 기후가 조선처럼 비가 적어서 양잠에 적합하기 때문이다. 미요타[御代田], 다나카[田中], 우에다[上田] 등의 일대에는 네카리식根刈式[187] 야채밭이 많다. 기차는 강을 따라 일대一帶의 평원을 통과하여 간다. 단구段丘와 삭수산削水山이 있다.[188] 시노노이[篠ノ井]에 내려 구보驅步로 조엔지[長円寺]에 이르렀다. 히라바야시 이와지로[平林岩治郞]의 집에 들어가니 전후좌우에 채소밭과 과일나무 등이 있다. 튼튼한 기와집이 한 채 있는데 곡물 창고라고 했다. 감을 주고 차도 주었다. 정오 무렵에 기차를 타고 이나리야마[稻荷山], 가무리키[冠着], 니시조[西條], 마쓰다이라[松平] 등을 거쳐 마쓰모토[松本]에서 하차하여 고등심상소학교를 참관했다.

---

187 근예(根刈), 즉 네카리는 식물을 뿌리 주변에서 잘라서 수확하는 농법이다.

188 단구(段丘)는 강물이나 바닷물의 침식, 지반의 융기나 자갈 등의 퇴적에 의해 연안에 생긴 계단형의 지형을 말한다.

우선 기념관에 들어가니 메이지 37·8년의 전쟁[189]에서 얻은 참고품, 교사들이 남긴 책 등 3만 책이 있다. 지리·역사 참고실參考室부터 마쓰모토성 모형실[松本城模型室]까지 다 보고나서 정거장에 이르니 오후 4시였다. 기차를 타고 오이데[大出] 선생은 댁으로 돌아가셨다. 시오지리[シホジリ, 塩尻], 오노[小野], 오카야[岡谷], 시모스와[下諏訪] 등을 거쳐 가미스와[上諏訪]에서 하차하여 6시 30분에 보쿠슈야[牧舟屋]에 들어갔다. 8시 무렵에 온천에서 목욕했다.

10월 25일. 금요일. 비.

오전 5시 30분에 일어나 비를 무릅쓰고 가쿠유관[鶴遊館]에 가서, 지면에서 저절로 솟아나오는 가스를 보았다. 다카시마마루[高嶋丸]에 승선하여 스와호[諏訪湖]를 건너 히라노무라[平堅村]의 오구치구미[小口組] 생사제조소生糸製造所 및 재조소再繰所를 참관했다. 대개 이곳에서는 집집마다 이를 직업으로 삼고 있다. 오카야 제사소[岡谷製糸所]라고 해서 매우 유명하다. 8시 30분에 기차를 타고 나라이[奈良井], 야부하라[藪原] 등을 지나니, 미야노코시[宮ノ越] 일대에서는 뽕나무가 다카가리식高刈式으로 재배되고 있었다.[190] 기차는 산과 산 사이를 관통해서 나아간다. 아게마쓰[上松]를 나오자 네자메노토코[寢覺床]가 보이는데, 푸른 물 옆에 있는 검은 암석들이 마치 상자를 늘어놓은 모양을 이루었다. 산에는 붉은 단풍과 푸른 회나무 등이 있어서 매우 아름답다. 다지미[多治見]를 나오니 터널이 몇 개인지 모를 정도로 많았다. 고조지[高

189 메이지 37년은 1904년이다. 여기서 말한 전쟁은 곧 러일전쟁이다.

190 고예식(高刈式) 즉 다카가리식은 어느 정도 높은 위치에서 식물을 자르는 농법을 말한다.

藏寺]를 나와 비로소 밀감과 고구마[甘蔗] 등을 보았다. 기소가와[木曾川]와 나란히 기차가 가다보니, 넓은 평야가 있다. 나고야[名古屋]에 내려서 오후 6시에 다시 기차를 타고 기소가와[木曾川]를 건넜다. 바바[馬場]에서 환승하고 10시 30분에 오쓰[大津]에서 하차하여 나카무라야[中村屋]에서 묵었다. 11시 무렵에 잠자리에 들었다.

10월 26일. 토요일. 맑음.

오전 5시 30분에 일어나 짐은 여관에 맡겨두고 8시에 나왔다. 시가지로부터 시가현 사범학교[滋賀縣師範學校]에 도착하니, 안내를 받아 우선 응접실에 들어갔다. 강당에는 생도 성적품을 진열해 두었고, 기숙사에도 봉공단奉公團 매점부를 설치하여 생도가 필요한 물건을 사기에 편리하게 하고 가격도 비교적 쌌다. 유도·검도장柔道擊劍場이 있다. 운동장에는 곤봉체조를 하는 사람, 철봉을 하는 사람 등이 기운차고 활발하다. 예비과豫備科의 강독 수업하는 모습을 보고, 부속 심상소학교 5학년 남자들의 체조 및 여자들의 합창 등을 참관했다. 11시 무렵에 여관으로 돌아와 짐을 찾은 뒤, 나가라 신사[長等神社]에 갔다. 신사가 높은 곳에 있어서 비와호[琵琶湖]가 눈앞에 펼쳐지고, 작은 증기선들이 기적을 울리며 여기저기 달린다. 돛을 펼쳐 바람을 받은 배, 기슭에 밧줄로 매어 놓은 배 등 여러 가지로 재미있는 포구의 풍경이다. 점심 식사가 아주 맛이 좋았다. 사범학교장으로부터 받은 벤케이치카라모치辨慶力餅 떡을 먹었다. 멀리 곳곳에 옅게 붉은 민둥산이 보이는 것을 보니, 암석은 대부분 화강암으로 이루어져 있음을 알 수 있었다. 숲 사이를 빠져나와 물산진열장物産陳列場으로 들어갔다. 판매품 진열장, 참고품 진열장 등에 견직물류, 면직물류, 생사, 목기木器, 다기茶器, 대나무 세공품, 유지油紙, 금속미술품, 도자기, 농산물 종자, 벼루, 어장漁場 모형, 건힐류乾詰類[191] 등이 있다. 참관을 마치고 2시 30분에 배를 타고 비와호[琵琶湖] 수로[疏水]를 따라 24 정町 길이의 터널을 지나고 다시 두 개의 터널을 빠져나오니 교토[京都]에 당도한다. 인클라인이 있고,[192] 수력발전소가 있다. 시가지 풍경을 보면서 걸어 가모가와[鴨川]를 건넜다. 산조오하시[三條大橋]를 건너 호테이 여관[布袋旅館]에 묵는다. 교토는 수로[疏水]를 이용하여 수력전기를 일으킬 뿐 아니라, 교통과 관개灌漑의 편리함도 얻는다. 8시 무렵에 외출하여 신쿄고쿠[新京極]를 둘러보았다.[193]

10월 27일. 일요일. 맑음.

오전 5시 30분에 일어나 8시에 여관을 나왔다. 일본무덕회 본부日本武德會本部—매년 5월에 유술·검술회를 갖는다—를 지나 오텐몬[應天門]으로 들어갔다. 관폐대사官幣大社 헤이안신궁[平安神宮] 앞으로 나아가 예를 올렸다. 쇼렌인몬제키[青蓮院門跡] 총문総門으로 들어가니, 아와타야키 도자기상점粟田燒商店 등이 있다. 가초잔[華頂山]—절— 지온인[智恩院]에는 보물이 많다. 히다리 진고로[左甚五郞]가 만든 우구이스바리[鶯張り][194] 복도라 불리는 것이 참으로 신기하다. 대종당大鐘堂

---

191 건힐류(乾詰類)는 말리거나 밀봉하여 오래 보존할 수 있도록 한 상품들을 뜻하는 말로 보인다. 간즈메[缶詰] 즉 통조림이 대표적인 사례일 것이다.

192 "인클라인(インクライン)"은 곧 케이블 철도 또는 강삭철도(鋼索鐵道)라고도 하는데, 인클라인 철도(Incline Railway)의 줄임말이다.

193 원래 "窮谷"(큐고쿠)라고 쓴 것을 첨삭하면서 "新京極"(신쿄고쿠)로 고쳤는데, 이는 처음에 발음을 잘못 알아듣고 기록했기 때문으로 추정된다.

194 "우구이스바리[鶯張り]"는 목조 바닥을 짜는 방식의 하나이다. 밟으면 나무들이 부

을 보고 마루야마 공원[円山公園]으로 들어가니 늙은 벚나무 한 그루가 장관이다. 문을 지나 도자기시험장에 들어가니, 도자기 문양 그리는 방[繪付室], 참고품 진열관—참고품參考品, 시험품試驗品, 원료, 고려자기[高麗燒], 청국제, 영국제, 러시아제, 네덜란드제, 스웨덴제, 이탈리아제, 덴마크제, 인도제, 기타—, 도염식 원요倒焰式円窯, 프릿(frit) 가마, 일본식 수동 녹로轆轤, 착식교반기搾式攪拌器, 이장혼화기泥漿混和機, 비토압착기坯土壓搾機, 대식토착기袋式土搾機, 시험실, 동력실, 쇄석기碎石機, 시유실施釉室, 원형실, 기계 녹로실機械轆轤室—물감 칠하는 기계[繪具摺機械], 마멸 내열 시험기磨滅耐熱試驗機[195]—, 자동 녹로실自働轆轤室—전기압박제조기電氣壓迫製造機—, 성형실成形室—마무리 기계[仕上機械]—, 가스 가마[瓦斯窯], 가스발전실—기계유발機械乳鉢[196], 건식 고상분쇄기乾式鼓狀分碎機—, 분쇄실—석할기石割機— 등이 있었다. 기요미즈데라[淸水寺]에 이르러 후몬카쿠[普門閣]로 들어갔다. 언덕에서 내려와 오토와노타키[音羽瀧]를 보면서 찻집에서 휴식하고 점심을 먹었다. 오타니혼뵤[大谷本廟][197], 호코쿠신사[豊國神社], 제실박물관帝室博物館[198] 등을 지나 묘호인[妙法院], 산주산겐도로[三十三間堂]에 들

뒤혀 꾀꼬리 같은 소리가 난다고 해서 이런 이름이 붙었다.

195 원문은 "마멸 내세 시험기(磨滅耐勢試驗機)"로 되어 있지만, "勢"는 오자로 보이며 "熱"로 수정해야 한다.

196 유발(乳鉢)은 고체로 된 재료를 빻아서 가루로 만드는 데 사용하는 그릇을 뜻하는 말이다.

197 오타니혼뵤[大谷本廟]는 정토종의 교조 신란(親鸞)의 묘당(廟堂)에서 유래한 곳이다.

198 처음에 "제실박물관(帝室博物館)"이라고 썼다가 "제실박람회(帝室博覽會)"로 고친 듯한데, 첨삭을 하면서 다시 "제실박물관(帝室博物館)"으로 고쳐 놓았다.

어가 1,001개의 금부처를 참관했다.[199] 시치조바시[七條橋]를 건넜다. 신슈 혼뵤[眞宗本廟]-히가시혼간지[東本願寺]-에 이르러 5분간 쉬었다. 전차를 타고 가라스마마루타마치[烏丸丸太町]에서 내려 고쇼[御所]를 참배했다. 궁전 등에 붉은 색을 칠한 것이 있어서 조선과 닮아 있었다. 군데군데 울창한 솔밭이 있고 매우 조용해서 고대의 면모가 변하지 않은 느낌이 든다. 이것이 지금으로부터 천 년 전의 궁성宮城이다. 기타가와 직공장[喜多川織工場]을 참관했는데, 비단을 짜서 여러 가지 문양을 넣고 있었다. 사람의 재주가 참으로 신묘하게 드러난다. 이곳을 나와 고쇼[御所]를 지나 여관으로 돌아오니 5시였다. 8시 무렵에 시가지를 산보했다. 달이 없는 밤이지만 가는 곳마다 밝고 상점마다 흥성거린다. 사람들이 서로 어깨를 부딪치고 게타[下駄] 소리가 고막을 매우 흔들었다. 도회지의 풍경은 밤에도 좋구나.

10월 28일. 월요일. 맑았다가 비가 내림.

오전 7시에 여관을 나와 1리里를 걸어 정거장에 이르렀다. 시계는 8시 5분을 가리키고, 기차는 출발하려 하고 있었다. 무코마치[向日町] 일대에는 무[大根, 蘿蔔]밭이 있어서, 온통 푸른 다다미를 깔아놓은 것 같다. 대나무는 계곡을 가득 채우고 있지만 울창한 숲이라고 할 정도는 아니다. 스이타[吹田]를 나와서 보니 들판에 흰 천을 펼쳐놓고 햇빛을 쬐이고 있었다. 다시 오사카[大阪]에서부터 고베[神戸], 효고[兵庫] 등을

199 묘호인[妙法院]은 천태종(天台宗)의 주요 사찰 가운데 하나이다. 산주산겐도[三十三間堂]도 천태종의 사찰인데, 기둥 사이의 공간이 33개여서 이 이름이 붙었다. 정식명칭은 렌게오인[蓮華王院]이다. 각기 표정이 다른 1001개의 금불상이 봉안되어 있는 것으로 유명하다.

지나니, 비로소 소나무들 사이로 아와지섬[淡路島]이 보인다. 세토나이카이[瀨戶內海]와 나란히 간다. 다쓰노[龍野]에 이르니 비가 내렸다. 오카야마[岡山], 고진[金神], 가사오카[笠岡], 다이몬[大門], 오노미치[尾道] 등을 지나 이토자키[糸崎]에 도착한 것은 오후 5시 무렵이었다. 어두운 밤이라 풍경이 어떠한지는 볼 수가 없었다. 도시락을 먹었다. 9시 20분에 미야지마[宮島]에서 하차하여 곧바로 작은 증기선을 타고 이쓰쿠시마[嚴島]에 도착했다. 오늘 밤은 긴스이관[錦水館]에서 묵는다.

10월 29일. 화요일. 흐림.

아침 6시에 일어나 창문을 열고 보니, 바다가 내려다보인다. 낚시를 하는 것도 허락된다. 8시에 여관을 나와 모미지다니 공원[紅葉谷公園]에서 오모토 공원[大元公園]까지 갔다. 종종 보아온 것이기는 하지만, 파도 위로 솟아 있는 도리이[鳥居]와 신사, 산의 울창한 삼림이 참으로 아름답다. 정오 무렵에 기차를 타고 오후 7시 무렵에 바칸[馬関, 시모노세키]에서 하차하여, 다시 작은 증기선을 타고 사쓰마마루[薩摩丸]에 들어갔다.

10월 30일. 수요일. 맑음.

오전 6시에 일어났는데, 배가 불안해서 아침을 먹을 수 없었다. 8시 30분에 부산釜山에 상륙하여 정거장에 이르러서 10시 20분에 기차를 타고 출발했다. 창밖을 보니 제일 먼저 민둥산이 눈에 들어왔다. 전날에는 누런 벼가 논을 덮은 것 같았지만, 이제 돌아올 무렵에는 수확해 버렸다. 불과 20일 사이에 모습을 바꾸는 세상에서 우리 생활의 만사가 변천하는 것이 이와 마찬가지일 것이다. 어찌 우리가 성실하고 근면하지 않을 수 있겠는가? 왜관倭舘을 지나 아버지를 만났다. 아버지의 말씀을 들으면서 태전[太田]까지 와서 이별을 고하고, 오후 9시 23분에 용산龍山에 도착하니 주사主事 선생, 미쿠니야[三國谷] 선생, 요코치[横地] 선생, 고토[古藤] 서기가 나와서 맞이해주셨다. 동 30분에 남대문역南大門驛에 도착하니 교장 선생, 김 선생, 후쿠시마[福島] 선생, 야마구치[山口] 선생, 후루타니[古谷] 선생, 니시무라[西村] 선생, 정 선생, 김 서기, 김 훈도, 이 훈도 및 각 학급의 급장, 부급장, 권민옥權敏玉 등이 마중 나와 있었다. 본교 교문 앞에 다다르니 고지마[兒島] 선생 및 학교 기숙사에 사는 학우學友들이 나란히 서 있었다. 운동장에 돌아와 교장 선생, 주사主事 선생, 사이토[齋藤] 선생의 말씀이 있었다. 기숙사에 들어오니, 다른 느낌이 든다.

10월 31일. 맑음. 학교가 쉬어서 외출하여 놀았다.

11월

11월 1일. 맑음. 조 형趙兄이 방문했다.

11월 2일. 맑음. 집에 편지를 부쳤다. 10전은 엽서 및 과자菓子.

11월 3일. 맑음. 조 형趙兄을 가서 보았다. 함께 경복궁景福宮 안에서 열린 국화전람회菊花展覽會에 갔다. 오후에 조 형趙兄이 왔다.

11월 4일. 맑음. 갑자기 추워졌다.

11월 5일. 맑음. 일지日誌 초본草本을 갖고 조 형趙兄에게 가서 청서淸書를 부탁했다.

11월 6일. 맑음.

11월 7일. 맑음. 이발. 조 형趙兄을 가서 보았다.

11월 8일. 흐리고 춥다. 영하 8도.

11월 9일. 흐리고 춥다. 농업 실습. 포도 덩굴을 정리했다. 포도의 열매 맺는 가지는 반드시 작년에 나온 것이어야 하며, 나온 가지가 또한 새 가지가 아니라면 결코 열매를 맺을 수 없다고 한다. 일을 마치고 나서 감자 세 덩이를 먹었다. 조 형趙兄을 가서 보았다.

11월 10일. 흐림. 조 형趙兄을 가서 보았다. 박사博士 숙부, 송당松堂 선생을 방문했다.

11월 11일. 맑음. 등창藤倉 교수 부인의 장례라고 한다.[200] 오후에는 휴업休業했다.

11월 12일. 맑음.

11월 13일. 맑음.

11월 14일. 맑음. 집에서 편지가 왔다. 밤에 매우 추웠다.

11월 15일. 맑고 추움. 영하 8도.

11월 16일. 맑음. 집에서 편지 및 소포가 왔다. 조 형趙兄과 서상응徐相應이 방문했다. 일금 35전은 닛코[日光]에서의 사진.[201]

11월 17일. 맑음. 춥지 않다. 오전에 모직물[毛物] 수선의 일로 성기순成基淳의 처소에 갔다. 애암 2개는 2원인데, 먼저 1원을 냈다. 집에 편지를 부쳤다. 박사博士 숙부를 만나 뵈었다. 김필수金弼洙 군을 방문했다. 오후에 연구회硏究會에 갔다. 15전은 구두 수선, 20전은 월연금月捐金.

---

200 "등창(藤倉)"은 곧 경성고등보통학교 교유(教諭) 등창양지(藤倉良知)이다.

201 가람은 수학여행을 가서 10월 21일과 22일에 닛코[日光]에 있었다. 35전은 당시에 촬영했던 사진을 찾는 데 들인 돈일 것이다.

11월 18일. 맑음.

11월 19일. 맑음. 애암을 찾아왔다.

11월 20일. 맑음. 조 형趙兄이 방문했다.

11월 21일. 맑음.

11월 22일. 맑음. 총독부 진열관陳列館 및 은사환산장恩賜換産場 농산품평회農産品評會를 관람했다.

11월 23일. 맑음. 조 형趙兄과 함께 상품진열관商品陳列館 및 농산품평회農産品評會를 관람했다. 남산에 올랐다. 10전은 그림엽서, 10전은 과자.

11월 24일. 맑음.

11월 25일. 맑음. 아버님께서 편지를 내려주셨다. 곧바로 답서答書를 올렸다.

11월 26일. 맑음. 조 형趙兄이 방문했다.

11월 27일. 맑음.

11월 28일. 맑음. 조 형趙兄을 가서 보았다.

11월 29일. 맑음.

11월 30일. 맑음. 조 형趙兄을 방문했지만 만나지 못했다. 박사博士 숙부를 방문했다.

12월

12월 1일. 맑음. 오전에 조 형趙兄을 가서 보고, 함께 김 선생金先生을 방문했다. 오후에 연구회硏究會 및 조 형趙兄의 처소에 갔다.

12월 2일. 맑음. 윤상숙尹相淑 및 이두영李斗榮이 방문했다.

12월 3일. 맑음.

12월 4일. 맑음.

12월 5일. 맑음. 조 형趙兄이 방문했다.

12월 6일. 맑음.

12월 7일. 맑음. 병문秉文이 알리지 않고 출타했다. 중부님[仲父主]이 전보를 보내고 또 편지를 주셨다.

12월 8일. 맑음. 조 형趙兄과 함께 종로에서부터 남대문역南大門驛까지 갔다. 연구회硏究會에 갔다. 시험. 쉬었다.

12월 9일. 맑음.

12월 10일. 맑음. 조 형趙兄을 방문했다. 집에 보낼 편지와 줄포茁浦에 올릴 편지를 썼다.

12월 11일. 맑음.

12월 12일. 맑음.

12월 13일. 맑음. 4교시에 취지 및 행동趣旨及行動 시험.

12월 14일. 맑음. 조 형趙兄을 가서 보았다. 5전은 연필.

12월 15일. 맑음. 조 형趙兄이 방문했다. 송당松堂 선생, 김영룡金永龍 군을 가서 보았다.

12월 16일. 맑음. 학기 시험의 일자가 발표되었다.

12월 17일. 맑음. 중부님[仲父主]이 내려주신 편지가 왔다. 조 형趙兄이 방문했다. 듣건대 육제陸弟의 혼인이 이 날이라 하는데, 음력 11월 9일이다. 권영식權寧植 군의 편지를 보았다.

12월 18일. 눈. 강봉구姜鳳求 군의 편지가 왔다.

12월 19일. 맑음. 가루치약[齒磨粉]은 2전.

12월 20일. 맑음.

12월 21일. 맑음. 시험이 시작되었다.

12월 22일. 맑음. 조 형趙兄을 가서 보았다.

12월 23일. 맑음.

12월 24일. 맑음.

12월 25일. 맑음. 조 형趙兄을 가서 보았다.

12월 26일. 맑음. 시험이 끝났다.

12월 27일. 눈이 1촌寸 가량 쌓였다. 오후에 성적이 발표되었다. 조 형趙兄을 가서 보았다. 정석모鄭碩謨 씨 및 강봉구姜鳳求 군에게 편지를 부쳤다. 조 형趙兄 및 최승렬崔昇烈 군을 가서 보았다. 박기용朴基溶 군으로부터 『적의赤衣』 잡지 5장을 구했다.[202] 윤상훈尹相勛 군에게 25전을 갚아 주었다. 유광석柳光錫 군 및 권영식權寧植 군에게 편지를 부쳤다.

12월 28일. 맑음. 오전 9시 반에 휴업식休業式을 거행하였다. 1원은 백분白粉 10갑, 바늘 5갑. 15전은 양말. 18전은 세탁 소다[洗濯曹達]와 엽서. 송당松堂 어르신을 방문했다. 오후에 조 형趙兄, 박만서朴萬緖 군, 박사博士 숙부를 방문했다. 동 6시에 조 형趙兄을 가서 보았다. 김영룡金永龍을 만나 소포를 받았다. 조 형趙兄과 함께 남대문에 갔다. 1원 48전은 차표를 샀다. 이현泥峴에서부터 돌아와서 잤다.

---

202 『적의(赤衣)』가 어떤 잡지인지는 분명하지 않다. 최남선이 신문관에서 발간한 『붉은 저고리』일 가능성을 생각해 볼 수 있는데, 1913년 1월 1일자로 창간호가 간행되었으므로 며칠 차이가 있다. 또한 이 문장과 바로 뒷 문장의 관계는 분명하지 않은데, "박기용 군으로부터 『적의』 잡지 5장을 구하여 윤상훈 군에게 주고 25전을 갚아 주었다."로 해석할 수도 있을 듯하다.

12월 29일. 맑음. 오전 7시에 일어나서 동 8시 무렵에 남대문에 이르러 기차를 탔다. 태전[太田]에서 호남선湖南線 기차로 환승했다. 두계역豆溪驛에서 김영문金永文에게 은동隱東으로 보내는 편지를 부쳤다. 강경江景에 도착하니 오후 2시 무렵이었다. 백주수白周洙 군, 조 형趙兄과 동행하였다. 조 형趙兄의 집에 들어가 저녁식사를 하고, 출발하여 집에 돌아오니 8시 무렵이었다. 밤은 이미 어두웠는데, 가족들이 기뻐함은 끊이지 않았다. 아내가 아이를 가진 지 여섯 달이라 한다.

12월 30일. 흐림. 오후에는 진눈깨비. 본교本校의 여러 선생, 전주공립학교[全州公校], 수산오백족守山五百足 등에게 편지를 부쳤다.[203]

12월 31일. 맑음. 아버님이 줄포茁浦로 행차하셨다.

이하는 제2권에 계속 쓴다.

203 조선총독부의 직원록에 의하면, 수산오백족(守山五百足)은 이 무렵에 전라북도 내무부에 근무하고 있었다.

한문일기

제2권

1913. 1. 1. ~ 1915. 3. 24.

탈초·번역 : 황재문(서울대학교 규장각 한국학연구원 교수)

[원문]

日誌二

自癸丑春至乙卯春

(1913. 1. 1. ~ 1915. 3. 24.)

西曆紀元 一千九百十三年

一月

一日. 水曜日. 晴. 午前, 趙兄來訪.

二日. 木. 晴. 與趙兄, 往見社峴李氏家及邑內客舍·郡守家等. 回路, 入新村堂叔宅.

三日. 金. 晴. 午前, 趙兄歸. 午後, 鄭·權二友來訪.

四日. 土. 晴. 明日行裝之整頓.

五日. 日. 晴. 午前, 與秉文, 至鵲村趙兄宅. 訪李羲容. 午後, 至江景驛乘車, 二時五十五分也. 趙兄與白周洙, 其他諸友作伴, 乘換於太田, 下車於南大門驛, 卽九時半也. 徒步而至鐘路相分, 各歸其所. 入寄宿舍, 同室之友, 已爲就寢也.

一金 拾円, 文弟條也. 內 貳円八十四錢, 文弟車費.

一金 貳円貳拾貳錢. 自家所得.

一金 壹円四拾貳錢, 車費(半割引).

六日. 月. 晴. 午前九時半, 本校開學式擧行. 惟我三乙全体, 教生練習次, 卽下附屬普通學校, 行相見禮. 被任一學年. 會于六學級教室, 山口教授有言. 午後, 往見趙兄及秉文留所, 其他諸友. 更逢鄭忠時, 娓娓相語. 歸路, 與秉文至安洞商店, 買與紙物及帽子. 付書于本第.

一金 壹円四拾五錢, 文弟所用(書札紙, 印札紙, 封套紙及帽子, 入學費).

一金 七錢五厘, 書札紙一軸.

七日. 火. 午前小雪. 下附校, 參觀金訓導教授, 第三時體操教授. 午後, 會于圖畫室, 聽金訓導朝鮮語及漢文教術演語. 自蘇秉寔·林哲周·姜鳳求·李秉俊許, 來年賀狀.

八日. 木. 曇且晴. 與李龍尙君, 爲看護當番. 參觀金訓導教授(算術, 朝鮮語)及鹿子生訓導國語教授. 午後, 亦如昨日, 昇本校聽演.

一金 貳錢五厘. 箸一件.

一金 四錢五厘. 葉書三枚.

付書于林哲周·蘇秉寔·李秉俊許.

九日. 木. 晴. 午前, 第一時, 金訓導算術及朝語教授, 第三時, 鹿子生訓導教授. 午後, 昇本校, 鹿子生教術演講(算術). 夕頃, 趙兄及文弟來訪. 一同會三學級教授, 李訓導有言. 日語教案調作.

十日. 金. 晴. 第一時, 參觀李訓導朝鮮語模範教授. 第二時, 金訓導教授. 第三時, 鹿子生教授. 午後昇校, 鹿子生教術演義. 朝語教授案調作. 一同會于三學級教室, 李訓導演講(朝鮮語, 漢文).

十一日. 土. 晴. 午前, 參觀金訓導算術朝語教授及鹿子生教授. 午後昇校, 聽坂東演講. 有職員會, 故早歸. 往見趙兄及文弟·諸友. 一金三錢,貸與李殷模. 三錢, 葉書二枚. 朴基溶及朴始陽許, 付書.

十二日. 日. 晴. 午前, 理髮. 往見趙兄及文弟·諸友. 上書于茁浦. 買菓子相談. 午後五時頃, 歸舍. 貳円, 與置于趙兄.

一金 拾錢. 菓子價.

十三日. 月. 晴. 午前, 金訓導修身算術教授. 教授習字. 午後, 昇本校, 坂東訓導算術教術演講. 看護當番.

十四日. 火. 晴. 午前, 金訓導算術教授. 朝鮮語實地教授. 午後, 三宅教術演講. 金訓導模範教授.

十五日. 水. 曇. 午前, 第一時, 金訓導教授模範. 第二時, 鹿子生一學級唱歌教授. 午後昇校, 三宅教演.

十六日. 木. 曇. 溫而雪消. 金訓導教授及成君教授. 午後, 隨金訓導, 訪問欠席者高熙均及金仁勗.

一金 四十錢. 報給金夏俊.

十七日. 金. 晴溫. 午前, 市川訓導算術教授. 午後, 市川有言.

十八日. 土. 晴. 教授. 市川教授.

十九日. 日. 曇溫. 謄寫明日教授案. 午後, 訪見趙兄及文弟·諸友. 回路, 逢朴萬緖.

一金 五錢五厘. 菓子價.

卄日. 月. 曇溫. 鮮語練習教授, 今番教生, 余爲初頭出演. 午後第五時, 開批評會.

卄一日. 火. 曇. 小寒. 朴君算術, 成君體操, 市川教授, 鹿子生教授指示. 午後, 對朴君教授, 開小批評會.

卄二日. 水. 晴. 有職員研究會, 故早退.

卄三日. 木. 晴而小寒. 李君教授. 山口教諭有言.

廿四日. 金. 晴, 小寒. 李君敎授. 鹿子生敎授.

廿五日. 土. 晴而小寒. 李·金·朴君敎授. 有黃君敎材指導. 自茁浦有下書. 趙兄及文弟來訪, 已爲九時頃, 歸路閉戶, 故使附屬校小使開之.
一金貳十錢, 內十錢, 貸與金夏俊.

廿六日. 日. 寒. 午前, 訪趙兄及博士宅. 午後, 於朝語硏究所, 爲李龍卨請由, 貰一錢. 往見金永龍及永運.

廿七日. 月. 晴且寒. 黃·金敎授. 開批評會.

廿八日. 火. 晴. 陰十二月廿二日也. 付書于家. 李·朴·成敎授, 三宅訓導敎材指導.

廿九日. 水. 風雪. 朴·成及李敎授.

卅日. 木. 晴. 金·李·成及鹿子生敎授. 三宅訓導被批評.

卅一日. 金. 晴. 李·鹿敎授.

一金 二拾. 貸與黃瑞勳.

二錢. 報給樂殷.

二月

一日. 土. 晴溫. 李·金·朴敎授. 午後, 遊戱及談話.

二日. 日. 溫. 午前, 往見趙兄及文弟. 往謁博士丈. 請由于講習所. 往見金訓導. 菓子會. 訪金先生宅. 自古城里柳兄, 來書.

一金 三錢. 切手. 付書于柳兄.

三日. 月. 晴且溫. 金禎湜敎授. 午後, 批評會.

四日. 火. 溫. 朝見家書. 朴·李敎授.

五日. 水. 溫. 朴君敎授. 鹿子生模範敎授. 早歸舍. 除夕云, 故夜無默習鍾. 有菓子會.

一金 五錢. 菓子.

偶吟一首. "萍水相逢是偶然, 如兄如弟已三年. 從此不知何處去, 願君無恙守天眞."

六日. [癸丑正月一日] 木. 寒. 陰曆正月一日也. 午前九時頃, 出勤. 午飯則餠也. 午後, 往見趙兄及文弟. 但文弟, 則初年過歲于客地者云已.

七日. 金. 晴. 夜雪. 李·鹿子生敎授. 朴君敎授.

八日. 土. 晴且寒. 李·朴敎授.

九日. 日. 晴且寒. 本校學生募集試驗. 午前, 往見趙兄及文弟. 與趙兄訪謁博士丈. 午後歸舍, 則校門尙閉, 爲試驗閑人勿入也. 自後門入舍, 同室之人傳言, 俄頃父主來臨云. 故出校門, 側立竢數時間, 得謁父主, 入室.

一金 壹錢. 硏究所請由.

十日. 月. 寒晴. 早往壽鎭坊許憲家, 訪父主. 梁友練習敎授. 鹿子生及山口敎諭敎授. 午後, 開批評會. 坂東訓導有敎材指導. 舍監兒島先生請得外出許可, 自午後七時至九時. 往訪父主, 往泥洞趙兄及文弟, 更與至父主留所, 九時還舍.

十一日. 火. 晴且溫. 紀元節日也. 休業. 早飯後, 往謁父主. 趙兄及文弟亦來見. 父主朝飯後, 侍從父主至西小門外旅館, 推尋行裝. 至停車場, 汽笛方鳴, 適臨出發(午前十時四十二分). 急買井邑車票及入場劵, 乘三等車, 行次于井邑.

一金 壹円五十錢及切手六枚, 自父主受得.

三錢. 入場劵.

但趙兄及文弟, 晩到壽鎭坊許辯護士家, 更至西小門外也. 父主出駕後, 只望汽車之疾走, 忽不見其形, 但聞其聲之轟轟, 乃出停車場佇. 至西大門前, 逢着趙兄及文弟, 回入德壽宮中. 更因巡査之指導, 轉至泥峴市街, 探見册舍. 更自銅峴新大路, 至鐘閣側路, 各歸其所. 午飯後, 付呈小包于本第. 日前自父主有得小包, 卽山東紬一疋, 無紋映艸緞, 新毛綃緞, 各二疋也. 上書于季父主前. 更至趙兄處. 歸路, 訪謁松堂先生. 訪李鍾翼家, 則其家已移他云.

一金 十八錢. 小包.

六錢. 齒磨粉一封.

十二日. 水. 晴. 溫. 金·成·坂東教授. 與朴基溶, 往日韓書房, 買家庭教育學一册. 歸路, 入漢陽沐浴湯.

一金 壹円四拾錢. 家庭教育學一册.

八錢. 二人分沐浴料.

十三日. 木. 晴, 溫. 朴君·成君·李君教授. 坂東訓導有言.

十四日. 金. 晴. 李·鹿子生教授.

十五日. 土. 雪. 李·朴·成教授.

十六日. 日. 晴. 午前, 率兒童, 掃除運動場雪. 往見趙兄. 往謁松堂先生.

一金 十五錢. 硏究所月捐金.

壹錢. 報給金鳴璉.

五錢. 報給朴始陽.

十七日. 月. 晴. 韓相範練習教授. 鹿子生教授. 開批評會.

十八日. 火. 晴溫. 午前, 李·金教授. 放課後, 有李啓承小批評會. 山口教諭對金顯模有言. 夫兒童之每日來校, 其一分一秒, 卽其平生不復逢見之時間, 而卽其影響於平生者也. 若敎師任然無意, 但盜奪其時間, 且使兒童奪其多思之精神, 而無所有益, 則未免道德上一大罪人也. 且其兒童卽非他人, 卽我同胞兄弟也. 何如是任然無意, 而浪度其時也哉. 自金夏俊捧收十錢. 夜有金夏俊菓子會.

十九日. 水. 晴溫. 李·朴敎授. 市川模範敎授. 有職員會, 早歸. 往見趙兄及文弟.

卄日. 木. 晴溫. 李·朴·成敎授. 鹿子生敎授. 市川訓導有言. 自本校有調查件, 卽 (1)自己所好飮(茶,酒), 食(肉類,卵), (2)所愛讀(賢人·偉人之遺書), (3)所好學科(文學科, 歷史), (4)所好遊(共同的遊戲), (4)所好生活法(敎育的生活). 以上細字雙行書者, 卽我余之所云也. 今夕卽陰曆正月望日. 偶吟一首. "漢城雪夜白, 夢覺報晨鐘. 忽忽已三歲, 捨君誰與從."

卄一日. 金. 晴. 夜雨. 李·朴·鹿子生敎授. 有思一言, "我謂惡人, 庸見其人, 則但現其人之惡事, 終至偏惡其人."

卄二日. 土. 曇. 午前, 昇本校, 體格檢查. 卽身長, 五尺二寸五分. 胸圍, 二尺六寸, 呼吸差, 三寸二分. 體量, 十五貫二百五十匁. 兩眼正視. 全身無病云. 自本校有云履歷書提出, 如左.

明治 二十四年 一月 二十八日生. 西曆(一八九一).

仝 三十年 二月 一日. 私塾入學.

仝 四十二年 四月 十六日. 公立全州普通學校 第四學年 入學.

仝 四十三年 三月 二十八日. 仝校 卒業.

仝年 四月 十六日. 官立漢城師範學校 第一學年 入學.

二十三日. 日. 晴. 附校有敎授硏究會, 故午前十時, 下附校, 管理學童. 十一時, 參觀. 金訓導朝鮮語硏究敎授. 午後, 往硏究會, 試驗. 訪見金永運. 貳拾錢, 貸與朴兄.

一金 十五錢. 捐助硏究所.

二十四日. 月. 晴, 溫. 李啓承練習教授. 開批評會.

◎ 履歷書附入, 如左.

"明治 四十四年 十月 卄六日, 左朝鮮總督府令第一一六號リ以テ, 京城高等普通學校附設臨時教員養成所ニ 變更ス

大正 二年 三月 卄三日, 京城高等普通學校附設 臨時教員養成所リ 卒業ス."

卄五日. 火. 晴. 朴·李教授. 三宅訓導, 教材指導.

卄六日. 水. 晴, 風寒. 早歸, 整理批評. 壹円, 貸與成樂殷.

卄七日. 木. 零下二度, 雪來. 李·金教授. 書廣告(學生募集)四枚. 三宅訓導有言.

卄八日. 金. 晴溫. 李·朴教授.

三月

一日. 土. 晴. 書九九表. 早歸舍. 訪見趙兄及文弟.

二日. 日. 寒. 往見趙兄及文弟. 付上書于苗浦. 午後, 往硏究所, 行卒業式, 受卒業狀. 但点數九七, 平均九四.00.(合勤授)

三日. 月. 寒. 李大泳教授練習. 開批評會. 趙兄·文弟來訪.

四日. 火. 晴且風寒. 但教生出勤, 其他仁川旅行. 見家書. 李大泳貸與三錢五厘.

五日. 水. 晴風寒.

六日. 木. 風晴. 付家書. 大泳許, 二錢以唱歌月報除之, 一錢五厘殘在.

七日. 金. 晴.

八日. 土. 寒. 自本校, 出給日本旅行日誌.

九日. 日. 午前, 與十七人欲撮影. 自鐘路寫眞館, 至南山公園及漢陽公園. 日光已高, 終至不低, 不得已更至鐘路寫眞館內, 撮影. 午後, 往見趙兄及文弟. 金永運來訪云, 往訪金永運及永龍. 數日前外舅上京云. 自苗浦, 來貳拾円電換.

一金 二十五錢. 時計面硝子修繕.

十日. 月. 晴. 金永郁練習敎授. 開批評會.

十一日. 火. 晴且溫. 有職員會, 故早歸. 往見趙兄及文弟. 自苗浦有下書. 自古城里, 來書.

十二日. 水. 溫. 有職員會, 早歸.

一金 四錢. 樂報價.

十三日. 木. 溫, 晴. 夜薄雪. 上書于苗浦. 午後, 卒業生寫眞撮影. 自本校有托, 記三年間寄宿舍生活所戒, 如左.

1. 性情陶冶之事.
2. 意志鍛鍊之事.
3. 淸潔, 整頓, 勤儉等, 良習慣所得事.
4. 學友間親睦事.
5. 依一定時間及規則, 一般的有自習力事.
6. 無親睦會組織, 故不得自敬心·自治力, 亦無完全規則的生活事.
7. 每週一回式, 爲足精神休養, 有會合開催之必要.
8. 互相不知其人格之如何, 故相猜疑, 相輕蔑, 各自流於傲慢, 生暴棄心. 遂不得責善補仁之効. 由此觀之, 如親睦會之切磋琢磨, 會合之設置必要, 可有也.

9. 雜誌·新聞等之縱覽所設置, 而以課外廣其常識必要.

10. 今雖書生, 然若不爲將來社會之人物, 不可, 而況師範生徒, 其非社會之醫者乎. 爲社會見聞及準備尙無.

11. 寄宿舍食事, 營養上不充分.

12. 臨時外出, 必許可事.

例或有緊急事時, 或訪見親戚時, 或有朋友間信約時, 請外出, 亦歸虛言, 不許之事, 間間有之也.

十四日. 金. 晴溫. 有人便, 上書于父主前.

十五日. 土. 晴溫. 午後, 書修業證書.

一金 四十五錢. 寫眞價.

十六日. 日. 溫. 春和日暖. 與朴基溶, 訪趙兄數話. 轉至光化門郵便局, 推尋電換貳拾円. 自泥峴, 至南山町村上寫眞館, 付托寫眞一枚. 回路, 至銅峴布木商店, 買周衣次一件. 至鐘路圖章舖, 要托圖章一箇(象牙), 定價壹円, 及名啣百張, 定價參拾錢. 午後, 持周衣件, 至趙兄處任置. 逢秉熇, 入見其所, 而作伴趙兄·文弟及白·吳二友, 逍遙于南山公園·漢陽公園, 自南大門, 至鐘路, 相分歸其所. 歸途, 幸逢見許憲氏.

一金 貳円四十錢. 斑黑布木十尺, 一円五十錢. 玉洋木九尺, 九十錢.

一金 五十錢. 圖章先金.

一金 五円. 貸與朴基溶.

十七日. 月. 晴. 午前, 習字. 成續調作. 成續考査.

十八日. 火. 晴. 自苗浦, 有下書及電換十円. 卒業紀念植樹.

十九日. 水. 晴溫. 付上書. 一金二錢, 理髮料.

卄日. 木. 曇. 午後, 往光化門郵便局, 覓來拾円及貯金二円. 往東一堂, 覓來圖章及名啣. 往太平洋服店, 要洋服改繕正服. 定價, 六円五十錢, 先納金, 五円也. 往見趙兄及文弟. 自朴基溶, 推尋五円二十錢. 夜有二年級親睦會, 卽送別會也.

卄一日. 金. 晴. 午前, 會居室, 有議三條. 1. 金炳賓治療事. 2. 對在舍生答禮件. 3. 松堂先生送別禮件. 往見趙兄. 與諸友, 至泥峴, 買物品. 復至趙兄處, 與文弟, 至新文舘, 推來册子. 回路, 且買物品. 卽如左記.

一金 七十錢. 洋服內衣 上下件 一.

一金 一円. 洋服조기 一.

一金 三十錢. 面刀 一.

一金 四十五錢. 老眼鏡 一.

一金 一円六十錢. 中折帽子 一.

一金 十五錢. 弁當 一.

一金 三十錢. 青毛紗册包 一.

一金 五十錢. 粉十匣.

一金 二十五錢. 編册手數料.

一金 五十四錢五厘. 赤古里新聞 一年豫納價.

一金 四十一錢. 封套紙百張, 十三錢. 內紙一軸, 十四錢. 石鹼一箇, 十二錢. 五錢. 新聞挾一箇, 一錢五厘.

一金 六十二錢. 箱子二個, 四十錢. 匙箸一件, 十五錢. 繩二末, 七錢.

一金 二十二錢五厘. 團體寫眞價 一.

一金 七十錢. 內二十錢, 寄宿舍一同寫眞價. 五十錢, 爲金炳賓捐助.

卄二日. 土. 晴. 午前, 往附校, 還納册類, 而告別式. 登本校, 有豫習明日式事. 午後, 往招待會. 六時頃還舍. 夜有同窓會.

一金 二十錢. 同窓會費.

卄三日. 日. 晴. 午前九時頃, 往高校運動場, 行卒業式. 이도베博士及에버博士參席, 勸勉祝辭. 罷式後, 復還本校, 有謝恩會. 及校長各其任地佈告, 余則南陽也. 多年出鄕, 萍水一生, 辛辛苦苦. 所謂卒業, 且遠故山, 歸身南陽, 一心自勤, 前望落空. 六十二名, 幷速成科, 百餘名卒業生中, 或歸近鄕, 或歸遠鄕, 或淚或笑, 而大體固無好況. 音樂之聲, 不美於耳, 料理之味, 不甘於口. 是不量余心之不快, 他人亦皆如是, 是乃天然之人情也. 雖然, 隨其時代, 而情亦不同者, 於是乎大覺矣. 以若男子, 何以不歸爲恨哉. 托身於覆載之中, 要名於宇宙之間, 何嘗未可也, 而其能爲之也哉. 使義州率去行具, 寄于泥洞車鎭源家. 夜與趙兄及鄭·朴兩友, 自寄宿舍, 參見演劇場優美館.

一金 一円五十錢. 洋服改繕費.

一金 十錢五厘. 洋靴釘及新文鐵.

一金 六十一錢. 行硏一箇及洋襪三件.

一金 二十錢. 入演劇場費, 二人分也.

卄四日. 月. 曇. 午前九時, 入道廳學務係(京畿道廳). 逢金永龍, 往見其春丈處, 出他未謁. 夜至金昌善處, 作別諸友.

卄五日. 火. 雪. 午前九時, 入道廳. 往謁晴初丈. 往謁松堂丈. 自寄宿舍, 至許憲氏家, 告別. 往謁博士丈, 告別. 與文弟, 夜隨趙兄, 入清料理家. 歸而整頓行具.

卄六日. 水. 晴. 午前七時起寢, 與義州負行具, 至南大門驛, 白南圭及趙兄來餞. 松堂先生, 亦行次于南中. 與文弟, 八時半乘車, 午後三時頃, 下江景驛, 松堂丈亦下車. 至上鵲村, 訪趙兄宅及李觀察丈, 卽告別. 逢秉釋弟, 同行三人, 負行具者又一人. 歸家, 已午後八時也.

一金 五円六十錢. 車費.

一金 十五錢. 오둥어一尾及광.

一金 十錢. 蜜柑五箇.

一金 五錢. 茶一碗.

一金 六十二錢. 荷物賃金也.

廿七日. 木. 晴. 一金四十五錢, 下人治送費也.

廿八日. 金. 晴, 風. 上書于茁浦.

一金 二十錢. 白紙 二束.

廿九日. 土. 晴. 往謁新村堂叔宅.

卅日. 日. 晴.

卅一日. 月. 晴. 早發, 負行具于大父. 九時頃至鵲村, 訪見趙兄, 卽往停車場乘車. 下車于水原驛, 乘人力車, 至泉川里酒幕, 宿.

一金 二円三十二錢. 車費也.

一金 八錢. 菓子價.

四月

一日. 火. 晴. 早飯後, 卽乘車. 午前十時頃, 至南陽公立普通學校, 見校長. 往見金永斗郡守丈. 定宿所于金正哲家.

一金 一円五十錢. 人力車費.

一金 四十四錢. 食費.

二日. 水. 晴. 教授參觀. 午時, 往見郡守丈, 受辭令書及在勤狀. 有訓辭. 始見郡廳諸職員.

三日. 木. 晴. 神武天皇祭日也. 登山植木, 午後三時止. 歸旅舍, 有盛饌. 夕頃, 散步至新芳家, 逢崔相俊同遊, 金君昌鎭亦同遊, 而午後八時歸.

四日. 金. 晴. 午前, 植木. 上書于本第. 自金鐘南來書.

五日. 土. 曇而雨. 自茁浦有下書.

六日. 日. 曇. 自郵便局, 受來貯金利子三十四錢. 訪見郡守丈. 與金昌鎭散步, 至崔東煥家. 回路, 入金昌鎭家.

七日. 月. 午後分農場. 上書于茁浦.

八日. 火. 一金三十錢, 切手十枚.

九日. 水. 晴. 自李殷模及白南圭, 來書. 種菜, 修肥.

十日. 木. 晴. 付書于小出·守山二先生及李殷模.

十一日. 金. 晴. 自金載熙, 來書.

一金 七錢. 葉書.

付書于族叔博士·蘇秉寔·金鐘南·金載熙前.

十二日. 土. 午後曇. 種苗終日.

十三日. 日. 晴. 與朴·李兩兄, 往鳩浦梨花洞族宅, 午飯. 初入學秉德. 回路, 訪趙氏及朴兄家, 夕飯後歸. 自家有書.

十四日. 月. 晴. 上書于本第. 李鐘秀訓導辭令書來, 轉任于于驪州, 故自此擔任四學年四學級. 一同歸旅舍, 有餞別會. 夜與朴·李兩兄, 往筆洞家, 又有餞送會.

一金 壹円八十一錢. 餞送費.

十五日. 火. 晴. 放課後, 植桑.

十六日. 水. 晴. 簡易實業學校訓導辭令狀及在勤狀來到. 自今日, 爲教農業學校. 自趙兄來書.

十七日. 木. 晴. 自郡廳, 有仁川書記遭難捐助.

一金 十八錢. 捐助金.

十八日. 金. 晴. 餞送李鐘秀.

一金 二十錢. 餞送費.

十九日. 土. 晴. 午前十一時頃, 職員一同, 生徒一同, 郡守以下生徒父兄一同, 送別李鐘秀于五里亭.

一金 十五錢. 理髮.

卄日. 日. 晴. 午前十時頃, 職員及四學年生徒, 參往常校, 直員張泰星及先生黃敦秀氏鄕飮酒禮. 午後二時頃, 歸生徒. 午飯及飮酒, 以回來.

卄一日. 月. 晴. 自郡廳受月俸, 十七円 二十三錢.

一金 九錢. 茶代. 夕頃, 往見校官.

卄二日. 火. 雨.

卄三日. 水. 雨. 往姜信奎家, 飮食.

卄四日. 木. 雨. 自洪淳龍兄來書. 浸稻種.

卄五日. 金. 雨.

一金 十錢. 印札紙.

卄六日. 土. 曇. 自黃瑞勳來書.

卄七日. 日. 晴. 付書于趙兄·朴基溶·鄭忠時·洪淳龍.

一金 十二錢. 切手.

卄八日. 月. 曇. 放課後, 苗座整頓. 肥料則大豆及赤豆.

廿九日. 火. 自本第有書. 農業實習.

卅日. 水. 晴. 付書于本第·黃瑞勳.

一金 六錢. 切手.

五月

一日. 木. 晴. 請見早稻田大學校規則書. 往校, 省平苗座.

二日. 金. 雨. 午後, 信原視學來校.

三日. 土. 晴. 校長及信原學務係, 出張于普成學校卒業式.

四日. 日. 晴. 自午前九時, 算術·國語教授. 視學參觀, 午後二時歸.

五日. 月. 晴. 休業. 午後, 登山, 與朴友同遊. 自苗浦有下書.

一金 十五錢. 卷紙 一軸.

一金 十円五十錢. 夏帽子及洋服價.

付書于苗浦及金昌善.

六日. 火. 晴. 付書于李鐘秀.

一金 三錢. 切手.

七日. 水. 雨. 雹來. 活動寫眞來校.

八日. 木. 晴. 活動寫眞, 自午後八時, 至午前二時, 開會于校庭. 參觀者, 千餘人. 自鄭忠時兄來書. 自早稻田大學, 來規則書.

九日. 金. 晴.

十日. 土. 晴. 沐浴.

十一日. 日. 晴. 自家有書及小包.

十二日. 月. 晴. 付書于本第. 柳丈春熙氏前上書. 付書于李大泳·金世

涓·崔俊植·金顯模·早稻田大學(法律科校外生, 入學).

一金 十三錢五厘. 切手二, 葉書五.

十三日. 火. 晴. 往見苗座.

十四日. 水. 雨.

十五日. 木. 晴. 自李大泳·崔俊植, 來書.

十六日. 金. 晴. 自順川金夔庸, 來書.

十七日. 土. 晴. 自柳先生春熙氏, 來書. 朴仁榮氏來訪.

十八日. 日. 雨. 訪朴仁榮氏及方斗鉉氏.

十九日. 月. 晴. 自秉德來餠. 付書梨花洞信氏族弟.

一金 三十錢. 時計改正.

卄日. 火. 晴. 付書于趙兄及松堂丈前.

卄一日. 水. 晴. 月俸, 十七円八十二錢. 夜有二層屋送別式.

一金 二十錢. 吉主事送別式紀念.

卄二日. 木. 晴. 七円八十錢, 旅費所得.

一金 六円. 食費.

一金 八十錢. 時計矯正.

一金 二円. 內衣及洋襪.

自朴勝斗及白南珪, 來書. 正午, 代表職員, 送吉主事于五里亭.

卄三日. 金. 晴.

卄四日. 土. 晴. 付書于白南珪.

一金 五円. 付家.

一金 二十一錢. 切手五. 葉書四.

一金 一円. 付京城湖南學生親睦會, 捐助金.

一金 一円十錢. 早稻田大學 法科講義錄.

廿五日. 日. 晴. 與朴·李二兄, 往梨花洞族家.

廿六日. 月. 晴. 準備明日式事. 午後三時頃, 與生徒全體, 至五里亭, 待學務課長官于四時間而還(陶山學務課長, 代道長官來). 學務課長, 自異路來留云.

廿七日. 火. 晴. 擧行落成式.

一金 七十錢. 洋傘價一円十錢內, 先金也.

廿八日. 水. 晴. 同學務委員及同官一同, 撮影.

廿九日. 木. 晴.

卅日. 金. 晴. 往苗座. 自趙兄來函.

卅一日. 土. 晴. 本面長洪承殷氏, 作鳳林寺一遊. 同官一同, 郡守以下郡廳一同及面長一同, 大會終夜. 餘興, 吟一首. "鳳林五月作淸遊, 此日風流到竿頭, 一喜一悲今世事, 見君更憶是隆州."

現今世事, 果多變動, 南陽郡人, 實有如此之勝遊乎. 君則洪面長也.

六月

一日. 日. 晴. 午頃, 自鳳林寺還來, 晝寢.

二日. 月. 晴. 自家有叔父下書. 陰四月十日夜, 生女云. 午後放課後, 偕方友往苗座處.

三日. 火. 曇.

四日. 水. 晴.

五日. 木. 晴.

六日. 金. 晴. 付書于趙兄.

七日. 土. 晴. 學藝會練習.

八日. 日. 晴. 付家書.

九日. 月. 雨. 學藝會開.

十日. 火. 晴. 自姜炯求·李時雨來書. 放課後, 捕殺松虫.

十一日. 水. 晴. 曇. 放課後, 種甘藷.

十二日. 木. 曇.

十三日. 金. 晴.

十四日. 土. 晴. 午後, 一同往驛前, 植秧三時間.

十五日. 日. 晴. 訪見金學務委員家. 散步, 至五里亭.

一金 九錢. 夏帽子, 農夫用.

十六日. 月. 晴. 自家來小包及書信. 覓來寫眞二帖.

十七日. 火. 晴. 午後五時, 官公吏親睦會, 往鳳林寺. 午後十一時頃, 歸宿.

十八日. 水. 晴. 率農校生徒, 往驛前.

十九日. 木. 晴. 一金 十四錢, 卷紙一軸.

卄日. 金. 晴. 訪黃在琦, 未見.

卄一日. 土. 小雨. 午後, 弄碁. 一円, 貯金. 月俸, 十七円.

一金. 二十錢, 肉價. 十七錢, 鎖鐵一.

一金 四十錢. 洋傘餘條.

卄二日. 日. 晴. 貼作一箱. 一金十五錢, 石油箱一.

付書于本第及鄭忠時兄.

卄三日. 月. 曇. 一金 一円四錢. 親睦會費.

一金 三十二錢五厘. 吉主事送別費.

一金 三十錢. 郡守丈生男兒, 捐金.

一金 十八錢. 國庫金.

廿四日. 火. 晴.

廿五日. 水. 雨.

廿六日. 木. 雨. 注文書簡文作法于東京博文館, 一錢五厘.

廿七日. 金. 雨.

廿八日. 土. 晴. 一金 五十九錢. 寫眞二帖.

廿九日. 日. 晴. 自京, 來金昌善君書.

卅日. 月. 晴.

七月

一日. 火. 晴.

二日. 水. 晴. 自博文館, 來信.

三日. 木. 晴.

四日. 金. 晴. 一金十錢, 理髮也.

五日. 土. 晴. 請求書簡文作法一册于東京博文館. 自鄭忠時君, 來函.

一金. 四十二錢, 書簡文作法一册. 七錢五厘, 腰帶布一端.

六日. 日. 晴. 本校庭, 有金郡守丈餞送會. 一金五十錢也.

七日. 月. 晴且曇. 午前十一時頃, 學校及面長一同往五里亭, 送別金郡守丈. 午後四時頃, 迎徐郡守丈. 自家有書.

八日. 火. 晴. 自趙兄許來書.

九日. 水. 晴. 自金昌善兄來書.

十日. 木. 晴.

十一日. 金. 晴.

十二日. 土. 雨. 歸省願于道長官.

十三日. 日. 雨. 校長上京, 代理. 被招洪喆厚, 有食.

十四日. 月. 曇. 自今日, 半日上學也.

十五日. 火. 曇. 自校長有書.

十六日. 水. 雨.

十七日. 木. 雨. 有栖川宮殿下葬日, 講話. 養蠶始.

十八日. 金. 小雨. 自苗浦有來書. 付書于佐土原校長.

十九日. 土. 雨. 付上書于苗浦.

廿日. 日. 晴. 李·朴兩兄出發. 往講習所.

廿一日. 月. 曇. 自道長官, 有二三四四號歸省許可狀. 付書于本第. 受月俸十七円八十二錢.

一金 三十五錢. 網上衣一件.

廿二日. 火. 曇, 雨. 一金八十錢, 金郡守丈紀念件. 五十錢, 朴鎭鎬氏報給件. 李訓導, 二円七十一錢, 朴訓導, 十一錢五厘, 收捧條也. 自李訓導來書.

廿三日. 水. 晴. 自李鐘秀兄來書.

廿四日. 木. 晴. 校長歸校云. 金兄昌鎭來見.

廿五日. 金. 晴. 一金五錢, 菓子. 與金昌鎭同遊. 自朴訓導來書.

廿六日. 土. 晴. 一金十八錢. 朴訓導許, 送册子.

一金 十五錢, 切手. 付書于朴訓導. 校長還校.

廿七日. 日. 晴. 示務.

廿八日. 月. 晴.

廿九日. 火. 晴. 集生徒, 種大根于一坪農園.

卄日. 水. 午後雨. 明治天皇祭日也. 午前, 擧式.

一金. 四十三錢, 卷紙三. 二十五錢, 引蘇丸三帖. 十五錢, 接蠟三. 二十二錢, 大根種子.

卄一日. 木. 晴. 午前四時半出發, 乘人力車. 八時頃, 至水原. 九, 三十七分, 乘車. 午後二時, 至隱洞宿.

一金. 一円三十五錢, 人力車費. 三十九錢, 黑染. 九十五錢, 車費. 七錢, 扇子.

八月

一日. 金. 晴. 午前七時頃, 乘車. 八時頃, 至江景, 置荷物于趙兄家. 往江景, 見姜曄氏. 訪時計店及寫眞屋. 自車中, 逢見李愚興氏.

一金. 四十二錢, 車費. 一円五錢, 時計改正費. 二十錢, 砂糖.

一金 十錢, 荷物賃.

至浪青里, 見妹家. 午飯于趙兄家. 訪李局長宅. 乘馬而歸省.

二日. 土. 晴. 往見新幕小宅.

三日. 日. 晴.

四日. 月. 晴. 父主行次于全州.

五日. 火. 晴. 一金. 十錢, 石鹼三. 五錢, 封套紙卅枚.

六日. 水. 晴. 付書于金正哲.

七日. 木. 晴. 自鄭忠時兄, 來書.

八日. 金. 晴. 往新幕, 播植大根.

九日. 土. 晴. 與秉文, 入邑內. 付書于鄭忠時·方斗鉉氏. 得見趙兄書.

十日. 日. 晴.

十一日. 月. 晴.

十二日. 火. 晴. 趙兄來見. 自苗浦有下書.

十三日. 水. 晴. 與趙兄往新幕.

十四日. 木. 晴. 趙兄出發. 件文弟偕至玉琴洞, 訪見金仁洙, 至朗山附近相分. 余與文弟, 至鳴川尹五衛將宅. 訪見尹進士.

十五日. 金. 晴. 自鳴川歸路, 省墓而還.

十六日. 土. 晴. 自鄭鎬永·俊永, 來書.

十七日. 日. 小雨. 舍妹歸媤家.

十八日. 月. 晴. 自李訓導·崔東煥·洪洛裕, 來函.

十九日. 火. 晴.

廿日. 水. 入邑內見校長. 付書于李訓導·崔東煥·洪洛裕.

廿一日. 木. 曇. 小雨.

廿二日. 金. 曇. 小雨. 自方斗鉉兄, 來書.

廿三日. 土. 晴. 自朴兄來函. 自信奎來書.

廿四日. 日. 晴. 仝上答書. 入邑內, 推尋爲替十円.

一金 一円三十三錢五厘, 藥價. 一円七十五錢, 文弟藥.

廿五日. 月. 晴. 往新幕.

廿六日. 火. 晴.

廿七日. 水. 晴. 往新幕, 得見父主書. 一金二十錢, 正肉. 二十錢, 砂糖.

廿八日. 木. 晴. 八時頃, 出發. 與德龍, 至趙兄家午飯中止, 卽午後二時頃. 急走停車場乘車, 至水原下宿, 七時半也, 卽朴春成旅舍也. 洋服袖上金采一箇及洋傘見失. 但洋傘, 見驛長爲言.

一金 一円 十六錢. 車費.

卄九日. 金. 晴. 午前八時, 乘人力車. 十二時, 還校. 同八時, 停車場前, 逢校長.

一金 二十錢, 封套紙百枚. 二十錢, 石鹼二. 十錢, 卷紙一. 十錢, 楊子一. 七錢, 齒磨粉. 七錢, 絲及針.

卅日. 土. 晴. 付書于本第及趙兄.

卅一日. 日. 晴. 作伴諸友, 往釣于浦村前.

九月

一日. 月. 晴.

二日. 火. 晴.

三日. 水. 晴.

四日. 木. 晴.

五日. 金. 晴. 一金十錢, 半紙五十張.

六日. 土. 晴. 一金四錢, 草鞋一足.

七日. 日. 晴. 往梨花洞族宅, 而午後返.

八日. 月. 晴. 公州木洞面萬壽洞五一號, 所謂族兄秉燾來訪. 自此日, 午後八時, 始農校夜學.

九日. 火. 晴. 引出貯金貳円. 合三円五十錢, 給與秉燾, 使出發.

十日. 水. 晴. 一金十錢, 印刷紙四十枚. 校長當其母喪之電報. 午後三時, 校長出發. 代理.

十一日. 木. 晴.

十二日. 金. 晴. 一金七錢. 金桐葉采一箇.

十三日. 土. 晴. 弔問校長, 金五十錢. 一金十三錢, 付送料.

十四日. 日. 晴. 自博士叔, 來函.

十五日. 月. 晴. 卽秋夕也. 午後四時頃, 被招于洪主事家. 自洪思元家, 持來饌. 一金五錢. 砂糖價.

十六日. 火. 晴. 月色皎皎, 實勞我心.

十七日. 水. 晴. 每愛讀萬古奇談.

十八日. 木. 晴. 夢覺見之, 曉日在宸.

十九日. 金. 雨. 以兒童雜誌請求事, 付葉書新文舘.

卄日. 土. 晴. 終日風聲不絶. 自金昌善兄來函. 小覺稍冷.

卄一日. 日. 晴. 自家有信. 自新文舘來兒童雜誌. 十錢, 理髮.

卄二日. 月. 晴. 付書于本第及水原慈惠醫院及新文舘. 自郡廳, 受月俸十七円八十二錢. 內四円六十錢, 食價. 五十錢, 貸金報給于主人. 二十二錢, 秉燾食價. 自李訓導領收壹円(貸金三円內). 拾壹円, 貯金. 又一円, 契約貯金.

卄三日. 火. 晴. 一金六錢, 切手二. 六錢, 葉書四.

卄四日. 水. 晴. 秋季皇靈祭日也. 休業. 付書于守山先生及金昌善·李大泳兄等. 自新文舘來函, 赤衣新文十一號付下云.

卄五日. 木. 晴. 付書于帝國神鼻祕會.

卄六日. 金. 晴. 自水原慈惠醫院, 來函.

卄七日. 土. 晴.

卄八日. 日. 晴. 付函于趙兄.

卄九日. 月. 晴.

卅日. 火. 晴.

十月

一日. 水. 晴. 午前十一時頃, 有校長電話. 午後四時, 率兒童一同·職員一同, 進迎于五里亭. 六時半, 迎校長而還.

二日. 木. 晴. 自校長受漆器一箇. 自家有信, 庶母.

三日. 金. 晴. 早往上村醫師家, 請買藥. 眼藥 로-도 小瓶一, 十錢. 夜學後訪見, 持來眼藥.

四日. 土. 晴. 付送小包(同封眼藥)于家. 付送同窓會費條八十錢. 二十一錢, 小包及切手料. 六錢, 爲替及切手料. 午後二時頃, 隨洪學務委員, 訪其家. 歸路, 訪見裵億鎭, 乘昏歸棲.

五日. 日. 午前十一時頃, 偕李·方兩友, 往梨花洞. 午後歸路, 至朴兄家, 夕飯. 乘昏歸棲, 卽午後八時也.

六日. 月. 晴. 研究會終於午後六時. 一金三錢五厘, 筆價.

七日. 火. 午後, 往弔于姜昌熙氏.

八日. 水. 晴. 一金十錢, 捐助巡査餞送. 午後, 往弔于洪斗亨.

九日. 木. 晴. 自大阪神祕社, 來規則書.

十日. 金. 晴. 自家有書.

十一日. 土. 晴. 有通俗講話會于本校內. 午後二時—六時半.

十二日. 日. 晴. 率兒童三四人, 往學林山, 打栗. 夜見月入室.

十三日. 月. 晴. 太田視學官, 午後六時頃, 來到. 研究.

十四日. 火. 晴. 午前, 習字時間參觀. 午後, 出發. 自趙兄來書.

十五日. 水. 陰. 研究.

十六日. 木. 小雨, 午後晴. 夜學歸棲. 李友醉去, 只有明月來照, 以挑旅興.

十七日. 金. 晴. 一金十錢, 柿價. 一錢五厘, 葉書.

十八日. 土. 晴. 校長, 午後二時頃上京. 十錢, 理髮也.

十九日. 日. 晴. 往見驛前.

卄日. 月. 雨. 自柳光錫兄來函. 宿直.

卄一日. 火. 晴. 自守山先生來函. 受月十七円八十二錢. 內, 一円, 天長節費. 六円, 食價.

卄二日. 水. 晴. 午後, 種甘藷.

卄三日. 木. 晴. 宿直.

卄四日. 金. 晴. 答守山先生書.

卄五日. 土. 晴. 運動會練習. 夜與李·朴兩兄, 至鳳珍家. 五十錢, 用.

卄六日. 日. 晴. 會議天長節及運動會事. 往見驛前·運動場.

卄七日. 月. 晴. 午前十一時頃, 刈稻. 午後, 播麥.

卄八日. 火. 晴. 梨花洞族叔來宿.

卄九日. 水. 晴. 午後, 往運動場, 運動練習.

卅日. 木. 晴. 午前, 運動準備. 午後, 往運動場練習.

卅一日. 金. 晴. 天長節祝日也. 午前十時, 教室內行式. 仝十一時, 往運動場, 始運動會. 午後一時, 午飯, 時逢見梨花洞族叔·三盤里族叔及嵒谷李氏, 虎鳴洞族叔來訪. 買酒與解渴. 又還始運動, 仝三時半終. 歸見角力. 夜提燈行列, 至五里亭, 官民並五百餘人也. 一金三十錢, 酒.

十一月

一日. 土. 晴. 十錢, 菓子.

二日. 日. 晴. 午前十時, 往梨花洞族叔宅, 逢見來客, 探聞故鄉事. 午後五時頃, 歸來.

三日. 月. 晴. 驛前稻運搬.

四日. 火. 晴. 大根採取.

五日. 水. 晴. 遺落三円于校庭, 洪基和拾傳, 故賞與二十錢. 自家有書. 十六錢, 卷紙一軸.

六日. 木. 雨. 付書于本第, 書留付送四円金.

七日. 金. 晴.

八日. 土. 晴. 校長上京. 誰有來見三円.

九日. 日. 晴. 開城巡査有書.

十日. 月. 晴.

十一日. 火. 晴.

十二日. 水. 晴. 校長歸校.

十三日. 木. 曇, 有風有雨.

十四日. 金. 晴.

十五日. 土. 晴. 硏究.

十六日. 日. 晴.

十七日. 月. 曇. 使我四學年, 創立監督生日誌. 有食校長處.

十八日. 火. 晴. 朝飯于洪參事家.

十九日. 水. 晴. 自趙兄來書. 硏究.

卄日. 木. 晴. 沐浴.

卄一日. 金. 晴. 自午前九時, 乃至十一時, 開父兄會, 使參觀教授, 午後二時終. 職員一同, 往遠幕洞裵順山家, 有食. 乘昏歸來.

卄二日. 土. 晴. 午後四時頃, 職員一同, 往麻道面雙林里權氏家, 有食. 乘昏歸來. 月俸, 十七円八十二錢. 一円, 貯金. 九錢, 茶代. 十錢, 理髮. 得金五十錢, 當直料.

卄三日. 日. 晴. 一金六十錢, 月謝. 法律講義錄(大正元年十一月分).

卄四日. 月. 晴. 付書于趙兄及南宮煉兄. 三錢, 切手.

卄五日. 火. 朝陰暮晴. 硏究.

卄六日. 水. 陰. 自家有書及小包. 硏究.

每日申報 = 山口先生談兒童敎育 (一)學校父兄間, 往來頻繁, 意思疏通. (二)學校父兄間, 圖連絡關係. 1. 一定時間而就眠·食事·運動·復習等, 規律的生活習慣養成. 2. 衣服淸潔, 手巾, 腰帶及帶袵廣幅, 使胡箸等, 衛生注意.

卄七日. 木. 晴. 校長先往水原.

卄八日. 金. 晴. 早燒失冊包. 午前七時半, 率六十五人學徒[三年, 四年], 同朴·李兩兄出發. 仝十時, 至泉川里, 午飯. 十一時十分, 出發. 午後一時, 至水原[自八達門入], 直入普通學校內, 農產品評會及敎育品展覽會, 觀覽. 入式場, 檜垣道長官, 模範場長, 郡守, 各面長及出品人·觀光人, 千餘人也. 終式, 至淸豊里二二戶, 留宿[與四年生].

一金 十円. 磯島洋服店 만또(定價, 十三円五十錢也).

一金 四十五錢. 石鹼, 十錢一. 長洋襪, 二十錢一. 短洋襪, 十五錢.

一金 四十錢. 冊包(眞空色, 毛紗).

一金 十一錢. 洋靴壓釘.

卄九日. 土. 晴. 午前三時頃, 起寢. 仝七時, 朝飯出發, 至停車場視覽, 直至模範場視覽. 至杭眉亭, 得食甘藷, 正午出發. 午後一時, 至泉川里午飯. 午後四時, 歸校. 石鹼一箇, 給主人.

一金 四十五錢. 食價, 水原二, 十二錢五厘, 泉川里二, 十錢.

卅日. 日. 晴. 自校長有電報.

十二月

一日. 月. 晴. 夜與月夢.

二日. 火. 晴且曇.

三日. 水. 晴且曇.

四日. 木. 曇, 小雪. 當直料一円, 內五十錢, 茶菓代.

五日. 金. 曇, 夜雪. 硏究.

六日. 土. 晴.

七日. 日. 曇. 六錢, 切手.

八日. 月. 晴. 付書于京教員教養成所生徒僉中及鄭忠時兄.

九日. 火. 晴.

十日. 水. 曇, 小雨. 嵒谷李氏來訪. 伴午飴.

十錢. 酒.

十一日. 木. 曇.

十二日. 金. 晴.

十三日. 土. 卒寒. 受水原旅費二円十錢. 午後二時, 校長上京. 與李·朴·方三兄, 歸旅舍. 四十錢(雉一羽, 酒一瓶), 費用.

十四日. 晴. 五十錢, 貸與崔承煥.

[出發届] 出發届

何月何日[何何年何月何日附, 何校在勤ヲ命スノ辭命受領]

何月何日 南陽公立普通學校出發赴任

右御届候也.

何何年何月何日

朝鮮公立普通學校訓導 ---- ○

何何道長官 ---- 殿

[歸省願] 歸省願

私儀

本月何日ヨリ何月何日マデ夏期休暇ヲ利用シ鄕里何道何郡何洞へ歸省致シ度何卒御許可成シ下サレ度此御章願上候也.

何年　　月　　日　　---- ○

何何 道長官 ---- 殿

[歸着屆] 歸着屆

私儀

[御廻可ヲ受ケ命ニ依リ] 何道何郡何面何洞へ歸省中ノ處昨日歸着仕リ候間此朝御屆中上候也.

何年 何月　日　　---- ○

何 道長官　---- 殿

十五日. 月. 晴且曇, 夜雪. 付書于趙兄及趙兄宅, 又本第.

一金 九錢. 切手.

十六日. 火. 曇且晴. 自鄭兄忠時來書. 十錢, 理髮.

十七日. 水. 晴. 校長歸校. 自家有書. 自李大泳有書.

十八日. 木. 晴. 被食洪惟昌家. 自校長, 受手巾一.

十九日. 金. 晴.

廿日. 土. 晴. 自崔承煥, 受二十錢.

廿一日. 日. 晴. 一金九十錢, 葉書六十張.

廿二日. 月. 晴. 冬至也. 付書于權敏玉. 自趙兄來書.

月俸, 十七円八十二錢. 一円, 貯金. 六円, 食價. 自李君, 受五十錢也. 佐土原校長轉任狀來(楊平公校). 被招洪大俊, 有食. 自崔承煥, 受三十錢.

卄三日. 火. 晴. 午時有校長送別式. 費二十五錢.

二十四日. 水. 晴. 午後, 受校務引繼.

卄五日. 木. 晴. 受年末賞與金拾九円(簡易農校十円, 普通學校九円). 自校長, 受一円. 午後, 行告別式. 付書于各校同窓生及全州公校·守山先生·黃潤. 午後三時, 有送別宴. 費五十錢.

卄六日. 金. 晴. 午前十一時, 至件老洞前, 送別校長. 午後, 休業.

卄七日. 土. 晴. 午前十一時頃, 行終業式. 夜見大城銀之助.

卄八日. 日. 小雪. 午前二時, 提燈出發, 至梨花洞, 少休. 至水原, 始見日出. 朝飯, 乘車(九, 卅七分), 車中逢見朴仁根. 至江景驛, 下車. 午後三時半, 暫入鵲村姊家. 頃與秉榮, 乘馬. 午後八時頃, 歸家.

一金 一円十六錢. 車費.

一金 十五錢. 食價.

一金 一円. 肉價.

一金 一円. 與姊.

一金 四十五錢. 菓子及石鹼.

卄九日. 月. 晴. 入邑內, 見校長及憲兵所長. 官府上府郡廢合發表. 礪山郡被合益山郡, 自三月一日施行云.

卅日. 火. 晴. 付書于南陽職員及校長·大城書記.

卅一日. 水. 晴. 自李啓承·崔俊植·趙兄, 來書.

西曆紀元 一千九百十四年

一月

一日. 木. 晴. 小風. 午前十時, 入邑內參式. 付書于佐土原.

二日. 金. 陰, 雪. 李友歸踏來訪.

三日. 土. 晴. 趙兄許付書. 上書于茁浦.

四日. 日. 晴. 午前七時頃, 與李桂賢及墨甫, 乘驢. 仝十二時頃, 至鵲村姊家. 訪李局長宅. 使墨甫, 爲見浪青里妹家, 付一円金. 還送長耳. 午後二時頃, 乘江景驛車, 逢金弼洙兄弟及朴仁根. 至太田驛, 相分入車. 午後八時頃, 至水原下車, 一宿.

一金 壹円拾六錢. 車費.

五日. 月. 晴. 昨夜困憊, 入舘頹臥. 適有同夫人來客, 入于側室. 疑是知人男子, 確未知其然否. 不勝訝鬱, 而至于今朝, 終不可決. 欲問聽問, 欲知難知中, 以洗手次出戶見之, 乃是同窓生宋復奎, 率其小家而來留者也. 卽與數話. 早飯後, 乘人力車, 午頃, 至南陽, 往見校長. 面長洪承殷有贈物, 往見洪面長. 年賀狀來積.

一金 一円拾六錢, 車費. 參拾錢, 水原飯價.

一金 拾錢, 卷紙一軸.

六日. 火. 晴, 夕風雪. 午前九時頃, 開校式擧行. 午頃, 被招于元委員家, 盛食. 自金昌善兄處, 來書. 付家書. 付書于金弼洙·白南珪·鵲村姊家·吳榮喆. 宿直.

七日. 水. 晴. 年賀狀多來.

八日. 木. 晴. 自守山先生, 來年賀狀. 鄭昌成來見.

九日. 金. 曇. 第三學期四學年級, 日課表調作.

十日. 土. 曇, 溫. 雪氷皆溶. 宿直. 書艸簡體一軸, 與李兄康河. 且題一首. "多年辛且苦, 只作南陽人. 寧欲春風裏, 更作湖南人."

十一日. 日. 晴溫. 午前, 朴永生來見. 請來, 與李友往小酌.

十二日. 月. 晴且溫.

十三日. 火. 雨.

十四日. 水. 雪且風.

十五日. 木. 晴. 午後, 被招金富珍, 有食.

十六日. 金. 晴. 一金參錢, 葉書二枚.

十七日. 土. 晴. 付書于日韓書房.

十八日. 日. 晴. 當直. 午頃, 被招黃性昌家, 有食.

一金 拾錢, 理髮.

十九日. 月. 晴. 付書于匯東書舘及新文社. 送壹円于大阪祕神社, 入會.

二十日. 火. 晴. 校長上京, 出校長會.

二十一日. 水. 晴溫. 月俸, 拾七円八拾貳錢, 內食價, 四円四拾錢.

二十二日. 木. 晴暖. 午前, 往見郡廳有言, 道參與官柳赫魯, 仝日午後二時, 來有說諭云. 借與三四年級教室. 往參蓆織傳習所卒業式. 參拾錢以給小使金成萬, 過歲補用.

一金四拾錢, 中等唱歌集一册. 五錢, 洋紙二枚.

二十三日. 金. 晴且溫. 自京, 來婦人雜誌우리가뎡一號. 沐浴.

二十四日. 土. 晴且溫. 一金二錢五厘, 洋紙一枚.

二十五日. 日. 晴寒. 被招崔東煥家, 有食. 與五錢于共翊. 自京, 來中等唱歌集一册及葉書二枚. 自閔載敦來函. 書與朴兄與諸生. 夕被金昌吉家, 有食. 除夕, 偶吟一首. "一別漢城又一年, 客中心事正悽然. 雖將南去何相悅, 鷰子飛來萬里天." 卽今日, 陰曆除夕也. 懷舊思新, 多感多感.

二十六日. [甲寅元日] 月. 曇雪. 卽陰曆元月元日也. 沐浴. 夕飯被招於崔仁燁家. 自家有書. 自趙兄家有書. 見雪, 偶書歌一曲. "솔입대입 푸릇푸릇 夏節인줄 알엇더니, 白雪이 펄펄 嚴冬雪寒 되엿도다." 以冬爲題. 宿直.

二十七日. 火. 晴. 被招於面長家·嚴大根家, 有食.

二十八日. 水. 晴. 付書于鵲村. 被食於韓聖根家. 三錢, 切手.

二十九日. 木. 晴. 付書于宋兄錫祚. 不如歸來. 三錢, 切手. 貸與貳拾錢于崔承煥.

三十日. 金. 晴且風. 出給學校金四円八拾八錢于校長.

三十一日. 土. 晴. 當直. 默見不如歸一編.

二月

一日. 日. 晴. 自守山先生, 來函(珍山事件). 自祕神社, 來書一册.

二日. 月. 晴. 自家有書. 自鄭忠時兄來書. 付書于守山先生(珍山事件). 自秉德族家多來飴饋.

三日. 火. 晴. 劒注文. 先金五円, 付送于東京大谷兄弟商店(東京, 日本橋, 矢之倉町. 振替, 東京七八六七).

四日. 水. 晴. 自宋錫祚來書. 付書于本第及隱洞.

五日. 木. 晴.

六日. 金. 晴. 自崔升煥, 受貳拾錢也.

七日. 土. 曇. 自神祕社來報. 一金拾錢, 印刷紙百枚.

八日. 日. 晴.

九日. 月. 晴. 是夜, 齊家書起艸.

十日. 火. 晴. 貯金六円推來. 準備明日式場.

十一日. 水. 晴. 紀元節. 午前十時, 行式.

十二日. 木. 晴溫. 率諸學生, 登前山.

十三日. 金. 晴. 一金四錢五厘, 葉書三枚.

十四日. 土. 晴. 貯金貳円五十錢, 推來. 自東京, 前日注文者, 今才到着南陽郵便局, 增加海關稅, 二円五十九錢也. 計其劒及其所例一件, 總十六円假量也.[海關稅, 一人許八拾七錢也.] 朴訓導許參拾七錢, 李訓導許八拾七錢也. 但劒帶爲我特送一號品.

肩章 二,000(三號). 正緖 一,五00. 略緖 四00.

劒帶 三,八00(一號)[二,八00(三號)]. 劒 八,五00(二號).

十五日. 日. 晴. 付書于東京大谷兄弟商店. 爲式場陳列場, 出勤.

十六日. 月. 晴, 溫和. 自七時昇校, 準備式場. 至十時, 行式. 卽生徒貯金額, 已達參百円. 故爲此祝賀式. 十一時頃, 連始運動會, 以決勝係主務. 午後三時, 罷. 自家有書, 再從叔母主喪事云. 昨夜之大不吉, 今果聞此言耶. 一金拾貳錢, 手匣一. [陰正月十二日]

十七日. 火. 陰而不雨. 卽陰曆正月卄三日也. 誰去隱洞云否. 付書于本第. 沐浴. 當直. 姜信協持餠來見. 偕姜信贊, 至林德化家. 訪見濟生堂賣藥人與語, 有云, 一. 梅毒病者見知法. (1)觸見其處(陰部), 則其人如驚昂, 有丘壑之別, 卽如粒立者. (2)肱上處及項圍, 有桃腺膨堅者, 或發瘡. (3)使飮酒後, 現其面点之紅斑也. 以上, 不可不愼之. 萬一誤接則, 卽其後第一小便時, 小排泄後, 以其尿洗其陰莖, 或以누수정, 塗其處. 用色無妨, 然可愼者也. 二. 傳染病者接近時, 注意. (1)飽食充腹事. (2)全以鼻呼吸, 不可開口. 三. 以淋液決不接眼事. 若然則, 目卽不明而不用.

一金 參拾錢. 卽治液一瓶, 二十錢, 溫泉原料二封, 十錢.

十八日. 水. 晴且曇.

十九日. 木. 晴且曇. 自佐土原校長來書. 付農業講義錄及書.

卄日. 金. 晴. 校長及李副訓導出張于松山面. 當直.

二十一日. 土. 晴. 午後, 自交河, 李榮夏來校. 校長及李副訓導歸家. 自郡廳, 受月俸分給. 訪校長家. 一金拾八円也.

二十二日. 日. 雨. 一金六円, 食價. 午後, 隨李榮夏, 往朴酒家, 又轉進弄景. 仝十一時頃, 歸宿. 崔承煥參拾錢貸去.

二十三日. 月. 晴. 李榮夏出發. 沐浴. 當直. 夜與方友, 娓娓相語. 一金一円, 付送神祕社.

二十四日. 火. 晴. 一金貳拾七錢, 捐助東北及九州被災.

二十五日. 水. 晴. 陰曆二月一日也. 有占, '蜻蜓飛舞在池塘'.

一金貳拾錢, 大筆二柄. 十八錢, 國庫金也.

二十六日. 木. 晴, 寒. 自佐土原校長來書.

二十七日. 金. 晴. 自家有書, 憂患滿室云. 卽治液一瓶, 十錢. 沃度丁幾二瓶, 貳拾錢. 溫泉原料一封, 付呈于本第. 郵稅, 十三錢, 切手, 三錢. 自黃瑞勳來函. 夜鳴流聲機于校長家, 仝午后十二時還. 午後放課後, 與生徒植樹于庭園.

三月

一日. 日. 晴. 陰曆二月五日也. 一占云, 花發上林. 午前十時, 昇校, 準備送別式場. 午後二時, 開會, 會費, 五十錢也. 仝五時頃, 罷會. 校長祝辭及洪益善氏祝辭. 徐郡守答辭及大城·鹿島答辭. 自白南珪來書. 當直.

二日. 月. 午時, 率生徒至五里亭, 送徐郡守. 夜有方友及姜信奎來訪. 下洞居李用植漢來辱, 果致昨夢之凶.

三日. 火. 晴. 夜設小宴, 請兩朴及黃主事, 結畢不好.

四日. 水. 晴. 午後一時頃, 送郡廳諸員于五里亭也. 自神祕社, 來教科書二卷. 當直.

五日. 木. 陰雨. 一金二十錢, 補材膏藥一筒也.

六日. 金. 陰雨. 出洪水.

七日. 土. 陰冷, 雹且雨. 自吳榮喆兄來書.

八日. 日. 晴寒. 付書于吳榮喆及黃瑞勳. 切手, 六錢. 付書于李大泳. 自家有書(父主下書).

九日. 月. 晴. 付書于本第. 使生徒切白楊木.

十日. 火. 晴. 曇. 付書于守山先生.

十一日. 水. 曇且晴. 使插白楊木.

十二日. 木. 曇. 使插白楊木.

十三日. 金. 雨. 當直. 不焚之突, 夜甚寒. 一金三十錢, 白餠.

十四日. 土. 晴且寒. 理髮, 十錢. 一金貳拾錢, 半紙罫紙百枚.

十五日. 日. 晴. 一金三錢, 綿紗一封. 自黃潤東及洪喆厚, 來書.

十六日. 月. 晴, 小風且寒. 八度. 沐浴. 始三學期及學年末試驗. 三學年, 農業. 自家有書. 自崔升煥, 受參拾錢. 夕有方友來訪, 金友來訪, 娓娓講論, 十一時相罷.

十七日. 火. 晴. 付書于黃潤東及洪喆厚氏. 校長, 午後往水原郡廳. 自鹿島書記及朴元用氏, 來書. 以買藥事, 付書于京城濟生堂本部主任小島辰吉前. 切手一枚, 三錢.

十八日. 水. 晴. 付書于青石洞博士族叔宅, 切手四枚同封. 金十五錢, 切手五枚. 午後被招李東胤家, 有食. 自神祕社, 來書一冊. 官報上得見全羅北道面廢合發表. 全羅北道, 一府, 十四郡, 一八九面. 群山 一, 沃溝 一0, 全州 二0, 錦山 一0, 茂朱 六, 長水 七, 鎭安 一一, 益山 一八, 金堤 一七, 任實 一二, 扶安 一0, 井邑 一九, 高敞 七, 淳昌 一五, 南原 一九. 但益山郡, 如下. 益山面=南一面 一圓, 東一面 一圓. 五山面=西一面 一圓, 南二面 一圓. 春浦面=春浦面 一圓, 豆村面 一圓. 三箕面=巳梯面 一圓, 栗村面 一圓, 九文川面 一圓. 八峰面=豆川面 一圓, 支石面 一圓. 金馬面=郡內面 一圓, 彌勒面 一圓. 王宮面=紆北面 一圓, 帝石面 一圓. 北一面=北一面 一圓. 龍安面=郡內面 一圓, 北面 一圓, 南面 一圓, 一東面 一圓, 二東面 一圓. 咸羅面=郡內面 一圓, 南二面 榛山里, 長登里, 長店里, 望月里, 回龍里, 多隱洞, 新村, 眞木里, 古月里, 蓮花洞, 新咸里, 西二面 笠南里. 黃登面=南一面 一圓, 東二面 大洞, 大山里, 小山里, 松釜里, 皇橋里, 南二面 宮坪里. 熊浦面=西一面 一圓, 北一面 一圓, 西二面 笠東里, 西方洞, 倉垈里, 新垈里, 巢龍里, 上熊里, 中熊里, 西熊里. 聖堂面=東一面 一圓, 北二面 一圓. 咸悅面=東三面 一圓, 東四面 一圓, 東二面 大池里, 小池里, 屛岩里, 瓦也里, 相馬里, 芳橋里. 礪山面=郡內面 一圓, 川南面 一圓, 川東面 一圓. 朗山面=西二面 一圓, 西三面 一圓, 西四面 一圓. 皇華面=公村面 一圓, 皮提面 一圓, 合先面 一圓. 望城面=北三面 一圓, 北一面 一圓. 以上. 附則, 自四月一日施行云.

十九日. 木. 晴溫. 午正了試驗. 水原郡守金寬鉉氏來臨云. 故正午, 學校全體及一般人民等, 出迎于五里亭. 三時間停竢. 午後三時頃, 校長先到, 郡守次至, 歸校. 午飯後, 對人民一同有訓. 六時頃歸. 付書于朴元用·鹿島郡書記. 宿直. 成績調査了, 十二時就寢.

卄日. 金. 晴. 付書于金永龍·金昌善·尹相勛. 成績考査. 自博士叔主來書. 付買藥金參円于朴樂熙上京便, 卽京城太平町一丁目, 濟生堂本部主任小島辰吉.

一金 三円. 卽治液, 中甁二, 小甁一.

十錢, 卷紙一軸. 三錢, 切手.

[免兼官簡易實業學校訓導. 全州第二公立普通學校在勤, 任命也.]

卄一日. 土. 晴. 春季皇靈祭日也. 休業. 付書于本第.

一金 三錢, 切手. 成績考査.

卄二日. 日. 晴且曇. 午後出勤, 成績考査. 與朴·李·方友, 登學林山. 一金二十錢, 菓子價.

卄三日. 月. 曇. 午前十一時, 道長官來臨, 出迎于五里亭. 歸而敎授.

道長官及信原學務係, 參觀. 且有訓話于生徒, 午後二時頃歸. 見官報, 余免兼任簡易實業學校訓導(三月二十日).

廿四日. 火. 晴. 成績發表. 自尹相勛來書. 自金永龍來書. 朴學務委員, 自京城, 買卽治液而來見.

廿五日. 水. 晴. 終日, 卒業證書及修業證書整理.

廿六日. 木. 晴. 午前十一時頃, 擧行卒業式. 自郡廳, 郡守丈及學務係書記, 水原公立普通學校長, 來參. 午後五時頃, 送別郡守, 會于木下旅館. 被招金聖洙氏家, 盛食.

廿七日. 金. 曇. 午前三時出發, 至水原泉川里, 始見日光. 至水原驛, 仝八時也. 仝九時卅七分, 乘急行列車. 午後三時二十分, 下車于江景驛, 直自鵲村歸家, 仝六時頃也. 祖父主風濕之患, 靡寧中耳. 自隱洞, 昨有來書. 一金=二円三十二錢, 車費. 一金 三十錢, 橘及乾魚價. [車中, 逢李炳英及姜鎭求, 至江景, 相分.]

廿八日. 土. 曇. 金寧洙絶欲出發, 絶作挽留.

廿九日. 日. 曇. 金寧洙出發. 付書于隱東. 一金五十錢, 弘魚一.

卅日. 月. 晴且曇. 下小宅接木, 作葡萄棚.

卅一日. 火. 午前曇, 午後雨. 出發(八時), 至鵲村(十一時). 午飯後, 至江景驛乘車(二時 卅分). 至水原驛下車(八時). 入旅館, 各道試驗者來會, 房房充滿, 不可入之. 聊得一室. 夕飯後, 坐有困憊, 在客奈何. 就欲閑臥, 不可容膝, 就欲安眠, 喧聲觸耳, 只橫臥一爐邊及入口, 達夜見苦.

一金 二円三十二錢, 車費.

一金 八錢, 菓子價.

[車中, 逢金堤公立普通學校訓導沈相璡.]

四月

一日. 水. 曇. 早發(七時), 至南陽, 午前十一時也. 與校長及李副訓導, 往參製荷女學校進級式, 祝辭. 演說數節, 一. 女權執行事實. 二. 女子修身件. 今日歸路, 偶吟一首. "昨年此日到南陽, 實自水原過乙梁. 寧不如歸今世事, 故園花叢尙殘香." 間有博士叔下書.

一金 十五錢. 食價.

二十錢. 洋靴.

二日. 木. 曇. 付書于博士叔丈. 三錢, 切手.

一金 一円二十錢, 卽治液小瓶六.

二十錢, 貸與方雅.

三日. 金. 曇. 午後六時頃, 始雨. 神武天皇祭日也. 午前, 行紀念樹栽于東山. 午後二時, 自郡廳來辭令書二張, 卽其一免兼官, 卽其一轉任于全州第二公立普通學校. 職員一同, 歸旅舍小酌. 金光植氏來見. 朴仁榮氏來見. 付書于本第.

四日. 土. 曇, 小雨. 貯金貳拾四円五拾錢, 拂來. 職員一同, 有餞送會. 午後伴朴友, 往訪梨花洞族宅, 留宿.

五日. 日. 晴. 午前歸校, 事務引繼. 各官署及知人處, 告別. 夕飯于方教員家.

六日. 月. 曇. 午前九時半昇校, 行告別式, 卽出發. 朝飯于洪益善氏家. 職員以下生徒一同及洪益善氏, 白蓮洙氏, 金賢俊, 金五衛將諸氏, 來別于五里亭. 但餞牽學生, 特別來餞于十餘里外. 與金成萬乘人力車, 至水原驛. 午後二時頃, 先送荷物, 往水原郡廳, 于公立普通學校告別. 水原面山樓洞一一朴仁榮, 來餞于停車場. 五時半, 乘京行車, 七時半,入京. 往訪博士族叔, 來謁. 訪見金永龍, 夕飯. 訪共愛堂本部主人朴容南氏, 問醫請藥. 一.頑癬, 二.祕便, 三.貧血. 更訪博士叔敍話, 已午前二時也. 歸金永龍處宿.

[一金 五十二錢, 車費. 一金 一円, 賃金. 一金 一円二十錢, 人力車. 一金 七円六十錢, 內四円, 藥價. 一金 二円四十錢, 洋紙. 一金 四円八十錢, 洋靴. 一金 二円二十五錢, 周衣件. 一金 十二錢, 洋靴. 一金 十二錢五厘, 洋靴藥. 一金 二十錢, 淸心保命丹. 以上]

七日. 火. 晴. 午前四時半, 起寢. 與金永龍, 至南大門驛. 金永龍, 七時頃行仁川. 仝八時半, 乘急行列車. 午後三時頃, 歷訪鵲村趙兄宅及李局長宅, 率負人帶月歸家. 家君還次. 有感, 一首. "不避風雨日, 多年有雄飛, 如許一少年, 去宵帶月歸."

一金 貳円八拾四錢. 車費.

一金 七拾五錢. 人蔘菓子一箱.

一金 參拾錢. 林檎, 橘及菓子.

一金 八錢. 牛乳一甁.

一金 四拾五錢. 負賃金.

八日. 水. 晴. 午後, 父主行次于黃登驛.

九日. 木. 晴. 待福童回馬, 已經半日. 故廢止步行.

十日. 金. 晴. 午前六時頃, 率福童乘下宅馬. 午後二時頃, 至全州, 訪入尹碧樵宅, 留定. 與參拾錢于福童, 還送. 飯後, 直入道廳學務係, 見主任及守山先生. 至郡廳, 見郡守丈以下諸職員. 至全州第二公立普通學校, 見校長及諸同官, 與校長周觀學校.

[往郡廳時, 得見李箕鎬君.]

十一日. 土. 晴且曇. 朝昇校. 歷路入第一公立普通學校, 見職員一同.

訪金洛範及鄭碩謨氏, 未見.

十二日. 日. 雨. 與尹君相勛, 冒雨訪崔昇烈及金弼洙.

十三日. 月. 雨. 始教授于一年級. 自南陽, 貯金利子電換來.

十四日. 火. 雨, 午後晴. 與生徒三人, 往尹碧樵丈宅, 荷物運搬于學校. 自此夕寄宿于宿直室. 夕有尹相勛·金會直兄來訪, 數語. 一金三十錢, 藍浦石硯一.

十五日. 水. 曇雨. 夜訪尹碧樵宅. 自金學秀·朴容熙來書.

十六日. 木. 午後雨. 金副訓導以親患歸家. 付書于鹿島, 李·朴·方諸氏, 及金賢俊·洪益善·朴仁榮·朴來儀·朴鎭鎬·白蓮洙·洪承殷·金正哲·金聖秀·金學秀·朴容熙諸處. 付書于趙兄. 一金三十一錢五厘, 切手及葉書.

午後訪白仁淑, 未見. 訪見鄭順謨氏. 訪李傑, 未見. 訪見守山先生, 負其菓子一箱. 訪見李壽榮氏. 訪尹相勛.

一金 三十錢. 菓子及烟艸.

一金 六錢. 艸靴.

上書于博士叔. 一金四錢, 洋燭四柄.

訪李元相氏, 未見. 自崔東煥來書. 貯金利子九拾四錢, 推來.

十七日. 金. 晴. 午前十一時, 訪見李元相氏. 訪金性珪氏, 未見. 付書于崔東煥. 一金十錢, 中筆五柄. [金十錢, 石油箱. 破作書箱.]

十八日. 土. 晴. 李益相來見. 崔君昇烈來見, 與往訪金炳稙及李連山丈. 付書于李大泳·金昌鎭·秋吉·宋錫祚·林喆周. 自姜信贊來書. 一金六錢, 葉書. 三十錢, 菓子及烟艸. [金十五錢, 洋靴釘入費.]

十九日. 日. 曇而雨. 付書于姜信贊·京城諸先生告別人·鄭忠時. 訪尹相勛及昇烈·連山丈. 自洪洛裕·洪鳳珍來書. 自春元來書. 付書于白南

珪. 六錢, 切手.

卄日. 月. 晴. 午後六時頃, 春史丈電話通知父主下臨事. 夕飯後, 往謁父主及季父. 歸路自西門通廻. 旅費請求. 宿直室修繕始. 金七錢, 糊價. 自李龍基來書.

卄一日. 火. 晴. 夜往謁父主. 付書于李龍基. 自宋錫祚兄來書. 金六円三拾七錢, 前月分俸給. 十七円八十二錢, 今月分俸給也. 一金五十五錢, 內衣上衣一. 十錢, 卷紙一. 五錢, 石鹼箱一. 一金二十五錢, 有紋布二尺. 六錢, 木役紙二張.

[金十八錢, 金副訓導許賻出金. 金十七錢, 手巾一.]

卄二日. 水. 晴. 早往謁父主. 自金聖秀·黃大昌·朴匡愿兄, 來書. 夜往謁父主. 隱松里生徒募集. 金七十五錢, 中洋燈一. [高山古城里族叔來訪]

卄三日. 木. 晴. 早往謁父主, 行次云. 三錢, 橘一. 自林哲周來書. 訪見尹相勛. 一円八十錢, 食價. 宿直室修繕, 了役. 一錢五厘, 燐寸及糊. 自春元兄來書. 自朴永生來書.

卄四日. 金. 雨. 付書于姜鐘求·黃大昌·朴永生·洪鳳珍·洪洛裕. 付書于金正祥及朴容桓, 且送金, 卽朴容桓許, 藥價零條, 參円六拾錢, 金正祥氏前, 貳拾円八拾貳錢, 學校全體賻儀金也. 一金三円六十錢, 藥價條. 一金十五錢, 葉書. 一金五錢, 橘一箇.

卄五日. 土. 晴. 午後二時, 開學務委員會. 小陳京畿道學校情況及感想. 付書于梨花洞族叔及佐土原校長. 一金六錢, 切手. 七錢, 齒磨粉一封.

卄六日. 日. 晴暖. 午後二時頃, 被招尹相勛家, 盛食, 而作伴諸友, 自多佳亭回來. 訪金潤晶氏, 未見. 訪見徐昌容父兄, 勸諭其女出席. 夕有秉文·秉陸來見, 父主乘轎子行次, 直與往謁, 十二時頃歸. 金二円, 先給小使食價.

一金 三円二十錢, 釜鼎及其附屬品一件. [釜, 八十五錢. 食桶, 六十錢. 箸三箇, 十五錢. 煮蒸器, 十一錢. 匙, 十二錢. 甑, 三十錢. 爐, 一円.]

一金 一円四十錢, 炭一負及炊事用品一件.

一金 十六錢, 乾石魚五尾.

一金 六十七錢, 磁器一件.

一金 四十五錢, 木板一圍.

一金 十七錢, 匙箸入筒一.

一金 五十六錢, 無花果水二筒.

卄七日. 月. 晴暖. 早往見父主. 午後放課後, 直與金友往見金醫, 與往謁父主. 午後七時頃, 往謁父主, 十二時頃歸.

一金 二十錢, 黑染物一箱. 六錢, 藥價.

自方斗鉉君·崔升煥·朴萬熙·崔俊植君·朴容桓, 來書.

卄八日. 火. 晴. 早往謁父主. 患候少有差度. 午後放課後, 直往謁父主. 買藥品, 請見崔君善丈. 一金 六錢, 藥價. 二十錢, 獐腋.

夕飯後, 往謁父主, 十二時頃歸. 付書于崔俊植·崔升煥·朴萬熙.

卄九日. 水. 晴. 午後二時頃, 文弟來言仲父主來臨, 父主入西洋病院云. 直與往西固峴, 更往李春史宅, 而又往郵便局, 而至李蓮坡宅. 一金 =十錢, 小使女許. 午後七時頃, 往謁父主, 托轎軍. 金十七錢, 磁器尿缸一. 四錢, 矮小橘. 十二時歸. [米一斗, 文弟來.]

卅日. 木. 曇, 夕雨. 早往謁父主. 午前九時頃, 父主行次云. 午後三時頃, 福童來見, 米二斗. 金二十錢, 福童. 自鄭忠時兄, 來書. 自秦根盛, 來書. 自家有書. 炊事始. 余之夕飯, 則小使許. 金三十三錢, 醬油三瓶. [文陸兩弟, 自今夕入寄宿舍, 入學. 金五十錢, 陸弟册價.]

五月

一日. 金. 雨. 市川·守山兩氏, 來觀. 夜會荒井于南原校長妻葬. 自白南珪及洪愼裕, 來書.

二日. 土. 晴. 付書于鄭忠時君及洪愼裕·秦根成. 夜有尹相勛來訪, 出南門城, 觀燈.(陰四月初八日). 金十五錢, 午飯. 六錢, 表紙及紐一.

三日. 日. 晴. 自隱東及金學喆, 來書. 金十錢, 肉價. 十一錢, 海衣價. 二十錢, 理髮料. 訪蓮坡丈, 未見. 訪見尹碧樵丈. 午前, 荷鍬作苗座. 十錢, 炊事品消耗.

四日. 月. 晴. 自李康河君, 來書. 三円五十錢, 爲替也.[幷切手五枚.] 自李大泳及裵順山, 來書. 自鄭兄忠時及趙兄, 來書.

五日. 火. 晴. 付書于趙兄及本第. 六錢, 切手. 午後一時, 金副訓導告別式. 金三円五十錢, 推來. 五十錢, 食費入. 十錢, 乾石魚. 仝午後五時頃, 金副訓導送別會.

六日. 水. 晴. 金五十錢, 黑豆[十四錢八厘, 一升], 北魚一部[二十八錢], 海衣二脯[七錢].

二十錢內, 七錢, 鎖一, 七錢, 水汲器一, 六錢, 文陸兩弟艸靴.

十四錢, 盆一. 十五錢, 短洋襪一. 十五錢, 切手十枚.

五錢, 陸弟出金, 卽金先生紀念品. 午後, 訪見金醫.

午前九時, 送金先生于門外. 出見市中.

七日. 木. 晴. 付書于李康河君及隱洞, 又裵順山許. 放課後, 訪見李蓮坡丈.

八日. 金. 晴. 釜山中學校長, 有講演云. 故午後八時, 往尋常中學校. 十一時頃歸. 自洪思元, 來書.

九日. 土. 晴. 午前十時頃, 自第一公校來電, 趙兄來校云. 下學後, 卽往見. 午後四時頃, 趙兄來臨. 金四十錢, 洋燈一. 十錢, 牛肉. 苦草, 五錢. 一円, 沈菜一盆. 十錢, 石油一甁. 五錢, 午飯. 自家來書. 往見蓮坡丈. 二十五錢, 洗面器. 五錢, 杓一. 付書于洪思元. 一錢, 燐寸.

十日. 日. 晴. 午前, 與趙兄往訪李春史丈, 未謁. 往見金潤晶氏. 徘徊多佳亭以來. 金十錢, 吹笷一. 五錢, 錐一. 五錢, 刀一. 四錢, 砂糖. 金十五錢, 蘆花箒一.

十一日. 月. 晴. 付書于高山柳兄. 金一円五十錢, 小使許出給. [金四十四錢四厘, 薪 二二束.]

十二日. 火. 晴. 午後二時, 自家有來伻傳言, 父主病危. 故卽出發, 與文陸兩弟還觀, 仝六時頃也. 校長貸與貳円金. 十錢, 來伻要飢. 十錢, 草鞋. 三錢, 船價. 自李康河兄, 來書.

十三日. 水. 曇, 雨. 午前十時出發, 冒雨乘驢還, 午後四時頃也. 金一円與家人. 二錢, 船價. 自金昌吉, 來書.

十四日. 木. 曇, 小雨. 付書于李康河及金昌吉. 金十錢, 發馬用. [趙兄, 一斗白米買入.]

十五日. 金. 曇, 小雨. 金九錢, 醬油 一甁.

十六日. 土. 晴. 午後五時頃, 文陸兩弟來見. 與文陸兩弟及趙兄, 回見市中. 金十錢, 甕器幷蓋. 五十一錢, 梨三箇, 石榴六箇. 四十錢, 乾石魚二十尾. 夜與趙兄, 往西門內. 金十六錢, 卷紙二枚. 十錢, 半紙罫紙百枚. 自梨花族宅, 來書.

十七日. 日. 晴暖. 修家書. 午後隨校長與趙兄, 往觀製紙所. 午後四時頃, 福童負二斗米而來. 卽歸送長耳. 十錢, 長耳食用. [鶴洞族弟秉喆來.]

十八日. 月. 曇, 雨.

十九日. 火. 雨. 自金昌善, 來書.

卄日. 水. 曇. 秉喆入學. 金二十錢, 與秉陸.

卄一日. 木. 晴. 金十錢, 菓子. 月俸十八円, 來. 金十八錢, 國庫金內.

卄二日. 金. 晴. 金五錢, 午飯. [秉喆二斗白米, 買入.]

卄三日. 土. 晴. 付書于金正祥. 金十錢, 醬油. 五錢, 鹽. 夜與趙兄及秉陸, 出西門內, 訪李壽榮者, 未見.

一金 一円二十錢, 洋襪一打. 八錢, 果四朶. 二錢, 針一.

二十五錢, 仁丹一封. 十五錢, 理髮. 六錢, 石鹼.

十七錢, 秉陸帽子票及線. 二十七錢, 酒煮子一.

十錢, 杓一. 三錢, 廚格. 八錢, 鎖金一.

卄四日. 日. 晴. 午前五時起寢, 仝七時始遙拜式及講話, 八時半終. 仝九時出發, 仝午後三時歸家. 金六錢, 痲靴一. 一錢, 船價.

卄五日. 月. 晴. 父主患候間差, 方以保養中. 祖父主患候治療中. 閭里輪感洶洶. 越房自昨溫突修繕, 下宿小堂舍廊. [金二十錢, 家用.]

卄六日. 火. 晴. 午前八時出發. 臨發茫茫, 所懷貽誠. 仝午後二時, 歸校. 金十八錢, 飮食料. [文弟, 白米二斗買入.]

卄七日. 水. 雨. 午後八時, 與校長出張于雨林面事務所幻燈會, 演說. 仝十一時, 提燈歸校. 金十錢, 醬油. 四錢, 艸靴.

卄八日 . 木. 雨. 自鄭忠時來翰.

卄九日 . 金. 晴. 自洪洛裕來書. 一金十錢, 砂糖.

卅日. 土. 晴. 有北部校長會. 第二學年國語教授, 參觀. 午後自一時至四時, 開批評會. 付書于金昌善·鄭忠時·洪洛裕.

卅一日. 日. 晴. 午前出市. 金八拾九錢, 毛紗上衣一件. 一円五十三錢, 白米二斗. 十五錢, 食麵三箇. 夕八時頃, 與趙兄往客舍. 暫擬上席,請聽釋元恭師(張之洞)演說. 更轉他座. 至十二時, 聽說而罷來. 道書記諸氏及韓宗錫·李蓮坡丈, 來訪.

六月

一日. 月. 晴. 自家有家君下書. 放課後, 卽家庭訪問. 自金昌善來書. 夜與趙兄, 散步于西門內. 金七十五錢, 鋪一. 自若松屋(醬油), 持來通帳.

二日. 火. 晴且陰. 金一円四十四錢, 宿直料. 自若松屋, 醬油一斗來. [趙兄, 白米二斗與.]

三日. 水. 晴. 夜以來雨降, 午後晴. 午後, 行體格檢查. 金十五錢, 午飯. 夕八時頃, 自淳昌金正祥君, 有電報, 請其小家.

四日. 木. 晴. 自庶母來書. 與韓鍾錫, 相議柳春熙先生紀念品事.

五日. 金. 晴. 金十六錢, 白米一升. 十錢, 午飯費. 決定紀念品事.

六日. 土. 晴. 午後四時, 開四季會. 金貳円參拾貳錢八厘, 張板紙四張價, 卽寄宿舍用. 十五錢, 陸弟理髮. 夜有古城里族從祖來臨. 十錢, 菓子費. 四錢, 食鹽. [白米五升, 秉哲買.]

七日. 日. 雨. 午前十一時頃, 訪金大圭氏. 午後五時頃, 冒雨出迎教員養成所二部生, 乘夜而還. 季父主行次于此.

八日. 月. 晴. 午前十一時頃, 二部生來校參觀. 金五錢, 午飯. 午後五時頃, 有茶菓會于第一公校內. 金一円上于季父主前. 自茁浦, 有父主下書. 金五錢, 豆腐. 多不吉, 炊事破器. [左腎有腫處, 往醫院. 費五錢.]

九日. 火. 晴. 上書于茁浦. 三錢, 切手. 夜有權寧植來訪, 徘徊市街,二時頃就寢.

十日. 水. 朝往見權君. 午往病院, 費五錢. 金五十錢, 白米. 十二錢, 豆腐. 四錢, 食鹽. 自鄭忠時兄來書. [秉哲, 白米一斗買.]

十一日. 木. 晴. 午往病院, 費五錢. 歸路, 買뫼구氏膏藥, 費五錢. 夕飯後, 往謁李春史先生. 尹相勛來訪有言, 新幕庶母母到此. 費十錢, 菓子. 與相勛, 率文陸二弟, 往其所, 疲勞困眠云. 故只尋衣服而來. 自家有書. 修答書.

十二日. 金. 晴且曇. 午頃, 庶母母來訪. 金貳拾四錢, 明日路費. 朝往碧樵丈宅, 未見庶母母而來. 付家書. 金十錢, 石油. 十錢, 沃度丁幾. 付書于黃潤東, 請里稅証明. 六錢, 切手. 三錢, 乾石魚一尾.

十三日. 土. 晴. 小麥打作及種苗. 午後, 職員一同茶話會. 金二十五錢, 中筆獐腋五柄, 獐腋羊毫幷五柄, 計十柄. [自京高校先生, 來書.]

十四日. 日. 晴. 終日整服. 金一円三十二錢, 洋服染及洗濯價. 換衣未遊.

十五日. 月. 雨. 好雨知時來. 金五錢, 午飯. 一円六十錢, 白米. 六十二錢, 고등어三尾.

十六日. 火. 曇. 午後四時頃, 職員一同, 往和氣彌七郎財務部長葬塋. 逢秉俊君. 金十錢, 菓子. 五錢, 煙草.

十七日. 水. 晴且曇. 金五錢, 鹽. 京城高等普通學校大森教諭, 來校. 洋服, 自洗濯所推來.

十八日. 木. 晴. 朝七時頃, 出東門外. 朴主事弔禮式, 未參. 自權寧植及黃大昌, 來書.

十九日. 金. 晴. 放課後, 家庭訪問. 逢李愚璿氏. 自小宅來人, 白米二斗. 理髮, 十五錢. 小宅下人許, 五錢給與.

二十日. 土. 晴. 韓君鍾錫來訪. 付書于高亨鎭及黃大昌.

二十一日. 日. 晴. 朝訓弟等. 偕趙兄, 自第一校, 往弔朴炳沃. 訪金弼洙及崔鍾烈及李瑩九, 廻于西門內, 至南門外, 逢見鄭碩謨氏, 還舍. 午鮎, 金十錢也. 午後, 與趙兄及韓君, 入上閣分. 訪崔順乭父兄家. 午飯. 訪姜景五. 自南庫山城東門, 歸來. 夜有季父主來臨.

二十二日. 月. 晴. 一金十八円, 月俸. 內六十錢 , 柳先生會費. 十八錢, 國庫金. 九錢, 和氣弔捐金等抽去. 十錢, 菓子.

二十三日. 火. 雨. 自朴萬熙來函. 金五錢六厘, 北魚四尾. 十錢, 眞油. 自趙兄, 受四円金.

二十四日. 水. 雨. 放課後, 訪高山族叔, 未見. 訪李蓮坡丈. 往若松商店, 拂去三円. 金十七錢, 사루마다一. 十二錢, 假珊瑚義一. 自姜信贊來書. 付書于帝國神祕會·早稻田大學出版部·朴萬熙·姜信贊. 金四十五錢, 夏洋服洗濯及其附屬物洗濯費. 夜有韓鍾錫來訪. 六拾錢, 四季會費.

二十五日. 木. 曇. 小雨(午後). 正午, 往郡廳, 三浦許, 推覓旅費五拾円四錢及宿直料三円拾貳錢. 回路, 往郵便局, 貯金六拾円. 金四十五錢, 雨傘一柄. 一円五十六錢, 白米一斗. 五錢二厘, 乾石魚二柄. 四錢, 切餠四個. 二十八錢, 炭一束. 五錢, 秉陸授業料.

二十六日. 金. 曇晴. 午後二時半, 六度不足百度. 季父主來臨. 金十錢, 饌費.

二十七日. 土. 朝陰暮雨.

二十八日. 日. 晴. 韓友來訪. 午前十時, 往迎樋口校長. 午後, 伴趙·韓兩兄, 自西門內, 至西門外, 訪見鄭機用氏. 金十錢, 菓子價. 四錢, 鹽. 自高亨鎭來書.

二十九日. 月. 小雨. 付高亨鎭書. 金三錢, 葉書. 三十二錢, 白米二升.

午後六時頃, 金炳稙來訪. 往郵便局, 仝八時歸. 四錢, 午食. 一錢, 砂糖也. 六錢, 陸弟習字紙.

三十日. 火. 晴. 午頃, 李桂賢來訪. 書與葉書一枚. 三錢, 鷄卵二箇. 三錢, 草鞋. 一円五十七錢, 白米一斗. 五錢, 食料. 夕頃, 古城里族叔及柳璋錫來見.

七月

一日. 水. 晴. 夜往第一學校內, 開夜學會.

二日. 木. 晴. 四錢, 鹽. 半日修業始. 自洪洛裕來書.

三日. 金. 曇, 小雨. 往第一學校, 選習字出品件. [自鄭忠時君, 來電報.]

四日. 土. 曇, 小雨. 放課後, 茶菓會. 樋口東京視察談.

五日. 日. 雨, 午後小晴. 付書于金正祥. 切手, 三錢. 韓君, 朴·李·柳諸兄來訪. 十錢, 菓子. 一円五十錢, 白米一斗. 十二錢, 牛肉. 付書于鄭忠時兄. 三錢, 切手. 柳章錫君, 夜來同宿.

六日. 月. 陰. 付書于古城里. 與柳君, 一飯酒及肴, 二十錢. 三錢, 鹽. 柳君出發. 夜訪白友. 付書于竹內勝一.

七日. 火. 陰. 鄭機用氏來訪. 崔昇烈來訪. 自鄭忠時, 來電報. 自鵲村有書. 金五錢, 煙艸. 五錢, 炭.

八日. 水. 陰. 自姜鳳求來函. 五錢, 午飯. 電報于鄭忠時, 費二十錢. 十二錢, 陸弟下駄價. 六錢, 陸弟理髮.

九日. 木. 雨. 一錢, 燐寸五箱.

十日. 金. 曇而不雨. 浸水落, 接全體橋. 金七十五錢, 白米五升. 十錢,炭. 五錢, 苦艸. 十五錢, 理髮. 一錢五厘, 葉書. 自贊叔, 買鷄卵十二個. 十錢, 眞油. 付書于權寧植及姜鳳求.

十一日. 土. 晴. 自李大泳來書. 九錢, 薪三束.

十二日. 日. 晴. 自南門, 至西門外校長家, 與往伴鄭碩謨氏. 往訪郡守丈, 議學校事. 訪津久井及鹿子木主任, 未見. 訪馬渡勇一君, 未見. 歸路, 入觀佛蘭西人教堂建築. 訪白仁淑, 飮一盃. 黃昏還校.

十三日. 月. 晴. 自金昌善君來書及八十錢領收.

十四日. 火. 晴. 金一円五十四錢, 白米一斗. 十二錢, 固東魚二尾. 三十五錢, 扇八柄. 八錢, 南草一炷. 柳兄夜來同宿.

十五日. 水. 晴. 金五錢, 食麪包. 一金六錢, 葉書. 付書于本第及金昌善·李大泳兩友. 古城里柳兄, 來此.

十六日. 木. 晴. 金十錢, 菓子. 自校長, 任置一円.

十七日. 金. 晴. 午前十一時, 率三四年級, 奉來勅語. 自鄭忠時來書.

十八日. 土. 晴. 二十錢, 柳兄酒飯一次費. 柳兄出發. 五錢, 砂糖.

十九日. 日. 晴. 與趙兄, 訪守山先生·鹿子木主任·崔昇烈·金永哲·鄭碩謨氏·金參與官·李先生宅. 午後, 與諸友往黑石洞. 自季父主有來書. 夜來韓君. 金十五錢, 菓子.

二十日. 月. 晴. 午前, 書柳先生紀念品狀. 仝十二時頃, 擧行閉校式. 午後, 往第一校及李翙榮氏宅, 相議季父主下託事. 因往尹相勛家, 兼訪柳先生, 進呈紀念品爲計, 適出他, 未謁. 金二十錢, 柳先生紀念品事. 十八錢, 陸弟路費. 二十錢, 喆弟路費. 喆陸兩弟, 午前十一時, 命出歸省. 二十九錢五厘, 大口魚五尾. 五錢, 麻鞋一足. 四十錢, 白米五升五合. 自韓君貸來二円. 自秋吉君及方斗鉉君, 來書. 夜訪柳先生, 贈記念物拾四円也. 三十六錢, 石鹼六. 九錢, 扇子. 十六錢, 蠶紙. 十錢, 卷紙一. 六錢, 封套紙五十枚.

二十一日. 火. 晴. 午前十一時頃, 受月俸拾八円. 內拾八錢, 國庫金. 二十五錢, 岡崎捐弔金, 除之. 一円貸與金, 出給校長許. 一円四十錢, 家屋貰金. 一円, 銀物價出給. 一円, 印紙一枚. 一円, 洋傘一枚. 十二錢五厘, 項帶一. 十二錢, 桃六個. 十錢, 砂糖. 十五錢, 砂糖. 二十錢, 下人許給與. 午後一時頃出發. 趙兄與文弟及下人, 同行. 日氣大熱. 至德津池邊, 午飯, 至參禮少休. 同九時頃, 暗中倒顚而歸來.

二十二日. 水. 晴. 趙兄出發. 二円貸金, 報給于趙兄. 二円, 自京城運賃料給. 一円, 寄附于秉寬.

二十三日. 木. 晴. 使德容送鵲村趙兄. 一円, 大價. 父主還次.

二十四日. 金. 晴. 德容乘昏而來. 有趙兄書.

二十五日. 土. 晴. 與文弟, 往見鶴洞族叔家, 見秉喆入新幕.

二十六日. 日. 晴. 日熱如火. 午後, 父主出駕. 二円金, 貸呈父主前.

二十七日. 月. 晴. 日熱如火. 十錢, 素麪十三束. 二十錢, 砂糖.

二十八日. 火. 雨. 不及不過, 知時適往.

二十九日. 水. 晴. 午前八時頃出發, 仝午後二時頃入全州. 八錢, 氷水二杯. 四錢, 牛膧一杯. 自西門外市, 入學校. 三錢, 生火石一箇. 二十錢, 藤吐手一件. 學校庭園淸探. 逢見金正祥. 七錢, 麻鞋一. [五錢, 漢川渡水費. 跋涉終日.]

三十日. 木. 晴. 明治天皇祭日也. 午前八時, 行講話會. 四十錢, 合行扇一, 二十錢, 普通扇子一, 給與于校長. 十錢, 食麪包一箇及眞瓜二箇. 訪見李壽榮氏. 逢見韓鍾錫及仲氏.

三十一日. 金. 晴. 午前五時起寢, 卽出發. 葉書三枚, 置于宿直室卓子上. 至德津池, 近楸川橋邊, 自働車過去, 有逢大原校長. 至漢川, 有船渡人, 費六錢. 至參禮. 十錢, 菓子一封. 入家, 仝午前十一時也. 進秉文于生陽洞, 求鷄數首, 終不得. 三十錢, 饌用費. [自分遣所, 來清潔檢查. 初見山中岩次郎, 數話相罷.]

八月

一日. 土. 晴. 大熱. 午後, 黑雲自南歸北, 將知雨來. 夜雨.

二日. 日. 雨. 卽陰六月十一日也. 母主生辰也. 衆弟及弟嫂氏, 皆集, 團欒一飯. 只用鷄二首而已. 施術于庶母主·龍弟.

三日. 月. 雨. 出洪水. 施術于長象. 十五錢, 葉書十枚.

四日. 火. 曇. 使文弟, 付書于鄭忠時·方斗鉉·朴匡愿君. 金六錢, 切手二枚. 金十五錢, 葉書十枚. 自鄭忠時及趙兄, 來書.

五日. 水. 午後雨. 參弟往江景市. 施術于金君東.

六日. 木. 雨. 卽我六世祖考忌日也. 修書于趙兄·李大泳·李光烈·大原正次·岡崎弓義·秋吉諸君許. 施術于季叔母.

七日. 金. 雨. 午前二時, 覗祭.

八日. 土. 曇. 付書于韓鍾錫及各處.

九日. 日. 晴. 日熱如前.

十日. 月. 晴. 午後, 往邑內礪山學校, 逢見金仁洙. 見官報及新聞, 歐洲大戰爭起. 訪秉禧, 未見. 訪李生員宅, 暮歸. 一錢五厘, 葉書一. 自趙兄來書.

十一日. 火. 晴. 日熱如火.

十二日. 水. 晴. 一金十錢, 生薑價也. 如前酷暑.

十三日. 木. 晴. 金十錢, 砂糖. 薄荷混合者, 二十三箇.

十四日. 金. 晴. 金十錢, 砂糖一封. 如前之熱.

十五日. 土. 晴. 自趙兄來書. 時隆大亂. 自鄭忠時·李壽榮氏, 來書.

十六日. 日. 晴. 付書于李壽榮氏及金同洙.

十七日. 月. 晴. 秉陸往上鵲村李局長家. 付書于趙兄及李羲用. 午後七時頃, 趙兄來訪一宿. 秉喆來. 二十八錢, 未逐條幹. [無前大熱.]

十八日. 火. 晴. 趙兄, 午前七時頃出發. 見其獨行, 我心甚憫. [有祖父主命, 芽接于紅桃上. 天津水蜜桃, 上海水密桃.]

十九日. 水. 晴. 自李大泳及柳兄, 來書. 手巾見失. 時計罷線, 見繕. 午後往邑內, 見醫師及校直, 傳言于金仁洙. 金七錢, 草鞋一足. 高祖考祭日也, 陰六月廿八日. 夜頃書與紙榜及祝. [文弟許未收條, 四円三十九錢, 言報呈于祖父主前.]

廿日. 木. 晴. 甚熱. 未明前, 聞第入內鷄鳴聲, 起. 妻君炊飯. 與乙龍出.發, 至三巨里, 日出. 至參禮, 少休解渴. 至楸川橋, 少休. 訪見李壽榮氏. 入校, 趙兄及金朴兩友已來待之. 夕頃, 更與乙龍至李壽榮氏家. 自西門內市街, 歸校. 夜會諸友相語. 修書付家, 爲計. 金四錢四厘, 乙龍艸鞋. 三十錢, 飮料. 十六錢, 午飴. 五錢, 西瓜. 二錢, 船價. 四錢, 倭餠. 四十錢, 素麵三十二束. 二十四錢, 砂糖二斤. 十五錢, 捕鼠網. [西門外時計鋪, 任置時計. 修繕次.]

廿一日. 金. 晴. 未明前起, 乙龍還送. 付送砂糖及素麵·捕鼠網·金袋, 上書. 十五錢, 與乙龍. 午前七時頃, 往講習會, 正午還. 十錢, 出給役夫. 十八円, 月俸. 四錢, 石鹼一箇. 四錢, 雜記帳一册.

廿二日. 土. 晴. 空紙引出會. 六錢, 費. 十錢, 砂糖. 十錢, 出給役夫. [付書于秉德及洪洛裕許.]

廿三日. 日. 晴. 本日午後六時, 日獨開戰宣戰布告. 往講習會. 洋傘見失. 自茁浦, 有下書. 金一円二十錢, 時計修繕費. 夜有發表會, 有尹君東京視察談. 十時罷, 與蘇君秉寔, 上南門上, 飮氷一器. 更被招於鄭鴻謨, 往西門內淸料理二層屋. [付書于古城里柳兄.]

廿四日. 月. 晴且曇. 午後, 生徒全體會集, 實習及掃除大行. 自講習會, 五時歸校. 對日獨開戰宣戰, 一場打診.

廿五日. 火. 曇. 付書于金永近. 付家書. 自隱洞, 有來書. 金六十錢, 役夫賃. 四錢五厘, 葉書. 十錢, 菓子.

廿六日. 水. 曇. 付書于姜鍾求. 被招鄭進士丈, 午餂.

廿七日. 木. 小雨. 金七錢, 痲鞋一足.

廿八日. 金. 晴. 十五錢, 理髮料.

廿九日. 土. 晴. 五錢, 講師紀念品件. 方山柳兄來訪.

卅日. 日. 晴. 午後七時頃, 秉文·秉喆·秉陸·天用, 來到.

卅一日. 月. 晴. 付書于家. 早送淳昌諸友. 午後, 往訪白琮基及柳兄. 二十錢, 準治魚一尾. 四円五十錢, 食價. [自天用任金五円. 四円五十錢, 食價. 內一円二十錢, 寄宿生條.]

九月

一日. 火. 午後雨. 金三十三錢, 沈石魚二十尾. 三十五錢四厘, 薪十六束. 十三錢, 大口魚一尾. 四十錢, 面費. [自秉喆, 任金三円六十錢.]

二日. 水. 晴. 三十錢, 柳兄與酌費. 宿直料, 參円領收. [金一円七十五錢, 小釜一箇.]

三日. 木. 晴. 自任明淳來書, 付答書. 金七錢五厘, 表紙三枚. 七錢五厘, 書箋紙八十枚. 金十五錢六厘, 寄宿用. 午後三時頃, 往面役所會議, 仝六時罷. 隨鄭進士, 訪高山友. 天用金五円, 秉喆金三円, 秉文金二円五十錢, 引渡于趙兄. [自秉文, 任金二円五十錢.]

四日. 金. 晴. 二十五錢, 前日會費. 付書于鄭忠時. 自蘇秉寔及柳春塘, 來書. 柳兄來訪.

五日. 土. 晴. 金四円十二錢, 自郡廳受, 宿直料也. 四十錢, 與柳兄小酌. 夜與柳趙兩兄及諸弟, 往多佳亭, 見花卉.

六日. 日. 晴. 金七錢, 黃梨二箇. 付書于隱洞. 訪李春史丈. 往安三洞.

七日. 月. 晴且曇. 自安先生, 受手巾三片. 午後六時頃, 往黑石洞. 付書于柳章錫. 正午, 往弔于故進士李元相家.

八日. 火. 晴且風. 夕飯後, 與趙兄及文喆兩弟, 往西門內. 金三十錢, 近思錄講義一册. 修書于金夔庸. 自朴海璟來書.

九日. 水. 晴且風. 付書于金君夔庸前.

十日. 木. 晴. 金五錢, 朝月一箱. 五厘, 燐寸二箱.

十一日. 金. 雨, 大風. 三十錢, 薪十五束. 自茁浦, 來民魚五尾及全鰒一帖. 上書于父主.

十二日. 土. 半陰半晴. 午後四時頃, 有體操硏究會于小學校. 自鄭忠時兄來書. 金三十錢, 老子·列子·孫子·吳子講義. [午前二時頃, 大風吹來.]

十三日. 日. 晴. 午前, 與趙兄, 訪李光烈及李先生春史丈. 午後訪李壽榮氏, 未見. 訪見碧樵丈. 自洪洛裕來書.

十四日. 月. 晴. 金十錢, 豆腐, 寄宿舍用.

十五日. 火. 晴. 金十錢, 菓子費.

十六日. 水. 晴. 五錢, 石首魚, 寄宿舍用.

十七日. 木. 晴. 金十錢, 菓子費. 秉喆變動, 故諭挽留言.

十八日. 金. 晴. 自李局長來書. 謄寫共進會出品件習字.

十九日. 土. 晴. 如夏熱. 天用君挽之, 不得已歸去. 付書于其家. 金八十三錢, 以寄宿舍用, 出給于天用. 自鵲村, 來趙君[忠元]. 六錢, 葉書四枚. 付上書于家君. 自金學俊來書.

廿日. 日. 陰冷, 又雨. 終日蟄伏. 夕頃, 訪崔昇烈·李蓮坡丈. 五錢, 寄宿用. 付書于白南珪·蘇秉寔·金學俊·洪洛裕.

廿一日. 月. 陰雨. 自鄭忠時來書. 事務室, 有小使變事. 夕飯後, 往訪白樂倫氏, 有相議事. 隨趙兄, 往郵便局. 十五錢, 葉書十枚. 十錢, 上等菓子一封. 月俸, 十八円也. 十八錢, 國庫金. 十錢, 茶費. 自本月, 徵出于職員中. 付書于洪益善·方斗鉉·朴匡愿·李康河.

廿二日. 火. 晴. 趙星元歸便, 付家書. 八十錢, 佛教大典一册買入. 二十五錢, 理髮料. 六錢, 柿十箇.

廿三日. 水. 晴. 散步于南門內. 往訪李壽榮氏丈. 五円, 貯金.

廿四日. 木. 晴. 秋季皇靈祭日. 有小學校落成式兼運動會. 午前十時半, 率生徒百餘人, 往觀一走. 午後一時歸. 往訪白樂倫, 未見. 九錢, 柿十六箇. 三錢, 寄宿舍號內用.

廿五日. 金. 晴. 付書于佐土原雄助. 夕飯後, 往見白樂倫. 金九錢, 寄宿用石油一器也. 付書于鄭鴻謨許.

廿六日. 土. 晴. 金二円四十錢, 白米二斗. 三十二錢, 石魚二十尾. 自本第來人, 有祖父主下書及母主下書, 有訓不然之事.

廿七日. 日. 晴. 歸送下人便, 付呈全腹百箇及民魚三尾. 上書于祖父主及母主, 告其不然之端也. 付書于茁浦. 金二十二錢五厘, 黑染物價[一箇]. 二十二錢五厘, 西洋紙十五枚價. 十五錢, 下人許, 以上治送. 二十錢, 貸與秉文許. 七錢, 秉陸理髮. 七十錢, 腹卷一. 後訪李瑩九. 訪見崔昇烈, 借來道袍.

廿八日. 月. 曇. 以文廟祭典官員, 午前九時頃出鄕校, 則人士多集, 爲奠爵行禮. 自內務部長以下, 至各學校生徒, 皆參列. 午後三時頃, 有李直員饗饌而罷. 道服還送. 昨一夢, 不吉如下. '百日聞行實, 不如昔割腹. 尙見朶池皃.' 往鄕校, 逢見連山丈. 自舍妹卽鵲村, 來書. 自察爲我事.

廿九日. 火. 晴. 午後實習. 朝有一學年出席簿見失, 甚怪甚怪. 爲擔於徐昌容, 自第三時至正午, 二時間留置于事務室及宿直室, 質問說諭爲罷. 午後五時頃, 徐昌容與其兄, 來質問, 故一場說諭. 其人盛服爲去. 金二十錢, 淸酒一器. 自鄕校, 飮脯來, 故耳. 自南原鄭鴻謨, 來書. 金壹円五拾錢, 醬油一桶價.

三十日. 水. 晴. 九錢, 柿價. 以有廣告事, 有秉文之亂.

十月

一日. 木. 晴. 自朴匡愿·方斗鉉兄, 來書. 自崔東煥來書. 自家來書, 有季父主下書, 母主下書及家人書. 爲言秋夕歸. 說諭秉文, 出席勤學成功之事. 五錢, 秉陸草鞋價. 出見市場. [八錢, 肉價. 四十錢, 正肉. 呈于李光烈君. 四十二錢, 薪二十一束.]

二日. 金. 晴. 實習大作. 貸與一円錢于校長.

三日. 土. 晴. 起送陸喆文三弟. 與十錢於文, 二十錢於喆, 二十錢於陸. 多付書簡于家中. [韓鍾錫, 持酒來訪.]

四日. 日. 晴. 調製學校一覽表. 自權光福, 來餅與飯. 午後六時, 職員及生徒一同, 出迎內務部長官于舊西門, 待大路. 夜歸食餅.

五日. 月. 晴. 午前九時頃, 學務係主任來校. 仝十時頃, 內務部長官來校. 視察, 見一覽表, 參觀教授而去. 五錢, 砂糖.

六日. 火. 晴. 午後二時, 內務部長官出發云. 職員以下, 生徒一同, 午飯後, 卽出碑石里, 留待數時間, 竟失見送之禮. 仝三時頃, 聞內務部長官已自北門出發云. 故還校. 自佐土原來書. [文陸弟等歸來之日也. 故夕飯後, 與趙兄, 出北門而待.]

七日. 水. 曇, 小雨. 夕昏, 文喆陸三弟, 來見. 見家書, 卽修答書于燈下. 少畵仝君書. 占有云, 前如山倒, 後芳抽.

八日. 木. 曇. 小雨. 付書于本第. 切手, 三錢也. 占如昨. [可厭可愓, 花落庭閑.]

九日. 金. 曇且晴. 修書于新雲姉主. 有請周旋事. 卽君前求之者也. 夕, 與趙兄, 往見趙星元君于鄭機用氏家.

十日. 土. 晴. 午前九時頃, 秉文書言逃歸. 金八錢, 表紙一. 十錢, 封套紙五十張. 付書于鵲村舍姉主. 夕, 趙星元君來見. 宋秉泰氏來見. 趙兄以酒與飮. 午後, 往小學校體操硏究. [占有一桿明月釣利風.]

十一日. 日. 晴. 上書于本第, 以文弟事告之. 趙星元·韓朴兩君, 來見. 自金永昊持來石榴七箇, 鮎食. 午後, 與趙兄弟, 一回大正町, 暫入鄭機用家. 又自南門歸來. 金四錢, 寄宿舍鹽用. 五錢, 秉陸艸履一. 十錢, 石鹼一塊. 十錢, 卷紙一軸. 五錢, 齒磨粉. 逢鄭基夏, 爲言暫從. 新幕老婆來見, 數話以語.

十二日. 月. 晴. 修書于博士族叔. 自面役所, 領收殘金十錢.

十三日. 火. 晴. 付書于博士叔. 午後四時, 鵲村趙査丈臨下. 金四十四

錢, 薪一負價. 三錢, 切手. 黃筆十七柄, 一柄二錢也. [寄宿用]

十四日. 水. 晴. 正午䀡時, 有趙査丈下諭周旋事. [占有桃紅復含, 柳綠更帶朝烟.]

十五日. 木. 晴. 趙兄亦爲我付書于本第. 夕頃, 隨趙兄, 往見黑石洞. 自黃大昌來書. 自趙兄, 受筆二十柄. 幷合者, 三十七柄也. [紅梅結子, 綠竹生孫.]

十六日. 金. 曇. 金六十錢, 白米五升. 二十五錢, 北魚二十尾. 三錢, 胡也. 幷寄宿舍用. 七錢, 艸鞋一足. 七十五錢, 眞犀角兩半重. 三十五錢, 脚緇一件. 八錢, 洋襪一件. 二十五錢, 理髮. 夜出西門外, 李春史先生臨下趙査丈處. [金六十錢, 以酒, 待李先生·趙査丈.]

十七日. 土. 曇. 神嘗祭日也. 休業. 利用. 午前八時出發, 午後一時頃歸家, 則祖父主侍前, 在八月十六日疑. 午飯回拜于家中, 乘昏歸家. 父主亦還次, 父子相逢. 團欒夕飯, 祖父主有下訓. 父主夜行次于新幕. 侍側祖父主, 前陳白所告之說, 幾至數時間矣. 祖父主乃爲下察, 下覺下諾, 勸諭其率妻之事. 迺入內舍, 從妹勸定. 母主誤解前者上書計他之說, 大聲叱責. 故以不然之情, 達之上白, 母主欣然. 更以祖父主下諾之事爲白, 母主亦滿足不厭. 越房一宿. [三錢, 紅柹三箇也. 通泉過時, 買食. 二円, 自季父主收捧, 卽前日所貸與者也.]

十八日. 日. 朝雨而曇且晴. 午前七時頃起寢, 午前十一時頃才因雨歇, 告發. 獨祖母主, 以帶不平之氣, 下言甚不穩不愜, 但下氣怡聲而諫, 母主亦助言. 少有祖父主下訓, 率妻之事牢定, 母主亦贊助. 故不得已期定稟議, 而出發. 至新幕謁父主, 上白寄宿變更之事. 出程至陵峴之下, 封入粘土一塊, 至參禮. 一錢, 梨二箇. 六錢, 艸鞋一足. 至楸川橋, 逢梁炳秀及其兄·崔鎭完. 李宗根·李宗漢亦在此, 因作伴而入完.

十九日. 月. 曇, 夕雨. 夕, 往訪白樂倫, 未見. 訪見白仁淑氏.

二十日. 火. 晴, 大風. 付書于崔東煥及黃大昌. 二十錢, 趙查丈前用. 午頃, 自白樂倫氏家來人, 通知家屋事. 放課後, 往小學校處, 率白氏家人, 訪見家垈, 而因往小學校, 整理教育展覽會出品物, 乘昏歸舍. 夕飯, 又率趙兄及喆陸兩弟, 往見家垈. 一円, 寄宿用.

卄一日. 水. 晴, 寒. 自金學秀來書. 收月俸十八円, 國庫拾八錢出之. 付書于金學秀前.

卄二日. 木. 晴, 暖. 午前, 率一二年級生徒, 登完山望風景. 午後放課後, 借三四一二年長者手, 移轉于盤石里白參奉所有家. 夕頃, 與大原樣·李兄, 往參白仁淑氏慈堂會甲, 盛食. 趙查丈, 今朝出程于本宅. 自趙兄, 九月分會計濟.

卄三日. 金. 晴曇. 金七錢, 鎖金一箇. 二錢, 炭一束. 金四円貳拾錢, 卽金大圭所有家屋貰金也. 出付于金贊叔.

卄四日. 土. 雨. 勅語下賜記念式日也. 蒸甘藷而食. [柳璋錫來宿.]

卄五日. 日. 雨且晴. 與柳璋錫, 往寄宿所朝飯. 付書于本第. 從兄前不呈, 六錢也. 金貳円, 付呈于本第, 卽來月十三日[陰九月卄六日]內行治行事件也. 金一円八拾錢, 白米一斗半. 十六錢, 鄭島汕食價. 十錢, 釘. 三錢, 柿. 今朝柳璋錫君便, 付呈柳少山丈晬宴韻一首[今陰九月初八日]. "德有潤於身, 家中恒若春. 休蔭山與積, 吉福世惟珍. 盃盤連日夜, 歌舞滿堂人. 祝壽無量地, 年年瑞還臻." 午後, 構作廁舍一間. 李蓮坡丈臨下. 夕後, 與趙兄往訪宋秉泰氏. 午前, 上關崔氏來訪. 金五拾錢, 付呈于柳璋錫, 使助於少山丈晬宴. [一円, 乾石魚二百尾買入. 午時, 發見文君匿名書類. 金六拾四錢, 堂叔母銀叉及銀環修繕料.]

卄六日. 月. 晴. 夕飯後, 一廻大正町. 金四十五錢, 白露紙三十張. 十

錢, 長毫筆一. 七錢, 唐墨一箇. 參拾錢, 宿直室用被廢衣修繕料. [一年生, 朝來問安禮始.]

廿七日. 火. 晴. 金十錢, 釘. 夜廻大正町. 金二十錢, 大籠紙五張. 十三錢, 麥粉二百匁.

廿八日. 水. 雨. 付書于金昌善君. 自金永龍來書.

廿九日. 木. 晴. 徐相睦氏來見, 貸與貳円金.

卅日. 金. 晴. 南門外市場, 開市. 午後, 一廻見. 金四十錢, 松板四箇. 四錢, 葛二束, 天井用. 得見鵲村舍姊書, 有洪氏說. 因卽修書答和.

三十一日. 土. 晴和. 天長節祝日也. 午後歸舍, 修理. 夕飯後, 與趙兄及秉喆, 一廻大正町. 金三十七錢五厘, 級水器[바께쓰]一箇. 六十錢, 食器磁器二箇幷蓋. 金三錢, 油紙一張. 五錢, 紅柹十箇. [自岡崎先生, 受置授業料貳円六拾貳錢五厘.]

十一月

一日. 日. 淸明溫和. 午前九時, 一時間, 一學年級習字淸書練習. 與寄宿生及金斗贊, 修理新入舍, 乘暮畢役. 金十八錢, 天井用紙一軸. 十五錢, 乾柹三拾箇. 十二錢, 小麥粉. 六厘, 燐寸二箱.

二日. 月. 晴. 金十錢, 秉陸艸鞋. 四錢, 紅柹八箇. 四錢, 洋紙二張. [自岡崎敎員受置條, 出給.]

三日. 火 . 曇, 夕雨. 自校長, 收壹円金.

四日. 水. 雨. 自趙兄, 五十錢收了, 及先月分寄宿會計濟. 金二十三錢, 寄宿用白米二升. 金一円十一錢, 白米一斗, 寄宿用 . 自小使, 來白菜漬一器, 使乾石魚十尾給與小使. 宿直料九月分三円, 收入. 因展覽會裝飾品事, 午後三時半, 出第一學校. 仝七時頃, 歸舍. 金十錢, 秉文之債貸給.

五日. 晴寒. 木. 金四錢, 淸國醬也. 自李康河來書. 自洪洛裕來書. 夜廻大正町. 金十錢, 山水畵一張. 九錢, 切手及葉書.

六日. 金. 晴且曇. 午後三時頃, 校長及李友, 以生徒係事協議件, 往小學校宿直室. 仝六時頃, 歸舍.

七日. 土. 晴. 自本第, 有祖父主下書. 金二円, 與秉喆許, 使買物品. 金一円十錢, 張板紙用, 卽秉喆買入也. 自高山, 柳華錫來見, 有少山丈下書. 六錢, 砂糖. [靑島陷落云.]

八日. 日. 晴. 午前九時頃, 與寄宿生, 張板修理了. 余出校視務. 金四十六錢, 薪一負. 二十錢, 乾石魚四十尾. 午後六時頃, 自多佳亭, 有提燈行列. 故率生徒往參, 路唱萬歲. 從西門外大路, 回入北門大路, 更入大正町, 至西門外, 南行大路, 入守備隊. 更出南門外大路, 入南門, 至小學校運動場, 大唱萬世罷. 但我校, 至小學校前相罷. 與秉喆秉陸兩弟, 入浴而還. 金九錢, 沐浴料. 八錢, 紅柹十六枚. 自金昌善君許來書. 二錢, 洋紙一張. 六錢, 新聞紙.

九日. 月. 晴. 金三十錢, 飛紗準備物一帶. 十四錢, 乾木一束及葛二束. 宿舍修理用. 礪山族從兄來宿. 六錢, 醬一甁. 二錢, 鹽. 一錢六厘, 豆腐. 寄宿用. 秉喆買之.

十日. 火. 晴. 自鄭忠時君來書. 午後四時頃, 與大原校長及岡崎君, 出小學校, 整理展覽會出品. 夕飯後, 與寄宿生一同, 出西門外及大正町, 一廻而還. 金二十四錢, 磁器大一箇小二箇. 八錢, 唐墨一丁. 五錢, 鐵線. 礪山族從兄出發.

十一日. 水. 晴. 午後一時頃, 出小學校. 仝六時頃, 歸舍. 與權光福及秉喆, 往大正町. 金一円十錢, 机一座. 五十錢, 洋燈二箇. 內三錢, 寄宿用胡也一. 二錢, 壓釘. 十錢, 木製筐一. 獨歸校門, 迷見有人躊躇, 往側詰問, 終不答. 仍知失路之人, 詳察則乃是老婆自新坪歸來云云. 果然失路曳筇, 彷徨處也. 余乃携其手, 往見其家于盤石里.

十二日. 木. 晴. 午後一時頃, 出小學校. 乘昏歸舍. 二十錢, 理髮料. 自鄭忠時來書.

十三日. 金. 暖如春日. 自午前九時, 昇農業學校, 監督生徒作業. 至午後三時頃, 歸路入小學校, 事務處理, 歸校整理事務, 歸舍. 夕飯, 有人告余所內行當到, 卽開門見之, 轎軍四人, 負者一人, 御馬者一人. 從兄率來一行, 幷無故到着, 使宿于前酒幕. 金拾錢, 石油一器.

十四日. 土. 雨. 細雨終日也. 九時入校. 金壹圓四拾八錢, 下人治送費. 仝九時頃, 下人及馬歸送. 但從兄留連. 自前酒幕, 下人宿泊費壹圓七拾九錢, 內壹圓覔去. 付書于本第.

十五日. 日. 晴而曇. 午前, 以從兄債榦事, 往見李蓮坡丈, 卽歸而作全羅北道公立普通學校學林調查表. 金五錢, 酒. 四錢, 鹽二升. 付書于篠崎支店. 五錢, 切手.

十六日. 晴. 月. 金六十錢, 松葉二負. 製作全北學校林表.

十七日. 火. 晴. 金十錢, 乾石魚卄尾. 五錢, 固東魚一尾. 一錢, 紅柿二箇. 自茁浦, 有下書. 五錢, 秉陸艸鞋. [以從兄細音事, 夕往見李贊鎬氏.]

十八日. 水. 晴. 從兄及秉陸歸家. 付書于家及茁浦. 三錢, 切手. 午後, 往小學校, 整理展覽會出品. 夕飯後, 又往小學校, 仝十時, 歸舍. [訪見李傑族叔.]

十九日. 木. 晴. 三圓, 借于趙兄. 午時往見市. 金一圓十錢, 白米一斗.

金七十九錢, 報給于前酒幕債. 二十錢, 蒜百箇. 十錢, 小蒜百箇. 六十錢, 床二箇. 八錢, 石油. 三錢, 小陶器二箇. 十五錢, 文魚一尾. 六錢, 固東魚二尾. 自篠崎支店, 來書. 午後, 往小學校, 整理出品物. 自新雲姉主來書. 秉喆又來見.

二十日. 金. 晴寒. 四円二十一錢, 自郡廳來, 卽十月分宿直料及宿直室費用, 全推覓. 金一圓, 宿舍用, 乾石魚二百尾. 十錢, 箒二枚. [早往見共進會, 卽歸而編作蠶桶.]

二十一日. 土. 晴且陰寒, 夕雨. 午後, 聊得少隙, 往停車場. 仝三時頃, 迎趙査丈及舍姉, 與錫侄二兒, 率賃負二人. 訪見內國通運會社而還. 金二十錢, 人力車費. 金十五錢, 賃負料金. 出給.

二十二日. 日. 晴. 日以展覽會事, 少無暇隙. 夜訪見舍姉.

二十三日. 月. 晴. 新嘗祭日也. 早出小學校, 而深夜歸舍. 秉喆與費. [獨以陳列, 誰知我勞.]

二十四日. 火. 晴. 早出小學校. 全羅北道教育品展覽會, 仝午前十時開會. 我校亦一同參列. 罷式後, 因見會場設備品而還. 午後四時, 率生徒一同, 往碑石里, 歡迎山縣政務總監. 歸路, 入第一學校. 夕飯後, 又往第一學校, 接待古阜生徒, 使見X光線. 金九十錢, 白米一斗. 壹円, 瓮大小二箇. 四十錢, 前日用賃軍料金, 出給. 六錢, 火爐一箇. 四錢, 筐一箇. 二錢, 食鹽少許. 七錢, 水汲器一. 四錢, 蘇乙一. 十錢, 正肉. [自崔京株氏來書. 得松枝百束, 金參圓, 先給.]

二十五日. 水. 晴. 金二十五錢, 食鹽五升. 十七錢, 筐一. 自崔京株來人, 松枝四束受入. 生徒接待奔走奔走.

二十六日. 木. 晴. 金四十錢, 大筆羊毛裝二箇價. 十四錢, 鷄卵十箇. 金三十九錢五厘, 磁器十一箇. 一圓三十錢, 從兄所托件費入. 午後, 往見李贊鎬, 請托從兄事. 正午, 率生徒一同, 往碑石里, 餞送山縣政務總監. 朝有李愚賢氏來訪. 自崔京株, 來松枝十二束. [夜往第一學校, X光線實驗. 松枝, 計十六束.]

二十七日. 金. 晴. 午前, 尹進士丈·從兄來訪. 午後, 訪見蓮坡丈及尹進士丈. 往停車場, 歡迎礪山學校生徒而還. 夕頃, 訪見萬頃學校生徒及礪山學校, 歸舍. 益山族叔兄弟分及柳璋錫, 來訪. 午頃, 於共進會場前, 逢見柳光錫.

二十八日. 土. 晴. 午頃, 爲礪山生徒紹介次, 往見慈惠醫院. 夜往第一學校, 助爲X光線實驗. 因與趙·朴·韓友, 爲高山學校職員及吳榮喆君, 入料理家. 新二時頃, 歸宿. 費, 三十五錢.

二十九日. 日. 晴. 早往見礪山生徒. 因往第一學校. 午頃, 歸校. 率金鍾大, 往市. 金壹圓八十八錢, 白米二斗. 金六十錢, 陶器四箇. 七錢, 火爐一箇. 往見共進會, 於餘興處, 逢崔昇烈. 因入芝居. 又往第一學校. 乘暮歸路, 買蹲柹百箇, 金二十錢也. 秉喆及秉陸, 來見. 有從兄書. 金正祥來宿宿直室. 自洪洛裕來書.

三十日. 月. 晴. 逢見金正祥. 午前, 出席生徒調査. 仝午後一時, 率生徒一同, 往小學校, 參列教育品展覽會閉會式. 一巡視陳列場, 歸舍. 夜, 與趙兄, 往見權寧植一盃. 自大正町相罷.

十二月

一日. 火. 晴和. 夜被招于教長, 盛食. 與李光烈君, 一廻大正町, 入大正堂書舖, 得見芥子園畫譜(蘭竹). 李君爲先買去. [礪山族姪來訪, 請貸金,

不許.]

二日. 水. 晴. 崔景柱氏來訪. 自午前, 往小學校, 審查成績品. 午後至十二時, 開批評會. 柳光錫, 連夜來訪云. 至急付書于本第從兄, 幷付圖章. 金三錢, 切手. [李愚賢氏, 使人付書, 請貸金, 不許.]

三日. 木. 晴. 自午前, 往小學校, 處理成績品. 金二十六錢, 炭·醬油一甁·正肉·豆腐買入, 而與柳君光錫. 夕一飯, 柳兄來訪. 上黑石洞, 夜半歸來. 自學校, 蔥十三束持來.[一束, 二錢.] [官報, 見朴君洙魯死去. 十一月十七日.]

四日. 金. 晴. 金二十錢, 藷, 靑藿, 石魚. 十八錢, 大口魚一尾. 與柳兄夕飯. 夜與柳兄及尹羲炳君, 往見協律社. 回路, 入酒家, 費六十二錢也. 自學校, 持來白菜二畦分. 五錢, 煙艸價. [自前酒幕, 酒三盃持來. 蔥四束, 持去黑石洞.]

五日. 土. 晴. 午頃, 率生徒一同, 往參白樂倫氏獻壽式. [柳兄歸家.]

六日. 日. 晴. 午前, 往見李壽榮氏. 午後四時頃, 與校長, 往白氏回甲宴. 午後二時, 率生徒, 往參小學校戰死者追悼會式. 金十四錢, 楊子一. 五錢, 洗濯曹達. [於官報, 見韓相範免職. 去月十七日.]

七日. 月. 雪. 自今日, 於小學校, 自午後三時至十時, 有針金細工講習會. 付書于洪洛裕. 自此夕, 與趙兄, 同夕飯.

八日. 火. 晴. 午後三時頃, 往小學校.

九日. 水. 晴. 金二円七十錢, 白米三斗. 金三十六錢, 大豆五斗. 三十三錢, 小大豆五升. 金三十一錢, 大口魚二尾. 二錢六厘, 石油燈一箇. 十九錢, 鍮器一箇. 十錢, 匙二箇. [松枝, 計二十四束來.]

十日. 木. 晴. 每夜深, 歸宿. 五錢, 針金.

十一日. 金. 晴. 午後七時, 針金細工講習會閉會. 同時, 有茶菓會.

十二日. 土. 雪. 石油一器, 秉喆買入.

十三日. 日. 大雪江山. 午時, 往黑石洞姉家. 午飯而夕歸.

十四日. 月. 陰. 午後放課, 而率生徒數人, 訪生徒家庭, 督促欠席生. 歸路, 自大正町, 入大正堂. 一金十五錢, 美濃紙五張.

十五日. 火. 晴. 夕飯後, 自大正町, 至第一學校, 同窓會. 一金七十錢, 上內衣一. 三十錢, 毛織洋襪一. 二十五錢, 理髮料. 付書于本第. 切手, 三錢. 第二學期試驗, 始. [從兄所托事, 費入一円. 合計, 貳円參拾錢.] [龍安朴奇事.]

十六日. 水. 晴. 暖如春日. 豆菜, 二錢, 秉喆買入.

十七日. 木. 陰且少雨. 金拾四円, 賞與金. 指令書來到.

十八日. 金. 晴. 授業料十一月分, 徵收. 付書于姜鍾求君. [以韓君事]

十九日. 土. 晴. 午後二時頃, 德龍負米而來見. 有家書.

二十日. 日. 晴. 金五十錢, 倭柑百箇. 二十四錢, 卷紙三軸. 修家書. 八錢, 卷紙一軸. 付書于崇山堂.

二十一日. 月. 晴. 早發送德龍, 出付家書. 自從兄來書. 月俸及年末賞與金, 捧收. 金一円五十四錢, 白菜價, 國庫金, 捐助費等. 四十錢, 今年內茶價. 八錢, 給與德龍. 自午後四時, 往小學校, 開批評會. 因以慰勞會, 往二葉亭. 教育會長大久保到氏, 以及各校先生, 又學務係及來賓之四十名, 飮酒歌舞, 各言所感. 余與朴·李君及趙兄, 十時半出來, 訪籠雲及新蓮家, 未見. 自南門, 又至南門內, 入浴, 又訪籠雲家, 至午前二時一遊. 更食支那料理. 費五十錢. 聞鷄聲而歸宿. 始於此夕, 知彼不及京城妓. [一金貳拾圓, 貯金.]

二十二日. 火. 晴. 送秉喆. 付朴圭東許, 執行權事. 費, 八十錢. [冬至云. 有豆粥.]

二十三日. 水. 晴. 早有李蓮坡丈來臨, 有婚說及往苗浦事. 夕, 與秉喆, 往訪蓮坡丈宅, 未謁. 訪見贊鎬氏. 金十八錢, 針金. 八錢, 卷紙一軸. 二錢, 洗濯紙. 自姜鍾求兄來書. [宿直料十一月分, 一円八十錢來.]

二十四日. 木. 晴. 金四圓五錢, 以松枝價, 出給于崔順乭. [自此月分, 與李君.]

二十五日. 金. 晴. 第二學期試驗終. 成績調查中.

二十六日. 土. 晴. 付書于鄭忠時君. 切手, 三錢也.

二十七日. 日. 晴. 早出學校, 成績記入. 有新文社廣告人, 數時間討話. 夜作秉喆書簡, 插入一箇.

二十八日. 月. 晴. 午前十一時, 有閉校式及學藝會練習. 給與通信簿. 十二月分月謝金, 送付于郡廳. 金參圓九拾錢, 白米五斗買入. 二十一錢, 屐二箇. 四十五錢, 食鹽.(給秉喆十錢內) 三錢, 賃金. 二十錢, 執行權取及費. 貸與四拾六錢于秉喆. 自京畿道長官官房, 來函. 卽昨年來簡易農校教授擔任中手當, 金拾壹圓也. 自金永昊, 鷄卵參拾箇來. 四錢, 酒二盃.

二十九日. 火. 晴. 金六錢, 葉書四枚. 付書李·朴·方三兄南陽處. 秉喆早歸家. 題作案內狀.

三十日. 水. 雨. 自午前十一時, 有同窓會及學藝會. 大原·李·岡崎三氏, 皆昇陞. 自京畿道長官, 來通知書. 與趙兄, 往見李俊夏. 金十六錢, 薪一負.

三十一日. 木. 晴. 午前, 往訪鄭進士丈, 未見. 訪李先生, 數話. 午後, 往黑石洞姊家.

西曆 一千九百十五年

一月

一日. 金. 曇. 午前九時, 往校. 仝三十分, 集生徒, 往多佳町, 參拜明治神社. 職員一同, 因至小學校, 有小宴. 更相罷, 余與李君光烈, 訪見每日申報社支店主人, 請見每日申報(自本日). 與訪鹿子木主任及守山先生家. 午後, 訪蓮坡丈宅, 蓮坡尙未還宅. 自郵便局, 來拾壹圓爲替證書. 自李大泳·[黃瑞勳]·黃始顯·金昌鎭·朴來儀·姜鳳求·姜鐘求·宋錫祚·蘇秉寔·吳榮喆等君, 來年賀狀. 金十五錢, 葉書十枚. 三錢切. 卽付答于仝上人處. 三十錢, 薪一負. 八錢, 艸鞋一足.

二日. 土. 晴且曇. 午前九時頃, 與趙兄出發. 至漢川午飯, 至金馬山下相分, 而夕陽歸家. 薪四負, 自崔京植來. [松枝, 計二十八束.]

三日. 日. 晴. 卽陰曆十一月十八日也, 祖母主生辰也. 家族一同, 會集朝飯. 午前, 廻見諸宅. 午後, 被招仲父主. 訪從婦, 數話.

四日. 月. 晴. 午前, 往見鶴洞族宅. 午飯後, 至新幕, 訪入庶母家, 無一人. 故因至堂叔宅. 回路, 逢庶母, 更不得已挽入, 而夕飯濟歸家, 則趙兄已到而待余. 夜與同宿. 自姜信奎·崔東煥, 來年賀. [松枝, 計三十六束.]

五日. 火. 晴. 朝飯後, 卽與趙兄出門, 至三巨里, 逢秉喆, 三人同行. 至漢川午飯, 費十四錢五厘. 午後四時頃, 歸校見事務, 乘夜歸家. 自金昌先(江原道伊川郡安峽)·趙星元·孫東奎·權敏玉·朴基溶·李建寧·李宗鎬·金善玉·宋復奎·金載哲·金春燮, 來年賀狀. 歸途訪李壽榮氏, 未見. 夜又送陸弟于此.

六日. 水. 晴. 早送陸弟于李壽榮氏. 早往弔于李光烈君. 付書于本第. 三錢, 切手. 十二錢, 醬油一瓶. 四十錢, 自秉喆捧收. 午前九時昇校, 仝十時, 有始業式. 仝午後一時, 開學藝會及父兄母姉會. 仝五時, 閉會, 以餠饗應. 來賓, 則郡守·守山書記·鄭順謨, 及生徒父兄及母姉. 自鄭鴻謨·洪洛裕·洪性昌·尹曦炳·桓炳·洪夔和·任明淳, 來年賀狀. 自朴鎭鎬·白南珪·金永準·朴守福·李龍卨·姜炯求, 來年賀狀. 十錢, 大根二十四箇.

七日. 木. 曇. 夜雪. 午前十時, 率生徒, 往北門側, 參李君光烈母親葬式. 金三十錢, 葉書二十枚. 付書于李建寧·姜炯求·李龍卨·金炳稙·趙翰奎·宋復奎·李宗鎬·金善玉·權敏玉·孫東奎·金載哲·金春燮等君. [於官報, 得見金君昌善依願免職.]

八日. 金. 曇. 送陸弟推覔拾壹円[手當金]于郵便局. 拾円貯金, 壹円持來. 自秉喆君, 貸來五拾錢. 一金壹圓四拾錢, 以振替貯金, 付送于大阪青木嵩山堂主人青木恒三郞. 陸弟, 十錢遺失. 自鄭錫朱·白南珪·朴鎭鎬·柳主煥·洪益善, 來函. 卽付答于仝上人及尹曦炳·尹桓炳處. [八種畫譜及米元章春餘帖, 注文.]

九日. 土. 晴. 畫平面圖二枚(本校). 以李光烈君許賻儀事, 題回章.

十日. 日. 曇, 午後雨. 午前, 訪見春史先生及尹相勛. 訪崔昇烈及白琮基, 未見. 訪見李蓮坡丈. 午後, 往黑石洞姊家. 自鄭君忠時及金鳴璉許, 來函.

十一日. 月. 晴. 付書于隱洞. 自金鳴璉·李鍾漢, 來函.

十二日. 火. 雪. 近者最寒. 攝氏零下九度. 金二十錢, 賻儀李光烈君.

十三日. 水. 晴. 零下八度. 京城, 二十一度. 九年以來初寒. 金十錢, 北魚七尾. 五錢, 醬一器.

十四日. 木. 晴. 夜出宿直室, 製作全北地圖一張. 九時還.

十五日. 金. 晴. 付書于崔京植君. 夕頃, 自家來福童. 金八錢, 石油一甁.

十六日. 土. 雪. 金二十九錢, 明太魚二十尾及艸靴一足, 又櫛一箇. 四錢, 洋靴壓釘料. 二十錢, 印刷紙百枚. 自青木嵩山堂, 八種畫譜來着. 四錢, 食鹽.

十七日. 日. 晴. 溫. 福童出發. 金五十錢, 蜜柑價與. 五錢, 路費出給. 午前九時出校, 於宿直室, 書畫練習.

十八日. 月. 晴. 付書于崔京植許. 家人, 自數日前, 以風熱, 項膨爲痛, 見苦莫甚. 金七錢六厘, 加味建敗湯二貼, 家人試用藥. 三錢, 炭. 暖如春日. 自秉喆家, 持來白米. [松枝, 計四十四束. 白米五斗.]

十九日. 火. 曇. 溫如春日. 自隱洞來函. 金八錢八厘, 加味葛根湯二貼.

二十日. 水. 晴溫. 自李康河君來書. 十七錢, 印刷紙百枚. 五錢, 인커甁一個. 二十錢, 理髮料. 九錢, 沐浴料. 家人, 以加味葛根湯二貼又用, 見效.

二十一日. 木. 晴. 付書于李康河君. 金十九錢八厘, 火爐·海衣·食鹽等買入. 月俸十八円內, 國庫金十八錢, 會費五十四錢除之. 八錢, 石油一瓶. 趙兄來見. 一金五十錢, 李春史先生謝恩會費.

二十二日. 金. 晴. 金五十錢, 一円四十九錢, 付出京城, 注文册子及墨. 書留, 十錢. 振替料, 三錢也. 但, 册子則三經全帙, 文明書館. 墨則忠孝墨, 美術工場也. 夜柳君光錫來見.

二十三日. 土. 晴. 正午, 放課. 職員一同, 往第一學校, 參觀韓君國語教授, 有批評會及尹相彦君視察談, 又研究談. 乘暮歸敎.

二十四日. 日. 曇. 心神勞困. 午前, 訪鄭順謨及守山先生, 未見. 至西門內, 買茶鍾一箇, 十二錢也. 午後, 柳君璋錫來見. 偶吟一首而贈趙兄, 如下. "蒼松綠竹淸溪上, 讀書聲出足兄家. 呼酒閒談尋谷事, 南固山路月正斜." 夜有趙兄來訪.

二十五日. 月. 晴. 下學後, 與岡崎君, 往南倉洞李愚璿氏家, 督促福順出席. 率二一年級長, 至大正堂, 買畵皿一, 名銜紙五十枚. 出金十三錢. 訪李承玉·兪乘澤·許秀南·李三童, 督促出席. 至龍首峴, 見金筆商, 托筆數十柄. 歸至隱松里書堂, 則兒童十五人, 先生一人. 與先生, 長語而覺, 夕飯出床, 帶昏歸.

二十六日. 火. 晴. 自校, 白米五升六合買來. 自郡廳, 十二月分宿直料一円八十錢, 收入. 四十四錢, 三經注文郵稅也. 三十錢. 薪一負. 八錢, 石油一器. 十九錢, 北魚. 十錢, 正肉一. [三經外, 歐陽詢體帖一册來.]

二十七日. 水. 夜雨. 自鄭兄忠時來函, 及烏賊魚四十尾來. 李君光烈許, 五尾贈呈. 尖筆一柄, 鉛筆一柄. [忠孝墨百丁下來. 五丁與李友, 一丁與秉喆, 九丁入置. 其他分與生徒.]

二十八日. 木. 晴. 放課後, 與大原校長出, 自牟石里至淸水町, 欠席生督促. 回至坤山里, 訪鄭進士丈, 未見. 訪李明煥, 飮酒. 金十錢, 大根二十二箇. 十七錢, 印札紙百張. 八錢, 卷紙一.

二十九日. 金. 晴. 修書鄭君許.

三十日. 土. 晴. 放課後, 與大原校長, 往下可里, 見李存春及李在根, 其他梁炳秀. 對書堂兒童, 一場說諭. 逢朴炳鏞. 付書于鄭君忠時許. 三錢, 切手一. 松枝四束來. [松枝, 四十八束.]

三十一日. 日 . 曇. 午前, 往龍首峴筆房, 買入獐腋筆二柄, 十二錢. 午後, 殷君及趙兄來訪, 討冬夕陽. 金三十錢, 酒沽. 松枝四束來. [松枝, 五十二束.]

二月

一日. 月. 曇. 朝細雨. 自金判書, 持來金生員筆二柄. 金四錢, 陶器一箇. 下學後, 有職員會議也. 八錢, 石油一器.

二日. 火. 曇, 夕晴. 暖如春和. 金二十二錢, 艸鞋價.

三日. 水. 晴且曇. 金壹円六拾貳錢, 宿直料取來. 此外, 壹円加來. 故修書于三浦許, 出付于金贊叔許. 一金四拾四錢, 注文佐野所輯四君子部四册, 及机頭小圃二册于青木嵩山堂. 趙兄來見. 自李箕鎬君來書. [宿直料件] [率一年生, 往見樂壽洞朴永根山亭.]

四日. 木. 晴. 稍寒. 松枝四束來. 大原校長, 往郡廳, 自請持去壹円云. 自金贊叔推覓, 自持而去, 但回報如卽未聞耳. [松枝五十六束.]

五日. 金. 晴. 毒寒. 金三十五錢, 市用. 卽北魚十尾, 青魚十尾, 其他些少什物. 五十錢, 牛肉也. 與趙兄, 同力捐呈于李先生春史宅及李蓮坡丈宅. 自洪洛裕來書. 三錢, 葉書. 自崔赫煥處, 牛肉一塊來付.

六日. 土. 晴寒. 雪. 付書于李箕鎬及洪洛裕. 十錢, 大根.

七日. 日. 曇. 午前, 往訪柳章錫. 訪崔昇烈, 未見. 午後, 往見趙兄. [訪河在弘.]

八日. 月. 晴. 八錢, 石油一器. 日氣稍寒.

九日. 火. 晴. 稍寒. 夜於寄宿舍, 對外人放浪者, 說諭.

十日. 水. 晴. 午前十一時頃, 趙兄電話, 父主與趙査丈來臨云. 卽正午休時歸舍, 則已爲下臨. 十錢, 砂糖及豆腐. 二十二錢, 薪一負. 夜往郵便局而來. 父主, 夜中還宿. [自大阪嵩山堂, 四君子部及机頭小品, 來到.]

十一日. 木. 金二十錢, 大根. 柳兄光錫. 紀元節日也. 午前十時, 率生徒全體, 往神社參拜. 父主, 夕頃歸臨.

十二日. 金. 晴. 午前七時頃, 父主行次于黑石洞. 仝九時, 率喆陸兄弟出次. 但壹円及切手五拾五錢, 下給, 卽付于古阜支廳書留件也. 放課後, 卽往郵便局, 付書留, 內四十錢印紙及四十錢切手, 書留十三錢也. 歸路, 入鄭機用氏宅. 金五錢, 棗. 五錢, 栗, 十五錢, 正肉. 自金昌祚, 北魚三十六尾來. [松枝四束來, 總計六十束. 但此日四束, 無票與.]

十三日. 土. 晴. 八錢, 石油一器. 除夕, 偶吟一首, 贈趙兄, 如下. "雖吾之世尙多新, 忽忽經過五六春. 北學漢城誰與友, 南來豐沛亦爲隣. 半山影裏閒居士, 流水聲中自在人. 轉輾回思今古事, 源源幾有可相親." 觸目吟咏而弄墨逍遣耳. 自徐在錄, 北魚二十尾來.

十四日.[乙卯元日] 日. 晴. 卽陰曆正月元日也. 午前, 自校往見趙兄宅. 午飯後, 與趙兄, 往謁春史丈及李蓮坡丈. 回路, 逢韓君, 隨入而回. 訪殷相鶴, 逢韓·鄭·金諸氏, 夜巡花家, 至登影室, 一遊以還.

十五日. 月. 晴. 只一時間上學. 與大原, 訪馬渡. 訪李道參事·李明煥·

金容奎·申彥兌氏·宋氏家·鄭進士·白樂倫, 以還. 夜有柳光錫君來訪. 促膝長話耳.

十六日. 火. 晴. 午前上學而已.

十七日. 水. 晴. 夜自大正町廻來. 自黃大昌來書.

十八日. 木. 晴. 金十五錢, 鰕醢一器. 自家有來伻, 餠及醬.

十九日. 金. 晴. 早起, 往黑石洞趙兄家, 移來柏一株. 至日人家, 買來大根, 卽三十錢也. 歸送下人, 與十錢.

二十日. 土. 晴且陰. 午後二時頃, 至小學校, 見敎授. 連有批評會及硏究會. 仝六時頃, 罷歸. 訪見李寬鎬氏, 問議皮膚病. 秉陸及秉喆, 歸來. 自秉文, 有書及金壹円六拾錢, 卽前日龍安朴奇許, 執行權費入貳円參拾錢內也. 金十錢, 正肉. 五錢, 食鹽. 二錢, 蒜. 二錢, 芹. 自李康河君來書.

二十一日. 日. 晴. 午前九時, 往第一學校李春史先生報恩會. 自道長官, 至郡守以下, 來賓數十人. 行式, 進呈銀盃一箇, 終而有茶菓會. 直往多佳亭凱旋祝賀會, 冷冷飮服以來. 與柳光錫君來, 至農校寄宿舍, 偕傑叔歸家小遊. 因與往東村, 又逢趙兄, 至梧木臺等, 還來. 夜訪殷成鶴君, 未見. 卽往理髮, 二十錢也. 八錢, 石油. 五錢, 洋膏藥.

二十二日. 月. 晴. 月俸收入. 三十錢, 凱旋會費出. 十八錢, 國庫金也. 金壹円二錢, 注文種子及蘭于東京興農園. 自病院, 受來藥品. 八錢, 費.

二十三日. 火. 晴. 金三錢, 葉書. 付書于李康河君及黃大昌. 一錢五厘, 葉書一. 付書于平壤宋基和許. 宋鳳及金珠來復習.

二十四日. 水. 晴且曇. 金三十六錢, 松枝四束買入. 夜與趙兄, 往見河在弘氏. 自宋基和來函. [秉喆, 金三十錢五厘入.]

二十五日. 木. 陰雨. 放課後, 一同職員, 往小學校, 聽鹿子木主任談.

金十錢, 大棗二升. 二十七錢八厘, 饌用菜蔬. 自李様, 收量價十五錢. 自朴永生來函. 金三十錢, 買郵票, 付呈宋基和許, 請求新舊雜歌. 三錢, 切手一枚. 八錢, 石油一. [秉喆, 金七錢八厘入.]

二十六日. 金. 晴. 二十六錢六厘, 薪一負. 金十錢, 砂糖. [秉喆, 金六錢入.]

二十七日. 土. 曇. 職員會. 自茁浦, 有下書. 六錢, 葉書及切手.

二十八日. 日. 大雪. 忽寒. 冒風雪, 往見廣井. 上書于茁浦. [陰正月望日.]

三月

一日. 月. 曇. 尙寒. 金三十錢, 松枝一負. 自宋基和, 來雜歌.

二日. 火. 晴. 金壹圓拾六錢, 白米一斗. 付書于朴永生. 金容灊君來訪. 趙兄亦來訪.

三日. 水. 晴. 復暖. 自郡廳, 宿直料一円六十八錢受入.

四日. 木. 晴. 金一円八十錢, 貰家修理件, 托于趙氏.

五日. 金. 晴. 自大阪神祕社, 來月報及封書. 夜往小學校.

六日. 土. 曇. 趙兄來訪.

七日. 日. 曇且雨. 與日軍三人, 修理家屋周圍. 午後, 往市場及加城寫眞館. 金三圓四十四錢, 白米三斗. 八十錢, 寫眞料. 二十錢, 花鐵一箇. 二十錢, 洪魚一尾. 六錢, 費用. [撮影]

八日. 月. 晴. 自東京興農園, 只種子來. 施術于金用根.

九日. 火. 晴. 視學違期不來全. 施術于家人.

十日. 水. 晴. 視學此日來仝云. 夜雪.

十一日. 木. 曇. 稍寒. 夜雪. 施術于家人.

十二日. 金. 晴. 午後一時頃, 小杉視學及守山先生·立花農校長·樋口校長, 參觀教授, 細密調查. 仝三時頃, 於第一學校, 有批評會. 卽教養, 訓育, 敎授, 帳簿整理等事. 入加城寫眞館. 金五十錢, 正肉及饌用等屬.

十三日. 土. 風雪. 金三十錢, 二月分新聞代金濟渡. 余生日也. 卽陰正月廿八日. 夜父主下臨. 八錢, 石油.

十四日. 日. 晴. 金五十四錢, 薪二負. 十錢, 酒價.

十五日. 月. 晴. 壹圓七拾八錢, 付于帝國神祕社, 請求催眠治療術一册. 七錢, 郵費. 又付寫眞于該處.

十六日. 火. 晴. 舍姉下來. 金三十五錢, 薪二負. [十五錢, 正肉.]

十七日. 水. 晴. 十六錢, 卷紙二軸. 四錢, 燭二. 四錢, 蔥十. 二錢, 耕田費. 三錢, 切手. 付書及寫眞于忠時君. [鷄卵四介, 自校直來.]

十八日. 木. 晴. 七錢, 種子. 三十錢, 酒. 二十錢, 正肉. 五錢, 靑苔. 大根, 六錢. 靑魚, 十錢. 鷄卵, 十三錢. [午後一時, 率生徒, 往釋奠.]

十九日. 金. 晴. 午前十時, 父主行次于古阜.

廿日. 土. 晴. 十五錢, 與里長老者. 但三錢, 還覓件. 自午前九時, 率生徒(二年以上), 往南固山, 植松. 午飯于金氏家.

廿一日. 日. 晴. 訪李先生·崔昇烈·柳光錫.

廿二日. 月. 晴. 春季皇靈祭日也. 西門外市. 五十九錢, 白米五升. 二錢八厘, 燐寸. 五錢, 大根. 二錢, 芹.

廿三日. 火. 晴. 月俸十八円, 內國庫金除之. 六十八錢封者, 自校所來白米價, 出給于校長. 九錢及十五錢, 薪.

廿四日. 木. 晴.

일지日誌 二

계축년(癸丑年 1913) 봄부터

을묘년(乙卯年 1915) 봄까지

(1913. 1. 1. ~ 1915. 3. 24.)

1913년(단기 4246년)

1913년(서력기원西曆紀元)

1월

1월 1일. 수요일. 맑음. 오전에 조 형趙兄이 방문했다.

1월 2일. 목요일. 맑음. 조 형趙兄과 더불어 사현社峴의 이 씨 집 및 읍내邑內 객사客舍, 군수郡守 집 등을 방문했다. 돌아오는 길에 신촌新村 당숙堂叔 댁에 들렀다.

1월 3일. 금요일. 맑음. 오전에 조 형趙兄이 돌아갔다. 오후에 정鄭, 권權 두 벗이 방문했다.

1월 4일. 토요일. 맑음. 내일 행장을 정돈整頓했다.

1월 5일. 일요일. 맑음. 오전에 병문秉文과 함께 작촌鵲村 조 형趙兄의 집에 갔다. 이희용李羲容을 방문했다. 오후에 강경역江景驛에 이르러 차를 타니, 2시 55분이었다. 조 형趙兄과 백주수白周洙, 그리고 기타 여러 벗과 길동무가 되었다. 태전[太田]에서 환승하여 남대문역南大門驛에서 하차하니, 곧 9시 반이었다. 도보로 종로까지 가서 헤어져 각각의 처소로 돌아갔다. 기숙사에 들어가니 같은 방의 벗은 이미 잠들어 있었다.

일금 10원은 문제文弟 조의 돈. 그 가운데 2원 84전은 문제文弟 차비.

일금 2원 22전은 집에서 받았다.

일금 1원 42전은 차비. —반액 할인割引—

1월 6일. 월요일. 맑음. 오전 9시 반에 본교本校 개학식開學式을 거행했다. 오직 우리 삼학년 을조乙組 전체는 교생연습敎生練習을 위해 곧바로 부속보통학교附屬普通學校로 내려가 상견례相見禮를 거행했다. 1학년을 맡게 되었다. 6학급의 교실에 모였는데, 산구山口 교수의 말씀이 있었다.[1] 오후에 조 형趙兄 및 병문秉文의 처소, 기타 여러 벗들을 가서 보았다. 다시 정충시鄭忠時를 만나 흥미진진하게 이야기했다. 돌아오는 길에 병문秉文과 함께 안동安洞 상점에 가서 지물紙物 및 모자를 사 주었다. 본가[本第]에 편지를 부쳤다.

일금 1원 45전은 문제文弟에게 썼다. —서찰지書札紙, 인찰지印札紙, 봉투지封套紙 및 모자, 입학비入學費—

일금 7전 5리는 서찰지書札紙 1축軸.

1월 7일. 화요일. 오전에 눈이 조금 내렸다. 부속보통학교[附校]로 내려가서 김 훈도金訓導의 수업을 참관했다. 3교시[第三時] 체조 수업이다. 오후에 도화실圖畫室에 모여서 김 훈도金訓導의 조선어 및 한문[朝鮮語及漢文]의 교수법 강연[敎術演語]을 들었다.[2] 소병식蘇秉寔, 임철주

---

1 산구(山口) 교수는 곧 야마구치 기이치로[山口喜一郎] 교유(敎諭)이다. 원문의 "有言"은 교생연습을 하는 학생들을 모아놓고 당부 또는 공지의 말을 한 것으로 이해할 수 있는데, 이하의 번역에서는 보통의 담화와 구별하기 위해 "말씀이 있었다." 정도로 옮기기로 한다.

2 가람이 속한 3학년 을조는 1913년에 교생연습(敎生練習) 즉 교생실습을 받는다. 그래서 본교(本校) 즉 경성고등보통학교 부설 임시교원양성소(京城高等普通學校附設臨時敎員養成所)에서 수업을 받고, 부교(附校) 즉 부속보통학교(附屬普通學校)에서 수업 참관 및 실습을 하게 된다. 이 시기의 일기에서는 부교(附校)에서 진행된 수업을 "교수(敎授)"로, 주로 본교에서 이루어진 강의를 "연강(演講)", "연어(演語)"

林哲周, 강봉구姜鳳求, 이병준李秉俊에게서 연하장年賀狀이 왔다.

1월 8일. 수요일.[3] 흐렸다 갬. 이용설李龍卨 군과 함께 간호 당번看護當番을 했다. 김 훈도金訓導의 수업－산술算術과 조선어朝鮮語－ 및 녹자생鹿子生 훈도의 국어國語 수업을 참관했다.[4] 오후에는 또 어제와 마찬가지로 본교로 올라가서 강연을 들었다.

일금 2전 5리는 젓가락[箸] 1개.

일금 4전 5리는 엽서 3매.

임철주林哲周, 소병식蘇秉寔, 이병준李秉俊에게 편지를 부쳤다.

1월 9일. 목요일. 맑음. 오전에는 1교시에 김 훈도金訓導의 산술算術 및 조선어 수업, 3교시에 녹자생鹿子生 훈도의 수업이 있었다. 오후에는 본교로 올라갔다. 녹자생鹿子生의 교수법 강연－산술算術－이 있었다. 저녁 무렵에 조 형趙兄 및 문제文弟가 방문했다. 일동이 3학급 수업에 모였는데, 이 훈도李訓導의 말씀이 있었다. 일어 교안日語敎案 작성.

1월 10일. 금요일. 맑음. 1교시에 이 훈도李訓導의 조선어 모범수업[模範敎授]을 참관하였다. 2교시에는 김 훈도金訓導의 수업, 3교시에는 녹자생鹿子生의 수업. 오후에 학교에 올라갔다. 녹자생鹿子生의 교수법 강연[演義]. 조선어 교수안敎授案 작성. 일동은 3학급 교실에 모였는

등으로 표기하고 있는데, 이 용어들은 현재 사용되는 것과 다르며 임시교원양성소 소속 교사들의 호칭 등과도 혼동될 수 있다. 이에 이하의 번역에서는 이를 각기 "수업"과 "강연"으로 옮긴다. 또한 "교술(敎術)" 즉 가르치는 방법은 현재 사용되는 어휘인 "교수법"으로 고쳐 옮기고, "제○시(第○時)"와 같이 학교의 수업 시간을 나타내는 말은 오늘날과 같이 "○교시"로 옮긴다.

3 원문은 "木(목요일)"으로 되어 있으나 분명한 오기이다. 수요일로 고쳐서 옮긴다.

4 녹자생(鹿子生)은 곧 가노코기 다다사부로[鹿子生儀三郞] 교유(敎諭)이다. 여기서의 "국어(國語)"는 곧 일본어이다.

데, 이 훈도李訓導가 강연하였다—조선어와 한문—.

1월 11일. 토요일. 맑음. 오전에 김 훈도金訓導의 산술算術과 조선어 수업 및 녹자생鹿子生의 수업을 참관했다. 오후에 학교[본교]에 올라가 판속坂東의 강연을 들었다.[5] 직원회職員會가 있었다. 그래서 일찍 돌아왔다. 조 형趙兄 및 문제文弟, 여러 벗들을 가서 보았다. 일금 3전을 이은모李殷模에게 빌려 주었다. 3전은 엽서 2매. 박기용朴基溶 및 박시양朴始陽에게 편지를 부쳤다.

1월 12일. 일요일. 맑음. 오전에 이발을 했다. 조 형趙兄 및 문제文弟, 여러 벗들을 가서 보았다. 줄포茁浦에 편지를 올렸다. 과자를 사놓고 담소했다. 오후 5시 무렵에 기숙사로 돌아왔다. 2원을 조 형趙兄에게 맡겨 두었다.

일금 10전은 과자 값.

1월 13일. 월요일. 맑음. 오전에 김 훈도金訓導의 수신修身과 산술算術 수업. 습자習字 수업. 오후에 본교本校에 올라갔다. 판속坂東 훈도의 산술算術 교수법 강연. 간호 당번看護當番.

1월 14일. 화요일. 맑음. 오전에는 김 훈도金訓導의 산술算術 수업과 조선어 실지수업[實地敎授]. 오후에는 삼택三宅의 교수법 강연과 김 훈도金訓導의 모범수업[模範敎授].[6]

1월 15일. 수요일. 흐림. 오전에는 1교시에 김 훈도金訓導의 모범 수업[敎授模範], 2교시에 녹자생鹿子生의 1학급 창가 수업[唱歌敎授]이 있었다. 오후에 학교에 올라갔다. 삼택三宅의 교수법 강연[敎演].

5 판속(坂東)은 곧 판속미팔(坂東米八) 훈도(訓導)이다.

6 삼택(三宅)은 곧 삼택고의(三宅高義) 훈도(訓導)이다.

1월 16일. 목요일. 흐림. 따뜻하여 눈이 녹았다. 김 훈도金訓導의 수업 및 성 군成君의 수업. 오후에는 김 훈도金訓導를 따라 결석자[欠席者]인 고희균高熙均과 김인욱金仁勗을 방문하였다.

일금 40전은 김하준金夏俊에게 갚아 주었다.

1월 17일. 금요일. 맑고 따뜻함. 오전에는 시천市川 훈도의 산술算術 수업.[7] 오후에는 시천市川의 말씀이 있었다.

1월 18일. 토요일. 맑음. 수업[教授]. 시천市川의 수업.

1월 19일. 일요일. 흐리고 따뜻함. 내일의 교수안教授案을 썼다. 오후에 조 형趙兄 및 문제文弟, 여러 벗들을 방문했다. 돌아오는 길에 박만서朴萬緖를 만났다.

일금 5전 5리는 과자 값.

1월 20일. 월요일. 흐리고 따뜻함. 조선어[鮮語] 실습수업[練習教授]. 이번 교생教生에서는 내가 첫 번째로 나가서 수업을 했다. 오후 5교시에 비평회批評會를 열었다.

1월 21일. 화요일. 흐림. 조금 춥다. 박 군朴君은 산술算術, 성 군成君은 체조體操 수업을 했다. 시천市川의 수업. 녹자생鹿子生의 수업 지도[教授指示]. 오후에는 박 군朴君의 수업에 대하여 소비평회小批評會를 열었다.

1월 22일. 수요일. 맑음. 직원 연구회職員研究會가 있었다. 그래서 일찍 물러나왔다.

1월 23일. 목요일. 맑고 조금 춥다. 이 군李君의 수업. 산구山口 교유教諭의 말씀이 있었다.

---

7 시천(市川)은 곧 시천번차랑(市川繁次郎) 훈도(訓導)이다.

1월 24일. 금요일. 맑음. 조금 춥다. 이 군李君의 수업. 녹자생鹿子生의 수업.

1월 25일. 토요일. 맑고 조금 춥다. 이李, 김金, 박朴 군의 수업. 황 군黃君의 교재 지도教材指導가 있었다. 줄포茁浦로부터 내려주신 편지가 있었다. 조 형趙兄과 문제文弟가 방문했는데, 이미 9시 무렵이 되어서 돌아가는 길에는 문이 닫혀 있었다. 그래서 부속보통학교의 소사小使로 하여금 문을 열게 했다.

일금 20전 가운데 10전은 김하준金夏俊에게 빌려 주었다.

1월 26일. 일요일. 춥다. 오전에 조 형趙兄 및 박사博士 댁을 방문했다. 오후에 조선어연구소朝語硏究所에 이용설李龍卨을 위하여 말미를 청하고 1전을 냈다. 김영룡金永龍 및 김영운金永運을 가서 보았다.

1월 27일. 월요일. 맑고 추움. 황黃, 김金의 수업[教授]. 비평회批評會를 열었다.

1월 28일. 화요일. 맑음. 음력 12월 22일이다. 집에 편지를 부쳤다. 이李, 박朴, 성成의 수업. 삼택三宅 훈도의 교재 지도教材指導.

1월 29일. 수요일. 눈보라[風雪]. 박朴, 성成, 이李의 수업.

1월 30일. 목요일. 맑음. 김金, 이李, 성成 및 녹자생鹿子生의 수업. 삼택三宅 훈도가 비평을 했다.[8]

1월 31일. 금요일. 맑음. 이李, 녹자생[鹿]의 수업[教授].

일금 20전은 황서훈黃瑞勳에게 빌려 주었다.

---

8 원문은 "비평을 받았다(被批評)"인데, 이는 비평을 담당할 훈도가 비평을 받는다는 뜻이 되므로 문맥상 부자연스럽다. "삼택(三宅) 훈도로부터 비평을 받았다."라는 정도의 의미로 이해된다.

2전은 낙은樂殷에게 갚아 주었다.[9]

2월

2월 1일. 토요일. 맑고 따뜻함. 이李, 김金, 박朴의 수업. 오후에는 유희遊戲 및 담화談話.

2월 2일. 일요일. 따뜻함. 오전에 조 형趙兄 및 문제文弟를 가서 보았다. 박사博士 어르신을 가서 뵈었다. 강습소講習所에 말미를 청했다. 김 훈도金訓導를 가서 보았다. 과자회菓子會가 있었다. 김 선생金先生 댁을 방문했다. 고성리古城里의 유 형柳兄으로부터 편지가 왔다. 일금 3전은 우표[切手]. 유 형柳兄에게 편지를 부쳤다.

2월 3일. 월요일. 맑고 따뜻함. 김정식金禎湜의 수업. 오후에는 비평회批評會.

2월 4일. 화요일. 따뜻함. 아침에 집에서 온 편지를 보았다. 박朴, 이李의 수업.

2월 5일. 수요일. 따뜻함. 박 군朴君의 수업. 녹자생鹿子生의 모범 수업[模範教授]. 일찍 기숙사로 돌아왔다. 섣달 그믐날이기 때문에, 밤에 묵습종默習鍾이 없었다. 과자회菓子會가 있었다.

일금 5전은 과자.

9 낙은(樂殷)은 성낙은(成樂殷)으로 짐작된다. 2월 26일의 일기에 이름이 보인다.

우연히 시 1수를 읊었다.[10]

물에 뜬 부평초처럼 우연히 만났지만
형처럼 아우처럼 지낸 지 이미 3년이네.
앞으로 어디로 갈지는 알 수 없지만
그대들 탈없이 천진天眞 지키기를 바라노라.

萍水相逢是偶然, 如兄如弟已三年.
從此不知何處去, 願君無恙守天眞.

2월 6일. [계축년 정월 1일] 목요일. 춥다. 음력 정월 초하룻날이다. 오전 9시 무렵에 출근出勤하였다. 점심은 떡이었다. 오후에는 조 형趙兄 및 문제文弟를 가서 보았다. 다만 문제文弟는 처음으로 객지客地에서 설을 쇠는 것이라고 한다.

2월 7일. 금요일. 맑음, 밤에 눈. 이李, 녹자생鹿子生의 수업. 박 군朴君의 수업.

2월 8일. 토요일. 맑고 추움. 이李, 박朴의 수업.

2월 9일. 일요일. 맑고 추움. 본교本校 학생모집 시험이 있었다. 오전에 조 형趙兄 및 문제文弟를 가서 보았다. 조 형趙兄과 함께 박사博士 어르신을 방문하여 뵈었다. 오후에 기숙사에 돌아오니, 교문이 아직도 닫혀 있었다. 시험이어서 무관한 사람[閑人]이 들어가지 못하도록 하였

10 시 제목으로 이해하여 "「우음(偶吟)」 1수를 지었다." 정도로 풀이할 수도 있다. 시의 내용은 졸업을 하고 각기 다른 학교로 부임하게 될 앞날을 생각하며 섣달 그믐날의 감회를 읊은 것으로 이해된다.

기 때문이다. 뒷문을 통해 기숙사에 들어가니, 같은 방의 사람이 전언傳言하기를 조금 있다가 아버님이 이리로 오실 것이라고 했다. 그런 까닭에 교문을 나가서 가장자리로 비켜선 채 몇 시간을 기다려서 아버님을 뵙고 방에 들어올 수 있었다.

일금 1전은 연구소研究所에 말미를 청하는 데 썼다.

2월 10일. 월요일. 춥고 맑음. 이른 아침에 수진방壽鎭坊 허헌許憲의 집에 가서 아버님을 뵈었다. 양우梁友의 연습 수업[練習教授]. 녹자생鹿子生 및 산구山口 교유教諭의 수업. 오후에 비평회批評會를 열었다. 판속坂束 훈도訓導의 교재 지도教材指導가 있었다. 사감舍監 아도兒島 선생에게 청하여 외출 허가를 얻었는데,[11] 오후 7시부터 9시까지였다. 아버님을 방문했다. 이동泥洞의 조 형趙兄 및 문제文弟에게 가서, 함께 아버님께서 머무는 곳으로 갔다. 9시에 기숙사에 돌아왔다.

2월 11일. 화요일. 맑고 따뜻함. 기원절紀元節 날이다. 휴업休業. 이른 아침을 먹고 아버님을 가서 뵈었다. 조 형趙兄 및 문제文弟 또한 와서 뵈었다. 아침을 드신 뒤에 서소문西小門 밖의 여관으로 아버님을 모시고 가서 행장行裝을 찾았다. 정거장에 도착하니 바야흐로 기적汽笛이 울렸고, 출발－오전 10시 42분－이 임박한 시간이었다. 급히 정읍井邑 가는 차표 및 입장권入場券을 사서 삼등차三等車에 올랐다. 정읍井邑에 행차하셨다.

일금 1원 50전 및 우표[切手] 6매를 아버님으로부터 받았다.

3전은 입장권入場券.

다만 조 형趙兄과 문제文弟는 수진방壽鎭坊 허 변호사許辯護士 집에

11 아도(兒島) 선생은 곧 아도원삼랑(兒島元三郎) 교유(教諭)이다.

늦게 도착했으며,[12] 다시 서소문西小門 밖으로 갔다. 아버님이 기차를 타고 떠난 뒤에 기차가 질주하는 것만 바라볼 뿐이었는데, 홀연 그 모습이 보이지 않더니 요란한 기차 소리만 들려왔다. 이에 정거장에서 나와 우두커니 서 있었다. 서대문 앞에서 조 형趙兄, 문제文弟와 마주쳐서, 덕수궁德壽宮 안으로 되돌아 들어갔다. 다시 순사巡査가 가르쳐준 말에 따라 이현泥峴의 시가지로 옮겨 가서 책방[冊舍]을 찾아다녔다. 다시 구리개[銅峴]의 새 대로大路에서부터 종각鐘閣의 샛길[側路]까지 갔다가 각기 자기 처소로 돌아갔다. 점심을 먹은 뒤에 본가[本第]에 소포를 부쳤다. 며칠 전에 아버님으로부터 받아놓은 소포인데, 곧 산동 명주[山東紬] 1필, 무문영초단無紋映艸緞과 신모초단新毛綃緞 각 2필이다. 계부님[季父主] 앞으로 편지를 올렸다. 다시 조 형趙兄의 처소에 갔다. 돌아오는 길에 송당松堂 선생을 방문하여 뵈었다. 이종익李鍾翼의 집을 방문했는데, 그 집은 이미 다른 곳으로 옮겼다고 한다.

일금 18전은 소포小包.

6전은 가루치약[齒磨粉] 1봉封.

2월 12일. 수요일. 맑고 따뜻함. 김金, 성成, 판속坂束의 수업. 박기용朴基溶과 함께 일한서방日韓書房에 가서 『가정교육학家庭教育學』 1책을 샀다. 돌아오는 길에 한양목욕탕漢陽沐浴湯에 들어갔다.

일금 1원 40전은 『가정교육학家庭教育學』 1책.

8전은 두 사람 분의 목욕 요금.

2월 13일. 목요일. 맑고 따뜻함. 박 군朴君, 성 군成君, 이 군李君의 수

12 "허변호사"는 곧 허헌이다. 허헌(許憲, 1885~1951)은 보성전문학교를 졸업하고 일본 메이지대학[明治大學] 법과를 졸업하였으며, 24세의 나이로 변호사가 되었다.

업. 판속[坂束] 훈도의 말씀이 있었다.

2월 14일. 금요일. 맑음. 이李, 녹자생鹿子生의 수업.

2월 15일. 토요일. 눈. 이李, 박朴, 성成의 수업.

2월 16일. 일요일. 맑음. 오전에 아동들을 인솔하여 운동장의 눈을 치웠다. 조 형趙兄을 가서 보았다. 송당松堂 선생을 가서 뵈었다.

일금 15전은 연구소研究所의 월연금月捐金.

1전은 김명련金鳴璉에게 갚아 주었다.

5전은 박시양朴始陽에게 갚아 주었다.

2월 17일. 월요일. 맑음. 한상범韓相範의 연습 수업[練習教授]. 녹자생鹿子生의 수업. 비평회批評會를 열었다.

2월 18일. 화요일. 맑고 따뜻함. 오전에 이李, 김金의 수업이 있었다. 방과 후에 이계승李啓承의 소비평회小批評會가 있었다. 산구山口 교유教諭는 김현모金顯模에 대해 말씀이 있었다. 즉 "대개 아동이 매일 학교에 오지만, 그 1분 1초는 평생 동안 다시 만나보지 못할 시간이니 곧 평생에 영향을 미치는 것이다. 만약 교사가 마음대로 하고 의지가 없다면, 다만 그 시간만 도둑질하는 것일 뿐이다. 또한 아이가 많은 생각을 할 정신을 빼앗아 유익한 바가 없도록 만들 것이니, 즉 도덕상 큰 죄인이 됨을 면치 못할 것이다. 또한 그 아동은 다른 사람이 아니라 곧 나의 동포 형제이다. 어찌 이와 같이 마음대로 하고 의지가 없어서 그 시간을 헛되이 보내게 할 것인가."라고 했다. 김하준金夏俊으로부터 10전을 거두어들였다. 밤에 김하준金夏俊의 과자회菓子會가 있었다.

2월 19일. 수요일. 맑고 따뜻함. 이李, 박朴의 수업. 시천市川의 모범 수업[模範教授]. 직원회職員會가 있어서 일찍 돌아왔다. 조 형趙兄 및 문제文弟를 가서 보았다.

2월 20일. 목요일. 맑고 따뜻함. 이李, 박朴, 성成의 수업. 녹자생鹿子生의 수업. 시천市川 훈도의 말씀이 있었다. 본교本校로부터 조사調査가 있었다. 즉 (1)자기가 좋아하는 음료[차, 술]와 식품[육류, 계란] (2)즐겨 읽는 책[현인과 위인이 남긴 글遺書], (3)좋아하는 학과學科[문학과文學科, 역사], (4)좋아하는 놀이[함께 하는 유희], (4)좋아하는 생활법生活法[교육적 생활]. 이상 작은 글씨로 두 줄로 쓴 것이 곧 나의 말이다.[13] 오늘 저녁은 곧 음력 정월 보름날이다. 우연히 시 1수를 읊었다.

한성엔 눈 내려 하얀 밤
새벽 알리는 종소리에 꿈을 깨었네.
어느 새 이미 3년이 되었구나.
그대 아니면 누구와 더불어 종유從遊하리오.

漢城雪夜白, 夢覺報晨鐘.
忽忽已三歲, 捨君誰與從.

2월 21일. 금요일. 맑음. 밤에는 비가 내렸다. 이李, 박朴, 녹자생鹿子生의 수업. 생각나는 말이 하나 있으니, "내가 누군가를 악인이라고 여겨 그런 생각으로 그 사람을 보게 되면, 곧 그 사람의 악한 일만 드러나게 되어 끝내는 그 사람을 유달리 미워하게 된다."라는 것이다.

2월 22일. 토요일. 흐림. 오전에 본교本校로 올라가서 체격검사體格

13 "작은 글씨로 두 줄로 쓴 것[細字雙行書者]"이 설문 조사에 대해 가람이 제시한 답변이라는 말이다. 여기서는 해당 부분을 [ ] 안에 넣어서 풀이했다. (4)번 문항이 두 번 보이는 것은 오류로 생각되지만, 여기서는 원문 그대로 옮겨놓았다.

檢査를 했다. 신장은 5척 2촌 5분. 가슴둘레는 2척 6촌인데, 들숨일 때와 날숨일 때의 차이는 3촌 2분. 체중[體量]은 15관貫 250문匁.[14] 두 눈은 정상[正視眼]. 전신에 질병이 없다고 한다. 본교本校에서 이력서履歷書를 제출하라고 했는데, 그 내용은 다음과 같다.

명치明治 24년 1월 28일, 출생(서력 1891년).

동 30년(1897) 2월 1일, 사숙私塾 입학.

동 42년(1909) 4월 16일, 공립전주보통학교公立全州普通學校 제4학년 입학.

동 43년(1910) 3월 28일, 같은 학교 졸업.

동년 4월 16일, 관립한성사범학교官立漢城師範學校 제1학년 입학.

2월 23일. 일요일. 맑음. 부속학교[附校]에서 교수연구회敎授硏究會가 있었다. 그래서 오전 10시에 부속학교로 내려가 학동學童들을 관리하고, 11시에 참관했다. 김 훈도金訓導의 조선어 연구수업[硏究敎授]이 있었다. 오후에는 연구회硏究會에 가서 시험을 보았다.[15] 김영운金永運을 방문했다. 20전을 박 형朴兄에게 빌려 주었다.

일금 15전은 연구소硏究所에 연조捐助했다.

2월 24일. 월요일. 맑고 따뜻함. 이계승李啓承의 연습 수업[練習敎授].

---

14 체량(體量)은 곧 체중(體重)이다. 문(匁)은 일본식 단위인데, 1000문이 1관(貫)이다. 1관은 3.75㎏이므로, 가람의 체중은 대략 57.1875㎏이 된다. 또한 체격검사 결과를 미터법으로 환산하면, 키[身長]는 약 158㎝, 가슴둘레는 약 79㎝ 정도가 된다.

15 여기서의 "연구회"는 앞쪽에 언급된 "교수연구회(敎授硏究會)"와는 다른 우리말연구회를 말하는 것으로 보인다. 오전에 부속학교에서 "교수연구회" 행사를 치르고, 오후에는 조선어강습원 "연구소"(연구회)에 가서 15전을 연조금(捐助金)으로 내고 뒤에 나오는 3월 23일자 성적시험을 치른 것으로 이해할 수 있다.

비평회批評會를 열었다.

◎ 이력서履歷書에 덧붙여 기입한 것이 다음과 같다.

명치明治 44년(1911) 10월 26일에 조선총독부령朝鮮總督府令 제116호에 의하여 경성고등보통학교 부설 임시교원양성소(京城高等普通學校附設 臨時教員養成所)로 변경됨.

대정大正 2년(1913) 3월 23일에 경성고등보통학교 부설 임시교원양성소(京城高等普通學校附設 臨時教員養成所)를 졸업함.

2월 25일. 화요일. 맑음. 박朴, 이李의 수업. 삼택三宅 훈도의 교재 지도教材指導.

2월 26일. 수요일. 맑음. 바람 불고 추움. 일찍 귀가하여 비평批評을 정리했다. 1원을 성낙은成樂殷에게 빌려 주었다.

2월 27일. 목요일. 영하 2도. 눈이 왔다. 이李, 김金의 수업. 광고－학생 모집－ 4매를 썼다. 삼택三宅 훈도의 말씀이 있었다.

2월 28일. 금요일. 맑고 따뜻함. 이李, 박朴의 수업.

3월

3월 1일. 토요일. 맑음. 구구단 표[九九表]를 썼다. 일찍 기숙사에 돌아왔다. 조 형趙兄 및 문제文弟를 방문했다.

3월 2일. 일요일. 춥다. 조 형趙兄 및 문제文弟를 가서 보았다. 줄포茁

浦에 올리는 편지를 부쳤다. 오후에 연구소研究所에 가서 졸업식卒業式을 거행하고 졸업장卒業狀을 받았다. 단 점수는 97이며, 평균은 94.00 −출석 점수를 합한 것−이다.[16]

3월 3일. 월요일. 춥다. 이대영李大泳의 연습 수업[教授練習]. 비평회批評會를 열었다. 조 형趙兄과 문제文弟가 방문했다.

3월 4일. 화요일. 맑았다가 바람 불고 추움. 다만 교생敎生들은 출근出勤하고 나머지 사람들은 인천 여행을 했다. 집에서 온 편지를 보았다. 이대영李大泳이 3전 5리를 빌려 주었다.

3월 5일. 수요일. 맑음. 바람 불고 추움.

3월 6일. 목요일. 바람 불고 맑음. 집에 편지를 부쳤다. 2전은 『창가월보唱歌月報』의 대금으로 제除하니, 대영大泳에게 1전 5리가 남았다.[17]

3월 7일. 금요일. 맑음.

3월 8일. 토요일. 춥다. 본교本校에서 『일본여행일지日本旅行日誌』를 내 주었다.

3월 9일. 일요일. 오전에 17명과 함께 사진을 찍고자 했다. 종로사진관鐘路寫眞館에서부터 남산공원南山公園 및 한양공원漢陽公園까지 갔는데, 햇빛이 이미 높고 끝내 낮아지지는 않았다. 부득이하여 다시 종로사진관 실내에서 촬영을 했다. 오후에 조 형趙兄 및 문제文弟를 가서 보았다. 김영운金永運이 방문했다고 한다. 김영운金永運 및 영룡永龍을 방문했다. 며칠 전에 장인[外舅]께서 상경했다고 한다. 줄포茁浦에서

16 주시경 선생의 조선어강습원 고등과 제1회 졸업식을 말하며 그때 받은 졸업장과 성적표의 성적을 말한다.

17 4일에 이대영(李大泳)이 3전 5리를 빌려 주었는데, 가람이 이 돈에 대해 기록한 것으로 보인다.

20원의 전환電換이 왔다.

일금 25전은 시계 표면의 유리[硝子] 수선.

3월 10일. 월요일. 맑음. 김영욱金永郁의 연습 수업[練習敎授]. 비평회批評會를 열었다.

3월 11일. 화요일. 맑고 따뜻함. 직원회職員會가 있었다. 그래서 일찍 돌아왔다. 조 형趙兄 및 문제文弟를 가서 보았다. 줄포茁浦에서부터 내려주신 편지가 있었다. 고성리古城里에서 편지가 왔다.

3월 12일. 수요일. 따뜻함. 직원회職員會가 있어서, 일찍 돌아왔다.

일금 4전은 악보樂報 값.

3월 13일. 목요일. 따뜻하고 맑음. 밤에 자국눈[薄雪]이 내렸다. 줄포茁浦에 편지를 올렸다. 오후에 졸업생 사진을 촬영했다. 본교本校에서 청탁이 있어서 3년간 기숙사 생활에서 경계한 바를 기록했는데, 다음과 같다.

1. 성정 도야性情陶冶의 일.
2. 의지 단련意志鍛鍊의 일.
3. 청결淸潔, 정돈整頓, 근검勤儉 등 좋은 습관을 얻는 일.
4. 학우學友 사이에 친목親睦하는 일.
5. 일정한 시간 및 규칙에 의거하여 항상 자습自習하는 힘을 갖추는 일.
6. 친목회親睦會 조직이 없으면 자경심自敬心과 자치력自治力을 갖출 수 없으며 완전한 규칙적 생활도 없게 된다.
7. 매주 한 번씩 충분히 정신 휴양을 한다. 회합會合을 개최할 필요성이 있다.
8. 서로의 인격人格이 어떠한가를 알지 못하는 까닭에 서로 시기하거나 의심하고 서로 경멸하며 각자 오만傲慢에 빠져 자포자기하는

마음이 생기게 되며, 마침내는 옳은 일을 권면하고 어짊을 보완하는 벗의 효험을 얻을 수 없게 된다.[18] 이로 보건대, 친목회에서의 절차탁마切磋琢磨와 회합 설치와 같은 일은 가히 필요하다 할 것이다.

9. 잡지雜誌와 신문新聞 등의 종람소縱覽所를 설치하여 학과 이외의 상식을 넓힐 필요가 있다.

10. 지금은 비록 서생書生이지만, 장래 사회의 중요한 인물이 되지 않는다고 할 수는 없다. 하물며 사범생도師範生徒는 사회의 의사醫師와 같은 자임에랴. 사회를 위한 견문見聞과 준비가 어찌 없을 수 있겠는가.

11. 기숙사의 식사는 영양營養 상으로 충분치 못하다.

12. 임시 외출은 반드시 허가할 일.

    예컨대 긴급한 일이 있을 때나 친척을 방문할 때, 또는 벗 사이에 약속이 있을 때에 외출을 청해도 거짓말로 돌려버리고 허가하지 않는 일이 간간히 있었다.[19]

3월 14일. 금요일. 맑고 따뜻함. 인편人便이 있어서 아버님 앞으로 편지를 올렸다.

3월 15일. 토요일. 맑고 따뜻함. 오후에 수료증서[修業證書]를 썼다.

---

18 원문은 "책선보인(責善補仁)"인데, 이는 "벗은 옳은 일을 권면하니, 벗으로써 인(仁)을 보완하는 것이다.[朋友責善, 以友補仁.]"는 구절에서 인용한 듯하다.

19 모두 12개 조항의 "경계한 바(所戒)"를 기록했는데, 이 가운데 9번 이하의 항목은 일종의 건의 사항처럼 보인다. 12항의 임시 외출 허가 문제에 대해서는 자신의 경험까지 덧붙여 놓았다.

일금 45전은 사진 값.

3월 16일. 일요일. 따뜻함. 봄볕이 날로 따뜻해진다. 박기용朴基溶과 함께 조 형趙兄을 방문하여 몇 가지를 이야기했다. 이어서 광화문 우편국光化門郵便局에 가서 전환電換 20원을 추심推尋했다. 진고개[泥峴]로부터 남산정南山町 촌상사진관村上寫眞館[20]까지 가서 사진 1매를 부탁하였다. 돌아오는 길에 구리개[銅峴]의 포목상점에서 두루마깃감[周衣次] 1건을 샀다. 종로도장포鐘路圖章舖에 이르러 도장 1개 – 상아象牙 – 를 부탁했는데, 정가는 1원이다. 또 명함 100장도 부탁했는데, 정가는 30전이다. 오후에 두루마깃감을 조 형趙兄의 처소에 갖고 가서 맡겨 두었다. 병교秉嬌를 만나 그 처소에 들어가 보았다. 조 형趙兄과 문제文弟 및 백白, 오吳 두 벗과 길동무가 되어 남산공원南山公園, 한양공원漢陽公園을 돌아다녔다. 남대문에서 종로鐘路까지 가서 작별하고 각기 처소로 돌아갔다. 돌아오는 길에 운 좋게도 허헌許憲 씨를 만났다.

일금 2원 40전은 반흑포목斑黑布木 10척尺에 1원 50전, 옥양목玉洋木 9척에 90전.

일금 50전은 도장 선금.

일금 5원은 박기용朴基溶에게 빌려 주었다.

3월 17일. 월요일. 맑음. 오전에는 습자習字를 했다. 성적 작성[調作]. 성적 조사[考査].

3월 18일. 화요일. 맑음. 줄포茁浦로부터 편지 및 전환電換 10원이 왔다. 졸업기념卒業紀念 식수植樹를 했다.

---

20 "촌상사진관(村上寫眞館)"은 곧 무라카미 사진관이다. 조선 왕실의 사진사로도 활동했던 일본인 사진사 무라카미 덴신(村上天眞)이 운영하였다.

3월 19일. 수요일. 맑고 따뜻함. 아버님께 올리는 편지를 부쳤다. 일금 2전은 이발 요금.[21]

3월 20일. 목요일. 흐림. 오후에 광화문 우편국光化門郵便局에 가서 10원 및 저금 2원을 찾아왔다. 동일당東一堂에 가서 도장과 명함을 찾아왔다. 태평양복점太平洋服店에 가서 양복을 정복正服으로 고쳐 달라고 요청했다. 정가는 6원 50전이며, 선납금先納金은 5원이었다. 조 형趙兄 및 문제文弟를 가서 보았다. 박기용朴基溶에게서 5원 20전을 추심推尋했다. 밤에 2년급들의 친목회가 있었는데, 곧 송별회送別會였다.

3월 21일. 금요일. 맑음. 오전에 거실에 모여 세 가지 일을 의논했다. 1. 김병빈金炳賓 치료의 일, 2. 재사생在舍生에 대한 답례의 건, 3. 송당松堂 선생 송별례送別禮의 건. 조 형趙兄을 가서 보았다. 여러 벗들과 함께 이현泥峴에 가서 물품을 샀다. 다시 조 형趙兄의 처소에 이르러, 문제文弟와 함께 신문관新文館에 가서 책자를 구해 왔다. 돌아오는 길에 또 물품을 샀다. 곧 다음에 기록한 것과 같다.

일금 70전, 양복 내의內衣 상하 1건.

일금 1원, 양복 조끼 1개.

일금 30전, 면도칼 1개.

일금 45전, 돋보기[老眼鏡] 1개.

일금 1원 60전, 중절모자中折帽子 1개.

일금 15전, 도시락[弁當] 1개.

21 다른 날 일기와 비교해보면 이발요금 "2전"은 너무 싸다. 오탈자가 있을 가능성을 배제하기 어렵다.

일금 30전, 푸른 모사 책보[青毛紗册包] 1개.

일금 50전, 분粉 10갑匣.

일금 25전, 책 편철 수수료[編册手數料].

일금 54전 5리, 저고리[赤古里] 신문 1년치를 미리 납부한 값.

일금 41전. 봉투지 100장에 13전, 내지內紙 1축軸에 14전, 비누[石鹼] 1개에 12전 5리,[22] 신문꽂이[新聞挾] 1개에 1전 5리.

일금 62전. 상자 2개에 40전, 수저 1벌에 15전, 끈[繩] 2말末에 7전.

일금 22전 5리, 단체사진 1매 값.

일금 70전. 이 가운데 20전은 기숙사 일동 사진의 값, 50전은 김병빈金炳賓을 위한 연조금捐助金.

3월 22일. 토요일. 맑음. 오전에 부속학교[附校]에 가서 책을 반납하고 고별식告別式을 가졌다. 본교本校에 올라가니, 내일 졸업식의 예습이 있었다. 오후에 초대회招待會에 갔다가, 6시 무렵에 기숙사에 돌아왔다. 밤에는 동창회가 있었다.

일금 20전은 동창회비.

3월 23일. 일요일. 맑음. 오전 9시 무렵에 고등학교 운동장에서 졸업식을 거행하였다. 이도베 박사 및 에버 박사가 참석하여 권면勸勉하는 축사祝辭를 했다. 식을 마친 뒤에 다시 본교本校로 돌아와서 사은회謝恩會를 가졌다. 교장이 각각의 임지任地를 포고하였는데, 나는 곧 남양南陽이었다. 여러 해 고향을 떠나 부평초 떠돌아다니는 것 같은 일생을

22 원문에는 "石鹼 一箇, 十二錢."이라 하고 다음줄 첫머리에 "五錢"이라 기록하였는데, 원문을 그대로 받아들여 물품 값을 계산하면 "41전"과 어긋난다. 비누[石鹼]의 가격이 12전 5리가 되어야 전체 가격이 41전이 된다. 따라서 "五錢"은 "五厘"의 오기로 볼 수 있다. 여기서는 고쳐서 옮긴다.

사니, 고생스럽고도 고생스럽다. 이른바 졸업에도 또한 고향에서 멀리 떨어져 남양南陽으로 가게 되었으니, 온 마음으로 힘을 다했건만 이전의 희망은 허사가 되고 말았다. 62명에다 속성과速成科까지 합쳐 백여 명의 졸업생 가운데 어떤 이는 가까운 곳으로 가고 어떤 이는 먼 곳으로 간다. 또 어떤 이는 눈물 흘리고 어떤 이는 웃는다. 그렇지만 대체로는 진실로 좋은 상황[好況]은 없는 것 같다. 음악 소리는 귀에 아름답게 느껴지지 않고, 요리 맛은 입에 달게 느껴지지 않는다. 이는 내 마음의 불쾌함을 헤아리지 않고 다른 사람도 또한 모두 이와 같겠거니 여긴 것이니, 이는 곧 천연의 인정人情일 것이다. 비록 그러하나 시대에 따라 정情도 또한 같지 않은 것이다. 이에 크게 깨달았노라. 남자가 되어 어찌 고향에 돌아가지 못하는 것으로 한恨을 삼겠는가. 천지[覆載]의 안에 몸을 맡기고 우주의 사이에서 이름을 구하는 일이 어찌 아직 할 수 없는 것이겠는가. 능히 할 수 있는 일이로다. 의주義州로 하여금 행구行具를 다 가져가도록 하고, 이동泥洞 차진원車鎭源의 집에 묵었다. 밤에 조 형趙兄 및 정鄭, 박朴 두 벗과 더불어 기숙사에서 나와 연극장演劇場 우미관優美館에 가서 관람하였다.[23]

일금 1원 50전은 양복洋服을 고친 비용.[24]

일금 10전 5리는 구두 굽 및 신문철新文鐵.

일금 61전은 행연行硏 1개 및 양말 3켤레.

---

23 우미관(優美館)은 1912년 12월에 세워진 영화관이다. 일본인 하야시다(林田金次郞)가 서울 관철동에 2층의 벽돌 건물로 세웠다. 우미관의 전신은 1910~1911년 무렵에 세워진 황금연예관(黃金演藝館)이었다. 우미관에서 본격적으로 영화를 상영하게 된 것은, 개관 1주년인 1913년 12월 9일 이후의 일이었다.

24 3월 20일의 일기에 양복을 정복(正服)으로 고치게 하고 6원 50전 가운데 5원을 선금으로 냈다는 기록이 있다. 이날 잔액 1원 50전을 낸 것이다.

일금 20전은 연극장演劇場 입장비인데, 두 사람 몫이다.

3월 24일. 월요일. 흐림. 오전 9시에 도청 학무계學務係 – 경기도청京畿道廳 – 에 들어갔다. 김영룡金永龍을 만났다. 그의 아버님[春丈] 계신 곳을 찾아가서 뵈려 했지만, 출타하셔서 뵙지 못했다. 밤에 김창선金昌善의 처소에 가서 여러 벗들과 작별하였다.

3월 25일. 화요일. 눈. 오전 9시에 도청에 들어갔다. 청초晴初 어르신을 가서 뵈었다. 송당松堂 어르신을 가서 뵈었다. 기숙사에서 허헌許憲 씨의 집으로 가서 작별을 고하였다. 박사博士 어르신을 가서 뵙고 작별을 고하였다. 문제文弟와 함께 조 형趙兄을 따라 청요리집淸料理家에 들어갔다. 돌아와서 행구行具를 정돈하였다.

3월 26일. 수요일. 맑음. 오전 7시에 기침起寢했다. 의주義州와 더불어 행구行具를 짊어지고 남대문역南大門驛에 갔다. 백남규白南圭와 조 형趙兄이 와서 전송하였다. 송당松堂 선생 또한 남도[南中]에 행차하신다. 문제文弟와 더불어 8시 반에 승차하여 오후 3시 무렵에 강경역江景驛에 하차했다. 송당松堂 어르신 또한 하차하셨다. 상작촌上鵲村에 이르러 조 형趙兄 댁 및 이관찰李觀察 어르신을 방문하고, 곧바로 작별을 고하였다. 병석秉釋 동생을 만났다. 동행은 3명이고, 행구行具를 짊어진 이가 또 1명이었다. 집에 돌아오니, 이미 오후 8시였다.

일금 5원 60전은 차비.

일금 15전은 오징어[오둥어] 1마리 및 빵[팡].

일금 10전은 밀감蜜柑 5개.

일금 5전은 차 1사발.

일금 62전은 짐삯[荷物賃金].

3월 27일. 목요일. 맑음. 일금 45전은 하인을 떠나보내는 데 썼다.

3월 28일. 금요일. 맑고 바람이 불었다. 줄포茁浦에 편지를 올렸다.

일금 20전은 백지白紙 두 묶음[束].

3월 29일. 토요일. 맑음. 신촌新村 당숙堂叔 댁에 찾아가 뵈었다.

3월 30일. 일요일. 맑음.

3월 31일. 월요일. 맑음. 일찌감치 출발했다. 큰 아범[大父]에게 행구行具를 지웠다. 9시 무렵에 작촌鵲村에 이르러 조 형趙兄을 방문했다, 곧바로 정거장에 가서 기차를 타고 수원역水原驛에서 하차했다. 인력거人力車를 타고 천천리泉川里 주막에 이르러 묵었다.[25]

일금 2원 32전은 차비이다.

일금 8전은 과자 값이다.

4월

4월 1일. 화요일. 맑음. 일찌감치 밥을 먹고 곧바로 기차를 탔다. 오전 10시 무렵에 남양공립보통학교南陽公立普通學校[26]에 도착하여 교장을 만나보았다. 군수 김영두金永斗 어르신을 찾아가 뵈었다.[27] 김정철金正哲의 집에 숙소宿所를 정하였다.

일금 1원 50전은 인력거人力車 비용.

---

25 천천리(泉川里)는 지금의 경기도 화성시 매송면에 있는 마을이다. 샘물이 많이 나기 때문에 이 이름이 붙었다고 한다.

26 1898년 설립된 경기도 화성시 남양읍 남양리에 있는 공립초등학교. 현 화성남양초등학교.

27 김영두(金永斗)는 1911년부터 남양군수로 있었으며, 1913년에 풍덕군수(豊德郡守)로 자리를 옮기게 된다.

일금 44전은 밥 값.

4월 2일. 수요일. 맑음. 수업 참관. 오시午時에 군수 어르신을 가서 뵙고, 사령서辭令書 및 재근장在勤狀을 받았다. 훈사訓辭가 있었다. 처음으로 군청의 여러 직원들을 만나보았다.

4월 3일. 목요일. 맑음. 신무천황神武天皇의 제일祭日이다. 산에 올라 나무를 심었는데, 오후 3시에 멈췄다. 객사[旅舍]에 돌아오니, 풍성한 음식이 있었다. 저녁 무렵에 산보하다가 신방新芳 집에 이르렀다. 최상준崔相俊을 만나 함께 놀았는데, 김창진金昌鎭 군 또한 함께 놀았다. 오후 8시에 돌아왔다.

4월 4일. 금요일. 맑음. 오전에 나무를 심었다. 본가[本第]에 편지를 올렸다. 김종남金鐘南으로부터 편지가 왔다.

4월 5일. 토요일. 흐리고 비. 줄포茁浦에서 내려주신 편지가 있었다.

4월 6일. 일요일. 흐림. 우편국에서 저금 이자 34전을 받아 왔다. 군수郡守 어르신을 방문했다. 김창진金昌鎭과 함께 산보하다가 최동환崔東煥의 집까지 이르렀다. 돌아오는 길에 김창진金昌鎭의 집에 들렀다.

4월 7일. 월요일. 오후에 농장을 분배했다. 줄포茁浦에 편지를 올렸다.

4월 8일. 화요일. 일금 30전은 우표[切手] 10매.

4월 9일. 수요일. 맑음. 이은모李殷模와 백남규白南圭로부터 편지가 왔다. 채소를 심고, 거름을 만들었다.

4월 10일. 목요일. 맑음. 소출小出, 수산守山 두 선생 및 이은모李殷模에게 편지를 부쳤다.[28]

---

28 소출(小出)은 경성고등보통학교 교원양성소 시절의 일본인 교사였던 소출뇌길(小出雷吉)이며, 수산(守山)은 전주보통학교 시절의 일본인 교사였던 수산오백족(守山五百足)이다.

4월 11일. 금요일. 맑음. 김재희金載熙로부터 편지가 왔다.

일금 7전은 엽서.

박사博士 족숙族叔, 소병식蘇秉寔, 김종남金鐘南, 김재희金載熙 앞으로 편지를 부쳤다.

4월 12일. 토요일. 오후에 흐림. 하루 종일 종묘種苗했다.

4월 13일. 일요일. 맑음. 박朴, 이李 두 형과 함께 구포鳩浦 이화동梨花洞의 친척 댁에 가서 점심을 먹었다.[29] 처음으로 병덕秉德을 입학시켰다. 돌아오는 길에 조 씨趙氏 및 박 형朴兄의 집을 방문해서, 저녁을 먹은 뒤에 돌아왔다. 집에서 편지가 왔다.

4월 14일. 월요일. 맑음. 본가[本第]에 편지를 올렸다. 이종수李鐘秀 훈도의 사령서辭令書가 왔는데, 여주驪州로 전근하게 되었다.[30] 그래서 나는 이로부터 4학년 4학급을 담임하게 되었다. 일동은 객사[旅舍]로 돌아와 전별회餞別會를 가졌다. 밤에 박朴, 이李 두 형과 함께 필동筆洞 집에 가서 다시 전송회餞送會를 가졌다.

일금 1원 81전은 전송餞送에 썼다.

4월 15일. 화요일. 맑음. 방과 후에 뽕나무를 심었다.

4월 16일. 수요일. 맑음. 간이실업학교簡易實業學校[31] 훈도訓導 사령

---

29 이하에서 언급되는 "박, 이 두 형[朴·李兩兄]"은 남양공립보통학교 교사로 함께 근무하게 된 박광원(朴匡愿)과 이강하(李康河)로 짐작된다.

30 원문은 "轉任于于驪州"로 되어 있는데, 실수로 "于" 자를 두 번 쓴 것으로 보인다. 이종수는 1911년에 남양공립보통학교에 부임하였으며, 1913년에 여주공립보통학교와 여주공립간이농업학교로 전근하였다. 남양공립보통학교에는 일본인 교사 1명과 조선인 교사 3명이 근무하였는데, 가람이 부임하고 이종수가 전근함으로써 총 4명이 되었다.

31 원문에서는 처음에 "간이농업학교(簡易農業學校)"라고 썼다가 "간이실업학교(簡易實業學校)"로 고쳤다. 그렇지만 정식 명칭은 "남양공립간이농업학교(南陽公立簡易

장辭令狀 및 재근장在勤狀이 도착했다. 오늘부터 농업학교의 교사 일을 하게 되었다. 조 형趙兄으로부터 편지가 왔다.

4월 17일. 목요일. 맑음. 군청으로부터 인천仁川 서기書記의 조난遭難에 대한 연조捐助가 있었다.

일금 18전은 연조금捐助金.

4월 18일. 금요일. 맑음. 이종수李鐘秀를 전송했다.

일금 20전은 전송餞送에 썼다.

4월 19일. 토요일. 맑음. 오전 11시 무렵에 직원職員 일동과 생도生徒 일동, 군수 이하 생도의 부형父兄 일동이 오리정五里亭에서 이종수李鐘秀를 송별했다.[32]

일금 15전은 이발理髮.

4월 20일. 일요일. 맑음. 오전 10시 무렵에 직원 및 4학년 생도들이 상교常校에 가서 참관하였다. 직원直員 장태성張泰星 및 선생先生 황돈수黃敦秀 씨가 향음주례鄉飮酒禮를 했다. 오후 2시 무렵에 생도들을 돌려보내고, 점심을 먹고 술을 마시고서 돌아왔다.[33]

4월 21일. 월요일. 맑음. 군청郡廳에서 월봉月俸을 받았다. 17원 23

農業學校)"이다. 당시의 교사들이 그랬던 것처럼, 가람 또한 두 학교의 교사를 겸하게 된 것이다.

32 오리정(五里亭)은 관아에서 5리(里) 정도 거리에 세운 정자를 뜻하는 말이다. 고을에서 빈객(賓客)을 맞이하고 보낼 때에는 사람들이 오리정에 모였다.

33 향음주례(鄉飮酒禮)는 향촌에서 선비와 유생들이 모여 베푸는 의례이다. 주로 향교나 서원 등에서 이루어졌는데, 가람은 4학년 생도들을 이끌고 여기에 참여한 것이다. "점심을 먹고 술을 마시고서 돌아왔다.(午飯及飮酒, 以回來.)"는 구절은 향음주례에 끝까지 참석했다는 뜻으로 이해된다. 장태성과 황돈수는 모두 향교의 직임을 맡았던 사람들인데, 황돈수(黃敦秀)는 1910년에 양성군 향교(陽城郡鄉校) 직원(直員)을 거쳐서 1914~1921년에는 경학원(經學院) 강사(講士)로 활동했다.

전이다.

일금 9전은 차[茶] 값. 저녁 무렵에 교관校官을 가서 보았다.[34]

4월 22일. 화요일. 비.

4월 23일. 수요일. 비. 강신규姜信奎의 집에 가서 음식을 먹었다.

4월 24일. 목요일. 비. 홍순룡洪淳龍 형에게서 편지가 왔다. 볍씨를 침종浸種했다.

4월 25일. 금요일. 비.

일금 10전은 인찰지印札紙.

4월 26일. 토요일. 흐림. 황서훈黃瑞勳으로부터 편지가 왔다.

4월 27일. 일요일. 맑음. 조 형趙兄, 박기용朴基溶, 정충시鄭忠時, 홍순룡洪淳龍에게 편지를 부쳤다.

일금 12전은 우표[切手].

4월 28일. 월요일. 흐림. 방과 후에 못자리[苗座]를 정돈했다. 비료는 콩[大豆]과 팥[赤豆]에 썼다.

4월 29일. 화요일. 본가[本第]에서 편지가 왔다. 농업 실습.

4월 30일. 수요일. 맑음. 본가[本第]와 황서훈黃瑞勳에게 편지를 부쳤다.

일금 6전은 우표[切手].

---

34 교관(校官)은 향교(鄕校)의 교관(敎官)을 뜻하는 말이다. 전날 향음주례를 했던 장태성을 가리키는 것으로 보인다.

5월

5월 1일. 목요일. 맑음. 와세다 대학교[早稻田大學校]의 규칙서規則書 보기를 요청했다. 학교에 가서 못자리를 살펴보았다.

5월 2일. 금요일. 비. 오후에 신원信原 시학관視學官이 학교에 왔다.[35]

5월 3일. 토요일. 맑음. 교장과 신원信原 학무계學務係가 보성학교普成學校 졸업식에 출장을 갔다.

5월 4일. 일요일. 맑음. 오전 9시부터 산술算術과 국어國語 수업을 했다. 시학관視學官이 참관하고, 오후 2시에 돌아갔다.

5월 5일. 월요일. 맑음. 휴업休業. 오후에 산에 올라서 박 우朴友와 함께 놀았다. 줄포茁浦에서 내려주신 편지가 있었다.

일금 15전은 권지卷紙 1축軸.

일금 10원 50전은 여름 모자 및 양복 값.

줄포茁浦 및 김창선金昌善에게 편지를 부쳤다.

5월 6일. 화요일. 맑음. 이종수李鐘秀에게 편지를 부쳤다.

일금 3전은 우표[切手].

5월 7일. 수요일. 비. 우박이 내렸다. 학교에 활동사진活動寫眞이 왔다.

5월 8일. 목요일. 맑음. 오후 8시부터 오전 2시까지 학교 교정에서 활동사진活動寫眞을 개회開會했다. 와서 관람한 사람이 천여 명이었다. 정충시鄭忠時 형으로부터 편지가 왔다. 와세다 대학[早稻田大學]에서 규칙서規則書가 왔다.

35 신원(信原)은 곧 경기도 내무부 소속 도서기(道書記)인 신원암호(信原岩虎)이다.

5월 9일. 금요일. 맑음.

5월 10일. 토요일. 맑음. 목욕.

5월 11일. 일요일. 맑음. 집에서 편지와 소포가 왔다.

5월 12일. 월요일. 맑음. 본가[本第]에 편지를 부쳤다. 유춘희柳春熙 어르신 앞으로 편지를 올렸다. 이대영李大泳, 김세연金世涓, 최준식崔俊植, 김현모金顯模, 와세다 대학[早稻田大學] — 법률과法律科의 교외생校外生 입학[36] — 에 편지를 부쳤다.

일금 13전 5리는 우표[切手] 2매, 엽서 5장.

5월 13일. 화요일. 맑음. 못자리에 가 보았다.

5월 14일. 수요일. 비.

5월 15일. 목요일. 맑음. 이대영李大泳, 최준식崔俊植으로부터 편지가 왔다.

5월 16일. 금요일. 맑음. 순천順川 김기용金夔庸으로부터 편지가 왔다.

5월 17일. 토요일. 맑음. 유춘희柳春熙 선생으로부터 편지가 왔다. 박인영朴仁榮 씨가 방문했다.

5월 18일. 일요일. 비. 박인영朴仁榮 씨 및 방두현方斗鉉 씨를 방문했다.

5월 19일. 월요일. 맑음. 병덕秉德에게서 떡이 왔다. 이화동梨花洞의

---

36 교외생(校外生)은 학교에 통학하지 않고 강의록(講義錄) 또는 방송 등을 통해 교육을 받는 학생을 뜻하는 말이다. 가람은 5월 1일에 와세다 대학교의 '규칙서'를 요청하여 8일에 수령하였으니, 12일에는 그 규칙에 의거해서 교외생 입학을 신청하는 편지를 작성하여 보냈을 것이다.

신씨信氏 족제族弟에게 편지를 부쳤다.[37]

일금 30전은 시계 고치는 비용.

5월 20일. 화요일. 맑음. 조 형趙兄 및 송당松堂 어르신 앞으로 편지를 부쳤다.

5월 21일. 수요일. 맑음. 월봉月俸이 17원 82전이다. 밤에 이층집[二層屋]에서 송별식을 했다.

일금 20전은 길 주사吉主事의 송별식 기념 비용.[38]

5월 22일. 목요일. 맑음. 7원 80전을 여비旅費로 받았다.

일금 6원은 식비食費.

일금 80전은 시계 수리[矯正] 비용.

일금 2원은 내의 및 양말.

박승두朴勝斗와 백남규白南珪로부터 편지가 왔다. 정오正午에 직원을 대표하여 오리정五里亭에서 길 주사吉主事를 전송했다.

5월 23일. 금요일. 맑음.

5월 24일. 토요일. 맑음. 백남규白南珪에게 편지를 부쳤다.

일금 5원은 집에 부쳤다.

일금 21전은 우표[切手] 5매, 엽서 4매.

일금 1원은 경성京城 호남학생 친목회湖南學生親睦會의 연조금捐助金.

---

37 "신씨(信氏) 족제(族弟)"가 어떤 사람인지는 분명하지 않다. 다만 4월 13일의 일기에 이화동을 방문한 일과 "병덕의 입학"이 함께 거론되었는데, 이를 보면 (이)병덕과 관련된 사람일 듯하다. 그렇다면 이 편지의 용건은 병덕이 떡을 가져온 데 대한 인사 정도였을 것으로 짐작할 수 있다.

38 "길주사(吉主事)"는 길승익(吉昇翊)인 듯하다. 길승익은 1913년에 경기도 남양군 군서기에서 평안북도 박천군의 군서기(郡書記)로 자리를 옮겼다.

일금 1원 10전은 와세다 대학[早稻田大學]의 법과法科 강의록講義錄.

5월 25일. 일요일. 맑음. 박朴, 이李 두 형과 함께 이화동梨花洞 친척 집에 갔다.

5월 26일. 월요일. 맑음. 내일 행사를 준비했다. 오후 3시 무렵에 생도 전체와 함께 오리정五里亭에 가서 4시간 동안 학무과장學務課長을 기다리다가 돌아왔다—도산陶山 학무과장學務課長이 도장관道長官을 대리하여 온다—. 학무과장學務課長은 다른 길로 와서 묵었다고 한다.[39]

5월 27일. 화요일. 맑음. 낙성식落成式을 거행했다.

일금 70전은 양산洋傘 값 1원 10전 가운데 선금先金.

5월 28일. 수요일. 맑음. 동 학무위원學務委員 및 동관同官 일동이 사진을 찍었다.

5월 29일. 목요일. 맑음.

5월 30일. 금요일. 맑음. 못자리에 갔다. 조 형趙兄으로부터 편지가 왔다.

5월 31일. 토요일. 맑음. 본면本面의 면장面長 홍승은洪承殷 씨가 봉림사鳳林寺 유람을 마련하였다.[40] 동관同官 일동과 군수郡守 이하의 군

---

39 일기 원문에는 "시학관(視學官)"을 "학무과장(學務課長)"으로 고친 흔적이 세 차례 나타난다. 다만 한 곳에는 "시학관" 가운데 "관(官)" 자가 지워지지 않은 채로 남아 있는데, 여기서는 삭제한 것으로 고쳐서 옮긴다. "도산(陶山)"은 곧 당시 경기도에서 통역관(通譯官)으로 근무하던 도산무이랑(陶山武二郎)인데, 경기도 장관(京畿道長官)인 히가키 나오스케(檜垣直右)를 대리하여 남양에 온 것이었다. 그렇지만 도산 학무과장은 교사와 생도들이 기다리던 곳을 지나지 않고 다른 길로 왔으며, 이 때문에 가람을 비롯한 생도들은 4시간 동안 기다려야 했던 것이다.

40 봉림사(鳳林寺)는 현재 경기도 화성시 북양동의 비봉산(飛鳳山)에 있는 절로, 용주사(龍珠寺)의 말사이다.

청郡廳 일동, 그리고 면장面長 일동이 밤새도록 크게 모임을 가졌다. 여흥餘興에 시 한 수를 읊었다.

> 오월 봉림鳳林에서 맑은 놀이 펼치는데
> 이날 풍류는 꼭대기까지 이르렀네.
> 지금의 세상일에 일희일비하지만
> 그대 보니 다시금 큰 고을임을 깨닫게 되네.

> 鳳林五月作淸遊, 此日風流到竿頭.
> 一喜一悲今世事, 見君更憶是隆州.

지금의 세상일은 과연 변동이 많으니, 남양군 사람들이 실로 이와 같은 훌륭한 놀이를 할 수 있겠는가. 시에서 말한 "군君"은 곧 홍 면장洪面長이다.

6월

6월 1일. 일요일. 맑음. 오시午時 무렵에 봉림사鳳林寺에서 돌아왔다. 낮잠을 잤다.

6월 2일. 월요일. 맑음. 집에서 숙부叔父께서 내려주신 편지가 왔는데, 음력 4월 10일 밤에 딸을 낳았다고 했다.[41] 오후 방과 후에 방 우方

41 "음력 4월 10일"은 양력으로는 5월 15일이다.

友와 더불어 못자리 있는 곳에 갔다.

6월 3일. 화요일. 흐림.

6월 4일. 수요일. 맑음.

6월 5일. 목요일. 맑음.

6월 6일. 금요일. 맑음. 조 형趙兄에게 편지를 부쳤다.

6월 7일. 토요일. 맑음. 학예회學藝會 연습.

6월 8일. 일요일. 맑음. 집에 편지를 부쳤다.

6월 9일. 월요일. 비. 학예회學藝會를 열었다.

6월 10일. 화요일. 맑음. 강형구姜炯求, 이시우李時雨로부터 편지가 왔다. 방과 후에 송충이를 잡아 죽였다.

6월 11일. 수요일. 맑았다 흐림. 방과 후에 감자를 심었다.

6월 12일. 목요일. 흐림.

6월 13일. 금요일. 맑음.

6월 14일. 토요일. 맑음. 오후에 일동이 역 앞에 가서 3시간 동안 모를 심었다.

6월 15일. 일요일. 맑음. 김 학무위원金學務委員의 집을 방문했다. 오리정五里亭까지 산보했다.

일금 9전은 여름 모자. 농부용農夫用이다.

6월 16일. 월요일. 맑음. 집에서 소포와 서신이 왔다. 사진 2첩帖을 찾아왔다.

6월 17일. 화요일. 맑음. 오후 5시에 관공리 친목회官公吏親睦會로 봉림사鳳林寺에 갔다. 오후 11시 무렵에 돌아와서 잤다.

6월 18일. 수요일. 맑음. 농업학교 생도를 인솔하여 역 앞에 갔다.

6월 19일. 목요일. 맑음. 일금 14전은 권지卷紙 1축軸.

6월 20일. 금요일. 맑음. 황재기黃在琦를 방문했지만 만나지 못했다.

6월 21일. 토요일. 비가 조금 내렸다. 오후에 장기를 두었다. 1원은 저금. 월봉月俸은 17원이었다.

일금 20전은 고깃값. 17전은 자물쇠 1개.

일금 40전은 양산洋傘의 잔금[餘條].[42]

6월 22일. 일요일. 맑음. 상자 하나를 만들었다. 일금 15전은 석유상자 1개. 본가[本第] 및 정충시鄭忠時 형에게 편지를 부쳤다.

6월 23일. 월요일. 흐림. 일금 1원 4전은 친목회비親睦會費.

일금 32전 5리는 길 주사吉主事 송별의 비용.

일금 30전은 군수郡守 어르신이 아들을 낳아서 낸 연금捐金.

일금 18전은 국고금國庫金.

6월 24일. 화요일. 맑음.

6월 25일. 수요일. 비.

6월 26일. 목요일. 비. 동경東京 박문관博文館에 『서간문작법書簡文作法』을 주문했다. 1전 5리.[43]

6월 27일. 금요일. 비.

6월 28일. 토요일. 맑음. 일금 59전은 사진 2첩帖.

6월 29일. 일요일. 맑음. 서울에서 김창선金昌善 군의 편지가 왔다.

6월 30일. 월요일. 맑음.

---

42 5월 27일의 일기에 양산(洋傘) 값 1원 10전 가운데 70전을 선금(先金)으로 지급했다는 기록이 있다. 여기서 언급한 40전은 곧 그 잔금에 해당한다.

43 일본 동경 박문관(博文館)에서 간행한 『서간문 작법(書簡文作法)』은 오와다 다케키(大和田建樹, 1857~1910)가 1906년에 쓴 책으로, 통속작문전서(通俗作文全書)의 제2편으로 간행되었다. "1전 5리"는 주문하는 데 든 우편비용일 듯하다. 책값(42전)은 7월 5일의 일기에 나타난다.

7월

7월 1일. 화요일. 맑음.

7월 2일. 수요일. 맑음. 박문관博文館에서 서신이 왔다.

7월 3일. 목요일. 맑음.

7월 4일. 금요일. 맑음. 일금 10전은 이발에 썼다.

7월 5일. 토요일. 맑음. 동경東京 박문관博文館에 『서간문작법書簡文作法』 1책을 청구請求했다. 정충시鄭忠時 군으로부터 편지가 왔다.

일금 42전은 『서간문작법書簡文作法』 1책. 7전 5리는 허리띠 천 1단端.

7월 6일. 일요일. 맑음. 본교 교정에서 김 군수金郡守 어르신의 전송회餞送會가 있었다. 일금 50전.

7월 7일. 월요일. 맑았다 흐림. 오전 11시 무렵에 학교 및 면장面長 일동이 오리정五里亭에 가서 김 군수金郡守 어르신을 송별했다. 오후 4시 무렵에 서 군수徐郡守 어르신을 맞이하였다.[44] 집에서 편지가 왔다.

7월 8일. 화요일. 맑음. 조 형趙兄으로부터 편지가 왔다.

7월 9일. 수요일. 맑음. 김창선金昌善 형으로부터 편지가 왔다.

7월 10일. 목요일. 맑음.

7월 11일. 금요일. 맑음.

7월 12일. 토요일. 비. 도장관道長官에게 귀성원歸省願을 냈다.

7월 13일. 일요일. 비. 교장이 서울로 올라갔다. 대리를 했다. 홍철후

44 1913년에 남양군수(南陽郡守)가 김영두(金永斗)에서 서정악(徐廷岳)으로 바뀌었다.

洪喆厚에게 초대를 받아서 식사를 했다.

7월 14일. 월요일. 흐림. 오늘부터 반나절 수업을 한다.

7월 15일. 화요일. 흐림. 교장으로부터 편지가 왔다.

7월 16일. 수요일. 비.

7월 17일. 목요일. 비. 유서천궁有栖川宮 전하殿下의 장례일이어서 강화講話를 했다.[45] 양잠養蠶을 시작했다.

7월 18일. 금요일. 비가 조금 내렸다. 줄포茁浦로부터 편지가 왔다. 좌토원佐土原 교장에게 편지를 부쳤다.[46]

7월 19일. 토요일. 비. 줄포茁浦에 편지를 올렸다.

7월 20일. 일요일. 맑음. 이李, 박朴 두 형이 출발했다. 강습소講習所에 갔다.

7월 21일. 월요일. 흐림. 도장관道長官으로부터 2344호 귀성 허가장歸省許可狀이 왔다. 본가[本第]에 편지를 부쳤다. 월봉月俸 17원 82전을 받았다.

일금 35전은 망상의網上衣 1건.

7월 22일. 화요일. 흐림. 비. 일금 80전은 김 군수金郡守 어르신 기념의 일에 썼다. 50전은 박진호朴鎭鎬 씨에게 갚아주었다. 이 훈도李訓導 2원 71전과 박 훈도朴訓導 11전 5리는 거두어들일 조條이다. 이 훈도李訓導로부터 편지가 왔다.

7월 23일. 수요일. 맑음. 이종수李鐘秀 형으로부터 편지가 왔다.

7월 24일. 목요일. 맑음. 교장이 학교로 돌아온다고 한다. 김창진金

45 유서천궁(有栖川宮)은 곧 아리스가와노미야 다케히토 친왕[有栖川宮威仁親王, 1862~1913]이다. 일본의 귀족이자 군인이다.

46 좌토원(佐土原)은 곧 남양보통학교의 교장인 좌토원웅조(佐土原雄助)이다.

昌鎭 형이 찾아와 만났다.

7월 25일. 금요일. 맑음. 일금 5전은 과자菓子. 김창진金昌鎭과 함께 놀았다. 박 훈도朴訓導로부터 편지가 왔다.

7월 26일. 토요일. 맑음. 일금 18전으로 박 훈도朴訓導에게 책자를 보냈다.

일금 15전은 우표[切手]. 박 훈도朴訓導에게 편지를 부쳤다. 교장이 학교에 돌아왔다.

7월 27일. 일요일. 맑음. 일을 보았다.

7월 28일. 월요일. 맑음.

7월 29일. 화요일. 맑음. 생도를 모아서 1평의 농원農園에 무[大根]를 심었다.

7월 30일. 수요일. 오후에 비. 명치천황明治天皇의 제삿날이다. 오전에 식을 거행했다.

일금 43전은 권지卷紙 3축. 25전은 인소환引蘇丸 3첩帖.[47]

15전은 접랍接蠟 3개. 22전은 무[大根] 씨앗.

7월 31일. 목요일. 맑음. 오전 4시 반에 출발하여 인력거人力車를 탔다. 8시 무렵에 수원水原에 도착하여, 9시 37분에 기차를 탔다. 오후 2시에 은동隱洞에 이르러 묵었다.

일금 1원 35전은 인력거 비용. 39전은 검은색 염물染物. 95전은 차비. 7전은 부채[扇子].

---

47 인소환(引蘇丸)은 동화약방에서 개발한 소화제이다.

8월

8월 1일. 금요일. 맑음. 오전 7시 무렵에 차를 탔다. 8시 무렵에 강경江景에 도착하여, 조 형趙兄의 집에 짐을 맡겼다. 강경에 가서 강엽姜曄 씨를 보았다. 시계점時計店 및 사진관[寫眞屋]에 들렀다. 차 안에서 이우흥李愚興 씨를 만났다.

일금 42전은 차비, 1원 5전은 시계 수리비[改正費], 20전은 사탕.

일금 10전은 짐삯[荷物賃].

낭청리浪靑里에 이르러 누이의 집에 가 보았다. 조 형趙兄의 집에서 점심을 먹고 이 국장李局長 댁을 방문했다. 말을 타고 귀성했다.

8월 2일. 토요일. 맑음. 신막新幕의 작은집[小宅]을 가서 보았다.[48]

8월 3일. 일요일. 맑음.

8월 4일. 월요일. 맑음. 아버님이 전주全州로 행차하셨다.

8월 5일. 화요일. 맑음. 일금 10전은 비누[石鹼] 3개, 5전은 봉투지封套紙 30매.

8월 6일. 수요일. 맑음. 김정철金正哲에게 편지를 부쳤다.

8월 7일. 목요일. 맑음. 정충시鄭忠時 형으로부터 편지가 왔다.

8월 8일. 금요일. 맑음. 신막新幕에 가서 무[大根]를 심었다.

8월 9일. 토요일. 맑음. 병문과 함께 읍내邑內에 갔다. 정충시鄭忠時, 방두현方斗鉉 씨에게 편지를 부쳤다. 조 형趙兄의 편지를 볼 수 있었다.

8월 10일. 일요일. 맑음.

8월 11일. 월요일. 맑음.

---

48 "작은집[小宅]"은 가람의 서모(庶母) 또는 서모가 사는 집을 지칭한 말로 짐작된다.

8월 12일. 화요일. 맑음. 조 형趙兄이 와서 보았다. 줄포茁浦에서 내려주신 편지가 있었다.

8월 13일. 수요일. 맑음. 조 형趙兄과 함께 신막新幕에 갔다.

8월 14일. 목요일. 맑음. 조 형趙兄이 떠났다. 문제文弟와 길동무가 되어 함께 옥금동玉琴洞에 가서 김인수金仁洙를 방문했다. 낭산朗山 부근에 이르러 헤어졌다. 나와 문제文弟는 명천鳴川의 윤 오위장尹五衛將댁에 갔다. 윤 진사尹進士를 방문했다.

8월 15일. 금요일. 맑음. 명천鳴川에서 돌아오는 길에 성묘省墓를 하고 왔다.

8월 16일. 토요일. 맑음. 정호영鄭鎬永과 정준영鄭俊永으로부터 편지가 왔다.

8월 17일. 일요일. 비가 조금 내렸다. 누이[舍妹]가 시댁으로 돌아갔다.

8월 18일. 월요일. 맑음. 이 훈도李訓導, 최동환崔東煥, 홍낙유洪洛裕로부터 편지가 왔다.

8월 19일. 화요일. 맑음.

8월 20일. 수요일. 읍내邑內에 들어가 교장校長을 보았다. 이 훈도李訓導, 최동환崔東煥, 홍낙유洪洛裕에게 편지를 부쳤다.

8월 21일. 목요일. 흐림. 비가 조금 내렸다.

8월 22일. 금요일. 흐림. 비가 조금 내렸다. 방두현方斗鉉 형으로부터 편지가 왔다.

8월 23일. 토요일. 맑음. 박 형朴兄으로부터 편지가 왔다. 신규信奎로부터 편지가 왔다.[49]

---

49 신규는 곧 강신규(姜信奎)이다. 1913년 4월 23일의 일기에 처음 보인다.

8월 24일. 일요일. 맑음. 위와 같은 사람들에게 답서를 보냈다. 읍내에 들어가 위체爲替 10원을 추심推尋했다.

일금 1원 33전 5리는 약값. 1원 75전은 문제文弟의 약藥.

8월 25일. 월요일. 맑음. 신막新幕에 갔다.

8월 26일. 화요일. 맑음.

8월 27일. 수요일. 맑음. 신막新幕에 가서 아버님의 편지를 볼 수 있었다. 일금 20전은 소고기[正肉], 20전은 사탕.

8월 28일. 목요일. 맑음. 8시 무렵에 출발했다. 덕룡德龍과 함께 조 형趙兄의 집에 이르러 점심을 먹다가 중지하니 곧 오후 2시 무렵이었다. 정거장으로 급히 달려가 승차하였다. 수원에 내려 숙소를 찾아가니 7시 반이었다. 숙소는 박춘성朴春成의 여관[旅舍]이다. 양복 소매 위의 금속장식 1개와 양산을 잃어버렸다. 다만 양산洋傘은 역장驛長에게 말해 두었다.

일금 1원 16전은 차비.

8월 29일. 금요일. 맑음. 오전 8시에 인력거人力車를 타고, 12시에 학교에 돌아왔다. 동 8시에 정거장 앞에서 교장을 만났다.

일금 20전은 봉투지封套紙 100매, 20전은 비누[石鹼] 2개, 10전은 권지卷紙 1축, 10전은 이쑤시개[楊子] 1개, 7전은 가루치약[齒磨粉]. 7전은 실과 바늘.

8월 30일. 토요일. 맑음. 본가[本第]와 조 형趙兄에게 편지를 부쳤다.

8월 31일. 일요일. 맑음. 여러 벗들과 함께 포촌浦村 앞에 가서 낚시를 했다.

9월

9월 1일. 월요일. 맑음.

9월 2일. 화요일. 맑음.

9월 3일. 수요일. 맑음.

9월 4일. 목요일. 맑음.

9월 5일. 금요일. 맑음. 일금 10전은 반지半紙 50장.[50]

9월 6일. 토요일. 맑음. 일금 4전은 짚신 1켤레.

9월 7일. 일요일. 맑음. 이화동梨花洞 친척 댁에 갔다가 오후에 돌아왔다.

9월 8일. 월요일. 맑음. 공주公州 목동면木洞面 만수동萬壽洞 51호號에 산다고 하는 족형族兄 병도秉燾가 방문했다. 이날부터 오후 8시에 농업학교 야학夜學을 시작했다.

9월 9일. 화요일. 맑음. 저금 2원을 인출하여 총 3원 50전을 병도秉燾에게 주고서 떠나게 했다.

9월 10일. 수요일. 맑음. 일금 10전은 인쇄지印刷紙 40매. 교장이 모친상을 당했다는 전보를 받았다. 오후 3시에 교장이 출발하여, 내가 대리를 했다.

9월 11일. 목요일. 맑음.

9월 12일. 금요일. 맑음. 일금 7전은 금속 오동잎 장식 1개.

9월 13일. 토요일. 맑음. 교장을 조문했다. 일금 50전. 일금 13전은 부송付送 요금.

---

50 반지(半紙)는 얇은 일본 종이의 일종으로, 주로 글씨를 연습하는 데 사용되었다.

9월 14일. 일요일. 맑음. 박사博士 숙부로부터 편지가 왔다.

9월 15일. 월요일. 맑음. 추석이다. 오후 4시 무렵에 홍 주사洪主事 집에 초대를 받았다. 홍사원洪思元의 집에서 먹을 것을 가져 왔다. 일금 5전은 사탕 값.

9월 16일. 화요일. 맑음. 달빛이 교교皎皎하니, 실로 내 마음을 애타게 한다.

9월 17일. 수요일. 맑음. 늘 '만고기담萬古奇談'을 애독한다.[51]

9월 18일. 목요일. 맑음. 꿈에서 깨어나 바라보니, 막 떠오른 해가 하늘에 있다.

9월 19일. 금요일. 비. 아동잡지兒童雜誌를 청구請求하는 일로 신문관新文舘에 엽서를 부쳤다.

9월 20일. 토요일. 맑음. 종일 바람소리가 끊이지 않는다. 김창선金昌善 형으로부터 편지가 왔다. 제법 쌀쌀해졌음을 조금 깨닫는다.

9월 21일. 일요일. 맑음. 집에서 서신書信이 왔다. 신문관新文舘으로부터 아동잡지가 왔다. 10전은 이발理髮.

9월 22일. 월요일. 맑음. 본가[本第]와 수원水原 자혜의원慈惠醫院, 그리고 신문관新文舘에 편지를 부쳤다. 군청으로부터 월봉月俸 17원 82전을 받았다. 그 가운데 4원 60전은 밥값으로 내고, 50전은 주인에게 빌린 돈을 갚았다. 22전은 병도秉燾의 밥값. 이 훈도李訓導로부터 1원 —빌린 돈 3원 가운데서— 을 돌려받았다. 11원은 저금, 또 1원은 적금

51 "만고기담(萬古奇談)"은 「아라비안나이트」의 번역본 제목인 듯하다. 여기서 "애독(愛讀)한다"고 한 것은 신문연재소설을 읽었기 때문일 듯하다. 『매일신보』에서는 1913년 9월 6일~1914년 6월 7일의 기간 동안 이상협의 번역으로 "만고기담(萬古奇談)"을 연재했다.

[契約貯金].

9월 23일. 화요일. 맑음. 일금 6전은 우표[切手] 2매, 6전은 엽서 4매.

9월 24일. 수요일. 맑음. 추계秋季 황령제일皇靈祭日이다. 휴업休業. 수산守山 선생 및 김창선金昌善, 이대영李大泳 형 등에게 편지를 부쳤다. 신문관新文館에서 편지가 왔는데, 붉은 저고리[赤衣新文] 11호를 부쳤다고 한다.

9월 25일. 목요일. 맑음. 제국신비회帝國神秘會에 편지를 부쳤다.[52]

9월 26일. 금요일. 맑음. 수원水原 자혜의원慈惠醫院으로부터 편지가 왔다.

9월 27일. 토요일. 맑음.

9월 28일. 일요일. 맑음. 조 형趙兄에게 편지를 부쳤다.

9월 29일. 월요일. 맑음.

9월 30일. 화요일. 맑음.

10월

10월 1일. 수요일. 맑음. 오전 11시 무렵에 교장의 전화電話가 있었다. 오후 4시에 아동 일동과 직원 일동을 인솔하여 오리정五里亭에 나아가 맞이하였다. 6시 반에 교장을 맞이하고 돌아왔다.

---

52 "제국신비회(帝國神秘會)"는 의학에 기반을 두고 최면술을 연구하는 단체이다. 일본 동경에 본부가 있었으며, 서울에도 지회를 두고 있었다. 1920년대에는 이르면 오사카[大阪]에서 『최면술교수서(催眠術教授書)』를 발간하기도 했으며, 한국어 신문에 이 단체의 광고가 실리기도 했다.

10월 2일. 목요일. 맑음. 교장으로부터 칠기漆器 1개를 받았다. 집에서 서신書信이 있었다. 서모庶母의 소식이다.

10월 3일. 금요일. 맑음. 이른 아침에 상촌上村 의사의 집에 가서 약 사기를 청했다. 안약眼藥인 로도 작은 병 하나에 10전이다. 야학을 마치고 방문해서 안약을 가져 왔다.

10월 4일. 토요일. 맑음. 소포—안약을 동봉했다—를 집에 부쳤다. 동창회비 조로 80전을 부쳤다. 21전은 소포 및 우표[切手] 요금. 6전은 환[爲替] 및 우표[切手] 요금. 오후 2시 무렵에 홍 학무위원洪學務委員을 따라 그의 집을 방문했다. 돌아오는 길에 배억진裵億鎭을 방문했는데, 황혼 무렵에 숙소에 돌아왔다.

10월 5일. 일요일. 오전 11시 무렵에 이李, 방方 두 벗과 더불어 이화동梨花洞에 갔다. 오후에 돌아오는 길에 박 형朴兄의 집에 들러 저녁을 먹었다. 황혼 무렵에 숙소에 돌아오니, 곧 오후 8시였다.

10월 6일. 월요일. 맑음. 오후 6시에 연구회研究會를 마쳤다. 일금 3전 5리는 붓 값.

10월 7일. 화요일. 오후에 강창희姜昌熙 씨에게 가서 조문했다.

10월 8일. 수요일. 맑음. 일금 10전은 순사巡査를 전송하는 데 연조捐助했다. 오후에 홍두형洪斗亨에게 가서 조문했다.

10월 9일. 목요일. 맑음. 오사카[大阪]의 신비사神秘社에서 규칙서規則書가 왔다.[53]

10월 10일. 금요일. 맑음. 집에서 편지가 왔다.

---

53 "신비사(神秘社)"는 9월 25일 일기에 언급된 "제국신비회(帝國神秘會)"를 가리키는 것으로 보인다. 9월 25일에 규칙서를 요청하는 편지를 부쳤고, 편지의 요청에 따라 이날 규칙서가 배달된 것으로 이해할 수 있다.

10월 11일. 토요일. 맑음. 본교本校 교내에서 통속 강화회通俗講話會가 있었다. 오후 2시~6시 반.

10월 12일. 일요일. 맑음. 아동 서너 사람을 인솔하여 학림산學林山에 가서 밤을 떨었다. 밤에 달을 보면서 집에 들어갔다.

10월 13일. 월요일. 맑음. 태전太田 시학관視學官이 오후 6시 무렵에 도착했다.[54] 연구研究.

10월 14일. 화요일. 맑음. 오전 습자習字 시간을 참관하고, 오후에 떠났다.[55] 조 형趙兄에게서 편지가 왔다.

10월 15일. 수요일. 흐림. 연구研究.

10월 16일. 목요일. 비가 조금 내리다가 오후에 갰다. 야학夜學을 하고 집에 돌아왔다. 이 우李友가 취해서 가버리고, 오직 밝은 달만 비추며 여흥旅興을 돋우었다.

10월 17일. 금요일. 맑음. 일금 10전은 감[柿] 값, 1전 5리는 엽서.

10월 18일. 토요일. 맑음. 교장이 오후 2시 무렵에 상경上京하였다. 10전은 이발理髮.

10월 19일. 일요일. 맑음. 역 앞에 가 보았다.

10월 20일. 월요일. 비. 유광석柳光錫 형으로부터 편지가 왔다. 숙직宿直.

10월 21일. 화요일. 맑음. 수산守山 선생으로부터 편지가 왔다. 월봉 17원 82전을 받았다.[56] 이 가운데 1원은 천장절天長節 비용, 6원은 밥값.

---

54 태전(太田)은 곧 총독부 학무국의 시학관(視學官) 오다 미즈호(太田秀穗)이다.

55 이 문장에 주어가 나타나 있지 않지만, "태전(太田) 시학관(視學官)"으로 이해하는 것이 자연스럽다.

56 원문에 "봉(俸)" 자가 빠져 있지만, 다른 날의 기록에 따라 "월봉(月俸)"으로 옮긴다. 월봉을 받고 바로 천장절의 비용과 밥값을 제하거나 지불했다는 뜻으로 볼 수 있다.

10월 22일. 수요일. 맑음. 오후에 감자를 심었다.

10월 23일. 목요일. 맑음. 숙직宿直.

10월 24일. 금요일. 맑음. 수산守山 선생의 편지에 답장을 했다.

10월 25일. 토요일. 맑음. 운동회 연습. 밤에 이李, 박朴 두 형과 함께 봉진鳳珍의 집에 갔다.[57] 50전을 썼다.

10월 26일. 일요일. 맑음. 천장절天長節 및 운동회의 일에 대해 회의하였다. 역 앞과 운동장에 가 보았다.

10월 27일. 월요일. 맑음. 오전 11시 무렵에 벼를 벴다. 오후에 보리를 파종했다.

10월 28일. 화요일. 맑음. 이화동梨花洞 족숙族叔이 와서 묵었다.

10월 29일. 수요일. 맑음. 오후에 운동장에 가서 운동 연습을 했다.

10월 30일. 목요일. 맑음. 오전에는 운동 준비. 오후에 운동장에 가서 연습했다.

10월 31일. 금요일. 맑음. 천장절天長節 축일祝日이다. 오전 10시에 교실 안에서 식을 거행했다. 동 11시에 운동장에 가서 운동회를 시작했다. 오후 1시에 점심식사를 했다. 이때 이화동梨花洞 족숙族叔, 삼반리三盤里 족숙族叔 및 암곡嵒谷 이 씨李氏를 만났고, 호명동虎鳴洞 족숙族叔이 방문했다. 술을 사서 함께 갈증을 풀었다. 또 다시 운동을 시작하여 동 3시 반에 마쳤다. 돌아오면서 씨름[角力]을 보았다. 밤에는 제등 행렬提燈行列이 오리정五里亭까지 이르렀는데, 관민官民 아울러 500여 명이었다. 일금 30전은 술값이다.

---

57 봉진은 홍봉진(洪鳳珍)인 듯하다. 다만 원문에서는 "진(珍)" 자가 흐릿하게 보이므로, 단정하기는 어렵다.

11월

11월 1일. 토요일. 맑음. 10전은 과자.

11월 2일. 일요일. 맑음. 오전 10시에 이화동梨花洞 족숙族叔 댁에 갔다. 찾아온 손님들을 만나 고향의 일을 탐문했다. 오후 5시 무렵에 돌아왔다.

11월 3일. 월요일. 맑음. 역驛 앞의 벼를 운반했다.

11월 4일. 화요일. 맑음. 무[大根]를 캤다.

11월 5일. 수요일. 맑음. 교정校庭에 흘린 3원을 홍기화洪基和가 주워서 전해 주었다. 그런 까닭에 20전을 상으로 주었다. 16전은 권지卷紙 1축軸.

11월 6일. 목요일. 비. 본가[本第]에 편지를 부쳤다. 등기[書留]로 돈 4원을 보냈다.

11월 7일. 금요일. 맑음.

11월 8일. 토요일. 맑음. 교장이 상경했다. 누군가 와서 3원을 보았다.[58]

11월 9일. 일요일. 맑음. 개성開城의 순사에게서 편지가 왔다.

11월 10일. 월요일. 맑음.

11월 11일. 화요일. 맑음

11월 12일. 수요일. 맑음. 교장이 학교에 돌아왔다.

11월 13일. 목요일. 흐림. 바람이 불고 비가 왔다.

58 이 문장의 뜻은 분명하지 않다. 원문은 "誰有來見三円"인데, "三円" 앞에 마침표가 있다.

11월 14일. 금요일. 맑음.

11월 15일. 토요일. 맑음. 연구研究.

11월 16일. 일요일. 맑음.

11월 17일. 월요일. 흐림. 우리 학교 4학년으로 하여금 감독생일지監督生日誌를 만들도록 했다. 교장의 처소에서 식사가 있었다.

11월 18일. 화요일. 맑음. 홍 참사洪參事의 집에서 아침밥을 먹었다.

11월 19일. 수요일. 맑음. 조 형趙兄으로부터 편지가 왔다. 연구研究.

11월 20일. 목요일. 맑음. 목욕.

11월 21일. 금요일. 맑음. 오전 9시부터 11시까지 부형회父兄會를 열었다. 수업을 참관하도록 했는데, 오후 2시에 마쳤다. 직원 일동이 원막동遠幕洞 배순산裵順山 집에 가서 식사를 했다. 황혼 무렵에 돌아왔다.

11월 22일. 토요일. 맑음. 오후 4시 무렵에 직원 일동이 마도면麻道面 쌍림리雙林里의 권 씨權氏 집에 가서 식사를 했다. 황혼 무렵에 돌아왔다. 월봉月俸은 17원 82전이었다. 1원은 저금, 9전은 찻값, 10전은 이발. 50전의 돈을 받았는데, 당직비[當直料]이다.

11월 23일. 일요일. 맑음. 일금 60전은 월사금月謝金. 『법률강의록法律講義錄』－대정大正 원년(1912) 11월분－.[59]

11월 24일. 월요일. 맑음. 조 형趙兄 및 남궁연南宮煉 형에게 편지를 부쳤다. 3전은 우표[切手].

---

59 1913년 5월에 와세다 대학[早稻田大學]의 교외생(校外生) 입학에 관한 기록이 보인다. 또 5월 24일의 일기에서는 "법과(法科) 강의록(講義錄)"의 대금으로 1원 10전을 지출했다고 기록했다. 여기서는 교외생으로서의 월사금을 내고 전년도 11월의 강의록을 수령한 일을 기록한 듯하다.

11월 25일. 화요일. 아침에 흐리다가 저녁에 갬. 연구研究.

11월 26일. 수요일. 흐림. 집에서 편지와 소포가 왔다. 연구研究.

『매일신보每日申報』에서 산구山口 선생이 '아동교육兒童教育'을 이야기했다. (1) 학교學校와 부형父兄 사이에 왕래를 빈번하게 하고 의사를 소통할 것. (2) 학교學校와 부형父兄 사이에 연락連絡 관계를 도모할 것. 1. 일정한 시간에 취침, 식사, 운동, 복습 등을 하는 규율적規律的 생활 습관을 양성할 것. 2. 의복을 청결히 할 것. 수건, 허리띠[腰帶] 및 대님[帶袵]의 폭을 넓게 할 것. 젓가락 등을 사용하여 위생에 주의할 것.[60]

11월 27일. 목요일. 맑음. 교장이 먼저 수원水原에 갔다.

11월 28일. 금요일. 맑음. 새벽에 책보가 불타 버렸다. 오전 7시 반에 65명의 학도－3학년과 4학년－를 인솔하여 박朴, 이李 두 형과 함께 출

---

60 『매일신보』 11월 26일자 1면에 실린 기사의 일부를 정리한 것이다. 이 기사는 곧 「아동교육(兒童教育)에 대(對)하여」이며, 바로 아래에 "관립보통학교 산구(山口) 주사(主事)의 말[談]"이라고 기록되어 있다. 산구(山口)는 경성고등보통학교 교유(教諭)로 재직하던 산구희일랑(山口喜一郎)이니, 가람과는 인연이 있는 인물이다. 가람은 기사 가운데 몇 부분만 발췌하였는데, 이 때문에 기사 전체의 맥락을 이해하기는 쉽지 않다. (1)과 (2)는 조선에서의 아동 교육을 위한 학교와 가정의 관계 및 역할을 언급한 서두 부분에서 발췌한 것이며, '1'과 '2'는 교육을 맡은 사람으로서 학부형에게 희망하는 네 가지 사항 가운데 일부를 발췌한 것이다. 특히 의복과 위생의 문제를 다룬 '2'의 내용을 이해하기 위해서는 산구(山口)가 거론한 맥락을 함께 살펴야 한다. "수건(手巾)"은 아동에게 수건을 줌으로써 때때로 세수하는 습관을 기르게 한다는 의미로 거론한 것이다. "광폭(廣幅)"은 허리띠[腰帶]를 말하면서 언급한 것인데, 산구(山口)는 허리띠의 폭을 넓게 함으로써 "허리의 힘을 더하여 자세를 바르게 함이 좋을 듯하다(腰力을 加ᄒᆞ야 姿勢를 正케 홈이 似好ᄒᆞ고)"고 제안하였다. 이밖에 속옷을 자주 갈아입게 하거나 좋은 신발을 신게 할 필요가 있다고도 지적했다. 한편 젓가락 사용의 문제는 기사에서는 직접 거론하지 않았다. 다만 아동은 더러운 물건을 함부로 만질 때가 많으니 세균이 붙기 쉬운 손가락으로 음식물을 먹도록 하면 안 된다고 했는데, 가람은 이를 젓가락 사용으로 풀이한 듯하다.

발했다. 동 10시에 천천리泉川里에 이르러 점심식사를 했다. 11시 10분에 출발하여 오후 1시에 수원水原에 도착 – 팔달문八達門으로 들어갔다 – 하여 바로 보통학교普通學校 교내로 들어갔다. 농산품평회農産品評會 및 교육품 전람회教育品展覽會를 관람했다. 식장式場으로 들어가니, 회원檜垣 도장관道長官,[61] 모범장장模範場長, 군수, 각 면의 면장 및 출품인出品人, 관광인觀光人이 천여 명이었다. 식을 마치고 나서 청풍리淸豊里 22호에 가서 유숙留宿했다 – 4학년생과 함께였다 –.

일금 10원. 기도 양복점磯島洋服店의 망토[만또] – 정가는 13원 50전이다 –.

일금 45전. 비누[石鹼] 10전에 1개, 긴 양말 20전에 1켤레, 짧은 양말 15전.

일금 40전. 책보冊包 – 하늘색의 모사毛紗 –.

일금 11전. 구두에 굽을 박았다.

11월 29일. 토요일. 맑음. 오전 3시 무렵에 기침起寢했다. 동 7시에 아침식사를 하고 출발했다. 정거장에 이르러 둘러보고, 곧바로 모범장模範場에 이르러 둘러보았다. 항미정杭眉亭에 이르러 감자를 먹고, 정오正午에 출발했다. 오후 1시에 천천리泉川里에 이르러 점심을 먹고, 오후 4시에 학교에 돌아왔다. 비누[石鹼] 1개를 주인主人에게 주었다.

일금 45전은 밥값이다. 수원水原에서 두 끼에 각기 12전 5리였고, 천천리泉川里에서 두 끼에 각기 10전이었다.[62]

11월 30일. 일요일. 맑음. 교장으로부터 전보電報가 왔다.

---

61 회원(檜垣) 도장관(道長官)은 곧 히가키 나오스케(檜垣直右)이다.

62 원문에 "각기"에 해당하는 글자는 없지만, 의미가 분명해지도록 넣어서 풀이했다. 12전 5리와 10전을 매 끼니의 밥값으로 이해해야 총 "45전"의 합계가 들어맞는다.

12월

12월 1일. 월요일. 맑음. 밤에 달과 함께 꿈을 꾸었다.[63]

12월 2일. 화요일. 맑았다가 흐림.

12월 3일. 수요일. 맑았다가 흐림.

12월 4일. 목요일. 흐림. 눈이 조금 내렸다. 당직료는 1원인데, 그 가운데 50전은 다과 대금이다.

12월 5일. 금요일. 흐림. 밤에 눈이 내렸다. 연구研究.

12월 6일. 토요일. 맑음.

12월 7일. 일요일. 흐림. 6전은 우표[切手].

12월 8일. 월요일. 맑음. 서울 교원양성소教員養成所[64] 생도 여러분 및 정충시鄭忠時 형에게 편지를 부쳤다.

12월 9일. 화요일. 맑음.

12월 10일. 수요일. 흐림. 비가 조금 내렸다. 암곡嵒谷 이 씨李氏가 방문했다. 함께 점심을 먹었다.

10전은 술.

12월 11일. 목요일. 흐림.

12월 12일. 금요일. 맑음.

12월 13일. 토요일. 갑자기 추워졌다. 수원水原 여비 2원 10전을 받았다. 오후 2시에 교장이 상경上京했다. 이李, 박朴, 방方 세 분과 함께 객사[旅舍]로 돌아왔다. 40전—꿩 1마리, 술 1병—은 비용.

---

63 원문은 "夜與月夢"인데, 달 밝은 밤에 꿈꾸면서 잤다는 뜻으로 짐작된다.

64 원문에는 "京教員教養成所"로 기록되어 있지만, 이는 오기로 보인다. "養"자를 지우려 한 흔적이 남아 있는데, 원래는 바로 위의 "教" 자를 지우려고 했던 것으로 생각된다.

12월 14일. 맑음. 50전을 최승환崔承煥에게 빌려 주었다.

[출발 신고서出發屆] 65

출발 신고서(出發屆)
모월 모일 모모년 모월 모일 부로 모 학교에 근무함을 명하는 사명辭命을 받음
모월 모일 남양공립보통학교南陽公立普通學校에 부임赴任하러 출발함.
오른쪽(위쪽)이 신고서입니다.
모모년 모월 모일
조선공립보통학교朝鮮公立普通學校 훈도訓導 ---- [사인]
모모 도장관道長官 ---- 님께

[귀성원歸省願]

귀성원歸省願
사신[私儀]
본월 모일부터 모월 모일까지 하기휴가夏期休暇를 이용하여 향리鄕里인 모도 모군 모동에 귀성하고 싶습니다. 부디 허가해 주십시오. 이 귀성원을 올립니다.
모 년 월 일 ---- [사인]
모모 도장관道長官 ---- 님께

65 12월 14일의 일기에는 출발계(出發屆), 귀성원(歸省願), 귀착계(歸着屆)의 3종의 서류 양식을 옮겨놓았다. 또 해당 양식의 위쪽 난상(欄上)에 양식의 명칭을 기재하였다. 이후에 해당 양식을 참고해야 할 때 쉽게 찾을 수 있도록 표시해 둔 것으로 짐작된다.

[도착 신고서歸着屆]

도착 신고서(歸着屆)
사신[私儀]
회신된 허가[廻可]를 받는 명에 의하여 모도 모군 모면 모동에 귀성歸省 중인바 어제 도착하였으므로 오늘 아침에 신고서를 올립니다.
모년 모월 일 ---- [사인]
모 도장관道長官 ---- 님께

12월 15일. 월요일. 맑았다 흐림, 밤에는 눈이 내렸다. 조 형趙兄 및 조 형 댁宅, 그리고 본가[本第]에 편지를 부쳤다.

일금 9전은 우표[切手].

12월 16일. 화요일. 흐렸다 갬. 정충시鄭忠時 형에게서 편지가 왔다. 10전은 이발理髮.

12월 17일. 수요일. 맑음. 교장이 학교에 돌아왔다. 집에서 편지가 왔다. 이대영李大泳으로부터 편지가 있었다.

12월 18일. 목요일. 맑음. 홍유창洪惟昌의 집에서 식사를 대접받았다. 교장으로부터 수건 1장을 받았다.

12월 19일. 금요일. 맑음.

12월 20일. 토요일. 맑음. 최승환崔承煥으로부터 20전을 받았다.

12월 21일. 일요일. 맑음. 일금 90전은 엽서 60장.

12월 22일. 월요일. 맑음. 동지冬至이다. 권민옥權敏玉에게 편지를 부쳤다. 조 형趙兄으로부터 편지가 왔다.

월봉月俸은 17원 82전. 1원은 저금, 6원은 밥값. 이 군李君으로부터 50전을 받았다. 좌토원佐土原 교장의 전임장轉任狀 — 양평공립학교楊平公校[66] — 이 왔다. 홍대준洪大俊에게 초대를 받아서 식사했다. 최승환崔承煥으로부터 30전을 받았다.

12월 23일. 화요일. 맑음. 오시午時에 교장의 송별식送別式이 있었다. 비용은 25전이다.

12월 24일. 수요일. 맑음. 오후에 교무校務를 인계받았다.

12월 25일. 목요일. 맑음. 연말 상여금年末賞與金 19원 — 간이농업학교簡易農校 10원, 보통학교普通學校 9원 — 을 받았다. 교장으로부터 1원을 받았다. 오후에 고별식告別式을 거행했다. 각 학교의 동창생同窓生 및 전주공립학교[全州公校], 수산守山 선생, 황윤黃潤에게 편지를 부쳤다. 오후 3시에 송별연送別宴이 있었는데, 비용은 50전이다.

12월 26일. 금요일. 맑음. 오전 11시에 건노동件老洞 앞으로 가서 교장을 송별했다.[67] 오후에는 휴업休業.

12월 27일. 토요일. 맑음. 오전 11시에 종업식終業式을 거행했다. 밤에 대성은지조大城銀之助를 만났다.[68]

12월 28일. 일요일. 눈이 조금 내렸다. 오전 2시에 등燈을 들고 출발하여, 이화동梨花洞에 이르러 잠시 쉬었다. 수원水原에 이르러서 비로소 일출日出을 보았다. 아침밥을 먹고 기차 — 9시 37분 — 를 탔다. 차 안

---

66 좌토원웅조(佐土原雄助)는 1914~1918년에 양평공립보통학교 및 양평공립간이농업학교에서 근무하였다.

67 건노동(件老洞)은 지금의 화성시 비봉면(飛鳳面) 양노리(兩老里)이다.

68 대성은지조(大城銀之助)는 1913년에 남양군 군서기(郡書記)로 근무했다. 1914년 이후에는 평안도로 옮겨 근무하게 된다.

에서 박인근朴仁根을 만났다. 강경역江景驛에서 하차했다. 오후 3시 반에 잠시 작촌鵲村의 누님 집에 들렀다. 얼마 뒤에 병채秉菜와 함께 말을 탔다. 오후 8시 무렵에 집에 돌아왔다.

일금 1원 16전은 차비.

일금 15전은 밥값.

일금 1원은 고기 값.

일금 1원은 누님께 주었다.

일금 45전은 과자菓子 및 비누[石鹼].

12월 29일. 월요일. 맑음. 읍내로 들어가서 교장校長 및 헌병소장憲兵所長을 만났다. 관청[官府]에서 부군府郡의 폐지와 통합이 발표되었다. 여산군礪山郡은 익산군益山郡에 통합되었는데, 3월 1일부터 시행된다고 한다.

12월 30일. 화요일. 맑음. 남양南陽의 직원 및 교장, 대성大城 서기書記에게 편지를 부쳤다.

12월 31일. 수요일. 맑음. 이계승李啓承, 최준식崔俊植, 조 형趙兄으로부터 편지가 왔다.

1914년(단기 4247년)

1914년(서력기원西曆紀元)

1월

1월 1일. 목요일. 맑음. 바람이 조금 불었다. 오전 10시에 읍내邑內에 들어가 식에 참석했다. 좌토원佐土原에게 편지를 부쳤다.

1월 2일. 금요일. 흐림. 눈. 이 우李友가 돌아가는 길에 방문했다.

1월 3일. 토요일. 맑음. 조 형趙兄에게 편지를 부쳤다. 줄포茁浦에 편지를 올렸다.

1월 4일. 일요일. 맑음. 오전 7시 무렵에 이계현李桂賢 및 묵보墨甫와 함께 나귀를 타서, 동 12시 무렵에 작촌鵲村 누님 집에 이르렀다. 이 국장李局長 댁을 방문했다. 묵보墨甫로 하여금 낭청리浪靑里 누이 집에 가서 만나보게 하고 돈 1원을 부쳤다. 장이長耳를 돌려보냈다. 오후 2시 무렵에 강경역江景驛 차를 탔는데, 김필수金弼洙 형제 및 박인근朴仁根을 만났다. 대전역[太田驛]에 이르러 작별하고 차를 탔다. 오후 8시 무렵에 수원水原에서 하차하여 하룻밤을 묵었다.

일금 1원 16전은 차비.

1월 5일. 월요일. 맑음. 어젯밤에는 매우 피곤하여 여관에 들어가자마자 쓰러지듯이 드러누웠다. 그때 마침 부인을 동반하고 곁방에 들어오는 손님이 있었다. 아는 남자가 아닌지 의심스러웠지만, 확실히 그런지 아닌지는 알 수 없었다. 의심스럽고 답답함을 견딜 수 없었지만, 오늘 아침까지도 끝내 결론을 낼 수 없었다. 물어서 들어보고 싶기도 하고 알고 싶지만 알기 어려운 가운데 세수를 하려고 방문을 나서다가 보니, 곧 동창생 송복규宋復奎가 첩[小家]을 거느리고 머물렀던 것이었다. 곧바로 그와 더불어 몇 마디 이야기를 했다. 이른 아침을 먹은 뒤에 인력거를 타고, 오시午時 무렵에 남양南陽에 이르러 교장을 가서 보았다. 면장 홍승은洪承殷이 선물로 준 물건이 있어서, 홍 면장洪面長을 찾아가 만나보았다. 연하장이 와서 쌓여있었다.

일금 1원 16전은 차비, 30전은 수원水原 밥값.

일금 10전은 권지卷紙 1축軸.

1월 6일. 화요일. 맑음. 저녁에 바람불고 눈이 내렸다. 오전 9시 무렵에 개교식開校式을 거행했다. 오시午時 무렵에 원위원元委員의 집에 초대를 받아서 성찬을 들었다. 김창선金昌善 형으로부터 편지가 왔다. 집에 편지를 부쳤다. 김필수金弼洙, 백남규白南珪, 작촌鵲村 누님 집, 오영철吳榮喆에게 편지를 부쳤다. 숙직宿直.

1월 7일. 수요일. 맑음. 연하장이 많이 왔다.

1월 8일. 목요일. 맑음. 수산守山 선생으로부터 연하장이 왔다. 정창성鄭昌成이 와서 보았다.

1월 9일. 금요일. 흐림. 제3학기 4학년급의 일과표日課表를 작성했다.

1월 10일. 토요일. 흐리고 따뜻함. 눈과 얼음이 모두 녹았다. 숙직宿直. 초간체艸簡體 1축을 써서 이강하李康河 형에게 주었다. 또 시 1수를 지었다.

여러 해 맵고도 쓴 생활 끝에
다만 남양南陽 사람 되었네.
차라리 봄바람 속에서
다시 호남湖南 사람 되고 싶네.

多年辛且苦, 只作南陽人.
寧欲春風裏, 更作湖南人.

1월 11일. 일요일. 맑고 따뜻함. 오전에 박영생朴永生이 와서 보았다. 오기를 청하기에 이 우李友와 함께 가서 술을 조금 마셨다.

1월 12일. 월요일. 맑고 따뜻함.

1월 13일. 화요일. 비.

1월 14일. 수요일. 눈 내리고 바람이 불었다.

1월 15일. 목요일. 맑음. 오후에 김부진金富珍에게 초대를 받아서 식사를 했다.

1월 16일. 금요일. 맑음. 일금 3전은 엽서 2매.

1월 17일. 토요일. 맑음. 일한서방日韓書房에 편지를 부쳤다.

1월 18일. 일요일. 맑음. 당직當直. 오시午時 무렵에 황성창黃性昌의 집에 초대를 받아서 식사를 했다.

일금 10전은 이발理髮.

1월 19일. 월요일. 맑음. 회동서관匯東書館 및 신문사新文社에 편지를 부쳤다.[1] 오사카[大阪] 비신사祕神社에 1원을 보내고, 입회入會하

1 신문사(新文社)는 일본인 다케우치 로쿠노스케(竹內錄之助)가 설립한 출판사이다.

였다.[2]

1월 20일. 화요일. 맑음. 교장이 상경上京했다. 교장회校長會에 나갔다.

1월 21일. 수요일. 맑고 따뜻함. 월봉月俸은 17원 82전이다. 그중에서 밥값으로 4원 40전.

1월 22일. 목요일. 맑고 따뜻함. 오전에 군청에 가 보았더니, 도道 참여관參與官인 유혁노柳赫魯가 오늘 오후 2시에 와서 설유說諭를 한다고 말했다. 3, 4학년의 교실을 빌려 주었다. 석직 전습소蓆織傳習所의 졸업식에 참석하였다. 30전을 소사小使 김성만金成萬에게 지급하여 설 쇠는 데 보태도록 했다.

일금 40전은 『중등창가집中等唱歌集』 1책, 5전은 양지洋紙 2매.

1월 23일. 금요일. 맑고 따뜻함. 서울로부터 부인잡지婦人雜誌 『우리 가뎡』 1호가 왔다.[3] 목욕沐浴.

1월 24일. 토요일. 맑고 따뜻함. 일금 2전 5리는 양지洋紙 1매.

1월 25일. 일요일. 맑고 추움. 최동환崔東煥의 집에 초대를 받아서 식사를 했다. 공익共翊에게 5전을 주었다. 서울에서 『중등창가집中等唱歌集』 1책 및 엽서 2매가 왔다. 민재돈閔載敦으로부터 편지가 왔다. 박 형朴兄 및 여러 사람들에게 글씨를 써 주었다. 저녁에 김창길金昌吉의 집에 초대를 받아서 식사를 했다.[4] 선달 그믐날이라, 우연히 시 1수

1913년 4월에 한글 잡지인 『신문계(新文界)』를 창간했고, 같은 해 12월에는 부녀자를 대상으로 한 한글 잡지 『우리의 가뎡』을 창간했다.

2 "비신사(祕神社)"는 "신비사(神祕社)"의 오기일 가능성도 있다. 1913년 10월 9일의 일기에 "오사카[大阪]의 신비사(神祕社)"가 보인다.

3 잡지의 정확한 명칭은 『우리의 가뎡』이며, 다케우치 로쿠노스케(竹內錄之助)가 설립한 신문사(新文社)에서 발간했다. 제1호는 1913년 12월에 발간되었다. 1월 19일 일기에 언급된 편지에서 주문하고 이날 받아보았을 것이다.

를 읊었다.

한성 떠난 지 다시 일 년이라
타향 사는 마음은 참으로 쓸쓸하네.
장차 남쪽으로 간들 어찌 즐길 수 있겠나.
제비는 만 리 먼 하늘에서 날아오네.

一別漢城又一年, 客中心事正悽然.
雖將南去何相悅, 鷰子飛來萬里天.

곧 오늘은 음력 섣달 그믐날이다. 옛 것을 돌아보고 새로운 것을 생각하니, 느끼는 바는 많고도 많도다.

1월 26일. [갑인년甲寅年 설날] 월요일. 흐리고 눈. 곧 음력 정월[元月] 설날[元日]이다. 목욕沐浴. 저녁식사는 최인엽崔仁燁의 집에 초대를 받았다. 집에서 편지가 왔다. 조 형趙兄의 집에서 편지가 왔다. 눈[雪]을 보고, 우연히 노래 한 곡조를 썼다.[5]

솔잎 댓잎 푸릇푸릇 여름인줄 알았더니,
흰 눈이 펄펄 엄동설한嚴冬雪寒 되었도다.

---

4 원문은 "夕被金昌吉家"인데, "招" 자가 누락된 듯하다. 여기서는 "夕被招金昌吉家"로 보고 옮긴다.

5 일기에는 "作"을 "書"로 수정한 흔적이 있다. 즉 노래 한 곡조를 "지었다[作]"고 했다가 "썼다[書]"로 고친 것이다. 소나무와 대나무가 푸른 것을 보고 여름인 줄 알았는데 눈 내리는 것을 보고서 겨울임을 깨닫게 되었다는 내용이다.

[솔입대입 푸릇푸릇 夏節인줄 알엇더니/ 白雪이 펄펄 嚴冬雪寒 되엿도다.]

겨울[冬]로 노래 제목을 삼았다. 숙직宿直.

1월 27일. 화요일. 맑음. 면장面長의 집, 엄대근嚴大根의 집에 초대를 받아 식사를 했다.

1월 28일. 수요일. 맑음. 작촌鵲村에 편지를 부쳤다. 한성근韓聖根의 집에 초대를 받아 밥을 먹었다. 3전은 우표[切手].

1월 29일. 목요일. 맑음. 송석조宋錫祚 형에게 편지를 부쳤다. 『불여귀不如歸』가 왔다.[6] 3전은 우표[切手]. 최승환崔承煥에게 20전을 빌려 주었다.

1월 30일. 금요일. 맑고 바람이 불었다. 교장에게 학교 돈 4원 88전을 내 주었다.

1월 31일. 토요일. 맑음. 당직當直. 조용히 『불여귀不如歸』 1편編을 보았다.

2월

2월 1일. 일요일. 맑음. 수산守山 선생으로부터 편지—진산사건珍山

6 『불여귀(不如歸)』는 도쿠토미 로카(德富蘆花)가 1898년에 발표한 소설이다. 조중환(趙重桓, 1884~1947)이 1912년에 같은 제목으로 번안하여 동경 경성사서점(警醒社書店)에서 간행하였다. 여기서 언급한 책은 곧 조중환의 번안소설일 것이다. 1월 19일의 일기에 회동서관(匯東書館)에 편지를 보낸 일이 보이는데, 그 편지에서 조중환의 번안소설 『불여귀』를 주문했을 것이다. 『불여귀』의 판매소[賣捌所] 목록에 회동서관(匯東書館)이 포함되어 있다.

事件—가 왔다. 비신사祕神社로부터 책 1권이 왔다.[7]

2월 2일. 월요일. 맑음. 집에서 편지가 왔다. 정충시鄭忠時 형으로부터 편지가 왔다. 수산守山 선생께 편지—진산사건珍山事件—를 부쳤다. 친족 병덕秉德의 집에서 음식을 많이 보내주었다.

2월 3일. 화요일. 맑음. 칼을 주문했다. 선금 5원을 동경東京의 대곡형제상점大谷兄弟商店—동경東京 일본교日本橋 시지창정矢之倉町. 진체振替는 동경東京 7867.—에 부쳤다.[8]

2월 4일. 수요일. 맑음. 송석조宋錫祚로부터 편지가 왔다. 본가[本第] 및 은동隱洞에 편지를 부쳤다.

2월 5일. 목요일. 맑음.

2월 6일. 금요일. 맑음. 최승환崔升煥으로부터 20전을 받았다.

2월 7일. 토요일. 흐림. 신비사神祕社에서 회보會報가 왔다. 일금 10전은 인쇄지印刷紙 100매.

2월 8일. 일요일. 맑음.

2월 9일. 월요일. 맑음. 이날 밤에 「제가서齊家書」를 기초起草했다.

2월 10일. 화요일. 맑음. 저금 6원을 찾아왔다. 내일 식장을 준비했다.

2월 11일. 수요일. 맑음. 기원절紀元節이다. 오전 10시에 식을 거행했다.

---

7 "신비사(神祕社)"의 오기일 가능성도 배제하기 어렵다. 1913년 10월 9일의 일기에 "오사카[大阪]의 신비사(神祕社)"가 보인다. 한편 1914년 1월 19일의 일기에는 "오사카[大阪]의 비신사(祕神社)"가 언급되어 있다.

8 칼을 주문한 대곡형제상점(大谷兄弟商店)의 주소 등의 정보를 기록한 것이다. "시지창(矢之倉)"은 곧 "矢ノ倉町(やのくらちょう)"이며, "진체(振替)"는 곧 "진체저금구좌(振替貯金口座)"이다.

2월 12일. 목요일. 맑고 따뜻함. 학생들을 인솔하여 앞산에 올랐다.

2월 13일. 금요일. 맑음. 일금 4전 5리는 엽서 3매.

2월 14일. 토요일. 맑음. 저금 2원 50전을 찾아왔다. 동경東京으로부터 전날 주문한 것이 이제 겨우 남양 우편국南陽郵便局에 도착했는데, 해관세海關稅 2원 59전이 증가했다. 칼 및 그 표준 물품 1건이 총 16원 가량—해관세海關稅는 한 사람에 87전이다—이었다. 박 훈도朴訓導에게 37전, 이 훈도李訓導에게 87전이다. 단 검대劍帶는 나를 위해 특별히 1호품을 보내주었다.[9]

견장肩章 2원[3호], 정서正緖 1원 50전, 약서略緖 40전.[10]

검대劍帶 3원 80전[1호]—2원 80전[3호]—. 검劍 8원 50전[2호].

2월 15일. 일요일. 맑음. 동경東京 대곡형제상점大谷兄弟商店에 편지를 부쳤다. 식장式場 진열장 때문에 출근했다.

2월 16일. 월요일. 맑고 온화함. 7시부터 학교에서 식장을 준비했다. 10시에 식을 거행했다. 생도들의 저금 액수가 이미 300원에 도달하여, 그런 까닭에 이를 축하하는 행사였다. 11시 무렵에 이어서 운동회를 시작했는데, 결승에서 주무를 맡았다. 오후 3시에 파했다. 집에서 편지

---

9 검대(劍帶)는 칼을 차기 위하여 허리 등에 두르는 가죽띠이다. 가람은 같은 학교에 근무하던 박광원(朴匡愿), 이강하(李康河)와 함께 칼을 주문한 듯한데, 뒤에 제시한 가격을 참고하면 가람에게만 1호품의 검대를 보내주고 다른 두 사람에게는 3호품의 검대를 보내준 것을 알 수 있다. 가격표에 따라 비용을 계산해 보면, 가람은 물품 대금으로 16원 20전—박 훈도와 이 훈도는 15원 20전—, 해관세로 87전을 지불해야 함을 알 수 있다. 2월 3일에 주문할 때 선금으로 5원을 보냈다고 했으니, 이를 제외하고 잔액을 지불해야 하는 셈이었다. 다만 박 훈도가 1인당 해관세 금액인 87전이 아닌 37전을 낸 이유가 무엇인지는 정확히 알 수 없다.

10 정서(正緖)와 약서(略緖)는 식서(飾緖) 즉 신분 등을 나타내기 위해 패용(佩用)하던 견식줄이다. 견장, 정서, 약서는 모두 제복에 패용하는 물건인 셈이다.

가 왔는데, 재종조모님 상사喪事가 있었다고 한다. 어젯밤에 매우 불길하더니, 지금 과연 이 말을 듣게 되는 것인가. 일금 12전은 손장갑[手匣] 1개. [음력 정월 12일[11]]

2월 17일. 화요일. 흐렸지만 비는 오지 않음. 곧 음력 정월 23일이다. 누가 은동隱洞에 간다고 하는지. 본가[本第]에 편지를 부쳤다. 목욕. 당직. 강신협姜信協이 떡을 가지고 찾아와 만나보았다. 강신찬姜信贊과 함께 임덕화林德化 집에 갔다. 제생당濟生堂에서 약 파는 사람을 방문하여 이야기했는데,[12] 그 가운데 이런 말이 있었다.

1. 매독 병자를 알아내는 방법.
   (1) 그 곳—음부—를 만져 보면 그 사람이 놀라서 올려다보고, 마치 낱알이 서 있는 것처럼 솟아난 곳과 들어간 곳의 구별이 있다.
   (2) 팔뚝 위쪽 및 목 주위에 림프선[桃腺]이 붓거나 딱딱해지고, 때로는 부스럼이 나타난다.
   (3) 술을 마시게 한 뒤에는 그 얼굴에 붉은 반점斑點이 나타난다.
   이상은 삼가지 않을 수 없다. 만일 잘못 접촉하면, 곧바로 그 뒤 제일 처음 소변을 볼 때에 조금 배설한 뒤에 그 오줌으로 음경陰莖을 씻어준다. 혹은 누수정을 그 곳에 바른다. 남녀의 교접은 무방하지만, 삼가는 것이 좋다.
2. 전염병자가 접근할 때 주의할 점.

---

11 음력 1월 12일은 양력으로는 2월 6일이다. 재종조모님의 상사가 언급된 부분 위쪽 난상에 기록되어 있는데, 재종조모님이 돌아가신 날짜를 음력으로 기록한 듯하다.

12 제생당(濟生堂)은 약방 이름으로 보이는데, 3월 20일의 일기에서 그 주소가 '경성 태평정(太平町) 일정목(一丁目)'임을 알 수 있다.

(1) 실컷 먹어서 배를 채워야 한다.

(2) 완전히 코로만 호흡하고 입을 벌려서는 안 된다.

3. 임액淋液을 결코 눈에 대지 말아야 한다. 만약 눈에 대면, 눈이 곧바로 어두워지고 볼 수 없게 된다.

일금 30전. 즉치액卽治液 1병에 20전, 온천원료溫泉原料 2봉에 10전.

2월 18일. 수요일. 맑았다 흐림.

2월 19일. 목요일. 맑았다 흐림. 좌토원佐土原 교장[13]으로부터 편지가 왔다. 농업 강의록農業講義錄과 편지를 부쳤다.

2월 20일. 금요일. 맑음. 교장 및 이 부훈도副訓導가 송산면松山面에 출장을 갔다.[14] 당직當直.

2월 21일. 토요일. 맑음. 오후에 이영하李榮夏가 교하交河로부터 학교에 왔다.[15] 교장 및 이 부훈도李副訓導가 귀가했다. 군청에서 월봉을 받아서 나누어줬다. 교장의 집을 방문했다. 월봉은 일금 18원이었다.

2월 22일. 일요일. 비. 일금 6원은 밥값. 오후에 이영하李榮夏를 따라서 박주가朴酒家에 갔다. 또 여기저기 돌아다니면서 노닐었다. 동 11시

13 좌토원웅조(佐土原雄助)는 남양공립보통학교의 교장을 지내고 1914년에 양평공립보통학교 및 양평공립간이농업학교로 옮겼다. 1913년 12월의 일기에 전임장(轉任狀)을 받은 일 등이 기록되어 있다. 좌토원이 보낸 편지는 아마도 농업강의록을 부탁하는 내용이었을 듯하다.

14 이 부훈도는 부훈도 이강하(李康河)일 것이다. 송산면은 현재 화성시의 서부에 있다.

15 이영하(李榮夏)는 1912~1920년에 교하공립보통학교 교사를 지냈다. 1914년에는 부훈도였다.

에 돌아와서 잤다. 최승환崔承煥이 30전을 빌려갔다.

2월 23일. 월요일. 맑음. 이영하李榮夏가 떠났다. 목욕. 당직當直. 밤에 방우方友와 더불어 흥미진진하게 이야기했다. 일금 1원을 신비사神祕社에 부쳤다.

2월 24일. 화요일. 맑음. 일금 27전을 도호쿠[東北] 및 큐슈[九州]에서 재해를 입은 데 대해 연조捐助했다.

2월 25일. 수요일. 맑음. 음력 2월 1일이다. "잠자리 연못에서 날며 춤추네(蜻蜓飛舞在池塘)"라는 점괘를 얻었다.

일금 20전은 큰 붓 2자루. 18전은 국고금國庫金이다.

2월 26일. 목요일. 맑고 춥다. 좌토원佐土原 교장으로부터 편지가 왔다.

2월 27일. 금요일. 맑음. 집에서 편지가 왔는데, 우환憂患이 집에 가득하다고 한다. 즉치액卽治液 1병에 10전, 옥도정기沃度丁幾 2병에 20전. 온천원료溫泉原料 1봉을 본가[本第]에 부쳤다. 우편요금은 13전이며, 우표[切手]는 3전이다. 황서훈黃瑞勳으로부터 편지가 왔다. 밤에 교장 집에서 유성기流聲器를 켰는데, 동 오후 12시에 돌아왔다. 오후 방과 후에는 생도들과 함께 정원에 나무를 심었다.

3월

3월 1일. 일요일. 맑음. 음력 2월 5일이다. "꽃이 상림원에 핀다(花發上林)"라는 점괘를 얻었다. 오전 10시에 학교에 가서 송별식장을 준비했다. 오후 2시에 개회하였는데, 회비는 50전이었다. 동 5시 무렵에 송별회를 마쳤다. 교장의 축사 및 홍익선洪益善 씨의 축사. 서 군수徐郡守

의 답사 및 대성大城과 녹도鹿島의 답사.[16] 백남규白南珪로부터 편지가 왔다. 당직當直.

3월 2일. 월요일. 오시午時에 생도들을 인솔하여 오리정五里亭에 가서 서 군수를 전송했다. 밤에 방 우方友와 강신규姜信奎가 방문했다. 하동下洞 사는 이용식李用植이라는 자가 와서 욕을 하였다. 과연 어젯밤 꿈의 흉조가 이른 것이다.[17]

3월 3일. 화요일. 맑음. 밤에 작은 연회를 마련하여 두 박씨와 황 주사黃主事를 청하였다. 결과는 좋지 않았다.

3월 4일. 수요일. 맑음. 오후 1시 무렵에 오리정五里亭에서 군청의 여러 사람들을 전송했다. 신비사神祕社에서 교과서 2권이 왔다. 당직當直.

3월 5일. 목요일. 흐리고 비. 일금 20전은 보재고약補材膏藥 1통.[18]

3월 6일. 금요일. 흐리고 비. 홍수가 났다.

3월 7일. 토요일. 흐리고 서늘하다. 우박이 내리고 비가 왔다. 오영철吳榮喆 형으로부터 편지가 왔다.

3월 8일. 일요일. 맑고 춥다. 오영철吳榮喆 및 황서훈黃瑞勳에게 편지를 부쳤다. 우표[切手]는 6전. 이대영李大泳에게 편지를 부쳤다. 집에서

---

16 남양군수 서정악(徐廷岳)과 군서기인 대성은지조(大城銀之助), 녹도영지조(鹿島榮之助)의 송별회이다. 남양군은 1914년의 행정구역 개편으로 수원군과 합쳐졌으며, 이들은 각기 다른 곳으로 발령되었다.

17 원문은 "果致昨夢之凶"인데, "昨夢"은 "叱曾"처럼 보이기도 한다. 다만 "叱曾(질증)"으로 읽으면 문맥이 잘 통하지 않는 듯하다.

18 "보재(補材)"는 보약의 재료를 뜻하는 말이며, 고약(膏藥)은 피부에 붙이는 약의 일종이다. 1930년대의 신문 광고에서 '보재고약'을 찾아볼 수 있는데, "두창, 종기, 태독, 화상, 그 외에 모든 피부에 나는 종기"에 사용한다고 광고하였다.

편지—아버님이 내려주신 편지—가 왔다.

3월 9일. 월요일. 맑음. 본가[本第]에 편지를 부쳤다. 생도들로 하여금 백양목白楊木을 자르게 했다.

3월 10일. 화요일. 맑았다 흐림. 수산守山 선생께 편지를 부쳤다.

3월 11일. 수요일. 흐렸다 맑음. 백양목白楊木을 꺾꽂이하게 했다.

3월 12일. 목요일. 흐림. 백양목白楊木을 꺾꽂이하게 했다.

3월 13일. 금요일. 비. 당직當直. 불 때지 않은 온돌이 밤에 몹시 차가웠다. 일금 30전은 흰떡.

3월 14일. 토요일. 맑고 춥다. 이발에 10전을 썼다. 일금 20전은 반지괘지半紙罫紙 100매.[19]

3월 15일. 일요일. 맑음. 일금 3전은 면사綿紗 1봉. 황윤동黃潤東 및 홍철후洪喆厚로부터 편지가 왔다.

3월 16일. 월요일. 맑음. 바람 조금 불었다가 차가워짐. 8도. 목욕. 3학기 및 학년말 시험을 시작했다. 3학년은 농업農業. 집에서 편지가 왔다. 최승환崔升煥으로부터 30전을 받았다. 저녁에 방 우方友가 방문하고 김 우金友가 방문하여 흥미진진하게 강론하였다. 11시에 파했다.

3월 17일. 화요일. 맑음. 황윤동黃潤東 및 홍철후洪喆厚 씨에게 편지를 부쳤다. 오후에 교장이 수원군청水原郡廳에 갔다. 녹도鹿島 서기 및 박원용朴元用 씨로부터 편지가 왔다.[20] 약을 사는 일로 경성 제생당濟

---

19 "반지(半紙)"는 얇은 일본 종이의 일종이며, "괘지(罫紙)"는 괘선(罫線) 즉 일정하게 그어놓은 줄이 있는 종이이다. 즉 괘선이 그어진 반지 100매를 샀다는 말이다.

20 이 날 편지를 보내거나 받은 사람들은 모두 남양군이 수원군에 통합됨에 따라 다른 곳으로 떠난 남양군의 군서기이다. 1913년을 기준으로 남양군 군서기로는 박원용

生堂 본부주임 소도진길小島辰吉 앞으로 편지를 부쳤다. 우표[切手] 1매에 3전.

3월 18일. 수요일. 맑음. 청석동青石洞 박사博士 족숙 댁에 편지를 부쳤다. 우표[切手] 4매를 동봉했다. 일금 15전은 우표[切手] 5매. 오후에 이동윤李東胤의 집에 초대를 받아서 밥을 먹었다. 신비사神祕社로부터 책 1권이 왔다. 관보官報에서 전라북도의 면 폐합面廢合 발표를 보았다. 전라북도는 1부府 14군郡 189면面이었다. 군산群山 1부,[21] 옥구沃溝 10면, 전주全州 20면, 금산錦山 10면, 무주茂朱 6면, 장수長水 7면, 진안鎭安 11면, 익산益山 18면, 김제金堤 17면, 임실任實 12면, 부안扶安 10면, 정읍井邑 19면, 고창高敞 7면, 순창淳昌 15면, 남원南原 19면. 단 익산군은 아래와 같다. 익산면益山面은 남일면南一面 일원과 동일면東一面 일원. 오산면五山面은 서일면西一面 일원과 남이면南二面 일원. 춘포면春浦面은 춘포면春浦面 일원과 두촌면豆村面 일원. 삼기면三箕面은 사제면巳梯面 일원과 율촌면栗村面 일원, 구문천면九文川面 일원. 팔봉면八峰面은 두천면豆川面 일원과 지석면支石面 일원. 금마면金馬面은 군내면郡內面 일원과 미륵면彌勒面 일원. 왕궁면王宮面은 우북면紆北面 일원과 제석면帝石面 일원. 북일면北一面은 북일면 일원. 용안면龍安面은 군내면郡內面 일원과 북면北面 일원, 남면南面 일원, 일동면一東面 일원, 이동면二東面 일원. 함라면咸羅面은 군내면郡內面 일원과 남이면南二面의 진산리榛山里, 장등리長登里, 장점리長店里, 망월리望月里, 회룡리回龍里, 다은동多隱洞, 신촌新村, 진목리眞木里, 고월리古月里, 연화

(朴元用), 황윤동(黃潤東), 박두용(朴斗容), 홍철후(洪喆厚), 그리고 일본인인 대성은지조(大城銀之助), 녹도영지조(鹿島榮之助)가 근무했다.

21 1914년의 면 폐합에 따라 군산은 군산부(群山府)와 옥구군으로 나누어졌다.

동蓮花洞, 신함리新咸里, 서이면西二面의 입남리笠南里. 황등면黃登面은 남일면南一面 일원과 동이면東二面의 대동大洞, 대산리大山里, 소산리小山里, 송부리松釜里, 황교리皇橋里, 남이면南二面의 궁평리宮坪里. 웅포면熊浦面은 서일면西一面 일원과 북일면北一面 일원, 서이면西二面의 입동리笠東里, 서방동西方洞, 창대리倉垈里, 신대리新垈里, 소룡리巢龍里, 상웅리上熊里, 중웅리中熊里, 서웅리西熊里. 성당면聖堂面은 동일면東一面 일원과 북이면北二面 일원. 함열면咸悅面은 동삼면東三面 일원과 동사면東四面 일원, 동이면東二面의 대지리大池里, 소지리小池里, 병암리屛岩里, 와야리瓦也里, 상마리相馬里, 방교리芳橋里. 여산면礪山面은 군내면郡內面 일원과 천남면川南面 일원, 천동면川東面 일원. 낭산면朗山面은 서이면西二面 일원과 서삼면西三面 일원, 서사면西四面 일원. 황화면皇華面은 공촌면公村面 일원과 피제면皮提面 일원, 합선면合先面 일원. 망성명望城面은 북삼면北三面 일원과 북일면北一面 일원. 이상. 부칙에서는 4월 1일부터 시행한다고 했다.

3월 19일. 목요일. 맑고 온화함. 오정午正에 시험을 마쳤다. 수원군수 김관현金寬鉉 씨가 온다고 했다. 그래서 정오에 학교 전체 및 일반 인민들이 오리정五里亭에 나가 맞이하였다. 3시간을 머물러 기다리니, 오후 3시 무렵에 교장이 먼저 도착하고 군수가 다음으로 왔다. 학교로 돌아왔다. 점심식사 후에 인민 일동을 대한 훈시가 있었으며, 6시 무렵에 돌아갔다. 박원용朴元用과 녹도鹿島 군서기에게 편지를 부쳤다. 숙직. 성적 조사를 마치고 12시에 취침하였다.

3월 20일. 금요일. 맑음. 김영룡金永龍, 김창선金昌善, 윤상훈尹相勛에게 편지를 부쳤다. 성적을 매겼다. 박사博士 숙부님으로부터 편지가 왔다. 약을 구입하는 대금 3원을 박낙희朴樂熙가 상경하는 편에 부쳤다. 곧 경성 태평정太平町 일정목一丁目 제생당濟生堂 본부 주임 소도진길小島辰吉에게 보낸 것이다.

일금 3원은 즉치액卽治液. 중간 병 2개, 작은 병 1개. 10전은 권지卷紙 1축. 3전은 우표[切手].

[간이실업학교 훈도 겸관을 면함. 전주제이공립보통학교全州第二公立普通學校[22] 근무를 임명함.]

3월 21일. 토요일. 맑음. 춘계 황령제일春季皇靈祭日이다. 휴업. 본가[本第]에 편지를 부쳤다.

일금 3전은 우표[切手]. 성적을 매겼다.

3월 22일. 일요일. 맑았다가 흐림. 오후에 출근하여 성적을 매겼다. 박朴, 이李, 방方 세 벗과 함께 학림산學林山에 올랐다. 일금 20전은 과자 값.

3월 23일. 월요일. 흐림. 오전 11시에 도장관道長官이 와서, 오리정에 나가서 맞이하였다. 돌아와서 수업을 하였는데, 도장관 및 신원信原 학무계學務係가 참관하였다.[23] 또한 생도들에게 훈화를 하고, 오후 2시 무렵에 돌아갔다. 관보官報를 보니, 나는 간이실업학교 훈도의 겸임이 면직되었다—3월 20일자—.

3월 24일. 화요일. 맑음. 성적 발표. 윤상훈尹相勛으로부터 편지가 왔다. 김영룡金永龍으로부터 편지가 왔다. 박 학무위원朴學務委員이 경성에서 즉치액卽治液을 사서 찾아와 만났다.[24]

---

22 1913년 설립된 전주제이공립보통학교는 현 완산초등학교의 전신.

23 1914년 당시 경기도의 도장관은 히가키 나오스케(檜垣直右)이며, 학무계는 신원암호(信原岩虎)였다.

24 3월 20일의 일기에 상경하는 박낙희(朴樂熙)에게 즉치액 구입대금을 부쳤다는 말이

3월 25일. 수요일. 맑음. 하루 종일 졸업증서卒業證書 및 수료증서[修業證書]를 정리하였다.

3월 26일. 목요일. 맑음. 오전 11시 무렵에 졸업식을 거행하였다. 군청에서부터 군수 어르신 및 학무계 서기, 수원공립보통학교장이 참석하였다. 오후 5시 무렵에 군수를 송별하여 목하여관木下旅館에 모였다. 김성수金聖洙 씨 집에 초대를 받아서 성찬을 먹었다.

3월 27일. 금요일. 흐림. 오전 3시에 출발하였다. 수원水原 천천리泉川里에 이르러 비로소 햇빛을 보았다. 수원역에 이르니 동 8시였다. 동 9시 37분에 급행열차를 타서, 오후 3시 20분에 강경역에 하차하였다. 곧바로 작촌鵲村으로부터 귀가하니, 동 6시 무렵이었다. 할아버님은 풍습風濕의 병으로 편찮으신 중이었다. 은동隱洞으로부터 어제 온 편지가 있었다. 일금 2원 32전은 차비. 일금 30전은 귤 및 건어乾魚 값. [기차 안에서 이병영李炳英 및 강진구姜鎭求를 만났다. 강경江景에 이르러 헤어졌다.]

3월 28일. 토요일. 흐림. 김영수金寧洙[25]가 군이 떠나고자 했는데, 군이 만류하였다.

3월 29일. 일요일. 흐림. 김영수金寧洙가 떠났다. 은동隱東에 편지를 부쳤다. 일금 50전은 홍어弘魚 1마리.

3월 30일. 월요일. 맑다가 흐림. 작은집[小宅]에 내려가서 접목接木을 하고 포도 시렁을 만들었다.

3월 31일. 화요일. 오전에 흐리고 오후에 비. 출발(8시), 작촌에 이르

보인다. 박 학무위원은 곧 박낙희일 것이다.

25 28일과 29일 일기의 원문에는 "김영수(金永洙)"라고 썼다가 수정한 흔적이 있다.

렀다(11시). 점심식사 후에 강경역에 이르러 기차에 올라서(2시 30분), 수원역에 이르러 하차했다(8시). 여관에 들어가니, 여러 도에서 시험보러 온 이들이 와서 모였기에 방마다 가득 차서 들어갈 수가 없었는데 겨우 방 하나를 얻었다. 저녁식사 후에 앉아 있으니 몹시 고단하였지만, 객의 처지이니 어찌하겠는가. 나아가 한가롭게 눕고자 하니 무릎조차 움직일 수 없을 정도요, 나아가 편안히 잠들고자 하니 떠들썩한 소리가 귀에 들려왔다. 다만 난로 옆 및 입구에 모로 누워서 밤새도록 괴로움을 겪었다.

일금 2원 32전은 차비. 일금 8전은 과자 값.

[기차 안에서 김제공립보통학교 훈도 심상련沈相璉을 만났다.]

4월

4월 1일. 수요일. 흐림. 일찍 출발했다(7시). 남양南陽에 이르니 오전 11시였다. 교장 및 이 부훈도李副訓導와 더불어 제하여학교製荷女學校 진급식進級式에 참석하였다.[26] 축사를 했다. 연설 몇 구절은 다음과 같다. 1. 여권女權을 집행한 사실, 2. 여자 수신의 건. 오늘 돌아오는 길에 우연히 시 1수를 읊었다.

---

26 제하여학교(製荷女學校)는 남양(南陽)에 설립된 기독교계 사립여학교로, 1903년(광무 7)에 10여명의 학생을 받아들여 개교하였다. 1914년에 남양이 수원군에 통합됨에 따라 '수원남양 제하여학교'로 일컬어지기도 했다. 1927년 1월 18일자 『동아일보』에는 당시까지 10여회의 졸업생 47명을 배출했고 50여명의 학생이 재학하고 있다는 기사가 실려있다.

작년 이날 남양에 이르렀으니,

실로 수원에서 떠나 을량乙梁을 지났지.

차라리 세상 일에서 돌아감만 같지 못하리.

고향 꽃 무더기에는 아직 향기 남았으리니.

昨年此日到南陽, 實自水原過乙梁.

寧不如歸今世事, 故園花叢尙殘香.

그 사이에 박사博士 숙부가 내려주신 편지가 있었다.

일금 15전은 밥 값. 20전은 구두[洋靴].

4월 2일. 목요일. 흐림. 박사博士 숙부 어르신께 편지를 부쳤다. 3전은 우표[切手].

일금 1원 20전은 즉치액卽治液 작은 병 6개. 20전은 방아方雅에게 빌려 주었다.

4월 3일. 금요일. 흐림. 오후 6시 무렵에 비가 오기 시작했다. 신무천황神武天皇의 제일祭日이다. 오전에 기념하는 나무를 동산에 심었다. 오후 2시에 군청으로부터 사령서辭令書 2장이 왔는데, 하나는 겸관兼官을 면직하는 것이고 또 하나는 전주제이공립보통학교全州第二公立普通學校로 전임하는 것이었다. 직원 일동이 여사旅舍에 돌아와 술을 조금 마셨다. 김광식金光植 씨가 와서 보았다. 박인영朴仁榮 씨가 와서 보았다. 본가[本第]에 편지를 부쳤다.

4월 4일. 토요일. 흐리고 비 조금. 저금 24원 50전을 찾아 왔다. 직원 일동이 전송회를 가졌다. 오후에 박 우朴友와 함께 이화동梨花洞 친척 댁을 방문하여 머물러 잤다.

4월 5일. 일요일. 맑음. 오전에 학교에 돌아와서 사무를 인계했다. 각 관서 및 지인들에게 작별을 고했다. 방 교원方教員의 집에서 저녁식사를 했다.

4월 6일. 월요일. 흐림. 오전 9시 반에 학교에 가서 고별식을 하고, 즉시 출발했다. 홍익선洪益善 씨의 집에서 아침식사를 했다. 직원 이하 생도 일동 및 홍익선洪益善 씨, 백연수白蓮洙 씨, 김현준金賢俊, 김 오위장金五衛將 여러분이 오리정에 와서 송별하였다. 다만 전송을 이끈 학생은 특별히 10여리 밖에서 전송하였다. 김성만金成萬과 더불어 인력거를 타고 수원역에 이르렀다.[27] 오후 2시 무렵에 짐을 먼저 부치고 수원군청에 가서 공립보통학교에 작별을 고하였다. 수원면水原面 산루동山樓洞 11의 박인영朴仁榮이 정거장에 와서 전송하였다. 5시 반에 서울 가는 기차에 타서 7시 반에 서울에 들어갔다. 박사博士 족숙族叔을 방문하여 뵈었다.[28] 김영룡金永龍을 방문하여 저녁식사를 했다. 공애당共愛堂 본부 주인인 박용남朴容南 씨를 방문하여 문의問醫하고 약을 청하였다.[29] 첫째는 완선頑癬,[30] 둘째는 변비[祕便], 셋째는 빈혈. 다시 박사博士 족숙을 방문하여 이야기를 나누니, 이미 오전 2시였다. 김영룡金永龍의 처소로 돌아가서 잤다.

---

27 김성만(金成萬)은 학교의 소사(小使)였다. 1914년 1월 22일 일기 참조.

28 원문이 "와서 뵙다(來謁)"로 되어 있으나, 문맥상으로는 "뵙지 못했다(未謁)"로 보는 편이 자연스러운 듯하다. 여기서는 원문에 따라 옮긴다.

29 원문에 "제생당(濟生堂)"을 "공애당(共愛堂)"으로 고친 흔적이 남아 있다. 박용남(朴容南)은 의사로, 1903년에 대한의학교를 졸업하고 1909년에는 『의약신보(醫藥新報)』를 발행했다. 서울의 공애당(共愛堂)에서 구급방(救急方)을 간행하기도 했다. 작가 박태원(朴泰遠)의 숙부이기도 하다.

30 완선은 만성 피부병의 하나이다. 백선증이라고도 한다.

[일금 52전은 차비. 일금 1원은 삯[賃金]. 일금 1원 20전은 인력거 비용. 일금 7원 60전 내에서 4원은 약값. 일금 2원 40전은 양지洋紙. 일금 4원 80전은 구두[洋靴]. 일금 2원 25전은 두루마깃감. 일금 12전은 구두[洋靴]. 일금 12전 5리는 구두 약[洋靴藥]. 일금 20전은 청심보명단淸心保命丹. 이상.][31]

4월 7일. 화요일. 맑음. 오전 4시 반에 기침起寢 했다. 김영룡金永龍과 함께 남대문역에 갔다. 김영룡金永龍은 7시 무렵에 인천으로 갔다. 나는 동 8시 반에 급행열차를 탔다. 오후 3시 무렵에 작촌鵲村 조 형趙兄 댁 및 이 국장李局長 댁을 차례로 방문하고서, 짐꾼을 이끌고 달빛을 받으며 집에 돌아왔다. 아버님[家君]도 행차에서 돌아오셨다. 느낀 바가 있어서 시 1수를 읊었다.

비바람도 피하지 않고
여러 해 굳센 뜻을 지녔네.
이와 같은 한 소년
밤에 떠났다 달빛 두르고 돌아오네.

不避風雨日, 多年有雄飛.
如許一少年, 去宵帶月歸.

---

31 6일자 일기의 난상에 써 놓은 것인데, 이날의 비용을 기록한 것으로 이해된다. "2원 40전"은 양지洋紙의 값으로는 비싼데, 원문의 글자가 "洋紙"인지 분명하지는 않다. "12전"은 구두[洋靴]의 가격과는 거리가 있다. 아마도 "구두 굽[洋靴釘]"의 의미일 듯하다. "청심보명단(淸心保命丹)"은 제생당(濟生堂)에서 판매하는 약의 이름이다.

일금 2원 84전은 차비.

일금 75전은 인삼과자 1상자.

일금 30전은 능금[林檎], 귤 및 과자.

일금 8전은 우유 1병.

일금 45전은 짐꾼 삯[負賃金].

4월 8일. 수요일. 맑음. 오후에 아버님이 황등역黃登驛에 행차하셨다.[32]

4월 9일. 목요일. 맑음. 복동福童이 말을 돌려 오기를 기다렸는데 이미 반나절이 지났다. 그런 까닭에 그만두고 걸어갔다.

4월 10일. 금요일. 맑음. 오전 6시 무렵에 복동福童을 이끌고 아랫집의 말에 올라서, 오후 2시 무렵에 전주에 이르렀다. 윤벽초尹碧樵 댁을 방문하여 머물 곳으로 정했다. 복동福童에게 30전을 주고 돌려보냈다. 식사 후에 바로 도청 학무계學務係로 들어가서 주임 및 수산守山 선생을 만났다.[33] 군청에 이르러서 군수 어르신 이하 여러 직원을 보고, 전주제이공립보통학교에 이르러 교장 및 여러 동료[同官]들을 보았다. 교장과 함께 학교를 둘러보았다.

[군청에 갔을 때에 이기호李箕鎬 군을 볼 수 있었다.[34]]

4월 11일. 토요일. 맑았다가 흐림. 아침에 학교에 갔다. 지나는 길에 제일공립보통학교에 들어가서 직원 일동을 만나보았다. 김낙범金洛範

32 원문에 "후(後)"자를 지운 흔적이 보인다. 이를 반영하면 "낮에" 정도로 이해하는 편이 자연스럽다. 황등역은 황등면에 있는 호남선 철도역이다.

33 수산오백족(守山五百足)은 당시에 전라북도 도서기(道書記)로 일하고 있었다.

34 난상에 기록된 내용이다. 1910년 4월~10월의 일기에 이기호가 여러 차례 등장하는데, 그에게서 양계초의 책을 빌리기도 했다. 이기호는 당시 판임관견습(判任官見習)으로 있었고, 1915년 이후에 군서기가 되었다.

및 정석모鄭碩謨 씨를 방문했지만, 만나지 못했다.

4월 12일. 일요일. 비. 윤상훈尹相勛군과 더불어 비를 무릅쓰고 최승렬崔昇烈 및 김필수金弼洙를 방문했다.

4월 13일. 월요일. 비. 1학년에서 수업을 시작했다. 남양南陽으로부터 저금 이자의 전신환[電換]이 왔다.

4월 14일. 화요일. 비, 오후에 갬. 생도 3인과 함께 윤벽초尹碧樵 어르신 댁에 가서 학교로 짐을 운반했다. 이날 저녁부터 숙직실에서 기숙하게 되었다. 저녁에 윤상훈尹相勛, 김회직金會直 형이 방문하여 몇 가지 이야기를 나누었다. 일금 30전은 남포藍浦 돌벼루 1개.

4월 15일. 수요일. 흐리고 비. 밤에 윤벽초尹碧樵 댁을 방문했다. 김학수金學秀, 박용희朴容熙로부터 편지가 왔다.

4월 16일. 목요일. 오후에 비. 김 부훈도金副訓導가 부모님 병환으로 인해 집에 돌아갔다.[35] 녹도鹿島, 이李, 박朴 방方의 여러 사람 및 김현준金賢俊, 홍익선洪益善, 박인영朴仁榮, 박래의朴來儀, 박진호朴鎭鎬, 백연수白蓮洙, 홍승은洪承殷, 김정철金正哲, 김성수金聖秀, 김학수金學秀, 박용희朴容熙 등의 여러 곳에 편지를 부쳤다. 조 형趙兄에게 편지를 부쳤다. 일금 31전 5리는 우표[切手] 및 엽서.

오후에 백인숙白仁淑을 방문했지만, 만나지 못했다. 정순모鄭順謨 씨를 방문했다. 이걸李傑을 방문했지만, 만나지 못했다. 수산守山 선생을 방문했는데, 과자 1상자를 가져 갔다. 이수영李壽榮 씨를 방문했다. 윤상훈尹相勛을 방문했다.

일금 30전은 과자 및 담배[烟艸].

---

35 김 부훈도는 곧 김정상(金正祥)이다.

일금 6전은 짚신[艸靴].

박사博士 족숙께 편지를 올렸다. 일금 4전은 양초 4자루.

이원상李元相 씨를 방문했지만 만나지 못했다. 최동환崔東煥으로부터 편지가 왔다. 저금 이자 94전을 찾아 왔다.

4월 17일. 금요일. 맑음. 오전 11시에 이원상李元相 씨를 방문했다. 김성규金性珪 씨를 방문했지만 만나지 못했다. 최동환崔東煥에게 편지를 부쳤다. 일금 10전은 중간 붓 5자루. [일금 10전은 석유 상자. 부숴서 책 상자를 만들었다.]

4월 18일. 토요일. 맑음. 이익상李益相이 와서 보았다. 최승렬崔昇烈 군이 와서 보았다. 함께 김병직金炳稙 및 이연산李連山 어르신을 방문했다. 이대영李大泳, 김창진金昌鎭, 추길秋吉, 송석조宋錫祚, 임철주林喆周에게 편지를 부쳤다. 강신찬姜信贊으로부터 편지가 왔다. 일금 6전은 엽서. 30전은 과자 및 담배[烟艸]. [일금 15전은 구두굽에 들인 비용.]

4월 19일. 일요일. 흐리고 비. 강신찬姜信贊, 경성의 여러 선생, 작별을 고할 사람들, 정충시鄭忠時에게 편지를 부쳤다. 윤상훈尹相勛 및 승렬昇烈, 연산連山 어르신을 방문했다. 홍낙유洪洛裕, 홍봉진洪鳳珍으로부터 편지가 왔다. 춘원春元으로부터 편지가 왔다. 백남규白南珪에게 편지를 부쳤다. 6전은 우표[切手].

4월 20일. 월요일. 맑음. 오후 6시 무렵에 춘사春史 어르신이 아버님이 내려오시는 일을 전화로 통지했다. 저녁 식사 후에 아버님 및 계부님을 가서 뵈었다. 돌아오는 길에는 서문통西門通으로 돌아왔다. 여비를 청구했다. 숙직실 수선 시작. 일금 7전은 풀[糊] 값. 이용기李龍基로부터 편지가 왔다.

4월 21일. 화요일. 맑음. 밤에 아버님을 가서 뵈었다. 이용기李龍基

에게 편지를 부쳤다. 송석조宋錫祚 형으로부터 편지가 왔다. 일금 6원 37전은 전달 분 봉급, 17원 82전은 이달 분 봉급이다. 일금 55전은 내의 상의 1벌, 10전은 권지卷紙 1축, 5전은 비누상자[石鹼箱] 1개. 일금 25전은 무늬 있는 베[有紋布] 2척尺. 6전은 목역지木役紙 2장.[36] [일금 18전은 김 부훈도金副訓導에게 부의賻儀로 낸 돈, 일금 17전은 수건手巾 1장.]

4월 22일. 수요일. 맑음. 이른 아침에 아버님을 가서 뵈었다. 김성수金聖秀, 황대창黃大昌, 박광원朴匡愿 형으로부터 편지가 왔다. 밤에 아버님을 가서 뵈었다. 은송리隱松里에서 생도를 모집했다. 일금 75전은 중간 크기의 양등洋燈 1개. [고산高山 고성리古城里 족숙이 방문했다.]

4월 23일. 목요일. 맑음. 이른 아침에 아버님을 가서 뵈었는데, 행차한다고 하셨다. 3전은 귤 1개. 임철주林哲周로부터 편지가 왔다. 윤상훈尹相勛을 방문했다. 1원 80전은 밥 값. 숙직실 수선 일을 마쳤다. 1전 5리는 성냥[燐寸] 및 풀[糊]. 춘원春元 형으로부터 편지가 왔다. 박영생朴永生으로부터 편지가 왔다.

4월 24일. 금요일. 비. 강종구姜鐘求, 황대창黃大昌, 박영생朴永生, 홍봉진洪鳳珍, 홍낙유洪洛裕에게 편지를 부쳤다. 김정상金正祥 및 박용환朴容桓에게 편지를 부쳤다. 또한 송금을 하였는데, 곧 박용환朴容桓에게 약값 영조零條로 3원 60전이요, 김정상金正祥 씨 앞으로는 20원 82전이니 곧 학교 전체의 부의금賻儀金이다.[37] 일금 3원 60전은 약값 조.

---

36 목역지(木役紙)가 어떤 종이인지는 분명하지 않다. 다만 숙직실 수선과 관련된 물품으로 짐작할 수 있다. '목(木)' 자는 글자가 분명하지 않은데, '대(大)'나 '본(本)' 자일 가능성도 있다.

37 박용환(朴容桓)은 약방 공애당(共愛堂)을 운영하던 인물로, 곧 작가 박태원(朴泰遠)

일금 15전은 엽서. 일금 5전은 귤橘 1개.

4월 25일. 토요일. 맑음. 오후 2시에 학무위원회學務委員會를 개최했다. 경기도의 학교 정황 및 감상을 조금 진술했다. 이화동梨花洞 족숙族叔 및 좌토원佐土原 교장에게 편지를 부쳤다. 일금 6전은 우표[切手]. 7전은 가루치약[齒磨粉] 1봉封.

4월 26일. 일요일. 맑고 따뜻함. 오후 2시 무렵에 윤상훈尹相勛의 집에 초대를 받아서 풍성하게 먹었다. 그리고 여러 벗들과 짝을 지어서 다가정多佳亭으로부터 돌아왔다. 김윤정金潤晶 씨를 방문했지만 만나지 못했다. 서창용徐昌容의 부형을 방문하여 그 딸을 출석시키도록 권유했다. 저녁에 병문秉文, 병륙秉陸이 와서 보았다. 아버님이 교자를 타고 행차하셨다. 바로 함께 가서 뵙고, 12시 무렵에 돌아왔다. 돈 2원을 소사小使에게 밥값으로 먼저 지급했다.

일금 3원 20전은 솥[釜鼎] 및 그 부속품 1건. [솥[釜] 85전, 밥통[食桶] 60전, 젓가락 3개 15전, 중탕 그릇[煮蒸器] 11전, 숟가락 12전, 시루[甑] 30전, 화로[爐] 1원.[38]]

일금 1원 40전은 숯 1짐 및 취사용품 1건.

일금 16전은 마른 조기[乾石魚] 5마리.

의 아버지이다. 김정상(金正祥)은 곧 김 부훈도이며, 상을 치르던 중이었다. 즉 가람은 이들에게 각기 약값과 부의금을 전달한 것이다. 한편 부의금 총액의 기록은 다소 불분명한데, 처음에 "22원(貳拾貳円)"이라 썼다가 뒤의 "2[貳]"를 지운 흔적이 있기 때문이다. "영조(零條)"는 셈에서 조금 모자란 액수를 뜻하는 말이다.

38 이 부분은 난상에 기록하였는데, 줄을 그어서 '솥 및 그 부속품' 부분에 연결해 놓았다. 그 구체적인 내역으로 보이는데, 금액을 수정한 흔적이 있어서 정확한 액수를 파악하기는 어렵다. 전체를 합치면 3원 13전이 되므로, 해당 항목의 총액인 3원 20전과도 차이가 있다. 품목명에서도 '시루[甑]'인지 '남비[鍋]'인지는 분명하지 않다.

일금 67전은 자기磁器 1건.

일금 45전은 목판木板 1묶음.

일금 17전은 수저 넣는 통 1개.

일금 56전은 무화과 즙[無花果水] 2통.

4월 27일. 월요일. 맑고 따뜻함. 이른 아침에 아버님을 가서 뵈었다. 오후 방과 후에 곧바로 김 우金友와 함께 김 의원[金醫]에게 가보고, 그와 함께 아버님을 가서 뵈었다. 오후 7시 무렵에 아버님을 가서 뵙고, 12시 무렵에 돌아왔다.

일금 20전은 검은 염색물[黑染物] 1상자, 6전은 약값.

방두현方斗鉉 군, 최승환崔升煥, 박만희朴萬熙, 최준식崔俊植 군, 박용환朴容桓에게서 편지가 왔다.

4월 28일. 화요일. 맑음. 이른 아침에 아버님을 가서 뵈었는데, 병세[患候]에 조금 차도가 있었다. 오후 방과 후에 바로 아버님을 가서 뵈었다. 약품을 사고, 최군선崔君善 어르신을 청하여 뵈었다. 일금 6전은 약값, 20전은 장액獐腋.

저녁식사 후에 아버님을 가서 뵙고, 12시 무렵에 돌아왔다. 최준식崔俊植, 최승환崔升煥, 박만희朴萬熙에게 편지를 부쳤다.

4월 29일. 수요일. 맑음. 오후 2시 무렵에 문제文弟가 와서 말하기를 중부仲父님이 오신다고 했다. 아버님은 서양병원西洋病院에 들어가신다고 한다. 곧바로 함께 서고현西固峴에 갔다가 다시 이춘사李春史 댁에 갔고 다시 우편국에 갔다가 이연파李蓮坡 댁에 이르렀다. 일금 10전은 소사[小使女]에게 주었다. 오후 7시 무렵에 아버님을 가서 뵙고 가마꾼[轎軍]에게 부탁했다. 일금 17전은 자기요강[磁器尿缸] 1개, 4전은 작은 귤[矮小橘]. 12시에 돌아왔다. [쌀 1말을 병문 아우[文弟]가 가져왔다.]

4월 30일. 목요일. 흐림. 저녁에 비. 이른 아침에 아버님을 가서 뵈었다. 오전 9시 무렵에 아버님이 행차하신다고 한다. 오후 3시 무렵에 복동福童이 와서 보았는데, 쌀 2말을 가져왔다. 일금 20전을 복동에게 주었다. 정충시鄭忠時 형으로부터 편지가 왔다. 진근성秦根盛으로부터 편지가 왔다. 집에서 편지가 왔다. 취사를 시작했다. 나의 저녁밥은 소사小使에게 주었다. 일금 33전은 간장[醬油] 3병. [병문秉文과 병륙秉陸 두 동생이 오늘 저녁부터 기숙사에 들어가 입학했다. 일금 50전은 병륙 아우[陸弟]의 책값.[39]]

5월

5월 1일. 금요일. 비. 시천市川과 수산守山 두 분이 찾아와 만났다.[40] 밤에 남원 교장南原校長 처의 장례에서 황정荒井을 만났다. 백남규白南珪 및 홍신유洪愼裕로부터 편지가 왔다.

5월 2일. 토요일. 맑음. 정충시鄭忠時 군 및 홍신유洪愼裕, 진근성秦根成에게 편지를 부쳤다.[41] 밤에 윤상훈尹相勛이 방문하여 남문성南門城을 나가서 관등觀燈하였다—음력 4월 초파일이다—. 일금 15전은 점심, 6전은 표지 및 끈 1개.

5월 3일. 일요일. 맑음. 은동隱東 및 김학철金學喆로부터 편지가 왔

39 이 부분은 난상에 기록되어 있는데, 표기가 분명하지 않다. 50전이 입학금일 가능성도 있다. "책값[冊價]"은 "책보(冊褓)"일 가능성도 있다.

40 일본인 교사인 시천번차랑(市川繁次郎)과 수산오백족(守山五百足)이다.

41 일기의 다른 부분에서는 "진근성(秦根盛)"으로 표기된 사례도 보인다.

다. 일금 10전은 고깃값, 11전은 김[海衣] 값. 20전은 이발료. 연파蓮坡 어르신을 방문했지만 뵙지 못했다. 윤벽초尹碧樵 어르신을 방문했다. 오전에 가래를 메고 못자리[苗座]를 만들었다. 10전은 취사 물품에 썼다.

5월 4일. 월요일. 맑음. 이강하李康河 군으로부터 편지가 왔다. 3원 50전은 우편환[爲替]이었다.—우표[切手] 5매가 함께 들어있었다[42]— 이대영李大泳 및 배순산裵順山으로부터 편지가 왔다. 정충시鄭忠時 형 및 조 형趙兄으로부터 편지가 왔다.

5월 5일. 화요일. 맑음. 조 형趙兄 및 본가[本第]에 편지를 부쳤다. 6전은 우표[切手]. 오후 1시에 김 부훈도金副訓導의 고별식이 있었다. 일금 3원 50전을 찾아 왔다. 50전은 식비에 들어갔다. 10전은 마른 조기[乾石魚]. 동 오후 5시 무렵에 김 부훈도金副訓導의 송별회가 있었다.

5월 6일. 수요일. 맑음. 일금 50전은 검은팥[黑豆][14전 8리, 1되], 북어北魚 1부部[28전], 김[海衣] 2묶음[7전].

20전 가운데 7전은 자물쇠 1개, 7전은 물 긷는 그릇[水汲器] 1개, 6전은 병문과 병륙 두 아우의 짚신[艸鞋]. 14전은 동이[盆] 1개, 15전은 짧은 양말 1켤레, 15전은 우표[切手] 10매. 5전은 병륙 아우[陸弟]가 가져간 돈인데, 곧 김 선생의 기념품 비용이다. 오후에 김 의원[金醫]을 방문했다.

오전 9시에 김 선생을 문밖에서 전송했다. 저자에 나가 보았다.

---

42 이 부분은 본문 옆에 작은 글씨로 기록되어 있다. 이강하(李康河)는 남양공립보통학교에서 함께 근무했던 인물인데, 편지에 우편환과 우표를 동봉해서 보냈던 것으로 짐작된다. 또는 3원 50전이 우편환[爲替]과 우표 5장을 마련하는 데 든 비용일 수도 있는데, 문맥이 다소 부자연스럽다.

5월 7일. 목요일. 맑음. 이강하李康河 군 및 은동隱洞에 편지를 부쳤다. 또한 배순산裵順山에게도 편지를 부쳤다. 방과 후에 이연파李蓮坡 어르신을 방문했다.

5월 8일. 금요일. 맑음. 부산중학교 교장의 강연이 있다고 했다. 그래서 오후 8시에 심상중학교尋常中學校에 갔다. 11시 무렵에 돌아왔다. 홍사원洪思元으로부터 편지가 왔다.

5월 9일. 토요일. 맑음. 오전 10시 무렵에[43] 제일공립학교에서 전보가 왔는데, 조 형趙兄이 학교에 온다고 했다. 하학 후에 곧바로 가서 만나보았다. 오후 4시 무렵에 조 형趙兄이 찾아왔다. 일금 40전은 양등洋燈 1개. 10전은 소고기. 고추는 5전. 1원은 김치[沈菜] 1동이, 10전은 석유 1병. 5전은 점심식사. 집에서 편지가 왔다. 연파蓮坡 어르신을 가서 뵈었다. 25전은 세면기洗面器. 5전은 국자[杓] 1개. 홍사원洪思元에게 편지를 부쳤다. 1전은 성냥[燐寸].

5월 10일. 일요일. 맑음. 오전에 조 형趙兄과 함께 이춘사李春史 어르신을 방문했지만, 뵙지 못했다. 김윤정金潤晶 씨를 가서 보았다. 다가정多佳亭을 배회하다가 돌아왔다. 일금 10전은 취공吹筇 1개, 5전은 송곳 1개, 5전은 칼 1자루, 4전은 사탕砂糖. 일금 15전은 갈대빗자루[蘆花箒] 1개.

5월 11일. 월요일. 맑음. 고산高山 유 형柳兄에게 편지를 부쳤다. 일금 1원 50전을 소사小使에게 내주었다. [일금 44전 4리는 땔감 22묶음[束].]

5월 12일. 화요일. 맑음. 오후 2시에 집에서 심부름꾼을 보내 말을 전

43 원문에 수정한 흔적이 있다. "오전 10시" 또는 "오후 1시"로 보이는데, 수정한 결과가 어느쪽 인지는 분명하지 않다.

했는데, 아버님의 병이 위독하다고 했다. 그래서 곧바로 출발하여, 병문과 병륙 두 아우와 함께 귀근하니 동 6시 무렵이었다. 교장이 돈 2원을 빌려 주었다. 10전은 심부름꾼에 들인 비용. 10전은 짚신[草鞋], 3전은 뱃삯. 이강하李康河 형으로부터 편지가 왔다.

5월 13일. 수요일. 흐리고 비. 오전 10시에 출발하였다. 비를 무릅쓰고 나귀를 타고 돌아오니 오후 4시 무렵이었다. 돈 1원을 집사람[家人]에게 주었다. 2전은 뱃삯. 김창길金昌吉로부터 편지가 왔다.

5월 14일. 목요일. 흐리고 비 조금. 이강하李康河 및 김창길金昌吉에게 편지를 부쳤다. 일금 10전은 말을 빌리는 데 썼다. [조 형趙兄이 백미 1말을 사 들였다.]

5월 15일. 금요일. 흐리고 비 조금. 일금 9전은 간장[醬油] 1병.

5월 16일. 토요일. 맑음. 오후 5시 무렵에 병문과 병륙 두 아우가 와서 보았다. 병문, 병륙 두 아우 및 조 형趙兄과 더불어 저자를 돌아보았다. 일금 10전은 옹기와 덮개. 51전은 배 3개와 석류 6개. 40전은 마른 조기[乾石魚] 20마리. 밤에 조 형趙兄과 더불어 서문 안에 갔다. 일금 16전은 권지卷紙 2매, 10전은 반지괘지半紙罫紙 100매. 이화동梨花洞 친척 댁에서 편지가 왔다.

5월 17일. 일요일. 맑고 따뜻함. 집에 보내는 편지를 썼다. 오후에 교장과 조 형趙兄을 따라가서 제지소製紙所를 관람했다. 오후 4시 무렵에 복동福童이 쌀 두 말을 지고 왔다. 곧바로 장이長耳를 돌려 보냈다. 10전은 장이長耳의 밥값. [학동鶴洞 족제族弟 병철秉喆이 왔다.]

5월 18일. 월요일. 흐리고 비.

5월 19일. 화요일. 비. 김창선金昌善으로부터 편지가 왔다.

5월 20일. 수요일. 흐림. 병철秉喆이 입학했다. 돈 20전을 병륙秉陸에게 주었다.

5월 21일. 목요일. 맑음. 일금 10전은 과자. 월봉月俸 18원이 왔다. 그 가운데 일금 18전은 국고금國庫金이다.

5월 22일. 금요일. 맑음. 일금 5전은 점심식사. [병철秉喆이 백미 2말을 사 들였다.]

5월 23일. 토요일. 맑음. 김정상金正祥에게 편지를 부쳤다. 일금 10전은 간장[醬油], 5전은 소금. 밤에 조 형趙兄 및 병륙秉陸과 더불어 서문 안으로 나갔다. 이수영李壽榮을 방문했지만, 만나지 못했다.

일금 1원 20전은 양말 1다스[打], 8전은 과일 4송이, 2전은 바늘 1개.
25전은 은단[仁丹] 1봉, 15전은 이발, 6전은 비누[石鹼].
17전은 병륙秉陸의 모자 모표帽票 및 띠, 27전은 주전자[酒煮子] 1개.
10전은 국자[杓] 1개, 3전은 주걱[廚格], 8전은 자물쇠 1개.

5월 24일. 일요일. 맑음. 오전 5시에 기침起寢했다. 동 7시에 요배식遙拜式 및 강화講話를 시작하여 8시 반에 마쳤다. 동 9시에 출발하여 동 오후 3시에 귀가했다. 일금 6전은 미투리[麻靴] 1켤레, 1전은 뱃삯.

5월 25일. 월요일. 맑음. 아버님의 병환은 조금 차도가 있어서 바야흐로 보양 중이다. 할아버님의 병환은 치료 중이다. 마을에 돌림감기가 많이 퍼졌다. 건넌방[越房]은 어제부터 온돌을 수리해서, 소당[小堂] 사랑에 내려와 잤다. [일금 20전은 집에서 썼다.]

5월 26일. 화요일. 맑음. 오전 8시에 출발했다. 출발할 즈음에 아득하여 마음으로 정성을 올렸다. 동 오후 2시에 학교에 돌아왔다. 일금 18전은 음식료. [문제文弟가 백미 2말을 사 들였다.]

5월 27일. 수요일. 비. 오후 8시에 교장과 함께 우림면사무소 환등회幻燈會에 출장하여 연설했다. 동 11시에 등불을 들고 학교에 돌아왔다.

일금 10전은 간장[醬油]. 4전은 짚신[艸靴].

5월 28일. 목요일. 비. 정충시鄭忠時로부터 편지가 왔다.

5월 29일. 금요일. 맑음. 홍낙유洪洛裕로부터 편지가 왔다. 일금 10전은 사탕.

5월 30일. 토요일. 맑음. 북부 교장회北部校長會가 있었다. 제2학년 국어 수업[教授]을 참관하고, 오후 1시부터 4시까지 비평회批評會를 열었다. 김창선金昌善, 정충시鄭忠時, 홍낙유洪洛裕에게 편지를 부쳤다.

5월 31일. 일요일. 맑음. 오전에 저자에 나갔다. 일금 89전은 모사毛紗 상의 1벌, 1원 53전은 백미 2말, 15전은 식빵[食麵] 3개. 저녁 8시 무렵에 조 형趙兄과 더불어 객사客舍에 갔다. 잠시 상석上席에 기대어 석원공사釋元恭師-장지동張之洞-의 연설을 청해 들었다. 다시 다른 자리로 옮겨서, 12시까지 이야기를 듣다가 파하고 돌아왔다. 도서기道書記 여러 사람 및 한종석韓宗錫, 이연파李蓮坡 어르신이 방문했다.

6월

6월 1일. 월요일. 맑음. 집으로부터 아버님이 내려주신 편지가 왔다. 방과 후에 곧바로 가정방문을 했다. 김창선金昌善으로부터 편지가 왔다. 밤에 조 형과 서문西門 안에서 산보했다. 일금 75전은 삽鍤 1개. 약송옥若松屋—간장[醬油]—에서 장부[通帳]를 갖고 왔다.

6월 2일. 화요일. 맑았다 흐림. 일금 1원 44전은 숙직료. 약송옥若松

屋으로부터 간장[醬油] 1말이 왔다. [조 형이 백미 2말을 주었다.[44]]

6월 3일. 수요일. 맑음. 밤 이래로 비가 내리다가 오후에 개었다. 오후에 체격검사體格檢查를 했다. 일금 15전은 점심밥. 저녁 8시 무렵에 순창淳昌 김정상金正祥 군으로부터 전보가 왔는데, 작은집[小家]으로 청하였다.

6월 4일. 목요일. 맑음. 서모庶母로부터 편지가 왔다. 한종석韓鍾錫과 더불어 유춘희柳春熙 선생 기념품의 일을 상의했다.[45]

6월 5일. 금요일. 맑음. 일금 16전은 백미 1되[升]. 10전은 점심 값. 기념품의 일을 결정했다.

6월 6일. 토요일. 맑음. 오후 4시에 사계회四季會를 개최했다. 일금 2원 32전 8리는 장판지張板紙 4장의 값이니, 곧 기숙사에 쓸 것이다. 15전은 육제陸弟의 이발. 밤에 고성리古城里의 족종조族從祖께서 오셨다. 10전은 과자 비용, 4전은 소금[食鹽]. [백미 5되를 병철秉哲이 샀다.]

6월 7일. 일요일. 비. 오전 11시 무렵에 김대규金大圭 씨를 방문했다. 오후 5시 무렵에 비를 무릅쓰고 나가서 교원양성소敎員養成所의 2부생二部生을 맞이하고, 밤중에 돌아왔다. 계부님께서 여기에 행차하셨다.

6월 8일. 월요일. 맑음. 오전 11시 무렵에 2부생二部生들이 학교로 와서 참관했다. 일금 5전은 점심식사. 오후 5시 무렵에 제일공립학교 교내에서 다과회를 가졌다. 일금 1원을 계부님께 올렸다. 줄포茁浦로부

---

44 난상에 기록된 내용인데, 단위가 "말[斗]" 자인지 분명하지 않다. "원[円]"으로 읽을 수도 있는데, 이때는 "조 형이 백미와 2원을 주었다" 또는 "조 형이 2원 상당액의 백미를 주었다."의 뜻이 된다. 5월 31일의 일기에는 쌀 2말에 1원 53원을 지출한 기록이 보인다.

45 유춘희(柳春熙)와 한종석(韓鍾錫)은 제일공립보통학교의 교사였다. 당시 가람은 제일공립보통학교의 졸업생이면서 제이공립보통학교의 교사였다.

터 아버님이 내려주신 편지가 있었다. 일금 5전은 두부. 불길함이 많아서, 취사하다가 그릇을 깼다. [왼쪽 사타구니[左腎]에 부스럼이 생겨서 병원[醫院]에 갔다. 비용은 5전이었다.]

6월 9일. 화요일. 맑음. 줄포茁浦에 편지를 올렸다. 3전은 우표[切手]. 밤에 권영식權寧植이 방문했다. 시가를 배회하다가 2시 무렵에 취침했다.

6월 10일. 수요일. 아침에 권 군權君을 가서 보았다. 낮에 병원에 갔는데, 비용은 5전이다. 일금 50전은 백미, 12전은 두부, 4전은 소금[食鹽]. 정충시鄭忠時 형으로부터 편지가 왔다. [병철秉哲이 백미 1말[斗]을 샀다.]

6월 11일. 목요일. 맑음. 낮에 병원에 갔는데, 비용은 5전이었다. 돌아오는 길에 핏구씨 고약을 샀는데, 비용은 5전이었다. 저녁식사 후에 이춘사李春史 선생을 가서 뵈었다. 윤상훈尹相勛이 방문해서 말하기를 신막新幕 서모의 어머니가 여기에 도착했다고 한다. 10전을 과자에 썼다. 윤상훈과 함께 병문과 병륙 두 아우를 이끌고 그 처소에 갔는데, 피로하여 곤하게 잠들었다고 했다. 그래서 의복만 찾아가지고 왔다. 집에서 편지가 왔다. 답서答書를 썼다.

6월 12일. 금요일. 맑았다 흐림. 오시午時 무렵에 서모庶母의 어머니가 방문했다. 일금 24전은 내일 노자[路費]. 아침에 벽초碧樵 어르신 댁에 갔지만, 서모庶母의 어머니를 만나지 못하고 돌아왔다. 집에 편지를 부쳤다. 일금 10전은 석유, 10전은 옥도정기沃度丁幾. 황윤동黃潤東에게 편지를 부쳐서 이세 증명里稅証明을 부탁했다. 6전은 우표[切手], 3전은 마른 조기[乾石魚] 1마리.

6월 13일. 토요일. 맑음. 보리 타작 및 씨 뿌리기[種苗]. 오후에 직원 일동의 다화회茶話會. 일금 25전은 중필中筆 장액필獐腋筆 5자루, 장액獐腋과 양호羊毫 붓 5자루, 합계 10자루. [서울의 고교 선생으로부터 편지가 왔다.]

6월 14일. 일요일. 맑음. 종일 의복을 정리했다. 일금 1원 32전은 양복 염색 및 세탁 비용. 의복을 바꾸느라 놀지 못했다.

6월 15일. 월요일. 비. 단비가 때를 알아서 왔다.[46] 일금 5전은 점심식사. 1원 60전은 백미, 62전은 고등어 3마리.

6월 16일. 화요일. 흐림. 오후 4시 무렵에 직원 일동은 화기미칠랑和氣彌七郞 재무부장財務部長의 장지[葬塋]에 갔다.[47] 병준秉俊 군을 만났다.[48] 일금 10전은 과자, 5전은 담배[煙草].

6월 17일. 수요일. 맑았다 흐림. 일금 5전은 소금. 경성 고등보통학교京城高等普通學校의 대삼大森 교유敎諭가 학교에 왔다.[49] 양복을 세탁소에서 찾아 왔다.

6월 18일. 목요일. 맑음. 아침 7시 무렵에 동문 밖으로 나갔다. 박 주사朴主事의 장례식弔禮式에 참석하지 못했다. 권영식權寧植 및 황대창黃大昌으로부터 편지가 왔다.

6월 19일. 금요일. 맑음. 방과 후에 가정방문을 했다. 이우선李愚璿

---

46 호우(好雨)는 좋은 비 즉 단비를 뜻한다. 농사에 도움이 되게 때맞춰 비가 내린다는 말인데, 두보의 시에 "단비는 시절을 알아서(好雨知時節)"라는 구절이 있다.

47 화기미칠랑(和氣彌七郞)은 1914년에 전라북도 재무부의 도사무관(道事務官) 자리에 있었다.

48 이병준(李秉俊)은 1910년 6월 18일 이후에 여러 차례 일기에 등장한다. 1914년에는 전라북도 금구공립보통학교의 부훈도로 있었다. 재무부장의 장례식에서 두 사람이 만나게 된 것이다.

49 곧 경성고등보통학교의 교유인 대삼근평(大森謹平)이다. 아마도 13일자 일기에 언급된 "고교 선생"일 듯하다.

씨를 만났다. 작은집[小宅]에서 사람이 왔는데, 백미 2말[斗]을 가져왔다. 이발에 15전. 작은집[小宅] 하인에게 5전을 주었다.

6월 20일. 토요일. 맑음. 한종석韓鍾錫 군이 방문했다. 고형진高亨鎭 및 황대창黃大昌에게 편지를 부쳤다.

6월 21일. 일요일. 맑음. 아침에 동생들을 훈계했다. 조 형趙兄과 함께 제일공립보통학교[第一校]에서 출발하여 박병옥朴炳沃을 조문하였다. 김필수金弼洙 및 최종렬崔鍾烈, 이영구李瑩九를 방문하고, 서문 안으로 돌아왔다가 남문 밖에 이르러 정석모鄭碩謨 씨를 만나보고서 집에 돌아왔다. 점심밥[午餉]은 일금 10전이었다. 오후에 조 형趙兄 및 한 군韓君과 상각上閣에 들어갔다가 헤어졌다. 최순돌崔順乭 부형父兄의 집을 방문했다. 점심식사. 강경오姜景五를 방문하고, 남고산성南固山城 동문으로부터 돌아왔다.[50] 밤에 계부님[季父主]이 왕림하셨다.

6월 22일. 월요일. 맑음. 일금 18원은 월봉月俸. 그 가운데 16전은 유선생 회비柳先生會費. 18전은 국고금國庫金. 9전은 화기和氣 조의금[弔捐金] 등으로 뽑아갔다.[51] 10전은 과자.

6월 23일. 화요일. 비. 박만희朴萬熙로부터 편지가 왔다. 일금 5전 6리는 북어 4마리, 10전은 참기름. 조 형趙兄으로부터 돈 4원을 받았다.

6월 24일. 수요일. 비. 방과 후에 고산高山 족숙을 방문했지만 만나지 못했다. 이연파李蓮坡 어르신을 방문했다. 약송상점若松商店에 가서

50 원문은 "남고산성(南庫山城)"으로 되어 있으나, 이는 "남고산성(南固山城)"의 오기이다.

51 6월 16일의 일기에 화기미칠랑(和氣彌七郎)의 장지에 간 일이 기록되어 있다.

3원을 떨어 버렸다.[52] 일금 17전은 사루마다[잠방이] 1벌.[53] 12전은 가산호의假珊瑚義 1개. 강신찬姜信贊으로부터 편지가 왔다. 제국신비회帝國神祕會, 와세다대학早稻田大學 출판부, 박만희朴萬熙, 강신찬姜信贊에게 편지를 부쳤다. 일금 45전은 여름 양복 세탁 및 그 부속물 세탁비. 밤에 한종석韓鍾錫이 방문했다. 60전은 사계회四季會 비용.

6월 25일. 목요일. 흐림. 비 조금(오후). 정오에 군청에 가서 삼포三浦에게서 여비 50원 4전 및 숙직료 3원 12전을 찾았다. 돌아오는 길에 우편국에 가서 60원을 저금했다. 일금 45전은 우산 1자루, 1원 56전은 백미 1말[斗], 5전 2리는 마른 조기 2마리,[54] 4전은 절편[切餠] 4개, 28전은 숯[炭] 1묶음[束], 5전은 병륙秉陸의 수업료.

6월 26일. 금요일. 흐렸다 갬. 오후 2시 반에 6도가 부족한 100도였다.[55] 계부님이 오셨다. 일금 10전은 반찬 비용.

6월 27일. 토요일. 아침에는 흐리고 저녁에는 비.

6월 28일. 일요일. 맑음. 한 우韓友가 방문했다. 오전 10시에 나가서 통구樋口 교장을 맞이하였다. 오후에는 조趙, 한韓 두 형과 길동무가 되어, 서문 안에서부터 서문 밖까지 다녔다. 정기용鄭機用 씨를 방문했다. 일금 10전은 과자 값, 4전은 소금. 고형진高亨鎭으로부터 편지가 왔다.

6월 29일. 월요일. 비 조금. 고형진高亨鎭에게 편지를 부쳤다. 일금 3

---

52 "약송상점"은 6월 1일과 2일의 일기에 언급된 "약송옥(若松屋)"을 가리키는 듯하다. "떨어 버리다[拂去]"는 외상을 갚았다는 뜻으로 짐작된다.

53 사루마다[さるまた]는 잠방이 또는 팬츠를 뜻하는 말이다.

54 원문에는 조기의 단위를 "자루[柄]"로 표기했는데, 이는 "마리[尾]"의 오기로 보인다.

55 "6도가 부족한 100도(六度不足百度)"는 곧 94도이니, 이날 2시 반의 기온이 화씨 94도 즉 섭씨 34.4도였다는 뜻으로 풀이할 수 있다.

전은 엽서. 32전은 백미 2되[升]. 오후 6시 무렵에 김병직金炳稙이 방문했다. 우편국에 갔다가 동 8시에 돌아왔다. 4전은 점심밥, 1전은 사탕砂糖이다. 6전은 병륙 아우의 습자지習字紙.

6월 30일. 화요일. 맑음. 낮 무렵에 이계현李桂賢이 방문했다. 편지와 엽서 1매. 3전은 계란 2개, 3전은 짚신[草鞋], 1원 57전은 백미 1말[斗], 5전은 밥값[食料]. 저녁 무렵에 고성리古城里 족숙族叔 및 유장석柳璋錫이 와서 보았다.

7월

7월 1일. 수요일. 맑음. 밤에 제일학교 안에 가서, 야학회夜學會를 열었다.

7월 2일. 목요일. 맑음. 4전은 소금. 반나절 수업[半日修業]이 시작되었다. 홍낙유洪洛裕로부터 편지가 왔다.

7월 3일. 금요일. 흐리고 비 조금. 제일학교에 갔다. 습자 출품을 선발하는 일. [정충시鄭忠時 군으로부터 전보가 왔다.]

7월 4일. 토요일. 흐리고 비 조금. 방과 후에 다과회茶菓會가 있었다. 통구樋口가 동경시찰東京視察을 이야기했다.[56]

7월 5일. 일요일. 비, 오후에 조금 갬. 김정상金正祥에게 편지를 부쳤다. 우표[切手]는 3전. 한 군韓君, 박朴, 이李, 유柳 여러 형들이 방문했

---

56 통구(樋口)는 곧 제일공립보통학교의 교장인 통구호지조(樋口虎之助)이다. 6월 28일 일기에 통구교장을 맞이한 일이 보인다.

다. 10전은 과자, 1원 50전은 백미 1말[斗], 12전은 소고기[牛肉]. 정충시鄭忠時 형에게 편지를 부쳤다. 3전은 우표[切手]. 유장석柳章錫 군이 밤에 와서 함께 잤다.

7월 6일. 월요일. 흐림. 고성리古城里에 편지를 부쳤다. 유 군柳君과 함께 밥과 술을 먹었는데, 20전이었다. 3전은 소금. 유 군柳君이 떠났다. 밤에 백 우白友를 방문했다. 죽내승일竹內勝一에게 편지를 부쳤다.[57]

7월 7일. 화요일. 흐림. 정기용鄭機用 씨가 방문했다. 최승렬崔昇烈이 방문했다. 정충시鄭忠時로부터 전보가 왔다. 작촌鵲村으로부터 편지가 왔다. 일금 5전은 담배[煙艸], 5전은 숯[炭].

7월 8일. 수요일. 흐림. 강봉구姜鳳求로부터 편지가 왔다. 5전은 점심밥. 정충시鄭忠時에게 전보를 쳤다. 비용은 20전. 12전은 병륙 아우의 나막신[下駄, 게다] 값, 6전은 병륙 아우의 이발비.

7월 9일. 목요일. 비. 1전은 성냥[燐寸] 5상자.

7월 10일. 금요일. 흐렸지만 비는 오지 않았다. 물이 빠지면서 다리 전체가 나타났다. 일금 75전은 백미 5되[升], 10전은 숯[炭], 5전은 고추[苦艸], 15전은 이발, 1전 5리는 엽서. 찬숙贊叔에게서 계란 12개를 샀다. 10전은 참기름[眞油]. 권영식權寧植 및 강봉구姜鳳求에게 편지를 부쳤다.

7월 11일. 토요일. 맑음. 이대영李大泳에게서 편지가 왔다. 9전은 땔나무 3묶음.

7월 12일. 일요일. 맑음. 남문에서부터 서문 밖 교장 집에 이르렀는

57 죽내승일(竹內勝一)은 순창공립보통학교 교사로 있었다.

데, 정석모鄭碩謨 씨와 동반하여 갔다. 군수 어르신을 방문하여 학교 일을 의논하였다. 진구정津久井 및 녹자목鹿子木 주임을 방문했지만 만나지 못했다. 마도용일馬渡勇一 군을 방문했지만 만나지 못했다.[58] 돌아오는 길에 프랑스인의 교회당 건물에 들어가 살펴보았다. 백인숙白仁淑을 방문하여 한 잔 마셨다. 황혼에 학교에 돌아왔다.

7월 13일. 월요일. 맑음. 김창선金昌善 군으로부터 편지 및 80전의 영수증[領收]이 왔다.

7월 14일. 화요일. 맑음. 일금 1원 54전은 백미 1말[斗], 12전은 고등어[固東魚] 2마리, 35전은 부채 8자루. 8전은 담배[南草] 1심지[炷]. 유 형柳兄이 밤에 찾아와서 함께 잤다.

7월 15일. 수요일. 맑음. 일금 5전은 식빵[食麪包], 일금 6전은 엽서. 본가[本第] 및 김창선金昌善, 이대영李大泳 두 벗에게 편지를 부쳤다. 고성리古城里의 유 형柳兄이 여기에 왔다.

7월 16일. 목요일. 맑음. 일금 10전은 과자. 교장으로부터 1원을 맡아두었다.

7월 17일. 금요일. 맑음. 오전 11시에 3,4학년을 인솔하여 칙어勅語를 받들어 왔다. 정충시鄭忠時로부터 편지가 왔다.

7월 18일. 토요일. 맑음. 20전은 유 형柳兄과 반주 한 차례의 비용. 유 형이 떠났다. 5전은 사탕砂糖.

7월 19일. 일요일. 맑음. 조 형趙兄과 더불어 수산守山 선생, 녹자목鹿子木 주임, 최승렬崔昇烈, 김영철金永哲, 정석모鄭碩謨 씨, 김 참여관

58 진구정선사랑(津久井善四郎)은 전주군의 군서기, 녹자목의명(鹿子木義明)은 전라북도 내무부의 도서기(道書記)였다. 마도용일(馬渡勇一)은 전주공립농업학교의 교사였다.

金參與官, 이 선생李先生 댁을 방문했다. 오후에 여러 벗들과 함께 흑석동黑石洞에 갔다. 계부님으로부터 편지가 왔다. 밤에 한 군韓君이 왔다. 일금 15전은 과자.

7월 20일. 월요일. 맑음. 오전에 유 선생柳先生 기념장을 썼다. 동 12시 무렵에 폐교식閉校式을 거행하였다. 오후에 제일교第一校 및 이상영李翔榮 씨 댁에 가서 계부님이 부탁[下託]하신 일을 상의했다. 이어서 윤상훈尹相勛의 집에 갔다. 함께 유 선생을 찾아뵙고 기념품을 올릴 계획이었지만, 때마침 출타하셔서 뵙지 못했다. 일금 20전은 유 선생 기념품 일에 든 비용이다. 18전은 병륙 아우의 노자[路費], 20전은 병철 아우의 노자[路費]. 병철과 병륙 두 아우에게 오전 11시에 귀성을 나가도록 명했다. 29전 5리는 대구[大口魚] 5마리, 5전은 미투리[麻鞋] 1켤레, 40전은 백미 5되[升] 5홉[合]. 한군韓君으로부터 2원을 빌려왔다. 추길秋吉 군 및 방두현方斗鉉 군으로부터 편지가 왔다. 밤에 유 선생을 방문하여 기념물과 14원을 드렸다. 36전은 비누[石鹼] 6개, 9전은 부채[扇子], 16전은 잠지蠶紙, 10전은 권지卷紙 1축, 6전은 봉투지封套紙 50매.

7월 21일. 화요일. 맑음. 오전 11시 무렵에 월봉月俸 18원을 받았다. 그 가운데 18전은 국고금이다. 25전은 강기岡崎의 조의금[捐弔金]으로 제하였다. 대여금 1원은 교장에게 내어주었다. 1원 40전은 집세, 1원은 은물銀物 값으로 내어주었다. 1원은 인지印紙 1매, 1원은 양산洋傘 1개, 12전 5리는 목 띠[項帶] 1개, 12전은 복숭아 6개, 10전은 사탕砂糖, 15전은 사탕砂糖. 20전은 하인에게 주었다. 오후 1시 무렵에 출발했다. 조형趙兄과 병문 아우 및 하인이 동행했다. 날씨는 매우 더웠다. 덕진 연못[德津池] 가에 이르러 점심식사를 하고, 삼례參禮에 이르러 잠시 쉬었다.[59] 동 9시 무렵에 어둠 속에서 엎어지고 넘어지면서 돌아왔다.

7월 22일. 수요일. 맑음. 조 형趙兄이 출발했다. 빌린 돈 2원은 조 형趙兄에게 갚아주었다. 2원은 경성京城으로부터의 운임료로 지급했다. 1원은 병관秉寬에게 주었다.

7월 23일. 목요일. 맑음. 덕용德容으로 하여금 작촌鵲村 조 형趙兄을 전송하게 했다. 1원은 그 대가大價. 아버님이 돌아오셨다.

7월 24일. 금요일. 맑음. 덕용德容이 황혼에 돌아왔다. 조 형趙兄의 편지를 가지고 왔다.

7월 25일. 토요일. 맑음. 병문 아우와 더불어 학동鶴洞 족숙 집에 가 보았다. 병철秉喆이 신막新幕으로 들어가는 것을 보았다.

7월 26일. 일요일. 맑음. 날씨가 불처럼 뜨거웠다. 오후에 아버님이 외출[出駕]하셨다. 2원을 아버님께 올려 드렸다.

7월 27일. 월요일. 맑음. 날씨가 불처럼 뜨거웠다. 10전은 소면素麪 13묶음[束], 20전은 사탕砂糖.

7월 28일. 화요일. 비. 모자라지도 지나치지도 않다. 때를 알아 알맞게 내린다.[60]

7월 29일. 수요일. 맑음. 오전 8시 무렵에 출발하여, 동 오후 2시 무렵에 전주에 들어왔다. 8전은 얼음물 2잔, 4전은 우동牛膧 1그릇. 서문 밖 저자로부터 학교에 들어갔다. 3전은 부싯돌[生火石] 1개, 20전은 등

---

59 덕진 연못[德津池]은 전주에 있는 연지(蓮池)로 오랜 역사를 지닌 명승지이다. 삼례(參禮)는 현재의 전라북도 완주군 삼례읍이다. 전주시를 관통한 전주천(全州川)과 삼천(三川)이 추천(楸川)을 이루고, 소양천(所陽川)과 추천이 삼례에서 합류하여 만경강(萬頃江)으로 흐른다.

60 더운 날씨가 이어지다가 비가 내렸기 때문에 이런 말을 한 것으로 짐작되지만, 다른 배경이 있었는지도 모른다.

토시[藤吐手][61] 1개. 학교 정원을 둘러보았다. 김정상金正祥을 만났다. 7전은 미투리[麻鞋] 1켤레. [5전은 한천漢川을 건너는 데 든 비용이다. 종일 돌아다녔다.]

7월 30일. 목요일. 맑음. 명치천황明治天皇의 제일祭日이다. 오전 8시에 강화회講話會를 거행했다. 40전은 합행선合行扇 1개,[62] 20전은 보통 부채 1개이니, 교장에게 주었다. 10전은 식빵[食麵包] 1개 및 참외[眞瓜] 2개. 이수영李壽榮 씨를 방문했다. 한종석韓鍾錫 및 중씨仲氏를 만났다.

7월 31일. 금요일. 맑음. 오전 5시에 일어나서 곧바로 출발했다. 엽서 3장을 숙직실 탁자 위에 놓아두었다. 덕진 연못[德津池]에 이르니 추천교楸川橋 주변 가까이로 자동차가 지나가는데, 대원大原 교장을 만날 수 있었다.[63] 한천漢川에 이르니 사람을 건네주는 배가 있었는데, 비용은 6전이다. 삼례參禮에 이르렀다. 10전은 과자 1봉. 집에 들어가니, 동 오전 11시였다. 병문秉文을 생양동生陽洞에 보내서 닭 몇 마리를 구해오도록 했는데, 끝내 구할 수 없었다. 30전은 찬거리에 쓴 비용. [분견소分遣所에서 청결검사淸潔檢査가 나왔다. 산중암차랑山中岩次郞을 처음으로 만나서 몇 마디 이야기하다가 헤어졌다.]

61 등토시[藤吐手]는 등나무 껍질의 줄기를 엮어 만든 토시이다. 여름용 토시로, 조선시대에도 사용되었다.

62 '합행선(合行扇)'이 어떤 부채인지는 분명하지 않다. 얇게 깎은 겉대로 살을 만들고 종이, 비단 등을 붙여 접었다 폈다 할 수 있게 만든 부채를 뜻하는 '합죽선(合竹扇)'의 오기일 가능성도 있는데, 이는 전주의 특산품이기도 했다. 외출할 때 사용한 의장용 부채를 '행선(行扇)'이라고 일컫기도 하는데, 이는 일기에 나타난 상황과는 거리가 있는 듯하다.

63 추천(楸川)은 전주시 송천동과 팔복동의 사이를 흐르는 하천이다. 전주천과 삼천이 합류하는 지점에는 추천대(楸川臺)가 있으며, 덕진동과 팔복동 사이에는 추천교(楸川橋)가 있다. 대원 교장은 곧 제이공립보통학교 교장 대원정차(大原正次)이다.

8월

8월 1일. 토요일. 맑음. 매우 더웠다. 오후에 검은 구름에 남쪽에서 북쪽으로 흘러갔으니, 장차 비가 올 것을 알았다. 밤에 비가 내렸다.

8월 2일. 일요일. 비. 곧 음력 6월 11일이니, 어머님 생신이다. 여러 아우 및 제수씨들이 모두 모여 단란하게 한 끼 식사를 했다. 다만 닭은 2마리만 썼다. 서모님庶母主과 용제龍弟에게 시술을 했다.

8월 3일. 월요일. 비. 홍수가 났다. 장상長象에게 시술을 했다. 15전은 엽서 10매.

8월 4일. 화요일. 흐림. 병문 아우로 하여금 정충시鄭忠時, 방두현方斗鉉, 박광원朴匡愿 군에게 편지를 부치도록 했다. 일금 6전은 우표[切手] 2매, 일금 15전은 엽서 10매. 정충시鄭忠時 및 조 형趙兄으로부터 편지가 왔다.

8월 5일. 수요일. 오후에 비. 삼제參弟가 강경 시장에 갔다. 김군동金君東에게 시술을 했다.

8월 6일. 목요일. 비. 곧 우리 6세 조고祖考의 기일이다. 조 형趙兄, 이대영李大泳, 이광렬李光烈, 대원정차大原正次, 강기궁의岡崎弓義, 추길秋吉 등 여러 사람에게 편지를 썼다. 작은 숙모께 시술을 했다.

8월 7일. 금요일. 비. 오전 2시에 제사를 지냈다.

8월 8일. 토요일. 흐림. 한종석韓鍾錫 및 여러 곳에 편지를 부쳤다.

8월 9일. 일요일. 맑음. 날씨는 여전히 무덥다.

8월 10일. 월요일. 맑음. 오후에 읍내 여산학교礪山學校에 갔다. 김인수金仁洙를 만났다. 관보官報 및 신문을 보니, 유럽대전쟁[歐洲大戰爭]이 일어났다고 한다. 병희秉禧를 방문했지만 만나지 못했다. 이 생원李

生員 댁을 방문하여 저물녘에 돌아왔다. 1전 5리는 엽서 1매. 조 형趙兄으로부터 편지가 왔다.

8월 11일. 화요일. 맑음. 날씨가 불처럼 뜨거웠다.

8월 12일. 수요일. 맑음. 일금 10전은 생강 값이다. 여전히 혹독하게 덥다.

8월 13일. 목요일. 맑음. 일금 10전은 사탕砂糖. 박하를 혼합한 것 23개.

8월 14일. 금요일. 맑음. 일금 10전은 사탕砂糖 1봉. 여전한 무더위.

8월 15일. 토요일. 맑음. 조 형趙兄으로부터 편지가 왔다. 세상에 큰 난리가 일어났다. 정충시鄭忠時, 이수용李壽榮 씨로부터 편지가 왔다.

8월 16일. 일요일. 맑음. 이수영李壽榮 씨 및 김동수金同洙에게 편지를 부쳤다.

8월 17일. 월요일. 맑음. 병륙秉陸이 상작촌上鵲村 이 국장李局長 집에 갔다. 조 형趙兄 및 이희용李羲用에게 편지를 부쳤다. 오후 7시 무렵에 조 형趙兄이 방문하여 하루 묵었다. 병철秉喆이 왔다. 28전은 사용한 조목에 따라 밝히지 못한다. [전에 없이 매우 더웠다.]

8월 18일. 화요일. 맑음. 조 형趙兄이 오전 7시 무렵에 떠났다. 그가 홀로 가는 것을 보니 내 마음이 몹시 안타깝다. [할아버님의 명이 있었다. 홍도紅桃나무 위에 눈접[芽接]을 하라고 하셨다. 천진수밀도天津水蜜桃와 상해수밀도上海水密桃.[64]]

8월 19일. 수요일. 맑음. 이대영李大泳 및 유 형柳兄으로부터 편지가

---

64 천진수밀도(天津水蜜桃)와 상해수밀도(上海水密桃)는 복숭아의 품종 이름이다. 난상에 작은 글씨로 기록되어 있는데, 접붙이기에 사용할 품종을 기록한 것으로 짐작된다. 눈접[芽椄]은 나뭇가지 중간 부분에 있는 눈[芽]을 떼어서 접본이 될 가지에 접을 붙이는 방법이다.

왔다. 수건을 잃어버렸다. 시계의 줄이 끊어져서 수선을 받았다. 오후에 읍내에 갔다. 의사 및 교지기[校直]를 만나고, 김인수金仁洙에게 말을 전했다. 일금 7전은 짚신[草鞋] 1짝. 고조부님의 제삿날이니, 음력 6월 28일이다. 밤무렵에 지방紙榜 및 축문을 써서 주었다. [병문 아우에게 거둬들이지 못한 것이 4원 39전인데, 할아버님께 갚아 올리라고 말했다.]

8월 20일. 목요일. 맑음. 매우 더웠다. 날이 밝기 전에 집에서 닭 울음 소리를 듣고 일어났다. 아내[妻君]가 밥을 지었다. 을룡乙龍과 함께 출발하였는데, 삼거리三巨里에 이르자 해가 떴다. 삼례參禮에 이르러 잠시 쉬고 갈증을 풀었으며, 추천교楸川橋에 이르러 잠시 쉬었다. 이수영李壽榮 씨를 방문했다. 학교에 들어가니, 조 형趙兄 및 김金, 박朴 두 벗이 이미 와서 기다리고 있었다. 저녁 무렵에 다시 을룡乙龍과 함께 이수영李壽榮 씨의 집에 갔다. 서문西門 안 시가로부터 학교로 돌아왔다. 밤에 여러 벗들과 모여서 이야기를 했고, 편지를 써서 집에 부칠 생각이었다. 일금 4전 4리는 을룡乙龍의 짚신[艸鞋], 30전은 음료飮料, 16전은 점심밥, 5전은 수박[西瓜], 2전은 뱃삯, 4전은 전병[倭餠, 센베이], 40전은 소면 32묶음[束], 24전은 사탕 2근, 15전은 쥐잡는 그물[捕鼠網]. [서문 밖 시계포에 수선을 위해 시계를 맡겨 두었다.]

8월 21일. 금요일. 맑음. 날 밝기 전에 일어나서 을룡乙龍을 돌려보냈다. 사탕砂糖 및 소면, 쥐 잡는 그물[捕鼠網], 돈주머니[金袋]를 보내고 편지를 올렸다. 15전을 을룡乙龍에게 주었다. 오전 7시 무렵에 강습회에 갔다가 정오에 돌아왔다. 10전은 일꾼[役夫]에게 지급했다. 18원은 월봉月俸. 4전은 비누[石鹼] 1개, 4전은 잡기장雜記帳 1책.

8월 22일. 토요일. 맑음. 공지 인출회空紙引出會, 6전은 비용. 10전은 사탕砂糖. 10전은 일꾼[役夫]에게 지급했다. [병덕秉德 및 홍낙유洪洛裕에

게 편지를 부쳤다.]

8월 23일. 일요일. 맑음. 오늘 오후 6시에 일독개전日獨開戰의 선전포고宣戰布告가 있었다. 강습회講習會에 갔다. 양산洋傘을 잃어버렸다. 줄포茁浦에서 내려주신 편지가 있었다. 일금 1원 20전은 시계수선 비용. 밤에 발표회發表會가 있었다. 윤 군尹君의 동경東京 시찰담이 있었다. 10시에 파했다. 소병식蘇秉寔 군과 더불어 남문 위에 올라서 얼음물 1그릇을 마셨다. 다시 정홍모鄭鴻謨에게 초대를 받아 서문 안의 청요리 이층집에 갔다. [고성리古城里 유 형柳兄에게 편지를 부쳤다]

8월 24일. 월요일. 맑았다 흐림. 오후에 생도 전체가 모여서 실습 및 청소[掃除]를 크게 시행했다. 강습회講習會에서 5시에 학교로 돌아왔다. 일독개전선전日獨開戰宣戰에 대하여 한바탕 타진打診했다.

8월 25일. 화요일. 흐림. 김영근金永近에게 편지를 부쳤다. 집에 편지를 부쳤다. 은동隱洞으로부터 편지가 왔다. 일금 60전은 일꾼[役夫]의 노임, 4전 5리는 엽서, 10전은 과자.

8월 26일. 수요일. 흐림. 강종구姜鍾求에게 편지를 부쳤다. 정진사鄭進士 어르신에게 초대를 받아서 점심식사를 했다.

8월 27일. 목요일. 비 조금. 일금 7전은 미투리[麻鞋] 1켤레.

8월 28일. 금요일. 맑음. 15전은 이발 요금.

8월 29일. 토요일. 맑음. 5전은 강사講師 기념품 건. 고산高山 유 형柳兄이 방문했다.

8월 30일. 일요일. 맑음. 오후 7시 무렵에 병문秉文, 병청秉喆, 병륙秉陸, 천용天用이 도착했다.

8월 31일. 월요일. 맑음. 집에 편지를 부쳤다. 이른 아침에 순창淳昌의 여러 벗들을 전송했다. 오후에 백종기白琮基 및 유 형柳兄을 방문했다.

20전은 준치어準治魚 1마리, 4원 50전은 밥값. [천용天用에게서 일금 5원을 맡아두었다. 4원 50전은 밥값, 그 가운데 1원 20전은 기숙생寄宿生 조.]

9월

9월 1일. 화요일. 오후에 비. 일금 33전은 조기[沈石魚] 20마리, 35전 4리는 땔감 16묶음[束], 13전은 대구大口魚 1마리, 40전은 면비面費. [병철秉喆로부터 일금 3원 60전을 맡아두었다.]

9월 2일. 수요일. 맑음. 30전은 유 형과 함께 술을 마신 비용. 숙직료로 3원을 받았다. [일금 1원 75전은 작은 가마솥 1개.]

9월 3일. 목요일. 맑음. 임명순任明淳으로부터 편지가 왔다. 답장을 부쳤다. 일금 7전 5리는 표지表紙 3매, 7전 5리는 서전지書箋紙 80매. 일금 15전 6리는 기숙용寄宿用. 오후 3시 무렵에 면역소面役所 회의에 갔다.[65] 동 6시에 파했다. 정진사鄭進士를 따라서 고산高山의 벗을 방문했다. 천용天用은 5원을, 병철秉喆은 3원을, 병문秉文은 2원 50전을 조 형趙兄에게 넘겨주었다. [병문秉文에게서 일금 2원 50전을 맡아두었다.]

9월 4일. 금요일. 맑음. 25전은 전날의 회비. 정충시鄭忠時에게 편지를 부쳤다. 소병식蘇秉寔 및 유춘당柳春塘으로부터 편지가 왔다. 유 형柳兄이 방문했다.

9월 5일. 토요일. 맑음. 일금 4원 12전을 군청에서 받았다. 숙직료다. 40전은 유 형柳兄과 함께 술을 조금 마신 비용. 밤에 유柳, 조趙 두 형

65 면역소는 면(面)의 행정을 맡은 기관이니, 오늘날의 면사무소에 해당한다.

및 여러 아우들과 함께 다가정多佳亭에 가서 화훼花卉를 보았다.

9월 6일. 일요일. 맑음. 일금 7전은 황리黃梨 2개. 은동隱洞에 편지를 부쳤다. 이춘사李春史 어르신을 방문했다. 안삼동安三洞에 갔다.

9월 7일. 월요일. 맑았다 흐림. 안 선생安先生으로부터 수건 3개[片]를 받았다. 오후 6시 무렵에 흑석동黑石洞에 갔다. 유장석柳章錫에게 편지를 부쳤다. 정오에 고故 진사 이원상李元相의 집에 가서 조문하였다.

9월 8일. 화요일. 맑고 바람이 불었다. 저녁식사 후에 조 형趙兄 및 병문, 병철 두 아우와 함께 서문 안에 갔다. 일금 30전은 『근사록강의近思錄講義』 1책. 김기용金夔庸에게 편지를 썼다. 박해경朴海璟으로부터 편지가 왔다.

9월 9일. 수요일. 맑고 바람이 불었다. 김기용金夔庸 군 앞으로 편지를 부쳤다.

9월 10일. 목요일. 맑음. 일금 5전은 조월朝月 1상자, 5리는 성냥[燐寸] 2상자.

9월 11일. 금요일. 비, 큰 바람. 30전은 땔감 15묶음[束]. 줄포茁浦로부터 민어民魚 5마리 및 전복全鰒 1첩帖이 왔다. 아버님께 편지를 올렸다.

9월 12일. 토요일. 반쯤 흐리고 반쯤 맑음. 오후 4시 무렵에 소학교小學校에서 체조연구회體操研究會가 있었다. 정충시鄭忠時 형으로부터 편지가 왔다. 일금 30전은 『노자·열자·손자·오자 강의老子列子孫子吳子講義』. [오전 2시 무렵에 큰 바람이 불어왔다.]

9월 13일. 일요일. 맑음. 오전에 조 형趙兄과 더불어 이광렬李光烈 및 이춘사李春史 선생을 방문했다. 오후에 이수영李壽榮 씨를 방문했지만 만나지 못했다. 벽초碧樵 어르신을 방문해서 뵈었다. 홍낙유洪洛裕로부터 편지가 왔다.

9월 14일. 월요일. 맑음. 일금 10전은 두부. 기숙사에 쓸 것이다.

9월 15일. 화요일. 맑음. 일금 10전은 과자 비용.

9월 16일. 수요일. 맑음. 5전은 조기[石首魚]. 기숙사에 쓸 것이다.

9월 17일. 목요일. 맑음. 일금 10전은 과자 비용. 병철秉喆의 마음이 바뀌었다. 그래서 만류하는 말로 훈계하였다.

9월 18일. 금요일. 맑음. 이 국장李局長으로부터 편지가 왔다. 공진회共進會 출품건出品件 습자習字를 등사했다.

9월 19일. 토요일. 맑음. 여름처럼 날씨가 뜨겁다. 천용天用 군을 만류했지만, 말리지 못하여 돌아갔다. 그 집에 편지를 부쳤다. 일금 83전은 기숙사 비용이어서 천용天用에게 내어 주었다. 작촌鵲村으로부터 조 군趙君—충원忠元—이 왔다. 6전은 엽서 4매.[66] 아버님께 올리는 편지를 부쳤다. 김학준金學俊으로부터 편지가 왔다.

9월 20일. 일요일. 음랭陰冷하고 비도 내렸다. 하루 종일 틀어박혀 있었다. 저녁 무렵에 최승렬崔昇烈, 이연파李蓮坡 어르신을 방문했다. 5전은 기숙사에 썼다. 백남규白南珪, 소병식蘇秉寔, 김학준金學俊, 홍낙유洪洛裕에게 편지를 부쳤다.

9월 21일. 월요일. 흐리고 비. 정충시鄭忠時로부터 편지가 왔다. 사무실에 소사小使가 바뀌었다. 저녁 식사 후에 백낙륜白樂倫 씨를 방문했는데, 상의할 일이 있었다. 조 형趙兄을 따라서 우편국에 갔다. 15전은 엽서 10매, 10전은 상등과자上等菓子 1봉. 월봉은 18원이다. 18전은 국고금國庫金. 10전은 차 비용[茶費]. 이번 달부터 차 비용을 직원들에

66 처음에 "4전"이라고 기록했다가 "6전"으로 수정했다.

게 내게 한다. 홍익선洪益善, 방두현方斗鉉, 박광원朴匡愿, 이강하李康河에게 편지를 부쳤다.

9월 22일. 화요일. 맑음. 조성원趙星元이 돌아가는 편에 집에 보내는 편지를 부쳤다.[67] 80전은 『불교대전佛敎大典』 1책을 매입했다. 25전은 이발 요금, 6전은 감 10개.

9월 23일. 수요일. 맑음. 남문 안에서 산보했다. 이수영李壽榮 씨를 가서 뵈었다. 5원은 저금.

9월 24일. 목요일. 맑음. 추계 황령제일秋季皇靈祭日. 소학교의 낙성식落成式 겸 운동회가 있었다. 오전 10시 반에 생도 100여인을 인솔해 가서 한바탕 달리는 것을 보았다. 오후 1시에 돌아왔다. 백낙륜白樂倫을 방문했지만 만나지 못했다. 9전은 감 16개. 3전은 기숙사 안에 썼다.

9월 25일. 금요일. 맑음. 좌토원웅조佐土原雄助에게 편지를 부쳤다. 저녁식사 후에 백낙륜白樂倫을 가서 보았다. 일금 9전은 기숙사에 쓸 석유 1통[器]이다. 정홍모鄭鴻謨에게 편지를 부쳤다.

9월 26일. 토요일. 맑음. 일금 2원 40전은 백미 2말[斗], 32전은 조기[石魚] 20마리. 본가[本第]에서 사람이 왔는데, 할아버님이 내려주신 편지 및 어머님이 내려주신 편지를 가져왔다. '그렇지 않은 일[不然之事]'에 대한 가르침이 있었다.

9월 27일. 일요일. 맑음. 되돌아가는 하인 편에 전복全腹 100개 및 민어民魚 3마리를 올렸다.[68] 할아버님 및 어머님에 편지를 올려서, '그렇

67 9월 19일 일기에서는 작촌에서 온 "조 군(趙君)"의 이름을 "충원(忠元)"이라고 기록했는데, 여기서 언급한 "성원(星元)"과 같은 인물일 가능성도 있다. 뒤에는 "조성원(趙星元)"이 계속 나타난다.

68 9월 11일의 일기에 줄포에서 민어 5마리와 전복(全鰒) 1첩이 왔다는 기록이 있다. 이

지 않은 단서[不然之端]'를 아뢰었다. 줄포茁浦에 편지를 부쳤다. 일금 22전 5리는 검은 염색물 값[1개], 22전 5리는 서양지西洋紙 15매 값. 15전은 하인에게 주고, 이상의 물품을 챙겨 보냈다. 20전은 병문秉文에게 빌려 주었다. 7전은 병륙秉陸의 이발, 70전은 복권腹卷 1개. 이후에 이영구李瑩九를 방문했다. 최승렬崔昇烈을 방문해서 도포道袍를 빌려 왔다.

9월 28일. 월요일. 흐림. 문묘제전文廟祭典의 관원官員으로, 오전 9시 무렵에 향교鄕校에 나갔다. 인사들이 많이 모여 전작奠爵의 의례를 거행했다. 내무부장內務部長 이하로부터 각 학교의 생도에 이르기까지 모두 반열에 참여하였다. 오후 3시 무렵에 이 직원李直員의 향찬饗饌이 있고서 파하였다. 도복道服을 돌려보냈다.[69] 어제 꿈을 하나 꾸었는데, 불길함이 아래와 같았다. 즉 '백일 동안 행실을 들었는데 옛날 할복함만 같지 못하다. 아직도 연못에 늘어진 모습을 본다.'는 것이다.[70] 향교에 갔다가 연산連山 어르신을 만나 뵈었다. 사매舍妹 즉 작촌鵲村으로부터 편지가 왔다. 스스로 살피는 것이 나의 일이다.

9월 29일. 화요일. 맑음. 오후에 실습實習. 아침에 1학년 출석부를 잃어버렸다. 매우 괴이하고 매우 괴이했다. 서창용徐昌容에게 담당하게 했는데, 3교시에서 정오까지 2시간 동안은 사무실 및 숙직실에 놓아두었다고 한다. 질문하고 타이르고서 그쳤다. 오후 5시 무렵에 서창용徐昌容과 그 형이 와서 질문했다. 그런 까닭에 한바탕 타일렀다. 그 사람

가운데 일부를 본가에 올린 것으로 보인다. 다만 27일 일기에는 전복의 표기가 '全腹'으로 되어 있고, 갯수가 "100(百)"인지 "5(五)"인지 분명하지 않다.

69 도복(道服)은 전날 최승렬에게 빌려온 도포를 가리키는 말로 짐작된다. 가람이 관원 즉 헌관(獻官)이 되었기 때문에 도포를 빌려와서 입었던 듯하다.

70 문맥상 '불길한 꿈'의 내용일 듯한데, 무슨 뜻인지 파악하기 어렵다. 원문은 "百日聞行實, 不如昔割腹. 尙見朶池皃"이다.

이 온전히 승복하고 떠났다. 일금 20전은 청주清酒 1그릇[器]. 향교에서부터 음복한 포脯가 온 까닭이었다. 남원南原 정홍모鄭鴻謨로부터 편지가 왔다. 일금 1원 50전은 간장[醬油] 1통 값.

9월 30일. 수요일. 맑음. 9전은 감 값. 광고廣告 일이 있었기 때문에 병문秉文의 어지러운 행동[亂行]이 생기게 되었다.

10월

10월 1일. 목요일. 맑음. 박광원朴匡愿, 방두현方斗鉉 형으로부터 편지가 왔다. 최동환崔東煥으로부터 편지가 왔다. 집에서 편지가 왔는데, 계부님이 내려주신 편지와 어머님이 내려주신 편지 및 집사람[家人]의 편지가 있었다. 추석에 돌아오라고 했다. 병문秉文에게 출석하고 부지런히 배워 성공하는 일에 대해 타일렀다. 5전은 병륙秉陸의 짚신[草鞋] 값. 시장에 나가 보았다. [8전은 고기 값, 40전은 소고기[正肉]. 이광렬李光烈 군에게 보냈다. 42전은 땔감 21묶음[束].]

10월 2일. 금요일. 맑음. 실습을 크게 했다. 교장에게 1원을 빌려 주었다.

10월 3일. 토요일. 맑음. 병륙, 병철, 병문 세 아우를 보냈다. 병문에게 10전을, 병철에게 20전을, 병륙에게 20전을 주었다. 집안에 서간을 많이 부쳤다. [한종석韓鍾錫이 술을 갖고 방문했다.]

10월 4일. 일요일. 맑음. 학교 일람표學校一覽表를 만들었다. 권광복權光福으로부터 떡과 밥이 왔다. 오후 6시에 직원 및 생도 일동이 옛 서문에 나가서 내무부 장관內務部長官을 맞이하였는데, 대로大路에서 기다렸다. 밤에 돌아와 떡을 먹었다.

10월 5일. 월요일. 맑음. 오전 9시 무렵에 학무계學務係 주임主任이 학교에 왔다. 동 10시 무렵에 내무부 장관이 학교에 왔다. 시찰을 하고 일람표一覽表를 보고 수업[教授]을 참관하고 떠났다. 5전은 사탕砂糖.

10월 6일. 화요일. 맑음. 오후 2시에 내무부 장관이 출발한다고 했다. 직원 이하 생도 일동이 점심식사 후에 곧바로 비석리碑石里로 나가서 몇 시간을 기다렸지만, 끝내 전송하는 예를 차리지 못하였다. 동 3시 무렵에 들으니, 내무부 장관이 이미 북문을 통해 떠났다고 했다. 그래서 학교로 돌아왔다. 좌토원佐土原으로부터 편지가 왔다. [병문, 병륙 아우 등이 돌아오는 날이다. 그런 까닭에 저녁식사 후에 조 형趙兄과 함께 북문을 나가서 기다렸다.]

10월 7일. 수요일. 흐림, 비 조금. 저녁 황혼에 병문, 병철, 병륙 세 아우가 왔다. 집에서 보낸 편지를 보고 곧바로 등불 아래에서 답서를 썼다. 동 군소君에게 가는 편지도 잠시 썼다. 점괘를 뽑았는데 "앞은 산이 뒤집히는 것 같고, 뒤는 꽃이 피는 것 같다[前如山倒, 後芳抽]"고 했다.[71]

10월 8일. 목요일. 흐리고 비 조금. 본가[本第]에 편지를 부쳤다. 우표[切手]는 3전이었다. 점괘는 어제와 같았다. [싫어할 만하고 근심할 만하도다, 꽃이 정원에 떨어진다.(可厭可惕, 花落庭閑.)][72]

10월 9일. 금요일. 흐리다가 갬. 신운新雲 누님에게 편지를 썼다. 주선을 청할 일이 있었으니, 곧 군전君前에 구하는 것이었다. 저녁에 조 형趙

---

71 점괘 가운데 "앞에는 산이 뒤집히는 것 같고, 뒤에는 실을 뽑아내는 것 같다.[先如山倒, 後如抽絲.]"가 있는데, 아마도 이 점괘를 뽑은 듯하다. 다만 뒷부분은 오탈자가 있는 듯하다.

72 이 점괘는 "可厭可憐, 花落庭間"으로도 나타난다. 뜻은 거의 같다.

兄과 더불어 정기용鄭機用 씨의 집에 가서 조성원趙星元 군을 보았다.

10월 10일. 토요일. 맑음. 오전 9시 무렵에 병문秉文이 쪽지를 써두고 달아나 집에 돌아갔다. 일금 8전은 표지表紙 1장, 10전은 봉투지封套紙 50장. 작촌鵲村 누님[舍姉主]에게 편지를 부쳤다. 저녁에 조성원趙星元 군이 와서 보았다. 송병태宋秉泰 씨가 와서 보았다. 조 형趙兄이 술을 가져와서 함께 마셨다. 오후에 소학교 체조연구小學校體操硏究에 갔다. [점괘에 '한 줄기 밝은 달이 이로운 바람을 낚는다[一桿明月釣利風]'고 했다.][73]

10월 11일. 일요일. 맑음. 본가[本第]에 편지를 올렸는데, 병문 아우의 일을 아뢰었다. 조성원趙星元과 한韓, 박朴 두 사람이 와서 보았다. 김용호金永昊로부터 석류 7개를 가져와서 함께 먹었다. 오후에 조 형趙兄 및 동생과 더불어 대정정大正町을 한 바퀴 돌다가 정기용鄭機用 씨의 집에 잠시 들어갔다. 다시 남문으로부터 돌아왔다. 일금 4전은 기숙사 소금에 썼다. 5전은 병륙秉陸의 짚신[艸履] 1켤레, 10전은 비누[石鹼] 1덩이[塊], 10전은 권지卷紙 1축, 5전은 가루치약[齒磨粉]. 정기하鄭基夏를 만나서, 말을 하느라 잠시 따라갔다. 신막新幕의 노파가 와서 보았는데, 몇 가지 이야기를 했다.

10월 12일. 월요일. 맑음. 박사博士 족숙께 편지를 썼다. 면역소面役所로부터 잔금 10전을 수령했다.

10월 13일. 화요일. 맑음. 박사博士 숙부께 편지를 부쳤다. 오후 4시에 작촌鵲村 사돈 어르신[趙査丈]께서 내려오셨다. 일금 44전은 땔감 1짐[負] 값, 3전은 우표[切手]. 황필黃筆 17자루를 샀는데, 1자루에 2전이다. [기숙사에서 쓸 것이다]

---

73 이 점괘는 '이로운 바람[利風]'이 '가을바람[秋風]'으로 된 데도 있다.

10월 14일. 수요일. 맑음. 정오에 밥을 먹을 때에 주선하는 일에 대한 사돈 어르신[趙査丈]의 분부가 있었다. [점괘에 '붉은 복사꽃은 다시 (비를) 머금었고 초록 버들은 다시 아침 안개를 둘렀다.(占有桃紅復含, 柳綠更帶朝烟.)'라고 하였다.[74]]

10월 15일. 목요일. 맑음. 조 형趙兄이 또한 나를 위하여 본가[本第]에 편지를 부쳐 주었다. 저녁 무렵에 조 형趙兄을 따라서 흑석동黑石洞에 가 보았다. 황대창黃大昌으로부터 편지가 왔다. 조 형趙兄으로부터 붓 20자루를 받았다. 모두 합하면 37자루이다.[75] [붉은 매화는 열매를 맺고, 푸른 대나무는 죽순을 낳는다.(紅梅結子, 綠竹生孫.)][76]

10월 16일. 금요일. 흐림. 일금 60전은 백미 5되[升], 25전은 북어北魚 20마리, 3전은 호야胡也. 모두 기숙사용이다. 7전은 짚신[艸鞋] 1켤레, 75전은 무소뿔[眞犀角] 1냥 반쭝. 35전은 각반 1개, 8전은 양말 1개. 25전은 이발. 밤에 서문밖에 나갔다. 이춘사李春史 선생이 사돈 어르신[趙査丈] 처소로 내려 오셨다. [일금 60전으로 술을 구해서 이 선생李先生과 사돈 어르신[趙査丈]을 대접했다.]

10월 17일. 토요일. 흐림. 신상제神嘗祭 날이다. 휴업. 이를 이용하여

---

74 이 구절은 당나라 왕유(王維)의 「전원락(田園樂)」에 있는 시구이기도 하다. 왕유의 시에서는 "복사꽃 붉더니 지난밤 비를 머금었고, 버들은 푸르더니 다시 아침 안개 둘렀네. 꽃이 지건만 아이종은 아직 쓸지 않았고, 꾀꼬리 울건만 나그네는 아직도 잠을 자네. (桃紅復含宿雨, 柳綠更帶朝煙. 花落家童未掃, 鶯啼山客猶眠.)"라 하였다.

75 13일에 황필(黃筆) 17자루를 샀고, 다시 이날 20자루를 받았다. 이를 합하면 37자루가 된다. 13일 일기 난상의 기록을 고려하면, 붓 37자루는 모두 기숙사용이었으리라고 짐작할 수 있다.

76 이 구절 또한 점괘이다. 매화의 아들[子]은 곧 매실(梅實)이며, 대나무의 손자[孫]는 곧 죽순(竹筍)이다. 죽순의 별칭 가운데 하나가 '죽손(竹孫)'이다.

오전 8시에 출발하여 오후 1시 무렵에 집에 돌아왔다. 할아버님을 앞에서 모신 것이 8월 16일의 일이었던 듯하다. 점심을 먹고 집안에 두루 답례하고서 저물 무렵에 집에 돌아왔다. 아버님도 또한 행차에서 돌아오셔서 부자가 상봉하였다. 단란하게 저녁식사를 하고 할아버님이 가르침을 내리셨다. 아버님은 밤에 신막新幕으로 행차하셨다. 할아버님을 곁에서 모시면서 아뢸 말씀을 앞에서 자세히 아뢰니, 거의 몇 시간에 이르렀다. 이에 할아버님이 굽어 살피셔서 이해하고 승낙해주셨고, '아내를 이끌고 가는 일'을 권유하셨다. 이에 안채[內舍]에 들어가니, 종매가 정할 것을 권했다. 어머님은 예전에 올린 편지의 '다른 계획의 설'을 오해하여 큰소리로 질책하셨다. 그런 까닭에 그렇지 않은 사정을 아뢰었더니, 어머님이 기뻐하셨다. 다시 할아버님이 허락하신 일을 아뢰었더니, 어머님 또한 만족하고 꺼리지 않으셨다. 건넌방에서 하루를 묵었다. [3전은 홍시 3개이다. 통천通泉을 지날 때에 사서 먹었다. 2원을 계부님[季父主]으로부터 거두어들였는데, 곧 전날 빌려드렸던 것이다.]

10월 18일. 일요일. 아침에 비 오고 흐렸다 갬. 오전 7시 무렵에 자리에서 일어났다. 오전 11시 무렵에 겨우 비가 그쳐서 출발을 고하였다. 오직 할머님은 불평한 기운을 띠고 평온하거나 흡족하지 않게 말씀을 하셨다. 다만 기운을 낮추고 부드러운 목소리로 간하였고, 어머님 또한 돕는 말씀을 하셨다. 얼마 있다가 할아버님께서 가르침을 내려서 아내를 이끌고 가는 일을 분명하게 정하셨고, 어머님 또한 찬동하여 도와주셨다. 그런 까닭에 부득이하게 여쭤서 의논하기로 기약하고 출발하였다. 신막新幕에 이르러 아버님을 뵙고, 기숙寄宿을 변경하기로 한 일을 아뢰었다. 길을 떠나서 능현陵峴 아래에 이르러 점토 한 덩이를 봉해서 넣었고, 삼례參禮에 이르렀다. 1전은 배 2개, 6전은 짚신[艸鞋] 1

결례. 추천교楸川橋에 이르러서 양병수梁炳秀 및 그의 형, 최진완崔鎭完을 만났다. 이종근李宗根, 이종한李宗漢도 또한 여기에 있었는데, 이로부터 길벗이 되어 전주[完山]로 들어갔다.

10월 19일. 월요일. 흐리고 저녁에 비. 저녁에 백낙륜白樂倫을 방문했지만 만나지 못했다. 백인숙白仁淑 씨를 방문했다.

10월 20일. 화요일. 맑음, 큰 바람. 최동환崔東煥 및 황대창黃大昌에게 편지를 부쳤다. 20전은 사돈 어르신[趙査丈]께 썼다. 낮 무렵에 백낙륜白樂倫 씨 집에서 사람이 와서 가옥家屋의 일을 통지했다. 방과 후에 소학교 있는 곳에 갔다가 백씨白氏집 사람을 이끌고 집터[家垈]에 가 보았다. 그리고는 소학교로 가서 교육전람회敎育展覽會의 출품물을 정리하고 황혼 무렵에 기숙사에 돌아왔다. 저녁을 먹고서 다시 조 형趙兄 및 병철과 병륙 두 아우를 이끌고 집터를 가 보았다. 1원은 기숙寄宿에 썼다.

10월 21일. 수요일. 맑고 추움. 김학수金學秀로부터 편지가 왔다. 월봉月俸 18원을 받았다. 국고금 18전을 냈다. 김학수金學秀 앞으로 편지를 부쳤다.

10월 22일. 목요일. 맑고 따뜻함. 오전에 1, 2학년급 생도들을 이끌고 완산完山에 올라 풍경을 보았다. 오후 방과 후에 서너 명의 1, 2학년 연장자의 손을 빌려서 반석리盤石里 백 참봉白參奉 소유의 집으로 이사했다. 저녁 무렵에 대원大原 님[樣], 이 형李兄과 함께 백인숙白仁淑 씨 어머님 회갑에 참석하여 풍성하게 먹었다. 사돈 어르신[趙査丈]이 오늘 아침에 본댁으로 길을 떠났다. 조 형趙兄으로부터 9월분 회계會計를 건네받았다.

10월 23일. 금요일. 맑았다 흐림. 일금 7전은 자물쇠 1개, 2전은 숯[炭] 1묶음[束]. 일금 4원 20전은 곧 김대규金大圭 소유의 가옥 셋돈[貰

金]인데, 김찬숙金贊叔에게 부쳤다.

10월 24일. 토요일. 비. 칙어하사 기념식勅語下賜記念式 날이다. 감자를 쪄서 먹었다. [유장석柳璋錫이 와서 묵었다.]

10월 25일. 일요일. 비 내리다 갬. 유장석柳璋錫과 함께 기숙소寄宿所에 가서 아침을 먹었다. 본가[本第]에 편지를 부쳤다. 종형從兄 앞으로 보내지 않은 것이 6전이다. 일금 2원은 본가[本第]에 부쳤는데, 곧 다음달 13일—음력 9월 26일— 안사람[內行]의 길 떠날 준비[治行]에 대한 비용이다. 일금 1원 80전은 백미 1말[斗] 반, 16전은 정도산鄭島汕의 밥값, 10전은 굽[釘], 3전은 감. 오늘 아침에 유장석柳璋錫 군 편에 유소산柳少山 어르신의 생신잔치[晬宴] 시 1수를 부쳐 올렸다.—이번 음력 9월 초8일이다[77]—.

덕이 몸을 윤택하게 하니
집안은 항상 봄과 같도다.
아름다운 음덕은 산처럼 쌓이고
길한 복록은 세상에서도 진기하네.
잔치는 밤낮으로 이어지고
집에 가득한 사람들 춤추고 노래하네.
축수祝壽가 한량 없는 이곳에
상서로운 기운 해마다 모여드네.

德有潤於身，家中恒若春.

---

77 음력 9월 8일은 곧 양력 10월 26일이다. 다음날의 생신잔치에 맞춰서 시를 보낸 것이다.

休蔭山與積，吉福世惟珍.

盃盤連日夜，歌舞滿堂人.

祝壽無量地，年年瑞還臻.

오후에 변소[厠舍] 1간을 만들었다. 이연파李蓮坡 어르신이 내려오셨다. 저녁 후에 조 형趙兄과 더불어 송병태宋秉泰 씨를 방문했다. 오전에 상관上關의 최 씨崔氏가 방문했다. 일금 50전을 유장석柳璋錫에게 부쳐서 소산少山 어르신의 생신잔치[晬宴]에 보조하도록 했다. [1원은 마른 조기[乾石魚] 200마리 매입. 오시午時에 문 군文君의 이름을 숨긴 서류[匿名書類]를 발견했다. 일금 64전은 당숙모堂叔母의 은비녀 및 은가락지 수선료.]

10월 26일. 월요일. 맑음. 저녁식사 후에 대정정大正町을 한 바퀴 돌았다. 일금 45전은 백로지白露紙 30장, 10전은 장호필長毫筆 1개, 7전은 중국먹[唐墨] 1개, 30전은 숙직실용 낡은 옷의 수선료. [1년생들이 조래문안례朝來問安禮를 시작했다.]

10월 27일. 화요일. 맑음. 일금 10전은 굽[釘]. 밤에 대정정大正町을 돌았다. 일금 20전은 대농지大籠紙 5장, 13전은 보릿가루[麥粉] 200匁[78].

10월 28일. 수요일. 비. 김창선金昌善 군에게 편지를 부쳤다. 김영룡金永龍으로부터 편지가 왔다.

10월 29일. 목요일. 맑음. 서상목徐相睦 씨가 와서 보았다. 돈 2원을 빌려 주었다.

10월 30일. 금요일. 맑음. 남문 밖 시장이 장을 열었다. 오후에 한바

78 '문(匁)'은 일본식 무게 단위로, 1000문이 1관(貫)이다. 200문은 0.2관이니, 곧 13전으로 750g을 샀다는 뜻이 된다.

퀴 돌아 보았다. 일금 40전은 송판松板 4개. 4전은 칡[葛] 2묶음[束]이니, 천정天井에 쓸 것이다. 작촌鵲村 누이[舍姉]의 편지를 볼 수 있었는데, 홍 씨洪氏의 말이 있었다. 곧바로 편지를 써서 화답했다.

10월 31일. 토요일. 맑고 온화함. 천장절天長節 축일祝日이다. 오후에 기숙사에 돌아와 수리를 했다. 저녁식사 후에 조 형趙兄 및 병철秉喆과 더불어 대정정大正町을 한 바퀴 돌았다. 일금 37전 5리는 물 긷는 그릇[汲水器]—바께쓰— 1개, 60전은 사기그릇 식기[食器磁器] 2개와 뚜껑, 일금 3전은 기름종이[油紙] 1장, 5전은 홍시 10개. [강기岡崎 선생으로부터 수업료 2원 62전 5리를 받아 두었다.]

11월

11월 1일. 일요일. 청명하고 온화함. 오전 9시에 1시간 동안 1학년 학급의 습자習字 청서淸書 연습. 기숙생寄宿生 및 김두찬金斗贊과 더불어 새로 들어갈 기숙사를 수리하였는데, 저물 무렵에 일을 마쳤다. 일금 18전은 천정에 쓸 종이 1축, 15전은 곶감[乾柿] 30개, 12전은 밀가루, 6리는 성냥[燐寸] 2상자.

11월 2일. 월요일. 맑음. 일금 10전은 병륙秉陸의 짚신[艸鞋], 4전은 홍시 8개, 4전은 양지洋紙 2장. [강기岡崎 교원으로부터 받아 두었던 것을 내 주었다.]

11월 3일. 화요일 . 흐리고 저녁에 비. 교장으로부터 돈 1원을 거둬들였다.

11월 4일. 수요일. 비. 조 형趙兄으로부터 50전은 거둬들였고, 전달

분의 기숙 회계를 건네받았다. 일금 23전은 기숙용의 백미 2되[升], 일금 1원 11전은 백미 1말[斗]로 기숙용. 소사小使로부터 배추김치[白菜漬] 1그릇을 받았는데, 마른 조기[乾石魚] 10마리를 소사小使에게 주도록 했다. 9월분 숙직료 3원을 받아들였다. 전람회 장식품 일로 인하여 오후 3시 반에 제일학교에 나갔다. 동7시 무렵에 기숙사에 돌아왔다. 일금 10전은 병문秉文의 빚으로 빌려 주었다.

11월 5일. 맑고 춥다. 목요일. 일금 4전은 청국장淸國醬이다.[79] 이강하李康河로부터 편지가 왔다. 홍낙유洪洛裕로부터 편지가 왔다. 밤에 대정정大正町을 돌아보았다. 일금 10전은 산수화山水畵 1장, 9전은 우표[切手] 및 엽서.

11월 6일. 금요일. 맑았다 흐림. 오후 3시 무렵에 교장 및 이 우李友가 생도계生徒係 일로 협의할 것이 있어 소학교 숙직실로 갔다. 동 6시 무렵에 기숙사에 돌아왔다.

11월 7일. 토요일. 맑음. 본가[本第]로부터 할아버님이 내려주신 편지가 있었다. 일금 2원을 병철秉喆에게 주어서 물품을 사게 하였다. 일금 1원 10전은 장판지張板紙에 썼는데, 곧 병철秉喆이 매입하였다. 고산高山으로부터 유화석柳華錫이 와서 보았는데, 소산少山 어르신이 내려주신 편지를 지니고 왔다.[80] 6전은 사탕砂糖. [칭다오[靑島]가 함락되었다고 한다.]

---

79 청국장의 한자 표기는 淸麴醬이다. 다른 품목일 가능성도 있다.

80 유화석의 이름은 '柳華錫' 또는 '柳瑋錫'으로 표기된다. 유장석(柳璋錫 또는 柳章錫)과 형제이다. 고산(高山)은 전라북도 완주와 충청남도 논산 지역의 옛 지명이다. 10월 25일 일기에 유소산(柳少山)의 생신잔치[晬宴]에 시를 써서 유장석 편에 보낸 일이 보이는데, 소산이 보낸 편지는 아마도 이에 대한 화답이었을 것이다.

11월 8일. 일요일. 맑음. 오전 9시 무렵에 기숙생들과 함께 장판 수리를 마쳤다. 나는 학교에 나가 사무를 보았다. 일금 46전은 땔감 1짐[負]. 20전은 마른 조기[乾石魚] 40마리. 오후 6시 무렵에 다가정多佳亭에서부터 제등행렬提燈行列이 있었다. 그래서 생도들을 이끌고 참여하여 길에서 만세를 불렀다. 서문 밖 대로에서부터 북문 대로로 돌아 들어갔다가 다시 대정정大正町으로 들어가 서문 밖에 이르러 남쪽으로 대로를 따라가다가 수비대守備隊로 들어갔다. 다시 남문 밖 대로로 나와서 남문으로 들어가 소학교 운동장에 이르러 크게 만세를 부르고 파하였다. 다만 우리 학교는 소학교 앞에서 파하였다. 병철秉喆, 병륙秉陸 두 아우와 더불어 목욕을 하고 돌아왔다. 일금 9전은 목욕료, 8전은 홍시 16개. 김창선金昌善 군으로부터 편지가 왔다. 2전은 양지洋紙 1장, 6전은 신문지新聞紙.

11월 9일. 월요일. 맑음. 일금 30전은 비사 준비물飛紗準備物 1대帶. 14전은 마른 나무 1묶음[束] 및 칡[葛] 2묶음[束]. 기숙사 수리용이다. 여산礪山의 족종형族從兄이 와서 묵었다. 6전은 장 1병, 2전은 소금, 1전 6리는 두부. 기숙사용이며, 병철秉喆이 샀다.

11월 10일. 화요일. 맑음. 정충시鄭忠時 군으로부터 편지가 왔다. 오후 4시 무렵에 대원大原 교장 및 강기岡崎 군과 함께 소학교에 가서 전람회에 출품할 것을 정리했다. 저녁식사 후에 기숙생 일동과 더불어 서문 밖 및 대정정大正町에 나가서 한 바퀴 돌고 돌아왔다. 일금 24전은 사기그릇 큰 것 1개와 작은 것 2개. 8전은 중국먹[唐墨] 1자루, 5전은 철사[鐵線]. 여산礪山 족종형族從兄이 떠났다.

11월 11일. 수요일. 맑음. 오후 1시 무렵에 소학교에 나가서, 동 6시 무렵에 기숙사에 돌아왔다. 권광복權光福 및 병철秉喆과 함께 대정정大

正町에 갔다. 일금 1원 10전은 책상[机] 1개, 50전은 양등洋燈 2개. 그 가운데 3전은 기숙사용 호야胡也 1개. 2전은 굽[壓釘], 10전은 나무로 만든 광주리 1개. 홀로 교문으로 돌아오는데, 어렴풋이 머뭇거리는 사람을 보았다. 곁에 가서 따져 물었더니 끝내 대답을 하지 않았는데, 곧 길 잃은 사람인 것을 알아차렸다. 자세히 살펴본 즉 이 노파는 신평新坪으로부터 돌아왔다고 했다. 과연 길을 잃고 지팡이를 끌면서 방황하던 차였다. 내가 곧 그의 손을 잡고서 반석리盤石里에 있는 그의 집에 갔다.

11월 12일. 목요일. 맑음. 오후 1시 무렵에 소학교에 나갔다가 저물 무렵에 기숙사에 돌아왔다. 20전은 이발 요금. 정충시鄭忠時로부터 편지가 왔다.

11월 13일. 금요일. 따뜻하기가 봄날과 같다. 오전 9시부터 농업학교農業學校에 가서 생도들의 작업을 감독했다. 오후 3시 무렵에 이르러 돌아오는 길에 소학교에 들어가 사무를 처리했다. 학교에 돌아가서 사무를 정리하고, 기숙사에 돌아왔다. 저녁식사를 할 때 나에게 아내[內行]가 당도했다고 고하는 이가 있었다. 곧바로 문을 열고 살펴보니, 가마꾼[轎軍] 4인과 짐꾼[負者] 1인, 말몰이꾼 1인이 있었다. 종형이 일행을 이끌고 모두 별 탈 없이 도착하였다. 앞의 주막에 묵도록 했다. 일금 10전은 석유 1그릇[器].

11월 14일. 토요일. 비. 가랑비가 종일 내린다. 9시에 학교에 들어갔다. 일금 1원 48전은 하인 길 떠나보내는 비용. 동 9시 무렵에 하인 및 말은 돌아갔고, 종형從兄만이 남아 머물렀다. 앞의 주막에서 하인 숙박비 1원 79전 가운데 1원을 받아갔다. 본가[本第]에 편지를 부쳤다.

11월 15일. 일요일. 맑았다가 흐림. 오전에 종형의 빚을 갚아나가는 일[債幹事]로 이연파李蓮坡 어르신을 가서 뵈었다. 곧바로 돌아와서 전라북도全羅北道 공립보통학교公立普通學校 학림조사표學林調查表를 작성했다. 일금 5전은 술, 4전은 소금 2되[升]. 시노자키 지점篠崎支店에 편지를 부쳤다. 5전은 우표[切手].

11월 16일. 맑음. 월요일. 일금 60전은 솔잎 2짐[負]. 전북 학교림표全北學校林表를 만들었다.

11월 17일. 화요일. 맑음. 일금 10전은 마른 조기[乾石魚] 20마리, 5전은 고등어[固東魚] 1마리, 1전은 홍시 2개. 줄포茁浦에서 내려주신 편지가 있었다. 5전은 병륙秉陸의 짚신[艸鞋]. [종형의 빚을 조금씩 갚아 나가는 일[細音]로 저녁에 이찬호李贊鎬 씨를 가서 보았다.]

11월 18일. 수요일. 맑음. 종형從兄 및 병륙秉陸이 집에 돌아갔다. 집 및 줄포茁浦에 편지를 부쳤다. 3전은 우표[切手]. 오후에 소학교에 가서 전람회 출품물을 정리했다. 저녁식사 후에 다시 소학교에 가서, 동 10시에 기숙사에 돌아왔다. [이걸李傑 족숙族叔을 방문했다.]

11월 19일. 목요일. 맑음. 3원을 조 형趙兄에게서 빌렸다. 오시午時에 시장에 가 보았다. 일금 1원 10전은 백미 1말[斗], 일금 79전은 앞의 주막에 진 빚을 갚아주었다. 20전은 마늘[蒜] 100개, 10전은 달래[小蒜] 100개, 60전은 소반[床] 2개, 8전은 석유, 3전은 작은 질그릇[小陶器] 2개, 15전은 문어文魚 1마리, 6전은 고등어[固東魚] 2마리. 시노자키 지점篠崎支店으로부터 편지가 왔다. 오후에 소학교에 가서 출품할 물품을 정리하였다. 신운新雲 누님으로부터 편지가 왔다. 병철秉喆이 다시 와서 보았다.

11월 20일. 금요일. 맑고 춥다. 4원 21전이 군청에서 왔다. 곧 10월분 숙직료 및 숙직실 비용을 모두 받은 것이다. 일금 1원은 기숙사에 썼다. 마른 조기[乾石魚] 200마리, 10전은 빗자루 2개. [이른 아침에 공진회共進會에 가 보았다. 곧바로 돌아와서 잠통蠶桶을 만들었다]

11월 21일. 토요일. 맑았다가 흐리고 추워졌다. 저녁에 비. 오후에 잠깐의 틈을 얻어서 정거장에 갔다. 동 3시 무렵에 사돈 어르신[趙査丈] 및 누이[舍姊]를 맞이했는데, 석이 조카[錫侄]의 두 아이와 함께 삯짐꾼 2명을 이끌고 왔다. 내국통운회사內國通運會社를 방문하고 돌아왔다. 일금 20전은 인력거 비용, 일금 15전은 삯짐꾼 요금으로 출급했다.

11월 22일. 일요일. 맑음. 이 날은 전람회 일로 인해 잠시도 틈이 없었다. 밤에 누이[舍姊]를 방문했다.

11월 23일. 월요일. 맑음. 신상제新嘗祭 날이다. 아침 일찍 소학교에 나가서 깊은 밤에 기숙사에 돌아왔다. 병철秉喆이 비용을 주었다. [홀로 진열을 했다. 누가 내 노고를 알아주겠는가.]

11월 24일. 화요일. 맑음. 아침 일찍 소학교에 나갔다. 전라북도全羅北道 교육품 전람회教育品展覽會는 동 오전 10시에 개회하였다. 우리 학교 또한 일동이 참여하였다. 개회식을 마친 뒤에 전람회장의 설비품設備品을 관람하고 돌아왔다. 오후 4시에 생도 일동을 인솔하여 비석리碑石里에 가서 산현山縣 정무총감政務總監을 환영하였다.[81] 돌아오는 길에 제일학교[전주제일공립보통학교]에 들렀다. 저녁식사 후에 다시 제일학교에 가서 고부古阜의 생도들을 접대하고 X-광선을 보게 하였다. 일금 90전은 백미 1말[斗], 1원은 옹기 큰 것과 작은 것 2개, 40전은 전날의 일꾼 임금으로 내어 주었다. 6전은 화로 1개, 4전은 광주리[筐] 1

81 당시 총독부 정무총감은 야마가타 이사부로(山縣伊三郎)였다.

개, 2전은 소금[食鹽] 약간량, 7전은 물 긷는 그릇[水汲器] 1개, 4전은 솔[蘇乙] 1개, 10전은 소고기[正肉]. [최경주崔京株 씨로부터 편지가 왔다. 솔가지[松枝] 100묶음[束]을 받기로 하고, 일금 3원을 먼저 지급했다.]

11월 25일. 수요일. 맑음. 일금 25전은 소금[食鹽] 5되[升], 17전은 광주리[筐] 1개. 최경주崔京株가 사람을 보냈다. 솔가지 4묶음[束]을 받아들였다. 생도 접대에 분주하고 분주하다.

11월 26일. 목요일. 맑음. 일금 40전은 양모를 붙인 대필大筆 2개 값이다. 14전은 계란 10개, 일금 39전 5리는 사기그릇[磁器] 11개. 1원 30전은 종형從兄이 부탁한 일에 들어간 비용이다. 오후에 이찬호李贊鎬를 만나 종형의 일을 청탁했다. 정오에 생도 일동을 인솔하여 비석리碑石里로 가서 산현山縣 정무총감政務總監을 전송하였다. 아침에 이우현李愚賢 씨가 방문했다. 최경주崔京株로부터 솔가지[松枝] 12묶음[束]이 왔다. [밤에 제일학교에 가서 X-광선 실험을 했다. 솔가지는 (오늘까지 들어온 것이) 합계 16묶음[束].]

11월 27일. 금요일. 맑음. 오전에[82] 윤 진사尹進士 어르신과 종형從兄이 방문했다. 오후에 연파蓮坡 어르신 및 윤 진사尹進士 어르신을 방문했다. 정거장에 가서 여산학교礪山學校 생도를 환영하고서 돌아왔다. 저녁 무렵에 만경학교萬頃學校[83] 생도 및 여산학교礪山學校 생도를 방문하고 기숙사에 돌아왔다. 익산 족숙族叔 형제분 및 유장석柳璋錫이

---

82 원문에서 "오(午)" 다음의 글자가 잘 판독되지 않는다. "오시(午時)"나 "오경(午頃)"일 가능성도 있다.

83 만경학교는 현재의 전라북도 김제시 만경읍 만경리에 설립되어 있었던 만경공립보통학교(현재의 만경초등학교)를 가리키는 것으로 보인다. 당시 김제에는 김제공립보통학교(현재의 김제중앙초등학교)도 있었다.

방문했다. 오시午時 무렵에 공진회共進會 회장 앞에서 유광석柳光錫을 만났다.

11월 28일. 토요일. 맑음. 오시午時 무렵에 여산礪山 생도들에게 소개하기 위해 자혜병원慈惠醫院에 갔다. 밤에 제일학교에 가서 X-광선 실험을 도왔다. 이어서 조趙, 박朴, 한韓 세 벗과 더불어 고산학교高山學校 직원 및 오영철吳榮喆 군을 위하여 요릿집에 들어갔다.[84] 새로 2시 무렵에 돌아와 잤다. 비용은 35전.

11월 29일. 일요일. 맑음. 아침 일찍 여산礪山 생도들을 가서 보았다. 이어서 제일학교에 갔다가, 오시午時 무렵에 학교에 돌아왔다. 김종대金鍾大를 이끌고 시장에 갔다. 일금 1원 88전은 백미 2말[斗], 일금 60전은 질그릇[陶器] 4개, 7전은 화로 1개. 공진회共進會에 가 보았다. 여흥餘興을 하는 곳에서 최승렬崔昇烈을 만나서 극장[芝居]에 들어갔다.[85] 다시 제일학교에 갔다. 저물 무렵 돌아오는 길에 말린 감[蹲柹] 100개를 샀는데, 일금 20전이었다.[86] 병철秉喆 및 병륙秉陸이 와서 보았다. 종형從兄의 편지가 있었다. 김정상金正祥이 숙직실에 와서 잤다. 홍낙유洪洛裕로부터 편지가 왔다.

11월 30일. 월요일. 맑음. 김정상金正祥을 만났다. 오전에 생도의 출석을 조사했다. 동 오후 1시에 생도 일동을 인솔하여 소학교에 가서 교

---

84 1914년 당시 고산공립보통학교의 조선인 교사는 임명순(任明淳)과 이용기(李龍基)였다. 오영철(吳榮喆)은 임피공립보통학교의 부훈도로 일하고 있었다.

85 공진회에서는 전람회를 개최하는 한편으로 음악, 운동경기 등 각종 여흥거리를 마련하여 관람객에게 제공하였다. 이러한 여흥을 제공하는 곳에서 최승렬을 만난 것이다. '지거(芝居, しばい)'는 원래 일본 고유의 연극을 뜻하는 말인데, 이러한 유형의 연극을 공연하는 극장을 가리키는 말로도 사용되었다.

86 준시(蹲柹)는 꼬챙이에 꿰지 않고 납작하게 말린 감이니, 곧 곶감의 일종이다.

육품 전람회教育品展覽會 폐회식閉會式에 참석했다. 진열장을 한 바퀴 돌아보고 기숙사로 돌아왔다. 밤에 조 형趙兄과 더불어 권영식權寧植을 만나 한 잔을 마셨다. 대정정大正町에서 헤어졌다.

12월

12월 1일. 화요일. 맑고 온화함. 밤에 교장에게 초대를 받아서 풍성하게 먹었다. 이광렬李光烈 군과 함께 대정정大正町을 한 바퀴 돌았는데, 대정당서포大正堂書舖에 들어가서 『개자원화보芥子園畫譜』의 난죽蘭竹 편을 볼 수 있었다.[87] 이 군이 먼저 사 갔다. [여산礪山의 친척 조카[族姪]가 방문하여 돈 빌리기를 청했지만 허락하지 않았다.]

12월 2일. 수요일. 맑음. 최경주崔景柱 씨가 방문했다.[88] 오전부터 소학교에 가서 성적품을 심사하였다. 오후에는 12시까지 비평회批評會를 열었다. 유광석柳光錫이 여러 날 밤에 계속 방문했다고 한다. 지급至急으로 본가[本第] 종형從兄에 편지를 부쳤으며, 도장도 함께 부쳤다. 일금 3전은 우표[切手]. [이우현李愚賢 씨가 인편으로 편지를 부쳐 돈 빌리기를 청했지만 허락하지 않았다.]

12월 3일. 목요일. 맑음. 오전부터 소학교에 가서 성적품을 처리했

---

87 『개자원화보(芥子園畫譜)』는 청나라 초기의 예술 애호가 이어(李漁, 1611~1680)의 별장인 개자원(芥子園)에서 간행한 화보(畫譜)로, 역대 화론과 그림을 산수(山水)·난죽(蘭竹)·매국(梅菊)·화훼(花卉) 등 화목에 따라 체계적으로 수록하여 그림을 배우는 데 널리 사용되었다.

88 앞에서는 최경주의 이름을 '崔京柱'로 표기하였는데, 이날은 '崔景柱'로 표기하였다. 어느 쪽이 옳은지는 분명하지 않다.

다. 일금 26전은 숯[炭], 간장[醬油] 1병, 소고기[正肉], 두부를 사들여서 유광석柳光錫 군에게 주었다. 저녁밥을 먹을 때 유 형柳兄이 방문했다. 흑석동黑石洞에 올라갔다가 한밤중에 돌아왔다. 학교에서 파[葱] 13묶음[束]을 갖고 왔다.—1묶음[束]은 2전이다—.[관보官報에서 박수노朴洙魯 군이 세상을 떠났다는 것을 보았다. 11월 17일의 일이라 한다.]

12월 4일. 금요일. 맑음. 일금 20전은 고구마[藷], 청각靑藿, 조기[石魚]. 18전은 대구[大口魚] 1마리. 유 형柳兄과 함께 저녁식사를 했다. 밤에 유 형柳兄 및 윤희병尹羲炳 군과 더불어 협률사協律社에 가 보았다. 돌아오는 길에 술집[酒家]에 들어갔는데, 비용은 62전이었다. 학교에서 배추[白菜] 2휴분畦分을 가져왔다. 5전은 담배[煙艸] 값. [앞의 주막에서 술 3잔을 가져왔다. 파[葱] 4묶음[束]을 흑석동黑石洞에 가져갔다.]

12월 5일. 토요일. 맑음. 오시午時 무렵에 생도 일동을 인솔하여 백낙륜白樂倫 씨의 헌수식獻壽式에 참석하였다. [유 형柳兄이 귀가하였다.]

12월 6일. 일요일. 맑음. 오전에 이수영李壽榮 씨를 가서 보았다. 오후 4시 무렵에 교장과 함께 백 씨白氏의 회갑연에 갔다. 오후 2시에 생도들을 인솔하여 소학교의 전사자추도회식戰死者追悼會式에 참석하였다. 일금 14전은 이쑤시개[楊子] 1개, 5전은 세탁 소다[洗濯曹達]. [관보官報에서 한상범韓相範의 면직을 보았다. 지난달 17일의 일이었다.]

12월 7일. 월요일. 눈. 오늘부터 소학교에서 오후 3시부터 10시까지 침금세공針金細工 강습회講習會가 있다. 홍낙유洪洛裕에게 편지를 부쳤다. 오늘 저녁부터 조 형趙兄과 함께 저녁 식사를 한다.

12월 8일. 화요일. 맑음. 오후 3시 무렵에 소학교에 갔다.

12월 9일. 수요일. 맑음. 일금 2원 70전은 백미 3말[斗]. 일금 36전은 콩[大豆] 5말[斗], 33전은 팥[小大豆] 5되[升]. 일금 31전은 대구[大口魚] 2마리, 2전 6리는 석유등石油燈 1개, 19전은 놋그릇[鍮器] 1개, 10전은 숟가락 2개. [솔가지[松枝]는 합계 24묶음[束]이 왔다.]

12월 10일. 목요일. 맑음. 매일 밤이 깊어서야 돌아와 잔다. 5전은 침금針金.

12월 11일. 금요일. 맑음. 오후 7시에 침금세공針金細工 강습회講習會를 폐회했다. 같은 시간에 다과회茶菓會가 있었다.

12월 12일. 토요일. 눈. 석유 1그릇[器]. 병철秉喆이 사 들였다.

12월 13일. 일요일. 강산에 큰 눈이 왔다. 오시午時에 흑석동黑石洞 누이 집에 가서, 점심을 먹고 저녁에 돌아왔다.

12월 14일. 월요일. 흐림. 오후에 수업을 끝내고 생도 몇 사람을 이끌고 생도 가정을 방문했다. 결석생[欠席生]을 출석하도록 독촉했다. 돌아오는 길에 대정정大正町에서 출발하여 대정당大正堂에 들어갔다. 일금 15전은 미농지美濃紙 5장.

12월 15일. 화요일. 맑음. 저녁식사 후에 대정정大正町으로부터 제일학교第一學校에 도착했다. 동창회同窓會. 일금 70전은 내의 상의 1개, 30전은 모직양말毛織洋襪 1켤레, 25전은 이발료. 본가[本第]에 편지를 부쳤다. 우표[切手]는 3전. 제2학기 시험이 시작되었다. [종형從兄이 부탁한 일에 비용이 1원 들어갔다. 합계 2원 30전이다.] [용안龍安 박기朴奇의 일.[89]]

89 "용안(龍安)"은 곧 용안면(龍安面)으로, 현재 익산(益山)에 속한 곳이다. 이 기록은 난상에 있는데, "종형이 부탁한 일"과 관련된 것으로 보인다. 1915년 2월 20일의 일기에 박기(朴奇)와 2원 30전에 대한 언급이 보인다. 이날 일기로만 보면, 본가에 보낸 편지의 내용과 연관된 말일 가능성도 있다.

12월 16일. 수요일. 맑음. 봄날처럼 따뜻하다. 콩나물[豆菜]은 2전, 병철秉喆이 사 들였다.

12월 17일. 목요일. 흐리다가 비가 조금 내렸다. 일금 14원은 상여금賞與金이다. 지령서指令書가 도착했다.

12월 18일. 금요일. 맑음. 11월분 수업료를 걷었다. 강종구姜鍾求 군에게 편지를 부쳤다. [한 군韓君의 일로[90]]

12월 19일. 토요일. 맑음. 오후 2시 무렵에 덕룡德龍이 쌀을 지고 왔다. 집에서 보낸 편지가 있었다.

12월 20일. 일요일. 맑음. 일금 50전은 밀감[倭柑] 100개, 24전은 권지卷紙 3축軸. 집에 보낼 편지를 썼다. 8전은 권지卷紙 1축. 숭산당崇山堂에 편지를 부쳤다.

12월 21일. 월요일. 맑음. 이른 아침에 덕룡德龍을 보냈는데, 집에 보내는 편지도 부쳤다. 종형從兄으로부터 편지가 왔다. 월봉月俸 및 연말 상여금을 받았다. 일금 1원 54전은 배추[白菜] 값과 국고금國庫金, 연조비捐助費 등. 40전은 금년의 찻값. 8전을 덕룡德龍에게 주었다. 오후 4시부터 소학교에 가서 비평회批評會를 열었다. 이어서 위로회慰勞會로 이엽정二葉亭에 갔다. 교육회장 대구보도大久保到[91] 씨 및 각 학교 선생, 그리고 학무계 및 내빈 등 40명이 음주가무飮酒歌舞를 했다. 각자 소감을 말하였다. 나는 박朴, 이李 군 및 조 형趙兄과 함께 10시 반에 나

---

90 난상에 기록되어 있는데, 강종구에게 편지를 보낸 이유를 말한 것으로 추정된다. 한 군은 곧 12월 6일 일기에 언급된 한상범(韓相範)일 듯한데, 논산공립보통학교에 재직하다가 11월 17일자로 면직되었다. 강종구(姜鍾求)는 1915년부터 논산군의 군서기로 일했다.

91 1914년에 대구보도(大久保到)는 전라북도 내무부의 도사무관(道事務官) 자리에 있었다.

왔는데, 농운籠雲 및 신연新蓮의 집을 방문했지만 만나지 못했다. 남문에서부터 출발하여 다시 남문 안에 이르러 목욕을 했다. 다시 농운籠雲의 집을 방문했는데, 오전 2시까지 한 바탕 놀았다. 다시 중국 요리[支那料理]를 먹었다. 비용은 50전이었다. 닭 울음소리를 듣고서 돌아와 잤다. 이날 저녁에야 비로소 저들이 경성의 기생에 미치지 못한다는 것을 알았다. [일금 20원을 저금했다.]

12월 22일. 화요일. 맑음. 병철秉喆을 보내서 박규동朴圭東에게 집행권 일을 부탁했다. 비용은 80전. [동지冬至라 한다. 팥죽[豆粥]이 있었다.]

12월 23일. 수요일. 맑음. 아침 일찍 이연파李蓮坡 어르신이 오셨다. 혼설婚說 및 줄포茁浦에 가실 일을 말씀하셨다. 저녁에 병철秉喆과 함께 연파蓮坡 어르신 댁을 방문했지만, 뵙지 못했다. 찬호贊鎬 씨를 방문했다. 일금 18전은 침금針金, 8전은 권지卷紙 1축, 2전은 세탁지洗濯紙. 강종구姜鍾求 형으로부터 편지가 왔다. [11월분 숙직료 1원 80전이 왔다.]

12월 24일. 목요일. 맑음. 일금 4원 5전은 솔가지[松枝] 값으로 최순돌崔順乭에게 내어 주었다. [이달 분부터 이 군李君에게 주었다.]

12월 25일. 금요일. 맑음. 제2학기 시험이 끝났다. 성적조사成績調査 중.

12월 26일. 토요일. 맑음. 정충시鄭忠時 군에게 편지를 부쳤다. 우표[切手]는 3전.

12월 27일. 일요일. 맑음. 일찍 학교에 나가서 성적을 기입했다. 신문사新文社 광고인과 몇 시간 동안 이야기했다. 밤에 병철秉喆의 서간을 써서 1개를 삽입했다.

12월 28일. 월요일. 맑음. 오전 11시에 폐교식閉校式 및 학예회 연습이 있었다. 통신부通信簿를 생도들에게 주었다. 12월분 월사금月謝金을 군청에 보냈다. 일금 3원 90전으로 백미 5말[斗]을 사 들였다. 21전은 나막신[屐] 2개, 45전은 소금[食鹽]—병철秉喆에게 준 10전 내에서—. 3전은 삯돈[賃金]. 20전은 집행권 취급비. 46전을 병철秉喆에게 빌려 주었다. 경기도장관京畿道長官 관방官房에서 편지가 왔다. 곧 작년에 간이농업학교에서 수업을 맡은 데 대한 수당이니, 일금 11원이다. 김영호金永昊로부터 계란 30개가 왔다. 4전은 술 2잔[盃].

12월 29일. 화요일. 맑음. 일금 6전은 엽서 4매. 이李, 박朴, 방方 세 형의 남양南陽 거처에 편지를 부쳤다. 병철秉喆은 일찍 귀가했다. 안내장案內狀을 썼다.

12월 30일. 수요일. 비. 오전 11시부터 동창회 및 학예회가 있었다. 대원大原, 이李, 강기岡崎 세 사람이 모두 등급이 올랐다. 경기도장관京畿道長官으로부터 통지서가 왔다. 조 형趙兄과 더불어 이준하李俊夏를 가서 보았다. 일금 16전은 땔감[薪] 1짐[負].

12월 31일. 목요일. 맑음. 오전에 정 진사鄭進士 어르신을 방문했지만, 만나지 못했다. 이 선생李先生을 방문하여 몇 마디 이야기를 했다. 오후에 흑석동黑石洞 누이 집에 갔다.

1915년(단기 4248년)

1915년(서력)

1월

1월 1일. 금요일. 흐림. 오전 9시에 학교에 갔다. 동 30분에 생도를 모아 다가정多佳町에 가서 명치신사明治神社에 참배했다. 직원 일동은 이어서 소학교에 가서 작은 연회를 가졌다. 연회를 파하고 나서, 나는 이광렬李光烈 군과 함께 매일신보사 지점 주인을 방문하여 『매일신보每日申報』 보기를 청했다—오늘부터—. 함께 녹자목鹿子木 주임 및 수산守山 선생 집을 방문했다. 오후에 연파蓮坡 어르신 댁을 방문했는데, 연파蓮坡는 아직 댁에 돌아오지 않으셨다. 우편국郵便局으로부터 11원의 위체증서爲替證書가 왔다. 이대영李大泳, 황서훈黃瑞勳,[1] 황시현黃始顯, 김창진金昌鎭, 박래의朴來儀, 강봉구姜鳳求, 강종구姜鐘求, 송석조宋錫祚, 소병식蘇秉寔, 오영철吳榮喆 등으로부터 연하장이 왔다. 일금 15전은 엽서 10매. 3전은 우표[切手].[2] 곧바로 위와 같은 사람에게 답장을 보냈다. 30전은 땔감[薪] 1짐[負]. 8전은 짚신[艸鞋] 1켤레.

---

1 "황서훈"은 난상에 기록되어 있다. 일기 작성 과정에서 추가한 것으로 보이므로, 이 문장에 포함시켰다.

2 원문은 "三錢切."로 되어 있는데, 말미에 "手"가 누락된 것으로 추정된다.

1월 2일. 토요일. 맑았다가 흐림. 오전 9시 무렵에 조 형趙兄과 함께 출발했다. 한천漢川에 이르러 점심을 먹고, 금마산金馬山 아래에 이르러 헤어져서 저녁에 집에 돌아왔다. 땔감 4짐[負]이 최경식崔京植으로부터 왔다.[3] [솔가지[松枝]는 합계 28묶음[束].]

1월 3일. 일요일. 맑음. 음력 11월 18일이다. 할머님의 생신이다. 가족 일동이 함께 모여서 아침식사를 했다. 오전에 여러 댁을 돌아보았다. 오후에는 중부님[仲父主]께 초대 받았다. 종부從婦를 방문하여 몇 마디 이야기했다.

1월 4일. 월요일. 맑음. 오전에 학동鶴洞 친척댁을 가 보았다. 점심 이후에 신막新幕에 가서 서모庶母 집을 방문했는데 한 사람도 없었다. 그래서 다음으로 당숙 댁에 들렀다. 돌아오는 길에 서모庶母를 만나서 다시 부득이 이끌려 들어가 저녁을 먹고 집에 돌아왔는데, 조 형趙兄이 이미 도착하여 나를 기다리고 있었다. 밤에 조 형과 함께 잤다. 강신규姜信奎, 최동환崔東煥으로부터 연하장이 왔다. [솔가지[松枝]는 합계 36묶음[束].]

1월 5일. 화요일. 맑음. 아침식사 후에 곧바로 조 형趙兄과 함께 문을 나섰다. 삼거리三巨里에 이르러 병철秉喆을 만나, 세 사람이 동행했다. 한천漢川에 이르러 점심을 먹었는데, 비용은 14전 5리였다. 오후 4시 무렵에 학교에 돌아와 사무를 보고, 밤이 되어 귀가했다. 김창선金昌先—강원도江原道 이천군伊川郡 안협安峽—, 조성원趙星元, 손동규孫東奎,

3 "최경주(崔京株)"의 오기일 가능성도 있다. 1914년 11월 24일의 일기에서 "솔가지[松枝] 100묶음[束]"을 언급한 이래로 "최경주(崔京株 또는 崔景株)"가 솔가지를 보낸 기록이 계속 나타나기 때문이다. 다만 1월 15일의 일기 등에도 "최경식"의 이름은 보인다.

권민옥權敏玉, 박기용朴基溶, 이건녕李建寧, 이종호李宗鎬, 김선옥金善玉, 송복규宋復奎, 김재철金載哲, 김춘섭金春燮으로부터 연하장이 왔다. 돌아오는 길에 이수영李壽榮 씨를 방문했지만, 만나지 못했다. 밤에 다시 병륙 아우를 그곳에 보냈다.

1월 6일. 수요일. 맑음. 아침 일찍 이수영李壽榮 씨에게 병륙 아우를 보냈다. 이른 아침에 이광렬李光烈 군에게 가서 조문했다. 본가[本第]에 편지를 부쳤다. 3전은 우표[切手]. 12전은 간장[醬油] 1병. 40전은 병철秉喆로부터 거둬들였다. 오전 9시에 학교에 가서, 동 10시에 시업식始業式을 가졌다. 동 오후 1시에 학예회 및 부형모자회父兄母姉會를 열었다. 동 5시에 폐회하고, 떡을 대접했다. 내빈은 곧 군수郡守, 수산守山 서기, 정순모鄭順謨 및 생도의 부형과 모자母姉였다.[4] 정홍모鄭鴻謨, 홍낙유洪洛裕, 홍성창洪性昌, 윤희병尹曦炳, 윤환병尹桓炳, 홍기화洪夔和, 임명순任明淳으로부터 연하장이 왔다. 박진호朴鎭鎬, 백남규白南珪, 김영준金永準, 박수복朴守福, 이용설李龍卨, 강형구姜炯求로부터 연하장이 왔다. 10전은 무[大根] 24개.

1월 7일. 목요일. 흐림, 밤에는 눈. 오전 10시에 생도들을 인솔하여 북문北門 옆으로 가서 이광렬李光烈 군 모친의 장례식[葬式]에 참석했다. 일금 30전은 엽서 20매. 이건녕李建寧, 강형구姜炯求, 이용설李龍卨, 김병직金炳稙, 조한규趙翰奎, 송복규宋復奎, 이종호李宗鎬, 김선옥金善玉, 권민옥權敏玉, 손동규孫東奎, 김재철金載哲, 김춘섭金春燮 등에게 편지를 부쳤다. [관보에서 김창선金昌善 군의 의원면직依願免職을 볼 수 있었다.]

---

4 당시 전주군수는 김진현(金鎭賢)이었다. 함께 내빈으로 거론된 수산오백족(守山五百足)과 정순모(鄭順謨)는 도서기(道書記)의 자리에 있었다.

1월 8일. 금요일. 흐림. 병륙 아우를 보내서 우편국에서 11원—수당금手當金—을 찾아서,[5] 10원은 저금하고 1원은 가져 오도록 했다. 병철秉喆 군으로부터 50전을 빌려 왔다. 일금 1원 40전을 진체저금振替貯金으로 오사카[大阪] 청목숭산당青木嵩山堂의 주인 청목항삼랑青木恒三郎에게 부쳤다. 병륙 아우가 10전을 잃어버렸다. 정석주鄭錫朱, 백남규白南珪, 박진호朴鎭鎬, 유주환柳主煥, 홍익선洪益善으로부터 편지가 왔다. 곧바로 위와 같은 사람들 및 윤희병尹曦炳, 윤환병尹桓炳에게 답신을 부쳤다. [『팔종화보八種畫譜』[6] 및 『미원장춘여첩米元章春餘帖』[7]을 주문했다.]

1월 9일. 토요일. 맑음. 평면도平面圖 2매—본교本校—를 그렸다. 이광렬李光烈 군에게 부의賻儀하는 일로 회장回章을 썼다.

1월 10일. 일요일. 흐림. 오후에 비. 오전에 춘사春史 선생 및 윤상훈尹相勛을 방문했다. 최승렬崔昇烈 및 백종기白琮基를 방문했지만, 만나지 못했다. 이연파李蓮坡 어르신을 가 뵈었다. 오후에 흑석동黑石洞 누이 집에 갔다. 정충시鄭忠時 군 및 김명련金鳴璉으로부터 편지가 왔다.

1월 11일. 월요일. 맑음. 은동隱洞에 편지를 부쳤다. 김명련金鳴璉, 이종한李鍾漢으로부터 편지가 왔다.

---

5 1914년 12월 28일의 일기에 전년도 간이농업학교 수업에 대한 수당금 관련 내용이 있다.

6 청목숭산당(青木嵩山堂)에서 1901년에 간행한 책으로, 석인본 8책이다. 현재 서울대학교 중앙도서관 가람문고에 총 7책(제5책은 없음)이 소장되어 있다. 도서번호는 '가람 895.11-Ao43h'이다.

7 송나라 서법가 미불(米芾, 1051~1107)의 글씨를 수록한 책으로 추정된다. 원장(元章)은 미불의 자(字)이다. 맹호연의 시 〈산중봉도사운공(山中逢道士雲公)〉의 첫 구절인 "春餘草木繁"에서 "춘여(春餘)"를 따서 서첩의 이름을 삼았을 것이다. 현재 서울대학교 규장각한국학연구원에 소장된 『행서춘여첩(行書春餘帖)』(가람古 754.3-M58ha)이 곧 여기서 언급한 책으로 짐작된다.

1월 12일. 화요일. 눈. 근래 들어 가장 춥다. 섭씨 영하 9도이다. 일금 20전을 이광렬李光烈 군에게 부의로 냈다.

1월 13일. 수요일. 맑음. 영하 8도. 서울은 21도이다. 9년 이래로 첫 번째 추위이다. 일금 10전은 북어北魚 7마리, 5전은 장醬 1그릇[器].

1월 14일. 목요일. 맑음. 밤에 숙직실에 나가서 전북全北 지도 1장을 제작했다. 9시에 돌아왔다.

1월 15일. 금요일. 맑음. 최경식崔京植 군에게 편지를 부쳤다. 저녁 무렵에 집에서 복동福童이 왔다. 일금 8전은 석유 1병.

1월 16일. 토요일. 눈. 일금 29전은 명태[明太魚] 20마리 및 짚신[艸靴] 1켤레, 그리고 빗 1개. 4전은 구두 굽 붙인 비용. 20전은 인쇄지印刷紙 100매. 청목숭산당靑木嵩山堂으로부터 『팔종화보八種畫譜』가 도착했다. 4전은 소금[食鹽].

1월 17일. 일요일. 맑고 따뜻함. 복동福童이 떠났다. 일금 50전은 밀감 값으로 주고, 5전은 노자[路費]로 지급했다. 오전 9시에 학교에 나가 숙직실에서 서화書畫 연습을 했다.

1월 18일. 월요일. 맑음. 최경식崔京植에게 편지를 부쳤다. 집사람[家人]이 며칠 전부터 풍열風熱로 인해 목이 붓는 통증이 있어서 고통이 막심했다. 일금 7전 6리는 가미건패탕加味建敗湯 2첩이니, 집사람이 시험 삼아 쓴 약이다. 3전은 숯[炭]. 따뜻하기가 봄날 같다. 병철秉喆의 집에서 백미를 가져 왔다. [솔가지[松枝]는 합계 44묶음[束]. 백미 5말[斗].]

1월 19일. 화요일. 흐림. 봄날처럼 따뜻하다. 은동隱洞으로부터 편지가 왔다. 일금 8전 8리는 가미갈근탕加味葛根湯 2첩.

1월 20일. 수요일. 맑고 따뜻함. 이강하李康河 군으로부터 편지가 왔다. 17전은 인쇄지印刷紙 100매, 5전은 잉크병 1개, 20전은 이발료, 9전은 목욕료. 집사람이 가미갈근탕加味葛根湯 2첩을 또 써서 효험을 보았다.

1월 21일. 목요일. 맑음. 이강하李康河 군에게 편지를 부쳤다. 일금 19전 8리는 화로, 김[海衣], 소금[食鹽] 등 매입. 월봉은 18원인데, 그 가운데 국고금 18전, 회비 54전을 제했다. 8전은 석유 1병. 조 형趙兄이 와서 보았다. 일금 50전은 이춘사李春史 선생 사은회비.

1월 22일. 금요일. 맑음. 일금 50전과 1원 49전을 서울[京城]에 부쳤다. 책자와 먹을 주문한 것이다. 등기[書留]에 10전, 진체振替 요금에 3전이었다. 단 책자는 삼경三經 전질로 문명서관文明書館의 것이며, 먹은 충효먹[忠孝墨]으로 미술공장美術工場의 것이다. 밤에 유광석柳光錫 군이 와서 보았다.

1월 23일. 토요일. 맑음. 정오에 일과를 마쳤다. 직원 일동은 제일학교에 가서 한 군韓君의 국어 수업을 참관했다. 비평회批評會 및 윤상언尹相彥 군의 시찰담視察談과 연구담硏究談이 있었다. 저물 무렵에 학교에 돌아왔다.

1월 24일. 일요일. 흐림. 심신이 노곤勞困하다. 오전에 정순모鄭順謨 및 수산守山 선생을 방문했지만, 만나지 못했다. 서문 안에 이르러 찻종茶鍾 1개를 샀는데, 12전이었다. 오후에 유장석柳璋錫 군이 와서 보았다. 문득 시 한 수를 읊어서 조 형趙兄에게 주었는데, 아래와 같다.

> 맑은 시냇가엔 창송蒼松과 녹죽綠竹이요
> 족형의 집에선 책 읽는 소리 새어나오네.
> 술 청해 한담하며 계곡을 찾아다니노라니
> 남고산 산길에는 달빛이 기울었네.

蒼松綠竹淸溪上, 讀書聲出足兄家.

呼酒閒談尋谷事, 南固山路月正斜.

밤에 조 형趙兄이 방문했다.

1월 25일. 월요일. 맑음. 하학下學 후에 강기岡崎 군과 함께 남창동南倉洞 이우선李愚璿 씨 집을 방문해서 복순福順의 출석을 독촉했다. 2명의 1학년 급장을 이끌고 대정당大正堂에 이르러, 화명畵皿 1개와 명함지名銜紙 50매를 사고 일금 13전을 냈다. 이승옥李承玉, 유승택兪乘澤, 허수남許秀南, 이삼동李三童을 방문하여 출석을 독촉했다. 용머리고개[龍首峴]에 이르러 김 필상金筆商을 만나 붓 수십 자루를 부탁했다. 돌아오면서 은송리隱松里 서당書堂에 이르니 아동 15명에 선생 1명이 있었다. 선생과 더불어 긴 시간 이야기하며 깨우쳤는데, 저녁밥상을 물리고 나와 황혼 무렵에 돌아왔다.

1월 26일. 화요일. 맑음. 학교에서 백미 5되[升] 6홉[合]을 사 왔다. 군청으로부터 12월분 숙직료 1원 80전을 받았다. 44전은 삼경三經을 주문한 우편요금[郵稅]이다. 30전은 땔감[薪] 1짐[負], 8전은 석유 1그릇[器], 19전은 북어北魚, 10전은 소고기[正肉]. [삼경三經 이외에 『구양순체첩歐陽詢體帖』 1책이 왔다.]

1월 27일. 수요일. 밤에 비. 정충시鄭忠時 형으로부터 편지와 오징어[烏賊魚] 40마리가 왔다. 이광렬李光烈 군에게 5마리를 주었다. 펜[尖筆] 1자루, 연필 1자루. [충효묵忠孝墨 100개[丁]가 내려왔다. 5개는 이 우李友에게 주고, 1개는 병철秉喆에게 주었다. 9개는 넣어두고, 그 이외의 것은 생도들에게 나눠주었다.]

1월 28일. 목요일. 맑음. 방과 후에 대원大原 교장과 함께 나가서 모석리牟石里로부터 청수정清水町까지 다니면서 결석생[欠席生]들을 독촉했다. 돌아오다가 곤산리坤山里에 이르러 정진사鄭進士 어르신을 방문했지만, 뵙지 못했다. 이명환李明煥을 방문하여 술을 마셨다. 일금 10전은 무[大根] 22개, 17전은 인찰지印札紙 100장, 8전은 권지卷紙 1개.

1월 29일. 금요일. 맑음. 정군鄭君에게 편지를 썼다.

1월 30일. 토요일. 맑음. 방과 후에 대원大原 교장과 함께 하가리下可里에 가서, 이존춘李存春 및 이재근李在根, 그밖에 양병수梁炳秀를 보았다. 서당의 아동들을 대하여 한 바탕 타일렀다. 박병용朴炳鏞을 만났다. 정충시鄭忠時 군에게 편지를 부쳤다. 3전은 우표[切手] 1개. 솔가지[松枝] 4묶음[束]이 왔다. [솔가지[松枝]는 48묶음[束]이다.]

1월 31일. 일요일. 흐림. 오전에 용머리고개[龍首峴] 필방筆房에 가서 장액필獐腋筆 2자루를 사들였는데, 12전이었다. 오후에 은 군殷君 및 조 형趙兄이 방문하여 저녁까지 이야기했다. 일금 30전은 술을 샀다. 솔가지[松枝] 4묶음[束]이 왔다. [솔가지[松枝]는 52묶음[束]이다.]

2월

2월 1일. 월요일. 흐림, 아침에 가랑비. 김 판서金判書에게서 김 생원金生員의 붓 2자루를 가져 왔다. 일금 4전은 질그릇[陶器] 1개. 하학下學 후에 직원회의가 있었다. 8전은 석유 1그릇[器].

2월 2일. 화요일. 흐림, 저녁에 갬. 봄볕처럼 따뜻했다. 일금 22전은 짚신[艸鞋] 값.

2월 3일. 수요일. 맑았다 흐림. 일금 1원 62전을 숙직료로 받아왔다. 이 이외에 1원이 더 왔다. 그래서 삼포三浦에게 편지를 써서 김찬숙金贊叔에게 보냈다. 일금 44전은 좌야佐野가 편집한 『사군자부四君子部』 4책 및 『궤두소포机頭小圃』 2책을 청목숭산당青木嵩山堂에 주문했다.[8] 조 형趙兄이 와서 보았다. 이기호李箕鎬 군으로부터 편지가 왔다. [숙직료宿直料 건.] [1학년생을 인솔해 가서 낙수동樂壽洞 박영근朴永根의 산정山亭을 보았다.]

2월 4일. 목요일. 맑음. 제법 춥다. 솔가지[松枝] 4묶음[束]이 왔다. 대원大原 교장이 군청에 가서 1원을 가져가겠다고 자청했다고 한다. 김찬숙金贊叔으로부터 찾아서 자신이 가져가겠다는데, 다만 회보回報가 어떠했는지는 아직 듣지 못했다. [솔가지[松枝]는 56묶음[束]이다.]

2월 5일. 금요일. 맑음. 지독하게 춥다. 일금 35전은 시장에서 썼다. 즉 북어北魚 19마리, 청어青魚 10마리, 기타 사소한 물건들. 50전은 소고기[牛肉]. 조 형趙兄과 힘을 모아서 이춘사李春史 선생 댁 및 이연파李蓮坡 어르신 댁에 올렸다. 홍낙유洪洛裕로부터 편지가 왔다. 3전은 엽서. 최혁환崔赫煥의 처소에서 소고기 1덩이[塊]를 보내왔다.

2월 6일. 토요일. 맑고 춥다. 눈. 이기호李箕鎬 및 홍낙유洪洛裕에게 편지를 부쳤다. 10전은 무[大根].

2월 7일. 일요일. 흐림. 오전에 유장석柳章錫을 방문했다. 최승렬崔昇烈을 방문했지만, 만나지 못했다. 오후에 조 형을 가서 보았다. [하재

8 좌야(佐野, 사노)는 곧 좌야원공(佐野元恭)일 가능성이 높다. 다만 '사군자부(四君子部)'는 책의 일부를 가리키는 말일 수도 있다. 『궤두소포(机頭小圃)』는 죽림철(竹林哲)이 편집하여 1880년에 간행한 2책의 목판본이다. 발행자는 청목항삼랑(青木恒三郎)이다.

洪河在弘을 방문했다.]

2월 8일. 월요일. 맑음. 8전은 석유 1그릇[器]. 날씨가 제법 차갑다.

2월 9일. 화요일. 맑음. 제법 춥다. 밤에 기숙사에서 이리저리 돌아다니는 외부인을 대면하여 타일렀다.

2월 10일. 수요일. 맑음. 오전 11시 무렵에 조 형趙兄이 전화電話로 아버님과 사돈 어르신[趙査丈]이 내려오신다고 했다. 곧바로 정오正午 쉬는 시간에 기숙사로 돌아간 즉 이미 내려와 계셨다. 10전은 사탕砂糖 및 두부, 22전은 땔감[薪] 1짐[負]. 밤에 우편국에 갔다 왔다. 아버님이 밤중에 돌아가 주무셨다. [오사카 숭산당嵩山堂으로부터 『사군자부四君子部』 및 『궤두소품机頭小品』이 도착했다.[9]]

2월 11일. 목요일. 일금 20전은 무[大根]. 유광석柳光錫 형.[10] 기원절紀元節 날이다. 오전 10시에 생도 전체를 인솔하여 신사에 가서 참배했다. 아버님이 저녁 무렵에 돌아오셨다.

2월 12일. 금요일. 맑음. 오전 7시 무렵에 아버님이 흑석동黑石洞에 행차하셨다. 동 9시에 병철, 병륙 형제를 이끌고 행차에 나갔다. 다만 1원 및 우표[切手] 55전을 내려주셨는데, 곧 고부古阜 지청支廳에 부칠 등기[書留] 건이었다. 방과 후에 곧바로 우편국에 가서 등기[書留]를 부쳤는데, 40전의 인지印紙 및 40전의 우표[切手]가 들었고 등기[書留]에 13전이 들었다. 돌아오는 길에 정기용鄭機用 씨 댁에 들렀다. 일금 5전

9 2월 3일에 주문한 책이 도착한 것이다. 둘 모두 화보(畫譜)에 속하는 문헌으로 추정된다. 다만 여기에 언급된 『궤두소품(机頭小品)』은 『궤두소포(机頭小圃)』의 오기로 보이는데, 『궤두소포(机頭小圃)』는 풍원선(豊原善)이 편집한 화보(畫譜)인 『묵패소품(墨牌小品)』과 함께 당시에 널리 유통되었다.

10 원문에 동사가 없어서 무슨 뜻으로 쓴 것인지 확인할 수 없지만, 방문했다는 말로 짐작된다.

은 대추[棗], 5전은 밤[栗], 15전은 소고기[正肉]. 김창조金昌祚로부터 북어北魚 36마리가 왔다. [솔가지[松枝] 4묶음[束]이 왔다. 총계 60묶음[束]이다. 다만 이날 4묶음[束]은 표票 없이 주었다.]

2월 13일. 토요일. 맑음. 8전은 석유 1그릇[器]. 제석除夕이라 문득 시 한 수를 읊어서 조 형에게 주었는데, 다음과 같다.

내 사는 세상엔 항상 새로운 일 많았지만
홀홀히 대여섯 봄이 지나갔네.
북으로 한성에 가 배울 때 누구와 벗이 되었던가.
남으로 전주 땅에 와서 또 이웃이 되었구나.
산허리 그림자 속 한가한 거사요,
흐르는 물 소리 속 얽매임 없는 사람이라.
뒤척이며 고금의 일 생각해보면
끊임없이 가까이할 만한 이 몇이나 있었던가.

雖吾之世尚多新, 忽忽經過五六春.
北學漢城誰與友, 南來豐沛亦爲隣.
半山影裏閒居士, 流水聲中自在人.
轉輾回思今古事, 源源幾有可相親.

눈길을 주어 읊조리고서 먹을 희롱하여 소일할 뿐이다. 서재록徐在錄으로부터 북어北魚 20마리가 왔다.

2월 14일. [을묘년乙卯年 설날[元日]] 일요일. 맑음. 곧 음력 정월 원일元日이다. 오전에 학교에서부터 조 형趙兄의 집으로 갔다. 점심식사 후에 조 형趙兄과 더불어 춘사春史 어르신 및 이연파李蓮坡 어르신을 가서 뵈었다. 돌아오는 길에 한 군韓君을 만나서 따라 들어갔다가 나왔다. 은상학殷相鶴을 방문했다. 한韓, 정鄭, 김金 여러 사람을 만났다. 밤에 화가花家를 돌아다니다가 등영실登影室에 이르러 한 바탕 놀고 돌아왔다.

2월 15일. 월요일. 맑음. 1시간 동안만 수업을 했다. 대원大原과 더불어 마도馬渡를 방문했다.[11] 이 도참사李道參事, 이명환李明煥, 김용규金容奎, 신언태申彦兌 씨, 송 씨宋氏 집, 정진사鄭進士, 백낙륜白樂倫을 방문하고 돌아왔다. 밤에 유광석柳光錫 군이 방문했다. 무릎을 맞대고 길게 이야기했다.

2월 16일. 화요일. 맑음. 오전에만 수업을 했다.

2월 17일. 수요일. 맑음. 밤에 대정정大正町에서부터 돌아서 왔다. 황대창黃大昌으로부터 편지가 왔다.

2월 18일. 목요일. 맑음. 일금 15전은 새우젓[鰕醢] 1그릇[器]. 집에서 심부름꾼이 떡과 장醬을 가져왔다.

2월 19일. 금요일. 맑음. 일찍 일어나 흑석동黑石洞 조 형趙兄의 집에 가서 잣나무 1그루를 옮겨왔다. 일본인 집에 들러 무[大根]를 사 왔는데, 곧 30전이었다. 돌아와서 하인을 보내 10전을 주었다.

2월 20일. 토요일. 맑았다 흐림. 오후 2시 무렵에 소학교에 이르러 수업[教授]을 보았다. 이어서 비평회 및 연구회가 있었다. 동 6시 무렵에 마치고 돌아왔다. 이관호李寬鎬 씨를 방문해서 피부병에 대해 묻고 의

---

11 마도(馬渡)는 곧 1915년부터 전주제이공립보통학교에서 함께 근무하게 되는 마도용일(馬渡勇一)이다.

논했다.[12] 병륙秉陸 및 병철秉喆이 돌아왔다. 병문秉文으로부터 편지 및 일금 1원 60전이 왔다. 곧 예전에 용안龍安 박기朴奇에게 집행권執行權 비용으로 들어간 2원 30전의 일부이다.[13] 일금 10전은 소고기[正肉], 5전은 소금[食鹽], 2전은 마늘[蒜], 2전은 미나리[芹]. 이강하李康河 군으로부터 편지가 왔다.

2월 21일. 일요일. 맑음. 오전 9시에 제일학교 이춘사李春史 선생 보은회報恩會에 갔다. 도장관道長官으로부터 군수郡守 이하에 이르기까지 내빈來賓이 수십 명이었다. 식을 거행하여 은배銀盃 1개를 올렸다. 마치고는 다과회가 있었다. 곧바로 다가정多佳亭의 개선축하회凱旋祝賀會에 가서 냉랭하게 음복飮服하고 돌아왔다. 유광석柳光錫 군과 함께 돌아오다가 농업학교[農校] 기숙사에 이르렀고, 걸숙傑叔과 함께 집에 돌아와 잠시 놀았다. 이어서 함께 동촌東村으로 갔는데, 다시 조 형趙兄을 만나 오목대梧木臺 등의 곳에 갔다가 돌아왔다. 밤에 은성학殷成鶴 군을 방문했지만, 만나지 못했다. 곧바로 이발을 했는데, 비용은 20전이었다. 8전은 석유, 5전은 양고약洋膏藥.

2월 22일. 월요일. 맑음. 월봉月俸을 받았다. 30전은 개선회비凱旋會費로 나갔다. 18전은 국고금國庫金이다. 일금 1원 2전은 동경東京 홍농원興農園에 종자 및 난을 주문했다. 병원에서 약품을 받아왔다. 8전은 비용.

2월 23일. 화요일. 맑음. 일금 3전은 엽서. 이강하李康河 군 및 황대창黃大昌에게 편지를 부쳤다. 1전 5리는 엽서 1매. 평양平壤의 송기화

12 이관호(李寬鎬)는 의사로, 이때 전주자혜의원의 조수(助手)로 일하고 있었다.

13 1914년 12월 15일 일기에 "박기(朴奇)의 일"이 언급되어 있다. 12월 28일의 일기에도 이 비용과 관련된 것으로 짐작되는 내용이 보인다.

宋基和에게 편지를 부쳤다. 송봉宋鳳 및 금주金珠가 와서 복습하였다.

2월 24일. 수요일. 맑았다 흐림. 일금 36전은 솔가지[松枝] 4묶음[束] 매입. 밤에 조 형趙兄과 더불어 하재홍河在弘 씨를 가서 보았다. 송기화宋基和로부터 편지가 왔다. [병철秉喆이 일금 30전 5리를 냈다.]

2월 25일. 목요일. 흐리고 비. 방과 후에 직원 일동이 소학교에 가서 녹자목鹿子木 주임의 이야기를 들었다. 일금 10전은 대추 2되[升], 27전 8리는 반찬거리용 채소. 이 씨李樣로부터 값[量價] 15전을 거뒀다. 박영생朴永生으로부터 편지가 왔다. 일금 30전은 우표郵票를 사서 송기화宋基和에게 보내고 『신구잡가新舊雜歌』를 청구했다.[14] 3전은 우표[切手] 1매, 8전은 석유 1그릇.[병철秉喆이 일금 7전 8리를 냈다.]

2월 26일. 금요일. 맑음. 26전 6리는 땔감[薪] 1짐[負], 일금 10전은 사탕砂糖. [병철秉喆이 일금 6전을 냈다.]

2월 27일. 토요일. 흐림. 직원회職員會. 줄포茁浦에서 아버님이 내려주신 편지가 있었다. 6전은 엽서 및 우표[切手].

2월 28일. 일요일. 큰 눈. 갑자기 추워졌다. 눈보라를 무릅쓰고 광정廣井에 가 보았다. 줄포茁浦에 편지를 올렸다. [음력 정월 보름날이다.]

3월

3월 1일. 월요일. 흐림. 아직 춥다. 일금 30전은 솔가지[松枝] 1짐[負].

14 『신구잡가(新舊雜歌)』는 같은 제목의 책이 여럿 전하는데, 여기서는 문맥상 평양의 송기화 상점(宋基和商店)에서 1914년 6월에 간행한 책으로 추정된다.

송기화宋基和로부터 『잡가雜歌』가 왔다.

3월 2일. 화요일. 맑음. 일금 1원 16전은 백미 1말. 박영생朴永生에게 편지를 부쳤다. 김용섭金容灄 군이 방문했다. 조 형趙兄도 또한 방문했다.

3월 3일. 수요일. 맑음. 다시 따뜻해졌다. 군청으로부터 숙직료 1원 68전을 받았다.

3월 4일. 목요일. 맑음. 일금 1원 80전은 셋집 수리 건. 조 씨趙氏에게 부탁했다.

3월 5일. 금요일. 맑음. 오사카[大阪] 신비사神祕社로부터 월보月報 및 봉서封書가 왔다. 밤에 소학교에 갔다.

3월 6일. 토요일. 흐림. 조 형趙兄이 방문했다.

3월 7일. 일요일. 흐리다가 비. 일꾼[日軍] 3인과 더불어 가옥 주위를 수리했다. 오후에 시장 및 가성사진관加城寫眞館에 갔다. 일금 3원 44전은 백미 3말[斗], 80전은 사진 요금, 20전은 화철花鐵 1개. 20전은 홍어洪魚 1마리, 6전은 비용. [촬영撮影]

3월 8일. 월요일. 맑음. 동경東京 흥농원興農園에서 종자種子만 왔다. 김용근金用根에게 시술을 했다.

3월 9일. 화요일. 맑음. 시학視學이 기한을 어기고 전주에 오지 않았다. 집사람[家人]에게 시술을 했다.

3월 10일. 수요일. 맑음. 시학視學이 이날 전주에 온다고 한다. 밤에 눈이 왔다.

3월 11일. 목요일. 흐림. 제법 춥다. 밤에 눈. 집사람[家人]에게 시술을 했다.

3월 12일. 금요일. 맑음. 오후 1시 무렵에 소삼小杉 시학視學 및 수산

守山 선생, 입화立花 농업학교장, 통구樋口 교장이 수업[教授]을 참관하고 세밀하게 조사했다.[15] 동 3시 무렵에 제일학교에서 비평회가 있었다. 곧 교양教養, 훈육訓育, 수업[教授], 장부정리 등의 일을 비평했다. 가성사진관加城寫眞館에 들렀다. 일금 50전은 소고기[正肉] 및 반찬거리 등속.

3월 13일. 토요일. 눈보라. 일금 30전은 2월분 신문대금으로 건넸다. 내 생일이니, 곧 음력 정월 28일이다. 밤에 아버님이 내려오셨다. 8전은 석유.

3월 14일. 일요일. 맑음. 일금 54전은 땔감[薪] 2짐[負], 10전은 술값.

3월 15일. 월요일. 맑음. 1원 78전을 제국신비사帝國神秘社에 부치고 『최면치료술催眠治療術』 1책을 청구했다. 7전은 우편 비용. 또한 그 곳에 사진을 부쳤다.

3월 16일. 화요일. 맑음. 누님[舍姉]이 내려오셨다. 일금 35전은 땔감[薪] 2짐[負]. [15전은 소고기[正肉].]

3월 17일. 수요일. 맑음. 16전은 권지卷紙 2축軸, 4전은 초[燭] 2자루, 4전은 파 10개, 2전은 밭 경작 비용, 3전은 우표[切手]. 충시忠時 군에게 편지 및 사진을 부쳤다. [교지기(校直)로부터 계란 4개가 왔다.]

3월 18일. 목요일. 맑음. 7전은 종자種子, 30전은 술, 20전은 소고기[正肉], 5전은 파래[靑苔]. 무[大根]는 6전, 청어靑魚는 10전, 계란은 13전. [오후 1시에 생도들을 인솔하여 석전釋奠에 갔다.]

3월 19일. 금요일. 맑음. 오전 10시에 아버님께서 고부古阜에 행차하

15 조선총독부 내무부 학무국의 소삼언치(小杉彦治) 시학(視學), 전라북도 내무부의 수산오백족(守山五百足) 도서기(道書記), 전주공립농업학교의 입화통년(立花通年) 교장, 제일공립보통학교의 통구호지조(樋口虎之助) 교장이 참여한 것이다.

셨다.

3월 20일. 토요일. 맑음. 15전은 마을의 어르신들[里長老者]에게 주었다. 다만 3전은 되찾아왔다. 오전 9시부터 생도들—2학년 이상—을 인솔하여 남고산南固山에 가서 소나무를 심었다. 김 씨金氏 집에서 점심을 먹었다.

3월 21일. 일요일. 맑음. 이 선생李先生, 최승렬崔昇烈, 유광석柳光錫을 방문했다.

3월 22일. 월요일. 맑음. 춘계春季 황령제일皇靈祭日이다. 서문 밖 시장. 59전은 백미 5되[升], 2전 8리는 성냥[燐寸], 5전은 무[大根], 2전은 미나리[芹].

3월 23일. 화요일. 맑음. 월봉月俸은 18원인데, 그 가운데 국고금國庫金은 제하였다. 68전은 학교로부터 온 백미 값이어서, 교장에게 출급出給했다. 9전 및 15전은 땔감[薪].

3월 24일. 목요일. 맑음.

한문일기

제3권

1915. 3. 25.~1917. 3. 31.

탈초 : 유화수(호원대학교 교수)
번역 : 황재문(서울대학교 규장각 한국학연구원 교수)

[원문]

日誌三

自乙卯春

(1915. 3. 25. ~ 1917. 3. 31.)

自1915年

卄五日. 木. 雨. 卒業式準備及校室整理. 與卒業生撮影. [松枝四束來.]

卄六日. 金. 晴. 小寒. 午前十一時, 擧行第二回卒業式. 午後, 與大原及馬渡樣, 入開山家, 呼酒請妓後, 往二葉亭, 作遊. 至仝九時頃, 歸舍. 金六錢, 醬. 二十二錢, 蛤醢一器. 五十錢, 羊毫筆價, 卽大柄二, 小柄四.

卄七日. 土. 晴. 往見春史丈. 往黑石洞. 金四錢四厘, 鹽. 六錢, 靑苔. 三錢六厘, 藥價. 十三錢, 薪. 一円四錢, 玉洋木八尺. 三十八錢, 靑魚卄尾. 十五錢, 正肉. 五円九十錢, 白米五斗. 二錢, 賃金. 秉陸感冒委病投藥. 四錢, 藥罐一箇. 夕頃, 自家來福童, 有醬及糯米負來.

卄八日. 日. 晴且曇及雨. 秉陸及福童出發. 英熙大病. 往見春史丈. 午前, 有殷成鶴君來訪. 與往黑石洞, 曲曲尋尋. 午飯于趙兄家. 因至殷君留所. 至西川橋, 於龍首峴, 入筆房. 訪化山尹相勛而還. 二十八錢. 秉陸路費.

卄九日. 月. 晴. 出校, 捧收授業料. 自西門外, 至大正町, 訪見許憲氏, 聞家君行次. 訪李君光烈問病. 二十錢, 理髮. 二十錢, 洋靴修繕及釘.

三十日. 火. 晴. 早出校, 與生徒十餘人, 游德眞池畔花樹閣. 遍山松林, 鬱鬱蒼蒼. 至肇慶壇下, 分食菓子而還. 訪李進士·李蓮坡丈. 十錢, 馬鈴薯. 二十錢, 菓子. 九錢, 手帖及鉛筆. 二十錢, 鍋. 十五錢, 罫紙百枚. 二錢, 針一封. 自鄭忠時君來書. 八錢, 石油.

三十一日. 水. 晴. 往見黑石洞. 自秦根盛來書.

四月

一日. 木. 晴. 午前十一時, 行開校記念式. 金二十錢, 太及大根.

二日. 金. 曇, 夕雨. 自午前十時, 登南固山, 植樹. 金五錢, 曹達. [十二錢, 葉價, 家人服. 一円金, 付于崇山堂, 請購芥子園畵譜四君子部.]

三日. 土. 雨. 神武天皇祭日也. 冒雨植樹. 仝午後一時五十二分, 迎守備隊於全州驛. 回路, 訪見許憲氏.

四日. 日. 晴. 出校, 畵蘭. 訪殷成鶴, 未見. 五錢, 藥用. 往河君家.

五日. 月. 晴且陰. 尹和重來訪. 逢柳璋錫兄弟. 午後三時, 於小學校, 四季會兼李先生及平井財務課長送別會. 訪尹和重. 午後一時頃, 家君臨下. 三十錢, 前月分新聞料. 午後二時, 行入學式.

六日. 火. 晴. 金十五錢, 正肉. 五錢, 芹. 四錢, 葱. 二十錢, 菜屬. 二十四錢, 鷄卵卄箇. 午後七時半, 新幕老婆來, 有祖父主下書. [松枝十七束來.]

七日. 水. 晴. 二圓金, 上于父主前. 午前七時頃, 父主行次于井邑. [松

枝七束來.]

八日. 木. 晴. 自洪洛裕·秦根盛, 來函. 十三錢, 酒. 自崇山堂來書.

九日. 金. 晴. 新幕老婆歸去, 付家書. 十錢, 路費與. 二円三十錢, 付于崇山堂.

十日. 土. 晴. 五錢二厘, 葉書及郵稅. 三錢二厘, 洋紙二張. [自秉喆來書.]

十一日. 日. 雨. 午前五時半, 出校. 七時頃, 對昭憲皇后恩德講話. 八時, 歸而朝飯. 仝九時, 出完山橋, 率兒童, 往式場. 九時四十分, 始式. 冒大雨而數時間了式. 與李君往醬商店. 午後一時, 往停車場, 率生徒, 送別守備備隊. 金十九錢, 饌用費. 午後, 與趙兄, 往訪柳光錫.

十二日. 月. 晴. 前日父主下賜補藥卄貼, 始服.

十三日. 火. 晴. 付書于洪洛裕·秦根盛·崔東煥. 洋紙二枚.

十四日. 水. 晴. 夜, 於宿直室, 逢河君在弘.

十五日. 木. 晴. 午前九時半, 率生徒往明治神社, 參列而休業, 卽全州神社春祭日也. 與趙兄, 訪許憲及田中氏. 又訪在弘氏, 將食. 柳兄來留云. 於河氏家咏. ["柳暗花明溪上樓, 進隨昇日作清遊. 從知弘毅濟濟士, 在此湖南第一州."]

十六日. 金. 晴. 柳兄來訪. 午頃, 父主下臨. 自崇山堂, 來書及書法正傳一册. 二十錢, 正肉. 四十錢, 淸酒. 六錢, 菜饌用.

十七日. 土. 晴. 午前七時, 柳兄來訪. 仝八時, 父主行次于京城.

十八日. 日. 晴. 午前, 種菜. 殷成鶴君來訪, 與午飯, 出步. 夜, 與趙兄, 訪郡守丈及柳兄. 午前, 訪王氏. 請學語.

十九日. 月. 晴. 柳兄來訪. 夕飯後, 訪王氏. 因訪蕭相睦(玉亭), 學語始.

卄日. 火. 晴. 午後四時頃, 父主下臨. 與李·趙兩兄, 始學語. 訪柳兄. [秉喆·秉陸, 歸來.]

卄一日. 水. 晴. 父主行次于井邑. 柳兄出發云. 一円, 家貰金二月分, 了納. 月俸十八円, 受. 金二十五錢, 饌用.

卄二日. 木. 晴. 鶴洞族叔來宿. 夜與曉言. 八錢, 石油.

卄三日. 金. 晴. 秉喆不告而與其叔歸去.

卄四日. 土. 晴. 付書于秉喆·蘇秉寔·李大泳. 金九錢, 切手. 金壹圓, 賻儀于李大泳. 午後二時, 往農校硏究會. 七時, 罷.

卄五日. 日. 晴. 午前, 逢柳光錫君, 登梧木臺. 回路, 入布敎堂, 逢白氏. 入河氏家, 呈詩. 一金八十四錢, 玉洋木三尺, 廣木四尺. 三十錢, 乾石魚十尾. 五錢, 染物. 十錢, 菜蔬類. 午後, 與李曉山, 訪趙心農. 十三錢, 空册及鐵筆.

卄六日. 月. 晴. 金八十錢, 付于新文舘, 請購獨習漢語指南一册.

卄七日. 火. 晴.

卄八日. 水. 曇. 落成式及運動會準備.

卄九日. 木. 晴. 理髮, 二十錢.

三十日. 金. 晴. 端裝汨沒. 八錢. 石油.

五月

一日. 土. 晴. 午後一時, 行落成式. 仝二時半, 始運動會. 七錢, 麻鞋.

二日. 日. 晴. 於小學校, 自午前九時, 有道廳主催運動會.

三日. 月. 晴. 訪柳光錫, 未見. 二十三錢, 洋燈一箇.

四日. 火. 晴. 二十四錢, 薪一負.

五日. 水. 晴. 二十七錢. 乾石魚十尾. 十錢, 雜菜. 二錢, 種子. 四錢, 青苔. 三十錢, 前月分新聞價.

六日. 木. 晴. 二十錢, 薪一負, 石油一器.

七日. 金. 晴. 十六錢, 薪一負. 十五錢, 苦椒粉末.

八日. 土. 晴. 午後三時, 往第一學校同窓會. 自崇山堂, 芥子園畫譜四集來到. 與趙兄, 訪柳璋錫及金炳稙. 八錢, 卷紙一.

九日. 日. 晴. 午後九時, 與趙兄及柳璋錫君, 往朴永根樂壽山亭而遊. 回路, 入僧岩山祭堂, 午飯而還. 訪殷成鶴君, 未逢. 付書于鄭忠時及南陽學校中. 自下午, 始雨. 六錢, 切手二.

十日. 月. 曇. 朝雨暮連. 六錢, 醬.

十一日. 火. 晴. 校長以私立學校視察事出, 往高山華山學校及韓峙學校. 金二錢, 箒一柄. 十二錢, 乾石魚五尾.

十二日. 水. 晴. 夕有父主·叔主及社峴李生員丈來臨.

十三日. 木. 晴. 金十四錢, 酒. 二十錢, 淸酒. 三十錢, 肉與卵·魚·菜屬. 十六錢, 雜費.

十四日. 金. 晴. 父主·叔主及李生員丈出次. 三十錢, 寄附于運動會.

十五日. 土. 晴. 四十錢, 薪二負. 十六錢, 食鹽. 二錢, 大根種子. [五十錢, 貸與李友.]

十六日. 日. 雨. 午前九時, 出多佳亭第一學校運動會. 始式, 數時, 大雨. 冒行運動, 終不堪當, 中止. 八錢, 石油. 自方斗鉉君來書.

十七日. 月. 晴. 自李康河君來書. 校長還.

十八日. 火. 晴. 薪一負, 二十八錢. 學務局長關屋行來全.

十九日. 水. 晴. 午正, 學務局長來校.

二十日. 木. 晴. 送局長于銀杏屋前. 父主下臨. 夕飯後出次. [金五十錢, 魚及甘藿.]

二十一日. 金. 曇, 小雨. 午前十一時, 出多佳亭第一校運動會. 午後三時頃, 罷. 有同窓會員慰勞會及樋口氏晩餐會. 訪大原氏.

二十二日. 土. 雨. 自李君, 受月俸十八円及宿直料壹円八十錢. 二十七錢, 會費除之. 十五錢, 洋紙十張. 校長出會校長會.

二十三日. 日. 晴. 午前, 有柳璋錫君來訪. 午後四時, 與趙兄訪河·李兩君. 未逢. 只訪柳友, 適遇河·李二友, 登山觀矣. 回路, 入河君家, 有酒食. 六錢, 沐浴費. 二十五錢, 寫眞價.

二十四日. 月. 晴. 往遊河家. 一円金, 付及蕭玉亭.

二十五日. 火. 晴. 五錢, 洗濯曹達. 白米六斗, 三円三十六錢. 二十八錢, 靑苔一箱. 十七錢, 生薑及苦椒. 十五錢, 薪一負. 夜往第一同窓會. 貳円金, 家貰金.

二十六日. 水. 晴. 金十錢, 川魚. 六十八錢, 會費.

二十七日. 木. 晴. 三十四錢, 薪一負.

二十八日. 金. 晴. 家庭訪問. 八錢, 石油.

二十九日. 土. 晴. 於第一校, 有硏究會. 理科敎授.

三十日. 日. 晴. 金八十錢, 燒酒二罐鉢. 三十錢, 辨當箱. 十三錢, 飮杯一. 與李·趙二兄及殷君·金氏·河君·崔君, 小作書畵會. 金十五錢, 洋紙十張. 五錢, 朝月一. 五錢, 苦椒醬一器.

三十一日. 月. 曇, 斜雨. 二十錢, 理髮.

六月

一日. 火. 晴. 家庭訪問. 訪李春史先生宅.

二日. 水. 晴. 八錢, 石油.

三日. 木. 晴. 往鄭機用氏家, 見書畵. 借得石坡蘭五帖.

四日. 金. 晴. 六十錢, 市用.

五日. 土. 晴. 四十錢, 薪. 有書道大會案內. 回送石坡蘭.

六日. 日. 陰熱. 午後一時, 與趙兄·李友, 往公會堂書道大會, 得見古書陳列及揮毫. 爲紀念, 得一幅書. 訪趙友鍾, 未見.

七日. 月. 晴. 三四年終日實習. 父主自苗浦下臨. 自眞谷下人來.

八日. 火. 晴. 三四年級, 第一時間, 同盟罷工. 校長登完山抨來. 金二十錢, 乾石魚五尾, 鷄卵五箇.

九日. 水. 晴. 下人歸送. 金三十錢, 乾石魚及正肉. 夕有社峴李書房來訪. 季父主臨下.

十日. 木. 陰. 父主及季父主出次, 同還眞谷.

十一日. 金. 雨. 早飯于舍姉家. 卽舍姉生日也. 陰四月卄九日, 祖父主生辰.

十二日. 土. 晴. 自午後, 終日實習. 卽卒業生所營移植也.

十三日. 日. 晴. 午正, 出校. 午後, 往從南山房作遊. 訪鄭機用, 借竹畵二張. 秋史書跡, 還付.

十四日. 月. 晴. 自午後, 一同學徒, 爲卒業生種苗. 金四十二錢, 石首魚十尾. 及牛肉, 十錢也. 一金七十錢, 貸與隣家.

十五日. 火. 晴. 自隣家, 所貸金推覔. 眞谷老婆來.

十六日. 水. 雨. 金五十四錢, 市用. 一円九十二錢, 宿直料, 取來.

十七日. 木. 雨. 以職員下至生徒, 皆冒雨而除草及種苗學田. 午飯炊給生徒. 郡守及白學務委員來. 午後畢了.

十八日. 金. 雨. 臨時休業, 因昨勞也. 夜冒雨往崔友家, 會議.

十九日. 土. 晴. 十五錢, 白露紙十張. 老婆歸.

二十日. 日. 晴. 午前, 往訪趙兄家, 遊. 午飯. 偕至六一亭, 更至大正町, 訪許憲家. 三十錢, 菓子. 三十錢, 雜費.

卄一日. 月. 晴. 金十八円, 月俸也. 三十錢, 藥價. 二円五十錢, 帷帳一. 十錢, 緞布九尺. 一円三十錢, 洋靴修繕料. 一円, 貸去贊叔. 自洪洛裕來書. 夜, 與趙兄登南門.

卄二日. 雨. 火. 六十錢, 五六兩月分新聞代金, 出給.

卄三日. 水. 晴. 四十六錢, 付于嵩山堂, 請求四體書法一帙. 三錢, 葉書二枚. 訪河君家.

卄四日. 木. 晴. 六十錢, 市用. 二円, 四月分家屋貰金. 白米三斗, 三円三十三錢也.

卄五日. 金. 晴. 付書于洪洛裕.

卄六日. 土. 晴. 自午後, 打麥. 四十錢, 帽子洗濯料.

卄七日. 日. 晴. 午前, 訪尹相彦, 與往僧岩寺, 相誠會事. 午後一時, 歸. 往大正町. 十錢, 洋靴壓釘價. 十五錢, 畵幅三. 三十五錢, 松枝一負. 八錢, 石油.

卄八日. 月. 晴. 父主自茁浦行次. 古城柳兄, 季父主臨下. 夜, 與趙兄訪河在弘家. 四十錢, 食床漆價. 二十五錢, 理髮.

卄九日. 火. 晴. 金四十錢, 酒. 二十五錢, 鷄卵二十個. 柳兄夕來.

三十日. 水. 晴. 父主·季父主, 早朝行次出發. 自嵩山堂來書. 更付書嵩山堂. 午後, 有同窓會於本校. 因與柳光錫, 夕食.

七月

一日. 木. 晴. 請柳兄, 夕食. 與趙兄, 往第一校同窓會. 青年會組織, 余以主幹被選.

二日. 金. 晴. 午後二時頃, 往郡廳, 受辭令書.

三日. 土. 晴. 午前十一時, 與李君及生徒二十七人, 出發. 仝午後一時, 至松廣寺, 觀覽. 逢東下僧, 數話. 但主持陳完松出他. 與李君至後, 模寫碑文. 仝四時, 出此. 曲曲尋尋, 登登臨臨. 聞溪水禽鳥之聲. 至威鳳山城, 卽仝五時頃也. 初逢許氏, 數話. 入沙門, 卽威鳳寺. 與主持李振聲交語. 置行裝, 轉下小路出望鶴關, 見瀑布. 其長達數十丈. 岩石樹林奇絶, 使人忘歸佇立. 少焉, 因下而至上流, 濯足, 急歸. 偶咏一首. "曲曲尋尋數里程, 山像野容共勝情. 莫言瀑布如何事, 惟有行宮艸滿庭." 卽瀑布, 完山八景之一也. 行宮, 則自西門至威鳳寺內殿, 在我朝肅宗大王時, 築城于此, 亦建此者也. 金十錢, 砂糖. 五錢, 草鞋. 七錢, 食價. 八錢, 扇子. 自鄭筆商, 持來大筆四柄.

四日. 日. 晴. 午前八時早飯, 整行裝出發. 午頃, 歸家. 六錢四厘, 艸鞋. 七錢, 食價. 訪鄭機用家, 初見李錫範氏. [自大阪, 來催眠治療法册一, 蘭亭記一帖.]

五日. 月. 晴. 三十七錢, 松枝一負. 鄭機用氏來訪. 五錢, 烟艸.

六日. 火. 晴. 一円金, 與玉亭. 實習及調査表, 製成.

七日. 水. 晴. 本田勸業模範場長來校. 午後五時, 往第一校, 相議青年會事. 與趙兄, 廻大正町, 至鄭機用氏家, 逢李錫範氏, 得見秋史先生筆帖. 金七錢, 洋靴壓釘價. 四十六錢, 合竹漆扇一柄也.

八日. 木. 晴. 實習播秋豆. 三十七錢, 松枝一負. 自贊叔, 一円金捧收.

付書于吳榮喆也. 大半紙百張, 二十五錢也.

九日. 金. 晴. 付書于鄭忠時, 兼付扇子一柄. 郵稅, 十二錢也.

十日. 土. 晴. 臨秋史先生筆帖. 四十錢, 付及鄭筆商.

十一日. 日. 晴且陰, 小雨. 終日蟄伏. 臨秋史先生筆帖.

十二日. 月. 晴. 與趙兄早歸. 夜, 與趙兄訪鄭機用氏, 還付秋史帖.

十三日. 火. 晴. 金六十錢, 市用. 石魚及北魚買入. 三十六錢, 紙價.

十四日. 水. 晴. 訪鄭機用家, 遊. 夜, 與生徒數人, 附作阮堂簡帖.

十五日. 木. 晴. 一円八十錢, 宿直料來. 十錢, 鹽. 三錢五厘, 糊.

十六日. 金. 晴. 二十七錢, 鷄卵三十個.

十七日. 土. 晴. 珠算講習于第一學校. 午後二時, 始. 仝五時, 終. 十五錢, 說明書一册. 八錢, 石鹼一個. 六錢, 齒磨粉. 大熱.

十八日. 日. 晴. 午前, 觀市而往黑石洞. 午後, 與趙兄伴來小酌出. 訪鄭機用氏及李蓮坡丈 · 趙友鍾 · 柳光錫, 未見. 只見河長制而來. 卽六月七日, 初庚云. 金五十二錢, 白米五升. 十八錢, 鷄一首. 十五錢, 酒. 大熱. 金八錢, 砂糖.

十九日. 月. 晴. 大熱. 自午前, 實習. 收穫薯及豆. 菜圃整理.

二十日. 火. 晴. 午前, 整理教室運動場. 正午, 發表成績. 食薯而歸罷生徒. 午後一時, 出第一校, 相議青年會事. 回路, 訪李錫範氏. 逢驟雨, 夕復晴天. 夜, 與寄宿生, 出大正町. 金三十錢, 砂糖. 三十二錢, 素麪四十束. 十錢, 洋襪一. 十三錢二厘, 麻鞋二. 十三錢, 酒石酸五錢重, 炭酸曹達三錢重. 三十二錢, 稅金, 出給于里長.

二十一日. 水. 晴. 九時, 出校. 整理帳簿, 使生徒實習. 分給薯五百匁. 金二十円, 月俸. 內二十錢, 國庫金也. 二十錢, 珠算講習會費. 五円, 與李君, 使買白米及魚等. 一円三十六錢, 黃溪布十四尺. 二円, 與崔赫煥,

使出代金引換小包, 卽白米二斗五升, 二円五十五錢. 石魚十尾, 十二錢. 北魚二十尾, 二十二錢. 尋小包費, 二円三十八錢. 內四十錢, 余之所買白菜種子一合價, 兼於他, 八錢. 午後一時, 出發, 至全州驛. 四錢, 나무비一. 與秉陸及趙兄, 三時二十五分, 乘車. 別趙兄於德津. 四時二十分, 至參禮驛, 下車. 七時半, 徒步歸家. 四十八錢, 車費.

二十二日. 木. 晴. 卽母主生辰也. 午後, 回見家內大小宅.

二十三日. 金. 小雨. 秉喆來見.

二十四日. 土. 午後雨. 只看古史而消日.

二十五日. 日. 晴. 早飯後出發. 至參禮, 買眞瓜, 一錢四厘. 往尋飛飛亭. 鄭圃隱·宋尤庵·金文谷諸先生之講墟尙存, 惟雜草荒蕪而已. 下有直齋, 日人鳩居. 午後二時五分, 乘車. 至德津, 有觀蓮大會, 花界人山. 自此驛, 乘車者甚多, 容身無地. 於車中, 逢李箕鎬. 三時五十分頃, 下車着全州. 理髮, 二十錢. 夜往黑石洞, 遙與趙兄, 深夜歸宿.

二十六日. 月. 晴. 出校, 實習. 但金贊叔許, 一円十二錢貸與. 午後七時半, 往第一校, 設場靑年會. 仝八時半, 開發會式. 會長開會祝辭, 副會長報告經過事, 來賓祝辭, 多要時間. 會員摠代答辭. 仝十一時頃, 閉會. 與趙兄歸路, 入氷店, 十六錢費. 散步於南淸橋, 歸宿. 六十錢, 大巾一. 五十錢, 內上衣一. 五十錢, 唐恒羅五尺也.

二十七日. 火. 晴. 早晨, 出校. 無一人來者. 經數時間後, 只五六人生徒來見. 故使復習實習. 早飯後又往校, 使三四年生實習. 與生徒數人, 修理寢室. 午後, 訪鄭機用氏. 因夕飯, 夜歸. 更出河氏家, 臨溪沐浴. 二十錢, 松枝. 二十錢, 雜用.

二十八日. 水. 晴. 往黑石洞遊. 訪金弼洙及許憲氏.

二十九日. 木. 晴. 訪鄭機用氏宅, 遊. 金六錢, 桃六個. 歸省顚.

三十日. 金. 晴. 明治天皇祭日也. 早朝, 登校, 講話. 午後, 往黑石洞, 與趙兄訪殷君. 回大正町, 以來. 夕飯, 相別. 金一円, 洋傘一柄買入. 十一錢, 洋襪一. 夜, 於河君家遊. 二十八錢, 五物紙四張.

三十一日. 土. 晴. 出校. 附八分書作册. 二錢, 糊.

八月

一日. 日. 晴. 午前五時, 起. 仝十時, 至停車場, 乘車. 仝十一時頃, 下車於參禮. 徒步以歸家. 卽午後三時頃也. 金二十四錢, 車費. 九錢, 砂糖. 中途失巾一. 五錢, 眞瓜.

二日. 月. 晴. 早發, 失巾. 仝八時, 至浪淸里, 訪金氏. 旋發, 至李觀察丈家, 逢羲用及天用君. 午飯. 仝午後一時半, 乘車於江景驛, 而入隱洞.

三日. 火. 晴. 廻見諸宅而敍話. 幸逢永龍君.

四日. 水. 晴. 仝三四友, 往蓮花洞, 訪謁晴初丈. 午飯, 娓娓相語. 夕歸隱洞.

五日. 木. 晴. 往柯枝洞, 虛還.

六日. 金. 晴. 被挽留, 不發. 訪見李正鎬君, 討論萬事.

七日. 土. 晴. 午後一時, 出與金永琯, 至豆溪驛, 澤洙等來見. 仝五十八分, 乘車. 仝三時頃, 至論山, 下車. 訪姜鍾求氏, 旋發. 至長谷及卯洞. 於車中, 逢金性洙君, 敍話. 金六十錢, 車費. 留宿卯洞.

八日. 日. 晴, 午後雨. 午後, 出卯洞. 至長谷都司家, 午飯, 出發. 至論山, 訪姜鍾求, 未見. 冒雨訪金書房家, 敍懷以留宿. 卽南新垈也.

九日. 月. 雨且晴. 壹圓金, 與舍妹. 午前九時, 出發. 午頃, 至外堂里,午飯. 至綺村里, 出發. 夕頃, 歸家. 參祀于大宅. 六錢, 眞瓜.

十日. 火. 晴. 朝雨暮晴. 下小宅而遊. 分付於趙白玄.

十一日. 水. 晴. 五十錢, 呈于母主. 八時頃, 出發. 午後二時五分, 於參禮驛, 乘車. 至全州驛, 下車, 卽歸家. 五錢, 眞瓜.

十二日. 木. 晴. 早朝, 往學校, 授業. 往黑石洞. 十六錢及三十錢, 松枝. 砂糖, 十錢. 正肉, 十錢. 大根, 十錢. 甘藿, 八錢. 刀魚, 八錢. 十錢, 染料. 八錢, 石油. 鰕醢, 四錢. 耕田費, 十錢. 以上不車中所用條. 二十錢, 正肉. 五錢, 大根. 五錢, 雜費.

十三日. 金. 小雨. 訪鄭機用氏家. 十錢, 眞瓜. 二十錢, 市村商去.

十四日. 土. 晴. 三十錢, 卷紙. 八錢, 卷紙一軸. 二十錢, 開城白菜種子及聖護院大根種子. 十五錢, 朝鮮大根. 播白菜及蕪. 二十錢, 賃夫金. 夕往黑石洞, 下來出校, 逢李君.

十五日. 日. 晴. 早往黑石洞, 見趙兄. 鄭兄來訪, 午飯數話. 付及種子于本第, 亦付書. 四錢, 郵稅. 三錢, 切手. 六錢, 葉書.

十六日. 月. 雨. 早出校. 播種田整理. 雨來, 休止.

十七日. 火. 晴. 金十一錢, 葱根. 十五錢, 文魚二尾. 付書于姜鍾求及尹元重氏. 出校, 播白菜及大根. 午後, 播種于卒業生田. [屋鼠每夜喧亂于天井, 終難成眠. 今夜暗未却之.]

十八日. 水. 晴. 出校. 整理庭園.

十九日. 木. 晴. 出校. 整理. 午後六時, 出迎山口 · 橫地 · 淺野先生于銀杏屋前. 訪鄭機用氏家. 及柳章錫, 付書.

二十日. 金. 晴. 自午前八時半, 於本校, 開會講習. 午後六時, 終.

二十一日. 土. 雨. 終日講習. 金二十一円九十二錢, 月俸及宿直料. 二円, 家屋貰金出給. 十錢, 菜類價.

二十二日. 日. 晴. 金三円二十四錢, 白米六斗(五升). 二十二錢, 北魚一部. 三十錢, 沈石魚二十尾. 五錢, 眞瓜二個. 十八錢六厘, 皮文魚十尾. 二錢, 賃金. 自鍾求君及尹元重氏, 來書.

二十三日. 月. 曇. 午後六時頃, 往第一校同窓會. 五錢, 費.

二十四日. 火. 晴. 每日八時爲修業, 實勞. 往見晩雲氏.

二十五日. 水. 曇, 雨. 於第一校內, 午後八時半, 開靑年會. 要山口氏講話. 金四十二錢, 絹紗四尺餘. 付書于玄檍.

二十六日. 木. 晴. 正午, 終業. 自午後一時半, 開終業式. 仝二時頃, 了. 仝五時, 自靑石旅館出, 餞山口 · 横地 · 淺野三先生. 與曉山君, 至小學校. 參四季會送別會. 夜半歸.

二十七日. 金. 晴. 與趙兄, 訪鄭機用氏及竹內氏. 午後四時頃, 往靑石旅館, 逢朴君海璟漫遊. 與其主人及二三友, 出見洋館而還來.

二十八日. 土. 晴. 午頃, 李君曉山來訪, 與語數時. 因作伴出大正町, 探見典當鋪, 至南門內, 得圓嶠眞帖. 出價四十錢也.

二十九日. 日. 晴. 午前, 柳章錫來訪. 詳聞舍姉安信. 午後, 與往黑石洞, 不見趙兄. 歸訪李春史丈及鄭春園丈, 未見. 回路, 逢趙兄. 入見殷成鶴, 數話. 因同行, 至寒碧堂, 沐浴. 歷訪曉山君. 自柳兄來書及少山先生文稿六卷. 自家陸弟及人便來. 三十四錢, 松枝.

三十日. 月. 雨. 午前, 治送人便于本第. 至北門外, 逢趙兄. 與訪靑石旅館. 金十錢, 紅染. 二十錢, 果實. 五錢, 楊子. 十錢, 眼藥. 十錢, 治行費. 夕頃, 季父主來臨. 付書于金永運.

三十一日. 火. 晴. 午前九時, 出校. 擧式後, 率生徒往神社參拜. 回路, 訪鄭機用, 未見. 自河氏家歸來, 往黑石洞. 父主行次. [訪許憲.]

九月

一日. 水. 晴. 午前九時, 擧行始業式. 掃除及實習. 金二十錢, 正肉. 十錢, 酒. 十錢, 鷄卵. 七錢, 甘藿十枚. 三錢, 雜費. 十四錢, 菜類. 自玄檍來書. 三更夜, 與趙兄, 往青石旅館. 夜小雨.

二日. 木. 晴. 金十五錢, 自神社月捐出去. 壹円, 呈于父主.

三日. 金. 晴. 十錢, 正肉. 五錢, 油及豆腐. 自金永運來書.

四日. 土. 晴. 十錢, 鰕醢. 十錢, 石油鑵一. 八錢, 石油. 季父主歸次. 一金三十錢, 祖父主佩刀修理費. 十円金, 呈于父主.

五日. 日. 晴. 午前, 往郵便局, 覔貯金十五円. 金二円七錢, 白苧十八尺. 十錢, 正肉. 二十錢, 鯨油·石鹼及除蟲菊粉. 十錢, 酒. 八十錢, 快雪堂法書全帙. 五錢, 赤金紋紙一幅. 訪守山氏, 未見.

六日. 月. 晴且雨. 十錢, 蟹二十頭.

七日. 火. 晴. 父主出次于茁浦.

八日. 水. 陰雨.

九日. 木. 雨. 六錢, 青色染紙一張. 自貴鉉, 來始末債帳. [自大原校長, 請取十円.]

十日. 金. 陰. 午前第二時間, 往第一校, 見尹君相彦, 得符二張. 午. 金一円, 與家人. 午後四時, 整理行具, 與趙兄及舍弟, 至停車場, 逢尹·韓兩友. 仝五時, 乘輕便車. 仝六時半, 至北裏里. 徒步以至停車場附近食店. 十五錢, 食費. 四十五錢, 輕車賃. 仝七時半, 乘京行車. 費半額, 一円五十九錢(用李淑善割引券). 十一時頃, 至太田. 八錢, 葡萄. 三錢, 桃. 五錢, 林檎. 午前十二時三十分, 乘緩行車, 向北.

十一日. 土. 陰, 小雨. 午前六時頃, 下車于南大門驛, 直往旭町, 訪樋口氏及山口氏. 轉至都染洞二七番地第一旅館, 完置行具. 仝九時頃, 出母校, 則巨大教室, 只一二級生徒受用而已. 廣豪宿舍, 只三學年一級而已. 白晝亦寂寞, 惟吾輩手植杉松, 獨立亭亭. 已感舊之懷難描, 而訪問諸先生及諸學友. 下附屬校, 得見市川及黃君. 十一時頃, 入光化門, 周觀共進會場. 產業之發展, 一目可見. 盛粧巨飾, 華麗玲瓏. 景福宮中, 奇花世界. 惟一勤政殿, 儼然獨立, 天座尙存耳. 午後三時出, 入舍. 更出回見市街. 六時, 還. 二十錢, 入場券四枚. 訪中央校金性洙, 未見.

十二日. 日. 晴. 午前九時, 入共進會. 於曲馬場, 得見蘇君及鄭元謨. 午後六時, 歸舍, 與夕飯. 夜伴出, 見夜市以還. 二十錢, 費. 四十五錢, 册. 十錢, 午食.

十三日. 月. 晴. 朝飯後, 卽往見博士宅, 未見. 出寬勳洞一一七番地古物商, 一一索探古畵及書跡. 周覔古物商及書籍發賣所, 自南山下, 歸舍. 朴匡愿君來訪云. 蘇友來訪, 與出觀夜市, 歸于十二時. 金二円八十錢, 古書籍及古畵幅. 四十錢, 洋襪. 三十五錢, 孟子. 八錢, 藥. 十錢, 紀念寫眞. 入見每日申報社內開催家庭博覽會. 十錢, 費. 一円, 謙·玄兩氏山水二幅.

十四日. 火. 晴且陰. 小雨. 早出, 往見古物商店. 主人不來, 故更入旅舍, 朝飯. 往母校, 得謁諸先生又岡元校長, 見蘇友及朴匡愿. 下附屬校, 參觀. 直至興化門單級學校, 得淺野氏敎育法, 歸舍. 午後, 更出, 入共進會場. 午後六時出, 往古物商店. 訪金性洙, 未見. 與往蘇秉寔家, 小遊. 歸舍, 夕飯. 出與蘇君, 訪朴匡愿, 未見. 自鐘路, 訪白寬洙. 歸路, 自古物商, 訪博士, 未見. 至安洞, 分蘇君, 訪古物商. 歸路, 訪朴匡愿, 夜深十二時也. 朴友出他, 尙未歸, 未得逢見. 甚悵. 歸宿. 十錢, 古畵. 四十錢, 粉及針.

十五日. 水. 晴. 午前七時, 朝飯. 仝八時, 至南大門驛. 仝八時半, 趙兄·韓·尹兩友, 共乘車, 別金永運. 仝十二時頃, 至太田, 交換乘車. 午後四時頃, 至裡里, 下車. 入食店, 置行具, 理髮. 仝七時頃, 乘輕便車. 仝九時, 着全州下來. 大原君及秉陸來訪, 相罷以還. 一金一円四十二錢, 留京食費. 十五錢, 果實. 二十, 理髮料. 十五錢, 裡里食費. 一円五十九錢, 車費. 四十五錢, 輕便車費. [過豆溪驛, 於安氏便, 付名啣于隱洞.]

十六日. 木. 晴. 出校視務. 與土產于職員及尹相彥. 訪機用氏.

十七日. 金. 晴. 下午五時頃, 李晚雲來訪, 故退校歸家. 出書畵閱見. 與往黑石洞趙兄家. 飮酒, 得病夜歸. 終夜夢事不吉, 不得安眠.

十八日. 土. 晴. 身事不平, 不得已出校, 不得已視務. 午後放課後, 退校歸臥. 頭痛身熱酷毒, 果難堪耐. 施藥不驗, 終用加味養胃湯及其他方藥. 至夜, 不得眠. 半夜, 全身稍減熱, 小得眠. 金十錢, 藥價. 十錢, 果. [滯症. 鄭機用氏來見.]

十九日. 日. 晴. 十錢, 梨及林檎. 終日靜養. 午後, 鄭機用氏及申友來訪, 見書畵. 但申友告別次也. 付書于蘇秉寔君及朴匡愿君.

二十日. 月. 晴. 出校視務. 午後, 與李曉山友歸家, 出見畵與書帖. 夜有殷成鶴君來訪. 五錢, 烟艸. 生陽鄭叔氏來見. 午後, 卽歸. 一金二円, 正肉及肋一對[一円]. 但三肋件呈于趙兄宅, 十五肋件呈于李連山家.

二十一日. 火. 晴. 月俸收. 七十四錢, 會費出. 五錢, 茶費出. 付書于連山家. 送人九耳洞. 付書于古城里. 午後五時, 往第一校, 會議. 仝九時, 歸. [自連山家, 山茸及烟艸一把, 貽來.]

二十二日. 水. 晴. 二十錢, 賃費. 一円, 貸與贊叔. 一円, 托與于光烈君. 午後, 放課歸家, 午飯. 午後, 以教育劇三十五張及說明文十張, 出見諸人家, 說諭, 勸賣入場劵, 只賣一張. 至徐相睦家, 得李三晚筆帖一. 至章錫家, 飮酒歸來. 自白參事家, 正肉及肋數片, 貽來. 送陸弟. 二十五錢, 車費. 三十錢, 銀修繕價. 十錢, 雜用.

二十三日. 木. 晴. 卽陰八月十五日, 秋夕也. 只出席而臨時休業. 訪趙兄宅. 午後, 與往訪李春史先生, 未見. 訪吉村, 未見. 訪田中氏, 得畵竹一幅. 歸路, 訪李祉漢, 未見.

二十四日. 金. 晴. 秋季皇靈祭日也. 休業. 午前七時, 往全州驛, 送李友于京城觀光團. 金一円付之, 托以買畵. 訪許憲氏, 未見.

二十五日. 土. 晴. 金四十六錢, 米五升. 二十錢, 北魚二十尾. 十四錢, 蟹. 訪見安主事, 賣入場券三張.

二十六日. 日. 晴. 訪李海曉氏, 買入場券二張. 訪見鄭兄. 午前九時, 與趙兄往孝澗洞, 午飯. 午後五時頃, 還. 得謁連山丈. 見瀅九, 更見司國君. 自蘇君秉寔許來書.

二十七日. 月. 晴. 校長午後出勤. 出以賣入場券. 八錢, 石油.

二十八日. 火. 晴. 昌東學校長來見, 買入場券三張. 午後二時, 率一般生徒, 往觀教育劇于全州座. 秉參 · 秉陸及順熙來見. 五錢, 烟艸. [鄭兄來見. 二十錢, 菓子.]

二十九日. 水. 晴. 午後九時, 出迎京城觀光團歸來. 訪鄭兄.

三十日. 木. 晴. 午前九時, 參弟歸去. 金三十錢, 出給. 三十六錢, 鉢一箇. 四十七錢五厘, 磁器四個. 二円七十四錢, 白米三斗. 四十錢, 蟹五十七頭. 六錢, 柑. 夜訪河氏. 自鄭兄宅, 持來石蘭二幅. 自朴匡愿兄來書. [付書于白寬洙及金性洙君.]

十月

一日. 金. 晴. 早出校. 但我校昧於凡事, 未知今日爲休日也. 卽施政記念日. 對於生徒一同數話, 罷送. 訪曉雲·許憲氏及吉村. 三十錢, 靑藍色紙十張. 十五錢, 玉色紙. 自趙兄, 甘藿一匣助來. 尹君和重來見, 貸與洋服. 七錢, 柑. 貸與一円于和重. 自李君得短杖一箇. 自岡崎君, 得洋襪一足. 付書于東京.

二日. 土. 晴. 午後, 往訪鄭機用兄. 往河氏家, 出見書畵.

三日. 日. 晴. 午前, 金炳稙君來訪, 出見書籍. 同行往黑石洞趙兄家, 午飯. 午後, 偕來. 訪李錫範氏. 訪金炳稙兄家而還.

四日. 月. 晴. 付書于白南珪·韓學洙·開文社. 自永運君來書.

五日. 火. 晴. 金十五錢, 市用. 自東京興文社, 來書. 學校肥料舍, 見隣家火及, 燒盡. 訪見李春史先生及筆商鄭君. 夜, 與趙兄訪玉亭.

六日. 水. 晴. 金三十錢, 薪二負. 自韓學洙來書.

七日. 木. 晴. 橫井博士, 午前十時, 來校. 鄭兄來訪. 五錢, 甘藷. [午後一時頃, 往公會堂, 聽博士講演.]

八日. 金. 雨. 金一円五十錢, 付于韓學洙. 七錢, 郵費.

九日. 土. 晴. 自開文舍來書. 金一円二十錢, 付于開文舍. 七錢, 郵費. 付書于金永運. 午後, 往河氏家. 仝九時頃, 出迎校長于全州驛. 歸路, 與李君至大正町, 逢河君等, 徘徊高砂町. 午後, 與李友往訪東門外李氏. 逢金畊南, 得見秋史墨蹟. [訪李愚璿, 未見.]

十日. 日. 晴. 午前, 訪柳光錫及金弼洙·朴文敎. 午後, 訪河氏家. 金一円六十錢, 廣木十五尺. 五錢, 甘藷. 四十錢, 蘆席二. 二十錢, 硯箱漆價. 修理柴門及籬. 一錢六厘, 白露紙.

十一日. 月. 晴. 自開文舍, 來書册五卷.

十二日. 火. 晴. 四十八錢, 薪及醬油費.

十三日. 水. 晴. 十錢, 鰕醢一器.

十四日. 木. 晴. 自洪洛裕來書. 付書于珍島李炳英.

十五日. 金. 晴. 八錢, 石油. 自金性洙來書.

十六日. 土. 晴. 整理庭園. 曙町大淸潔.

十七日. 日. 晴. 午前, 率生徒, 往見小學校運動會. 正午, 歸. 昇校, 待之五時後, 小松貴族院議員來觀. 付書于洪洛裕.

十八日. 月. 晴. 往見第一校內靑年會夜學會, 始入會. 自柳友來花探書. [五錢, 靑年會費.]

十九日. 火. 晴且陰. 十五錢, 甘藷. 自韓學洙, 來古畵及書簡.

二十日. 水. 雨. 金五十二錢, 白米. 十錢, 固東魚二. 五錢, 柑.

二十一日. 木. 陰. 二十円, 月俸. 二十錢, 國庫金. 二十六錢, 賻儀費. 二円, 家屋貰金. 午時, 往見柳章錫君. 付書于韓學洙. 還送豹菴山水, 三十錢, 付呈耳. 父主自茁浦, 行次于碧樵旅館. 夜, 往謁金同福. [訪見學務委員諸氏.]

二十二日. 金. 晴. 父主臨下. 二十錢, 正肉. 十錢, 酒. 二十錢, 醬油費. 自金學秀來書. 十二錢, 舍弟艸屨. 十錢, 學費.

二十三日. 土. 晴. 父主出次于茁浦. 付回章于各學務委員處.

二十四日. 日. 晴. 早見白樂倫, 相議鄭進士金盃祝賀會. 五十錢, 出給. 自午前十一時, 開催勅語奉讀式. 連續有家庭聯絡會. 午後五時, 於坤止山上, 設小宴, 祝賀鄭進士, 乘昏歸來. 一円, 貸與金贊叔. 八錢, 石油. 四十五錢, 相法册一帙.

二十五日. 月. 晴且陰. 金一円二錢, 白米一斗. 八錢, 甘藿. 十錢, 石魚二尾. 放課後, 訪見申東朝家. 訪鄭機用氏, 未見. 夜, 與趙兄訪河氏家, 未逢. 訪郡守丈, 數時間連話以還. 付家書.

二十六日. 火. 晴. 自鄭忠時君來書. 季父主臨下. 十錢, 藥價.

二十七日. 水. 晴. 自白寬洙及白南珪兄來書. 六錢, 切手. 季父主出次.

二十八日. 木. 晴. 付書于鄭忠時兄. 三錢, 郵票. 朝見氷及降霜.

二十九日. 金. 晴. 金三十八錢, 松枝四束. 三十錢, 本月分新聞代.

三十日. 土. 天朗氣淸. 金三円二十四錢, 白米三斗. 十二錢, 豆二升. 十錢, 胡也及芎歸湯三貼. 十錢, 洋燭四介. 歸舍, 夕飯後, 家人狀態稍異常, 故入室敷藁. 少有順娩生男. 筋骨淸俊. 送舍弟于黑石洞舍姊家. 舍姊來焉. 但時間, 則午後七時五分也, 卽陰曆九月二十二日酉時也. 湯藥使飮, 藿羹飯. 趙兄亦來見. 修書于茁浦及眞谷兩處. 八錢, 洋紙五張. [龍熙生日. 時午後七時五分也. 乙卯九月廿二日酉時. 家君滯次于茁浦, 夢得麒麟云. 故因名麟煥.]

三十一日. 日. 晴. 天長節祝日云. 九時出校, 擧式. 直向道廳, 拜賀式擧行. 與李友往河家. 午飯後, 二時, 出多佳亭, 捐付五十錢金. 訪鄭機用氏. 與訪河慶烈氏. 早付書于茁眞兩處. 六錢, 切手. 六錢六厘, 薪及粟. 三錢, 甘藷. 午後七時, 率生徒一同, 往多佳亭提灯行列. 仝八時半, 罷於小學校.

十一月

一日. 月. 晴. 午後, 休業. 二十八錢, 薪一負. 十円, 貯金.

二日. 火. 晴. 三四年同盟罷工, 因旅行事. 夜見寄宿生及三四年生, 一場說諭及訓責. 創作善惡路圖, 因有夢自動車作. 二十錢, 時計修繕料. 六十錢, 付于韓學洙. 五錢, 郵稅. 自柳章錫, 八十錢覓來. 四錢五厘, 葉書四張. 付書于開文舍.

三日. 水. 晴. 第一時, 對生徒訓諭. 金三十錢, 三十二錢, 二十五錢, 薪三負. 十三錢, 貸於德文許.

四日. 木. 晴. 自鄭君忠時來書. 十五錢, 甘藿. 五錢, 石魚.

五日. 金. 晴. 自學校, 甘藷五貫來.

六日. 土. 晴. 午後一時, 往公會堂. 井上事務官演說. 河慶烈氏訪來.

七日. 日. 晴. 往黑石洞. 訪李錫範, 未見.

八日. 月. 晴. 石魚, 七錢四厘. 葱, 四錢. 苦椒五升, 二十錢. 五錢, 青藿. 二十五錢, 大蒜百本. 全體生徒實習. 自金贊叔, 一円覓.

九日. 火. 晴. 金十五錢, 石鹼一箇. 十五錢, 白露紙. 九錢, 石鹼.

十日. 水. 晴. 卽卽位式日也. 午後二時, 始式. 仝三時頃, 出運動場. 仝三十分, 向東唱萬歲三次. 分與餠於生徒.

十一日. 木. 晴. 實習.

十二日. 金. 晴. 夜往第一校. 休業. 因訪鄭機用氏, 逢李友. 自家下人來宿. 金二十錢, 賦役費. 二十五錢, 淸潔費.

十三日. 土. 晴. 早送陸弟于鄭兄家, 得花卉, 付家伻送之. 二十錢, 費.

十四日. 日. 晴. 九時, 出校. 晝灯. 仝十時, 與青年會員, 登道有林, 完山紀念植樹. 夜, 訪河友, 與李友散步市街.

十五日. 月. 晴. 金三十錢, 薪一負. 付書于鈴木種苗場. [國旗行列]

十六日. 火. 晴. 大典中休日. 早與趙兄, 訪李錫範氏 · 金炳禎氏, 未見. 訪李德萬及柳璋錫. 自崔東煥來書.

十七日. 水. 晴. 出校, 分給餠於生徒. 自第一校, 往多佳亭會. 與趙兄, 訪鄭機用兄, 未見. 回于大正町, 入李觀鎬氏家. 出見客會之假粧行列, 歸來. 午後六時, 出校, 會生徒, 分給烽燭. 率至多佳亭, 參加提灯行列. 散於八達町, 直入第一校. 得食酒餠, 以回入河氏家. 自鈴木種苗場, 請求書來到.

十八日. 木. 晴且陰. 小霰. 金五十錢, 白米五升. 十錢, 甘藿. 五錢, 棗. 十五錢, 花盆五箇.

十九日. 金. 晴. 付書于崔東煥. 小雪遍山.

二十日. 土. 晴. 訪李春史先生, 未見.

二十一日. 日. 晴. 付書于南陽普校. 金五十四錢, 米五升.

二十二日. 月. 晴. 付書于隱洞. 付書于開文舍及東京日本種苗株式會社. 金二十円, 月俸. 三円七十二錢, 九十兩月分宿直料. 四円七十七錢, 花卉種請購費. 五十錢, 法通·經通兩册注文入. 十五錢, 郵費. 二十錢, 國庫金. 三十錢, 教育會費. 二十錢, 朴君送別費. 壹円, 多佳宴會費. 五円, 蔬菜賣收費入. 五十錢, 大根. 四十錢, 論語集注一册. 八錢, 石油. 九錢, 國旗.

二十三日. 火. 晴. 一円, 白米一斗. 二十錢, 正肉. 自夜學待鄭兄來.

二十四日. 水. 晴且陰雨. 與大原君, 往白參事家宴會.

二十五日. 木. 雨. 自東京種苗株式會社, 苗木九本來. 二本上趙兄.

二十六日. 金. 晴. 一円十一錢, 付于京城鈴木種苗場. 五十錢, 自趙兄收. [午後九時, 於南外禮拜堂, 會議夜學事.]

二十七日. 土. 晴. 有職員會議.

二十八日. 日. 陰. 觀市. 三円八十五錢, 白米三斗五升. 七錢, 甘藿十束. 五錢, 粟一末. 十五錢, 生鮮石首魚五尾. 六十錢, 陶器及花盆. 九錢,花盆三箇. 三錢, 賃金. 三十四錢, 松枝一負. 鄭兄來訪. 夜, 於南外禮拜堂, 聽洪鍾肅演說.

二十九日. 月. 晴. 自東京, 來草花栽培全書.

三十日. 火. 晴. 付書于開文舍, 督促書册.

十二月

一日. 水. 晴. 三十錢, 松枝一負. 自隱東, 來書.

二日. 木. 晴. 金五十四錢, 付于新文舘, 請購東國名將錄一卷. 十七錢, 付于鈴木種苗場, 請購花之園藝. 五十七錢, 松枝二負.

三日. 金. 晴. 自東京來苗木. 自京城開文舍來册子法·經.

四日. 土. 晴. 早發送黑石洞下人于本第, 付呈花卉種. 卽李(シュガーブルーン)二株, 須具利(大實須具利, 赤實須具利, 赤房須具利, 白房須具利)四株, 花桃(殘雪)一株, 花梅(月影枝垂[一重, 靑白, 大輪], 滿月[白, 極大輪, 高香], 玉牡丹[白, 八重, 大輪, 筋入], 幹生月影梅[靑白, 一重, 大輪, 鮮黃班], 香篆梅[幹枝重, 形亦百曲, 表白裏紅, 中輪])五株, 八重梔子一株, 支那水仙五球, 肉桂三株, 花盆十箇也. 上書于祖父主, 有一首題呈, 卽, "網罟投洋求鼈魚, 不如歸讀聖賢書. 由誰知得天然友, 花暎愚潭石擁廬." 路費, 三十錢與. 午前十時, 率生徒, 往第一校, 觀學藝會. 三十錢, 貸與金贊叔. 八重梔子一株, 肉桂二株, 登盆. 但在此花梅, (濃紅)猩猩紅一[大輪, 上上], (房色白口紅)玉垣枝垂一, (立性, 八重, 紅)見鶯梅一, (黃白, 中輪)枝垂鶯宿梅一, (紅, 上上)唐梅枝垂一, (紅, 大輪, 香高)八重寒梅一, (淡紅, 八重, 中輪)八朔梅一, (裏紅, 八重, 大輪)司絞り一, (赤瓣奇種, 青白, 一重, 大輪)水仙梅一, (無瓣蘂笑)鄽懸一. 以十株埋置耳. 金三十五錢, 水盤二箇. 中一箇, 付呈于本第. 一箇置此. 水栽水仙花耳.

五日. 日. 晴. 下人還來. 有祖父主下書中詩. "侍學孔庭肖伯魚, 能言博識不如書. 谷風何處數飛鳥, 敎化更新還古廬."

六日. 月. 晴. 金八錢六厘, 石油一器. 自京來册子二卷.

七日. 火. 晴. 與趙兄, 往鄭機用氏. 夜, 往夜學會.

八日. 水. 晴. 一錢五厘, 葉書. 八錢, 石油. 往公會堂, 聽長官報告.

九日. 木. 晴. 付書于開文舍.

十日. 金. 晴. 一円八十錢, 宿直料受入.

十一日. 土. 晴. 午後一時, 開硏究會. 余先以道德的訓育演說. 次趙兄以習字科說明. 西村又山中及鹿子木氏, 視察談. 五時, 罷.

十二日. 日. 晴. 午前, 往謁李先生. 訪河在弘. 夜小雨. 白南玉持餠來.

十三日. 月. 晴. 金二十錢, 秣. 十五錢, 洋紙十張.

十四日. 火. 晴. 六十錢, 松枝二負. 作詩. 其一. "鳥宿疏林無弛翔, 魚游淺水數鰷鰭. 自憐微物生存界, 何奈休憂安穩時." 其二. "天理循環無限期, 春風秋月各宜時. 尙看空碧浮雲起, 滄海臥龍孰有知." 二十四錢, 大口魚二尾. [此詩二首, 與河慶烈氏.]

十五日. 水. 晴. 金二十錢, 箱一. 四十二錢, 褥衣. 二十錢, 羊毫筆二柄.

十六日. 木. 午前晴, 午後曇雨. 十錢, 捐付于救世軍. 五十錢, 付大阪嵩山堂, 請購四體書法. 付上書于茁浦. 四錢. 郵費. 十錢, 貸與李君光烈. 八錢六厘, 石油.

十七日. 金. 晴且雪. 南煥七七日也.

十八日. 土. 晴. 一円二十四錢, 白米一斗. 六錢, 艸靴. 十錢, 大口魚一尾, 呈于黑石洞趙兄.

十九日. 日. 晴. 正午, 出第一校青年會. 自一時出, 訪李贊鎬氏, 未遇. 訪鄭機用氏. 訪張在彥.

卄日. 月. 晴. 賞與金十六円, 收來.

卄一日. 火. 雨雪霏霏. 月俸二十円. 內八十七錢, 會費及雜費, 除之. 鄭機用氏來訪. 自嵩山堂來書. 自河慶烈氏, 有詩與我, 如下 = 一. 天寒鷙鳥姿張翅, 歲暮潛龍任卷鰭. 朔風饕餮窮慘澹, 靜聽隆隆地雷時. 二. 雪天霽月照襟期, 藪澤荒凉射獵時. 執弓注目跑山虎, 信力能全命中知.

卄二日. 水. 雨. 十錢, 名啣交換會費, 十錢, 夜學費. 十三錢, 自李友受.

卄三日. 木. 晴. 放課後, 訪李友大祥. 自茁浦來書留·下書. 訪李贊鎬氏. 金十二錢, 大口魚一尾. 一円三十二錢, 白米一斗. 八錢, 太一升. 五錢, 鎖用. 六十二錢, 松枝二負. 九錢, 石油一器. 二十五錢, 洋燭一匣, 付于李友家. 并一書以送. = 如流歲月, 喪家尤迅. 哀至此日, 以孝勿傷. 白燭二匣, 敬呈享儀.

卄四日. 金. 晴. 溫突修理. 黑石洞行廊, 用役費, 給四十錢. 松枝代金參圓, 與. 上書于本第. 三錢, 切手. 七錢五厘, 艸履.

卄五日. 土. 晴. 金一円拾錢, 付于嵩山堂, 請購隷字彙一帙. 二錢, 郵費. 付書于鄭忠時君. 三錢, 切手. 付書于永運君. 午後三時, 出第一校, 四季會始. 七時, 罷. 會費, 五十六錢也.

卄六日. 日. 晴. 出校視務. 金九十六錢, 葉書價. 又一錢五厘, 葉書.

卄七日. 月. 晴. 午前三時四十分, 起寢. 訪起李君光烈, 食飯, 與舍弟出發. 至多佳亭, 直已出發, 而不知方向矣. 故歸路, 問於市人, 則學生及先生, 行于新作路云. 轉苦辛行, 至佳利川. 因往南山村邊, 自楸川橋還來. 十錢, 食麵包十箇. 五錢, 陸草履.

廿八日. 火. 晴. 午前十一時, 有閉校式. 成績發表. 金五円二十八錢, 白米四斗. 五十八錢, 大豆一斗. 二錢. 賃金. 五錢, 屐, 英熙所用. 三錢六厘, 粧飾一件. 四十錢, 洋靴修繕費. 十五錢, 塗藥一匣.

廿九日. 水. 晴. 出年賀狀六十二張. 卽教員養成所各先生以下, 同窓生外, 諸友知人處也. 午前, 出校. 整理雜務. 訪柳光錫·守山書記·青石旅館, 逢河慶烈, 得非悲歸五首. 十錢, 卷紙一軸. 四円六十二錢, 通鑑十一卷. 皮紙二張, 八厘. 送料, 四十二錢. 付呈于隱洞金進士宅. 又付書. 三錢, 切手. 七十錢, 蜜柑一箱. 自東京日本種苗株式會社, 來商品見本, 塗金盃一箇.

三十日. 木. 終日大霧. 午前五時頃, 起. 早飯, 與趙兄及秉陸. 出停車場, 與陸弟乘車. 七時, 發. 仝四十分, 至參禮驛, 下車. 徒步以至生陽洞, 訪鄭叔及楊士文, 弔楊先生. 越龍華山麓, 歸家. 四十八錢, 車費. 秉喆及趙書房來宿.

三十一日. 金. 晴. 趙書房出去. 下午, 楊士文來見. 秉喆去.

檀君開天四千三百七十三年. 丙辰.
西紀一千九百十六年.

一月

一日. 土. 陰. 往社峴, 訪李氏. 夜於從姉家, 多說長時.

二日. 日. 陰且細雨. 午前十一時, 出. 午後三時, 至參禮驛, 乘車. 逢吳榮喆及李箕鎬. 於東山驛, 火筒有碍, 留停數時間後, 出車. 仝五時頃, 與吳榮喆歸家. 夕飯, 同宿. 三十錢, 葉書. 二十四錢, 車費.

三日. 月. 晴. 早朝, 河君來訪. 早飯後, 別吳君. 與河君, 訪黑石洞趙. 午飯後, 歸. 訪各校長及教育關係者. 與河君五首, 如左. 次韻.

山靜水流無是非, 人生苦海可觀悲. 風波疊起荒茫處, 方此倉皇未定歸.

人之皆是我爲非, 人是我非是亦悲. 是非警鐘今何在, 非行是日不如歸.

今日是知昨日非, 無爲心事不勝悲. 茅廬春夢尙難覺, 捨此高人誰與歸.

一口尙傳百歲非, 仰天無語正堪悲. 家人相說田園樂, 終執敎鞭故不歸.

歐風米雨日增非. 竊爲蒼生不繫悲. 開拓東西平潤地. 吾將大道一如歸.

四日. 火. 晴. 與趙兄, 訪崔學者及殷成鶴君. 五錢, 洗濯曹達. 年賀狀計四十四張來. 付年賀十四張.

五日. 水. 晴. 午後, 與趙兄訪河氏家. 訪李先生宅. 陸弟來.

六日. 木. 曇. 午前十一時, 擧開校式. 金七錢, 黑太一升. 九錢, 甘藿十枚. 四錢, 乾柿皮. 十三錢, 大棗一升. 十六錢, 北魚十尾. 付上書于茁浦. 三錢, 切手. 付年賀六張.

七日. 金. 曇. 近日甚暖. 年賀十三張來.

八日. 土. 晴. 與大原君, 往見圖書館. 趙兄來宿.

九日. 日. 雨. 同趙兄遊. 年賀三張來. 付書于吳君.

十日. 月. 晴. 葉書年賀二張來.

十一日. 火. 晴. 自鄭忠時君來書. 十五錢, 牛肉.

十二日. 水. 晴. 一金參円貳拾錢, 付于嵩山堂. 注文艸字彙·篆字彙·二十二史箚記, 各壹部. 二錢, 送料費. 族祖枉臨.

十三日. 木. 晴. 勞働夜學. 對說孝友忠直. 族祖出次.

十四日. 金. 晴. 九錢, 石油.

十五日. 土. 晴. 理髮, 二十錢. 貯金拾參円也. 訪柳璋錫, 未見. 但參円, 貯金件內還也. 三十一錢, 北魚二十尾. 七錢, 太一升.

十六日. 日. 晴. 午前, 訪黑石洞趙兄宅, 午飯. 午後四時頃, 往本校. 率諸生徒, 往迎御眞影. 柳君光錫帶書來訪云.

十七日. 月. 晴. 自隱東, 小爲替及書簡來.

十八日. 火. 晴. 昨日岡崎君, 以其親患, 歸國. 故自此, 終日授業也. 十錢, 蝦醢一器. 十錢, 染料.

十九日. 水. 晴. 自靑木嵩山堂, 艸字彙及篆字彙, 其外景品現代名士學修法·小說, 各一部來.

卄日. 木. 晴. 大父來見. 夕頃, 與往西川橋李康元店. 龍弟婚需興成. 卽綵緞, 紅影紗一疋, 五円. 靑甲紗一疋, 三円六十錢. 白木十五尺, 六十錢. 草笠一, 九十錢. 郞鞋一, 一円. 面鏡一, 四錢. 斂梳一, 五錢. 斂竹一, 四錢. 冠纓二, 十五錢. 上棗二升, 二十錢. 蹲柹二個, 二十二錢. 敷衣件一, 九十錢. 腰帶二, 八十錢, 紅杏一, 十四錢. 計十三円六十五錢. 自家持來者, 十三円九十錢內, 以上用之, 則所餘者, 二十五錢也. 金三十二錢, 卷紙四軸. 四錢, 杏末一.

卄一日. 金. 雨. 朝晴. 一金一円十二錢, 增與于大父, 使買未了需用件, 及路費也. 自午前十一時頃, 始細雨狂風. 月俸二十円及此月分宿直料一円九十四錢內, 國庫二十錢, 扶安小學校長賻儀金十錢, 敎育會費三十錢, 除去. 二十四錢, 靑魚十尾. 十錢, 石油一甁. 上書于茁浦. 三錢, 切手. 大父早發耳.

卄二日. 土. 晴. 趙兄夜來見. 二円, 前月分家貰出給.

卄三日. 日. 晴. 終日不出門.

卄四日. 月. 晴. 午前第十時頃, 太田視學官來見. 午後四時, 會于第一校. 聽太田說.

卄五日. 火. 晴. 午前九時半, 率生徒, 往道廳, 迎眞影. 正午, 歸.

卄六日. 水. 晴. 金六円五十錢, 白米五斗. 十錢, 鷄卵十箇. 十錢, 染料. 十錢, 正肉. 砂糖, 四錢. 六錢, 艸鞋一足. 夜與趙兄訪柳璋錫. 有父主下書, 自光州來. 卽付上書. 三錢, 切手.

卄七日. 木. 晴. 出夜學, 授業. 七十五錢, 蜜柑一箱, 呈于春史先生. [完玉君婚日, 明日云.]

卄八日. 金. 晴, 溫和. 舍弟婚日也. 石油, 十錢.

卄九日. 土. 晴. 送秉陸于本第. 十錢, 給. 午後, 出農校硏究會. 與趙兄, 夜訪李春史先生, 歸同宿. 付書嵩山堂.

三十日. 日. 晴. 與趙兄, 訪河在弘·晩雲·金炳稙·李德可氏. 逢宋聖九丈耳.

三十一日. 月. 晴. 十六錢, 鰕醢二器. 十錢, 鷄卵十箇. 十錢, 甘藿十束. 三錢六厘, 順熙艸鞋一. 自家來人.

二月

一日. 火. 晴. 早發送來人. 給十五錢, 路費. 自申東柱, 鷄卵二十箇來. 付書于隱洞. 三錢, 切手.

二日. 水. 晴. 金十五錢, 正肉. 五錢, 芹. 午後四時半, 往春史先生宅, 被盛食. 十錢, 石油三合. 自嵩山堂來書.

三日. 木. 晴. 自黑石洞, 鷄卵十五箇. 金龍圭, 鷄卵二十箇, 大口魚一尾. 徐昌容, 鷄卵十箇, 大口魚二尾. 崔金珠, 北魚二十首. 徐在錄, 北魚二十首來. 鷄卵二十箇, 進呈于蓮坡丈. 自刀漢, 一金貳円, 收捧. 往見鄭兄及柳璋錫兄弟. 與柳光錫君, 同宿送舊. 付書于鄭忠時君. 三錢.

四日. 金. 晴. 丙辰年正月元日也. 早出校, 出席檢調. 午後, 往鄭機用氏家. 逢尹友元重. 與其主人往訪金牧使及河慶烈氏. 夜歸. 金九円, 貯

金于郵便局. [丙辰年. 檀君四千三百七十三年.]

五日. 土. 晴. 偕李君, 歸家. 賞觀古書畵帖. 趙兄亦來.

六日. 日. 雨. 午後, 鄭機用氏及河慶烈氏來訪. 小遊, 同往黑石洞, 乘昏而還. 金十錢, 石油. 四錢, 烟艸二箱.

七日. 月. 晴. 一円九十二錢, 宿直料受. 付書于嵩山堂.

八日. 火. 晴. 十錢, 明卵醢半器. 讀奈翁傳所感一首. "奈翁一去後, 劍戟閒多年. 近讀西外報, 風雲慘憺連." 讀諸葛亮傳所感一首. "隆中臥龍起, 方壯二七年. 還笑丈夫事, 無爲日相連."

九日. 水. 晴. 夕往夜學. 同趙兄, 訪青石旅館, 逢尹友.

十日. 木. 晴. 往訪柳璋錫. 世觀 = "歐亞風潮日幻新, 机頭書友讀相親. 渺茫天地多豪傑, 今古江山幾聖人. 夢踏高原上上路, 縱觀滄海洋洋津. 一生期必先宜事, 自立自營任守眞." 以上, 書贈趙兄. 柳璋錫君來.

十一日. 金. 晴且陰. 紀元節云. 本校擧式. 往小學校. 訪金·徐兩氏及許辯護士. 夜雪. 訪河氏. 十八錢, 白半紙百張.

十二日. 土. 晴且雪. 叺筵製造講習會, 本校主催. 父主, 自本第下臨. 陸弟亦來. 二錢四厘, 洋紙一張. 自嵩山堂, 來書册.

十三日. 日. 晴. 隨行父主. 與趙兄, 往見白氏家垈, 因往黑石洞. 二十錢, 正肉. 二十錢, 藥酒. 四錢, 豆腐. 三十二錢, 松枝一負. 夜雪.

十四日. 月. 晴. 父主出次于茁浦. 自鄭忠時兄來書.

十五日. 火. 晴. 一金三十二錢, 松枝一負. 九錢, 海衣一帖.

十六日. 水. 晴. 夜雪. 往第一學校. 訪問李光烈君.

十七日. 木. 晴. 早往黑石洞, 朝飯. 午後二時, 筵叺製造會閉會式, 擧行. 金六錢, 小籠紙三張.

十八日. 金. 晴且陰. 黑石仁男祖母下次. 訪尹相勳, 未見. 理髮, 二十錢. 回路, 觀踏橋. 卽今日陰正月望日夕, 俗好踏橋云.

十九日. 土. 晴. 午後二時, 往第一校, 參四校硏究會. 仝五時半, 罷. 釋弟來見. 夜有靑年美成會.

二十日. 日. 午前陰, 午後小晴. 與李學根·金炳稙·趙兄作伴, 往訪孝澗洞李連山家及李滋仁家. 午飯. 黃昏還. 步步山逕, 與吟一首云. "追隨相訪李連山, 一逕崎嶇石樹間. 飮盡村家經歲酒, 黃昏雪裏放歌還." 歷入趙兄宅, 同至全州橋邊, 相送罷. 一金三十錢, 牛肉. 十錢, 石首魚二尾.

二十一日. 月. 晴. 月俸二十円. 內, 二十錢, 國庫金. 三十錢, 敎育會費. 又十五錢, 敎育雜誌代金. 五十六錢, 松枝二負. 十錢, 夜學會費. 十四錢, 授業料所用費. 十錢, 茶價. 釋弟歸.

二十二日. 火. 晴. 付書于東京博文館. 四十八錢, 論理學注文.

二十三日. 水. 晴. 金二十八錢五厘, 切手及葉書. 內切手九枚, 付送于玄檍許, 請購中庸及大學. 屋貰金, 二円去.

二十四日. 木. 晴. 往圖書館. 訪河氏. 往見白樂倫.

二十五日. 金. 晴. 日氣峭寒. 參弟來. 十錢, 芋. 三十錢, 靑魚及石首魚, 甘藿. 七円四錢, 五斗五升白米. 二十錢, 乾民魚. 十六錢, 酒. 二錢, 栗.

二十六日. 土. 晴. 河慶烈氏來訪. 參弟歸. 父主行次. 金二十錢, 正肉. 二錢, 砂糖. 七錢, 雜入. 十錢, 石油.

二十七日. 日. 晴. 父主行次于茁浦. 尹友和重來訪. 午後, 出全州橋, 逢河氏. 往黑石洞, 夕飯後歸. 與光烈君, 訪相勳友.

二十八日. 月. 雨雪霏霏, 道路泥濘. 與趙兄, 訪見張·河兩氏, 談笑. 夜深, 一宿其家.

二十九日. 火. 連陰且寒. 自東京博文館, 來論理學册.

三月

一日. 水. 陰且寒. 二十錢, 正肉. 自南陽族叔來書.

二日. 木. 陰且寒. 四十四錢, 松枝一負.

三日. 金. 晴且陰寒, 夜雨. 夕飯後, 弄英南二兒. 偶吟. "둥실둥실불은배, 방긋방긋웃는입. 먹이생각나는때, 어미아비부른다." 二十錢, 賦役費.

四日. 土. 風雪大作. 京城編修官來校. 一錢五厘, 葉書.

五日. 日. 晴. 與趙兄, 訪李晩雲 · 鄭碩謨氏 · 金性珪氏 · 柳斗煥氏 · 許憲氏 · 尹碧樵 · 青石旅館. 逢河 · 金兩氏. 金三十四錢, 松枝一負. 十六錢, 石魚三尾. 四十八錢, 心理學注文. 一錢, 費.

六日. 月. 晴且寒. 金二十五錢, 燐寸箱.

七日. 火. 晴且寒. 以燐寸空箱, 變作書箱. 往弔長官邸.

八日. 水. 晴. 趙兄及河氏, 夜來. 長官逝去云.

九日. 木. 晴. 夜學, 教來. 舍姉臨訪.

十日. 金. 晴. 金三十四錢, 松枝一負. 四錢, 取吉書一. 十九錢, 青魚五尾. 宿直料, 一円八十錢受入, 內一円, 貸與校長.

十一日. 土. 晴. 午後一時, 往鄕校, 參列釋奠祭. 歸, 有職員會議.

十二日. 日. 晴. 午前, 河先生來訪. 往與李君, 訪趙心農. 午後, 歸. 往黑石洞, 逢鄭 · 河兩氏. 乘昏還. 付書于鄭忠友.

十三日. 月. 晴, 小寒. 午後二時, 往多佳亭長官會場. 寒風猛烈, 直立三四時間而罷. 訪青石旅館. 十錢, 染料. 自東京博文舘, 來心理學上書一册. 三錢, 切手. 十錢, 石油.

十四日. 火. 晴且陰. 雪降. 第三學期試驗始.

十五日. 水. 晴. 金一円六錢, 饌用及松枝二負.

十六日. 木. 晴. 酷寒. 四円七十四錢, 注文世界歷史譚卅六册于博文舘, 及東洋歷史教科書于京城新文舘.

十七日. 金. 晴. 試驗及實習. 率三四生徒, 往面役所, 捧來苗木.

十八日. 土. 晴. 午前, 實習. 午後七時, 歸家.

十九日. 日. 晴. 午前, 往訪許憲氏, 未逢. 理髮, 二十錢. 午後, 訪見柳璋錫及青石旅館, 圖書館. 壹円, 貸與菜商. [早於校邊, 別連山令監靈柩.]

二十日. 月. 晴和. 二十錢, 市用. 午後七時, 往第一學校, 參青年會幹事會議. 仝十時, 歸家.

二十一日. 火. 晴. 春季皇靈祭日云. 休業. 午前十時, 生徒一同, 出迎新守備隊于停車場. 自圖書館, 歸來.

二十二日. 水. 晴. 自李大泳君來書.

二十三日. 木. 晴. 夜間學校舖帳, 盜失. 二十円月俸內, 六十五錢除去. 自大校長, 壹円捧收.

二十四日. 金. 晴. 二円, 貸與尹和重. 付書于隱洞.

二十五日. 土. 晴. 金六円十錢, 白米五斗. 十五錢, 青鹽一斗. 十錢, 甘藿. 十三錢, 文魚. 二十錢, 石首魚十尾. 五錢, 鰯. 一金五十四錢, 注文苗木于東京種苗株式會社. [自李希泰君來書.]

二十六日. 日. 晴. 自午前九時, 出校. 仝十時半, 擧行卒業式. 仝午後三時, 罷. 與卒業生, 寫眞撮. 自東京博文舘來書. 午後, 往黑石洞, 逢河·鄭兩氏. 晩歸. 三十六錢, 鰕醢三器買入.

二十七日. 月. 晴. 陸弟歸家. 二十錢, 與路資. 往完山, 遊.

二十八日. 火. 晴. 自東京博文舘, 來世界歷史譯三十二卷. 午後, 往河氏家. 父主臨下. 夜, 自許憲氏家, 往碧樵旅館, 奉謁, 夜半歸. 午正, 鄭雅來訪. 鄭忠時君有書. 十錢, 大根.

二十九日. 水. 晴. 午前十時, 出校. 率生徒, 往停車場, 迎新教員李希泰君. 與趙兄, 訪李友以還. 付書于博文舘.

三十日. 木. 晴. 午後, 往黑石洞, 逢李君. 夕飯後, 歸.

三十一日. 金. 晴. 迎新李長官于停車場. 偕李友, 訪鄭機用氏而還.

四月

一日. 土. 晴. 第三回開校紀念式, 擧行.

二日. 日. 晴. 送前守備隊于停車場. 回以, 與趙兄及鄭·金諸兄, 登南固山, 逍遙. 乘暮而還. 十二錢, 薪一負.

三日. 月. 晴且陰, 小雨. 神武皇祭日云. 植木于坤止山.

四日. 火. 晴. 自午前九時, 登南固山, 學林植樹而還. 一金二十三錢, 豆太及靑魚. 付書于南陽族叔.

五日. 水. 晴. 午前, 擧行入學式及始業式. 趙査丈臨下.

六日. 木. 晴. 授業始. 職員會議. 六十五錢, 蔬菜價出.

七日. 金. 晴. 溫床製作. 實習整地. 三錢, 葉書.

八日. 土. 晴. 午後, 父主下臨. 夕飯後, 行次于北門內. 明日, 早發行次次. 六錢, 入湯費. 與希泰君, 故也. 趙兄來宿.

九日. 日. 晴且曇. 終日風, 夕頃小雨. 付書于李康河君.

十日. 月. 晴. 午後, 往小學校四季會, 兼愛甲氏送別會, 各學校新任教員歡迎會. 七時, 歸. 希泰君來遊. 自博文舘來書.

十一日. 火. 晴. 十錢, 菜價. 自東京種苗株式會社, 來苗木. 橘樹,桂木.

十二日. 水. 晴. 午後, 實習. 三十二錢, 薪.

十三日. 木. 晴. 午後四時, 出青年美成會幹事會.

十四日. 金. 晴. 事務室移轉. 午後五時, 被招崔秉哲友. 登梧木臺, 下李木臺下. 夜半歸. 三十八錢, 市用. [付不足金于博文館.]

十五日. 土. 晴. 午前十時, 登多佳亭. 明治神社祭日也. 休業. 訪青石旅館. 午後, 率英姬及南煥, 自青石旅館, 往西洋病院. 十錢, 菓子. 三十五錢, 英姬藥價. 付書于本第.

十六日. 日. 晴且陰. 午前九時, 與李宗及趙兄, 往第一校. 至李木坮, 植青年會紀念樹. 午後, 率生徒十餘人, 登南固山而來.

十七日. 月. 晴. 夜, 參青年會例會. 又任幹事. 八錢, 石油.

十八日. 火. 晴. 少山丈來臨. 十六錢, 清酒. 二十錢, 正肉. 五錢, 蔬菜. 夜, 訪謁.

十九日. 水. 曇. 三十錢, 市用. 二十錢, 理髮料. 夜, 訪謁. 夜雨.

二十日. 木. 陰. 十錢, 雜用. 鄭叔來訪, 同訪鄭兄. 訪謁少山丈.

二十一日. 金. 雨. 午後四時, 冒雨率生徒, 出迎李道長官于花園橋邊. 歸路, 訪青石旅館. 夜還. 月俸卄円內, 六十五錢, 國庫及會金出.

二十二日. 土. 雨. 午後, 往圖書館. 轉訪河先生, 未逢. 歸路逢, 更入其家. 趙兄亦來. 夕飯而出, 至東門外, 謁少山丈. 七十錢, 四季會及送別會費出. 三十四錢, 亦會費除去. 八錢, 石油.

二十三日. 日. 雨. 午頃, 訪謁少山丈. 午後, 往黑石洞, 遊. 夕飯而還.

二十四日. 月. 雨. 鄭叔出發云. 五十錢, 與. 終日下雨, 破市. 金六十三錢, 白米五升. 二十二錢, 石魚四首. 十錢, 菜蔬. 夜, 訪謁少山丈.

二十五日. 火. 晴. 少山丈出次云. 三十四錢, 薪二負. 九十錢, 申報價.

有景品.

二十六日. 水. 晴. 終日實習, 作苗代.

二十七日. 木. 晴. 往第一學校, 協議聯會運動會事. 與趙兄, 訪鄭兄. 白米五升, 六十三錢. 正肉, 十錢. 草鞋, 五錢. 石油, 七錢. 廿錢, 洋襪.

二十八日. 金. 晴. 午前五時, 起寢早飯. 七時, 出校. 率生徒(三學年), 至全州. 與諸般市人, 登南固山, 植樹. 因率生徒, 轉進山逕, 升登高德山上上峰. 休坐松陰, 已午頃也. 渴者多而山高無泉. 因樵夫尋得一泉, 下而飮之. 飮而上, 午飯後, 使其所思搆文. 更問樵採者, 攀樹倚岩而徐徐下之. 自客舍洞, 出上關路. 斜日, 咏歌而歸. 於高德山上峰所思, 卽'哲人之觀世, 如登高而臨下'. 歸來所作. "朝出古城關, 轉登高達山(高德山之一名). 眼窮千里外, 胸闊數圍圜. 石由清溪上, 花紅綠樹間. 更隨樵去者, 夕日咏歌還." 云云.

二十九日. 土. 雨. 四円八十八錢, 白米四斗. 十四錢, 亦市用. 貳円, 昨月分白氏家貰金. 壹円, 自栄商收來. 十八錢, 鷄卵二十箇. [兩校運動會協議事, 往第一校.]

三十日. 日. 曇且細雨. 鄭叔來見. 午前, 訪金炳稙兄, 未逢. 午頃, 河先生來訪. 午飯後, 同往黑石洞, 夜還.

五月

一日. 月. 晴. 午後, 職員一同, 往第一校, 協議運動會事. 柳光錫君來訪. 鄭叔來訪. 同夕飯後, 同第一校會議青年會運動會事. 夜半歸. 自眞谷本第, 墨甫來見. 祖父下書.

二日. 火. 晴. 放課及實習後, 往問朴永玉病. 送墨甫. 桂三, 佛手柑一, 付呈于本第. 十五錢, 送費. 十二錢, 卷紙一. 十二錢, 石首魚十尾. 二十錢, 薪一負. 趙兄來訪, 貸去釋迦傳. 三錢, 封套紙五十張也. 自晩雲來書, 乞狀, 給與六十錢也. [午前, 往全州座, 觀活動寫眞.]

三日. 水. 晴. 四十錢, 石首魚及牛肉. 放課後實習. 往第一校, 協議運動會事及靑年會運動會事. 七十錢, 會費取金, 給于朴疇秉氏. 六十錢, 廣木五尺. 一円三十六錢, 唐木十尺. 三十錢, 鹽一斗四升.

四日. 木. 晴. 午後, 亦運動練習. 往第一校, 準備道具.

五日. 金. 晴. 午後, 亦運動練習. 往第一校, 準備運動道具. 訪靑兄. 與趙兄歸來. 夜, 於寄宿舍, 談話. 十錢, 石油.

六日. 土. 雨. 午後, 與職員一同, 被招申允澈氏家, 飮食. 四錢六厘, 草鞋. 訪靑兄, 未見.

七日. 日. 終日北風寒. 午前曇. 着夏服, 往多佳亭全州靑年美成會主催運動會. 人皆着外套及冬服. 自正午, 開會. 午後六時頃, 終. 幹事及會任員十餘人, 入長樂館. 費, 三十錢. 直與趙兄, 往黑石洞. 見賣家而晩歸. 大成團入場券一張, 受.

八日. 月. 晴. 放課後, 實習及運動練習. 協議又事務分担. 六十錢, 市用. 石魚及甘藿, 草鞋等. 訪靑兄.

九日. 火. 晴. 四月初八日也. 鳳岩里族祖母數分來臨. 送南煥于靑兄處, 與往西洋病院, 種痘. 十錢, 費. 夜, 往殷君處, 給大成團入場券一張. 觀燈而徐還. 五十二錢, 薪二負.

十日. 水. 晴. 午後, 運動練習. 往第一校. 族祖母離去.

十一日. 木. 晴. 自良傳來書. 午前, 實習. 二十錢, 雜費.

十二日. 金. 晴. 午前, 實習. 五錢, 雜費. 堂叔主來臨. 付書于良傳.

十三日. 土. 晴. 十錢, 正肉. 三十錢, 市用. 午後, 往多佳亭. 整理運動場及準備物. 回路, 訪河先生, 未逢. 八十五錢, 注文史譚.

十四日. 日. 曇以終日. 早起. 七時, 終飯, 往第一. 至多佳亭準備, 而自午前九時頃, 爲運動道具及準備係, 東奔西走, 席不暇暖. 午頃, 小休. 與李希泰君, 往飮食店. 費, 六錢. 又自午後一時頃, 始運動, 連續擧行. 至午後五時頃, 終. 適以雨點幾下, 罷會. 各自收拾機具什物. 六時, 至第一, 待料理來. 七時, 飮食. 八時頃, 歸來. 但本日運動會, 第一第二兩校聯合共開. 來賓及觀覽者, 近萬人. 女人比多矣.

十五日. 月. 曇, 午雨. 午後五時, 率生徒, 出迎朝鮮駐箚軍司令官井口省吾氏于本町入口. 歸, 訪靑兄. 校長會.

十六日. 火. 曇. 午前八時, 昇校. 校長會.

十七日. 水. 曇. 午前八時, 送司令官于南原. 校長會.

十八日. 木. 雨. 校長諸君來校. 午正, 又迎送井口氏.

十九日. 金. 晴. 四十四錢, 石首魚四十尾. 十錢, 石油.

二十日. 土. 晴. 午前十一時, 秋山視學來. 三十錢, 薪一負. 白米五升, 借來於商店. 訪靑兄. 秉喆君來訪.

二十一日. 日. 晴. 午前, 訪柳璋錫君兄弟, 未見. 與韓君, 往黑石洞. 逢宗氏, 歸來. 午後, 趙·宗三人, 散步於上關入口, 自寒碧堂下來. 逢李友. 訪殷君. 至第二校, 談話暮罷. [自博文舘, 來歷史譚四册.]

二十二日. 月. 晴. 午前, 自尹君電話, 兒島先生到此云. 午後, 果兒島先生來校. 仝六時, 往第一. 與尹勳君及趙兄, 往銀杏屋兒島先生處. 少談, 偕至長樂館, 作小宴會. 至十時頃, 至銀杏屋少飮, 歸來. 六十三錢, 前借來白米價出給. 金六円二十錢, 白米五斗買入. 二錢, 賃金. 二十錢, 國庫金. 三十錢, 圖書館教育會費. 十五錢, 雜誌月費. 十五錢, 西原送別費. 十八錢, 薪一負.

二十三日. 火. 晴. 早往銀杏屋. 至停車場, 乘車, 至德津, 下車. 送別兒島先生. 散步德津池畔, 坐醉香亭, 少休. 更至食店, 朝飯. 步來本校, 約五十分間也. 六錢, 車費. 九錢二厘, 食費. 二十二錢八厘, 兒島先生許贈品費. 六十錢五厘, 長樂館宴會費. 三十錢, 青年會運動會慰勞會費. 四十錢, 青年會運動會寄附金也. 一円, 貸去贊叔. 七十三錢, 市用也. 午後五時, 往大正町. 一円, 洋靴修繕料. 先金五十錢, 出給. 七十錢, 麥帽子一. 二十錢, 時計改入硝子. 訪靑旅. [付書于李大泳 · 堂叔主前.]

二十四日. 水. 雨. 挽秉喆. 五十一錢, 磁器八箇買入.

二十五日. 木. 晴. 午後, 往南固山學林, 除殺松蟲, 先生及生徒一同也. 仝六時頃, 還. 秉喆君出去. 校長往檢教員試驗.

二十六日. 金. 晴. 宿直料, 壹円二十錢, 受. 校長往檢教員試驗. 五十錢, 洋靴修繕料, 未納分給.

二十七日. 土. 曇. 午正出發, 乘輕便車. 午後五時頃, 歸家. 作歸家歌 = "南門樓의午鍾듯고, 輕便車에올나찻다. 窓밖에에좋은風景, 눈가온대알잇알잇. 瞬息間에三十里라, 參禮驛을떠나오고. 새이새이소나무에, 꾹궁꾹궁울는새라. 숫고개에올나서어, 바라보우니龍華山. 山도水도如古한데, 우리집이저기로다. 한거름이더욱밥비, 자근길로들어가이. 곳곳마닥놀던고장, 사람마다알는사람. 아희들이달여들며, 庭花까지반기는듯. 堂上父母安寧하고, 同氣兄弟無故하니. 여러 가지말을듯고, 맥힌회포풀이엇다. 질겁도다오날저녁, 家族團欒질겁도다." 一金三十錢, 家用. 三十錢, 菓子. 二十四錢, 車費. 自鄭忠時兄, 來書.

二十八日. 日. 晴. 午前十時, 出發. 午後一時, 至參禮驛, 留待數時, 乘車. 至德津, 下車. 觀自轉車競走. 金六錢四厘, 路費. 與趙兄, 夜訪河先生及青兄. 金壹円, 與眞谷家弟.

二十九日. 月. 晴. 上書于茁浦. 三錢, 切手.

三十日. 火. 晴. 訪金容奎氏及青兄·李春史丈. 金三十二錢, 松枝一負. 二十六錢, 松枝一負. 十一錢, 石首魚二十尾. 六錢, 海衣一束.

三十一日. 水. 晴. 午後四時, 與秉陸及仁男, 往全州停車場, 逢秉釋. 祖父母兩位分, 乘轎子下臨. 迎于花園橋前而入. 一金二十錢, 轎軍治發助與費. 三十錢, 正肉. 十六錢, 清酒. 十錢, 雜費.

六月

一日. 木. 晴. 午前十一時, 侍與祖父母兩位分, 往嘉城寫眞館. 正午, 撮眞影(立體兩位分). 歸路, 訪青石鄭機用氏, 未見. 隨祖父主, 歸家. 五錢, 우구買. 午後五時, 往大正町, 訪許憲氏, 至南門外乾材局, 買藥而來. 金七十五錢, 費. 三錢, 燐寸十箱. 十錢, 烟艸. 十二錢, 扇子二柄. 夜, 與趙兄往宿于宿直室.

二日. 金. 晴. 午前五時, 起. 早飯後, 隨祖父主, 往停車場. 七時車, 祖父主行次出發. 秉釋隨行. 一金四錢, 八錢, 車票二張. 十二錢, 入場券. 柳璋錫及趙兄亦來此. 二十錢, 與秉釋. 與趙兄, 回來. 夕有柳兄來訪. 往罷贊叔戰.

三日. 土. 晴. 歸家, 理髮南煥. 晚雲來書, 貸去書帖.

四日. 日. 晴. 午前, 鄭·郭·河三氏來訪. 正午, 父主臨下. 趙兄及李宗, 來見. 午後, 偕趙河兩先生及宗氏, 出南門外. 又與殷成鶴君, 步往藪汀. 坐於芳草上綠陰裏. 但黃鳥喈喈. 更至鎭北寺, 小休. 六時, 還. 至多佳橋邊而罷歸. 金十六錢, 石首魚十尾及海衣一束.

五日. 月. 曇. 陰五月端午日也. 午前八時, 出客舍, 講習棉作農事. 金二十錢, 正肉. 八錢, 藥酒也. 午後, 雨冒而還家.

六日. 火. 晴. 父主, 午前七時, 出發行次于苗浦. 本日亦客舍出勤.

七日. 水. 晴且曇. 出勤于客舍. 講習農事. 細雨. 午後, 實習. [石油劑]

八日. 木. 曇. 午後第三時, 實習石拔唐箕使用法. 第五時, 講習修了, 講習狀, 受. 來訪鄭昌平于病院. 訪柳兄于旅館. 金十六錢, 藥酒. 與柳·趙兩兄, 夕飯. 十錢, 石油. 及二十四錢, 石首魚. 借用.

九日. 金. 曇, 小雨. 終日實習. 種苗移植. 七時夕頃, 歸家. 今日早晨, 東方未明, 四方尙寂, 忽醒而更夢, 如下所記. "與陸弟往妻家, 一宿. 早欲發還, 獨早起出門. 望見坂下, 前家有一鳳, 高飛遠去. 但佇立怊悵不已. 忽然更歸, 下來其隣家前而止. 余不勝躍, 喜走往撫取鳳鳥. 問其家主人之物, 三四而不答. 故余欣然取來, 入於大紙袋中, 歸家而養之. 適有南煥喜遊, 故改名鳳煥." 云云.

十日. 土. 晴. 午前, 實習. 午後, 往訪靑兄, 未見. 訪嘉城寫眞館, 出給參円金. 訪鄭昌平. 歸路, 沐浴. 三錢, 費. 四錢, 下人草鞋. 自眞谷, 妹來及書來. 三十二錢, 松枝一負.

十一日. 日. 晴. 早發. 隨行祖母主行次, 至德津池畔, 拜送. 還止酒店矣. 見趙兄來, 韓鍾錫·李宗亦來. 至德津池, 乘小舟. 至勝金亭, 小休. 自松林間, 轉到一酒店, 休憩飮酒午飯. 夕頃, 松影裏, 三四還. 至西川, 沐浴. 自山崖小逕, 至多佳亭, 歸來. 三十錢, 下人旅費. 二十錢, 治送費.

十二日. 月. 晴. 種苗及刈麥. 失小刀.

十三日. 火. 曇且雨終日.

十四日. 水. 雨. 午後五時頃, 冒雨迎弓削學務課長于學校門前.

十五日. 木. 雨. 大水出, 增水一丈餘. 連日瀑雨, 人事困憊.

十六日. 金. 晴. 弓削學務課長, 午前十一時頃, 來校視察. 午後二時, 去. 午後四時頃, 往第一校. 弓削學務課長有言.

十七日. 土. 晴. 午後四時, 訪鄭昌平. 至第一校內, 參青年會幹事會. 回路, 訪青石旅館, 未見. 一金三十八錢, 松枝一負. 李良傳書來.

十八日. 日. 晴. 午前, 往黑石洞. 午後, 與趙兄訪尹和重, 未見. 訪李春史先生, 逢金永大氏. 訪青兄, 未見而歸來. 秉陸歸來. [改南煥名爲龍熙. 夢有青黃白龍來戱躍終消, 龍形巡現南煥.]

十九日. 月. 晴且曇. 付書于忠時君. 三錢, 切手. 夜八時, 往第一校青年會. 會員會者, 四人也. 破會, 延期. 李大泳君書來.

二十日. 火. 曇. 理髮, 二十錢. 訪青兄, 晩歸. 六十三錢, 白米五升.

二十一日. 水. 曇且雨. 終日實習. 夜有青年會. 與趙兄歸宿. [月俸二十円. 六十五錢除給.]

二十二日. 木. 雨. 以昨日實習慰勞, 臨時休業. 午後四時, 往第一校, 參教材硏究會. 會罷, 冒雨與趙兄歸來. 米四升, 五十錢四厘.

二十三日. 金. 雨. 朝見大水出來. 家家竈中生水, 多少有水害, 不得上學. 夕有郡廳官人貧民救護, 於本校樹下, 炊飯分布, 夜深十一時也. 趙兄一行, 亦不得渡水而來宿. 受宿直料, 一円二十錢.

二十四日. 土. 曇且雨. 午後四時, 出校, 往南川橋. 金一円四十五錢, 漢陽苧周衣一件. 往大正町, 至嘉城寫眞館, 奉還祖父母兩堂前撮影及其原板總四張. 出給二円(定價五円內三円, 已給). 金六円五十二錢八厘, 白米五斗一升也. 付書于金永龍君.

二十五日. 日. 雨. 杜門終日讀彼得帝傳. 午頃, 河先生來訪. 夕頃, 李宗來訪, 夕飯後去. 四十錢, 松枝. 十錢, 石首魚十尾.

二十六日. 月. 晴且曇. 午後四時, 率三四年生徒, 往蠶業講習所. 轉至第一學校, 留待數時間後, 始青年會委員會. 同七時, 終.

二十七日. 火. 雨且風. 金六錢, 切手. 上書于茁浦及魯城尹叔. 十九錢, 小刀一. 十一錢, 刀魚一尾. 十錢, 乾石首魚十尾. 十錢, 築垣者賄與.

二十八日. 水. 陰. 金十錢, 正肉. 二十錢, 木屐二個. 黃君來訪.

二十九日. 木. 曇且暑. 午後三時半, 出校. 與李宗往訪黃君旅舍. 金一円, 入日本勸業銀行債券(拾円), 李宗勸入百円券. 卽往第一校, 始敎材硏究. 同六時, 終. 與趙兄往靑石旅館, 訪見鄭兄. 七時頃, 還. 十錢, 鰕醢.

三十日. 金. 曇且風. 午後, 實習. 夕飯後, 訪黃君旅舍, 談話.

七月

一日. 土. 雨. 午後四時, 有職員會議. 金十四錢, 雜木屐一. 五錢八厘, 鯆一尾. 十錢, 乾石首魚十尾. 自金永龍君及李康河君, 來書.

二日. 日. 晴. 朝飯後, 與李宗, 往訪高鼎勳·梁洪基兩氏. 作伴, 至黑石洞, 訪趙兄. 往沐浴湯, 沐浴. 歸得午飯, 更往南固山關王廟, 談話. 午後七時頃, 歸來. 夜往寄宿舍. 四十錢, 松枝一負.

三日. 月. 晴. 午後, 實習, 移植葱. 宿直. 付書于李君康河.

四日. 火. 晴. 二十八錢, 松枝一負. 夜招於白樂倫氏家, 飮食.

五日. 水. 晴. 自鄭忠時君來書.

六日. 木. 曇且雨. 三十錢, 市用.

七日. 金. 雨. 往病院. 訪鄭南平丈.

八日. 土. 雨. 本校有敎育硏究會. 余以賞罰事衍話. 訪鄭兄.

九日. 日. 晴. 午前, 趙兄與李宗及高·梁二友, 來訪. 偕至峽谷川, 沐浴. 還至, 午飯. 午後, 訪河先生. 逢雨, 雨歇, 得歸. 金十五錢, 正肉.

十日. 月. 雨. 自茁浦有下書. 付書于眞谷. 三錢, 切手. 高·梁二友, 夜來. 五錢, 烟艸一匣. 十二錢, 燭籠一個.

十一日. 火. 曇且雨. 二十錢, 海衣苔四束. 五錢, 鍾一. 十七錢, 鷄一. 十二錢, 卵十.

十二日. 水. 曇且雨. 初伏日也. 自家有書, 去九日季叔母主永爲逝去云. 卽上書于茁浦. 三錢, 切手. 二十錢, 鷄卵二十個.

十三日. 木. 雨. 鄭叔來訪. 鳴川大姑母下書. 終一學期試驗.

十四日. 金. 曇. 夜訪第一學校靑年會例會. 金四十三錢, 松枝一負.

十五日. 土. 雨. 夜, 散步於全州橋. 逢高·梁二友, 至宿直室, 談話.

十六日. 日. 曇. 午頃, 與趙兄及李宗, 訪高友, 午飯. 午後, 登梧木臺. 訪宋先生而還. 鄭叔來訪. 十錢, 洗濯曹達.

十七日. 月. 雨. 鄭叔, 朝飯後出發. 上書大姑母.

十八日. 火. 曇且晴. 午前, 實習. 午後, 率生徒一同, 往觀第一校學藝會. 會罷, 訪靑石旅館, 逢金牧師. 訪河先生. 四十錢, 松枝一負.

十九日. 水. 雨. 終日實習. 夜, 散步於全州橋, 訪高友.

二十日. 木. 雨. 洪水四出. 趙兄來見. 第一學期成績發表及放學.

二十一日. 金. 雨. 月俸二十円內, 二十錢國庫金, 三十錢敎育會費. 十錢, 正肉. 二十錢, 乾石首魚二十尾. 十錢, 甘藿. 十錢, 石油. 夜與趙兄, 訪高友, 未見. 訪尹雅及韓友. 還宿宿直. 校長, 午前四時頃, 出發向京城. 三十錢, 衛生費及賦役費.

二十二日. 土. 雨. 十錢, 正肉. 六錢, 桃及林檎. 六錢, 葉書. 付上書于茁浦. 午後二時, 往第一校, 參同窓會演談, 天下之人, 皆爲我師. 回路, 訪殷君. 此日, 中伏日也. 七錢, 痲鞋一件. 白米五斗, 七円卅錢.

二十三日. 日. 雨. 李宗來訪. 石墻壞破. 終日蟄伏. 靜讀史譚. 午後五時頃, 金炳稙氏來訪. 散步於上關入口. 崔京植來訪. [二十錢, 築垣費.]

二十四日. 月. 曇. 午前十時頃, 與秉陸出發. 潦水未盡, 路變爲溝, 五步渡一水, 懇得農夫之勞. 數越深川, 至漢川, 則洪水洋洋, 便是大津. 佇立良久, 要得船夫之來. 船夫輕慢, 不宜待客. 故, 叱責而敎諭, 使渡此水. 吸熱艱步, 歸來眞谷, 午後四時頃也. 六錢, 桃. 六錢, 濁酒三盃. 十二錢, 漢川越料.

二十五日. 火. 晴. 豆溪金進士來留.

二十六日. 水. 晴. 酷熱. 午前九時頃, 出發. 雲翳無風, 熱若火炎. 乘船渡漢川. 自新作路, 至東山村. 回入全州, 午後二時也. 六錢, 越川料. 六錢, 麵. 趙兄來訪. 夜與趙兄, 訪高·梁二友及柳璋錫君. 散步南門道路, 入第一學校宿直室, 談話而還. 五十五錢, 長作二十四束. 鄭兄來訪.

二十七日. 木. 晴且曇. 午前, 出校. 午後, 往第一學校. 趙兄違約不在, 故余獨往訪河先生, 長時談話, 苦待趙兄. 終不得已, 與河先生, 往書院後洞金先生家. 果實及葡萄酒, 多與充量. 黃昏歸家.

二十八日. 金. 晴且雨. 午前出校. 付書于大原正次. 自銀行出其貯金拾円, 付送. 自鄭君忠時來書. 自魯城尹叔, 來書及圓嶠書搴件. 金十錢, 酒石酸. 五錢, 炭酸曹達. 五錢, 砂糖.

二十九日. 土. 晴. 早往本校. 對生徒一同, 講話及注意. 午前, 往訪黑石洞趙兄宅. 本日, 行大淸潔. 贊叔兄來役, 與十錢. 仁男祖母, 來臨. 午後, 與宗氏希泰, 往訪高·梁二君. 又逢見布敎堂主人法花, 小話. 訪金炳稙氏, 未見. 金一円四十五錢, 漢陽苧壹疋買入.

三十日. 日. 晴. 午後, 斜雨. 午前, 往本校, 事務處理. 趙兄與希泰·宗, 來校, 談話淸遊. 逢高·梁二君, 且鄭·河二氏來訪, 合作果會. 費, 六錢. 午飯, 四十錢, 出. 五錢, 烟艸. 別河·鄭兩氏, 與其他諸友, 往上關峽谷川, 沐浴. 歸時, 乍避雨於食店. 復入本校宿直室, 小遊相罷. 自朴炳甲來書.

三十一日. 月. 曇. 午前五時, 起寢. 與申貴鉉往市. 八十六錢, 唐苧及文布. 沈石首魚及俊致魚, 四十五錢. 八錢, 厚口海衣. 十錢, 鰕醢. 十錢, 除蟲菊. 午前, 李君光烈來訪. 午後, 往自第一學校, 至靑石旅館, 逢林昌晟君. 與趙兄, 往訪河先生及申允澈氏. 自家來書. 付書于朴炳甲許. 三十錢, 本七月分新聞價.

八月

一日. 火. 晴, 午後雨. 午前六時, 出全州停車場, 送趙兄·韓友鍾錫于東京. 回入本校, 監督生徒. 朝飯後, 與李宗往郵便局, 出貯金貳百円, 付于本第. 又付書于家. 五十錢爲替料. 十錢, 書留. 三錢, 林檎二箇. 午後, 訪鄭機用氏. 訪河先生, 談話. 逢李宗. 歸路, 往北門內扇子房, 買梧葉扇二柄. 五錢, 扇一柄. 付書于鄭忠時君. 十錢, 卷紙一軸.

二日. 水. 晴且雨. 午前, 出校. 校長亦來校. 本校農産物販賣金三円四錢, 余姑任置. 午後, 又出校. 與吳壽同, 持梧葉扇六柄, 代兩李君, 往與大原正次氏. 藤衫一件, 二十錢. 董其昌歸去來帖一册, 二十錢. 草鞋, 四錢. 希泰·宗來見. 三十錢, 家役費. 十五錢, 麥稈五束買入. 貰家修繕.

三日. 木. 曇且晴. 午後, 蒸熱. 午前七時, 與大原校長, 乘輕便車. 八時半, 至裡里, 別大原氏. 同九時二十分, 於木浦行車. 至井邑, 同十一時也. 徒步至古阜邑邸, 午飯. 午後四時, 至茁浦江東里. 初見庶母及萊弟男妹, 得謁父主. 訪見金同福丈及金性洙君, 夜亦訪見. 行中所作. "長長霖雨後, 大道亦難行. 終日堪其苦, 止歸樂世情." 金四十八錢, 輕便車賃. 二十八錢, 裡井間半額車賃. 十錢, 食費.

四日. 金. 雨且晴. 午前, 金性洙君來訪, 散步浦頭. 訪見辛淇文氏. 午後, 往同福家, 與金性洙君, 談話. 同往公立普通學校, 更至浦口, 取蟹作標本物. 十錢, 洋襪一件.

五日. 土. 小雨且晴. 寫千字文. 金性洙君來訪. 午後, 往見金性洙, 談話. 得食夕飯. 遂有滯症. 夜半身家大不平. 父主救護.

六日. 日. 晴. 乾熱. 終日調理. 金君性洙來訪, 爲我烹鷄. 十錢, 酒石酸及炭酸曹達. 五錢, 砂糖.

七日. 月. 晴. 乾熱. 往見金性洙, 談話. 要來七星女.

八日. 火. 曇且晴. 往別金性洙君及金同福丈. 往見金連洙君. 與七星女欲發, 七星女忽變, 不肯, 無奈作罷. 午飯後, 卽整行具欲發, 金性洙君來見. 乘馬出行. 午後五時半, 自井邑至全州. 金二円, 父主下與. 七拾六錢, 總車費也. 三十錢, 雜費. 民魚一尾, 受來.

九日. 水. 曇. 早往本校, 講話. 午前, 往黑石洞姉家, 午飯而還. 高友鼎勳來訪. 十錢, 砂糖. 付上書于父主前. 付書于金性洙君.

十日. 木. 雨. 午前, 鄭機用氏來訪, 談話. 午後, 訪河先生, 談話. 雨歇, 還來. 二十一錢, 白木五尺也. 自趙兄來書.

十一日. 金. 曇且雨. 下伏日也. 往訪許憲氏, 未見. 訪青石旅館, 未見. 訪見高鼎勳君. 三十八錢, 鷄二首. 十八錢, 燒酒. 十錢, 砂糖. 十錢, 林檎四個. 十五錢, 酒石酸一瓶. 十錢, 宮重大根及京城白菜種子. 午後, 高鼎勳君來訪, 談話數時後, 往昌南書館而來. 六十錢, 唐宋八大家文一帙. 三十錢, 鄭圃隱先生集一卷. 十錢, 訓蒙輯要一卷. 早往校, 教授漢文及算術. 九日預定.

十二日. 土. 曇, 小雨. 早往校, 教授. 早飯後, 又往校. 召集生徒, 使實習. 四十錢, 犁耕賃(學校田). 自朴炳甲來書. 四錢, 烟艸.

十三日. 日. 晴. 午前, 召集若干生徒, 辛苦實習. 鄭·河兩先生來訪.

十四日. 月. 晴. 朝飯後, 往遊河先生家. 十四錢, 印刷紙百張. 九錢, 石鹼一.

十五日. 火. 晴. 午後, 往圖書館. 二十錢, 理髮. 自趙兄來書. 宗君貸去壹円. 壹円五十錢, 學校實習田用堆肥價. 二十錢, 市用.

十六日. 水. 晴. 學校田種菜. 午後, 家田種菜.

十七日. 木. 晴. 午後, 往第一學校. 參教育會總會. 訪鄭兄.

十八日. 金. 晴. 作二首. "朝看雲霧起, 白日亦無光. 午頃風過後, 天地大明揚." 又登南門樓所作. "千年城跡一高樓, 父老傳稱百濟州. 知是山河信美地, 變成後日更何區." 訪河先生.

十九日. 土. 朝小雨. 教員講習會. 友多數來訪. 鄭兄來訪.

二十日. 日. 晴. 午前七時半, 出講習會. 午後五時, 放課, 與蘇友往沐.

二十一日. 月. 晴. 出會. 自日本明治產業株式會社, 來書. 月俸收. 往青石館.

二十二日. 火. 晴. 出會. 家貰二円, 出給. 與秉寔及仁洙友, 往峽谷川, 沐浴. 歸路, 同入夕飯. 四十錢, 燒酒及正肉. 夜訪講習諸友.

二十三日. 水. 晴. 酷暑. 出會. 夜訪講習諸友. 趙兄夜還云.

二十四日. 木. 晴. 以學校實習事, 不得出會. 早往校, 指揮實習. 往黑石洞, 與趙兄談話, 午飯, 同往停車場及青石旅館. 六十錢, 貸與友賢.

二十五日. 金. 曇, 小雨. 早往校, 實習. 午後, 出會. 與三四友, 往寒碧堂下, 沐浴. 適雨, 避入支那人家. 夜訪講習諸友. 十四錢, 與賃夫.

二十六日. 土. 曇, 小雨. 出會. 與趙兄, 往青石旅館, 訪河先生. 往參同窓友親睦會. 夜半還宿. 四十錢, 會費. 七円三十錢, 白米五斗.

二十七日. 日. 曇且雨. 午正, 閉講習會, 受修業證書. 往訪講習諸友. 午後五時, 往停車場, 別蘇秉寔及諸友·講師. 訪柳璋錫, 未見. 夜訪講習諸友及青石旅館而宿. 出校.

二十八日. 月. 陰. 早往停車場, 別諸友. 更至青石館, 別諸友. 午後, 高·梁兩友來訪. 出校. 自鄭兄忠時來書. 五十五錢, 遮物.

二十九日. 火. 陰. 往河先生家遊. 訪見高·梁二友. 三十錢, 申聞料.

三十日. 水. 晴. 出校. 訪見鄭兄. 自愼杓晟君來書. 夜雨大作.

三十一日. 木. 陰, 斜雨. 往與鄭·河兩先生, 至黑石洞, 夕飯. 一円三十錢, 唐木十尺. 四十三錢, 饌用. 九錢. 蟹二十首. 二十錢, 玉亭賄與.

九月

一日. 金. 晴. 大原正次校長出來. 午正, 開校式粗行. 午後, 往青石旅館. 集諸友, 往德津池, 乘昏歸家. 三十四錢, 松枝. [訪玉亭]

二日. 土. 晴. 午後, 訪高·梁二友. 三十錢, 이소포物語一册. 自京城茶屋町一七○金永運君, 荷堂壽詩帖來. 薄昏, 秉陸與乙龍來. 自蘇秉寔君來書.

三日. 日. 晴. 午頃, 鄭兄來訪. 午後, 理髮. 與鄭兄, 往訪許憲氏. 二十錢, 理髮料. 與乙龍十錢, 歸送.

四日. 月. 雨. 自李康河君來書.

五日. 火. 雨. 自金性洙君來書.

六日. 水. 雨. 付書于愼杓晟及蘇秉寔君.

七日. 木. 雨. 自洪洛裕來書. 午後, 雨歇. 參釋典祭. 往第一學校, 參青年會任員會. 往圖書館. 二十八錢, 薪價.

八日. 金. 雨. 付書于李康河 · 洪洛裕君. 午後, 職員一同, 往第一學校. 開研究會, 數時間後, 終. 自友賢, 六十錢收.

九日. 土. 雨. 午後, 職員一同, 往農學校. 有研究會. 七十二錢, 市用. 五十六錢, 薪二十六束. 十錢, 石油. 三十錢, 雜費.

十日. 日. 雨. 作歌三首. 一. "神聖하신檀君님 白頭[太白]山에나리샤 우리나라를여르시니." 一. "불휘깊은배달남ᄀᆞ 바람에안이뮐샤 꽃좋고 여름하나니." 一. "심이깊은鴨綠江水 여러골물合하여 太平洋에 이르나니." 更以群鼠侵害之事, 作一首. "群鼠穿我屋, 咀衣又咀粮. 將得獰猫子, 斷行大斥攘." 午後, 往黑石洞. 夜參青年會. 秉陸歸家, 十錢與. 付書于早稻田大學編輯部及崔南善氏 · 東美書舖, 付與五十錢, 請購英語獨學. [爲檀君敎所作.]

十一日. 月. 晴. 午後放課後, 與朴炳甲歸家. 塗戶穹窒. 付書于鄭忠時君及鄭 · 河兩先生. 夜訪高 · 梁二友. 自黑石洞, 得鷄一首. 二十錢, 正肉. 五錢, 菜. 二十錢, 中籠紙.

十二日. 火. 晴. 早出校. 使兒童出席. 午前, 往圖書館及第一學校. 至青石旅館, 午飯. 午後, 與鄭 · 朴兩兄, 訪崔昇烈, 未見. 訪李君. 柳璋錫君來訪, 夕飯而談話.

十三日. 水. 晴. 昨今授業不如例. 午後, 尹和重及李友來訪, 談話. 往昌南書舖, 逢李春史先生及河先生.

十四日. 木. 陰雨. 午後, 於第一校, 有硏究會. 訪尹和重及殷相鶴君. 使賃夫二人, 築垣. 費, 七十五錢.

十五日. 金. 雨. 自新文館, 來書. 答良傳書及新文館書.

十六日. 土. 午後, 晴. 連日膓胃不利, 以頭痛見苦. 趙兄來夜.

十七日. 日. 晴. 午前十時, 與趙兄訪尹和重. 昏, 往訪李友義根宅. 歷往醉香亭及圖書館. 訪靑石旅館及高友·柳丈. 華山柳兄來仐, 與還宿. 五錢, 石油.

十八日. 月. 晴. 十錢, 正肉. 十錢, 酒. 午後放課後, 家庭訪問. 訪河先生家, 初見鄭兄鳳宇氏. 柳兄來宿. 十錢, 砂糖及油.

十九日. 火. 晴, 稍暑. 十錢, 正肉. 十錢, 酒. 夕訪柳兄. 三錢, 英熙藥. 付書于早稻田大學編輯部. 三錢, 費.

二十日. 水. 晴. 五錢, 豆腐. 趙兄與柳兄來訪. 十七錢, 淸酒. 與柳·趙兩兄, 往黑石洞. 五錢, 鹽. 夜高友鼎勳來訪.

二十一日. 木. 晴. 殘暑亦酷. 月俸收. 七円七十錢, 白米五斗. 二十四錢, 火艸一負. 往第一學校硏究會. 自秉德及忠時君來書. 八錢, 菓子. 五年間所持時計(父主下賜), 終歸於柳兄去.

二十二日. 金. 曇. 一円十錢, 敎育會費. 自新文舘來書. 訪見高鼎勳君. 訪靑石旅館主人, 未見. 六錢, 葉書. 自族弟秉德, 來書. 趙兄來訪. 十錢, 石油.

二十三日. 土. 曇, 小雨. 午前八時, 往郵便局. 付四円金于京城新文舘, 請購東史. 付書于秉陸及秉德. 訪尹相彥君及高鼎勳友. 訪見鄭鳳宇兄及河先生. 秋分, 卽秋季祭日也. 本校亦休業. 秉喆來訪云.

二十四日. 日. 雨. 趙兄來訪. 鄭·河兩先生及金警部來訪. 高·梁兩友及劉友來訪. 五錢, 豆腐. 十五錢, 牛肉. 十錢, 柑.

二十五日. 月. 雨. 事紛紛.

二十六日. 火. 晴. 虎疫方熾, 注意緻到. 自早稻田大學出版部, 來書. 幸有世界全史之餘件云. 卽請購, 付送金九円七十錢. 郵稅, 四錢. 六錢, 葉書. 理髮. 訪見秉喆. 上書于茁浦.

二十七日. 水. 晴. 六十錢, 龍賢貸去. 二十六錢, 火艸一負.

二十八日. 木. 晴. 四十一錢四厘, 火木廿三束. 十四錢, 甘藿八束. 三十七錢, 蟹百廿首. 廿四錢, 明太一部. 十錢, 鹽. 教材硏究會.

二十九日. 金. 晴. 午後, 代校長, 往參養蠶講習所修業式. 自新文舘, 來東國通鑑全, 林將軍慶業傳全.

三十日. 土. 雨. 花坪柳丈來臨. 趙兄亦來訪. 秉陸書來. 聞漢川覆船人死云. 卽小船四十餘人, 多有負商者, 而載其重過, 不無顚覆之患矣. 可不戒之哉. 一円二十錢, 宿直料入. 二十錢, 賦役費. 二十錢, 正肉及酒. 鄭兄來訪.

十月

一日. 日. 曇. 午前, 與趙兄往圖書館及巡查補習所, 見秉喆. 至東門外, 訪見柳璋錫君. 訪李監察家及任相遇氏 · 宋秉泰氏, 未見. 訪見高 · 梁二友及李宗, 與往訪見劉淳澤氏. 出龍頭峴, 訪見鄭鍾泰君. 至書院峴, 訪見金演相氏. 訪河先生, 未見. 至青石旅館, 得見金牧師 · 鄭兄 · 河鄭兩先生, 談話. 訪金警部, 未見回來. 十錢, 獐腋筆五柄. 夜以頭痛稍苦. [李判事及宋重燦 · 崔昇烈友, 來訪.]

二日. 月. 曇. 二円, 付入白參事家貰金. 作居全州記.

三日. 火. 晴. 三十錢四厘, 火木十九束. 巡査來種痘順熙.

四日. 水. 晴. 率生徒, 往全州停車場.

五日. 木. 晴. 陰曆九月九日也. 放學後, 往教材研究會. 付書于李康河 · 朴匡愿 · 方斗鉉君. 尹和重君, 與其從兄, 來訪.

六日. 金. 晴. 趙査丈下臨. 午後, 往青年會幹事會. 秉陸弟來見. 祖父主下書. 金廿四錢, 火艸一負. 新聞, 大隈伯辭職, 寺內總督, 受內閣組織大命. 政黨頗不穩云. 以犬鬪作一絶云. "一犬誤墮肉, 群犬來鬪食. 莫笑犬之鬪, 食貪亦其職."

七日. 土. 陰. 午後, 有職員會. 訪見河先生. 自早稻田大學出版部, 通俗世界全史九册來. 宿直料, 一円二十錢, 收入.

八日. 日. 陰. 付書于本第. 鄭兄來訪, 午飯, 與談. 趙兄來訪. 四十錢, 市用. 作居全州記. "余自居是州, 日與群兒作業. 恒愉愉其際也, 則同志三四人, 從容步山逕, 探地歷遺蹟, 採礦石艸本. 臨淸溪而濯足, 披草茵而坐談. 隨時景槪, 吟詠歌謠. 旣歸艸廬, 則寒廚冷突, 豆飯麥茶, 欣然一飽, 抱兒嬉戲. 新聞雜誌, 閱覽之. 隨意, 讀經書 · 史書 · 傳記 · 哲學 · 政學 · 兵書 · 文典數篇, 窮究理學數學原則. 興到, 則弄筆窓間, 作大小數十字, 寫蘭竹一兩幅. 展所藏法帖墨蹟而縱觀之. 再啜麥茶一杯, 散步於市街, 聽時耗之如何. 逢酒友詩朋, 相與談笑一餉. 歸而內省自樂. 乃若山水與都市, 趣舍不同, 志士與圖書, 不可相離, 取諸殊異之間, 得爲脩養之道. 其使余樂居夷而盤遊者, 非是州也歟."

九日. 月. 曇. 退校, 一廻市街. 訪尹和重君.

十日. 火. 曇. 趙兄來訪. 五十二錢, 火木三十三束. 四錢, 鹽.

十一日. 水. 曇. 午後八時, 往第一學校, 參青年美成會例會. 伊東警務部長演說後, 協議以罷. 五錢, 會費.

十二日. 木. 雨. 午後, 有學務委員會於本校. 二十二錢, 薪九束. 堂叔主來臨. 夜往見高·梁二友. 十錢, 賻儀于秋山視學官.

十三日. 金. 曇. 自朴匡愿·方斗鉉君, 來書. 四錢, 草鞋.

十四日. 土. 清爽. 昧起, 飯. 與兒童六十人, 遠足于母岳山金山寺. 於本校集合, 作隊一二三, 整列行進. 至雨林谷川, 使稍長者, 跋涉渡盡. 間間休憩于老樹下. 或臨溪而止, 或登山而坐. 渡水復渡水, 越嶺又越嶺. 曲曲尋尋, 登登臨臨. 到金山寺. 環山深谷, 其後母岳峻峙. 三層古閣彌勒儼立, 其次大雄及大寂光莅置. 八層石塔, 聳出楓松之間. 左右清溪激流, 竹樹深幽, 秋花尙存. 余乃披草而坐, 對僧問古跡. 清湯水一飯, 時已午矣. 徘徊於古木清泉間, 喟然轉眄, 彼山之靜, 水之清, 從可爲形於心法也. 更吹呼角, 集兒童檢閱. 謝沙門. 歸途, 採取植物及礦石. 乘暮而還舍.

十五日. 日. 陰. 午前, 參明治神社祭. 午後, 迎光州大隊. 訪鄭兄宅. 逢京城館主人洪淳泌氏, 談話. 趙兄及秉喆君來訪. 自李康河君來書.

十六日. 月. 晴. 自本第, 墨甫及龍弟來. 祖父主下書.

十七日. 火. 曇. 墨甫歸送. 十錢, 與. 上書于本第. 午前, 往見小學校運動會及高·梁二友. 與往停車場, 送別田友. 回路, 訪許憲氏, 未見. 午後, 往訪鄭兄宅, 逢河先生. 十二錢, 石油. 二十錢, 東洋歷史教科書一冊. 二十四錢, 空匣一. 十八錢, 食鹽及眞油. 十五錢, 洋靴一. 十錢, 貸與隣金氏. 黑洞姉來宿.

十八日. 水. 曇. 三十九錢, 火木二十四束. 陰九月卄二日, 龍照初回生日也. [龍熙돌잡이날. 先執銀貨及米.]

十九日. 木. 晴. 午後, 職員會議. 與李宗及趙兄, 歸家, 談罷.

卄日. 金. 晴. 早往停車場, 送龍弟, 與四十錢. 七十五錢, 白米五升.

付書于鈴木種苗場. 夜與光烈君訪楊小石.

廿一日. 土. 晴. 月俸收. 七十錢, 諸費入. 一円十四錢, 付于早稻田大學出版部. 參円五十錢, 付于京城新文舘. 午後, 趙·河·鄭先生來訪.

廿二日. 日. 晴. 午前, 與生徒數人, 治圃. 鄭·金兩兄來訪. 午後, 秉喆訪來. 往本校, 留待書畵會友數時間. 招待楊小石. 費, 三十錢.

廿三日. 月. 晴且陰. 二円三十錢八厘, 火木百四十三束. 三十一錢, 火艸一負. 六円八十五錢, 白米五斗. 堂叔主下臨, 卽爲還次. 十五錢, 費價.

廿四日. 火. 雨. 午前自十一時, 至午後二時, 於本校, 有勅語奉讀式及家庭聯絡會. 自鈴木種苗店, 來書.

廿五日. 水. 晴. 秋氣催冷. 十二錢, 石油.

廿六日. 木. 晴. 午正, 往花園橋邊, 迎南原守備隊.

廿七日. 金. 晴. 二十錢, 立儲入金也. 訪楊小石.

廿八日. 土. 雨. 午後, 往第一學校. 入貯金契, 一口二十五錢. 往中興舘, 未見吳世吉. 夜有李君光烈來訪, 談話. 訪靑雲先生.

廿九日. 日. 晴. 午前, 吳世吉來訪, 付託料理. 午後, 訪靑石旅館. 與其主人, 訪金牧, 未見. 訪許憲, 遊陸卿圖. 夜訪黑石洞趙兄家, 宿.

三十日. 月. 晴. 此日, 正南煥生日, 一週年也. 去十八日, 則陰曆之計日, 而實有十餘日之差也. 去十六日祖父主下書中, 有如下詞. 칠십삼셰옹이증손돌자비노래, "오목대의노는봉이긔린자식나아서라. 어와둥둥금동자[긔린峰下, 故鳳之子也.] 완샨팔경죠흔경개 풍패고도에빗낫다 어와둥둥은자동. 한벽누흐른벽파 다가정목욕하니 억됴챵생구진뜰글 일시숙쳥하게고나 어와둥둥옥자동. 덕진의열닌거울 봉내영쥬방쟝산 잠시역역히빗쳐셔라 어와둥둥남환동. 인산지수영긔바다 영웅문장나아스니 왕대밧에왕대날재 쳥용같은져죽순이 일취월장하는도다 어와둥둥난환동. 화긔영문네잔치의 일취일가내홍이라. 동우옹은취포증손가." 夜訪高·梁二友. 理髮. 三十八錢, 苦椒五升. 十錢, 肉. 十錢, 豆. [龍熙生日]

三十一日. 火. 晴. 午前, 往本校. 有天長節祝日式, 罷後, 卽往小學校. 拜賀眞影. 至午後二時, 間參宴會. 沒備兼終此, 與趙·韓兩氏, 往弔守山氏家. 與趙兄, 訪青石旅館主人及河先生·鄭先生. 付書于新文舘. 自新文舘, 來三國史記·熱河日記·訓蒙字會· 姜邯贊傳·神檀實記, 各一部. 五錢, 絲.

十一月

一日. 水. 晴. 午後五時, 往南川畔禮拜堂. 有夜學開會協議. 罷, 與趙兄·宗氏, 出來. 又逢高友, 俱還. 硏出'地學圖'. 梁友亦訪來.

二日. 木. 晴. 午後, 往圖書館及大正堂·青石旅館. 十錢, 鹽.

三日. 金. 晴. 有立儲祝賀式及祝賀會. 罷歸, 入青石旅館及高友旅館. 與趙兄及宗氏, 還來. 促夕飯而飽, 往多佳亭提燈行列. 周迴市街, 終止第一學校運動場而罷. 如此人海中, 心靜自試.

四日. 土. 晴. 午後四時, 往與高友, 往圖書館, 閉門, 故虛還. 與來, 談話. 鄭兄亦到, 數語相罷. 一円二十錢, 宿直料. 二十錢, 枾及石油. [付書于大邱及釜山書舖.]

五日. 日. 晴且陰. 午前, 往圖書館, 觀書籍. 午後, 河·鄭兩先生訪來.

一飯, 談話. 與登僧岩及麒麟峯. 十錢, 正肉. 夜往同窓會.

六日. 月. 雨. 午後, 往第一學校, 參美成會幹事會. 夜往同窓會. 訪高·梁二友. 自釜山三重出版部, 來最新世界地圖一帖. 一円, 與黑石洞下人, 修理垣籬件. 八錢, 烟艸及葉書.

七日. 火. 雨. 二十五錢, 世圖價出付. 四十錢, 苦椒五升及豆. 五錢, 洗濯曹達.

八日. 水. 晴. 夜往第一學校. 訪高·梁二友.

九日. 木. 晴. 夜往第一學校. 付祝賀紀念狀于第一校. [思過去十年, 祝將來萬歲.]

十日. 金. 晴. 午後四時, 往第一學校, 參同窓會. 夜又往參演劇. 本日卽第一學校創立十週年祝賀會也, 故同窓生以餘興作劇, 無料縱覽. 來者, 近千人. 劇罷, 自母校食同窓生, 夜半歸來.

十一日. 土. 晴. 午前, 率生徒, 往觀第一學校展覽會及物產陳列所·種苗場·農業學校, 而回至慶基殿, 參拜我太祖聖像. 歸飯. 午後三時, 往訪高友處, 借着梁友服, 出第一學校同窓生假裝行列. 自南門外, 轉至大正町, 到處人密. 終止母校運動場, 撮影. 罷來, 往梁友, 脫衣換着. 歸飯後, 訪西岩下, 談笑. 自悟聞鷄而起還.

十二日. 日. 晴. 終日蟄居. 作圖世界時局. 梁友來訪.

十三日. 月. 晴. 夜圖世界時局.

十四日. 火. 晴. 三錢, 美濃紙一張.

十五日. 水. 晴. 夜, 自高兄處, 往參美成會例會. 發表修養談.

十六日. 木. 晴. 一金四十八錢, 瓮一個. 五錢, 砂糖. 十錢, 柿. 夜有趙兄·李宗·梁友來訪. 與開始世界遊戲圖.

十七日. 金. 晴. 三十八錢, 鹽一斗及薑·青藿·葛也. 漬菜.

十八日. 土. 晴. 鄭機用氏來訪. 六錢, 美濃紙二張. 修籬垣.

十九日. 日. 晴. 劃世界地圖. 午後, 往黑石洞趙兄宅. 逢高·梁友, 還.

卄日. 月. 晴. 秉喆君巡査教習終了, 而昨以歸家來.

卄一日. 火. 晴. 放課後, 家庭訪問. 自第一學校, 往中興館, 給十二円. 回訪靑石旅館及高·梁二友而還. 月俸, 卄円. 壹円, 國庫金及會費出. 夜出夜學. 與趙兄還至宿直室, 相還. 五錢, 洋紙.

卄二日. 水. 晴. 一金三円六十六錢, 京城新文舘. 一円十六錢, 東京早稻田大學出版部. 七円三十一錢, 白米五斗五升. 三十八錢, 大豆五升. 十四錢, 薪一負. 鯖二十尾, 三十六錢. 멸치, 十錢. 三十九錢, 空箱. 六十錢, 修籬費. 鄭·高·梁三氏來訪, 弄地學圖.

二十三日. 木. 晴. 新嘗祭云. 休業. 午前, 往與高·梁二友, 訪金建杓·鄭鳳宇. 練習地學圖後, 訪西岩下, 晩還. 五錢, 洋紙及糊.

二十四日. 金. 晴. 午後, 率生徒一同, 往農業學校卒業生展覽會場.

二十五日. 土. 晴. 洋靴修繕費, 一円. 訓蒙字會謄寫, 始普及.

二十六日. 日. 陰冷. 高鼎勳君及光烈李君來訪. 十錢, 石油.

二十七日. 月. 晴寒. 三十錢, 衛生費. 四十錢, 松枝一負. 二十錢, 正肉.

二十八日. 火. 晴寒. 冒感見强出邵南夜學, 教授. 二十錢, 藥價.

二十九日. 水. 晴. 自白友南珪來書. 付上書于本第. 五錢, 豆腐.

三十日. 木. 晴. 自東京, 來十七世紀史一册. 往第一校硏究會. 十八錢, 忠武公記.

十二月

一日. 金. 晴. 夜雨及霰. 與趙兄, 夕飯同遊, 而聞鷄同歸宿.

二日. 土. 晴. 四十一錢, 松枝一負. 連日感氣見苦. 李友羲根來訪云.

三日. 日. 晴. 午前八時頃, 趙·李·高來訪, 請遠足. 不得已披祟出件. 又逢李友以同往, 與韓君一行, 向高山方路. 自種苗場, 還歸來.

四日. 月. 晴. 十一錢, 鷄卵十球. 四十錢, 松枝一負. 二十錢, 理髮. 六錢, 倭柑. [付書于白南珪及李大泳君]

五日. 火. 晴. 西伯來訪, 同飯. 出夜學. 訪高鼎勳君, 問病.

六日. 水. 晴. 十六錢, 大口魚一. 六錢, 乾鰭魚一. 六錢, 栗七十. 三十五錢, 松枝一負. 午前, 率生徒往全州驛, 迎新入兵.

七日. 木. 晴. 放課後, 往第一校, 參幹事會. 訪高友及梁友.

八日. 金. 晴. 放課後, 往第一校研究會. 夜與梁洪基, 有送別會.

九日. 土. 晴. 十錢, 洗濯曹達. 夜往觀小學校青年會. 仲父主下臨.

十日. 日. 晴. 午前十時, 出往梁洪基君處. 與訪高鼎勳君. 卽出往停車場, 逢趙·李·金·尹諸友. 同午二十分, 作別梁洪基君. 此君轉勤于裡里故也. 回路, 訪鄭機用氏, 未見. 釋弟來見. 二十錢, 正肉. 鄭機用氏來訪. 夜往聽吳氏講演.

十一日. 月. 曇. 仲父主行次于裁判所. 海東繹史六册來.

十二日. 火. 晴. 仲父主還次. 釋弟亦歸. 祖母主生辰也. [秉錫君聞其祖父病報, 急歸.]

十三日. 水. 終日陰冷. 午頃小雨. 日晩, 參弟持四弟衣次, 以來見. 鶴洞族祖, 昨夜喪事云, 不勝驚愕. 三十四錢, 松枝一負.

十四日. 木. 晴. 午後, 放課. 往第一學校, 參研究會, 日暮相罷. 與趙·

韓兩兄, 訪高友於病院, 問病. 參弟歸去.

十五日. 金. 晴. 七十錢, 白米. 且一斗, 一円四十三錢, 後金買來.

十六日. 土. 晴. 十錢, 石油. 自鶴洞來訃告.

十七日. 日. 晴. 午前, 往校. 有大山巖公講話, 卽是日爲國葬云. 罷歸. 趙兄來訪. 午後, 往自青石旅館, 訪西岩下. 夜與趙兄, 訪高鼎勳君. 夜深歸來. 付書于梁洪基友.

十八日. 月. 陰冷. 魯城尹友來訪. 與往豊沛館, 相罷送.

十九日. 火. 晴. 與趙兄, 往夜學會. 罷後, 往許憲氏事務所, 談笑而還. 秉錫君來見. 午後, 往蠶業講習所展覽會, 觀.

二十日. 水. 晴. 趙兄與韓·李兩君來訪. 來賞與金十二円狀.

二十一日. 木. 晴. 月俸二十円. 內, 教育雜誌代, 教育會費, 神社費, 國庫金, 總計七十錢除入. 金八円八十四錢, 白米六斗五升. 一円四十二錢, 前白米一斗價除給. 四十八錢, 新聞紙價及石油價. 仲父主下臨. 試買餠數箇, 分與小兒輩, 相詰其多少. 觀此可感.

二十二日. 金. 晴. 午後四時半, 率生徒一同, 往迎秋山大將于拱北樓址. 乘昏歸來. 六十二錢, 松枝二負. 十錢, 石油.

二十三日. 土. 晴. 小風. 金五十八錢八厘, 梁洪基君餞送費. 三十錢, 染料.

二十四日. 日. 昧爽小雨, 終日雲翳. 午前七時起, 往本校. 率寄宿生, 至東野屋前, 待送秋山大將. 訪青石旅館及高鼎勳君. 鄭·河兩氏訪來. 午後, 與秉錫君, 往黑石洞, 夕飯而還. 九錢, 卷紙一. 三錢, 烟艸.

二十五日. 月. 風雪. 十二円, 賞與金受. 三円, 以農作物賣件, 納付于校長. 五錢, 菓子. 付書于鄭忠時君.

二十六日. 火. 風雪, 極寒. 二円, 家貰金納付. 三十六錢, 青大豆五升.

二十錢, 大口魚一尾. 三十錢, 豬肉. 七錢, 木屐一.

二十七日. 水. 極寒. 朝早, 生陽洞鄭叔訪臨. 六十三錢, 蜜柑一箱. 二十五錢, 洋襪長者一. 五錢, 草鞋一. 三十錢, 項帶及袖帶各一. 八十四錢, 葉書五十六張. 修年賀狀, 發送各處. 十錢, 名刺會費. 訪高君病所.

二十八日. 木. 晴. 午前十時半, 行閉校式. 與趙兄及秉陸, 往全州驛, 乘輕便車. 至參禮, 下車, 點心又發. 歸家, 日已暮矣. 七十二錢, 車費.

二十九日. 金. 晴. 與趙兄, 往弔鶴洞族宅. 自生陽洞歸家. 夜話閒長.

三十日. 土. 晴, 風. 出箱中藏書而看之. 趙兄出發.

三十一日. 日. 晴, 風. 朝發, 至江景驛, 日已午矣. 趙兄來待, 與入飮食店, 饒饑. 至新江津, 船夫爲午飯去云. 晩不來到, 數時留待. 危然渡了. 至長丁三十里, 通行七十里. 弔姜友鳳求家而宿. 積年懷話, 不覺夜長. 有酒有肉, 欣然一飽. 此地林川也. 林川本百濟都屬地也. 勝國山河, 觸目興感. 偶吟一首曰. “林川地屬扶餘州, 百濟城壘在此區. 雪後斜陽尋去路, 破陣山下白江流.” 破陣山, 新羅與唐軍伐百濟, 破於此山故爲名云. 白江卽白馬江也.

丁巳 [開天四三七四年, 或四二七〇年. 西元一九一七年.]

一月

一日. 月. 晴. 朝飯後出發. 歷見林川趙氏始祖嘉林伯趙赫之碑. 其墓尙未詳, 或俗傳王塚云. 其後孫忠淸道觀察使趙明鼎, 以發見金鎗鋌漆燈明器於石槨爲誌. 至林川二十里, 韓山四十里, 通行六十里, 宿花山里. 主人權友寧植, 往校未歸矣. 林川邑址亦凋殘莫甚. 十九錢, 洋襪一. 八錢, 草鞋一.

二日. 火. 午後, 風雪, 達宵掀天. 朝發, 至韓山邑址十里. 往學校, 逢權友寧植·金鍾國·校長相島平一, 一杯酒相送罷. 至舒川邑內三十里, 夕飯. 至支石里十里, 初行夜路逶迤彷徨, 買一指道者. 訪謁松堂先生. 赭顔疎髥, 無異前年. 諄諄訓誨, 夜已深矣. 二十錢, 食費. 七錢, 草鞋. 支石里, 或云禾伍里. 又云人丁之背山臨水.

三日. 水. 風雪如昨. 朝發, 復至舒川, 訪高先生, 未見. 至龍塘津二十里, 小蒸氣船方慾渡, 急登船. 十五分間渡了, 至群山. 訪華人册肆順興義, 買卄四史一帙, 西廂記一帙, 共七十錢也. 至停車場, 留待數時, 得逢尹相彦君, 卽相別乘車. 至裡里, 入輕便車, 逢梁洪基君. 至全州, 已十時矣. 一円二十八錢, 車費也. 十八錢, 食費. 歸路有吟. "尺積雪江山, 步出兩湖間. 惟有極寒氣, 浩然一吸還."

四日. 木. 晴, 寒極. 訪青石旅館·西岩下, 夜歸.

五日. 金. 晴. 訪高友病所及鹿子木圭任·守山氏家·柳璋錫君.

六日. 土. 晴. 往大正町, 理髮. 自鄭忠時君來書及陟州東海碑.

七日. 日. 風雪. 午後, 鄭機用氏來訪. 又金·河兩先生來訪. 與秉錫, 往黑石洞, 夕飯後歸來. 五十錢, 松枝一負. 陸弟來.

八日. 月. 大雪. 近年初雪之積. 風雪掀天. 校長大原氏歸家. [自茁浦, 下書來.]

九日. 火. 小雪. 還送四龍于眞谷, 與路費十二錢. 夜往西門外禮拜堂, 參聽音樂會. 捐金十錢. 音樂員, 自崇實學校來.

十日. 水. 晴. 體操時間, 使三四年生, 跣足驅步于氷雪上, 數三十町. 又往上關入口淸川邊, 冷水沐浴, 範示. 十錢, 石油. [付書于群山華商書肆.]

十一日. 木. 晴. 午後三時, 往第一學校, 教材研究. 訪高友病所.

十二日. 金. 晴. 付書于隱洞及茁浦. 二十錢, 葉書及切手.

十三日. 土. 晴. 金七十錢, 蜜柑一箱, 寄付于金炳穉君. 付書于李爋·姜鳳求·權寧植·金鍾國·相島平一. 往西岩下. 四十四錢, 松枝一負.

十四日. 日. 晴. 小溫. 雪消. 自隱洞及尹叔, 來書. 四十四錢, 松枝一負.

十五日. 月. 晴. 午後四時, 往第一校同窓會. 懇親會議決. 七十錢, 市用.

十六日. 火. 晴寒. 事小弛. 付書于隱洞及鄭忠時君.

十七日. 水. 晴且陰. 付書于外叔主.

十八日. 木. 晴. 午後, 往第一學校硏究會.

十九日. 金. 晴. 趙兄來見.

二十日. 土. 晴. 七十五錢, 白米五升. 十六錢, 蘆席一. 二十錢, 豬肉. 二十錢, 毛筆價. 九錢六厘, 白露紙四張. 午後二時, 往第一學校四學校硏究會. 會罷, 六時頃. 與趙兄訪鄭戚. 仲父主下臨.

二十一日. 日. 晴. 鄭戚來訪. 高君, 正午死去.

二十二日. 月. 晴. 月俸收. 自徐相睦氏, 二円收捧. 五円, 貯金. 一円十四錢, 付于早稻田大學出版部. 金拾円五拾參錢六厘, 白米七斗. 三十錢, 豬肉. 十六錢, 靑魚四尾. 十六錢, 乾柿百箇. 五十錢, 國庫及敎育會納金也. 仲父主回次. 秉陸亦歸家. 午後四時, 往完山寺, 會葬高君遺骨. 眞是丈夫悲情難堪也. 自梁友來書. 卄錢, 石油. 自申東朝大口魚二, 權昌植民魚一, 徐昌容乾柿百, 來. 訪鄭戚宅. 訪柳光錫君, 未見.

二十三日. 火. 晴. 丁巳元月元日也. 早出校, 出席記入. 臨時休業. [丁巳年]

二十四日. 水. 晴. 訪李蓮坡丈及春史先生. 七十錢, 松枝一負.

二十五日. 木. 晴. 午前七時, 往全州驛. 午後五時, 又往同驛. 送朴允秉及故高鼎勳君遺骨. 訪李鎔大君及柳璋錫君.

二十六日. 金. 晴. 大原校長歸來. 自金鍾國君書來. 六十錢, 松枝一負. 訪鄭戚.

二十七日. 土. 陰且晴. 午後, 往第一學校同窓會及懇親會. 訪許憲氏.

歸路, 訪鄭先生, 未見. 四十八錢, 松枝一負.

二十八日. 日. 晴. 李鎔大君來訪. 與往黑石洞. 自鄭忠時君書來.

二十九日. 月. 晴. 夜小雪. 五錢, 神社費.

三十日. 火. 晴. 自早稻田大學, 來世界史第八卷.

三十一日. 水. 晴. 日寒尙酷. 十五錢, 教育雜誌代.

二月

一日. 木. 晴. 午後三時, 往第一學校硏究會. 四十六錢, 靑魚卄尾. 但, 十尾送于趙兄宅. 自隱洞來書. 自朴允秉氏來書.

二日. 金. 晴. 理髮費, 卄錢. 八十錢, 牧民心書買入.

三日. 土. 晴. 午後, 有職員會議. 自同五時, 往花園町, 迎皇后眞影. 十錢, 海衣一帖. 二円, 家貰金納付.

四日. 日. 晴. 梁洪基君, 韓鍾錫君來訪. 秉陸來.

五日. 月. 晴. 送眞影于各處.

六日. 火. 晴. 自京有視察者, 來校. 前月宿賄料, 一円三十錢來.

七日. 水. 晴. 自博士族叔來書.

八日. 木. 晴. 往第一學校, 硏究.

九日. 金. 晴且陰. 小雪.

十日. 土. 晴. 訪金起龍及吳壽同. 往圖書館.

十一日. 日. 晴. 於小學校, 有紀元節祝賀會. 從兄來.

十二日. 月. 雪. 二十錢, 北魚.

十三日. 火. 雪. 小晴. 上付書于茁浦父主前. 三十錢, 市用. 六円, 白米買入, 卽秉錫所出金也. 從兄歸家.

十四日. 水. 晴. 卒變爲暖. 雪消水漲.

十五日. 木. 晴. 李生員漢京氏來訪. 自秉德君來書.

十六日. 金. 陰暖. 氷雪消漲. 道路泥濘.

十七日. 土. 陰雨且風. 往圖書館以來. 付書于滙東書, 嵩山堂.

十八日. 日. 晴. 訪李先生. 十錢, 石油.

十九日. 月. 晴. 一金五十錢, 松枝一負. 金尙洙來訪.

二十日. 火. 晴. 日氣和溫. 七十錢, 沈菜及牛肉.

二十一日. 水. 晴. 月俸內, 一円七十五錢, 校教會費入. 二円, 白樂倫氏家屋貰付給. 一円九十錢, 國朝人物誌及欽欽新書一部.

二十二日. 木. 晴. 午後三時半, 第五時授業中, 火起寄宿舍. 各官署及市人約千名, 霎時雲集. 守備隊及消防隊等, 與本校職員生徒及第一學校職員生徒, 共同盡力. 同五時, 鎭火. 石油, 十錢.

二十三日. 金. 晴. 一円十四錢, 付于早稻田出版部. 一円十錢, 松枝二負及石魚.

二十四日. 土. 晴. 三十錢, 申報價. 訪靑石旅館主人. 牛肉, 十錢也.

二十五日. 日. 晴. 理髮. 往圖書館. 訪李先生. 柳友光錫來訪.

二十六日. 月. 晴. 二十錢, 校直小兒許與. 三十錢, 申報代.

二十七日. 火. 晴. 十錢, 鰕醢一器. 自新文舘, 來東京誌一册.

二十八日. 水. 晴. 柳光錫君來訪. 往問鄭戚病.

三月

一日. 木. 晴. 往第一學校硏究會.

二日. 金. 晴. 往西門外册肆. 一金四円七十六錢, 白米三斗五升. 一円二十錢, 雜用.

三日. 土. 晴. 訪鄭戚, 見. 往圖書館. 三十錢, 醬價費.

四日. 日. 晴. 趙兄與往訪鄭戚·柳·李友, 見. 夜, 柳光錫君來訪.

五日. 月. 晴. 秉錫弟, 自家來到. 八十錢, 新聞紙出賣.

六日. 火. 晴. 釋弟往茁浦, 付上書. 一丱後來, 追去. 三円十錢, 以生徒用半紙代價, 出給田丸商店. 三十錢, 與釋弟. 一円三十二錢, 請購燃藜述別集.

七日. 水. 晴. 自金弼洙君來書. 十四錢, 井滌費. 十錢, 貸與隣婆.

八日. 木. 晴. 大父來臨. 仲父主下臨.

九日. 金. 曇. 付書于文明書館.

十日. 土. 晴. 夜往黑石洞.

十一日. 日. 晴且陰. 與趙兄, 往見李先生. 自圖書館, 歸來. 往黑石洞.

十二日. 月. 晴. 一金三十六錢, 松葉一負.

十三日. 火. 晴且陰. 十錢, 鰕醢. 自新文舘, 來燃藜述別集三册.

十四日. 水. 陰. 小雨. 付書于廣學書舖.

十五日. 木. 晴. 付書于文明書館. 參弟來見.

十六日. 金. 晴. 自鄭友忠時來書. 參弟歸去. 三十錢, 藥價.

十七日. 土. 晴. 十錢, 正肉. 三十五錢, 薪一負.

十八日. 日. 雨. 自文明書館來書.

十九日. 月. 陰. 自金相萬來書目及葉書. 三十錢, 市用.

廿日. 火. 晴. 付書于金相萬, 請購東國名山記一部.

廿一日. 水. 晴.

廿二日. 木. 晴. 昨以皇靈祭日之故, 今日受月俸. 一円, 會費及雜費. 一円三十錢, 古谷先生宴會費. 三円, 白米價.

廿三日. 金. 晴. 七円十錢, 白米五斗. 五十錢, 洪魚一尾. 自茁浦有下書, 一卯便也. 卽答上書. 十錢, 書留, 付上田畓證明件.

廿四日. 土. 曇. 午後, 被招于全州警察署. 審問歷史類書持有與否. 數時間後, 偕巡查二人歸舍. 一一搜索. 同誼錄及神檀實記, 被奪. 非但余家而已, 教師五六人家, 各如是. 同僚李希泰君, ○見奪古朝鮮史. 示○者辨○以解去.

廿五日. 日. 稍寒. 午後五時, 一同出花園町, 迎總督之來.

廿六日. 月. 晴. 午前七時, 往校. 整理机椅. 因反換葉. 總督來觀. 卽率生徒一同, 驅步往停車場. 送總督而返, 日已午矣. 朝飯卽午飯也. 午後二時, 擧行卒業式. 東國名山記來.

廿七日. 火. 晴. 午前七時, 往停車場. 送秉陸及平松金次君. 二十六錢, 車費. 四円, 報給其間債金也. 往道廳小學校.

廿八日. 水. 晴. 終日蟄伏. 五十五錢, 雜費.

廿九日. 木. 晴. 終日閉門不出.

三十日. 金. 晴. 終日杜門不出.

三十一日. 土. 晴. 十八錢, 印刷紙百張也.

勝雲亭記

予弱冠時, 家乃請邀諸賓, 將行三嘉之禮焉. 苟以家舍狹窄, 庭階頹圮, 難以容膝. 迺構一亭. 其於設宴之日, 勝友賓客, 如雲于集, 相與歡抃. 因名之以勝雲也. 日出天壺, 雲歸龍岳. 花卉發而幽香, 潭水深而寒冽. 松月清晶, 雪竹玲瓏. 抑勝友之會, 豈止由於虛日之招焉哉. 自有愛於風致之士. 特於此亭, 決多有之會矣. 其以名之也宜, 而記之也, 亦不無有也. 故於是記焉.

仝詩

龍華山下勝雲亭, 梅菊椿萱亂滿庭.
花樹相傳春一色, 薰風不絶四時馨.

夜半起坐

獨坐高樓上, 山河夜氣清.
欣然深呼吸, 期我百年情.

雨中行

電閃雷鳴天地動, 狂風暴雨打衣襟.
軒軒赤脚津津路, 猶有長驅萬里心.

偶吟

山林虎狼宅, 河海魚龍宮.
如許一少年, 逍遙天地中.

戲題

籬下蛇蝎至, 庭前虎狼蹲.

主人閉戸坐, 絶作大膽言.

讀宋龜峰先生集

至哉聖賢事, 何敢言是非. 正名事務實, 隨分自安機.

先生業已去, 斯學誰能徽. 浩浩乾坤大, 昭昭日月輝.

一朝被福禍, 轗軻終不揮. 當年知己少, 後世亦傳稀.

古人心可見, 掩卷久歎噫.

時年二十七有感

諸葛布衣赴漢室[諸葛亮二十七歲, 自隆中起.] 奈翁甲冑總伊軍[拿破崙二十七歲, 爲伊太利遠征軍總大將]. 謾放蘇氏文章學[蘇老泉二十七歲, 始學文章.] 靜觀山河萬里雲.[凡今二十世紀, 於支那起大革命, 於西歐大戰爭中.]

일지日誌 三

을묘년(乙卯年 1915. 3. 25) 봄부터

(1915. 3. 25. ~ 1917. 3. 31.)*

* 표지에 해당 기간이 기록되어 있는데, 뒤에 연필로 표시한 것으로 보인다.

1915년 을묘년 봄부터

3월

3월 25일. 목요일. 비. 졸업식 준비 및 교실 정리. 졸업생과 함께 촬영했다. [솔가지[松枝] 4묶음[束]이 왔다.]

3월 26일. 금요일. 맑음. 조금 춥다. 오전 11시에 제2회 졸업식을 거행했다. 오후에 대원大原 및 마도馬渡 상[樣]과 더불어 한산가閒山家에 들러 술을 사고 기생을 청한 뒤에 이엽정二葉亭에 가서 놀이를 했다.[1] 동 9시 무렵에 숙사에 돌아왔다. 일금 6전은 장醬, 22전은 조개젓[蛤醢] 1그릇[器]. 50전은 양호필羊毫筆 값인데, 큰 붓 2자루와 작은 붓 4자루이다.

3월 27일. 토요일. 맑음. 춘사春史 어르신을 가서 뵈었다. 흑석동黑石洞에 갔다. 일금 4전 4리는 소금, 6전은 파래[靑苔], 3전 6리는 약값, 13전은 땔감[薪], 1원 4전은 옥양목玉洋木 8척尺, 38전은 청어靑魚 20마리, 15전은 소고기[正肉], 5원 90전은 백미 5말[斗], 2전은 품삯[賃金]. 병룩

---

1 대원(大原)은 전주제이공립보통학교 교장인 대원정차(大原正次)이다. 마도(馬渡)는 곧 마도용일(馬渡勇一)인데, 1915년에 전주공립농업학교에서 전주제이공립보통학교로 옮겼다.

秉陸이 감기로 병이 들어 약을 썼다. 4전은 약주전자[藥罐] 1개. 저녁 무렵에 집에서 복동福童이 왔는데, 장醬 및 찹쌀[糯米]을 지고 왔다.

3월 28일. 일요일. 맑았다가 흐리고 비. 병륙秉陸 및 복동福童이 떠났다. 영희英熙가 몹시 아팠다. 춘사春史 어르신을 가서 뵈었다. 오전에 은성학殷成鶴 군이 방문했는데, 함께 흑석동에 가서 여기저기 돌아다녔다. 조 형趙兄 집에서 점심을 먹고, 이어서 은 군殷君이 머무는 곳에 갔다. 서천교西川橋에 이르러 용머리고개[龍首峴]에서 필방筆房에 들어갔다.[2] 화산化山 윤상훈尹相勛을 방문했다가 돌아왔다. 28전은 병륙秉陸의 노자[路費].

3월 29일. 월요일. 맑음. 학교에 나가서 수업료授業料를 거두어들였다. 서문 밖에서부터 대정정大正町까지 가서 허헌許憲 씨를 방문했다. 아버님의 행차 소식을 들었다. 이광렬李光烈 군을 방문하여 문병했다. 20전은 이발, 20전은 구두[洋靴] 수선 및 굽[釘].

3월 30일. 화요일. 맑음. 이른 아침에 학교에 나가서 생도 10여인과 함께 덕진 연못[德眞池] 가의 화수각花樹閣에서 노닐었다. 온산에 가득한 소나무 숲이 울울창창鬱鬱蒼蒼했다. 조경단肇慶壇 아래에 이르러 과자를 나눠먹고 돌아왔다.[3] 이 진사李進士, 이연파李蓮坡 어르신을 방문했다. 10전은 감자[馬鈴薯], 20전은 과자, 9전은 수첩 및 연필, 20전은 솥[鍋]. 15전은 괘지罫紙 100매, 2전은 바늘 1봉封. 정충시鄭忠時 군으

2 1915년 1월 25일의 일기에 용머리고개[龍首峴]의 김 필상(金筆商)을 찾아가서 붓 수십 자루를 부탁한 일이 보인다.

3 덕진지(德眞池)는 곧 덕진 연못인데, 다른 곳에서는 '덕진지(德津池)'로 표기하였다. 화수각(花樹閣)은 덕진 연못[德津池] 주변에 있다. 조경단(肇慶壇)은 전주 이씨의 시조 이한(李翰)의 묘소로, 1899년(광무 3)에 고종이 단을 쌓아 묘역을 정비하고 어필을 내렸다. 소나무 숲으로 둘러싸여 경관이 수려하다.

로부터 편지가 왔다. 8전은 석유.

3월 31일. 수요일. 맑음. 흑석동黑石洞에 가 보았다. 진근성秦根盛으로부터 편지가 왔다.

4월

4월 1일. 목요일. 맑음. 오전 11시에 개교기념식開校記念式을 거행했다. 일금 20전은 콩[太] 및 무[大根].

4월 2일. 금요일. 흐림, 저녁에 비. 오전 10시부터 남고산南固山에 올라 나무를 심었다. 일금 5전은 소다[曹達]. [12전은 약값인데, 집사람[家人]이 복용했다. 일금 1원을 숭산당崇山堂에 부치고 『개자원화보芥子園畫譜』와 『사군자부四君子部』의 구매를 청하였다.[4]]

4월 3일. 토요일. 비. 신무천황神武天皇의 제일祭日이다. 비를 무릅쓰고 나무를 심었다. 동 오후 1시 52분에 전주역全州驛에서 수비대守備隊를 맞이하였다. 돌아오는 길에 허헌許憲 씨를 방문했다.

4월 4일. 일요일. 맑음. 학교에 나가 난蘭을 그렸다. 은성학殷成鶴을 방문했지만, 만나지 못했다. 5전은 약에 썼다. 하 군河君의 집에 갔다.

4월 5일. 월요일. 맑았다 흐림. 윤화중尹和重이 방문했다. 유장석柳璋錫 형제를 만났다. 오후 3시에 소학교에서 사계회四季會 겸 이 선생李先生 및 평정平井 재무과장財務課長의 송별회가 있었다.[5] 윤화중尹和

4 『개자원화보』는 청나라 이어(李漁)가 간행한 책으로, 소재에 따라 구성되어 있다. 여기서 언급한 '사군자부'는 『개자원화보』 가운데 사군자 부분을 가리키는 말일 수도 있다.

5 평정(平井)은 곧 평정삼남(平井三男)인데, 이해에 전라북도에서 조선총독부 탁지부

重을 방문했다. 오후 1시 무렵에 아버님이 내려오셨다. 30전은 전월분 신문 요금. 오후 2시에 입학식入學式을 거행했다.

4월 6일. 화요일. 맑음. 일금 15전은 소고기[正肉], 5전은 미나리[芹], 4전은 파[葱], 20전은 나물 종류[菜屬], 24전은 계란 20개. 오후 7시 반에 신막新幕 노파老婆가 왔는데, 할아버님이 내려주신 편지를 가져왔다. (솔가지[松枝] 17묶음[束]이 왔다.)

4월 7일. 수요일. 맑음. 일금 2원을 아버님께 올렸다. 오전 7시 무렵에 아버님이 정읍井邑에 행차하셨다. (솔가지[松枝] 7묶음[束]이 왔다.)

4월 8일. 목요일. 맑음. 홍낙유洪洛裕, 진근성秦根盛으로부터 편지가 왔다. 13전은 술. 숭산당崇山堂에서 편지가 왔다.

4월 9일. 금요일. 맑음. 신막新幕 노파老婆가 돌아갔는데, 집에 보내는 편지를 부쳤다. 10전을 노자[路費]로 주었다. 2원 30전을 숭산당崇山堂에 부쳤다.

4월 10일. 토요일. 맑음. 5전 2리는 엽서 및 우편요금[郵稅], 3전 2리는 양지洋紙 2장. [병철秉喆로부터 편지가 왔다.]

4월 11일. 일요일. 비. 오전 5시 반에 학교에 나왔다. 7시 무렵에 소헌황후昭憲皇后의 은덕에 대하여 강화講話하였다.[6] 8시에 돌아와서 아침식사를 했다. 동 9시에 완산교完山橋로 나가 아동들을 인솔하여 식장에 갔다. 9시 40분에 식을 시작하여, 큰비를 무릅쓰고 몇 시간 만에 식을 마쳤다. 이 군李君과 함께 장醬 상점에 갔다. 오후 1시에 정거장에

로 자리를 옮겼다.

6 소헌황후(昭憲皇后, 1849~1914)는 곧 일본 명치천황(明治天皇)의 부인이다. 1914년 4월 11일에 죽었는데, 곧 이날이 첫 번째 제삿날인 셈이 된다.

가서 생도들을 인솔하여 수비대守備隊를 전송했다.[7] 일금 19전은 반찬거리에 썼다. 오후에 조 형과 함께 유광석柳光錫을 방문했다.

4월 12일. 월요일. 맑음. 전날 아버님이 내려주신 보약 20첩을 처음으로 복용했다.

4월 13일. 화요일. 맑음. 홍낙유洪洛裕, 진근성秦根盛, 최동환崔東煥에게 편지를 부쳤다. 양지洋紙 2매.

4월 14일. 수요일. 맑음. 밤에 숙직실에서 하재홍河在弘 군을 만났다.

4월 15일. 목요일. 맑음. 오전 9시 반에 생도들을 인솔하여 명치신사明治神社에 가서 행렬에 참가하고 휴업하였다. 곧 전주신사全州神社의 춘제일春祭日이다. 조 형趙兄과 함께 허헌許憲 및 전중田中 씨를 방문했다. 또 재홍在弘 씨를 방문하여 잘 먹었다. 유 형柳兄이 와서 머문다고 했다. 하 씨河氏 집에서 시를 읊었다.

> 버들 그늘 짙고 꽃 선명한 시냇가 누대에서
> 해를 따라가며 맑은 놀이 베푸네.
> 이로부터 알겠노라, 뜻이 굳센 수많은 선비들이
> 여기 호남 제일 고을에 모여 있음을.

> 柳暗花明溪上樓, 進隨昇日作淸遊.
> 從知弘毅濟濟士, 在此湖南第一州.[8]

---

7 원문에는 "守備備隊"로 기록되어 있는데, 다음 면에 기록하면서 "備"자가 중복된 것으로 보인다.

8 이 시는 원문에 주석처럼 기록되어 있는데, 하재홍(河在弘)의 집에서 읊은 것으로 보

4월 16일. 금요일. 맑음. 유 형柳兄이 방문했다. 오시午時 무렵에 아버님이 내려오셨다. 숭산당崇山堂으로부터 편지 및 『서법정전書法正傳』 1책이 왔다. 20전은 소고기[正肉], 40전은 청주淸酒, 6전은 반찬에 쓸 채소.

4월 17일. 토요일. 맑음. 오전 7시에 유 형柳兄이 방문했다. 동 8시에 아버님이 경성京城에 행차하셨다.

4월 18일. 일요일. 맑음. 오전에 채소를 심었다. 은성학殷成鶴 군이 방문하여 함께 점심을 먹고 나가 산보하였다. 밤에 조 형趙兄과 더불어 군수 어르신 및 유 형柳兄을 방문하였다. 오전에 왕 씨王氏를 방문하여 말 배우기를 청하였다.[9]

4월 19일. 월요일. 맑음. 유 형柳兄이 방문했다. 저녁식사 후에 왕 씨王氏를 방문하고, 이어서 소상목蕭相睦—옥정玉亭—을 방문했다. 말 배우기를 시작했다.

4월 20일. 화요일. 맑음. 오후 4시 무렵에 아버님이 내려오셨다. 이李, 조趙 두 형과 더불어 말 배우기를 시작했다. 유 형柳兄을 방문했다. [병철秉喆, 병륙秉陸이 돌아왔다.]

4월 21일. 수요일. 맑음. 아버님이 정읍井邑에 행차하셨다. 유 형柳兄이 떠난다고 한다. 1원은 집세[家貰金] 2월분이니, 모두 냈다. 월봉 18

인다. 같은 달 25일의 일기에 하 씨에게 시를 주었다는 말이 있는데, 아마도 이 작품을 써서 준 것인 듯하다. 첫 글자는 분명하지 않은데, 송나라 육유(陸游, 1125~1210)의 시 〈유산서촌(游山西村)〉에서 쓴 "버드나무 그늘은 짙고 꽃 빛깔은 선명하다(柳暗花明)"의 구절을 가져온 것으로 짐작된다.

9 "학어(學語)" 즉 말을 배운다는 것은 중국어를 배운다는 뜻인 듯하다. 같은 달 26일의 일기에는 『독습한어지남(獨習漢語指南)』을 구매하려 한 기록도 있으니, 가람은 이 무렵 중국어 학습에 관심을 가졌던 듯하다.

원을 받았다. 일금 25전은 반찬거리.

4월 22일. 목요일. 맑음. 학동鶴洞 족숙族叔이 와서 묵었다. 밤에 족숙께 조목조목 자세히 말씀드렸다.[10] 8전은 석유.

4월 23일. 금요일. 맑음. 병철秉喆이 고하지도 않고 자기 숙부와 함께 돌아가 버렸다.

4월 24일. 토요일. 맑음. 병철秉喆, 소병식蘇秉寔, 이대영李大泳에게 편지를 부쳤다. 일금 9전은 우표[切手]. 일금 1원은 이대영李大泳에게 부의賻儀했다. 오후 2시에 농교農校 연구회에 갔다. 7시에 마쳤다.

4월 25일. 일요일. 맑음. 오전에 유광석柳光錫 군을 만나서 오목대梧木臺에 올랐다. 돌아오는 길에 포교당布教堂에 들러 백씨白氏를 만났다. 하 씨河氏 집에 들러서 시詩를 드렸다. 일금 84전은 옥양목玉洋木 3자[尺]와 광목廣木 4자[尺], 30전은 마른 조기[乾石魚] 10마리, 5전은 염색물[染物], 10전은 채소류. 오후에 이효산李曉山과 더불어 조심농趙心農을 방문했다. 13전은 공책空冊 및 철필鐵筆.

4월 26일. 월요일. 맑음. 일금 80전을 신문관新文舘에 부치고 『독습한어지남獨習漢語指南』 1책의 구입을 청하였다.

4월 27일. 화요일. 맑음.

4월 28일. 수요일. 흐림. 낙성식落成式 및 운동회運動會 준비.

4월 29일. 목요일. 맑음. 이발에 20전.

4월 30일. 금요일. 맑음. 단장端裝에 골몰했다. 8전은 석유.

---

10 원문은 "夜與曉言"인데 뜻이 분명하지 않다. 다만 다음날 병철이 고하지 않고 돌아갔다고 했으니, 가람이 상세하게 이치를 들어가며 병철의 일을 족숙께 말씀드린 것으로 짐작해 볼 수 있다.

5월

5월 1일. 토요일. 맑음. 오후 1시에 낙성식落成式을 거행했다. 동 2시 반에 운동회를 시작했다. 7전은 미투리[麻鞋].

5월 2일. 일요일. 맑음. 소학교에서 오전 9시부터 도청道廳 주최의 운동회가 있었다.

5월 3일. 월요일. 맑음. 유광석柳光錫을 방문했지만, 만나지 못했다. 23전은 양등洋燈 1개.

5월 4일. 화요일. 맑음. 24전은 땔감[薪] 1짐[負].

5월 5일. 수요일. 맑음. 27전은 마른 조기[乾石魚] 10마리, 10전은 각종 채소[雜菜], 2전은 씨앗[種子], 4전은 파래[青苔], 30전은 전월분前月分 신문 값.

5월 6일. 목요일. 맑음. 20전은 땔감[薪] 1짐[負]. 석유 1그릇[器].

5월 7일. 금요일. 맑음. 16전은 땔감[薪] 1짐[負]. 15전은 고춧가루[苦椒粉末].

5월 8일. 토요일. 맑음. 오후 3시에 제일학교 동창회에 갔다. 숭산당崇山堂으로부터 『개자원화보芥子園畵譜』 4집이 도착했다. 조 형趙兄과 더불어 유장석柳璋錫 및 김병직金炳稙을 방문했다. 8전은 권지卷紙 1축.

5월 9일. 일요일. 맑음. 오후 9시에 조 형趙兄 및 유장석柳璋錫 군과 더불어 박영근朴永根의 낙수동 산정[樂壽山亭]에 가서 놀았다.[11] 돌아오

11 "오후 9시"는 "오전 9시"의 오기로 추정된다. 돌아오는 길에 점심을 먹었다고 했기 때문이다. 1915년 2월 3일의 일기에는 학생들과 함께 낙수동 박영근의 산정(山亭)에 간 일이 기록되어 있다.

는 길에 승암산僧岩山 제당祭堂에 들어가 점심을 먹고 돌아왔다. 은성학殷成鶴 군을 방문했지만, 만나지 못했다. 정충시鄭忠時 및 남양학교南陽學校에 편지를 부쳤다. 하오부터 비가 시작되었다. 6전은 우표[切手] 2매.

5월 10일. 월요일. 흐림. 아침의 비가 저물녘까지 이어졌다. 6전은 장醬.

5월 11일. 화요일. 맑음. 교장이 사립학교 시찰의 일로 나가서 고산高山의 화산학교華山學校 및 한치학교韓峙學校에 갔다. 일금 2전은 빗자루[箒] 1자루, 12전은 마른 조기[乾石魚] 5마리.

5월 12일. 수요일. 맑음. 저녁에 아버님, 숙부님 및 사현社峴 이 생원李生員 어르신이 내려오셨다.

5월 13일. 목요일. 맑음. 일금 14전은 술[酒], 20전은 청주淸酒, 30전은 고기와 계란, 생선, 채소 등속, 16전은 잡비雜費.

5월 14일. 금요일. 맑음. 아버님, 숙부님 및 이 생원 어르신이 행차를 나가셨다. 30전은 운동회에 기부했다.

5월 15일. 토요일. 맑음. 40전은 땔감[薪] 2짐[負], 16전은 소금[食鹽], 2전은 무[大根] 씨앗. [50전을 이 우李友에게 빌려 주었다.]

5월 16일. 일요일. 비. 오전 9시에 다가정多佳亭의 제일학교 운동회에 나갔다. 식을 시작하고서 몇 시간에 큰 비가 내렸는데, 비를 무릅쓰고 운동회를 했지만 끝내 감당할 수 없어서 중지하였다. 8전은 석유. 방두현方斗鉉 군으로부터 편지가 왔다.

5월 17일. 월요일. 맑음. 이강하李康河 군으로부터 편지가 왔다. 교장이 돌아왔다.

5월 18일. 화요일. 맑음. 땔감[薪] 1짐[負]에 28전. 학무국장學務局長

관옥關屋이 전주에 왔다.[12]

5월 19일. 수요일. 맑음. 정오에 학무국장이 학교에 왔다.

5월 20일. 목요일. 맑음. 은행옥銀杏屋 앞에서 국장을 전송했다. 아버님이 내려오셨다. 저녁 식사 후에 행차를 나가셨다. [일금 50전은 생선 및 미역[甘藿].]

5월 21일. 금요일. 흐림, 비 조금. 오전 11시에 다가정多佳亭의 제일학교 운동회에 나갔다. 오후 3시 무렵에 파했다. 동창회원同窓會員 위로회慰勞會 및 통구樋口 씨의 만찬회가 있었다.[13] 대원大原 씨를 방문했다.

5월 22일. 토요일. 비. 이 군李君으로부터 월봉 18원 및 숙직료 1원 80전을 받았다. 27전은 모임 비용으로 제하였다. 15전은 양지洋紙 10장. 교장이 교장회校長會에 나갔다.

5월 23일. 일요일. 맑음. 오전에 유장석柳璋錫 군이 방문했다. 오후 4시에 조 형趙兄과 함께 하河, 이李 두 사람을 방문했지만 만나지 못했다. 그런데 유 우柳友를 방문했다가 마침 하河, 이李 두 벗을 만나서 경치를 보았다. 돌아오는 길에 하 군河君의 집에 들어가 술과 음식을 먹었다. 6전은 목욕 비용, 25전은 사진 값.

5월 24일. 월요일. 맑음. 하 씨 집에 가서 놀았다. 일금 1원을 소옥정蕭玉亭에게 보냈다.

5월 25일. 화요일. 맑음. 5전은 세탁소다[洗濯曹達]. 백미 6말[斗]은 3원 36전. 28전은 파래[靑苔] 1상자, 17전은 생강生薑 및 고추, 15전은 땔감[薪] 1짐[負]. 밤에 제일학교 동창회에 갔다. 일금 2원은 집세[家貰金].

---

12 관옥(關屋)은 곧 총독부 학무국장인 세키야 데이자부로(關屋貞三郞)이다.

13 통구(樋口)는 곧 제일공립보통학교 교장 통구호지조(樋口虎之助)이다. 제일학교의 운동회를 마치고 나서 제일학교 동창회 및 교장 주최 만찬회가 있었다는 것이다.

5월 26일. 수요일. 맑음. 일금 10전은 민물고기[川魚], 68전은 회비.

5월 27일. 목요일. 맑음. 34전은 땔감[薪] 1짐[負].

5월 28일. 금요일. 맑음. 가정 방문. 8전은 석유.

5월 29일. 토요일. 맑음. 제일교[제일공립보통학교]에서 연구회가 있었는데, 이과理科 수업[教授]이었다.

5월 30일. 일요일. 맑음. 일금 80전은 소주燒酒 2통[罐鉢], 30전은 도시락 상자[辨當箱], 13전은 술잔飮杯 1개. 이李, 조趙 두 형 및 은 군殷君, 김 씨金氏, 하 군河君, 최 군崔君과 더불어 조그맣게 서화회書畵會를 만들었다. 일금 15전은 양지洋紙 10장, 5전은 조월朝月 1개,[14] 5전은 고추장苦椒醬 1그릇[器].

5월 31일. 월요일. 흐림, 사우斜雨. 20전은 이발.

6월

6월 1일. 화요일. 맑음. 가정 방문. 이춘사李春史 선생 댁을 방문했다.

6월 2일. 수요일. 맑음. 8전은 석유.

6월 3일. 목요일. 맑음. 정기용鄭機用 씨의 집을 방문해서 서화書畵를 보았다. 석파란石坡蘭 5첩帖을 빌려 왔다.

6월 4일. 금요일. 맑음. 60전은 시장에서 썼다.

6월 5일. 토요일. 맑음. 40전은 땔감[薪]. 서도대회書道大會 안내가 있

14 조월(朝月)은 과자 이름이다.

었다. 석파란石坡蘭을 돌려보냈다.

6월 6일. 일요일. 흐리고 무덥다. 오후 1시에 조 형趙兄, 이 우李友와 더불어 공회당公會堂의 서도대회에 갔다. 진열된 고서古書와 휘호揮毫를 볼 수 있었다. 기념 삼아서 1폭의 글씨를 얻었다. 조우종趙友鍾을 방문했지만, 만나지 못했다.

6월 7일. 월요일. 맑음. 3,4학년은 종일 실습. 아버님이 줄포에서 내려오셨다. 진곡眞谷에서 하인이 왔다.

6월 8일. 화요일. 맑음. 3,4학년이 제1교시[第一時間]에 동맹 파공同盟罷工을 했다. 교장이 완산完山에 올랐는데, 오게 했다. 일금 20전은 마른 조기[乾石魚] 5마리와 계란 5개.

6월 9일. 수요일. 맑음. 하인을 돌려보냈다. 일금 30전은 마른 조기[乾石魚] 및 소고기[正肉]. 저녁에 사현社峴 이 서방李書房이 방문했다. 계부님[季父主]이 내려오셨다.

6월 10일. 목요일. 흐림. 아버님 및 계부님이 행차를 나가셨다가 함께 진곡眞谷으로 돌아가셨다.

6월 11일. 금요일. 비. 누이[舍姊] 집에서 아침을 먹었다. 곧 누이의 생일이다. 음력 4월 29일이니, 할아버님 생신이다.

6월 12일. 토요일. 맑음. 오후부터 종일 실습. 곧 졸업생이 운영하는 곳에서 옮겨 심는 것이다.

6월 13일. 일요일. 맑음. 오정午正에 학교에 나갔다. 오후에 종남산방從南山房에 가서 놀았다. 정기용鄭機用을 방문하여 대나무 그림 2장을 빌렸다. 추사秋史의 글씨는 돌려보냈다.

6월 14일. 월요일. 맑음. 오후부터 학도 일동이 졸업생을 위하여 종묘種苗를 했다. 일금 42전은 조기[石首魚] 10마리. 소고기는 10전이었

다. 일금 70전은 이웃집에 빌려주었다.[15]

6월 15일. 화요일. 맑음. 이웃집에 빌려준 돈을 찾아왔다. 진곡眞谷의 노파老婆가 왔다.

6월 16일. 수요일. 비. 일금 54전은 시장에서 썼다. 1원 92전은 숙직료로 받아왔다.

6월 17일. 목요일. 비. 직원 이하로 생도에 이르기까지 모두 비를 무릅쓰고 학전學田에서 잡초를 제거하고 종묘種苗를 했다. 생도들에게 점심을 지어 주었다. 군수 및 백 학무위원白學務委員이 왔다. 오후에 일을 마쳤다.

6월 18일. 금요일. 비. 임시 휴업. 어제 힘들게 일했기 때문이다. 밤에 비를 무릅쓰고 최우崔友의 집에 가서 회의하였다.

6월 19일. 토요일. 맑음. 15전은 백로지白露紙 10장. 노파가 돌아갔다.

6월 20일. 일요일. 맑음. 오전에 조 형趙兄의 집을 방문하여 놀았다. 점심을 먹고 함께 육일정六一亭에 갔다가, 다시 대정정大正町에 이르러 허헌許憲의 집을 방문했다. 30전은 과자, 30전은 잡비.

6월 21일. 월요일. 맑음. 일금 18원은 월봉月俸이다. 30전은 약값, 2원 50전은 휘장[帷帳] 1개, 10전은 단포緞布 9자[尺], 1원 30전은 구두[洋靴] 수선료. 1원은 찬숙贊叔이 빌려 갔다. 홍낙유洪洛裕로부터 편지가 왔다. 밤에 조 형趙兄과 더불어 남문에 올랐다.

6월 22일. 비. 화요일. 60전은 5월과 6월 두 달의 신문 대금으로

---

15 원문의 "一金七十錢" 가운데 "金" 자는 고쳐 쓴 흔적이 있어 정확히 판독되지 않는다. 처음에는 "원[円]"이라고 쓴 듯하다.

냈다.

6월 23일. 수요일. 맑음. 46전은 숭산당嵩山堂에 부치고『사체서법四體書法』1질을 구해달라고 청했다.[16] 3전은 엽서 2매. 하 군河君의 집을 방문했다.

6월 24일. 목요일. 맑음. 60전은 시장에서 썼다. 2원은 4월분 집세[家屋貰金]. 백미 3말[斗]은 3원 33전이다.

6월 25일. 금요일. 맑음. 홍낙유洪洛裕에게 편지를 부쳤다.

6월 26일. 토요일. 맑음. 오후부터 보리타작을 했다. 40전은 모자 세탁료.

6월 27일. 일요일. 맑음. 오전에 윤상언尹相彦을 방문하여 함께 승암사僧岩寺에 가서 모임[會]의 일을 상의했다. 오후 1시에 돌아와서 대정정大正町에 갔다. 10전은 구두[洋靴] 굽 박은 값, 15전은 화폭畵幅 3장, 35전은 솔가지[松枝] 1짐[負], 8전은 석유.

6월 28일. 월요일. 맑음. 아버님이 줄포茁浦로부터 행차하셨다. 고성리[古城]의 유 형柳兄과 계부님[季父主]이 내려오셨다. 밤에 조 형趙兄과 함께 하재홍河在弘의 집을 방문했다. 40전은 밥상에 칠을 한 값, 25전은 이발.

6월 29일. 화요일. 맑음. 일금 40전은 술, 25전은 계란 20개. 유 형柳兄이 저녁에 왔다.

6월 30일. 수요일. 맑음. 아버님과 계부님이 이른 아침에 행차를 떠나셨다. 숭산당嵩山堂으로부터 편지가 왔다. 다시 숭산당嵩山堂에 편

16 서울대학교 중앙도서관 가람문고에『증보사체서법(增補四體書法)』(3권 2책, 석인본)이 있다. 이 책은 청나라 유약조(劉若璪)가 찬했으며, 1870년에 소유산방(小酉山房)에서 간행되었다. 도서번호는 〈가람 754.2 Sa14〉이다.

지를 부쳤다. 오후에 본교에서 동창회가 있었다. 이어서 유광석柳光錫과 함께 저녁식사를 했다.

7월

7월 1일. 목요일. 맑음. 유 형柳兄을 초청하여 저녁식사를 했다. 조 형趙兄과 함께 제일학교 동창회에 갔다. 청년회靑年會를 조직하였는데, 나는 주간主幹으로 선임되었다.

7월 2일. 금요일. 맑음. 오후 2시 무렵에 군청에 가서 사령서辭令書를 받았다.

7월 3일. 토요일. 맑음. 오전 11시에 이 군李君 및 생도 27인과 함께 출발하였다. 동 오후 1시에 송광사松廣寺에 가서 관람하였다. 동하東下 스님을 만나 잠시 이야기했는데, 다만 주지主持 진완송陳完松은 출타했다고 한다. 이 군李君과 함께 뒤로 가서 비문碑文을 베껴 썼다. 동 4시에 이곳을 떠났다. 구불구불한 길을 돌아다니며 오르고 또 오르면서, 시냇물 소리와 날짐승 소리를 들었다. 위봉산성威鳳山城에 이르니 곧 동 5시 무렵이었다. 처음으로 허 씨許氏를 만나 잠시 이야기했다. 절문[沙門]을 들어서니 곧 위봉사威鳳寺였다. 주지 이진성李振聲과 이야기를 나누었다. 행장을 맡겨두고서 다시 작은 길로 내려가 망학관望鶴關을 나와서 폭포를 보았는데, 그 길이가 거의 수십 길[丈]이었다. 암석과 수풀이 기묘하고 빼어나서, 사람으로 하여금 돌아갈 생각을 잊고 우두커니 서 있게 만들었다. 잠시 있다가 아래로 곧 내려가서 상류에서 탁족濯足을 하고 급히 돌아왔다. 문득 시 한 수를 읊었다.

굽이굽이 찾아다닌 몇 리 길에
산과 들판 모습 모두 마음에 흡족하네.
폭포야 어떠한지 말하지 마소.
행궁 뜰엔 오직 풀만 가득하구려.

曲曲尋尋數里程, 山像野容共勝情.
莫言瀑布如何事, 惟有行宮艸滿庭.

곧 폭포는 완산팔경完山八景의 하나이다. 행궁은 곧 서문에서부터 위봉사威鳳寺 내전內殿에 이르기까지 우리 조선 숙종대왕 때에 여기에 성을 쌓을 때에 건립한 것이다. 일금 10전은 사탕砂糖, 5전은 짚신[草鞋], 7전은 밥값, 8전은 부채. 정 필상鄭筆商에게서 큰 붓 4자루를 가져왔다.

7월 4일. 일요일. 맑음. 오전 8시에 아침을 먹고 행장을 정리하여 출발했다. 오시午時 무렵에 집에 돌아왔다. 6전 4리는 짚신[艸鞋], 7전은 밥값. 정기용鄭機用의 집을 방문하여 처음으로 이석범李錫範 씨를 보았다. [오사카[大阪]로부터 『최면치료법催眠治療法』 책 1권과 『난정기蘭亭記』 1첩帖이 왔다.[17]]

7월 5일. 월요일. 맑음. 37전은 솔가지[松枝] 1짐[負]. 정기용鄭機用 씨가 방문했다. 5전은 담배[烟艸].

7월 6일. 화요일. 맑음. 일금 1원은 옥정玉亭에게 주었다. '실습 및 조

17 같은 해 3월 15일의 일기에 제국신비사에 『최면치료술(催眠治療術)』 1책을 청구한 내용이 보인다. 당시의 주문에 따라서 책이 온 것인지 혹은 이와는 별도의 주문이 있었는지는 분명하지 않다.

사표'를 완성했다.

7월 7일. 수요일. 맑음. 본전本田 권업모범장장勸業模範場長이 학교에 왔다.[18] 오후 5시에 제일학교에 가서 청년회 일을 상의했다. 조 형趙兄과 더불어 대정정大正町을 돌고, 정기용鄭機用 씨의 집에서 이석범李錫範 씨를 만나 추사秋史 선생의 필첩筆帖을 볼 수 있었다. 일금 7전은 구두[洋靴] 굽 박은 값. 46전은 합죽칠선合竹漆扇 1자루.

7월 8일. 목요일. 맑음. 실습으로 가을콩을 파종했다. 37전은 솔가지[松枝] 1짐[負]. 찬숙贊叔으로부터 일금 1원을 거두어들였다. 오영철吳榮喆에게 편지를 부쳤다. 대반지大半紙 100장에 25전이었다.

7월 9일. 금요일. 맑음. 정충시鄭忠時에게 편지를 부쳤다. 부채 1자루도 함께 부쳤다. 우편요금[郵稅]은 12전이다.

7월 10일. 토요일. 맑음. 추사秋史 선생의 필첩筆帖을 임모臨摹했다.[19] 40전은 정 필상鄭筆商에게 부쳐 보냈다.

7월 11일. 일요일. 맑았다 흐림. 비 조금. 종일 집에 틀어박혀서 추사秋史 선생의 필첩筆帖을 임모臨摹했다.

7월 12일. 월요일. 맑음. 조 형趙兄과 함께 일찍 돌아왔다. 밤에 조 형趙兄과 더불어 정기용鄭機用 씨를 방문하고, 추사첩秋史帖을 돌려주었다.

7월 13일. 화요일. 맑음. 일금 60전은 시장에서 썼다. 조기[石魚] 및 북어北魚를 샀다. 36전은 종이 값.

7월 14일. 수요일. 맑음. 정기용鄭機用의 집을 방문하여 놀았다. 밤

18 본전(本田)은 곧 본전행개(本田幸介)인데, 당시 조선총독부 권업모범장장 겸 조선총독부 농림학교장이었다.

19 임모(臨摹)는 글씨나 그림 등을 본을 보고 그대로 쓰거나 그리는 것을 말한다.

에 생도 몇 사람과 함께 『완당간첩阮堂簡帖』을 만들었다.[20]

7월 15일. 목요일. 맑음. 1원 80전은 숙직료로 왔다. 10전은 소금[鹽], 3전 5리는 풀[糊].

7월 16일. 금요일. 맑음. 27전은 계란 30개.

7월 17일. 토요일. 맑음. 제일학교第一學校에서 주산 강습이 있었는데, 오후 2시에 시작하여 동 5시에 끝났다. 15전은 설명서說明書 1책, 8전은 비누[石鹼] 1개, 6전은 가루치약[齒磨粉]. 날씨가 매우 뜨겁다.

7월 18일. 일요일. 맑음. 오전에 시장을 보고 흑석동黑石洞에 갔다. 오후에 조 형趙兄과 함께 술을 조금 마시고 나왔다. 정기용鄭機用 씨 및 이연파李蓮坡 어르신, 조우종趙友鍾, 유광석柳光錫을 방문했지만, 만나지 못했다. 다만 하장제河長制만을 만나고 왔다. 곧 6월 7일 초복[初庚]이라 한다. 일금 52전은 백미 5되[升], 18전은 닭 1마리, 15전은 술. 날씨가 매우 뜨겁다. 일금 8전은 사탕砂糖.

7월 19일. 월요일. 맑음. 날씨가 매우 뜨겁다. 오전부터 실습을 했다. 감자[薯] 및 콩을 수확했다. 채소밭[菜圃]을 정리했다.

7월 20일. 화요일. 맑음. 오전에 교실과 운동장을 정리했다. 정오正午에 성적을 발표했다. 감자[薯]를 먹이고 생도들을 돌려보냈다. 오후 1시에 제일교에 나가서 청년회 일을 상의했다. 돌아오는 길에 이석범李錫範 씨를 방문했다. 소나기[驟雨]를 만났는데, 저녁에 다시 하늘이 맑아졌다. 밤에 기숙생寄宿生들과 함께 대정정大正町에 나갔다. 일금

20 현재 규장각한국학연구원 소장 가람문고에 『완당간첩(阮堂簡帖)』 1책이 전한다. 도서번호는 〈가람 古 754.3-G421wa〉로, 1책 8장의 필사본이다. 추사의 서간 5편을 베껴 쓴 것을 첩으로 만든 것인데, 10~14일의 일기를 보면 그 글씨가 가람의 것임을 짐작할 수 있다.

30전은 사탕砂糖, 32전은 소면素麪 40묶음[束], 10전은 양말洋襪 1개, 13전 2리는 미투리[麻鞋] 2켤레, 13전은 주석산[酒石酸, trataric acid] 5돈쭝[錢重]과 탄산소다[炭酸曹達, 탄산나트륨] 3돈쭝[錢重].[21] 32전은 세금稅金이니 이장里長에게 냈다.

7월 21일. 수요일. 맑음. 9시에 학교에 나갔다. 장부를 정리하고, 생도들로 하여금 실습을 하게 했다. 감자[薯] 500문匁을 나눠주었다.[22] 일금 20원은 월봉月俸으로, 그 가운데 20전은 국고금國庫金이다. 또 20전은 주산강습회珠算講習會 비용. 5원을 이 군李君에게 주고 백미 및 생선 등을 사도록 했다. 1원 36전은 황계포黃溪布 14자[尺]. 2원을 최혁환崔赫煥에게 주고, 대금인환소포代金引換小包를 내도록 했다.[23] 곧 백미 2말[斗] 5되[升]는 2원 55전이며, 조기[石魚] 10마리는 12전이며, 북어北魚 20마리는 22전이다. 소포를 찾는 비용은 2원 38전이다. 그 가운데 40전은 내가 산 배추[白菜] 씨앗 1홉[合] 값이며, 겸하여 다른 곳에 8전이다. 오후 1시에 출발하여 전주역全州驛에 도착했다. 4전은 나무비 1개.[24] 병륙秉陸 및 조 형趙兄과 함께 3시 25분에 기차에 올랐다. 덕진德津에서 조 형趙兄과 헤어졌다. 4시 20분에 삼례역參禮驛에 이르러 하차

---

21 주석산(酒石酸, trataric acid)과 탄산소다(炭酸曹達, 탄산나트륨)의 용도는 여럿 있지만, 둘 모두 염색에도 사용된다. 돈쭝[錢重]은 무게의 단위로, 한 돈 정도에 해당한다.

22 문(匁)은 일본식 무게 단위로, 1000문이 1관貫이다. 500문은 0.5관이니, 약 1.875kg이다.

23 대금인환소포(代金引換小包)는 소포를 받으면서 대금을 결제하는 방식의 구매 방법이다. 다만 여기서 대금인환소포로 구매한 물품이 어디까지인지는 분명하지 않다. 또한 백미는 "5말 5되(五斗五升)"라고 썼다가 "2말 5되"로 고친 듯한데, 다른 날의 일기와 비교해보면 "2원 55전"은 싼 값이다. 가격의 표기에 오류가 있을 가능성도 배제할 수 없다.

24 원문은 "나무비" 또는 "나무네" 정도로 보이는데, 뜻은 분명치 않다.

했다. 7시 반에 도보로 귀가했다. 48전은 차비.

7월 22일. 목요일. 맑음. 곧 어머님 생신이다. 오후에 집안의 크고 작은 집들을 돌아보았다.

7월 23일. 금요일. 비 조금. 병철秉喆이 와서 보았다.

7월 24일. 토요일. 오후에 비. 고사古史만 보면서 소일했다.

7월 25일. 일요일. 맑음. 일찍 밥을 먹고 출발했다. 삼례參禮에 이르러 참외[眞瓜]를 샀는데, 1전 4리였다. 비비정飛飛亭을 찾아가니, 정포은鄭圃隱, 송우암宋尤庵, 김문곡金文谷 여러 선생의 강학하던 터는 아직 남아 있건만 오직 잡초만 무성할 따름이었다.[25] 아래에는 직재直齋가 있는데, 일본인이 비둘기처럼 남의 집에 살고 있었다.[26] 오후 2시 5분에 차를 탔다. 덕진德津에 이르니 관련대회觀蓮大會가 있었는데, 꽃의 세계요 사람의 산이었다. 이 역에서부터 차를 타는 사람이 매우 많아서 몸을 둘 곳이 없을 지경이었다. 기차 안에서 이기호李箕鎬를 만났다. 3시 50분 무렵에 하차하여 전주에 도착했다. 이발에 20전. 밤에 흑석동黑石洞에 갔다. 조 형趙兄과 함께 돌아다니다가, 깊은 밤에야 돌아와 잤다.

7월 26일. 월요일. 맑음. 학교에 나가 실습을 했다. 단 김찬숙金贊叔

---

25 비비정(飛飛亭)은 삼례읍 후정리에 있는 정자로, 1573년(선조 6)에 최영길(崔永吉)이 세웠다. 최영길의 손자인 최양이 정자를 중수하고 우암 송시열에게 기문(記文)을 청했다고 한다. 정자 아래로는 삼례천(參禮川)이 보이는데, 비비정에서 물가에 내려앉은 기러기 등이 펼치는 풍경이 곧 완주팔경의 하나인 '비비낙안(飛飛落雁)'이다. 정포은은 정몽주(鄭夢周), 송우암은 송시열(宋時烈), 김문곡은 김수항(金壽恒)이다.

26 "구거작소(鳩居鵲巢)"는 비둘기가 스스로 집을 짓지 않고 까치집에서 산다는 데서 나온 말로, 여기서는 일본인이 자기 집이 아닌 직재(直齋)에 살고 있는 모습을 "구거(鳩居)"라고 표현한 것이다.

에게 1원 12전을 빌려 주었다. 오후 7시 반에 제일교에 가서 청년회靑年會 장소를 마련하였다. 동 8시 반에 발회식發會式을 열었다. 회장의 개회 축사, 부회장의 경과 보고, 내빈의 축사에 시간이 많이 소요되었다. 회원 총대會員摠代가 답사를 했다. 동 11시 무렵에 폐회했다. 조 형趙兄과 더불어 돌아오는 길에 얼음가게[氷店]에 들어가서 16전을 썼다. 남청교南淸橋에서 산보하다가 돌아와 잤다. 60전은 대건大巾 1장, 50전은 내의 상의 1벌, 50전은 당항라唐恒羅 5자[尺]였다.[27]

7월 27일. 화요일. 맑음. 이른 새벽에 학교에 갔다. 나온 사람이 하나도 없다. 몇 시간이 지난 뒤에 대여섯 명 생도만이 와서 보았다. 그래서 실습을 복습하게 했다. 아침을 먹은 뒤에 다시 학교에 가서, 3,4년 학생들로 하여금 실습하게 했다. 생도 몇 사람과 더불어 침실寢室을 수리했다. 오후에 정기용鄭機用 씨를 방문했다. 이어서 저녁을 먹고 밤에 돌아왔다. 다시 하 씨河氏의 집에 가서 시내에서 목욕했다. 20전은 솔가지[松枝], 20전은 여기저기 썼다.

7월 28일. 수요일. 맑음. 흑석동黑石洞에 가서 놀았다. 김필수金弼洙 및 허헌許憲 씨를 방문했다.

7월 29일. 목요일. 맑음. 정기용鄭機用 씨 댁을 방문하여 놀았다. 일금 6전은 복숭아 6개. 귀성원歸省願.

7월 30일. 금요일. 맑음. 명치천황明治天皇의 제일祭日이다. 이른 아침에 학교에 가서 강화講話했다. 오후에 흑석동黑石洞에 갔다가 조 형趙兄과 함께 은 군殷君을 방문했다. 대정정大正町을 돌아보고 와서 저

---

27 "당항라(唐恒羅)"는 "당항라(唐亢羅)"이다. 항라는 생사를 이용하여 평직과 사직을 배합하여 짠 여직물이며, 당항라는 곧 중국에서 생산된 항라(亢羅)를 뜻하는 말이다.

녁을 먹고 헤어졌다. 일금 1원으로 양산 1자루를 샀다. 11전은 양말 1켤레. 밤에 하 군河君의 집에서 놀았다. 28전은 오물지五物紙 4장.

7월 31일. 토요일. 맑음. 학교에 가서 팔분서八分書를 붙여 책을 만들었다. 2전은 풀[糊].

8월

8월 1일. 일요일. 맑음. 오전 5시에 일어났다. 동 10시에 정거장에 도착하여 기차를 탔다. 동 11시 무렵에 삼례參禮에서 하차하여 도보로 귀가하니, 곧 오후 3시 무렵이었다. 일금 24전은 차비, 9전은 사탕砂糖. 중도에 건巾 하나를 잃어버렸다. 5전은 참외[眞瓜].

8월 2일. 월요일. 맑음. 일찍 출발하여 건巾을 잃어버렸다. 동 8시에 낭청리浪淸里에 이르러 김 씨金氏를 방문하고 곧바로 출발했다. 이 관찰李觀察 어르신 집에 이르러 희용羲用 및 천용天用 군을 만났다. 점심식사. 동 오후 1시 반에 강경역江景驛에서 기차를 타고 은동隱洞에 들어갔다.

8월 3일. 화요일. 맑음. 여러 댁을 돌아다니며 이야기를 했다. 다행히 영룡永龍 군을 만났다.

8월 4일. 수요일. 맑음. 서너 명의 벗들과 함께 연화동蓮花洞게 가서 청초晴初 어르신을 뵈었다. 점심식사를 하며 흥미진진하게 이야기했다. 저녁에 은동隱洞으로 돌아왔다.

8월 5일. 목요일. 맑음. 가지동柯枝洞에 갔지만, 소득 없이 돌아왔

다.[28]

8월 6일. 금요일. 맑음. 만류하는 바람에 떠나지 못했다. 이정호李正鎬 군을 방문해서 온갖 일을 다 토론했다.

8월 7일. 토요일. 맑음. 오후 1시에 김영관金永琯과 함께 나섰다. 두계역豆溪驛에 이르니 택수澤洙 등이 와서 보았다. 동 58분에 기차를 타서 동 3시 무렵에 논산論山에서 하차했다. 강종구姜鍾求 씨를 방문했다가 곧바로 출발하여 장곡長谷 및 묘동卯洞에 이르렀다. 차 안에서 김성수金性洙 군을 만나서 이야기했다. 일금 60전은 차비. 묘동卯洞에 유숙留宿했다.

8월 8일. 일요일. 맑음. 오후에 비. 오후에 묘동卯洞을 출발하여 장곡長谷의 도사都司 집에서 점심을 먹고 출발했다. 논산論山에 이르러 강종구姜鍾求를 방문했지만, 만나지 못했다. 비를 무릅쓰고 김 서방金書房 집을 방문하여 회포를 풀며 이야기하고, 유숙留宿했다. 곧 남신대南新垈이다.

8월 9일. 월요일. 비 오다가 갬. 일금 1원은 누이[舍妹]에게 주었다. 오전 9시에 출발해서 오시午時 무렵에 외당리外堂里에 이르렀다. 점심식사를 하고 기촌리綺村里에 이르렀다. 출발하여 저녁 무렵에 귀가했다. 큰댁에서 제사에 참여했다. 6전은 참외.

8월 10일. 화요일. 맑음. 아침에 비 오고 저녁에 갬. 작은댁에 내려가서 놀았다. 조백현趙白玄에게 분부分付했다.

8월 11일. 수요일. 맑음. 50전은 어머님께 올렸다. 8시 무렵에 출발

28 가지동(柯枝洞)은 현재 충청남도 계룡시 두마면에 속한다. 1914년에 논산군 두마면에 편입되었다.

하여, 오후 2시 5분에 삼례역參禮驛에서 기차에 올랐다. 전주역全州驛에서 하차하여 곧바로 귀가했다. 5전은 참외.

8월 12일. 목요일. 맑음. 이른 아침에 학교에 가서 수업을 했다. 흑석동黑石洞에 갔다. 16전 및 30전은 솔가지[松枝]. 사탕砂糖은 10전, 소고기[正肉]은 10전, 무[大根]는 10전, 미역[甘藿]은 8전, 갈치[刀魚]는 8전, 10전은 염료染料, 8전은 석유, 새우젓[鰕醢]은 4전, 밭 경작 비용[耕田費]은 10전. 이상은 차 안에서 쓰지 않은 조목이다.[29] 20전은 소고기[正肉], 5전은 무[大根], 5전은 잡비.

8월 13일. 금요일. 비 조금. 정기용鄭機用 씨 집을 방문했다. 10전은 참외. 20전은 시촌 상점[市村商]에서 썼다.

8월 14일. 토요일. 맑음. 30전은 권지卷紙, 8전은 권지卷紙 1축軸, 20전은 개성 배추[開城白菜] 종자種子 및 성호원 무[聖護院大根] 종자種子,[30] 15전은 조선 무[朝鮮大根]. 배추 및 무蕪를 파종했다. 20전은 삯일꾼 임금. 저녁에 흑석동黑石洞에 갔다. 내려와 학교에 갔다가 이 군李君을 만났다.

8월 15일. 일요일. 맑음. 아침 일찍 흑석동黑石洞에 가서 조 형趙兄을 보았다. 정 형鄭兄이 방문하여 점심을 먹고 몇 마디 이야기를 했다. 본가[本第]에 종자種子를 부쳐 보내고, 또한 편지도 부쳤다. 4전은 우편요금[郵稅], 3전은 우표[切手], 6전은 엽서.

---

29 이 문장의 뜻은 분명하지 않다. 전날 차 안에서 쓰지 않은 돈으로 이상의 물품을 구입했다는 뜻으로 짐작되지만, 문맥이 잘 통하지는 않는다.

30 개성 배추는 당시 널리 재배되던 배추 품종으로, 낮은 온도에서도 잘 자라고 더위에도 잘 견뎌 여름 풋배추로도 심었다. 성호원 무는 순무의 일종으로, 크기가 4kg 이상이나 되는 교토[京都]의 전통채소이다. 둘 모두 당시의 광고에 등장할 정도로 널리 재배되었다.

8월 16일. 월요일. 비. 일찍 학교에 나갔다. 씨 뿌릴 밭을 정리하였는데, 비가 와서 그만두었다.

8월 17일. 화요일. 맑음. 일금 11전은 파뿌리[葱根], 15전은 문어 2마리. 강종구姜鍾求 및 윤원중尹元重 씨에게 편지를 부쳤다. 학교에 나가서 배추 및 무를 파종했다. 오후에 졸업생의 밭에 파종했다. [집쥐가 매일 밤 천정에서 떠들썩하게 소란을 피워서 끝내 잠을 이루기 어려웠다. 오늘 밤은 어두워서 아직 쫓지 못하였다.]

8월 18일. 수요일. 맑음. 학교에 나가 정원庭園을 정리했다.

8월 19일. 목요일. 맑음. 학교에 나가 정리했다. 오후 6시에 산구山口, 횡지橫地, 천야淺野 선생을 은행옥銀杏屋 앞에서 맞이하였다.[31] 정기용鄭機用 씨의 집을 방문했다. 또 유장석柳章錫에게 편지를 부쳤다.

8월 20일. 금요일. 맑음. 오전 8시 반부터 본교에서 강습회를 열었다. 오후 6시에 끝났다.

8월 21일. 토요일. 비. 종일 강습講習을 했다. 일금 21원 92전은 월봉月俸 및 숙직료. 2원은 집세[家屋貰金]로 지급했다. 10전은 채소류의 값.

8월 22일. 일요일. 맑음. 일금 3원 24전은 백미 6말[斗](5되[升]), 22전은 북어北魚 1부部, 30전은 조기[沈石魚] 20마리, 5전은 참외 2개, 18전 6리는 피문어皮文魚 10마리, 20전은 품삯[賃金]. 종구鍾求 군 및 윤원중尹元重 씨로부터 편지가 왔다.

8월 23일. 월요일. 흐림. 오후 6시 무렵에 제일교第一校 동창회에 갔다. 5전은 비용.

---

31 세 사람은 서울에서 온 일본인 교사들로 보인다. 경성고등보통학교의 야마구치 기이치로(山口喜一郞)과 요코지 스테지로(橫地捨次郞), 그리고 경성여자고등보통학교의 아사노 유키(淺野ユキ)로 추정된다.

8월 24일. 화요일. 맑음. 매일 8시에 수업을 하니 실로 피로하다. 만운晩雲 씨를 가서 보았다.

8월 25일. 수요일. 흐림, 비. 제일교第一校 교내에서 오후 8시 반에 청년회를 열었다. 산구山口 씨에게 강화講話를 요청했다. 일금 42전은 견사絹紗 4자[尺] 남짓. 현억玄檍에게 편지를 부쳤다.

8월 26일. 목요일. 맑음. 정오에 수업을 마쳤다. 오후 1시 반부터 종업식終業式을 열어서 동 2시 무렵에 마쳤다. 동 5시에 청석여관青石旅館으로부터 나와서 산구山口, 횡지橫地, 천야淺野 세 선생을 전별했다. 효산曉山 군과 더불어 소학교에 가서 사계회四季會의 송별회에 참석했다. 한밤중에 돌아왔다.

8월 27일. 금요일. 맑음. 조 형趙兄과 더불어 정기용鄭機用 씨 및 죽내竹內 씨를 방문했다. 오후 4시 무렵에 청석여관青石旅館에 가서 박해영朴海璟 군을 만나 실컷 놀았다. 그 주인 및 두세 사람의 벗과 함께 나가서 양관洋館을 보고 돌아왔다.

8월 28일. 토요일. 맑음. 오시午時 무렵에 이효산李曉山 군이 방문하여 몇 시간 동안 이야기를 나눴다. 이어서 함께 대정정大正町에 나가 전당포典當鋪를 찾아다니며 구경했는데, 남문南門 안에 이르러 『원교진첩圓嶠眞帖』을 얻었다.[32] 그 값으로 40전을 냈다.

8월 29일. 일요일. 맑음. 오전에 유장석柳章錫이 방문했다. 누님[舍姊]의 소식[安信]을 자세히 들었다. 오후에 함께 흑석동黑石洞에 갔지

32 원교(圓嶠)는 조선후기를 대표하는 서예가 이광사(李匡師, 1705~1777)이다. 현재 가람문고에는 이광사의 친필 서첩이 하나 전하는데, 『원교진본(圓嶠眞本)』(가람古 754.3-Y55w)이 그것이다. 이 서첩은 총 22면으로, 서체가 조금씩 다른 11편의 글을 수록하고 있다.

만, 조 형趙兄을 만나지 못했다. 돌아오면서 이춘사李春史 어르신 및 정춘원鄭春園 어르신을 방문했지만, 뵙지 못했다. 돌아오는 길에 조 형趙兄을 만났다. 은성학殷成鶴에게 들러서, 몇 마디 이야기를 했다. 그리고 동행하여 한벽당寒碧堂에 가서 목욕하였다. 효산曉山 군을 다음 차례로 방문했다. 유 형柳兄으로부터 편지 및 『소산선생문고少山先生文稿』 6권이 왔다. 집에서 병륙 아우[陸弟] 및 인편이 왔다. 34전은 솔가지[松枝].

8월 30일. 월요일. 비. 오전에 본가[本第]로 인편을 떠나보냈다. 북문 밖에서 조 형趙兄을 만나 함께 청석여관靑石旅館을 방문했다. 일금 10전은 붉은 염료[紅染], 20전은 과일[果實], 5전은 이쑤시개[楊子], 10전은 안약眼藥, 10전은 치행治行 비용. 저녁 무렵에 계부님[季父主]이 내려오셨다. 김영운金永運에게 편지를 부쳤다.

8월 31일. 화요일. 맑음. 오전 9시에 학교에 나갔다. 식式을 거행한 뒤에 생도들을 인솔하여 신사神社에 가 참배하였다. 돌아오는 길에 정기용鄭機用을 방문했지만, 만나지 못했다. 하 씨河氏 집으로부터 돌아오면서 흑석동黑石洞에 갔다. 아버님이 행차하셨다. [허헌許憲을 방문했다.]

9월

9월 1일. 수요일. 맑음. 오전 9시에 시업식始業式을 거행했다. 청소[掃除] 및 실습. 일금 20전은 소고기[正肉], 10전은 술, 10전은 계란, 7전은 미역[甘藿] 10매, 3전은 잡비, 14전은 채소류[菜類]. 현억玄檍으로부터 편지가 왔다. 밤 삼경三更에 조 형趙兄과 더불어 청석여관靑石旅館

에 갔다. 밤에 비가 조금 왔다.

9월 2일. 목요일. 맑음. 일금 15전은 신사神社에서 월연금[月捐]으로 뽑아 갔다. 1원은 아버님께 올렸다.

9월 3일. 금요일. 맑음. 10전은 소고기[正肉], 5전은 기름 및 두부. 김영운金永運으로부터 편지가 왔다.

9월 4일. 토요일. 맑음. 10전은 새우젓[鰕醢], 10전은 석유통[石油鑵] 1개, 8전은 석유. 작은아버님[季父主]께서 행차를 돌리셨다. 일금 30전은 할아버님 패도佩刀의 수리비. 일금 10원을 아버님께 올렸다.

9월 5일. 일요일. 맑음. 오전에 우편국에 가서 저금 15원을 찾았다. 일금 2원 7전은 흰모시[白苧] 18자[尺], 10전은 소고기[正肉]. 20전은 고래 기름[鯨油], 비누[石鹼] 및 제충국분除蟲菊粉.[33] 10전은 술, 80전은 『쾌설당법서快雪堂法書』[34] 전질. 5전은 적금문지赤金紋紙 1폭幅. 수산守山 씨를 방문했지만, 만나지 못했다.

9월 6일. 월요일. 맑다가 비가 내렸다. 10전은 게[蟹] 20마리.

9월 7일. 화요일. 맑음. 아버님 행차가 줄포茁浦에서 나왔다.

9월 8일. 수요일. 흐리고 비.

9월 9일. 목요일. 비. 6전은 청색으로 물들인 종이[靑色染紙] 1장. 귀현貴鉉으로부터 시말채장始末債帳이 왔다.[35] [대원大原 교장으로부터 10

---

33 제충국분(除蟲菊粉)은 제충국의 꽃을 말려 가루로 만든 것으로, 살충제로 널리 사용되었다. 제충국은 국화과에 속하는 여러해살이 풀이다.

34 『쾌설당법서(快雪堂法書)』는 풍전(馮銓, 1595~1672)이 만든 법첩(法帖)으로, 왕희지를 비롯한 역대 명필의 글씨를 수록하였다. 가람은 5책으로 이루어진 청대 석판본(石版本)을 구매한 것으로 보인다. 현재 서울대학교 중앙도서관 가람문고에 5책 1갑의 전질이 전하는데, 그 도서번호는 〈가람 754.208-G993〉이다.

35 채장(債帳)은 빌린 돈의 금액을 적는 장부이다.

원을 청해 받았다.]

9월 10일. 금요일. 흐림. 오전 제 2교시[第二時間]에 제일교에 가서 윤상언尹相彦 군을 만나 증표[符] 2장을 얻었다. 오午.[36] 일금 1원을 집사람[家人]에게 주었다. 오후 4시에 행구行具를 정리하고 조 형趙兄 및 사제舍弟와 함께 정거장에 가서 윤尹, 한韓 두 벗을 만났다. 동 5시에 경편차輕便車[37]를 타서 동 6시 반에 북이리北裏里에 도착했다. 도보로 정거장 부근의 식당[食店]까지 갔다. 15전은 밥값, 45전은 경편차 운임[輕車賃]. 동 7시 반에 서울행 열차를 탔다. 비용은 반액으로, 1원 59전이었다.—이숙선李淑善의 할인권割引券을 사용했다.— 11시 무렵에 대전[太田]에 닿았다. 8전은 포도, 3전은 복숭아, 5전은 능금[林檎]. 오전 12시 30분에 완행차緩行車에 올라 북쪽으로 향했다.

9월 11일. 토요일. 흐리고 비 조금. 오전 6시 무렵에 남대문역南大門驛에서 하차했다. 곧바로 욱정旭町으로 가서 통구樋口 씨 및 산구山口 씨를 방문했다.[38] 다시 도염동都染洞 27번지 제일여관第一旅館으로 옮겨서 행구行具를 모두 풀어놓았다. 동 9시 무렵에 모교母校로 나가보니, 거대한 교실은 다만 1·2년급 생도들이 쓰고 있을 따름이요, 넓고 큰 기숙사[宿舍]에는 다만 3학년 1급만이 있을 따름이었다. 백주 대낮에도 또한 적막하여, 오직 우리들이 손수 심은 전나무[杉松]만이 우뚝

36 이 날의 일기에서는 원문을 수정한 흔적이 있는데, 원래 삭제하려 한 "오(午)"자가 그대로 남은 듯하다. 삭제한 부분은 "오후 5시 차로 출발하여 서울행을 했다.[午後五時車出發, 作京行.]"이다.

37 경편차(輕便車)는 철길 너비가 좁은 경편 철도에 운영되는 열차이다.

38 통구(樋口)는 곧 전주제일공립보통학교의 통구호지조(樋口虎之助), 산구(山口)는 경성고등보통학교의 산구희일랑(山口喜一郎)으로 짐작된다. 욱정(旭町)은 지금의 중구 회현동 일대이니, 남대문역에서 가까운 서울 중심가이다.

하게 홀로 서 있을 뿐이었다. 이미 지난 일을 생각하는 회포를 그려내기도 어려울 정도였는데, 여러 선생 및 여러 학우를 방문했다. 부속교附屬校로 내려가니, 시천市川 및 황군黃君을 만나볼 수 있었다. 11시 무렵에 광화문光化門으로 들어가서 공진회장을 두루 살펴보았다. 산업의 발전을 한 눈에 볼 수 있었다. 성대하게 장식하여 화려하게 번쩍였다. 경복궁景福宮 가운데 진기한 꽃이 가득한 세계에는 오직 근정전勤政殿 하나만이 우뚝하게 홀로 서 있는데, 천좌天座만은 아직도 보존되어 있었다. 오후 3시에 객사에 들어왔다. 다시 나가서 시가를 둘러보다가 6시에 돌아왔다. 20전은 입장권入場券 4매. 중앙교中央校의 김성수金性洙를 방문했지만, 만나지 못했다.

9월 12일. 일요일. 맑음. 오전 9시에 공진회共進會에 들어갔다. 곡마장曲馬場에서 소 군蘇君 및 정원모鄭元謨를 볼 수 있었다. 오후 6시에 객사로 돌아와 함께 저녁식사를 했다. 밤에 짝지어 나가서 야시장[夜市]을 보고 돌아왔다. 20전은 비용, 45전은 책, 10전은 점심.

9월 13일. 월요일. 맑음. 아침식사 후에 곧바로 박사博士 댁에 가 보았지만, 뵙지 못했다. 관훈동寬勳洞 117번지 고물상古物商에 가서 옛 그림 및 필적[書跡]을 하나하나 찾아보았다. 남산 아래에서부터 고물상 및 서적 발매소書籍發賣所를 두루 찾아다니다가 객사로 돌아오니, 박광원朴匡愿 군이 방문했다고 한다. 소 우蘇友가 방문하여, 함께 나가 야시장[夜市]을 보고 12시에 돌아왔다. 일금 2원 80전은 고서적古書籍 및 고화폭古畵幅, 40전은 양말, 35전은 『맹자孟子』, 8전은 약藥, 10전은 기념사진. 매일신보사每日申報社 안에서 개최한 가정박람회家庭博覽會에 들어가 보았다. 10전은 비용. 1원은 겸재謙齋 정선鄭敾과 현재玄齋 심사정沈師正 두 사람의 산수화 2폭.

9월 14일. 화요일. 맑았다가 흐리고 비 조금. 일찍 나가서 고물상점에 가 보았다. 주인이 나오지 않아서 다시 여사旅舍로 들어가 아침식사를 했다. 모교母校에 가서 여러 선생 및 강원岡元 교장을 뵐 수 있었고,[39] 소 우蘇友 및 박광원朴匡愿을 보았다. 부속교附屬校로 내려가서 참관하였다. 곧바로 홍화문興化門 단급학교單級學校에 이르러[40] 천야淺野 씨의 교육법敎育法을 얻고 객사로 돌아왔다. 오후에 다시 나가서 공진회장共進會場에 들어갔다. 오후 6시에 나가서 고물상점에 갔다. 김성수金性洙를 방문했지만, 만나지 못했다. 함께 소병식蘇秉寔의 집에 가서 잠시 놀았다. 객사로 돌아와서 저녁식사를 했다. 다시 나가서 소 군蘇君과 함께 박광원朴匡愿을 방문했지만, 만나지 못했다. 종로에서 출발하여 백관수白寬洙를 방문하고, 돌아오는 길에 고물상에서 출발하여 박사博士를 방문했지만 뵙지 못했다. 안동安洞에 이르러 소 군蘇君과 헤어지고, 고물상을 방문했다. 돌아오는 길에 박광원朴匡愿을 방문했는데, 깊은 밤인 12시였다. 그렇지만 박 우朴友는 출타하여 아직 돌아오지 않았기에 만나볼 수 없었다. 매우 슬펐다. 돌아와서 잤다. 10전은 고화古畵, 40전은 분粉 및 바늘[針].

9월 15일. 수요일. 맑음. 오전 7시에 아침식사를 하고, 동 8시에 남대문역南大門驛에 도착했다. 동 8시 반에 조 형趙兄, 한韓·윤尹 두 벗이 함께 차에 올랐고, 김영운金永運과 작별했다. 동 12시 무렵에 태전[太

39 경성고등보통학교의 교장은 오카모토 스케[岡元輔]였다.

40 홍화문(興化門)은 경희궁(慶熙宮)의 정문이다. 경희궁 내의 건물들은 일제강점기 동안 훼손되거나 다른 용도로 사용되기도 했는데, 한때 편전으로 사용되었던 홍정당(興政堂)은 1915년 4월부터 경성중학교 부설 임시소학교 교원양성소 부속 단급학교의 교실로 사용되었다.

田]에 이르러서 차를 바꿔 탔다. 오후 4시 무렵에 이리裡里에 이르러 하차했다. 식당[食店]에 들어가서 행구를 맡겨두고 이발을 했다. 동 7시 무렵에 경편차輕便車에 올라서, 동 9시에 전주에서 내렸다. 대원大原군 및 병륙秉陸이 방문하여, 만남을 마치고 돌아왔다. 일금 1원 42전은 서울에 머문 동안의 밥값, 15전은 과일[果實], 20전은 이발료, 15전은 이리裡里에서의 밥값, 1원 59전은 차비, 45전은 경편차輕便車의 차비. [두계역豆溪驛을 지나면서 안 씨安氏 편에 은동隱洞에 명함名銜을 보냈다.]

9월 16일. 목요일. 맑음. 학교에 나가 사무를 보았다. 직원 및 윤상언尹相彦에게 선물[土產]을 주었다.[41] 기용機用 씨를 방문했다.

9월 17일. 금요일. 맑음. 하오 5시 무렵에 이만운李晩雲이 방문했다. 그래서 학교에서 물러나 집에 돌아와서 서화書畵를 꺼내 살펴보았다. 함께 흑석동黑石洞 조 형趙兄의 집에 가서 술을 마셨는데, 병을 얻은 채로 밤에 돌아왔다. 밤새도록 꿈이 불길하여 편안히 잠잘 수 없었다.

9월 18일. 토요일. 맑음. 몸이 평안치 못했지만, 부득이 학교에 나가서 사무를 보았다. 오후 방과 후에 학교에서 물러나서 돌아와 누웠다. 두통과 신열身熱이 혹독하니 과연 견디기 어려웠다. 약을 써도 듣지 않았는데, 마지막으로 가미양위탕加味養胃湯 및 기타 처방의 약을 사용했다. 밤이 되어도 잠을 이루지 못했지만, 한밤중에 온몸에 조금 열이 내리고 잠시 잠들 수 있었다. 일금 10전은 약값, 10전은 과일. [체증滯

41 원문에는 "직원 및[職員及]" 뒤에 "통구교장(樋口校長)"이라고 썼다가 지운 흔적이 있다. 전주 제일공립보통학교의 교장인 통구호지조(樋口虎之助)에게도 선물을 주었다고 했다가 수정한 셈인데, 11일의 일기에서 짐작할 수 있듯이 통구호지조(樋口虎之助) 또한 서울에 갔으니 그에게 선물을 줄 필요는 없었을 것이다. 윤상언(尹相彦)은 제일공립보통학교의 교사였다.

症. 정기용鄭機用 씨가 와서 보았다.]

9월 19일. 일요일. 맑음. 10전은 배 및 능금[林檎]. 종일 안정하며 요양했다. 오후에 정기용鄭機用 씨 및 신 우申友가 방문하여 서화書畵를 보았다. 다만 신 우申友는 고별차로 온 것이었다. 소병식蘇秉寔 군 및 박광원朴匡愿 군에게 편지를 부쳤다.

9월 20일. 월요일. 맑음. 학교에 나가 사무를 보았다. 오후에 벗 이효산李曉山과 함께 집에 돌아와 그림과 서첩書帖을 꺼내 보았다. 밤에 은성학殷成鶴 군이 방문했다. 5전은 담배[烟艸]. 생양生陽의 정숙鄭叔 씨가 와서 보았는데, 오후에 곧바로 돌아갔다. 일금 2원은 소고기[正肉] 및 갈비 1대—1원—. 다만 갈비 3조각[肋件]은 조 형趙兄 댁에 올렸고, 갈비 15조각[肋件]은 이연산李連山 집에 올렸다.

9월 21일. 화요일. 맑음. 월봉月俸을 찾았다. 74전은 회비會費로 나갔고, 5전은 차 비용으로 나갔다. 연산連山 댁에 편지를 부쳤다. 구이동九耳洞에 사람을 보냈다. 고성리古城里에 편지를 부쳤다. 오후 5시에 제일교第一校에 가서 회의를 했다. 동 9시에 돌아왔다. [연산連山 댁에서 버섯[山茸] 및 담배[烟艸] 1다발[把]을 보내왔다.]

9월 22일. 수요일. 맑음. 20전은 품삯 비용. 1원은 찬숙贊叔에게 빌려주었다. 1원은 광렬光烈 군에게 부탁을 하고 주었다. 오후에 일과를 마치고 귀가하여 점심식사를 했다. 오후에 교육극教育劇 35장 및 설명문說明文 10장을 갖고 나가서 여러 집을 찾아 설유說諭하여 입장권을 사도록 권했는데, 겨우 1장을 팔았다. 서상목徐相睦의 집에 이르러 이삼만李三晩의 필첩 1개를 얻었다.[42] 장석章錫의 집에 이르러 술을 마시고

42 이삼만(李三晩, 1770~1847)은 정읍 출신의 서예가로, 이광사의 글씨를 배웠다고 전

돌아왔다. 백참사白參事의 집에서 소고기[正肉] 및 갈비 몇 조각[片]을 보내왔다. 병륙 아우[陸弟]를 보냈다. 25전은 차비, 30전은 은銀 수선비용. 10전은 잡비[雜用].

9월 23일. 목요일. 맑음. 즉 음력 8월 15일이니 추석이다. 출석만 하고 임시 휴업. 조 형趙兄 댁을 방문했다. 오후에 함께 이춘사李春史 선생을 방문했지만, 뵙지 못했다. 길촌吉村을 방문했지만, 만나지 못했다. 전중田中 씨를 방문해서 대나무그림[畵竹] 1폭을 얻었다. 돌아오는 길에 이창한李昶漢을 방문했지만, 만나지 못했다.

9월 24일. 금요일. 맑음. 추계秋季 황령제일皇靈祭日이다. 휴업. 오전 7시에 전주역全州驛에 가서 경성관광단京城觀光團으로 가는 이 우李友를 전송했다. 일금 1원을 주고 그림 구매를 부탁했다. 허헌許憲 씨를 방문했지만, 만나지 못했다.

9월 25일. 토요일. 맑음. 일금 46전은 쌀 5되[升], 20전은 북어北魚 20마리, 14전은 게[蟹]. 안주사安主事를 방문하여 입장권 3장을 팔았다.

9월 26일. 일요일. 맑음. 이해효李海曉 씨를 방문했는데, 입장권 2장을 샀다. 정형鄭兄을 방문했다. 오전 9시에 조 형趙兄과 함께 효간동孝澗洞에 가서 점심을 먹었다. 오후 5시 무렵에 돌아왔다. 연산連山 어르신을 뵐 수 있었다. 형구瀅九를 보고,[43] 다시 사국司國 군을 보았다. 소병식蘇秉寔 군으로부터 편지가 왔다.

9월 27일. 월요일. 맑음. 교장이 오후에 출근했다. 입장권을 팔러 나

한다. 해서·행초서를 잘 썼으며, 창암체(蒼巖體)로 일컬어지는 서체를 남겼다. 원문에서는 "얻었다(得)"고 했는데, "볼 수 있었다[得見]"는 뜻일 가능성도 배제하기는 어렵다.

43 앞의 일기에 보이는 이름이 "이영구(李瑩九)"의 오기로 추정된다.

갔다. 8전은 석유.

9월 28일. 화요일. 맑음. 창동학교昌東學校 교장이 와서 보았는데, 입장권入場券 3장을 샀다. 오후 2시에 일반 생도들을 인솔하여 전주좌全州座에 교육극을 보러 갔다. 병삼秉參, 병륙秉陸 및 순희順熙가 와서 보았다. 5전은 담배[烟艸]. [정 형鄭兄이 와서 보았다. 20전은 과자.]

9월 29일. 수요일. 맑음. 오후 9시에 돌아온 경성관광단京城觀光團을 맞이하였다. 정 형鄭兄을 방문했다.

9월 30일. 목요일. 맑음. 오전 9시에 병삼 아우[參弟]가 돌아갔다. 일금 30전을 주었다. 36전은 그릇[鉢] 1개, 47전 5리는 사기그릇[磁器] 4개, 2원 74전은 백미 3말[斗], 40전은 게[蟹] 57마리, 6전은 귤[柑]. 밤에 하 씨河氏를 방문했다. 정 형鄭兄 댁에서 석란石蘭 그림 2폭을 가져왔다. 박광원朴匡愿 형으로부터 편지가 왔다. [백관수白寬洙 및 김성수金性洙 군에게 편지를 부쳤다.]

10월

10월 1일. 금요일. 맑음. 일찍 학교에 나갔다. 다만 우리 학교는 매사에 어두워서 오늘이 휴일임을 미처 알지 못했는데, 곧 시정기념일施政記念日이었다. 생도 일동을 대하여 몇 마디 이야기를 하고서, 돌려 보냈다. 효운曉雲, 허헌許憲 씨 및 길촌吉村을 방문했다. 30전은 청남색의 색지 10장, 15전은 옥색 종이[玉色紙]. 조 형趙兄으로부터 미역[甘藿] 1갑匣이 왔다. 윤화중尹和重 군이 와서 보았다. 그에게 양복洋服을 빌려 주었다. 7전은 귤[柑]. 화중和重에게 1원을 빌려 주었다. 이 군李君으로부터 단장短杖 1개를 얻었다. 강기岡崎 군으로부터 양말 1켤레를 얻었다. 동경東京에 편지를 부쳤다.

10월 2일. 토요일. 맑음. 오후에 정기용鄭機用 형을 방문했다. 하 씨河氏 집에 가서 서화書畵를 꺼내 보았다.

10월 3일. 일요일. 맑음. 오전에 김병직金炳稙 군이 방문해서 서적書籍을 꺼내 보았다. 동행하여 흑석동黑石洞 조 형趙兄 집에 가서 점심식사를 하고, 오후에 함께 왔다. 이석범李錫範 씨를 방문했다. 김병직金炳稙 형의 집을 방문하고 돌아왔다.

10월 4일. 월요일. 맑음. 백남규白南珪, 한학수韓學洙, 개문사開文社에 편지를 부쳤다. 영운永運 군에게서 편지가 왔다.

10월 5일. 화요일. 맑음. 일금 50전은 시장에서 썼다. 동경東京 흥문사興文社로부터 편지가 왔다. 학교의 비료사肥料舍에 이웃집의 불이 옮겨 붙어서 모두 타 버렸다. 이춘사李春史 선생 및 필상筆商 정 군鄭君을 방문했다. 밤에 조 형趙兄과 함께 옥정玉亭을 방문했다.

10월 6일. 수요일. 맑음. 일금 30전은 땔감[薪] 2짐[負]. 한학수韓學洙로부터 편지가 왔다.

10월 7일. 목요일. 맑음. 횡정橫井 박사가 오전 10시에 학교에 왔다. 정 형鄭兄이 방문했다. 5전은 감자[甘藷]. [오후 1시 무렵에 공회당公會堂에 가서 박사의 강연을 들었다.]

10월 8일. 금요일. 비. 일금 1원 50전을 한학수韓學洙에게 부쳤다. 7전은 우편 비용.

10월 9일. 토요일. 맑음. 개문사開文舍로부터 편지가 왔다.[44] 일금 1

44 4일의 일기에는 "개문사(開文社)"로 표기되어 있다.

원 20전은 개문사開文舍에 부쳤다. 7전은 우편 비용[郵費]. 김영운金永運에게 편지를 부쳤다. 오후에 하 씨河氏 집에 갔다. 동 9시 무렵에 전주역全州驛에 나가서 교장을 맞이하였다. 돌아오는 길에 이 군李君과 더불어 대정정大正町에 이르렀는데, 거기서 하 군河君 등을 만나 고사정高砂町을 배회하였다. 오후에 이 우李友와 더불어 동문 밖 이 씨李氏를 방문했다. 김경남金畊南을 만나서 추사秋史의 묵적墨蹟을 볼 수 있었다. [이우선李愚璿을 방문했지만, 만나지 못했다.]

10월 10일. 일요일. 맑음. 오전에 유광석柳光錫 및 김필수金弼洙, 박문교朴文敎를 방문했다. 오후에 하 씨河氏 집을 방문했다. 일금 1원 60전은 광목廣木 15자[尺], 5전은 감자[甘藷], 40전은 갈자리[蘆席] 2개, 20전은 벼룻집[硯箱]에 옻칠한 값. 사립문 및 울타리를 수리했다. 1전 6리는 백로지白露紙.

10월 11일. 월요일. 맑음. 개문사開文舍로부터 서책 5권이 왔다.

10월 12일. 화요일. 맑음. 48전은 땔감[薪] 및 간장[醬油] 비용.

10월 13일. 수요일. 맑음. 10전은 새우젓[鰕醢] 1그릇[器].

10월 14일. 목요일. 맑음. 홍낙유洪洛裕로부터 편지가 왔다. 진도珍島의 이병영李炳英에게 편지를 부쳤다.

10월 15일. 금요일. 맑음. 8전은 석유. 김성수金性洙로부터 편지가 왔다.

10월 16일. 토요일. 맑음. 정원庭園 정리. 서정曙町 대청소[大清潔].[45]

---

45 서정(曙町)은 제이공립보통학교가 있던 지역이다. 1914년에 반석리와 사정리 일부를 합치고, 이 지역에 일본식 지명인 '서정(曙町)'을 붙였다. 전주 제이공립보통학교의 전신인 사립함육학교(私立涵育學校)는 사정리에 있던 강무사정(講武射亭)을 교사로 사용하였다.

10월 17일. 일요일. 맑음. 오전에 생도들을 인솔하여 소학교 운동회에 가 보았다. 정오에 돌아왔다. 학교에 가서 기다린 지 5시간 뒤에 소송小松 귀족원 의원貴族院議員이 와서 둘러보았다. 홍낙유洪洛裕에게 편지를 부쳤다.

10월 18일. 월요일. 맑음. 제일교第一校 교내 청년회의 야학회夜學會를 가서 보고, 비로소 입회하였다. 유 우柳友로부터 화탐서花探書가 왔다. [5전은 청년회비青年會費.]

10월 19일. 화요일. 맑았다 흐림. 15전은 감자[甘藷]. 한학수韓學洙로부터 옛 그림 및 서간이 왔다.

10월 20일. 수요일. 비. 일금 52전은 백미, 10전은 고등어[固東魚] 2마리, 5전은 귤[柑].

10월 21일. 목요일. 흐림. 20원은 월봉月俸. 20전은 국고금國庫金, 26전은 부의賻儀 비용. 2원은 집세[家屋貰金]. 오시午時에 유장석柳章錫 군을 가서 보았다. 한학수韓學洙에게 편지를 부쳤다. 표암豹菴 강세황姜世晃의 산수도를 돌려 보냈다. 30전을 부쳤을 뿐이다. 아버님이 줄포茁浦에서부터 벽초여관碧樵旅館으로 행차하셨다. 밤에 김동복金同福을 가서 뵈었다. [학무위원學務委員 여러분을 방문했다.]

10월 22일. 금요일. 맑음. 아버님이 내려오셨다. 20전은 소고기[正肉], 10전은 술, 20전은 간장[醬油] 비용. 김학수金學秀로부터 편지가 왔다. 12전은 사제舍弟의 짚신[艸屨]. 10전은 학비學費.

10월 23일. 토요일. 맑음. 아버님이 줄포茁浦에서 행차를 나가셨다. 각 학무위원學務委員에게 회장回章을 부쳤다.[46]

---

46 회장(回章)은 여러 사람이 차례로 돌려보도록 쓴 글이다.

10월 24일. 일요일. 맑음. 이른 아침에 백낙륜白樂倫을 만나 정 진사鄭進士의 금배 축하회金盃祝賀會를 상의했다. 50전을 내어주었다. 오전 11시부터 칙어봉독식勅語奉讀式을 개최했다. 이어서 가정연락회家庭聯絡會가 있었다. 오후 5시에 곤지산坤止山 위에 작은 잔치를 베풀고 정 진사鄭進士를 축하했다.[47] 저물 무렵에 돌아왔다. 1원은 김찬숙金贊叔에게 빌려 주었다. 8전은 석유, 45전은 관상 보는 책[相法册] 1질.

10월 25일. 월요일. 맑았다 흐림. 일금 1원 2전은 백미 1말[斗], 8전은 미역[甘藿], 10전은 조기[石魚] 2마리. 방과 후에 신동조申東朝의 집을 방문했다. 정기용鄭機用 씨를 방문했지만, 만나지 못했다. 밤에 조형趙兄과 함께 하 씨河氏 집을 방문했지만, 만나지 못했다. 군수郡守 어르신을 방문하여 몇 시간 동안 이야기하다가 돌아왔다. 집에 편지를 부쳤다.

10월 26일. 화요일. 맑음. 정충시鄭忠時 군으로부터 편지가 왔다. 계부님[季父主]이 내려 오셨다. 10전은 약값.

10월 27일. 수요일. 맑음. 백관수白寬洙 및 백남규白南珪 형으로부터 편지가 왔다. 6전은 우표[切手]. 계부님이 행차를 나가셨다.

10월 28일. 목요일. 맑음. 정충시鄭忠時 형에게 편지를 부쳤다. 3전은 우표郵票. 아침에 얼음과 내려앉은 서리를 보았다.

10월 29일. 금요일. 맑음. 일금 38전은 솔가지[松枝] 4묶음[束]. 30전은 이달분 신문 대금.

10월 30일. 토요일. 하늘이 환하고 공기가 맑다[天朗氣淸]. 일금 3원

47 곤지산(坤止山)은 현재 완산구 동서학동과 완산동의 경계에 위치한 산이다. 전주의 진산(鎭山)인 북쪽의 건지산(乾止山)과 짝을 이루는 곳이기도 하다.

24전은 백미 3말[斗], 12전은 콩 2되[升], 10전은 호야胡也 및 궁귀탕芎歸湯 3첩貼,[48] 10전은 양초 4개. 집에 돌아와 저녁 식사를 한 후에, 집사람[家人]의 상태가 보통 때와 달라서 방에 들어가 볏짚을 깔았다. 얼마 뒤에 순산[順娩]하여 아들을 낳았다. 근골筋骨이 맑고 준수하다. 사제舍弟를 흑석동黑石洞 누님[舍姉] 집에 보내었더니, 누님이 왔다. 다만 시간은 곧 오후 7시 5분이니, 곧 음력 9월 22일 유시酉時다. 약을 달여서 마시게 하고 미역국밥을 먹게 했다. 조 형趙兄이 또한 와서 보았다. 줄포茁浦 및 진곡眞谷의 두 곳에 편지를 썼다. 8전은 양지洋紙 5장. [용희龍熙의 생일. 시時는 오후 7시 5분이다. 을묘乙卯 9월 22일 유시酉時. 아버님이 줄포茁浦에 머무시면서 꿈에 기린麒麟을 얻으셨다고 한다. 그래서 인환麟煥이라 이름을 지었다.]

10월 31일. 일요일. 맑음. 천장절天長節 축일이라 한다. 9시에 학교에 나가서 식을 거행하였다. 곧바로 도청道廳으로 향하여 배하식拜賀式을 거행하였다. 이 우李友와 더불어 하가河家로 갔다. 점심식사 후 2시에 다가정多佳亭으로 나가서 일금 50전을 연부捐付하였다. 정기용鄭機用 씨를 방문하여, 함께 하경렬河慶烈 씨를 방문했다. 줄포茁浦, 진곡眞谷의 두 곳에 이른 아침에 편지를 부쳤다. 6전은 우표[切手], 6전 6리는 땔감[薪] 및 조[粟]. 3전은 감자[甘藷]. 오후 7시에 생도 일동을 인솔하여 다가정多佳亭의 제등행렬提燈行列에 갔다. 동 8시 반에 소학교小學校에서 파하였다.

---

48 궁귀탕(芎歸湯)은 천궁(川芎)과 당귀(當歸)를 사용하여 만드는 약으로, 출산 전후의 여러 질환에 처방되었다. 또한 출산 때 도움이 되도록 복용하기도 했다.

11월

11월 1일. 월요일. 맑음. 오후에는 휴업. 28전은 땔감[薪] 1짐[負], 10원은 저금.

11월 2일. 화요일. 맑음. 3,4학년이 동맹파업[同盟罷工]을 했는데, 여행 일로 인한 것이다. 밤에 기숙생 및 3,4학년생들을 대면하여 한 바탕 타이르고 훈책訓責했다. 「선악로도善惡路圖」를 창작했는데, 꿈에 자동차를 보고서 만든 것이다. 20전은 시계 수선료. 60전은 한학수韓學洙에게 부쳤다. 5전은 우편요금[郵稅]. 유장석柳章錫으로부터 80전을 찾아왔다. 4전 5리는 엽서 4장. 개문사開文舍에 편지를 부쳤다.

11월 3일. 수요일. 맑음. 제1교시에 생도들을 대하여 훈유訓諭했다. 일금 30전, 32전, 25전으로 땔감[薪] 3짐[負]. 13전은 덕문德文에게서 빌렸다.

11월 4일. 목요일. 맑음. 정충시鄭忠時 군으로부터 편지가 왔다. 15전은 미역[甘藿]. 5전은 조기[石魚].

11월 5일. 금요일. 맑음. 학교에서 감자[甘藷] 5관貫이 왔다.

11월 6일. 토요일. 맑음. 오후 1시에 공회당公會堂에 갔다. 정상井上 사무관事務官이 연설했다.[49] 하경렬河慶烈 씨가 방문했다.

11월 7일. 일요일. 맑음. 흑석동黑石洞에 갔다. 이석범李錫範을 방문했지만, 만나지 못했다.

11월 8일. 월요일. 맑음. 조기[石魚]는 7전 4리, 파[葱]는 4전, 고추 5되[升]는 20전. 5전은 청각[青藿], 25전은 마늘[大蒜] 100뿌리[本]. 전체 생

49 정상(井上)은 곧 전라북도 사무관인 정상주계(井上主計)이다.

도가 실습했다. 김찬숙金贊叔으로부터 1원을 찾았다.

11월 9일. 화요일. 맑음. 일금 15전은 비누[石鹼] 1개, 15전은 백로지白露紙, 9전은 비누[石鹼].

11월 10일. 수요일. 맑음. 곧 즉위식卽位式 날이다.[50] 오후 2시에 식을 시작했다. 동 3시 무렵에 운동장에 나갔고, 동 30분에 동쪽을 향하여 세 차례 만세萬歲를 불렀다. 생도들에게 떡을 나누어 주었다.

11월 11일. 목요일. 맑음. 실습.

11월 12일. 금요일. 맑음. 밤에 제일교第一校에 갔다. 휴업. 이어서 정기용鄭機用 씨를 방문하고, 이 우李友를 만났다. 집에서 하인이 와서 묵었다. 일금 20전은 부역비賦役費, 25전은 청결비淸潔費.

11월 13일. 토요일. 맑음. 이른 아침에 병륙 아우[陸弟]를 정 형鄭兄의 집에 보내서 화훼花卉를 얻었다. 심부름꾼[家伻]에게 맡겨서 집에 보냈다. 20전은 비용.

11월 14일. 일요일. 맑음. 9시에 학교에 나가서 등燈을 그렸다. 동 10시에 청년회원들과 함께 도유림道有林에 올랐다. 완산完山에 기념식수紀念植樹를 했다. 밤에 하 우河友를 방문했다. 이 우李友와 더불어 시가를 산보했다.

11월 15일. 월요일. 맑음. 일금 30전은 땔감[薪] 1짐[負]. 영목 종묘장鈴木種苗場에 편지를 부쳤다. [국기國旗 행렬行列.]

11월 16일. 화요일. 맑음. 큰 의례[大典] 중의 휴일. 이른 아침에 조 형趙兄과 함께 이석범李錫範 씨, 김병직金炳稙 씨를 방문했지만, 만나지

50 대정천황(大正天皇)의 즉위 예식을 말하다. 1912년 7월에 명치천황(明治天皇)이 죽고 대정이 천황의 지위를 계승하여 '대정(大正)'이라는 연호를 사용하게 되었지만, 그 즉위식은 3년 후인 1915년에 거행하였다.

못했다. 이덕만李德萬 및 유장석柳璋錫을 방문했다. 최동환崔東煥으로부터 편지가 왔다.

11월 17일. 수요일. 맑음. 학교에 나가서 생도들에게 떡을 나누어 주었다. 제일교第一校로부터 다가정多佳亭의 모임에 갔다. 조 형趙兄과 더불어 정기용鄭機用 형을 방문했지만, 만나지 못했다. 대정정大正町으로 돌아와 이관호李觀鎬 씨의 집에 들렀다가, 나와서 객회客會의 가장행렬을 보고 돌아왔다. 오후 6시에 학교에 나가서 생도들을 모으고 등불[烽燭]을 나눠주었다. 다가정多佳亭까지 인솔하여 제등행렬提燈行列에 참가했다. 팔달정八達町에서 흩어졌다가 곧바로 제일교로 들어가서 술과 떡을 먹고, 하 씨河氏의 집으로 돌아 들어갔다. 영목종묘장鈴木種苗場으로부터 청구서請求書가 도착했다.

11월 18일. 목요일. 맑다가 흐림, 싸락눈 조금. 일금 50전은 백미 5되[升], 10전은 미역[甘藿], 5전은 대추[棗], 15전은 화분花盆 5개.

11월 19일. 금요일. 맑음. 최동환崔東煥에게 편지를 부쳤다. 조금 내린 눈이 온 산에 가득하다.

11월 20일. 토요일. 맑음. 이춘사李春史 선생을 방문했지만, 뵙지 못했다.

11월 21일. 일요일. 맑음. 남양보통학교[南陽普校]에 편지를 부쳤다. 일금 54전은 쌀 5되[升].

11월 22일. 월요일. 맑음. 은동隱洞에 편지를 부쳤다. 개문사開文舍 및 동경東京의 일본종묘주식회사日本種苗株式會社에 편지를 부쳤다. 일금 20원은 월봉月俸, 3원 72전은 9,10월 두 달분 숙직료. 4원 77전은 화훼 종자 청구비請購費. 50전은 『법통法通』과 『경통經通』 두 책의 주문에 들어간 비용. 15전은 우편비용[郵費].[51] 20전은 국고금國庫金, 30전은 교육회비教育會費. 20전은 박 군朴君의 송별비. 1원은 다가정多佳亭 연회의 비용. 5원은 채소를 팔아서 거둔 수입. 50전은 무[大根]. 40전은 『논어집주論語集注』 1책, 8전은 석유, 9전은 국기國旗.

11월 23일. 화요일. 맑음. 1원은 백미 1말[斗], 20전은 소고기[正肉]. 야학에서부터 정 형鄭兄이 오기를 기다렸다.

11월 24일. 수요일. 맑았다가 흐리고 비. 대원大原 군과 함께 백참사白參事 집의 잔치에 갔다.

11월 25일. 목요일. 비. 동경東京의 종묘주식회사種苗株式會社로부터 묘목 9그루[本]가 왔다. 2그루[本]는 조 형趙兄에게 올렸다.

11월 26일. 금요일. 맑음. 1원 11전을 경성京城의 영목종묘장鈴木種苗場에 부쳤다. 50전은 조 형趙兄으로부터 받았다. [오후 9시에 남문밖[南外] 예배당에서 야학夜學 일에 대해 회의하였다.]

11월 27일. 토요일. 맑음. 직원회의職員會議가 있었다.

11월 28일. 일요일. 흐림. 시장을 보았다. 3원 85전은 백미 3말[斗] 5되[升], 7전은 미역[甘藿] 10묶음[束], 5전은 조[粟] 1말末, 15전은 조기[石首魚] 5마리, 60전은 질그릇[陶器] 및 화분花盆, 9전은 화분 3개, 3전은 품삯[賃金], 34전은 솔가지[松枝] 1짐[負]. 정 형鄭兄이 방문했다. 밤에 남문밖[南外] 예배당에서 홍종숙洪鍾肅의 연설을 들었다.

11월 29일. 월요일. 맑음. 동경東京에서 『초화재배전서草花栽培全書』가 왔다.

---

51 원문의 "들어가다[入]"는 "팔[八]"로 읽을 수도 있다. 다만 우편요금이 85전일 가능성이 높지 않다고 판단되므로, 여기서는 "들어가다[入]"로 이해하고 앞의 문장에 붙여 풀이하였다.

11월 30일. 화요일. 맑음. 개문사開文舍에 편지를 부쳐서 서책書册을 독촉했다.

12월

12월 1일. 수요일. 맑음. 30전은 솔가지[松枝] 1짐[負]. 은동隱東으로부터 편지가 왔다.

12월 2일. 목요일. 맑음. 일금 54전을 신문관新文館에 부치고 『동국명장록東國名將錄』 1권을 청구請購했다.[52] 17전은 영목 종묘장鈴木種苗場에 부치고 꽃의 원예[花之園藝]를 청구請購했다. 57전은 솔가지[松枝] 2짐[負].

12월 3일. 금요일. 맑음. 동경東京으로부터 묘목이 왔다. 경성京城 개문사開文舍로부터 책자가 왔다. 법法과 경經이다.[53]

12월 4일. 토요일. 맑음. 이른 아침에 흑석동黑石洞 하인을 본가[本第]로 보냈는데, 그 편에 화훼종花卉種을 올렸다. 곧 자두[李]—슈가 프룬(sugar prune)[54]— 2그루[株], 까치밥나무[須具利][55]—대실 까치밥나

52 『동국명장록(東國名將錄)』이 어떤 책인지는 분명하지 않다. 그렇지만 신문관에 주문한 점을 고려하면, 1911년에 조선광문회(朝鮮光文會)에서 조선총서(朝鮮叢書)의 하나로 간행한 홍양호(洪良浩)의 『해동명장전(海東名將傳)』(6권 1책, 신식활자본)일 가능성이 있다.

53 11월 22일의 일기에 주문한 사실이 나타나는 『법통(法通)』과 『경통(經通)』의 두 책일 것이다.

54 슈가 프룬(sugar prune, シュガープルーン)은 유럽계 자두로, 동양계 자두나 교배종과는 차이가 있기 때문에 서양자두로 일컬어지기도 한다.

55 까치밥나무[須具利]는 장미목에 속하는 나무로 150여종이 있으며, 학명은 'Ribes

무[大實須具利], 적실 까치밥나무[赤實須具利], 적방 까치밥나무[赤房須具利, red currant], 백방 까치밥나무[白房須具利, white currant]— 4그루[株], 복숭아나무[花桃]—잔설殘雪— 1그루[株], 매화나무[花梅][56]—월영지수月影枝垂[일중一重, 청백색(靑白), 대륜大輪], 만월滿月[백색(白), 극대륜極大輪, 고향高香], 옥목단玉牡丹[백색(白), 팔중八重, 대륜大輪, 근입筋入[57]], 간생 월영매幹生月影梅[청백색(靑白), 일중一重, 대륜大輪, 선명한 황색 반점(鮮黃班)], 향전매香篆梅[58][줄기와 가지가 중첩되고, 형태 또한 매우 구불구불하다. 밖은 희고 속은 붉은색(表白裏紅), 중륜中輪]— 5그루[株], 팔중 치자八重梔子[59] 1그루[株], 중국 수선화[支那水仙] 5알[球], 계수나무[肉桂] 3그루[株], 화분花盆 10개였다. 할아버님께 편지를 올렸는데, 시 1수를 써서 바쳤다. 곧 다음과 같다.

> 바다에 그물 던져 물고기 구하는 일은
> 돌아가 성현의 책 읽음만 같지 못하네.
> 뒤로 말미암아 천연의 벗 알게 되리오.

---

grossularioides'이다. 일부 종의 열매(currant)는 주스나 잼 등을 만드는 재료로 사용되기도 한다.

56 매화는 모양에 따라 다양한 방식으로 분류된다. 꽃잎[花弁]의 수에 따라 홑꽃인 일중(一重)과 겹꽃인 팔중(八重)으로 나뉜다. 또 꽃의 크기에 따라서는 극대륜(極大輪, 지름 4㎝ 이상)에서부터 대륜(大輪), 중륜(中輪), 중소륜(中小輪), 소륜(小輪), 극소륜(極小輪, 지름 1.5㎝ 이하)에 이르기까지 다양한 방식으로 부른다. 이밖에 나무의 모양에 따라서는 가지가 늘어뜨려진 '지수(枝垂)', 가지가 자연스럽게 뒤틀려 용의 형상을 보이는 '운룡(雲龍)' 등의 명칭도 사용되고 있다.

57 근입(筋入, すじいり)은 골이 진 모양[ribbed]을 가리키는 말로 짐작된다.

58 향전매(香篆梅)는 대표적인 운룡매(雲龍梅)이다.

59 치자꽃은 보통 홑겹[一重]이지만, 겹꽃[八重]이거나 꽃의 크기가 특별히 큰 품종도 있다.

우담愚潭엔 꽃이 비치고 집엔 돌이 둘렀네.

網罟投洋求鼈魚, 不如歸讀聖賢書.

由誰知得天然友, 花暎愚潭石擁廬.

노자[路費]로 30전을 주었다. 오전 10시에 생도들을 인솔하여 제일교에 가서 학예회를 관람했다. 30전은 김찬숙金贊叔에게 빌려 주었다. 팔중 치자八重梔子 1그루[株]와 계수나무[肉桂] 2그루[株]를 화분에다 옮겨 심었다. 다만 여기에 있는 매화나무, 즉 진한 붉은색의 성성홍猩猩紅 1그루—대륜大輪, 상상上上—, 씨방은 흰 색에 꽃잎의 입 부분은 붉은 옥원지수玉垣枝垂 1그루, 입성立性[60]에 팔중八重의 붉은색 견경매見鷲梅 1그루, 황백색에 중륜中輪의 지수앵숙매枝垂鶯宿梅 1그루, 붉은색에 상상上上의 당매지수唐梅枝垂 1그루, 붉은색의 대륜大輪에 향이 강한 팔중한매八重寒梅 1그루, 연한 붉은색에 팔중八重 중륜中輪의 팔삭매八朔梅 1그루, 속이 붉은 팔중八重 대륜大輪의 츠카사시보리[司絞り][61] 1그루, 붉은 꽃잎의 희귀종으로 청백색에 일중一重 대륜大輪의 수선매水仙梅 1그루, 꽃잎이 없고 꽃술이 많은 역현酈懸 1그루. 이 10그루[株]는 땅에 심었다. 일금 35전은 수반水盤 2개. 그 가운데 1개는 본가[本第]에 올려 보내고, 1개는 여기에 두어서 수선화水仙花를 수경재배[水栽]했다.

12월 5일. 일요일. 맑음. 하인이 돌아왔다. 할아버님이 내려주신 편

60 입성(立性)은 '立ち性(たちしょう)'이니, 가지가 곧고 위쪽을 향하는 매화나무를 가리키는 말이다.

61 시보리(絞り)는 꽃잎에 마치 염색을 한 것처럼 다른 색깔이 섞여 있거나 또는 반점(斑點) 등이 있는 것을 가리키는 말이다.

지가 있었는데, 그 가운데 시가 있었다.

아버님 뜰에서 모시고 배움은 백어伯魚를 닮았어도[62]
말 잘하고 박식함은 책만 같지 못하리.
골바람 어디선가 자주 새를 날려 보내지만
교화敎化와 갱신更新이야 다시 옛 집이로다.

侍學孔庭肖伯魚, 能言博識不如書.
谷風何處數飛鳥, 敎化更新還古廬.

12월 6일. 월요일. 맑음. 일금 8전 6리는 석유 1그릇[器]. 서울로부터 책자 2권이 왔다.

12월 7일. 화요일. 맑음. 조 형趙兄과 더불어 정기용鄭機用 씨에게 갔다. 밤에 야학회夜學會에 갔다.

12월 8일. 수요일. 맑음. 1전 5리는 엽서, 8전은 석유. 공회당公會堂에 가서 장관長官의 보고를 들었다.

12월 9일. 목요일. 맑음. 개문사開文舍에 편지를 부쳤다.

12월 10일. 금요일. 맑음. 1원 80전은 숙직료로 받았다.

12월 11일. 토요일. 맑음. 오후 1시에 연구회研究會를 열었다. 내가 먼저 '도덕적 훈육道德的訓育'으로 연설했다. 다음으로는 조 형趙兄이

62 백어(伯魚)는 공자의 아들인 이(鯉)이다. 아버지인 공자에게 학문을 배웠기 때문에, 혹시 백어만 특별한 것을 배우지는 않았는지 의심하는 사람도 있었다. 『논어(論語)』 「계씨(季氏)」 편에 이에 대한 언급이 있는데, 백어가 마당[庭]을 지날 때에 공자가 시(詩)와 예(禮)를 배웠는지 물었다고 했다.

습자과習字科로 설명했다. 서촌西村과 산중山中 및 녹자목鹿子木 씨의 시찰담視察談이 있었고, 5시에 마쳤다.

12월 12일. 일요일. 맑음. 오전에 이 선생李先生을 찾아뵈었다. 하재홍河在弘을 방문했다. 밤에 비 조금. 백남옥白南玉이 떡을 갖고 왔다.

12월 13일. 월요일. 맑음. 일금 20전은 꿀[秫], 15전은 양지洋紙 10장.

12월 14일. 화요일. 맑음. 60전은 솔가지[松枝] 2짐[負]. 시를 지었다.

그 첫째 수.

성긴 숲에 잠든 새는 편히 날아오르지 못하고
얕은 물에 물고기는 지느러미 자주 움직이네
가련하도다 미물이 생존하는 세계에선
어찌하면 근심 없이 편안할 때 있으리.

鳥宿疏林無弛翔, 魚游淺水數鬣鰭.
自憐微物生存界, 何奈休憂安穩時.

그 두 번째 수.

천리天理는 기한 없이 순환하니
봄바람 가을 달이 각기 때에 들어맞네.
항상 푸른 하늘에 뜬 구름 일어나는데
푸른 바다에 웅크린 용은 누가 알아보리오.

天理循環無限期, 春風秋月各宜時.

尙看空碧浮雲起, 滄海臥龍孰有知.[63]

24전은 대구[大口魚] 2마리. [이 시 2수는 하경렬河慶烈 씨에게 주었다.]

12월 15일. 수요일. 맑음. 일금 20전은 상자[箱] 1개, 42전은 욕의褥衣, 20전은 양호필羊毫筆 2자루[柄].

12월 16일. 목요일. 오전에 맑았다가 오후에 흐리고 비. 10전은 구세군救世軍에 연금捐金으로 보냈다. 50전은 오사카[大阪] 숭산당嵩山堂에 부치고 『사체서법四體書法』을 청구請購했다.[64] 줄포茁浦에 아버님께 올리는 편지를 부쳤다. 4전은 우편비용[郵費]. 10전은 이광렬李光烈 군에게 빌려 주었다. 8전 6리는 석유.

12월 17일. 금요일. 맑았다가 눈. 남환南煥의 49일째 날[七七日]이다.

12월 18일. 토요일. 맑음. 1원 24전은 백미 1말[斗], 6전은 짚신[艸靴], 10전은 대구大口魚 1마리. 흑석동黑石洞 조 형趙兄에게 올렸다.

12월 19일. 일요일. 맑음. 정오에 제일교 청년회靑年會에 나갔다. 1시에 나와서 이찬호李贊鎬 씨를 방문했지만, 만나지 못했다. 정기용鄭機用 씨를 방문했다. 장재언張在彥을 방문했다.

12월 20일. 월요일. 맑음. 상여금賞與金 16원을 찾아 왔다.

12월 21일. 화요일. 눈비가 부슬부슬 내린다. 월봉은 20원인데, 그

63 첫 글자는 원래 "물(物)"이었지만 "천(天)"으로 고쳤다.

64 청나라 유약조(劉若璪)의 『증보사체서법(增補四體書法)』이 서울대학교 중앙도서관 가람문고에 소장되어 있다. 1870년에 간행된 3권 2책의 석판본(石版本)이며, 도서번호는 〈가람 754.2-Sa14〉이다.

가운데 87전은 회비會費 및 잡비雜費로 제하였다. 정기용鄭機用 씨가 방문했다. 숭산당嵩山堂으로부터 편지가 왔다. 하경렬河慶烈 씨가 내게 시를 주었는데, 다음과 같다.

첫째 수

맹금猛禽은 찬 하늘에 한껏 날개 펼쳤고
잠룡潛龍은 세모에 마음대로 지느러미 접었네.
삭풍 맞으며 먹는 모습 너무나 참담하지만
조용히 들어보면 우르르 땅이 흔들리네.

天寒鷙鳥姿張翅, 歲暮潛龍任卷鰭.
朔風饕餮窮慘澹, 靜聽隆隆地雷時.

둘째 수

눈 내리는 하늘 밝은 달은 회포를 비추는데
황량한 습지에서 사냥하는 때로다.
활을 쥐고 주시하니 산호랑이 달리는데
신력信力을 온전히 하면 명중시킬 줄 알지라.

雪天霽月照襟期, 藪澤荒凉射獵時.
執弓注目跑山虎, 信力能全命中知.

12월 22일. 수요일. 비.[65] 10전은 명함 교환회名啣交換會 비용. 10전은 야학 비용. 13전은 이 우李友로부터 받았다.

12월 23일. 목요일. 맑음. 방과 후에 이 우李友의 대상大祥에 갔다. 줄포茁浦로부터 등기[書留]와 편지가 왔다. 이찬호李贊鎬 씨를 방문했다. 일금 12전은 대구大口魚 1마리, 1원 32전은 백미 1말[斗], 8전은 콩[太] 1되[升], 5전은 자물쇠[鎖用], 62전은 솔가지[松枝] 2짐[負], 9전은 석유 1그릇[器]. 25전은 양초 1갑匣을 사서 이 우李友의 집에 보냈다. 아울러 글 하나도 보냈다. "흐르는 물 같은 세월은 상가喪家에는 더욱 빠르오. 슬픔이 지극한 이 날이지만 효孝로 인해 몸을 상하게 하지는 마오. 흰 초 두 갑을 삼가 제의에 올립니다.(如流歲月, 喪家尤迅. 哀至此日, 以孝勿傷. 白燭二匣, 敬呈享儀.)"

12월 24일. 금요일. 맑음. 온돌 수리. 흑석동黑石洞 행랑에 용역비로 40전을 지급했다. 솔가지[松枝] 대금 3원을 주었다. 본가[本第]에 편지를 부쳤다. 3전은 우표[切手], 7전 5리는 짚신[艸履].

12월 25일. 토요일. 맑음. 일금 1원 10전을 숭산당嵩山堂에 부치고 『예자휘隷字彙』 1질을 청구請購했다.[66] 2전은 우편 비용[郵費]. 정충시鄭忠時 군에게 편지를 부쳤다. 3전은 우표[切手]. 영운永運 군에게 편지를 부쳤다. 오후 3시에 제일교에 나가서 사계회四季會를 시작했다. 7시에 마쳤다. 회비는 56전이었다.

12월 26일. 일요일. 맑음. 학교에 나가 사무를 보았다. 일금 96전은

---

65 원문에 지운 흔적이 있어서 정확히 판독하기는 어렵다.

66 서울대학교 중앙도서관 가람문고에 1913년 소엽산방(掃葉山房)에서 간행한 총 4책의 『신집예자휘(新輯隷字彙)』가 소장되어 있다. 도서번호는 〈가람 495.13- G533s〉이다.

엽서 값. 또 1전 5리는 엽서.

12월 27일. 월요일. 맑음. 오전 3시 40분에 기침起寢했다. 이광열李光烈 군을 방문하여 일어나게 했다. 밥을 먹고 사제舍弟와 함께 출발했다. 다가정多佳亭에 이르니, 이미 출발하여 방향을 알 수 없었다. 그런 까닭에 돌아오는 길에 저자 사람에게 물어보았는데, 학생 및 선생이 신작로新作路로 갔다고 했다. 길을 돌려 고생 끝에 가리천佳利川에 이르렀고, 이어서 남산촌南山村 주변에 갔다. 추천교楸川橋에서 돌아왔다. 10전은 식빵[食麵包] 10개, 5전은 병륙의 짚신[草履].

12월 28일. 화요일. 맑음. 오전 11시에 폐교식閉校式이 있었다. 성적을 발표했다. 일금 5원 28전은 백미 4말[斗]. 58전은 콩[大豆] 1말[斗], 2전은 품삯[賃金], 5전은 나막신[屐]으로 영희英熙가 쓸 것. 3전 6리는 장식粧飾 1건, 40전은 구두[洋靴] 수선비, 15전은 바르는 약[塗藥] 1갑匣.

12월 29일. 수요일. 맑음. 연하장年賀狀 62장을 보냈다. 곧 교원양성소敎員養成所의 여러 선생 이하로 동창생同窓生들, 그리고 그 밖의 여러 벗과 지인들에게 보낸 것이다. 오전에 학교에 나가서 잡무를 정리했다. 유광석柳光錫과 수산守山 서기書記, 청석여관靑石旅館을 방문했다. 하경렬河慶烈을 만나서 〈비비귀非悲歸〉 5수를 받았다.[67] 10전은 권지卷紙 1축. 4원 62전은 『통감通鑑』 11권. 피지皮紙 2장은 8리, 송료送料는 42전. 은동隱洞 김 진사金進士 댁에 부쳤다.[68] 또한 편지를 부쳤

---

67 '비비귀(非悲歸)'가 시의 제목인지는 분명하지 않으며, 시 자체를 싣지 않았으므로 의미 또한 정확히 알 수 없다. 다만 1916년 1월 3일 일기에 실린 가람의 차운시를 보면, '非', '悲', '歸'의 세 글자가 시의 운자임은 확인할 수 있다.

68 은동(隱洞) 김 진사(金進士)의 청에 따라 『통감(通鑑)』 11권을 사고 이를 포장한 뒤에 우송한 것으로 추정된다. 이어서 "다시 편지를 부쳤다"고 한 것은 김 진사 댁에 책을 보내면서 별도의 편지를 부친 일을 말한 듯하며, 우표 3전은 곧 그 편지를 부치는 데

다. 3전은 우표[切手]. 70전은 밀감蜜柑 1상자. 동경東京 일본종묘주식회사日本種苗株式會社로부터 상품 견본商品見本과 도금한 잔[塗金盃] 1개가 왔다.

12월 30일. 목요일. 종일 짙은 안개. 오전 5시 무렵에 일어났다. 이른 아침을 먹고 조 형趙兄 및 병륙秉陸과 함께 정거장에 나갔다. 병륙 아우[陸弟]와 함께 기차에 올랐다. 7시에 출발하여 동 40분에 삼례역參禮驛에서 하차했다. 도보로 생양동生陽洞까지 가서 정숙鄭叔 및 양사문楊士文을 방문하고, 양 선생楊先生을 조문했다. 용화산龍華山 기슭을 넘어서 귀가했다. 48전은 차비. 병철秉喆 및 조 서방趙書房이 와서 묵었다.

12월 31일. 금요일. 맑음. 조 서방趙書房이 떠났다. 오후에 양사문楊士文이 와서 보았다. 병철秉喆이 떠났다.

든 비용일 것이다.

1916년(단기 4249년)

1916년(단군檀君 개천開天 4373년 병진년丙辰年)

1월

1월 1일. 토요일. 흐림. 사현社峴에 가서 이 씨李氏를 방문했다. 밤에 종자從姉 집에서 긴 시간 동안 많은 이야기를 했다.

1월 2일. 일요일. 흐리다가 가랑비가 내렸다. 오전 11시에 나섰다. 오후 3시에 삼례역參禮驛에 이르러 기차를 탔다. 오영철吳榮喆 및 이기호李箕鎬를 만났다. 동산역東山驛에서 기차 화통火筒에 장애가 있어서 몇 시간을 머문 뒤에 기차에서 나왔다. 동 5시 무렵에 오영철吳榮喆과 함께 귀가해서, 저녁식사를 하고 함께 잤다. 30전은 엽서, 24전은 차비.

1월 3일. 월요일. 맑음. 이른 아침에 하 군河君이 방문했다. 조반 후에 오 군吳君과 헤어졌다. 하 군河君과 더불어 흑석동黑石洞 조 형 집을 방문하여, 점심을 먹고 돌아왔다.[1] 각 학교 교장 및 교육관계자들을 방문했다. 하 군河君에게 시 5수를 주었는데, 왼쪽[다음]과 같다. 차운한 것이다.[2]

---

1 원문에 "흑석동 조를 방문했다.[訪黑石洞趙]"고 되어 있지만, 이 구절 뒤에 "兄家"가 누락된 것으로 보인다. 혹은 삭제해야 할 "趙 "가 남았다고 할 수도 있는데, 의미상의 차이는 없다.

2 1915년 12월 29일에 하경렬(河慶烈)이 시 5수를 준 바 있는데, 여기에 차운하여 다시

고요한 산 흐르는 물에는 시비가 없지만
고해苦海같은 인생에선 슬픔을 보게 되네.
풍파 첩첩히 일어나는 황망한 곳에서
바야흐로 창황하다 돌아감을 정하지 못했네.

山靜水流無是非, 人生苦海可觀悲.
風波疊起荒茫處, 方此倉皇未定歸.

남이 모두 옳다 함을 나는 그르게 여기는데
남이 옳고 내 그름도 이 또한 슬픈 일.
시비의 경종警鐘은 지금 어디 있는가.
이날 그른 일을 함은 돌아감만 같지 못하네.

人之皆是我爲非, 人是我非是亦悲.
是非警鐘今何在, 非行是日不如歸.

오늘은 옳고 어제가 잘못임은 알지만
무위無爲의 마음은 슬픔을 이기지 못하겠네.
초가집에 봄 꿈은 아직 깨기 어렵지만
이 고상한 사람 버리고서 누구와 함께 돌아가리오.

보낸 것으로 보인다. 다만 이날 방문한 하 군(河君)은 하재홍(河在弘)일 가능성이 높은데, 그에게 전달을 부탁한 것인지는 분명하지 않다.

今日是知昨日非, 無爲心事不勝悲.
茅廬春夢尙難覺, 捨此高人誰與歸.

한결같이 전하길 백년이 그릇되었다 하는데
말없이 하늘 우러르며 슬픔을 견디네.
집사람 말하길 전원이 즐겁다 하지만
끝내 교편敎鞭 잡은 까닭에 돌아가지 못하네.

一口尙傳百歲非, 仰天無語正堪悲.
家人相說田園樂, 終執敎鞭故不歸.

구미歐米의 비바람에 그른 일 날로 늘어나지만
가만히 창생이 되어 슬픔을 늘리지 않았네.
동서의 평탄하고 넓은 땅을 개척하여
내 장차 대도大道로 하나같이 돌아가리라.

歐風米雨日增非. 竊爲蒼生不繁悲.
開拓東西平濶地. 吾將大道一如歸.

1월 4일. 화요일. 맑음. 조 형趙兄과 더불어 최 학자崔學者 및 은성학殷成鶴 군을 방문했다. 5전은 세탁 소다[洗濯曹達]. 연하장 총 44장이 왔다. 연하장 14장을 부쳤다.

1월 5일. 수요일. 맑음. 오후에 조 형趙兄과 함께 하 씨河氏의 집을 방문했다. 이 선생李先生 댁을 방문했다. 병륙 아우[陸弟]가 왔다.

1월 6일. 목요일. 흐림. 오전 11시에 개교식開校式을 거행했다. 일금 7전은 검은콩[黑太] 1되[升], 9전은 미역[甘藿] 10매, 4전은 말린 감껍질[乾柿皮], 13전은 대추[大棗] 1되[升], 16전은 북어北魚 10마리. 줄포茁浦에 올리는 편지를 부쳤다. 3전은 우표[切手]. 연하장 6장을 부쳤다.

1월 7일. 금요일. 흐림. 요즈음 매우 따뜻하다. 연하장 13장이 왔다.

1월 8일. 토요일. 맑음. 대원大原 군과 함께 도서관에 가 보았다. 조 형趙兄이 와서 잤다.

1월 9일. 일요일. 비. 조 형趙兄과 함께 놀았다. 연하장 3장이 왔다. 오군吳君에게 편지를 부쳤다.

1월 10일. 월요일. 맑음. 연하엽서 2장이 왔다.

1월 11일. 화요일. 맑음. 정충시鄭忠時 군으로부터 편지가 왔다. 15전은 소고기[牛肉].

1월 12일. 수요일. 맑음. 일금 3원 20전을 숭산당嵩山堂에 부치고 『초자휘艸字彙』, 『전자휘篆字彙』, 『이십이사차기二十二史箚記』 각 1부를 주문했다.[3] 2전은 송료送料로 들인 비용. 족조族祖께서 왕림하셨다.

1월 13일. 목요일. 맑음. 노동야학勞働夜學에서 효우孝友와 충직忠直에 대해 말하였다. 족조族祖께서 행차를 나가셨다.

1월 14일. 금요일. 맑음. 9전은 석유.

---

3 서울대학교 중앙도서관 가람문고에 1914년에 소엽산방(掃葉山房)에서 간행한 총 5책의 『전자휘(篆字彙)』가 소장되어 있다. 도서번호는 〈가람 495.11-P64j〉이다. 또 1911년에 상해 동문서국(同文書局)에서 간행한 총 6책의 『초자휘법첩(草字彙法帖)』(도서번호 : 가람 754.3-Se62c)도 소장되어 있는데, 여기서 언급한 『초자휘(艸字彙)』와 같은 책인지는 분명하지 않다. 1915년 12월 25일의 일기에 언급된 '예자휘(隸字彙)'와 여기에 언급된 '전자휘(篆字彙)'가 모두 소엽산방 간행본이니, 같은 책이 아닐 가능성이 더 높아 보인다.

1월 15일. 토요일. 맑음. 이발에 20전. 저금은 13원이었다. 유장석柳璋錫을 방문했지만, 만나지 못했다. 다만 3원은 저금 내에서 돌아온 것이다. 31전은 북어北魚 20마리, 7전은 콩[太] 1되[升].

1월 16일. 일요일. 맑음. 오전에 흑석동黑石洞 조 형趙兄 댁을 방문하여 점심을 먹었다. 오후 4시 무렵에 본교로 가서 여러 생도들을 인솔하고 나아가 어진영御眞影을 맞이하였다.[4] 유광석柳光錫 군이 책[書]을 갖고 방문했다고 한다.

1월 17일. 월요일. 맑음. 은동隱東으로부터 소액환[小爲替] 및 서간書簡이 왔다.

1월 18일. 화요일. 맑음. 어제 강기岡崎 군이 부모님 병환으로 귀국했다. 그런 까닭에 이로부터 종일 수업하게 되었다. 10전은 새우젓[蝦醢] 1그릇[器], 10전은 염료染料.

1월 19일. 수요일. 맑음. 청목숭산당青木嵩山堂으로부터 『초자휘艸字彙』 및 『전자휘篆字彙』, 그밖에 경품景品으로 『현대명사학수법現代名士學修法』과 소설小說 각 1부가 왔다.

1월 20일. 목요일. 맑음. 큰아버님이 오셔서 뵈었다. 저녁 무렵에 함께 서천교西川橋의 이강원李康元 점포에 가서, 용제龍弟의 혼수婚需를 홍정[興成]했다.[5] 곧 채단綵緞으로는 홍영사紅影紗 1필에 5원, 청갑사青甲紗 1필에 3원 60전, 백목白木 15자[尺]에 60전. 초립草笠 1개에 90전, 낭혜郎鞋 1개에 1원, 면경面鏡 1개에 4전, 염소斂梳 1개에 5전, 염죽斂竹 1개에 4전, 갓 끈[冠纓] 2개에 15전, 대추[上棗] 2되[升]에 20전, 말

---

4 어진영(御眞影)은 곧 일본 천황의 사진이다.

5 홍성(興成)은 물건을 사거나 팔기 위해 품질이나 가격을 논하는 일을 뜻하는 말이니, 곧 '홍정'이다.

린감[蹲梳] 2개에 22전. 부의감[敷衣件] 1개에 90전, 요대腰帶 2개에 80전, 홍행紅杏 1개에 14전. 합계 13원 65전이었다.[6] 집에서 가져온 13원 90전 가운데 이상을 썼으니, 남은 것이 25전이다. 일금 32전은 권지卷紙 4축軸, 4전은 행말杏末 1개.

1월 21일. 금요일. 비. 아침에는 맑았다. 일금 1원 12전을 큰아버님께 더 드려서 아직 구입하지 못한 물품을 사고 노자[路費]로 쓰시게 했다. 오전 11시 무렵부터 가랑비와 사나운 바람[狂風]이 시작되었다. 월봉月俸 20원 및 이달분 숙직료 1원 94전. 이 가운데 국고금[國庫] 20전, 부안소학교장扶安小學校長의 부의금 10전, 교육회비 30전은 제하였다. 24전은 청어靑魚 10마리, 10전은 석유 1병甁. 줄포茁浦에 편지를 올렸다. 3전은 우표[切手]. 큰아버지는 이른 아침에 떠나셨다.

1월 22일. 토요일. 맑음. 조 형趙兄이 밤에 와서 보았다. 2원은 전월분 집세로 지급했다.

1월 23일. 일요일. 맑음. 종일 문을 나서지 않았다.

1월 24일. 월요일. 맑음. 오전 10시 무렵에 태전太田 시학관視學官이 와서 보았다.[7] 오후 4시에 제일교第一校에 모여서 태전太田의 연설을 들었다.

1월 25일. 화요일. 맑음. 오전 9시 반에 생도들을 인솔하고 도청에 가서 진영眞影을 맞이하였다. 정오正午에 돌아왔다.

---

6 혼수로 구입한 물건 값을 합쳐보면 13원 64전이 된다. 원문에서는 처음에 "13원 60전"으로 썼다가 뒤에 사이에 "오(五)" 자를 써 넣었는데, 실제 합계와는 1전 차이가 있으니 여전히 값이 잘못 기록된 물품이 있는 듯하다.

7 태전(太田)은 곧 조선총독부 학무국 시학관 겸 경성여자고등보통학교장인 태전수혜(太田秀穗)이다. 원문에는 "오전 제10시 무렵[午前第十時頃]"으로 기록되어 있는데, "제(第)"를 삭제하거나 "십(十)"을 "일(一)"로 바꾸어야 자연스럽다.

1월 26일. 수요일. 맑음. 일금 6원 50전은 백미 5말[斗], 10전은 계란 10개, 10전은 염료染料, 10전은 소고기[正肉]. 사탕砂糖은 4전. 6전은 짚신[艸鞋] 1켤레. 밤에 조 형趙兄과 더불어 유장석柳璋錫을 방문했다. 아버님이 내려주신 편지가 있었는데, 광주光州로부터 온 것이었다. 곧바로 편지를 올렸다. 3전은 우표[切手].

1월 27일. 목요일. 맑음. 야학에 나가 수업했다. 75전은 밀감蜜柑 1상자인데, 춘사春史 선생께 올렸다. [완옥 군完玉君의 혼인하는 날이 내일이라 한다.]

1월 28일. 금요일. 맑고 온화함. 사제舍弟의 혼일婚日이다. 석유는 10전.

1월 29일. 토요일. 맑음. 병륙秉陸을 본가[本第]에 보내면서 10전을 지급했다. 오후에 농교農校 연구회研究會에 나갔다. 조 형趙兄과 더불어 밤에 이춘사李春史 선생을 방문하고, 돌아와서 함께 잤다. 숭산당嵩山堂에 편지를 부쳤다.

1월 30일. 일요일. 맑음. 조 형趙兄과 더불어 하재홍河在弘, 만운晩雲, 김병직金炳稙, 이덕가李德可 씨를 방문했다. 송성구宋聖九 어르신을 만났을 뿐이다.

1월 31일. 월요일. 맑음. 16전은 새우젓[鰕醢] 2그릇[器], 10전은 계란 10개, 10전은 미역[甘藿] 10묶음[束], 3전 6리는 순희順熙의 짚신[艸鞋] 1켤레. 집에서 사람이 왔다.

2월

2월 1일. 화요일. 맑음. 이른 아침에 집에서 온 사람을 보냈다. 노자[路資]로 15전을 지급했다. 신동주申東柱로부터 계란 20개가 왔다. 은동隱洞에 편지를 부쳤다. 3전은 우표[切手].

2월 2일. 수요일. 맑음. 일금 15전은 소고기[正肉], 5전은 미나리[芹]. 오후 4시 반에 춘사春史 선생 댁에 가서 성찬[盛食]을 받았다. 10전은 석유 3홉[合]. 숭산당嵩山堂으로부터 편지가 왔다.

2월 3일. 목요일. 맑음. 흑석동黑石洞으로부터 계란 15개, 김용규金龍圭로부터 계란 20개와 대구大口魚 1마리, 서창용徐昌容으로부터 계란 10개와 대구大口魚 2마리, 최금주崔金珠로부터 북어北魚 20마리, 서재록徐在錄으로부터 북어北魚 20마리가 왔다. 계란 20개는 연파蓮坡 어르신께 올렸다. 도한刀漢으로부터 일금 2원을 거두어들였다. 정 형鄭兄 및 유장석柳璋錫 형제를 가서 보았다. 유광석柳光錫 군과 함께 자면서 묵은해를 보냈다. 정충시鄭忠時 군에게 편지를 부쳤다. 3전.

2월 4일. 금요일. 맑음. 병진년丙辰年 정월 원일元日이다. 일찍 학교에 나가서 출석을 점검했다. 오후에 정기용鄭機用 씨 집에 갔다. 벗 윤원중尹元重을 만났다. 그 주인과 함께 김목사金牧使 및 하경렬河慶烈 씨를 방문하고 밤에 돌아왔다. 일금 9원은 우편국에 저금했다. [병진년丙辰年. 단군檀君 4373년.]

2월 5일. 토요일. 맑음. 이 군李君과 함께 귀가하여 고서화첩古書畵帖을 감상했다. 조 형趙兄 또한 왔다.

2월 6일. 일요일. 비. 오후에 정기용鄭機用 씨 및 하경렬河慶烈 씨가 방문했다. 잠시 놀고서 함께 흑석동黑石洞에 갔다가 저물 무렵에 돌아왔다. 일금 10전은 석유, 4전은 담배[烟艸] 2상자.

2월 7일. 월요일. 맑음. 1원 92전을 숙직료宿直料로 받았다. 숭산당嵩山堂에 편지를 부쳤다.

2월 8일. 화요일. 맑음. 10전은 명란젓[明卵醢] 반 그릇[器]. 「나폴레옹전[奈翁傳]」을 읽고 느낀 바를 읊은 시 1수를 썼다.

나폴레옹 한 번 떠난 뒤로는
여러 해 무기 쓸 일 없었네.
근래 서양 소식 읽어보니
참담한 전운戰雲이 이어지네.

奈翁一去後, 劍戟閒多年.
近讀西外報, 風雲慘憺連.

「제갈량전諸葛亮傳」을 읽고 느낀 바를 읊은 시 1수를 썼다.

융중隆中에서 와룡臥龍이 일어나니
바야흐로 한창인 27세였네.
도리어 대장부의 일을 웃게 되니
하는 일 없이 날이 이어지고 있네.

隆中臥龍起, 方壯二七年.
還笑丈夫事, 無爲日相連.

2월 9일. 수요일. 맑음. 저녁에 야학에 갔다. 조 형趙兄과 함께 청석여관靑石旅館을 방문하여 윤 우尹友를 만났다.

2월 10일. 목요일. 맑음. 유장석柳璋錫을 방문했다. 「세관世觀」을 읊었다.

유럽과 아시아의 풍조는 날로 새로워지고
책상머리 벗삼은 책은 읽을수록 친해지네.
아득한 천지에는 호걸이 많은데,
고금의 강산에는 성인이 몇이던가.
꿈에 고원 가장 높은 길을 밟았고
넓디넓은 나루에서 창해를 한껏 보았네.
한평생 마땅한 일 먼저 하리라 기필했으니
스스로 서고 경영하되 진眞을 지키리라.

歐亞風潮日幻新, 机頭書友讀相親.
渺茫天地多豪傑, 今古江山幾聖人.
夢踏高原上上路, 縱觀滄海洋洋津.
一生期必先宜事, 自立自營任守眞.

이상을 조 형趙兄에게 써서 주었다. 유장석柳璋錫 군이 왔다.

2월 11일. 금요일. 맑았다 흐림. 기원절紀元節이라 한다. 본교에서 식을 거행했다. 소학교에 갔다. 김金, 서徐 두 분 및 허 변호사許辯護士

를 방문했다.[8] 밤에 눈이 내렸다. 하 씨河氏를 방문했다. 18전은 백반지白半紙 100장.

2월 12일. 토요일. 맑았다가 눈이 내렸다. 가마니와 거적 제조강습회[叺筵製造講習會]를 본교에서 개최했다. 아버님이 본가[本第]로부터 내려오셨다. 병륙 아우[陸弟] 또한 왔다. 2전 4리는 양지洋紙 1장. 숭산당嵩山堂으로부터 서책이 왔다.

2월 13일. 일요일. 맑음. 아버님을 수행했다. 조 형趙兄과 함께 백 씨 집터[白氏家垈]에 가서 살펴보고, 이어서 흑석동黑石洞에 갔다. 20전은 소고기[正肉], 20전은 약주藥酒, 4전은 두부, 32전은 솔가지[松枝] 1짐[負]. 밤에 눈이 왔다.

2월 14일. 월요일. 맑음. 아버님이 줄포茁浦로 행차하셨다. 정충시鄭忠時 형으로부터 편지가 왔다.

2월 15일. 화요일. 맑음. 일금 32전은 솔가지[松枝] 1짐[負], 9전은 김[海衣] 1 첩帖.[9]

2월 16일. 수요일. 맑음. 밤에는 눈이 내렸다. 제일학교에 갔다. 이광렬李光烈 군을 방문했다.

2월 17일. 목요일. 맑음. 일찍 흑석동黑石洞에 가서 아침식사를 했다. 오후 2시에 거적과 가마니 제조회[筵叺製造會]의 폐회식을 거행했다. 일금 6전은 소농지小籠紙 3장.

2월 18일. 금요일. 맑았다가 흐림. 흑석黑石의 인남仁男 조모祖母께서 내려오셨다. 윤상훈尹相勳을 방문했지만, 만나지 못했다. 이발은 20

---

8 허 변호사(許辯護士)는 곧 허헌(許憲, 1885~1951)이다.

9 '첩(帖)'은 종이 또는 김을 세는 단위이다. 100장이 1톳이며, 10장이 1첩(帖)이다.

전. 돌아오는 길에 다리밟기[踏橋]를 구경했다. 곧 오늘은 음력 정월보름날 저녁이니, 세속에서는 다리밟기[踏橋] 하기에 좋다고 한다.

2월 19일. 토요일. 맑음. 오후 2시에 제일교에 가서 사교연구회四校研究會에 참석했다. 동 5시 반에 마쳤다. 석제釋弟가 와서 보았다. 밤에 청년미성회青年美成會가 있었다.[10]

2월 20일. 일요일. 오전에 흐리고 오후에 조금 갬. 이학근李學根, 김병직金炳稙, 조 형趙兄과 길벗이 되어 효간동孝澗洞 이연산李連山 집 및 이자인李滋仁 집을 방문했다. 점심을 먹고 황혼 무렵에 돌아왔다. 산길[山逕]을 한 걸음 한 걸음 걸어가면서 함께 시 1수를 읊었는데, 다음과 같다.

앞서거니 따르거니 이연산李連山을 방문하니,
한줄기 길은 구불구불 돌과 나무 사이로 났네.
촌가의 해 묵은 술을 모조리 마시고서
황혼녘 눈 속으로 노래 부르며 돌아오네.

追隨相訪李連山, 一逕崎嶇石樹間.
飮盡村家經歲酒, 黃昏雪裏放歌還.

다시 조 형趙兄 댁을 들렀다가, 함께 전주교全州橋 곁에 이르러서 파하고 헤어졌다. 일금 30전은 소고기[牛肉], 10전은 조기[石首魚] 2마리.

10 청년미성회(青年美成會)는 미풍양속의 형성을 도모하는 모임으로 추정된다. 이후의 일기에서는 이 모임에 대한 언급이 다수 나타난다.

2월 21일. 월요일. 맑음. 월봉 20원. 그 가운데 20전은 국고금國庫金, 30전은 교육회비敎育會費, 또 15전은 교육잡지敎育雜誌 대금. 56전은 솔가지[松枝] 2짐[負]. 10전은 야학회비夜學會費. 14전은 수업료授業料에 쓴 비용. 10전은 찻값. 석제釋弟가 돌아갔다.

2월 22일. 화요일. 맑음. 동경東京 박문관博文館에 편지를 부쳤다. 48전으로 『논리학論理學』을 주문했다.

2월 23일. 수요일. 맑음. 일금 28전 5리는 우표[切手] 및 엽서. 이 가운데 우표[切手] 9장은 현억玄檍에게 부쳤다. 『중용中庸』 및 『대학大學』을 청구請購했다. 집세로 2원이 나갔다.

2월 24일. 목요일. 맑음. 도서관圖書館에 갔다. 하 씨河氏를 방문했다. 백낙륜白樂倫을 가서 보았다.

2월 25일. 금요일. 맑음. 날씨가 제법 춥다. 삼제參弟가 왔다. 10전은 토란[芋], 30전은 청어靑魚 및 조기[石首魚]와 미역[甘藿]. 7원 4전은 백미 5말[斗] 5되[升], 20전은 마른 민어[乾民魚], 16전은 술, 2전은 밤[栗].

2월 26일. 토요일. 맑음. 하경렬河慶烈 씨가 방문했다. 삼제參弟가 돌아갔다. 아버님이 행차하셨다. 일금 20전은 소고기[正肉], 2전은 사탕砂糖, 7전은 잡다한 데 들어갔다. 10전은 석유.

2월 27일. 일요일. 맑음. 아버님이 줄포茁浦로 행차하셨다. 벗 윤화중尹和重이 방문했다. 오후에 전주교全州橋에 나가서 하 씨河氏를 만났다. 흑석동黑石洞에 가서 저녁식사를 한 뒤에 돌아왔다. 광렬光烈 군과 더불어 벗 상훈相勳을 방문했다.

2월 28일. 월요일. 눈비가 부슬부슬 내려 도로가 질퍽질퍽했다. 조형趙兄과 더불어 장張, 하河 두 분을 방문하여 담소를 나누었다. 밤이 깊어서 하룻밤을 그 집에서 묵었다.

2월 29일. 화요일. 연이어 흐리고 춥다. 동경東京 박문관博文館으로부터 『논리학論理學』 책이 왔다.

3월

3월 1일. 수요일. 흐리고 춥다. 20전은 소고기[正肉]. 남양南陽의 족숙族叔으로부터 편지가 왔다.

3월 2일. 목요일. 흐리고 춥다. 44전은 솔가지[松枝] 1짐[負].

3월 3일. 금요일. 맑았다가 흐리고 추워졌다. 밤에는 비. 저녁식사 후에 영희, 남환 두 아이와 놀다가 문득 노래를 읊었다.

> 둥실둥실 부른 배
> 방긋방긋 웃는 입
> 먹이 생각 나는 때
> 어미 아비 부른다

20전은 부역비賦役費.

3월 4일. 토요일. 눈보라가 크게 일어났다. 경성京城 편수관編修官이 학교에 왔다. 1전 5리는 엽서.

3월 5일. 일요일. 맑음. 조 형趙兄과 함께 이만운李晩雲, 정석모鄭碩謨 씨, 김성규金性珪 씨, 유두환柳斗煥 씨, 허헌許憲 씨, 윤벽초尹碧樵, 청석여관靑石旅館을 방문했다. 하河, 김金 두 분을 만났다. 일금 34전은 솔가지[松枝] 1짐[負], 16전은 조기[石魚] 3마리. 48전으로 『심리학心理

學』을 주문했다. 1전은 비용.

3월 6일. 월요일. 맑고 춥다. 일금 25전은 성냥상자[燐寸箱].

3월 7일. 화요일. 맑고 춥다. 빈 성냥상자로 책상자[書箱]를 만들었다. 장관 관저에 가서 조문했다.

3월 8일. 수요일. 맑음. 조 형趙兄 및 하 씨河氏가 밤에 왔다. 장관長官이 서거했다고 한다.[11]

3월 9일. 목요일. 맑음. 야학에서 가르치고 왔다. 누님[舍姉]이 방문하셨다.

3월 10일. 금요일. 맑음. 일금 34전은 솔가지[松枝] 1짐[負], 4전은 취길서取吉書 1개. 19전은 청어靑魚 5마리. 숙직료 1원 80전을 받았는데, 그 가운데 1원은 교장에게 빌려주었다.

3월 11일. 토요일. 맑음. 오후 1시에 향교鄕校에 가서 석전제釋奠祭에 참석하였다. 돌아와서 직원회의職員會議가 있었다.

3월 12일. 일요일. 맑음. 오전에 하 선생河先生이 방문했다. 이 군李君과 함께 조심농趙心農을 방문했다. 오후에 돌아왔다. 흑석동黑石洞에 가서 정鄭, 하河 두 분을 만났다. 저물 무렵에 돌아왔다. 정충우鄭忠友에게 편지를 부쳤다.[12]

3월 13일. 월요일. 맑음. 조금 춥다. 오후 2시에 다가정多佳亭의 장관회장長官會場에 갔다. 찬바람이 매서웠는데, 서너 시간을 꼿꼿이 서 있

---

11 전라북도 도장관인 이두황(李斗璜, 1858~1916)이 죽은 일을 가리키는 것으로 보인다. 현재 기록상으로는 3월 9일에 죽은 것으로 되어 있다. 7일의 조문과 8일의 서거 소식을 들은 일은 뒤에 잘못된 날짜에 기록한 것일 가능성도 있다.

12 "鄭友忠時" 즉 "벗 정충시"이거나 혹은 "정우(鄭友)"로 쓰려고 한 것일 가능성이 있다. "정충우(鄭忠友)"가 인명은 아닐 듯하다.

다가 마쳤다. 청석여관青石旅館을 방문했다. 10전은 염료染料. 동경東京 박문관博文館으로부터 『심리학상서心理學上書』 1책이 왔다. 3전은 우표[切手], 10전은 석유.

3월 14일. 화요일. 맑았다 흐림. 눈이 내렸다. 제3학기 시험이 시작되었다.

3월 15일. 수요일. 맑음. 일금 1원 6전은 반찬거리[饌用] 및 솔가지[松枝] 2짐[負].

3월 16일. 목요일. 맑음. 혹독하게 춥다. 4원 74전으로는 『세계역사담世界歷史譚』 36책을 박문관博文館에 주문하고,[13] 『동양역사교과서東洋歷史教科書』를 경성京城 신문관新文館에 주문했다.

3월 17일. 금요일. 맑음. 시험 및 실습. 서너 명의 생도를 인솔하여 면역소面役所에 가서 묘목苗木을 받아 왔다.

3월 18일. 토요일. 맑음. 오전에는 실습. 오후 7시에 귀가했다.

3월 19일. 일요일. 맑음. 오전에 허헌許憲 씨를 방문했지만, 만나지 못했다. 이발에 20전. 오후에 유장석柳璋錫 및 청석여관青石旅館, 도서관圖書館을 방문했다. 1원은 채소장수[菜商]에게 빌려 주었다. [이른 아침에 학교 주변에서 연산連山 영감令監의 영구를 떠나보냈다.]

3월 20일. 월요일. 맑고 온화함. 20전은 시장에서 썼다. 오후 7시에 제일학교에 가서 청년회青年會 간사회의幹事會議에 참석했다. 동 10시에 귀가했다.

3월 21일. 화요일. 맑음. 춘계 황령제일春季皇靈祭日이라 한다. 휴업.

---

13 서울대학교 중앙도서관 가람문고에 동경(東京) 박문관(博文館)에서 1900년부터 발간된 『세계역사담(世界歷史譚)』 1~36호가 소장되어 있다. 도서번호는 〈가람 909.05-Se39〉이다.

오전 10시에 생도 일동이 정거장에 나가서 새로운 수비대守備隊를 맞이하였다. 도서관圖書館으로부터 돌아왔다.

3월 22일. 수요일. 맑음. 이대영李大泳 군으로부터 편지가 왔다.

3월 23일. 목요일. 맑음. 야간학교夜間學校의 포장鋪帳을 도둑맞아 잃어버렸다. 20원은 월봉月俸. 그 가운데 65전은 제했다. 대교장大校長으로부터 1원을 거두어들였다.[14]

3월 24일. 금요일. 맑음. 2원을 윤화중尹和重에게 빌려 주었다. 은동隱洞에 편지를 부쳤다.

3월 25일. 토요일. 맑음. 일금 6원 10전은 백미 5말[斗], 15전은 청염靑鹽 1말[斗], 10전은 미역[甘藿], 13전은 문어文魚, 20전은 조기[石首魚] 10마리, 5전은 멸치[鰯]. 일금 54전은 동경종묘주식회사東京種苗株式會社에 묘목을 주문했다. [이희태李希泰 군으로부터 편지가 왔다.]

3월 26일. 일요일. 맑음. 오전 9시부터 학교에 나가서, 동 10시 반에 졸업식을 거행하였다. 동 오후 3시에 마쳤다. 졸업생들과 함께 사진을 찍었다. 동경東京 박문관博文館으로부터 편지가 왔다. 오후에 흑석동黑石洞에 가서 하河, 정鄭 두 분을 만났다. 늦게 돌아왔다. 36전으로 새우젓 3그릇[器]을 사들였다.

3월 27일. 월요일. 맑음. 병륙 아우[陸弟]가 귀가했다. 20전을 노자路資로 주었다. 완산完山에 가서 놀았다.

3월 28일. 화요일. 맑음. 동경東京 박문관博文館으로부터 『세계역사담世界歷史譚』 32권이 왔다. 오후에 하 씨河氏 집에 갔다. 아버님이 내

14 10일의 일기에 언급된 "교장에게 빌려준 1원"을 돌려받은 것이다. "대교장(大校長)"은 대원(大原) 교장 즉 대원정차(大原正次)를 가리키는 말로 보이는데, "원(原)"자가 누락된 듯하다.

려오셨다. 밤에 허헌許憲 씨의 집에서부터 벽초여관碧樵旅館으로 가서 아버님을 뵈었다. 한밤중에 돌아왔다. 오정午正에 정아鄭雅가 방문했다. 정충시鄭忠時 군의 편지가 있었다. 10전은 무[大根].

3월 29일. 수요일. 맑음. 오전 10시에 학교를 나섰다. 생도들을 이끌고 정거장에 가서 새 교원敎員 이희태李希泰 군을 맞이하였다. 조 형趙兄과 더불어 이 우李友를 방문하고 돌아왔다. 박문관博文舘에 편지를 부쳤다.

3월 30일. 목요일. 맑음. 오후에 흑석동黑石洞에 가서 이 군李君을 만났다. 저녁식사 후에 돌아왔다.

3월 31일. 금요일. 맑음. 신임 이 장관李長官을 정거장에서 맞이하였다.[15] 이 우李友와 함께 정기용鄭機用 씨를 방문하고 돌아왔다.

4월

4월 1일. 토요일. 맑음. 제3회 개교기념식을 거행했다.

4월 2일. 일요일. 맑음. 전 수비대守備隊를 정거장에서 전송했다. 돌아올 때 조 형趙兄 및 정鄭, 김金 여러 형과 더불어 남고산南固山에 올라 소요逍遙했다. 저물 무렵에 돌아왔다. 12전은 땔감[薪] 1짐[負].

4월 3일. 월요일. 맑았다가 흐리고 비가 조금 내렸다. 신무황神武皇의 제일祭日이라 한다. 곤지산坤止山에 나무를 심었다.

---

15 "신임 이 장관(新李長官)"은 곧 이진호(李軫鎬, 1867~1946)이다. 3월 28일에 경상북도 도장관에서 전라북도 도장관으로 자리를 옮겼다.

4월 4일. 화요일. 맑음. 오전 9시부터 남고산南固山에 올라서 학림學林에 나무를 심고 돌아왔다. 일금 23전은 콩[豆太] 및 청어靑魚. 남양南陽 족숙族叔에게 편지를 부쳤다.

4월 5일. 수요일. 맑음. 오전에 입학식入學式 및 시업식始業式을 거행했다. 사돈 어르신[趙査丈]이 내려 오셨다.

4월 6일. 목요일. 맑음. 수업이 시작되었다. 직원회의職員會議. 65전은 채소 값으로 냈다.

4월 7일. 금요일. 맑음. 온상溫床을 제작했다. 정지整地를 실습했다. 3전은 엽서.

4월 8일. 토요일. 맑음. 오후에 아버님이 내려오셨다. 저녁식사 후에 북문北門 안으로 행차하셨다. 내일 일찍 행차를 떠나실 것이다. 6전은 입탕入湯 비용이다. 희태希泰 군과 함께 들어간 까닭이다. 조 형趙兄이 와서 묵었다.

4월 9일. 일요일. 맑았다 흐림. 종일 바람 불고 저녁 무렵에는 비도 조금 내렸다. 이강하李康河 군에게 편지를 부쳤다.

4월 10일. 월요일. 맑음. 오후에 소학교 사계회四季會 겸 애갑愛甲 씨 송별회送別會, 각 학교 신임교원 환영회歡迎會에 갔다. 7시에 돌아왔다. 희태希泰 군이 와서 놀았다. 박문관博文舘으로부터 편지가 왔다.

4월 11일. 화요일. 맑음. 10전은 채소 값. 동경종묘주식회사東京種苗株式會社로부터 묘목이 왔다. 귤나무와 계수나무[桂木].

4월 12일. 수요일. 맑음. 오후에 실습. 32전은 땔감[薪].

4월 13일. 목요일. 맑음. 오후 4시에 청년미성회靑年美成會 간사회幹事會에 나갔다.

4월 14일. 금요일. 맑음. 사무실事務室을 이전했다. 오후 5시에 벗 최

병철崔秉哲의 초대를 받아서 오목대梧木臺에 올랐다가 이목대李木臺 아래로 내려왔다. 한밤중에 돌아왔다. 38전은 시장에서 썼다. [박문관博文館에 부족분의 돈을 부쳤다.]

4월 15일. 토요일. 맑음. 오전 10시에 다가정多佳亭에 올랐다. 명치신사明治神社의 제일祭日이다. 휴업. 청석여관靑石旅館을 방문했다. 오후에 영희英姬와 남환南煥을 이끌고 청석여관靑石旅館에서부터 서양병원西洋病院으로 갔다. 10전은 과자, 35전은 영희英姬의 약값. 본가[本第]에 편지를 부쳤다.

4월 16일. 일요일. 맑았다 흐림. 오전 9시에 이종李宗 및 조 형趙兄과 더불어 제일교第一校에 갔다. 이목대李木坮에 이르러 청년회기념수靑年會紀念樹를 심었다. 오후에 생도 10여인을 이끌고 남고산南固山에 올랐다가 왔다.

4월 17일. 월요일. 맑음. 밤에 청년회 정례회[例會]에 참석했다. 또 간사幹事를 맡았다. 8전은 석유.

4월 18일. 화요일. 맑음. 소산少山 어르신이 내려 오셨다. 16전은 청주淸酒, 20전은 소고기[正肉], 5전은 채소[蔬菜]. 밤에 찾아뵈었다.

4월 19일. 수요일. 흐림. 30전은 시장에서 썼다. 20전은 이발료. 밤에 찾아뵈었다. 밤에 비.

4월 20일. 목요일. 흐림. 10전은 여러 곳에 썼다. 정숙鄭叔이 방문했다. 함께 정 형鄭兄을 방문했다. 소산少山 어르신을 찾아뵈었다.

4월 21일. 금요일. 비. 오후 4시에 비를 무릅쓰고 생도들을 인솔하여 나가서 화원교花園橋 주변에서 이 도장관李道長官을 맞이하였다. 돌아오는 길에 청석여관靑石旅館을 방문하였다. 밤에 돌아왔다. 월봉月俸 20원 가운데 65전은 국고금 및 회비[會金]로 나갔다.

4월 22일. 토요일. 비. 오후에 도서관에 갔다. 그리고는 하 선생河先生을 방문했지만, 만나지 못했다. 돌아오는 길에 만나서, 다시 그 집에 들어갔다. 조 형趙兄 또한 왔다. 저녁밥을 먹고 나왔는데, 동문東門 밖에 이르러 소산少山 어르신을 뵈었다. 70전은 사계회四季會 및 송별회送別會 비용으로 냈다. 34전은 또한 회비會費로 제했다. 8전은 석유.

4월 23일. 일요일. 비. 오시午時 무렵에 소산少山 어르신을 찾아뵈었다. 오후에 흑석동黑石洞에 가서 놀았다. 저녁식사를 하고 돌아왔다.

4월 24일. 월요일. 비. 정숙鄭叔이 떠난다고 했다. 50전을 주었다. 종일 비가 내려 파시破市했다. 일금 63전은 백미 5되[升], 22전은 조기[石魚] 4마리, 10전은 채소. 밤에 소산少山 어르신을 찾아뵈었다.

4월 25일. 화요일. 맑음. 소산少山 어르신이 행차를 나가셨다고 한다. 34전은 땔감[薪] 2짐[負], 90전은 신보申報 값. 경품景品이 있었다.

4월 26일. 수요일. 맑음. 종일 실습을 했다. 못자리[苗代]를 만들었다.

4월 27일. 목요일. 맑음. 제일학교에 가서 연합운동회聯會運動會 일을 협의했다. 조 형趙兄과 함께 정 형鄭兄을 방문했다. 백미 5되[升]에 63전, 소고기[正肉]에 10전, 짚신[草鞋]에 5전. 석유는 7전. 20전은 양말洋襪.

4월 28일. 금요일. 맑음. 오전 5시에 자리에서 일어나 이른 아침을 먹었다. 7시에 학교에 나갔다. 생도들(3학년)을 인솔하여 전주全州에 가서 여러 시민[市人]들과 함께 남고산南固山에 올라 나무를 심었다. 이어서 생도들을 인솔하여 산길로 전진하며 고덕산高德山 제일 높은 봉우리[上上峰]까지 올라갔다. 소나무 그늘에 앉아서 쉬다보니, 이미 오시午時 무렵이었다. 목마른 이가 많은데 산은 높고 샘은 없었다. 나무꾼[樵夫]을 통해 샘 하나를 찾을 수 있어서 내려가서 물을 마시게 했다. 물을 마시고 올라와 점심을 먹은 뒤에 그 생각한 바를 가지고 글을 쓰도록 했다. 다시 나무하는 이[樵採者]에게 물어서 나무를 붙잡고 바위에 기대면서 천천히 내려가게 했다. 객사동客舍洞에서부터 상관로上關路로 나왔는데, 기우는 햇빛 아래 노래를 부르면서 돌아왔다. 고덕산高德山 상봉上峰에서 생각한 바인 즉 "철인哲人이 세상을 보는 것은 마치 높은 곳에 올라 아래를 굽어보는 것과 같다"는 것이었다. 돌아오면서 지은 것은 다음과 같다.

아침에 옛 성곽을 나서서
다시 고달산高達山에 올랐네.[16]
눈은 천 리 밖까지 보이고
가슴은 몇 아름까지 넓어지네.
돌은 맑은 시냇가에서 이어져 오고
꽃은 초록빛 나무 사이에서 붉었네.
다시 나무하러 가는 이를 따라서
저녁 해에 노래 부르며 돌아오네.

朝出古城關, 轉登高達山
眼窮千里外, 胸闊數圍圜.
石由淸溪上, 花紅綠樹間.
更隨樵去者, 夕日咏歌還.

16 원문의 "고달산"아래에 "고덕산高德山의 다른 이름이다"라는 주석이 붙어있다.

4월 29일. 토요일. 비. 4원 88전은 백미 4말[斗]. 14전은 또한 시장에서 썼다. 2원은 지난달분 백씨집 집세. 1원은 채소장수[菜商]로부터 걷어왔다.[17] 18전은 계란 20개. [두 학교의 운동회를 협의하는 일로 제일교第一校에 갔다.]

4월 30일. 일요일. 흐렸다가 가랑비가 내렸다. 정숙鄭叔이 와서 보았다. 오전에 김병직金炳稙 형을 방문했지만, 만나지 못했다. 오시午時 무렵에 하 선생河先生이 방문했다. 점심식사 후에 흑석동黑石洞에 갔다가 밤에 돌아왔다.

5월

5월 1일. 월요일. 맑음. 오후에 직원 일동이 제일교第一校에 가서 운동회 일을 협의했다. 유광석柳光錫 군이 방문했다. 정숙鄭叔이 방문했다. 함께 저녁식사를 한 뒤에 제일교第一校에 가서 청년회 운동회의 일을 회의하였다. 한밤중에 돌아왔다. 진곡眞谷 본가[本第]로부터 묵보墨甫가 와서 보았는데, 할아버님이 내리신 편지를 가져왔다.

5월 2일. 화요일. 맑음. 방과 및 실습 후에 박영옥朴永玉에게 가서 문병하였다. 묵보墨甫를 보내면서 계수나무[桂] 3그루와 불수감나무[佛手柑] 1그루를 본가[本第]에 올려 보냈다. 15전은 보내는 데 든 비용. 12전은 권지卷紙 1축, 12전은 조기[石首魚] 10마리, 20전은 땔감[薪] 1짐[負]. 조 형趙兄이 방문해서 『석가전釋迦傳』을 빌려갔다. 3전은 봉투지封套紙

17 3월 19일의 일기에 1원을 채소장수[菜商]에게 빌려준 일이 기록되어 있다.

50장이다. 만운晩雲으로부터 편지가 왔다. 걸장乞狀에 60전을 지급했다. [오전에 전주좌全州座에 가서 활동사진活動寫眞을 관람했다.]

5월 3일. 수요일. 맑음. 40전은 조기[石首魚] 및 소고기[牛肉]. 방과 후에 실습을 했다. 제일교第一校에 가서 운동회 일 및 청년회 운동회 일을 협의했다. 70전은 회비로 받은 돈인데, 박주병朴疇秉 씨에게 주었다. 60전은 광목廣木 5자[尺], 1원 36전은 당목唐木 10자[尺], 30전은 소금 1말[斗] 4되[升].

5월 4일. 목요일. 맑음. 오후에 또 운동 연습을 했다. 제일교第一校에 가서 도구를 준비했다.

5월 5일. 금요일. 맑음. 오후에 또 운동 연습을 했다. 제일교第一校에 가서 운동도구를 준비했다. 청 형靑兄을 방문했다. 조 형趙兄과 함께 돌아와서 밤에 기숙사에서 담화했다. 10전은 석유.

5월 6일. 토요일. 비. 오후에 직원 일동과 더불어 신윤철申允澈 씨의 집에 초대를 받아서 먹고 마셨다. 4전 6리는 짚신[草鞋]. 청 형靑兄을 방문했지만, 만나지 못했다.

5월 7일. 일요일. 종일 북풍이 차갑고, 오전에는 흐렸다. 하복夏服을 입고 다가정多佳亭에서 열린 전주청년미성회全州靑年美成會 주최 운동회에 갔다. 사람들은 모두 외투 및 동복冬服을 입고 있었다. 정오正午에 개회하여 오후 6시 무렵에 마쳤다. 간사幹事 및 미성회의 임원 10여 명이 장락관長樂館에 들어갔다. 비용은 30전. 곧바로 조 형趙兄과 더불어 흑석동黑石洞에 갔다. 팔려고 내놓은 집을 보고서 늦게 돌아왔다. 대성단大成團의 입장권 1장을 받았다.

5월 8일. 월요일. 맑음. 방과 후에 실습 및 운동 연습을 했다. 협의하여 다시 사무를 분담[分担]했다. 60전은 시장에서 썼다. 조기[石魚] 및 미역[甘藿], 짚신[草鞋] 등. 청 형青兄을 방문했다.

5월 9일. 화요일. 맑음. 4월 초파일이다. 봉암리鳳岩里의 족조모族祖母 몇 분이 내려오셨다. 남환南煥을 청 형青兄의 처소에 보냈다. 함께 서양병원西洋病院에 가서 종두種痘를 맞혔다. 10전은 비용. 밤에 은 군殷君의 처소에 가서 대성단大成團 입장권 1장을 주었다. 관등觀燈을 하며 천천히 돌아왔다. 52전은 땔감[薪] 2짐[負].

5월 10일. 수요일. 맑음. 오후에 운동 연습을 했다. 제일교第一校에 갔다. 족조모族祖母께서 떠나셨다.

5월 11일. 목요일. 맑음. 양전良傳으로부터 편지가 왔다. 오전에 실습을 했다. 20전은 잡비雜費.

5월 12일. 금요일. 맑음. 오전에 실습을 했다. 5전은 잡비雜費. 당숙님[堂叔主]께서 내려 오셨다. 양전良傳에게 편지를 부쳤다.

5월 13일. 토요일. 맑음. 10전은 소고기[正肉]. 30전은 시장에서 썼다. 오후에 다가정多佳亭에 가서 운동장 및 준비물을 정리했다. 돌아오는 길에 하 선생河先生을 방문했지만, 만나지 못했다. 85전은 『사담史譚』을 주문했다.

5월 14일. 일요일. 종일 흐렸다. 일찍 일어나서 7시에 식사를 마쳤다. 제일학교[第一]에 갔다. 다가정多佳亭에 이르러 준비를 하고, 오전 9시 무렵부터 운동도구 및 준비에 매달려 동분서주하니 자리를 데울 여가도 없었다. 오시午時 무렵에 잠시 쉬었다. 이희태李希泰 군과 함께 음식점에 갔다. 비용은 6전. 또 오후 1시 무렵부터 운동을 시작했는데, 연속하여 거행해서 오후 5시 무렵에 마쳤다. 때마침 빗방울이 조금 떨어져서 운동회를 마쳤다. 각자 기구 집물을 수습하였다. 6시에 제일학교[第一]에 이르러 요리가 오기를 기다렸다. 7시에 음식을 먹고 8시 무렵에 돌아왔다. 다만 오늘의 운동회는 제일과 제이 두 학교가 연합하여 함께 개최한 것이며, 내빈 및 관람객이 거의 만 명이었다. 또 여인女人이 비교적 많았다.

5월 15일. 월요일. 흐리고 낮에 비. 오후 5시에 생도들을 인솔하여 조선주차군사령관朝鮮駐箚軍司令官 정구성오井口省吾 씨를 본정本町 입구에 나가 맞이하였다.[18] 돌아오면서 청 형靑兄을 방문했다. 교장회校長會.

5월 16일. 화요일. 흐림. 오전 8시에 학교에 갔다. 교장회校長會.

5월 17일. 수요일. 흐림. 오전 8시에 사령관司令官을 남원南原에 전송했다. 교장회校長會.

5월 18일. 목요일. 비. 교장 제군諸君이 학교에 왔다. 오정午正에 또 정구井口 씨를 맞이하고 전송했다.

5월 19일. 금요일. 맑음. 44전은 조기[石首魚] 40마리, 10전은 석유.

5월 20일. 토요일. 맑음. 오전 11시에 추산秋山 시학視學이 왔다.[19] 30전은 땔감[薪] 1짐[負]. 백미 5되[升]는 상점商店에서 빌려 왔다. 청 형靑兄을 방문했다. 병철秉喆 군이 방문했다.

5월 21일. 일요일. 맑음. 오전에 유장석柳璋錫 군 형제를 방문했지만, 만나지 못했다. 한 군韓君과 함께 흑석동黑石洞에 갔다가 종씨宗氏를 만나고 돌아왔다. 오후에 조 형, 종씨와 함께 셋이서 상관上關 입구에서 산보하고 한벽당寒碧堂으로부터 내려왔다. 이 우李友를 만났다. 은 군殷君을 방문했다. 제이교第二校에 이르러 담화하고 저물 무렵에 마쳤다. [박

---

18 이구치 쇼고[井口省吾, 1855~1925]는 일본의 군인으로, 1915년 1월부터 1916년 8월까지 조선주차군사령관을 지냈다.

19 조선총독부 학무국 시학관인 추산철태랑(秋山鐵太郎)이 학교에 온 것이다.

문관博文館으로부터『역사담歷史譚』4책이 왔다.]

5월 22일. 월요일. 맑음. 오전에 윤 군尹君으로부터 전화電話가 왔는데, 아도兒島 선생이 여기에 도착했다고 한다.[20] 오후에 과연 아도兒島 선생이 학교에 왔다. 동 6시에 제일학교[第一]에 갔다. 윤훈尹勳 군[21] 및 조 형趙兄과 더불어 은행옥銀杏屋의 아도兒島 선생 처소에 가서 잠시 이야기했다. 함께 장락관長樂館에 작은 연회를 마련했다. 10시 무렵이 되자 은행옥銀杏屋에서 조금 마시고 돌아왔다. 63전은 이전에 빌린 백미白米 값으로 지급했다. 일금 6원 20전은 백미 5말[斗]을 사들였다. 2전은 품삯[賃金]. 20전은 국고금國庫金, 30전은 도서관 교육회비敎育會費, 15전은 잡지雜誌 월비月費. 15전은 서원西原 송별 비용.[22] 18전은 땔감[薪] 1짐[負].

5월 23일. 화요일. 맑음. 이른 아침에 은행옥銀杏屋으로 갔다. 정거장停車場에서 승차하여 덕진德津에서 하차했다. 아도兒島 선생을 송별했다. 덕진연못[德津池] 주변을 산보하다가 취향정醉香亭에 앉아서 잠시 쉬었다. 다시 식당[食店]에 이르러 아침식사를 했다. 본교로 걸어 왔는데, 약 50분 정도였다. 6전은 차비, 9전 2리는 밥값. 22전 8리는 아도兒島 선생께 드린 물품의 비용. 60전 5리는 장락관長樂館 연회의 비용. 30전은 청년회 운동회의 위로회慰勞會 비용, 40전은 청년회 운동회의 기부금寄附金이다. 1원은 찬숙贊叔에게 빌려 갔다. 73전은 시장에서 썼

---

20 경성고등보통학교 교유(敎諭)인 아도원삼랑(兒島元三郎)이 전주에 온 것이다. 가람과 조 형(趙兄) 등은 학교에서 아도원삼랑(兒島元三郎)에게 배운 바 있다.

21 원문에는 "윤훈 군(尹勳君)"으로 되어 있으나, 윤상훈 군(尹相勳君)"일 듯하다. 윤상훈과 조춘원(조 형)은 전주제일공립보통학교에 함께 근무하고 있었다.

22 서원(西原)은 전주공립심상고등소학교의 서원우일(西原友一)으로 짐작되지만, 분명하지는 않다.

다. 오후 5시에 대정정大正町에 갔다. 1원은 구두[洋靴] 수선료인데, 선금 50전을 지급했다. 70전은 맥모자麥帽子 1개. 20전은 시계時計 유리[硝子]를 갈아 끼웠다 . 청석여관[靑旅]을 방문했다. [이대영李大泳, 당숙님[堂叔主] 앞으로 편지를 부쳤다.]

5월 24일. 수요일. 비. 병철秉喆을 만류했다. 51전으로 사기그릇[磁器] 8개를 사들였다.

5월 25일. 목요일. 맑음. 오후에 남고산南固山 학교림[學林]에 가서 송충이를 죽여 없앴다. 선생 및 생도 일동이 했다. 동 6시 무렵에 돌아왔다. 병철秉喆 군이 떠났다. 교장이 교원시험教員試驗을 검사하러 갔다.

5월 26일. 금요일. 맑음. 숙직료 1원 20전을 받았다. 교장이 교원시험教員試驗을 검사하러 갔다. 50전은 구두[洋靴] 수선료의 미납분未納分인데, 지급했다.

5월 27일. 토요일. 흐림. 오정午正에 출발하여 경편차輕便車를 탔다. 오후 5시 무렵에 귀가했다. 〈귀가노래[歸家歌]〉를 지었다.

남문루南門樓의 오종午鍾 듣고 경편차輕便車에 올라탔다.
창窓 밖에에[23] 좋은 풍경風景 눈 가운데 아릇아릇.
순식간瞬息間에 삼십 리三十里라, 삼례역參禮驛을 떠나오고.
사이사이 소나무에 꾹궁꾹궁 우는 새라.

---

23 원문은 "窓밖에〃"인데, 이를 "창밖에에"로 읽으면 뜻이 분명하지 않다. 오히려 "창밖에 창밖에"로 읽는 편이 자연스러워 보이기도 한다. 그렇지만 4자의 음수율을 취한 노래로 짐작되므로, 여기서는 "창밖에에"로 읽어 둔다. 장음으로 이해할 수도 있을 듯하다.

숫고개에 올나서어 바라보오 이 용화산龍華山.
산山도 수水도 여고如古한데 우리집이 저기로다.
한걸음이 더욱 바삐 작은길로 들어가니
곳곳마다 놀던 고장 사람마다 아는 사람.
아이들이 달려들며 정화庭花까지 반기는 듯.
당상堂上 부모父母 안녕安寧하고, 동기형제同氣兄弟 무고無故하니
여러 가지 말을 듣고 막힌 회포 풀리었다.
즐겁도다 오늘 저녁 가족 단란家族團欒 즐겁도다.

일금 30전은 집에서 썼다. 30전은 과자, 24전은 차비. 정충시鄭忠時 형으로부터 편지가 왔다.

5월 28일. 일요일. 맑음. 오전 10시에 출발하여, 오후 1시에 삼례역參禮驛에 이르러 몇 시간 머물러 기다리다가 차에 올랐다. 덕진德津에서 하차하여 자전거 경주自轉車競走를 보았다. 일금 6전 4리는 노자[路費]. 조 형趙兄과 더불어 밤에 하 선생河先生 및 청 형靑兄을 방문했다. 일금 1원은 진곡眞谷의 동생[家弟]에게 주었다.

5월 29일. 월요일. 맑음. 줄포茁浦에 편지를 올렸다. 3전은 우표[切手].

5월 30일. 화요일. 맑음. 김용규金容奎 씨 및 청 형靑兄, 이춘사李春史 어르신을 방문했다. 일금 32전은 솔가지[松枝] 1짐[負], 26전은 솔가지[松枝] 1짐[負], 11전은 조기[石首魚] 20마리, 6전은 김[海衣] 1속束.

5월 31일. 수요일. 맑음. 오후 4시에 병륙秉陸 및 인남仁男과 함께 전주 정거장全州停車場에 가서 병석秉釋을 만났다. 조부모祖父母 두 분이 교자轎子를 타고 내려오셨는데, 화원교花園橋 앞에서 맞이하여 모셔왔

다. 일금 20전은 가마꾼[轎軍] 떠날 준비에 준 비용. 30전은 소고기[正肉], 16전은 청주淸酒, 10전은 잡비雜費.

6월

6월 1일. 목요일. 맑음. 오전 11시에 조부모祖父母 두 분을 모시고, 가성사진관嘉城寫眞館에 갔다. 정오正午에 진영眞影—두 분이 서 있는 모습—을 촬영했다. 돌아오는 길에 청석靑石의 정기용鄭機用 씨를 방문했지만, 만나지 못했다. 조부님을 따라서 귀가했다. 5전은 우구를 샀다. 오후 5시에 대정정大正町에 가서 허헌許憲 씨를 방문했다. 남문南門 밖 건재국乾材局에 가서 약을 사왔다. 일금 75전은 비용. 3전은 성냥[燐寸] 10상자, 10전은 담배[烟艸], 12전은 부채[扇子] 2자루. 밤에 조 형趙兄과 함께 숙직실에 가서 잤다.

6월 2일. 금요일. 맑음. 오전 5시에 일어나 아침을 먹은 뒤에 조부님을 따라서 정거장에 갔다. 7시 차로 조부님 행차가 출발했다. 병석秉釋이 수행했다. 일금 48전은[24] 차표車票 2장, 12전은 입장권入場券. 유장석柳璋錫 및 조 형趙兄이 또한 여기에 왔다. 20전은 병석秉釋에게 주었다. 조 형趙兄과 더불어 돌아왔다. 저녁에 유 형柳兄이 방문했다. 가서 찬숙贊叔과의 다툼을 끝맺게 했다.

6월 3일. 토요일. 맑음. 집에 돌아와서 남환南煥의 이발을 했다. 만운

24 원문은 "四錢八錢 "으로 되어 있는데, 차표 2장의 값으로 보기에는 너무 적다. "四十八錢"의 오기로 짐작된다.

晩雲이 편지를 보내서 화첩畵帖을 빌려갔다.

6월 4일. 일요일. 맑음. 오전에 정鄭, 곽郭, 하河 세 사람이 방문했다. 정오正午에 아버님이 내려 오셨다. 조 형趙兄 및 이종李宗이 와서 보았다. 오후에 조趙, 하河 두 선생 및 종씨宗氏와 함께 남문 밖으로 나왔다. 또 은성학殷成鶴 군과 더불어 수풀 우거진 물가로 걸어가서 향기로운 풀 위 녹음 속에 앉았다. 다만 꾀꼬리[黃鳥]만이 울고 있었다. 다시 진북사鎭北寺로 가서 잠시 쉬었다. 6시에 돌아왔다. 다가교多佳橋 주변까지 갔다가 파하고 돌아왔다. 일금 16전은 조기[石首魚] 10마리 및 김[海衣] 1속束.

6월 5일. 월요일. 흐림. 음력 5월 단옷날이다. 오전 8시에 객사客舍로 나와서 면작농사棉作農事를 강습했다. 일금 20전은 소고기[正肉], 8전은 약주藥酒이다. 오후에 비를 무릅쓰고 집에 돌아왔다.

6월 6일. 화요일. 맑음. 아버님이 오전 7시에 출발하여 줄포茁浦로 행차하셨다. 오늘 또한 객사客舍로 출근했다.

6월 7일. 수요일. 맑았다가 흐림. 객사客舍에 출근했다. 농사를 강습했다. 가랑비. 오후에 실습. [석유제石油劑]

6월 8일. 목요일. 흐림. 오후 제3시에 석발당기石拔唐箕 사용법을 실습했다.[25] 제5시에 강습을 수료하고 강습장講習狀을 받았다. 병원에 정창평鄭昌平을 방문했다. 여관에 유 형柳兄을 방문했다. 일금 16전은 약

25 석발(石拔)은 곡식의 돌을 골라낸다는 뜻이다. 당기(唐箕)는 '풍구'라고도 하는데, 곡물에 섞인 쭉정이나 겨, 먼지 등을 바람을 이용하여 날리는 데 쓰는 농기구이다. 석발당기(石拔唐箕)는 '돌 골라내는 풍구'를 뜻하는 말로 보이는데, '석발기(石拔機)와 풍구'를 뜻하는 말일 가능성도 있다. "오후 제3시"는 '오후 3교시' 또는 '오후 3시'로 풀이할 수 있는데, 여기서는 후자로 보는 편이 자연스럽다.

주藥酒. 유柳, 조趙 두 형과 함께 저녁식사를 했다. 10전에 석유 및 24전에 조기[石首魚]는 차용借用.[26]

6월 9일. 금요일. 흐리고 비 조금. 종일 실습을 했다. 종묘種苗를 옮겨 심었다. 7시 저녁 무렵에 귀가했다. 오늘 이른 새벽에 동방이 아직 밝지 않고 사방은 아직 적막했다. 홀연히 깨어났다가 다시 꿈을 꾸었는데, 그 꿈은 아래에 기록한 바와 같다.

"병륙 아우[陸弟]와 함께 처가에 가서 하룻밤을 잤다. 일찍 돌아가고 싶어져서 홀로 일찍 일어나 문을 나섰다. 고개 아래를 바라보니, 앞집에 봉황 한 마리가 있다가 높이 날아 멀리 가버렸다. 다만 우두커니 서서 슬퍼할 따름이었다. 홀연히 봉황이 다시 돌아오더니 그 이웃집 앞에 내려와서 멈추었다. 나는 나도 모르게 뛰어올라서 기뻐하며 달려가서 봉황새를 어루만졌다. 그 집 주인의 물건인지 물어보았더니, 서너 차례 물어보아도 대답하지 않았다. 그런 까닭에 나는 기뻐하며 봉황을 취하여 왔는데, 큰 종이봉투 속에 넣어서 집에 돌아와 길렀다. 때마침 남환南煥이 있어 기뻐하며 놀았다. 그런 까닭에 남환의 이름을 봉환鳳煥으로 고쳤다."

6월 10일. 토요일. 맑음. 오전에 실습을 했다. 오후에 청 형靑兄을 방문했지만, 만나지 못했다. 가성사진관嘉城寫眞館을 방문하여 일금 3원을 지급했다. 정창평鄭昌平을 방문했다. 돌아오는 길에 목욕을 했다. 3전은 비용. 4전은 하인의 짚신[草鞋]. 진곡眞谷으로부터 누이가 오고 편지가 왔다. 32전은 솔가지[松枝] 1짐[負].

---

26 "차용(借用)"은 외상거래를 뜻하는 말로 보인다. 즉 석유와 조기를 외상으로 샀다는 말이 된다.

6월 11일. 일요일. 맑음. 일찍 출발하여 조모님의 행차를 수행했다. 덕진 연못[德津池] 주변에 이르러 배송拜送했다. 돌아오며 주점酒店에 멈춰 기다렸더니 조 형이 왔다. 한종석韓鍾錫과 이종李宗이 또한 왔다. 덕진연못[德津池]에서 작은 배를 탔다. 승금정勝金亭에 이르러 조금 쉬었다. 솔숲 사이로부터 어느 주점으로 옮겼는데 쉬면서 술 마시고 점심을 먹었다. 저녁 무렵에는 소나무 그림자 속을 서너 차례 돌았다. 서천西川에 이르러 목욕을 했다. 산기슭의 작은 길로부터 다가정多佳亭으로 돌아왔다. 30전은 하인의 여비旅費, 30전은 치송治送 비용.

6월 12일. 월요일. 맑음. 종묘를 하고 보리를 베었다. 작은 칼을 잃어버렸다.

6월 13일. 화요일. 흐렸다가 종일 비.

6월 14일. 수요일. 비. 오후 5시 무렵에 비를 무릅쓰고 학교 문 앞에서 궁삭弓削 학무과장學務課長을 맞이하였다.[27]

6월 15일. 목요일. 비. 큰물[홍수]이 났는데, 물이 1길[丈] 남짓 불어났다. 여러 날 이어진 폭우에 사람들이 고달프다.

6월 16일. 금요일. 맑음. 궁삭弓削 학무과장學務課長이 오전 11시 무렵에 학교에 와서 시찰하고, 오후 2시에 떠났다. 오후 4시 무렵에는 제일학교에 갔는데, 궁삭弓削 학무과장學務課長이 말을 했다.

6월 17일. 토요일. 맑음. 오후 4시에 정창평鄭昌平을 방문했다. 제일교第一校 교내에 가서 청년회 간사회에 참석했다. 돌아오는 길에 청석여관靑石旅館을 방문했지만, 만나지 못했다. 일금 38전은 솔가지[松枝] 1짐[負]. 이양전李良傳의 편지가 왔다.

---

27 궁삭(弓削)은 곧 조선총독부 학무국 학무과장인 궁삭행태랑(弓削幸太郞)이다.

6월 18일. 일요일. 맑음. 오전에 흑석동黑石洞에 갔다. 오후에 조 형趙兄과 함께 윤화중尹和重을 방문했지만, 만나지 못했다. 이춘사李春史 선생을 방문했다. 김영대金永大 씨를 만났다. 청 형靑兄을 방문했지만, 만나지 못하고 돌아왔다. 병륙秉陸이 돌아왔다. [남환南煥의 이름을 용희龍熙로 고쳤다. 꿈에 청·황·백색의 용이 와서 뛰어놀다가 사라졌는데, 용 형상이 남환南煥의 주위를 돌면서 나타났다.]

6월 19일. 월요일. 맑았다가 흐림. 정충시[忠時] 군에게 편지를 부쳤다. 3전은 우표[切手]. 밤 8시에 제일교第一校 청년회에 갔는데, 회원 가운데 모인 이가 4명이었다. 모임을 파하고 연기했다. 이대영李大泳 군의 편지가 왔다.

6월 20일. 화요일. 흐림. 이발에 20전. 청 형靑兄을 방문했다. 늦게 돌아왔다. 63전은 백미 5되[升].

6월 21일. 수요일. 흐렸다가 비. 종일 실습을 했다. 밤에 청년회가 있었다. 조 형趙兄과 더불어 돌아와 잤다. [월봉月俸은 20원. 65전은 제하고 지급했다.]

6월 22일. 목요일. 비. 어제 실습의 위로를 이유로 하여 임시 휴업을 했다. 오후 4시에 제일교第一校에 가서 교재연구회敎材硏究會에 참석했다. 모임이 끝나고 나서 비를 무릅쓰고 조 형趙兄과 함께 돌아왔다. 쌀 4되[升]에 50전 4리.

6월 23일. 금요일. 비. 아침에 큰물[홍수]이 난 것을 보았다. 집집마다 부엌에 물이 들어갔고 다소 수해水害가 있어서, 학교에 갈 수 없었다. 저녁에 군청의 관리들이 빈민을 구호했는데, 본교 나무 아래에서 밥을 해서 나눠주었다. 깊은 밤 11시였다. 조 형趙兄은 한번 나갔다가 또한 물을 건너지 못하여 돌아와서 잤다. 숙직료 1원 20전을 받았다.

6월 24일. 토요일. 흐렸다가 비. 오후 4시에 학교를 나서서 남천교南川橋에 갔다. 일금 1원 45전은 한양모시 두루마기[漢陽苧周衣] 1벌. 대정정大正町에 가서 가성사진관嘉城寫眞館에서 조부모 두 분이 전에 촬영한 사진 및 그 원판 총 4장을 찾아왔다. 2원을 지급했다—정가 5원 가운데 3원은 이미 지급했다—. 일금 6원 52전 8리는 백미 5말[斗] 1되[升]이다. 김영룡金永龍 군에게 편지를 부쳤다.

6월 25일. 일요일. 비. 문을 닫고 종일 『피터대제전[彼得帝傳]』을 읽었다. 오시午時 무렵에 하 선생河先生이 방문했다. 저녁 무렵에 이종李宗이 방문하여 저녁식사 후에 갔다. 40전은 솔가지[松枝], 10전은 조기[石首魚] 10마리.

6월 26일. 월요일. 맑았다가 흐림. 오후 4시에 3, 4학년 생도들을 이끌고 잠업강습소蠶業講習所에 갔다. 제일학교第一學校로 옮겨가서 몇 시간을 머물러 기다린 뒤에 청년회靑年會 위원회가 시작되었다. 동 7시에 마쳤다.

6월 27일. 화요일. 비 오고 바람 불다. 일금 6전은 우표[切手]. 줄포茁浦 및 노성魯城 윤숙尹叔께 편지를 올렸다. 19전은 작은 칼[小刀] 1개, 11전은 갈치[刀魚] 1마리, 10전은 마른 조기[乾石首魚] 10마리. 10전은 담을 쌓은 이에게 주었다.

6월 28일. 수요일. 흐림. 일금 10전은 소고기[正肉], 20전은 나막신[木屐] 2개. 황군黃君이 방문했다.

6월 29일. 목요일. 흐리고 덥다. 오후 3시 반에 학교를 나서서 이종李宗과 더불어 황 군黃君의 여사旅舍를 방문했다. 일금 1원은 일본권업은행日本勸業銀行 채권債券—10원—을 구입했는데, 이종李宗은 100원권을 구입하기를 권했다. 곧 제일교第一校에 가서 교재연구를 시작했다.

동 6시에 마쳤다. 조 형趙兄과 더불어 청석여관靑石旅館에 가서 정 형鄭兄을 방문했다. 7시 무렵에 돌아왔다. 10전은 새우젓[鰕醢].

6월 30일. 금요일. 흐리고 바람 불다. 오후에 실습을 했다. 저녁식사 후에 황 군黃君의 여사旅舍를 방문하여 담화했다.

7월

7월 1일. 토요일. 비. 오후 4시에 직원회의職員會議가 있었다. 일금 14전은 나막신[雜木屐] 1켤레, 5전 8리는 가물치[鱧] 1마리, 10전은 마른 조기[乾石首魚] 10마리. 김영룡金永龍 군 및 이강하李康河 군으로부터 편지가 왔다.

7월 2일. 일요일. 맑음. 아침식사 후에 이종李宗과 더불어 고정훈高鼎勳, 양홍기梁洪基 두 사람을 방문했다. 길벗이 되어 흑석동黑石洞에 가서 조 형趙兄을 방문했다. 목욕탕에 가서 목욕을 했다. 돌아와서 밥을 먹고, 다시 남고산南固山 관왕묘關王廟에 가서 이야기했다. 오후 7시 무렵에 돌아왔다. 밤에 기숙사에 갔다. 40전은 솔가지[松枝] 1짐[負].

7월 3일. 월요일. 맑음. 오후에 실습을 했다. 파[蔥]를 옮겨 심었다. 숙직. 이강하李康河 군에게 편지를 부쳤다.

7월 4일. 화요일. 맑음. 28전은 솔가지[松枝] 1짐[負]. 밤에 백낙륜白樂倫 씨 집에 초대되어 먹고 마셨다.

7월 5일. 수요일. 맑음. 정충시鄭忠時 군으로부터 편지가 왔다.

7월 6일. 목요일. 흐렸다가 비. 30전은 시장에서 썼다.

7월 7일. 금요일. 비. 병원에 갔다. 정남평鄭南平 어르신을 방문했다.

7월 8일. 토요일. 비. 본교에서 교육연구회教育硏究會가 있었다. 내가 상벌賞罰의 일로 말하였다. 정 형鄭兄을 방문했다.

7월 9일. 일요일. 맑음. 오전에 조 형趙兄과 이종李宗 및 고高, 양梁 두 벗이 방문했다. 함께 협곡천峽谷川에 가서 목욕했다. 돌아와서 점심을 먹었다. 오후에 하 선생河先生을 방문했다. 비를 만났는데, 비가 그치고 돌아올 수 있었다. 일금 15전은 소고기[正肉].

7월 10일. 월요일. 비. 줄포茁浦에서 내려주신 편지가 있었다. 진곡眞谷에 편지를 부쳤다. 3전은 우표[切手]. 고高, 양梁 두 벗이 밤에 왔다. 5전은 담배[烟艸] 1갑匣, 12전은 촉롱燭籠 1개.

7월 11일. 화요일. 흐렸다가 비. 20전은 김[海衣苔] 4속束, 5전은 가물치[鱧] 1마리, 17전은 닭 1마리, 12전은 알[계란] 10개.

7월 12일. 수요일. 흐렸다가 비. 초복날[初伏日]이다. 집에서 편지가 왔는데, 지난 9일에 작은 숙모님[季叔母主]께서 영원히 세상을 떠나셨다고 한다. 곧바로 줄포茁浦에 편지를 올렸다. 3전은 우표[切手], 20전은 계란 20개.

7월 13일. 목요일. 비. 정숙鄭叔이 방문했다. 명천鳴川 대고모大姑母님이 편지를 내려주셨다. 1학기 시험을 마쳤다.

7월 14일. 금요일. 흐림. 밤에 제일학교第一學校 청년회 정례회[例會]에 갔다. 일금 43전은 솔가지[松枝] 1짐[負].

7월 15일. 토요일. 비. 밤에 전주교全州橋에서 산보했다. 고高, 양梁 두 벗을 만나 숙직실에서 담화했다.

7월 16일. 일요일. 흐림. 오시午時 무렵에 조 형趙兄 및 이종李宗과 함께 고 우高友를 방문하여 점심식사를 했다. 오후에 오목대梧木臺에 올랐다. 송 선생宋先生을 방문하고 돌아왔다. 정숙鄭叔이 방문했다. 10전은 세탁 소다[洗濯曹達].

7월 17일. 월요일. 비. 정숙鄭叔이 아침식사 후에 떠났다. 대고모大姑母께 편지를 올렸다.

7월 18일. 화요일. 흐렸다가 갬. 오전에 실습을 했다. 오후에 생도 일동을 인솔하여 제일교第一校 학예회를 관람했다. 학예회가 끝나고 나서 청석여관靑石旅館을 방문하여 김 목사金牧師를 만났다. 하 선생河先生을 방문했다. 40전은 솔가지[松枝] 1짐[負].

7월 19일. 수요일. 비. 종일 실습을 했다. 밤에 전주교全州橋에서 산보했다. 고우高友를 방문했다.

7월 20일. 목요일. 비. 사방에서 홍수가 났다. 조 형趙兄이 와서 보았다. 제1학기 성적 발표 및 방학.

7월 21일. 금요일. 비. 월봉月俸 20원 가운데 20전은 국고금, 30전은 교육회비敎育會費. 10전은 소고기[正肉], 20전은 마른 조기[乾石首魚] 20마리, 10전은 미역[甘藿], 10전은 석유. 밤에 조 형趙兄과 함께 고 우高友를 방문했지만 만나지 못했다. 윤아尹雅 및 한 우韓友를 방문했다. 돌아와서 숙직실에서 잤다. 교장이 오전 4시 무렵에 경성을 향하여 출발했다. 20전은 위생비衛生費 및 부역비賦役費.

7월 22일. 토요일. 비. 10전은 소고기[正肉], 6전은 복숭아 및 능금[林檎], 6전은 엽서. 줄포茁浦에 편지를 올렸다. 오후 2시에 제일교第一校로 가서 동창회에 참석하여 연설[演談]하였는데, '천하의 사람이 모두 내 스승이다(天下之人, 皆爲我師).'는 주제였다. 돌아오는 길에 은 군殷君을 방문했다. 이 날은 중복날[中伏日]이었다. 7전은 미투리[麻鞋] 1개. 백미 5말[斗]은 7원 30전.

7월 23일. 일요일. 비. 이종李宗이 방문했다. 돌담이 무너지고 부서졌다. 종일 집에 틀어박혀서 조용히 『사담史譚』을 읽었다. 오후 5시 무렵에 김병직金炳稙 씨가 방문했다. 상관上關 입구에서 산보했다. 최경식崔京植이 방문했다. [20전은 담장 쌓는 비용.]

7월 24일. 월요일. 흐림. 오전 10시 무렵에 병륙秉陸과 함께 출발했다. 고인 물이 아직 마르지 않아서 길이 웅덩이로 변해 있었다. 다섯 걸음마다 물 하나를 건너가니, 농부들의 수고로움을 절실하게 느꼈다. 몇 차례 깊은 개울를 건너서 한천漢川에 이르니, 큰물이 넘실넘실하여 곧 큰 포구[大津]가 되어 있었다. 한참 동안을 우두커니 섰다가 뱃사람[船夫]에게 오라고 요청했는데, 뱃사람은 경솔하고 소홀하여 손님을 맞이할 준비가 되어 있지 않았다. 그런 까닭에 꾸짖고 타일러서 이 물을 건너도록 하였다. 열기를 들이마시며 어렵게 걸어가서 진곡眞谷에 돌아오니, 오후 4시 무렵이었다. 6전은 복숭아, 6전은 탁주濁酒 3잔, 12전은 한천漢川을 건너는 데 든 요금.

7월 25일. 화요일. 맑음. 두계豆溪의 김 진사가 와서 머물렀다.

7월 26일. 수요일. 맑음. 혹독하게 무덥다. 오전 9시 무렵에 출발했다. 구름은 짙고 바람은 없는데, 날씨는 화염처럼 뜨거웠다. 배에 올라 한천漢川을 건너 신작로新作路로 동산촌東山村에 이르렀고, 전주全州로 돌아들어가니 오후 2시였다. 6전은 한천 건너는 데 든 비용, 6전은 국수[麵]. 조 형趙兄이 방문했다. 밤에 조 형趙兄과 더불어 고高, 양梁 두 벗 및 유장석柳璋錫 군을 방문했다. 남문南門 도로를 산보하다가 제일학교第一學校 숙직실에 들어가 담화하고 돌아왔다. 55전은 장작長作 24묶음[束]. 정 형鄭兄이 방문했다.

7월 27일. 목요일. 맑았다가 흐림. 오전에 학교에 나갔다. 오후에 제일학교第一學校에 갔다. 조 형趙兄이 약속을 어겨 그 곳에 없었다. 그런 까닭에 나 혼자 하 선생河先生을 방문하여 긴 시간 동안 담화하였다. 조 형趙兄을 몹시 기다렸지만, 끝내 부득이 하 선생河先生과 함께 서원후동書院後洞 김 선생金先生 집에 갔다. 과일 및 포도주를 많이 주어서 양껏 먹었다. 황혼에 집에 돌아왔다.

7월 28일. 금요일. 맑았다가 비. 오전에 학교에 나갔다. 대원정차大原正次에게 편지를 부쳤다. 은행에서 그의 저금 10원을 인출하여 부쳤다. 정충시鄭忠時 군으로부터 편지가 왔다. 노성魯城 윤숙尹叔으로부터 편지 및 원교圓嶠의 글씨 모사본이 왔다.[28] 일금 10전은 주석산[酒石酸, trataric acid], 5전은 탄산소다[炭酸曹達, 탄산나트륨], 5전은 사탕砂糖.

7월 29일. 토요일. 맑음. 이른 아침에 본교에 갔다. 생도 일동을 대하여 강화講話하고 주의를 주었다. 오전에 흑석동黑石洞 조 형趙兄 댁을 방문했다. 오늘은 대청소[大淸潔]를 거행했다. 찬숙贊叔 형이 와서 일을 했는데, 10전을 주었다. 인남仁男의 할머니가 내려오셨다. 오후에 종씨宗氏, 희태希泰와 더불어 고高, 양梁 두 사람을 방문하였다. 또 포교당布教堂 주인 법화法花를 만나 잠시 이야기했다. 김병직金炳稙 씨를 방문했지만, 만나지 못했다. 일금 1원 45전으로 한양모시[漢陽苧] 1필疋을 매입했다.

7월 30일. 일요일. 맑음. 오후에 비가 비껴 뿌렸다. 오전에 본교에 가서 사무를 처리했다. 조 형趙兄이 희태希泰, 종宗과 함께 학교에 와서 담화하며 청유淸遊를 즐겼다. 고高, 양梁 두 사람을 만나고 또 정鄭, 하

---

28 원교(圓嶠)는 조선후기의 명필이며 서예이론가인 이광사(李匡師, 1705~1777)이다. 이날 윤숙(尹叔)으로부터 받은 모사본이 어떤 것인지는 분명치 않으며, 현재 남아 있는 것 같지는 않다. 가람문고에는 서첩(書帖)인『원교진본(圓嶠眞本)』(가람古 754.3-Y55w)과 서법이론서인『원교서결(圓嶠書訣)』(가람古 754-Y55w)이 소장되어 있다.

河 두 분이 방문해서, 합하여 모임[果會]을 가졌다. 비용은 6전. 점심으로 40전을 냈다. 5전은 담배[烟艸]. 하河, 정鄭 두 분과 작별하고 그 외의 여러 벗과 더불어 상관上關 협곡천峽谷川에 가서 목욕했다. 돌아올 때에 잠시 식당[食店]에서 비를 비하였다. 다시 본교 숙직실로 들어가서 잠시 놀다가 헤어졌다. 박병갑朴炳甲으로부터 편지가 왔다.

7월 31일. 월요일. 흐림. 오전 5시에 자리에서 일어났다. 신귀현申貴鉉과 더불어 시장에 갔다. 86전은 당모시[唐苧] 및 문포文布. 조기[沈石首魚] 및 준치[俊致魚]는 45전. 8전은 두꺼운 김[厚口海衣], 10전은 새우젓[鰕醢], 10전은 제충국除蟲菊. 오전에 이광렬李光烈 군이 방문했다. 오후에 제일학교第一學校부터 청석여관青石旅館까지 갔는데, 임창성林昌晟 군을 만났다. 조 형趙兄과 더불어 하 선생河先生 및 신윤철申允澈 씨를 방문했다. 집에서 편지가 왔다. 박병갑朴炳甲에게 편지를 부쳤다. 30전은 이번 7월분 신문값.

8월

8월 1일. 화요일. 맑음, 오후에는 비. 오전 6시에 전주정거장全州停車場에 나가서 동경東京에 가는 조 형趙兄과 벗 한종석韓鍾錫을 전송했다. 본교로 돌아와서 생도들을 감독했다. 아침식사 후에 이종李宗과 함께 우편국에 가서 저금 200원을 인출하여 본가[本第]에 부쳤다. 또 집에 편지를 부쳤다. 50전은 환[爲替] 요금, 10전은 등기[書留]. 3전은 능금[林檎] 2개. 오후에 정기용鄭機用 씨를 방문했다. 하 선생河先生을 방문하여 담화했다. 이종李宗을 만났다. 돌아오는 길에 북문 안 선자방扇子房

에 가서 오엽선梧葉扇 2자루를 샀다.[29] 5전은 부채 1자루. 정충시鄭忠時 군에게 편지를 부쳤다. 10전은 권지卷紙 1축軸.

8월 2일. 수요일. 맑았다가 비. 오전에 학교에 갔다. 교장 또한 학교에 왔다. 본교의 농산물 판매 대금 3원 4전을 내가 임시로 맡아 두었다. 오후에 다시 학교에 나갔다. 오수동吳壽同과 함께 오엽선梧葉扇 6자루를 갖고서, 두 이 군李君을 대신하여 대원정차大原正次 씨에게 가서 주었다.[30] 등삼藤衫 1건에 20전. 동기창董其昌의 『귀거래첩歸去來帖』 1책은 20전.[31] 짚신[草鞋]은 4전. 희태希泰와 종宗이 와서 보았다. 30전은 가역家役의 비용. 15전으로 보릿짚[麥稈] 5묶음[束]을 매입했다. 셋집[貰家] 수선.

8월 3일. 목요일. 흐렸다가 갬. 오후에 찌는 듯이 뜨거웠다. 오전 7시에 대원大原 교장과 함께 경편차輕便車를 탔다. 8시 반에 이리裡里에 이르러 대원大原 씨와 헤어졌다. 동 9시 20분에 목포木浦 행 기차에 올랐는데, 정읍井邑에 이르니 동 11시였다. 도보로 고부古阜 읍저邑邸에 이르러 점심식사를 하고, 오후 4시에 줄포茁浦 강동리江東里에 이르렀다. 처음으로 서모庶母 및 내제萊弟 남매를 보았고, 아버님을 뵐 수 있었다. 김동복金同福 어르신 및 김성수金性洙 군을 방문했고, 밤에 다시 방문

---

29 선자방(扇子房)은 부채를 만드는 곳이다. 전주에는 감영에 선자방이 있었다. 오엽선(梧葉扇)은 단선(團扇) 즉 둥근 부채의 한 종류이다. 부챗살의 모습이 오동나무 잎과 비슷하다고 하여 이런 이름이 붙었다고 한다.

30 대원정차(大原正次)는 곧 전주 제이공립보통학교의 교장이다.

31 동기창(董其昌, 1555~1636)은 명말의 관리로, 화가와 서예가로 이름이 높았다. 가람문고에는 도연명의 「귀거래사」를 비롯한 몇 편을 쓴 글을 모은 서첩인 『귀거래사첩(歸去來辭帖)』(가람古895.11-D65g)이 소장되어 있지만, 여기서 언급한 『귀거래첩(歸去來帖)』과는 다른 책으로 짐작된다.

했다. 가는 도중에 시를 지었다.

길고 긴 장마 이후라,
큰길조차 통행하기 어렵네
종일 그 괴로움 견뎠더니,
돌아와 세상의 정을 즐기네.

長長霖雨後, 大道亦難行.
終日堪其苦, 止歸樂世情.

일금 48전은 경편차輕便車의 운임, 28전은 이리裡里와 정읍井邑 사이의 반액半額 차비. 10전은 밥값.

8월 4일. 금요일. 비 내리다가 갬. 오전에 김성수金性洙 군이 방문하여 포두浦頭를 산보했다. 신기문辛淇文 씨를 방문했다. 오후에 동복同福의 집에 가서 김성수金性洙군과 담화했다. 함께 공립보통학교公立普通學校에 갔다. 다시 포구浦口에 이르러 게[蟹]를 구하여 표본물標本物을 만들었다. 10전은 양말 1개.

8월 5일. 토요일. 비 조금 내리다가 갬. 『천자문千字文』을 썼다. 김성수金性洙 군이 방문했다. 오후에 김성수金性洙를 방문하여 담화하고, 저녁을 먹었다. 끝내는 체증滯症이 생겨서, 한밤중에 내 몸과 집안이 크게 평안치 못했다. 아버님이 간호[救護]해 주셨다.

8월 6일. 일요일. 맑음. 날씨가 건조하고 뜨겁다. 종일 몸조리를 했다. 김성수金性洙 군이 방문하여, 나를 위하여 닭을 삶아주었다. 10전은 주석산[酒石酸, trataric acid] 및 탄산소다[炭酸曹達, 탄산나트륨]. 5전은 사탕砂糖.

8월 7일. 월요일. 맑음. 날씨가 건조하고 뜨겁다. 김성수金性洙를 찾아가 담화했다. 칠성七星의 딸에게 오라고 요청했다.

8월 8일. 화요일. 흐렸다가 갬. 김성수金性洙 군 및 김동복金同福 어르신께 가서 작별했다. 김연수金連洙 군을 가서 보았다. 칠성七星의 딸과 함께 출발하려 하였으나, 칠성七星의 딸이 갑자기 마음을 바꿔 가지 않으려 했다. 어찌할 수 없어서 그만두었다. 점심식사 후에 곧바로 행구行具를 정돈하고 출발하려 하였는데, 김성수金性洙 군이 와서 만났다. 말을 타고 나갔다. 오후 5시 반에 정읍井邑에서 전주全州까지 갔다. 일금 2원은 아버님이 내려 주셨다. 75전은 모두 차비車費이다. 30전은 잡비雜費. 민어民魚 1마리를 받아 왔다.

8월 9일. 수요일. 흐림. 이른 아침에 본교에 가서 강화講話했다. 오전에 흑석동黑石洞 누님[姊] 집에 가서 점심식사를 하고 돌아왔다. 벗 고정훈高鼎勳이 방문했다. 10전은 사탕砂糖. 아버님 앞으로 올리는 편지를 부쳤다. 김성수金性洙 군에게 편지를 부쳤다.

8월 10일. 목요일. 비. 오전에 정기용鄭機用 씨가 방문해서 담화談話했다. 오후에 하 선생河先生을 방문하여 담화談話했다. 비가 그치자 돌아왔다. 21전은 백목白木 5자[尺]. 조 형趙兄으로부터 편지가 왔다.

8월 11일. 금요일. 흐렸다가 비. 말복날[下伏日]이다. 허헌許憲 씨를 방문했지만, 만나지 못했다. 청석여관靑石旅館을 방문했지만, 만나지 못했다. 고정훈高鼎勳 군을 방문했다. 38전은 닭 2마리, 18전은 소주燒酒, 10전은 사탕砂糖, 10전은 능금[林檎] 4개, 15전은 주석산酒石酸 1병,

10전은 궁중 무[宮重大根] 및 경성배추[京城白菜] 씨앗.[32] 오후에 고정훈高鼎勳 군이 방문하여 몇 시간 담화談話한 뒤에, 창남서관昌南書館에 갔다 왔다. 60전은 『당송팔대가문唐宋八大家文』 1질, 30전은 『정포은선생집鄭圃隱先生集』 1권, 10전은 『훈몽집요訓蒙輯要』 1권.[33] 이른 아침에 학교에 가서 한문漢文 및 산술算術을 가르쳤다. 9일로 예정預定.

8월 12일. 토요일. 흐리고 비 조금. 이른 아침에 학교에 가서 수업[教授]했다. 아침식사 후에 다시 학교에 갔다. 생도들을 소집하여 실습을 하게 했다. 40전은 쟁기질 삯[犂耕賃]—학교 밭—. 박병갑朴炳甲으로부터 편지가 왔다. 4전은 담배[烟艸].

8월 13일. 일요일. 맑음. 오전에 생도 약간 명을 소집하여 고생스럽게 실습을 했다. 정鄭, 하河 두 선생이 방문했다.

8월 14일. 월요일. 맑음. 아침식사 후에 하 선생河先生의 집에 가서 놀았다. 14전은 인쇄지印刷紙 100장. 9전은 비누[石鹼] 1개.

8월 15일. 화요일. 맑음. 오후에 도서관圖書館에 갔다. 20전은 이발. 조 형趙兄으로부터 편지가 왔다. 종宗 군이 1원을 빌려 갔다. 1원 50전은 학교 실습 밭[實習田]에 쓸 퇴비堆肥 값. 20전은 시장에서 썼다.

8월 16일. 수요일. 맑음. 학교 밭에 채소를 심었다. 오후에는 집의 밭

---

32 미야시게 무[みやしげ, 宮重大根]와 서울배추[京城白菜]는 당시에 널리 재배되던 품종 가운데 하나이다.

33 가람문고에는 비교적 이른 시기의 것으로 추정되는 목판본(木版本) 『포은선생문집(圃隱先生文集)』(가람古貴 819.4-J464p)이 남아 있는데, 여기서 언급한 것과 같은 책인지는 분명하지 않다. 『훈몽집요(訓蒙輯要)』는 1914년에 회동서관(匯東書館)에서 간행한 것으로, 박세무(朴世茂, 1487~1554)의 『동몽선습(童蒙先習)』을 중심으로 하여 아동 교육에 필요한 구절들을 모은 책이다. 현재 가람문고에는 이 책이 보이지 않는다.

에 채소를 심었다.

8월 17일. 목요일. 맑음. 오후에 제일학교第一學校에 가서 교육회敎育會 총회에 참석했다. 정 형鄭兄을 방문했다.

8월 18일. 금요일. 맑음. 시 2수를 지었다.

아침에 운무雲霧 일어나더니
태양 또한 빛을 잃었네.
낮 무렵 바람 지나간 뒤엔
천지에 큰 빛이 떠오르네.

朝看雲霧起, 白日亦無光.
午頃風過後, 天地大明揚.

또 남문루南門樓에 올라 지은 것이다.

천년 고성의 자취는 높은 누각 하나인데
부로父老들 일컫길 백제의 고을이라 하네
이 산하 진실로 아름다운 땅임은 알건만
뒷날엔 다시 어디 고을로 변할런지.

千年城跡一高樓, 父老傳稱百濟州.
知是山河信美地, 變成後日更何區.

하 선생河先生을 방문했다.

8월 19일. 토요일. 아침에 비 조금. 교원강습회教員講習會. 벗들이 다수 방문했다. 정 형鄭兄이 방문했다.

8월 20일. 일요일. 맑음. 오전 7시 반에 강습회에 나갔다. 오후 5시에 일과를 마쳤다. 소 우蘇友와 함께 가서 목욕했다.

8월 21일. 월요일. 맑음. 강습회에 나갔다. 일본명치산업주식회사日本明治産業株式會社로부터 편지가 왔다. 월봉月俸을 받았다. 청석여관[靑石館]에 갔다.

8월 22일. 화요일. 맑음. 강습회에 나갔다. 집세 2원을 지급했다. 벗 병식秉寔 및 인수仁洙와 함께 협곡천峽谷川에 가서 목욕했다. 돌아오는 길에 함께 들어가서 저녁식사를 했다. 40전은 소주燒酒 및 소고기[正肉]. 밤에 강습회에 온 여러 벗을 방문했다.

8월 23일. 수요일. 맑음. 혹독하게 덥다. 강습회에 나갔다. 밤에 강습회에 온 여러 벗을 방문했다. 조 형趙兄이 밤에 돌아왔다고 한다.

8월 24일. 목요일. 맑음. 학교 실습 일로 인하여 강습회에 나갈 수 없었다. 이른 아침에 학교에 가서 실습을 지휘했다. 흑석동黑石洞에 가서 조 형趙兄과 함께 담화談話하고 점심식사를 했다. 함께 정거장 및 청석여관靑石旅館에 갔다. 60전은 우현友賢에게 빌려 주었다.

8월 25일. 금요일. 흐리고 비 조금. 이른 아침에 학교에 가서 실습을 했다. 오후에 강습회에 나갔다. 서너 명의 벗과 더불어 한벽당寒碧堂 아래로 가서 목욕했다. 때마침 비가 와서 중국인[支那人] 집으로 들어가 비를 피했다. 밤에 강습회에 온 여러 벗을 방문했다. 14전은 삯일꾼[賃夫]에게 주었다.

8월 26일. 토요일. 흐리고 비 조금. 강습회에 나갔다. 조 형趙兄과 더불어 청석여관靑石旅館에 가서 하 선생河先生을 방문했다. 동창우同窓

友 친목회親睦會에 참석하고, 한밤중에 돌아와 잤다. 40전은 회비, 7원 30전은 백미 5말[斗].

8월 27일. 일요일. 흐렸다가 비. 정오[午正]에 강습회를 폐회했다. 수업증서修業證書를 받았다. 강습회에 온 여러 벗을 방문했다. 오후 5시에 정거장에 가서 소병식蘇秉寔 및 여러 벗들과 강사를 송별했다. 유장석柳璋錫을 방문했지만, 만나지 못했다. 밤에 강습회에 온 여러 벗 및 청석여관靑石旅館을 방문하고 잤다. 학교에 나갔다.

8월 28일. 월요일. 흐림. 이른 아침에 정거장에 가서 여러 벗을 송별했다. 다시 청석여관[靑石館]에 이르러 여러 벗을 송별했다. 오후에 고高, 양梁 두 벗이 방문했다. 학교에 나갔다. 정충시鄭忠時 형으로부터 편지가 왔다. 55전은 차물遮物.

8월 29일. 화요일. 흐림. 하 선생河先生의 집에 가서 놀았다. 고高, 양梁 두 벗을 방문했다. 30전은 매일신보[申聞] 요금.

8월 30일. 수요일. 맑음. 학교에 나갔다. 정 형鄭兄을 방문했다. 신표성愼杓晟 군으로부터 편지가 왔다. 밤에 큰 비가 왔다.

8월 31일. 목요일. 흐리고 비가 비껴 뿌렸다. 정鄭, 하河 두 선생과 함께 흑석동黑石洞에 가서 저녁밥을 먹었다. 1원 30전은 당목唐木 10자[尺], 43전은 찬거리에 썼다. 9전은 게[蟹] 20마리. 20전은 옥정玉亭에게 드렸다.

9월

9월 1일. 금요일. 맑음. 대원정차大原正次 교장이 나왔다. 오정午正에 개교식開校式을 조촐하게 거행했다. 오후에 청석여관青石旅館에 갔다. 여러 벗들을 모아서 덕진연못[德津池]에 갔다. 저물녘에 귀가했다. 34전은 솔가지[松枝]. [옥정玉亭을 방문했다.]

9월 2일. 토요일. 맑음. 오후에 고高, 양梁 두 벗을 방문했다. 30전은 『이솝이야기[이소포物語]』 1책. 경성京城 다옥정茶屋町 170 김영운金永運 군으로부터 『하당수시첩荷堂壽詩帖』이 왔다. 어둑어둑해질 무렵에 병륙秉陸과 을룡乙龍이 왔다. 소병식蘇秉寔 군으로부터 편지가 왔다.

9월 3일. 일요일. 맑음. 오시午時 무렵에 정 형鄭兄이 방문했다. 오후에 이발을 했다. 정 형鄭兄과 더불어 허헌許憲 씨를 방문했다. 20전은 이발료. 을룡乙龍에게 10전을 주고 돌려보냈다.

9월 4일. 월요일. 비. 이강하李康河 군으로부터 편지가 왔다.

9월 5일. 화요일. 비. 김성수金性洙 군으로부터 편지가 왔다.

9월 6일. 수요일. 비. 신표성愼杓晟 및 소병식蘇秉寔 군에게 편지를 부쳤다.

9월 7일. 목요일. 비. 홍낙유洪洛裕로부터 편지가 왔다. 오후에 비가 그쳤다. 석전제釋典祭에 참석했다. 제일학교에 가서 청년회 임원회任員會에 참석했다. 도서관에 갔다. 28전은 땔감[薪] 값.

9월 8일. 금요일. 비. 이강하李康河, 홍낙유洪洛裕 군에게 편지를 부쳤다. 오후에 직원 일동이 제일학교에 갔다. 연구회研究會를 열었는데, 몇 시간 뒤에 마쳤다. 우현友賢으로부터 60전을 거두어들였다.

9월 9일. 토요일. 비. 오후에 직원 일동이 농학교農學校에 갔다. 연구회가 있었다. 72전은 시장에서 썼다. 56전은 땔감[薪] 26묶음[束], 10전은 석유, 30전은 잡비雜費.

9월 10일. 일요일. 비. 노래 3수를 지었다.

1. 신성神聖하신 단군檀君 님
백두산白頭山—태백산太白山—에 나리샤
우리나라를 열으시니.

1. 뿌리 깊은 배달 나무는
바람에 아니 뮐새
꽃 좋고 여름 하나니.

1. 샘이 깊은 압록강수鴨綠江水
여러 골 물 합合하여
태평양太平洋에 이르나니.

다시 '쥐떼가 침범하여 해를 끼치는 일[群鼠侵害之事]'로 1수를 지었다.

뭇쥐들 내 집을 뚫어서
옷을 갉아먹고 또 양식 갉아먹네.
장차 사나운 고양이를 구하여
크게 척양斥攘을 단행하리라.

群鼠穿我屋, 咀衣又咀粮.
將得獰猫子, 斷行大斥攘.

오후에 흑석동黑石洞에 갔다. 밤에 청년회靑年會에 참석하였다. 병륙

秉陸이 귀가하여 10전을 주었다. 와세다대학[早稻田大學] 편집부 및 최남선崔南善 씨, 동미서포東美書鋪에 편지를 부쳤다. 50전을 부치고 『영어독학英語獨學』을 청구請購했다.[34] [단군교檀君教를 위하여 지은 것이다.]

9월 11일. 월요일. 맑음. 오후 방과 후에 박병갑朴炳甲과 함께 귀가했다. 문틈을 바르고 쥐구멍을 틀어막았다.[35] 정충시鄭忠時 군 및 정鄭, 하河 두 선생에게 편지를 부쳤다. 밤에 고高, 양梁 두 벗을 방문했다. 흑석동黑石洞으로부터 닭 1마리를 얻었다. 20전은 소고기[正肉], 5전은 채소, 20전은 중롱지中籠紙.

9월 12일. 화요일. 맑음. 이른 아침에 학교에 나갔다. 아동들로 하여금 출석하게 했다. 오전에 도서관 및 제일학교에 갔다. 청석여관青石旅館에 이르러 점심식사를 했다. 오후에 정鄭, 박朴 두 형과 함께 최승렬崔昇烈을 방문했지만, 만나지 못했다. 이 군李君을 방문했다. 유장석柳璋錫 군이 방문하여 저녁식사를 하고 담화했다.

9월 13일. 수요일. 맑음. 요즈음의 수업은 보통 때와 같지 않다. 오후에 윤화중尹和重 및 이 우李友가 방문하여 담화했다. 창남서포昌南書鋪에 가서 이춘사李春史 선생 및 하 선생河先生을 만났다.

9월 14일. 목요일. 흐리고 비. 오후에 제일교第一校에서 연구회가 있었다. 윤화중尹和重 및 은상학殷相鶴 군을 방문했다. 삯일꾼 두 사람으로 하여금 담을 쌓게 했다. 비용은 75전.

---

34 동미서포(東美書鋪)나 『영어독학(英語獨學)』에 대해서는 정확히 알 수 없다. 다만 당시의 자료에서 동미서관(東美書館)이나 동미서시(東美書市) 등의 명칭은 확인된다.

35 원문은 '도호궁질(塗戶穹窒)'인데, 지게문의 틈을 바르고 벽의 구멍을 완전히 메운다는 뜻이다. 『시경(詩經)』「빈풍(豳風)」에 "穹窒熏鼠, 塞向墐戶(구멍을 틀어막아 연기 피워 쥐를 쫓고 북향 창 막고 진흙으로 문틈 바르네.)"라는 구절이 있으니, 곧 가람이 쥐를 쫓아버리고자 한 일로 볼 수 있다.

9월 15일. 금요일. 비. 신문관新文館으로부터 편지가 왔다. 이양전[良傳] 및 신문관新文館에 답장을 했다.

9월 16일. 토요일. 오후에 맑음. 여러 날 장과 위가 좋지 않았는데, 두통으로 괴로움을 겪었다. 조 형趙兄이 밤에 왔다.

9월 17일. 일요일. 맑음. 오전 10시에 조 형趙兄과 함께 윤화중尹和重을 방문했다. 황혼 무렵에 벗 이희근李羲根의 집을 방문했다. 취향정醉香亭 및 도서관에 차례로 갔다. 청석여관青石旅館 및 고 우高友, 유 장柳丈을 방문했다. 화산리[華山] 유 형柳兄이 전주에 와서, 함께 돌아와 잤다. 5전은 석유.

9월 18일. 월요일. 맑음. 10전은 소고기[正肉], 10전은 술. 오후 방과 후에 가정방문을 했다. 하 선생河先生의 집을 방문하여 처음으로 정봉우鄭鳳宇 씨를 만났다. 유 형柳兄이 와서 잤다. 10전은 사탕砂糖 및 기름.

9월 19일. 화요일. 맑음. 제법 덥다. 10전은 소고기[正肉], 10전은 술. 저녁에 유 형柳兄을 방문했다. 3전은 영희英熙의 약. 와세다대학早稻田大學 편집부에 편지를 부쳤다. 3전은 비용.

9월 20일. 수요일. 맑음. 5전은 두부. 조 형趙兄이 유 형柳兄과 함께 방문했다. 17전은 청주清酒. 유柳, 조趙 두 형과 함께 흑석동黑石洞에 갔다. 5전은 소금. 밤에 벗 고정훈高鼎勳이 방문했다.

9월 21일. 목요일. 맑음. 늦더위[殘暑] 또한 혹독하다. 월봉月俸을 받았다. 7원은 백미 5말[斗]. 24전은 화초火草 1짐[負]. 제일학교 연구회에 갔다. 병덕秉德 및 충시忠時 군으로부터 편지가 왔다. 8전은 과자. 5년 동안 갖고 있던 시계—아버님이 내려주셨다—가 끝내 유 형柳兄에게로 돌아갔다.

9월 22일. 금요일. 흐림. 1원 10전은 교육회비教育會費. 신문관新文館으로부터 편지가 왔다. 고정훈高鼎勳 군을 방문했다. 청석여관青石旅館 주인을 방문했지만, 만나지 못했다. 6전은 엽서. 족제族弟 병덕秉德으로부터 편지가 왔다. 조 형趙兄이 방문했다. 10전은 석유.

9월 23일. 토요일. 흐리고 비 조금. 오전 8시에 우편국에 가서 일금 4원을 경성京城 신문관新文館에 부치고 『동사東史』를 청구請購했다. 병륙秉陸 및 병덕秉德에게 편지를 부쳤다. 윤상언尹相彥 군 및 벗 고정훈高鼎勳을 방문했다. 정봉우鄭鳳宇 형 및 하 선생河先生을 방문했다. 추분秋分. 곧 추계제일秋季祭日이다. 본교 또한 휴업했다. 병철秉喆이 방문했다 한다.

9월 24일. 일요일. 비. 조 형趙兄이 방문했다. 정鄭, 하河 두 선생 및 김金 경부警部가 방문했다. 고高, 양梁 두 벗 및 유 우劉友가 방문했다. 5전은 두부, 15전은 소고기[牛肉], 10전은 귤[柑].

9월 25일. 월요일. 비. 일이 어수선하다.

9월 26일. 화요일. 맑음. 콜레라[虎疫]가 바야흐로 왕성하여 치밀하게 주의를 기울였다. 와세다대학早稻田大學 출판부로부터 편지가 왔다. 다행히 『세계전사世界全史』의 여분이 있다고 한다. 곧바로 청구請購하고 9원 70전을 부쳤다. 우편요금[郵稅]은 4전이다. 6전은 엽서. 이발. 병철秉喆을 방문했다. 줄포茁浦에 편지를 올렸다.

9월 27일. 수요일. 맑음. 60전은 용현龍賢이 빌려 갔다. 26전은 화초火草 1짐[負].

9월 28일. 목요일. 맑음. 41전 4리는 땔나무[火木] 23묶음[束]. 14전은 미역[甘藿] 8속束, 37전은 게[蟹] 120마리, 24전은 명태 1부部, 10전은 소금. 교재연구회教材研究會.

9월 29일. 금요일. 맑음. 오후에 교장을 대리하여 양잠강습소養蠶講習所 수료식[修業式]에 참석했다. 신문관新文館으로부터 『동국통감東國通鑑 전全』과 『임장군경업전林將軍慶業傳 전全』이 왔다.[36]

9월 30일. 토요일. 비. 화평花坪의 유장柳丈이 내려오셨다. 조 형趙兄이 또한 방문했다. 병륙秉陸의 편지가 왔다. 듣건대 한천漢川에서 배가 전복되어 사람이 죽었다고 한다. 곧 작은 배에 40여명이 탔는데, 그 가운데 등짐장수[負商]가 많아서 지나친 중량을 실었으니 전복될 근심이 없지 않았다고 한다. 가히 경계하지 않겠는가. 1원 20전은 숙직료로 들어왔다. 20전은 부역비賦役費, 20전은 소고기[正肉] 및 술. 정 형鄭兄이 방문했다.

10월

10월 1일. 일요일. 흐림. 오전에 조 형趙兄과 더불어 도서관 및 순사보습소巡査補習所에 갔다. 병철秉喆을 보았다. 동문東門 밖에 이르러 유장석柳璋錫 군을 방문했다. 이감찰李監察의 집 및 임상우任相遇 씨, 송병태宋秉泰 씨를 방문했지만, 만나지 못했다. 고高, 양梁 두 벗 및 이종李宗을 방문하고, 함께 유순택劉淳澤 씨를 방문했다. 용머리고개[龍頭峴]로 나와서 정종태鄭鍾泰 군을 방문했다.[37] 서원고개[書院峴]에 이

36 1911년에 조선광문회(朝鮮光文會)에서 간행한 『동국통감(東國通鑑)』(56권 6책)과 1913년에 조선광문회(朝鮮光文會)에서 간행한 『임충민공실기(林忠愍公實記)』(8권 1책, 도서번호 가람 923.551-Im1i)를 가리키는 것으로 보인다.

37 전주 용머리고개의 한자 표기로는 용두현(龍頭峴) 이외에 용수현(龍首峴)도 나타난

르러 김연상金演相 씨를 방문했다. 하 선생河先生을 방문했지만, 만나지 못했다. 청석여관青石旅館에 이르러 김 목사金牧師, 정 형鄭兄, 하河, 정鄭 두 선생을 만나서 담화했다. 김 경부金警部를 방문했지만, 만나지 못하고 돌아왔다. 10전은 장액필獐腋筆 5자루. 밤에 두통으로 인해 꽤 괴로웠다. [이 판사李判事 및 송중찬宋重燦, 벗 최승렬崔昇烈이 방문했다.]

10월 2일. 월요일. 흐림. 2원은 백 참사白參事에게 집세[家貰金]로 냈다. 「거전주기居全州記」를 지었다.

10월 3일. 화요일. 맑음. 30전 4리는 땔나무[火木] 19묶음[束]. 순사巡査가 와서 순희順熙에게 종두種痘를 놓았다.

10월 4일. 수요일. 맑음. 생도들을 인솔하여 전주 정거장에 갔다.

10월 5일. 목요일. 맑음. 음력 9월 9일이다. 학교일과를 마친 후에 교재연구회教材硏究會에 갔다. 이강하李康河, 박광원朴匡愿, 방두현方斗鉉 군에게 편지를 부쳤다. 윤화중尹和重 군이 그의 종형從兄과 함께 방문했다.

10월 6일. 금요일. 맑음. 사돈 어르신[趙査丈]이 내려 오셨다. 오후에 청년회 간사회幹事會에 갔다. 병륙秉陸 아우가 와서 보았는데, 할아버님이 편지를 내려주셨다. 일금 24전은 화초火草 1짐[負]. 신문에 "오쿠마 백작[大隈伯]이 사직하고, 데라우치[寺內] 총독總督이 내각조직內閣組織의 대명大命을 받았다. 정당政黨이 자못 불온하다."고 했다.[38] '개의 다툼[犬鬪]'으로 절구 1수를 지었다.

다. 용머리고개에서는 필상(筆商)을 만나 붓을 산 일이 여러 차례 언급되었다.

38 1916년 10월에 오쿠마 시게노부[大隈重信, 1838~1922]의 뒤를 이어 데라우치 마사다케[寺內正毅, 1852~1919]가 총리대신이 되었다. 또한 하세가와 요시미치[長谷川好道, 1850~1924]가 데라우치의 후임으로 제2대 조선 총독이 되었다.

개 한 마리 실수로 고기를 떨어뜨리니
뭇 개들이 와서 먹을 것을 다투네.
개가 다툰다고 비웃지 말라.
식탐 또한 그 직분인 것을.

一犬誤墮肉, 群犬來鬪食.
莫笑犬之鬪, 食貪亦其職.

10월 7일. 토요일. 흐림. 오후에 직원회職員會가 있었다. 하 선생河先生을 방문했다. 와세다대학早稻田大學 출판부로부터 『통속세계전사通俗世界全史』 9책이 왔다.[39] 숙직료로 1원 20전을 받았다.

10월 8일. 일요일. 흐림. 본가[本第]에 편지를 부쳤다. 정 형鄭兄이 방문하여 점심식사를 하고 함께 이야기했다. 조 형趙兄이 방문했다. 40전은 시장에서 썼다. 「거전주기居全州記」를 지었다.

"내가 이 고을에 살면서부터 날마다 아이들과 더불어 일을 하였지만, 항상 그 때를 즐겁게 여겼다. 뜻을 같이하는 서너 사람이 조용히 산길을 걸으면서 땅의 내력과 유적을 찾고 광석과 풀뿌리를 캐었다. 맑은 시내를 만나면 발을 담그고, 풀을 방석삼아 앉아서 이야기했다. 때때로 아름다운 경치를 만나면 읊조리고 노래하곤 했다. 그러다가 보

39 1915년부터 와세다대학교 출판부에서 간행한 세계사 시리즈이다. 일본어 문헌이며, 책의 주제에 따라 다른 저자가 썼다. 시리즈의 제9권은 박전참운(薄田斬雲)이 편술(編述)한 『15세기사(十五世紀史)』이다. 가람은 총 9책을 받았다고 했는데, 그것이 제1책부터 제9책까지인지 혹은 다른 책들인지는 분명하지 않다. 현재 가람문고에는 이 책이 보이지 않는다.

잘 것 없는 내 집에 돌아오면, 곧 부엌은 불 기운 없어 서늘하고 온돌은 차갑게 식어있다. 그렇지만 콩밥에 보리차를 기쁘게 배불리 먹고 아이를 껴안고 놀아준다. 신문과 잡지를 열람하다가 마음가는대로 경서經書와 서사史書, 전기傳記, 철학哲學, 정치학[政學], 병서兵書, 문전文典 등 여러 책을 읽고, 이학理學과 수학數學의 원칙을 궁구窮究한다. 홍이 오르면, 창문 사이에서 붓을 놀려 크고 작은 수십 자의 글을 짓고 난초나 대나무를 한두 폭 그려낸다. 간직해둔 법첩法帖과 묵적墨蹟을 펼쳐놓고 마음껏 살펴본다. 다시 보리차 한 잔을 마시고 시가에 산보하면서 풍흉[時耗]은 어떠한지 들어본다. 술친구나 시 벗을 만나면 함께 잠깐 동안 담소한다. 돌아와서는 스스로를 돌아보고 스스로 즐거워하니, 곧 자연[山水]과 도시가 나아가고 물러남이 같지 않고 지사志士와 도서圖書가 서로 떨어질 수 없는 것과 같다. 색다른 데서 취하여 수양의 도리를 얻는다. 나로 하여금 거이居夷를 즐기며 즐겁게 노닐게 하는 것이 이 고을이 아니겠는가."

10월 9일. 월요일. 흐림. 학교에서 물러나서 시가를 한 바퀴 돌았다. 윤화중尹和重 군을 방문했다.

10월 10일. 화요일. 흐림. 조 형趙兄이 방문했다. 52전은 땔나무[火木] 33묶음[束], 4전은 소금.

10월 11일. 수요일. 흐림. 오후 8시에 제일학교에 가서 청년미성회青年美成會 정례회[例會]에 참석했다. 이동伊東 경무부장警務部長이 연설을 한 뒤에 협의하고 마쳤다.[40] 5전은 회비會費.

10월 12일. 목요일. 비. 오후에 본교에서 학무위원회學務委員會가 있

---

40 이동(伊東)은 곧 전라북도 경무부장으로 있던 이동사랑(伊東四郎)이다.

었다. 22전은 고사리[蕨] 9묶음[束]. 당숙님[堂叔主]이 내려오셨다. 밤에 고高, 양梁 두 벗을 가서 보았다. 10전은 추산秋山 시학관視學官에게 부의賻儀했다.[41]

10월 13일. 금요일. 흐림. 박광원朴匡愿, 방두현方斗鉉 군으로부터 편지가 왔다. 4전은 짚신[草鞋].

10월 14일. 토요일. 맑고 상쾌하다. 어두울 때 일어나 밥을 먹었다. 아동 60명과 더불어 모악산母岳山 금산사金山寺에 소풍[遠足]을 갔다. 본교에 집합하여 1, 2, 3으로 대오隊伍를 짓고, 열을 맞추어서 앞으로 나아갔다. 우림곡雨林谷의 시내에 이르러 조금 큰 아이들로 하여금 건너가서 모두 건네주도록 했다. 사이사이 오래된 나무 아래에서 쉬고, 혹 계곡 앞에서는 멈추고 혹 산에 올라서는 앉도록 했다. 물을 건너고 다시 물을 건넜으며 고개를 넘고 또 고개를 넘었다. 굽이굽이 이어진 길을 오르고 또 올라서 금산사金山寺에 이르니, 사방에는 산이 둘렀고 계곡은 깊었다. 그 뒤에는 모악母岳이 우뚝 솟아 있었다. 삼층의 오래된 누각 미륵전彌勒殿이 의젓하게 섰고, 그 다음으로는 대웅전大雄殿 및 대적광전大寂光殿이 자리를 잡았다. 8층 석탑은 단풍나무와 소나무 사이로 솟아올랐다. 좌우로는 맑은 시내가 부딪혀 흐르고, 깊고 그윽한 대나무 사이에는 가을꽃이 아직 남아 있었다. 나는 이에 풀을 헤치고 앉아서 승려를 마주하여 옛 자취를 물어보았다. 맑고 뜨거운 물에 밥 한 그릇을 먹으니 시간은 이미 오시午時였다. 오래된 나무와 맑은 샘 사이로 배회하다가 탄식하며 눈을 돌려보니, 저 산의 고요함과 물의 맑음이 가히 심법心法에 나타난 것이라 이를 만했다. 다시 호각을 불어

41 추산(秋山)은 곧 조선총독부 학무국 시학관인 추산철태랑(秋山鐵太郎)이다.

아동들을 모아 검열檢閱하고 승려[沙門]에게 사례謝禮했다. 돌아오는 길에는 식물 및 광석을 채취했다. 저물 무렵에 집에 돌아왔다.

10월 15일. 일요일. 흐림. 오전에 명치신사明治神社의 제祭에 참석했다. 오후에 광주대대光州大隊를 맞이하였다. 정 형鄭兄 댁을 방문했다. 경성관京城館 주인 홍순필洪淳泌 씨를 만나서 담화했다. 조 형趙兄 및 병철秉喆 군이 방문했다. 이강하李康河 군으로부터 편지가 왔다.

10월 16일. 월요일. 맑음. 본가[本第]로부터 묵보墨甫 및 용제龍弟가 왔다. 할아버님이 편지를 내려주셨다.

10월 17일. 화요일. 흐림. 묵보墨甫를 돌려보내며 10전을 주었다. 본가[本第]에 편지를 부쳤다. 오전에 소학교 운동회 및 고高, 양梁 두 벗을 가서 보았다. 함께 정거장에 가서 전우田友를 송별했다. 돌아오는 길에 허헌許憲 씨를 방문했지만, 만나지 못했다. 오후에 정 형鄭兄 댁을 방문하여 하 선생河先生을 만났다. 12전은 석유, 20전은 『동양역사교과서東洋歷史敎科書』 1책, 24전은 빈 갑[空匣] 1개, 18전은 소금[食鹽] 및 참기름[眞油], 15전은 구두[洋靴] 1켤레, 10전은 이웃의 김 씨金氏에게 빌려주었다. 흑동黑洞 누님이 와서 묵었다.

10월 18일. 수요일. 흐림. 39전은 땔나무[火木] 24묶음[束]. 음력 9월 22일이니, 용희龍照의 첫 번째 생일이다. [용희龍熙의 돌잡이 날이었다. 은화銀貨 및 쌀을 먼저 집었다.] [42]

10월 19일. 목요일. 맑음. 오후에 직원회의職員會議가 있었다. 이종李宗 및 조 형趙兄과 더불어 집에 돌아와서 이야기를 마쳤다.

42 일기의 본문과 상단 기록 양쪽 다 "남환(南煥)"을 "용희(龍熙)"로 고친 흔적이 보인다. 개명 이전에 썼다가 개명 이후에 수정한 듯하다.

10월 20일. 금요일. 맑음. 이른 아침에 정거장에 나가서 용제龍弟를 보내고 40전은 주었다. 75전은 백미 5되[升]. 영목종묘장鈴木種苗場에 편지를 부쳤다. 밤에 광렬光烈 군과 더불어 양소석楊小石을 방문했다.

10월 21일. 토요일. 맑음. 월봉月俸을 받았다. 70전은 여러 가지 비용으로 들어갔다. 1원 14전은 와세다대학교 출판부[早稻田大學出版部]에 부쳤다. 3원 50전은 경성京城 신문관新文館에 부쳤다. 오후에 조趙, 하河, 정鄭 선생이 방문했다.

10월 22일. 일요일. 맑음. 오전에 생도 몇 사람과 더불어 밭을 돌보았다. 정鄭, 김金 두 형이 방문했다. 오후에 병철秉喆이 방문했다. 본교에 가서 몇 시간 동안 머물면서 서화회書畵會의 벗들을 대접했다. 양소석楊小石을 초대했다. 비용은 30전.

10월 23일. 월요일. 맑았다가 흐림. 2원 30전 8리는 땔나무[火木] 143묶음[束], 31전은 화초火艸 1짐[負], 6원 85전은 백미 5말[斗]. 당숙님[堂叔主]이 내려오셨다가 곧바로 행차를 돌리셨다. 15전은 비용으로 든 돈.

10월 24일. 화요일. 비. 오전 11시부터 오후 2시까지 본교에서 칙어봉독식勅語奉讀式 및 가정연락회家庭聯絡會가 있었다. 영목종묘점鈴木種苗店으로부터 편지가 왔다.

10월 25일. 수요일. 맑음. 가을 공기가 서늘함을 재촉한다. 12전은 석유.

10월 26일. 목요일. 맑음. 오정午正에 화원교花園橋 주변으로 가서 남원수비대南原守備隊를 맞이하였다.

10월 27일. 금요일. 맑음. 20전은 '입저立儲'로 인해 입금했다.[43] 양소

43 입저(立儲)는 후계자 곧 황태자를 세우는 일을 뜻하는데, 여기서는 1916년 11월 3일

석楊小石을 방문했다.

10월 28일. 토요일. 비. 오후에 제일학교에 갔다. 저금계貯金契에 들었는데, 1구좌에 25전이다. 중흥관中興館에 갔지만, 오세길吳世吉을 만나지 못했다. 밤에 이광렬李光烈 군이 방문하여 담화했다. 청운 선생靑雲先生을 방문했다.

10월 29일. 일요일. 맑음. 오전에 오세길吳世吉이 방문했다. 요리를 부탁했다. 오후에 청석여관靑石旅館을 방문했다. 그 주인과 더불어 김 목사[金牧]를 방문했지만, 만나지 못했다. 허헌許憲을 방문하여 승경도陞卿圖 놀이를 했다. 밤에 흑석동黑石洞 조 형趙兄의 집을 방문하여 묵었다.

10월 30일. 월요일. 맑음. 이날은 정확하게 남환南煥이 태어난 날로부터 일주년一週年이다. 지난 18일은 곧 음력으로 날짜를 계산한 것이니, 실제로는 10여일의 차이가 있다. 지난 16일에 할아버님이 내려주신 편지 가운데 아래와 같은 노래가 있었다.

73세 늙은이[七十三歲翁]의 증손曾孫 돌잡이 노래.

오목대梧木臺에 노는 봉鳳이 긔린麒麟 자식 낳았어라.

어와둥둥 금동자[44]—기린봉의 아래이니 봉의 아들[鳳之子]이다.—

에 거행된 히로히토 친왕(裕仁親王)—뒷날의 소화천황(昭和天皇)—의 입저식(立儲式)을 가리킨다. 당시 히로히토가 만 15세가 되면서 황태자로 세우는 의식을 거행했다고 한다. "입금(入金)"의 의미는 분명하지 않지만, 이 의례에 대해 일괄적으로 내게 된 축하금을 말한 것으로 추정된다.

44 뒷 구절과 비교해보면, "어와둥둥 금자동"이 옳을 듯하다.

완산팔경完山八景 좋은 경개景概 풍패 고도豐沛古都에 빛났다.

어와둥둥 은자동.

한벽루寒碧樓 흐른 벽파碧波 다가정多佳亭 목욕하니

억조창생億兆蒼生 궂은 티끌 일시 숙청肅淸 하겠구나.

어와둥둥 옥자동.

덕진德津의 열린 거울 봉래蓬萊 · 영주瀛洲 · 방장산方丈山

잠시 역력히 비쳤어라.

어와둥둥 남환南煥동.

인산지수仁山智水 영기靈氣 받아 영웅문장 낳았으니

왕대밭에 왕대 날 제 청룡 같은 저 죽순竹筍이 일취월장日就月將 하는도다.

어와둥둥 난환동.[45]

화기영문和氣盈門 네 잔치에 일취일가一醉一歌 내 홍이라.

-동우옹東愚翁은 취하여 증손曾孫을 안고 노래하노라.

밤에 고高, 양梁 두 벗을 방문했다. 이발. 38전은 고추[苦椒] 5되[升], 10전은 고기, 10전은 콩[豆]. [용희龍熙 생일生日][46]

10월 31일. 화요일. 맑음. 오전에 본교에 갔다. 천장절天長節 축일식祝日式이 있었다. 식을 파한 후에 곧바로 소학교에 가서 진영眞影에 배하拜賀했다. 오후 2시까지 그 사이에 연회에 참석했다. 준비없이 이 일

45 "난환동"은 "남환南煥동"의 오기로 보인다.

46 난상의 기록에서는 "남환(南煥)"을 용희(龍熙)"로 고쳤지만, 본문과 조부[이동우]의 노래에서는 "남환(南煥)"이 그대로 남아 있다.

들을 한꺼번에 마치고 나서 조趙, 한韓 두 사람과 함께 수산守山 씨의 집에 가서 조문했다. 조 형趙兄과 함께 청석여관青石旅館 주인 및 하 선생河先生, 정 선생鄭先生을 방문했다. 신문관新文舘에 편지를 부쳤다. 신문관新文舘으로부터 『삼국사기三國史記』, 『열하일기熱河日記』, 『훈몽자회訓蒙字會』, 『강감찬전姜邯贊傳』, 『신단실기神檀實記』 각 1부가 왔다. 5전은 실[絲].

11월

11월 1일. 수요일. 맑음. 오후 5시에 남천南川 가의 예배당禮拜堂에 갔다. 야학 개회夜學開會의 협의가 있었다. 마치고 나서 조 형趙兄, 종宗 씨와 더불어 나왔다. 다시 고 우高友를 만나서 함께 돌아왔다. '지학도地學圖'를 연구해냈다.[47] 양우梁友가 또한 방문했다.

11월 2일. 목요일. 맑음. 오후에 도서관 및 대정당大正堂, 청석여관青石旅館을 방문했다. 10전은 소금.

11월 3일. 금요일. 맑음. 입저立儲 축하식 및 축하회가 있었다.[48] 마치고 돌아오면서 청석여관青石旅館 및 고우高友의 여관旅館에 들렀다. 조 형趙兄 및 종宗씨와 함께 돌아왔다. 저녁밥을 재촉하여 배불리 먹고

47 원문에는 "세계유희도(世界遊戲圖)"라고 썼다가 "지학도(地學圖)"로 고친 흔적이 있다. 세계유희도(世界遊戲圖) 또는 지학도(地學圖)가 어떤 것인지는 분명치 않지만, 혹 10월 29일의 일기에 언급된 승경도(陞卿圖)를 고치면서 세계지리에 관한 내용을 담은 것은 아닌지 생각해볼 만하다.

48 10월 27일 일기에 언급된 입저(立儲) 행사이니, 곧 히로히토(裕仁)를 황태자로 세우는 의식을 말한다. 히로히토가 만 15세가 되면서 이 의식을 거행했다고 한다.

다가정多佳亭의 제등행렬提燈行列에 갔다. 시가를 한 바퀴 돌고 마지막으로 제일학교 운동장에 멈춰서 파하였다. 이와 같은 인해人海 속에서 '마음을 고요하게 하는 법[心靜]'을 시험해 보았다.

11월 4일. 토요일. 맑음. 오후 4시에 고우高友와 함께 나가서 도서관에 갔는데, 문을 닫은 까닭에 헛되이 돌아왔다. 함께 오면서 담화했다. 정 형鄭兄 또한 당도하여 몇 마디 이야기를 하고 헤어졌다. 1원 20전은 숙직료. 20전은 감 및 석유. [대구大邱 및 부산釜山의 서점[書舖]에 편지를 부쳤다.]

11월 5일. 일요일. 맑았다가 흐림. 오전에 도서관에 가서 서적을 보았다. 오후에 하河, 정鄭 두 선생이 방문했다. 함께 식사를 하며 담화했다. 함께 승암僧岩 및 기린봉麒麟峯에 올랐다. 10전은 소고기[正肉]. 밤에 동창회同窓會에 갔다.

11월 6일. 월요일. 비. 오후에 제일학교第一學校에 가서 미성회美成會 간사회幹事會에 참석했다. 밤에 동창회同窓會에 갔다. 고高, 양梁 두 벗을 방문했다. 부산釜山 삼중출판부三重出版部로부터 『최신세계지도最新世界地圖』 1첩이 왔다. 1원을 흑석동黑石洞 하인에게 주었는데, 울타리[垣籬]의 수리 건으로 준 것이다. 8전은 담배[烟艸] 및 엽서.

11월 7일. 화요일. 비. 25전은 세계지도[世圖] 값으로 부쳤다. 40전은 고추[苦椒] 5되[升] 및 콩. 5전은 세탁 소다[洗濯曹達].

11월 8일. 수요일. 맑음. 밤에 제일학교에 갔다. 고高, 양梁 두 벗을 방문했다.

11월 9일. 목요일. 맑음. 밤에 제일학교第一學校에 갔다. 제일학교에 축하기념장祝賀紀念狀을 부쳤다. [과거의 10년을 생각하고, 장래의 만세萬

歲를 축하하다.(思過去十年, 祝將來萬歲.)[49]]

11월 10일. 금요일. 맑음. 오후 4시에 제일학교第一學校에 가서 동창회同窓會에 참석했다. 밤에 다시 가서 연극에 참가했다. 이날은 곧 제일학교 창립 10주년 축하회였다. 그런 까닭에 동창생同窓生들이 여흥餘興으로 연극을 만들어서 무료로 누구나 관람하게 한 것이다. 온 사람이 거의 1000명이었다. 연극이 끝나고 나서 모교母校로부터 동창생들에게 밥이 나왔다. 한밤중에 돌아왔다.

11월 11일. 토요일. 맑음. 오전에 생도들을 인솔하여 제일학교 전람회第一學校展覽會 및 물산진열소物産陳列所, 종묘장種苗場, 농업학교를 관람하고, 돌아오면서 경기전慶基殿에 이르러 우리 태조의 영정[聖像]에 참배했다.[50] 돌아와서 밥을 먹었다. 오후 3시에 고 우高友의 거처를 방문하여 양 우梁友의 옷을 빌려 입고, 제일학교 동창생의 가장행렬假裝行列에 나갔다. 남문南門 밖에서부터 시작하여 대정정大正町이 이르렀는데, 도처에 사람이 빽빽했다. 마지막으로 모교 운동장에 멈추어서 촬영하였다. 마치고 돌아오면서 양 우梁友에게 가서 옷을 바꿔 입었다. 돌아와 밥을 먹고 나서 서암西岩 아래를 방문하여 담소했다. 닭 울음소리가 들리는 것을 깨닫고 나서야 일어나서 돌아왔다.

11월 12일. 일요일. 맑음. 종일 칩거했다. 세계시국世界時局의 그림[지도]을 만들었다. 양 우梁友가 방문했다.

11월 13일. 월요일. 맑음. 밤에 세계시국世界時局을 그렸다.

11월 14일. 화요일. 맑음. 3전은 미농지美濃紙 1장.

---

49 이 구절은 본문 아래에 주석처럼 두 줄로 기록되어 있다. 축하기념장(祝賀紀念狀)과 관련된 것으로 보이는데, 축하기념장의 문구인지 혹은 개요인지는 분명하지 않다.

50 경기전(慶基殿)은 태조의 영정을 봉안한 전각이다.

11월 15일. 수요일. 맑음. 밤에 고 형高兄의 처소에서부터 나가서 미성회美成會 정례회[例會]에 참석했다. 수양담修養談을 발표했다.

11월 16일. 목요일. 맑음. 일금 48전은 독[瓮] 1개, 5전은 사탕砂糖, 10전은 감[柿]. 밤에 조 형趙兄, 이종李宗, 양 우梁友가 방문했다. 함께 '세계유희도世界遊戲圖'를 시작했다.

11월 17일. 금요일. 맑음. 38전은 소금 1말[斗] 및 생강[薑], 청각[青藿], 칡[葛]. 김치를 담았다.

11월 18일. 토요일. 맑음. 정기용鄭機用 씨가 방문했다. 6전은 미농지美濃紙 2장. 울타리를 수리했다.

11월 19일. 일요일. 맑음. 세계지도를 그렸다. 오후에 흑석동黑石洞 조 형趙兄 댁에 갔다. 고高, 양梁 두 벗을 만나고 돌아왔다.

11월 20일. 월요일. 맑음. 병철秉喆 군이 순사 교습巡查教習을 마치고 어제 집에 돌아왔다.

11월 21일. 화요일. 맑음. 방과 후에 가정방문家庭訪問을 했다. 제일학교第一學校에서부터 중흥관中興館으로 가서 12원을 지급했다. 돌아오면서 청석여관青石旅館 및 고高, 양梁 두 벗을 방문하고 왔다. 월봉月俸은 20원. 1원은 국고금 및 회비로 나갔다. 밤에 야학夜學에 나갔다. 조 형趙兄과 함께 돌아오면서 숙직실宿直室에 들렀다가 왔다. 5전은 양지洋紙.

11월 22일. 수요일. 맑음. 일금 3원 66전은 경성京城 신문관新文館, 1원 16전은 동경東京 와세다대학교 출판부[早稻田大學出版部]. 7원 31전은 백미 5말[斗] 5되[升], 38전은 콩[大豆] 5되[升], 14전은 땔감[薪] 1짐[負]. 청어[鯖] 20마리는 36전, 멸치는 10전. 39전은 빈 상자[空箱], 60전은 울타리 수리의 비용. 정鄭, 고高, 양梁 세 사람이 방문해서, 지학도地

學圖를 갖고 놀았다.

11월 23일. 목요일. 맑음. 신상제新嘗祭라 한다. 휴업. 오전에 고高, 양梁 두 벗과 함께 가서 김건표金建杓, 정봉우鄭鳳宇를 방문했다. 지학도地學圖를 연습한 뒤에 서암西岩 아래를 방문했다가 해질 무렵에 돌아왔다. 5전은 양지洋紙 및 풀[糊].

11월 24일. 금요일. 맑음. 오후에 생도 일동을 인솔하여 농업학교農業學校 졸업생 전람회장에 갔다.

11월 25일. 토요일. 맑음. 구두[洋靴] 수선 비용은 1원. 『훈몽자회訓蒙字會』를 베껴 써서 처음으로 보급普及했다.

11월 26일. 일요일. 흐리고 차갑다. 고정훈高鼎勳 군 및 이광렬李光烈 군이 방문했다. 10전은 석유.

11월 27일. 월요일. 맑고 춥다. 30전은 위생비衛生費. 40전은 솔가지[松枝] 1짐[負], 20전은 소고기[正肉].

11월 28일. 화요일. 맑고 춥다. 감기를 무릅쓰고 억지로 소남야학邵南夜學에 나가 수업을 했다. 20전은 약값.

11월 29일. 수요일. 맑음. 벗 백남규白南珪로부터 편지가 왔다. 본가[本第]에 편지를 부쳤다. 5전은 두부.

11월 30일. 목요일. 맑음. 동경東京으로부터 『17세기사十七世紀史』 1책이 왔다.[51] 제일학교 연구회에 갔다. 18전은 『충무공기忠武公記』.

51 『17세기사(十七世紀史)』는 와세다대학교 출판부에서 간행한 통속세계전사(通俗世界全史)의 제11권이며, 저자는 송본운주(松本雲舟)이다. 현재 가람문고에는 이 책이 보이지 않는다.

12월

12월 1일. 금요일. 맑음. 밤에는 비 및 싸락눈[霰]. 조 형趙兄과 더불어 저녁밥을 먹고 같이 놀다가 닭 울음소리를 듣고 함께 돌아와 잤다.

12월 2일. 토요일. 맑음. 41전은 솔가지[松枝] 1짐[負]. 여러 날 계속하여 감기로 괴로움을 겪었다. 벗 이희근李羲根이 방문했다고 한다.

12월 3일. 일요일. 맑음. 오전 8시 무렵에 조趙, 이李, 고高가 방문하여 소풍[遠足]을 청하였다. 부득이하여 병증을 떨치고 나와서 동행同行했다. 또 이 우李友를 만나 함께 가고, 한 군韓君 일행과 더불어 고산高山 방향의 길로 갔다. 종묘장種苗場에서부터 길을 돌려서 돌아왔다.

12월 4일. 월요일. 맑음. 11전은 계란 10알[球], 40전은 솔가지[松枝] 1짐[負], 20전은 이발, 6전은 귤[倭柑]. [백남규白南珪 및 이대영李大泳 군에게 편지를 부쳤다.]

12월 5일. 화요일. 맑음. 서백西伯이 방문하여 함께 식사를 했다. 야학에 나갔다. 고정훈高鼎勳 군을 방문하여 문병問病했다.

12월 6일. 수요일. 맑음. 16전은 대구[大口魚] 1마리, 6전은 말린 상어[乾鱛魚] 1마리, 6전은 밤 70개, 35전은 솔가지[松枝] 1짐[負]. 오전에 생도들을 인솔하여 전주역全州驛에 가서 신입병新入兵을 맞이했다.

12월 7일. 목요일. 맑음. 방과 후에 제일교에 가서 간사회幹事會에 참석했다. 고 우高友 및 양 우梁友를 방문했다.

12월 8일. 금요일. 맑음. 방과 후에 제일교 연구회硏究會에 갔다. 밤에 양홍기梁洪基와 송별회送別會를 가졌다.

12월 9일. 토요일. 맑음. 10전은 세탁 소다[洗濯曹達]. 밤에 소학교 청년회에 가 보았다. 중부님[仲父主]이 내려오셨다.

12월 10일. 일요일. 맑음. 오전 10시에 양홍기梁洪基 군의 처소에 갔다. 함께 고정훈高鼎勳 군을 방문했다. 곧바로 정거장에 나가서 조趙, 이李, 김金, 윤尹의 여러 벗을 만났다. 동 오시午時 20분에 양홍기梁洪基 군과 작별했다. 이 사람이 이리裡里로 전근하는 까닭이었다. 돌아오는 길에 정기용鄭機用 씨를 방문했지만, 만나지 못했다. 석제釋弟가 와서 보았다. 20전은 소고기[正肉]. 정기용鄭機用 씨가 방문했다. 밤에 오 씨吳氏의 강연을 가서 들었다.

12월 11일. 월요일. 흐림. 중부님[仲父主]이 재판소裁判所에 행차하셨다. 『해동역사海東繹史』 6책이 왔다.

12월 12일. 화요일. 맑음. 중부님[仲父主]이 행차를 돌리셨다. 석제釋弟 또한 돌아갔다. 할머님[祖母主] 생신이다. [병석秉錫 군이 그의 할아버지의 병환 소식을 듣고 급히 돌아갔다.]

12월 13일. 수요일. 종일 흐리고 서늘했다. 오시午時 무렵에 비가 조금 왔다. 해 저물 무렵에 삼제參弟가 사제四弟의 옷감[衣次]을 갖고 와서 보았다. 학동鶴洞의 족조族祖께 지난밤에 상사喪事가 났다고 하니, 경악을 이기지 못하겠다. 34전은 솔가지[松枝] 1짐[負].

12월 14일. 목요일. 맑음. 오후에 일과를 마치고 제일학교에 가서 연구회에 참석했다. 해가 저물어 파했다. 조趙, 한韓 두 형과 더불어 병원에 있는 고우高友를 방문하여 문병했다. 삼제參弟가 돌아갔다.

12월 15일. 금요일. 맑음. 70전은 백미. 또 1말[斗]은 1원 43전인데, 뒤에 돈을 주기로 하고 사 왔다.

12월 16일. 토요일. 맑음. 10전은 석유. 학동鶴洞에서 부고訃告가 왔다.

12월 17일. 일요일. 맑음. 오전에 학교에 갔다. 대산암大山巖 공에 대한 강화講話가 있었는데, 곧 이날 국장國葬을 치른다고 한다.[52] 마치고 돌아오니, 조 형趙兄이 방문했다. 오후에 청석여관青石旅館으로부터 나가서 서암西岩 아래를 방문했다. 밤에 조 형趙兄과 함께 고정훈高鼎勳 군을 방문했는데, 밤이 깊어서 돌아왔다. 벗 양홍기梁洪基에게 편지를 부쳤다.

12월 18일. 월요일. 흐리고 차갑다. 노성魯城 윤 우尹友가 방문했다. 함께 풍패관豊沛館에 갔다가 파하고 전송했다.

12월 19일. 화요일. 맑음. 조 형趙兄과 함께 야학회夜學會에 갔다. 마친 뒤에 허헌許憲 씨의 사무소에 가서 담소談笑하다가 돌아왔다. 병석秉錫 군이 와서 보았다. 오후에 잠업강습소蠶業講習所 전람회展覽會에 가서 관람했다.

12월 20일. 수요일. 맑음. 조 형趙兄이 한韓, 이李 두 사람과 함께 방문했다. 상여금賞與金 12원의 문서[狀]가 왔다.

12월 21일. 목요일. 맑음. 월봉은 20원. 그 가운데 교육잡지教育雜誌 대금, 교육회비教育會費, 신사비神社費, 국고금國庫金의 총 70전은 제하고 들어왔다. 일금 8원 84전은 백미 6말[斗] 5되[升]. 1원 42전은 이전에 산 백미 1말[斗] 값으로 지급했다.[53] 48전은 신문[新聞紙] 값 및 석유값. 중부님[仲父主]이 내려오셨다. 시험 삼아 떡 몇 개를 사서 어린아이

---

52 오야마 이와오[大山巖, 1842~1916]는 러일 전쟁 때 일본 육군 사령관으로 활동한 인물로, 1916년 12월 10일에 세상을 떠났다. 일기에서 "大山巖公講話"라고 한 것은, 오야마의 공적을 설명하고 추모하는 행사였을 것이다. 이날이 일요일이었음에도 불구하고 행사를 연 것이다.

53 12월 15일의 일기에 백미 1말을 1원 43전의 후금(後金), 즉 뒤에 돈을 주기로 하고 매입한 기록이 보인다. 여기서는 1원 42전이라고 했는데, 둘 가운데 하나는 오기(誤記)일 것이다.

들에게 나눠주었는데, 서로 그 많고 적음을 따지고 있었다. 이를 보면서 느끼는 바가 있었다.

12월 22일. 금요일. 맑음. 오후 4시 반에 생도 일동을 인솔하여 공북루拱北樓 터에서 추산秋山 대장大將을 맞이했다. 저녁 무렵에 돌아왔다. 62전은 솔가지[松枝] 2짐[負], 10전은 석유.

12월 23일. 토요일. 맑음. 바람이 조금 불었다. 일금 58전 8리는 양홍기梁洪基 군의 전송 비용. 30전은 염료染料.

12월 24일. 일요일. 먼동이 틀 무렵 비가 조금 내렸다. 종일 구름이 끼어 어두웠다. 오전 7시에 일어나서 본교에 갔다. 기숙생寄宿生을 인솔하여 동야옥東野屋 앞에 이르러 기다리다가 추산秋山 대장을 전송했다. 청석여관靑石旅館 및 고정훈高鼎勳 군을 방문했다. 정鄭, 하河 두 분이 방문했다. 오후에 병석秉錫 군과 함께 흑석동黑石洞에 가서 저녁식사를 하고 돌아왔다. 9전은 권지卷紙 1축, 3전은 담배[烟艸].

12월 25일. 월요일. 바람 불고 눈 내림. 12원을 상여금賞與金으로 받았다. 3원은 농작물 판매 건으로 교장에게 납부했다. 5전은 과자. 정충시鄭忠時 군에게 편지를 부쳤다.

12월 26일. 화요일. 바람 불고 눈 내림. 매우 추웠다. 2원은 집세[家貰金]로 납부했다. 36전은 파란콩[靑大豆] 5되[升], 20전은 대구[大口魚] 1마리, 30전은 돼지고기[豬肉], 7전은 나막신[木屐] 1켤레.

12월 27일. 수요일. 매우 추웠다. 아침 일찍 생양동生陽洞 정숙鄭叔이 방문하셨다. 63전은 밀감蜜柑 1상자, 25전은 양말 긴 것 1켤레, 5전은 짚신[草鞋] 1켤레, 30전은 목 띠[項帶] 및 소매 띠[袖帶] 각 1개, 84전은 엽서 56장. 연하장을 써서 각처에 발송했다. 10전은 명자회名刺會

회비.[54] 고 군高君의 병소病所를 방문했다.

12월 28일. 목요일. 맑음. 오전 10시 반에 폐교식閉校式을 거행했다. 조 형趙兄 및 병륙秉陸과 함께 전주역全州驛으로 가서 경편차輕便車를 탔다. 삼례參禮에서 하차하여 점심을 먹고 다시 출발하였는데, 귀가하니 날이 이미 저물었다. 72전은 차비.

12월 29일. 금요일. 맑음. 조 형趙兄과 더불어 학동鶴洞 친척 댁에 가서 조문했다. 생양동生陽洞으로부터 귀가하여, 밤에 한가롭고 길게 이야기했다.

12월 30일. 토요일. 맑고 바람이 불었다. 상자 속에 간직해둔 책을 꺼내서 보았다. 조 형趙兄이 떠났다.

12월 31일. 일요일. 맑고 바람이 불었다. 아침에 출발하여 강경역江景驛에 이르니 이미 오시午時였다. 조 형趙兄이 와서 기다리다가 함께 음식점에 들어가서 요기했다. 신강진新江津에 이르니 뱃사람[船夫]이 점심을 먹느라고 갔다고 하는데, 저물 무렵에도 오지 않았다. 몇 시간을 머무르며 기다리다가 어렵사리 건넜다. 장정長丁에 이르기까지가 30리요, 모두 합하면 70리 길이다. 벗 강봉구姜鳳求의 집에서 조문하고 묵었는데, 여러 해 동안 품었던 이야기인지라 밤이 긴 줄 깨닫지 못할 정도였다. 술과 고기가 있으니 기쁘게 배불리 먹었다. 이 땅은 임천林川이다. 임천林川은 본래 백제 도읍의 속지屬地이다. 옛날 왕조[勝國]의 산하인지라 눈 닿는 곳마다 감흥이 일어났다. 문득 시 1수를 읊었다.

---

54 명자(名刺)는 이름, 주소, 신분 따위를 적은 종이이니, 곧 명함(名銜)이다. 명자회(名刺會)는 곧 명함교환회(名啣交換會)이다.

임천林川 땅은 부여주扶餘州에 속하니,
백제의 성루城壘 이곳에 남아 있네.
눈 내린 석양에 갈 길을 찾노라니,
파진산 아래엔 백마강이 흐르네.

林川地屬扶餘州, 百濟城壘在此區.
雪後斜陽尋去路, 破陣山下白江流.

파진산破陣山은 신라와 당나라 군대가 백제를 칠 때에 이 산에서 진이 깨뜨려진 까닭에 이름이 붙여진 것이라 한다. 백강白江은 곧 백마강白馬江이다.

1917년(단기 4250년)

1917년[정사년丁巳年. 개천開天 4374년. 혹은 4270년이라고도 한다.]

1월

1월 1일. 월요일. 맑음. 아침식사 후에 출발하여 임천 조씨林川趙氏의 시조始祖인 가림백嘉林伯 조천혁[趙赫]의 비석을 지나가며 보았다.[1] 그 무덤인지 아직 분명하지는 않은데, 혹은 세상에 전하기를 왕릉[王塚]이라고도 한다. 그 후손인 충청도 관찰사 조명정趙明鼎이 석곽石槨에서 쇠로 만든 그릇과 옻칠을 한 등명기燈明器를 발견한 것으로 근거를 삼아 지誌를 썼다.[2] 임천林川까지 20리, 다시 한산韓山까지 40리, 모

1 임천 조씨의 시조는 조천혁(趙天赫)이다. 일기에서는 '천(天)'자가 누락된 것이다. 조천혁은 송나라 태조 조광윤(趙光胤)의 손자인 조유길(趙惟吉)의 다섯째 아들이라고 전해지는데, 원래 이름은 조수강(趙守康)이며 송나라 황실 내부의 난을 피해 고려로 건너왔다고 전한다. 고려 현종 때 거란을 물리친 공으로 가림백(嘉林伯)에 봉해졌으며, 임천 조씨의 시조가 되었다. 가림은 곧 임천의 옛 이름이다.

2 조명정(趙明鼎, 1709~1779)은 왕릉이라고도 전해지지만 누구의 것인지 알 수 없는 묘 주변에서 옛 비석 세 조각과 몇 가지 유물들을 발견했는데, 이를 통해 그것이 조천혁의 무덤이라고 확신하였다고 한다. 조천혁의 무덤 앞에 세운 비석은 곧 고려가림백조천혁묘단비(高麗嘉林伯趙公天赫墓壇碑)인데, 그 비문에 무덤을 조천혁의 것이라고 단정한 근거를 기록했다고 한다.

두 60리를 가서 화산리花山里에 묵었다. 주인인 벗 권영식權寧植은 학교에 가서 아직 돌아오지 않았다. 임천林川의 읍터[邑址] 또한 쇠잔하기가 더할 수 없었다. 19전은 양말 1켤레, 8전은 짚신[草鞋] 1켤레.

1월 2일. 화요일. 오후에 눈보라가 쳐서 밤새도록 하늘을 뒤덮었다. 아침에 출발하여 한산읍지韓山邑址 10리에 이르러 학교에 갔다. 벗 권영식權寧植, 김종국金鍾國, 교장 상도평일相島平一을 만나서 한 잔 술을 마시며 송별했다.[3] 서천읍내舒川邑內 30리에 이르러 저녁 식사를 하였다. 지석리支石里 10리에 이르렀는데, 처음 가는 밤길이 구불구불하여 방황하였기에 길 알려줄 사람 하나를 샀다. 송당松堂 선생을 방문하여 뵈었는데, 붉은 얼굴에 성긴 수염은 전년과 다름이 없었다. 다정하게 가르침을 베푸시니 밤이 이미 깊었다. 20전은 밥값, 7전은 짚신[草鞋]. 지석리支石里는 혹은 화오리禾伍里라고도 일컬어진다. 또한 인정人丁의 배산임수背山臨水라고도 한다.[4]

1월 3일. 수요일. 눈보라가 어제와 같다. 아침에 출발하여 다시 서천舒川에 이르렀다. 고 선생高先生을 방문했지만 만나지 못했다. 용당진龍塘津 20리에 이르니, 작은 증기선蒸氣船이 바야흐로 물을 건너려 하기에 급히 그 배에 올랐다. 15분 사이에 물을 건너 군산群山에 이르렀다. 중국인의 책사冊肆인 순흥의順興義를 방문하여 24사二十四史 1질과 『서상기西廂記』 1질을 샀는데, 모두 70전이었다. 정거장에 이르러 몇 시간을 머무르며 기다리다가 윤상언尹相彥 군을 만날 수 있었는데, 곧바

---

3 여기서 언급한 학교는 한산공립보통학교인 듯하다. 1917년에 한산공립보통학교의 교사는 4명이었는데, 여기서 언급된 3명 이외에 박래윤(朴來閏)이 근무하고 있었다.

4 인정(人丁)은 인물이며, 배산임수(背山臨水)는 산을 등지고 물을 바라보는 지세를 뜻한다. 곧 지석리가 뛰어난 인물이 많이 날 명당이라고 이야기된다는 말이다.

로 작별하고 기차에 올랐다. 이리裡里에 이르러 경편차輕便車에 들어갔는데, 양홍기梁洪基 군을 만났다. 전주全州에 이르니 이미 10시였다. 1원 28전은 차비이다. 18전은 밥값. 돌아오는 길에 시 1수를 읊었다.

한 길 눈이 쌓인 강산,
호남과 호서 사이를 걸어 나왔네.
오직 지극히 찬 공기만 있으니
크게 숨 한 번 들이쉬고서 돌아왔네.

尺積雪江山, 步出兩湖間.
惟有極寒氣, 浩然一吸還.

1월 4일. 목요일. 맑음. 추위가 매우 심하다. 청석여관靑石旅館과 서암西岩 아래를 방문했다가 밤에 돌아왔다.

1월 5일. 금요일. 맑음. 고우高友의 병소病所 및 녹자목鹿子木 주임과 수산守山 씨의 집, 유장석柳璋錫 군을 방문했다.

1월 6일. 토요일. 맑음. 대정정大正町에 가서 이발을 했다. 정충시鄭忠時 군으로부터 편지 및 『척주동해비陟州東海碑』가 왔다.[5]

1월 7일. 일요일. 눈보라. 오후에 정기용鄭機用 씨가 방문했다. 또 김金, 하河 두 선생이 방문했다. 병석秉錫과 함께 흑석동黑石洞에 가서 저녁식사 후에 돌아왔다. 50전은 솔가지[松枝] 1짐[負]. 병륙 아우[陸弟]가

5 『척주동해비(陟州東海碑)』는 독특한 전서(篆書)로 이름이 높은 조선후기의 명필 미수(眉叟) 허목(許穆, 1595~1682)의 대표작이다. 1709년에 세운 비문의 탁본이 다수 전한다.

왔다.

1월 8일. 월요일. 큰 눈이 내렸다. 근년近年에 처음 보는 양의 눈이 쌓였다. 눈보라가 하늘을 뒤덮었다. 교장 대원大原 씨가 귀가했다. [줄포茁浦에서 아버님이 내려주신 편지가 왔다.]

1월 9일. 화요일. 눈이 조금 내렸다. 사룡四龍을 진곡眞谷에 돌려보냈다. 노자[路費] 12전을 주었다. 밤에 서문西門 밖 예배당禮拜堂의 음악회音樂會에 참석하여 음악을 들었다. 연금捐金으로 10전을 냈다. 음악원音樂員은 숭실학교崇實學校에서 왔다.

1월 10일. 수요일. 맑음. 체조體操 시간에 3·4학년생으로 하여금 얼음과 눈 위에서 수삼십數三十 정町을 맨발로 구보하도록 했다.[6] 또 상관上關 입구의 맑은 시냇가에서 냉수목욕冷水沐浴 시범을 보였다. 10전은 석유. [군산群山의 중국 상인[華商] 서점[書肆]에 편지를 부쳤다.]

1월 11일. 목요일. 맑음. 오후 3시에 제일학교에 가서 교재 연구를 했다. 고우高友의 병소病所를 방문했다.

1월 12일. 금요일. 맑음. 은동隱洞 및 줄포茁浦에 편지를 부쳤다. 20전은 엽서 및 우표[切手].

1월 13일. 토요일. 맑음. 일금 70전으로 밀감蜜柑 1상자를 사서 김병직金炳稙 군에게 부쳤다. 이훈李燻, 강봉구姜鳳求, 권영식權寗植, 김종국金鍾國, 상도평일相島平一에게 편지를 부쳤다. 서암西岩 아래에 갔다. 44전은 솔가지[松枝] 1짐[負].

1월 14일. 일요일. 맑음. 조금 따뜻하다. 눈이 녹았다. 은동隱洞 및 윤숙尹叔으로부터 편지가 왔다. 44전은 솔가지[松枝] 1짐[負].

---

6 정(町)은 거리의 단위로, 약 109.1m에 해당한다.

1월 15일. 월요일. 맑음. 오후 4시에 제일교 동창회에 갔다. 간친회懇親會를 의결했다. 70전은 시장에서 썼다.

1월 16일. 화요일. 맑고 춥다. 일이 조금 줄었다. 은동隱洞 및 정충시鄭忠時 군에게 편지를 부쳤다.

1월 17일. 수요일. 맑았다가 흐림. 외숙님[外叔主]께 편지를 부쳤다.

1월 18일. 목요일. 맑음. 오후에 제일학교 연구회에 갔다.

1월 19일. 금요일. 맑음. 조 형趙兄이 와서 보았다.

1월 20일. 토요일. 맑음. 75전은 백미 5되[升], 16전은 갈자리[蘆席] 1개, 20전은 돼지고기[豬肉], 20전은 붓[毛筆] 값, 9전 6리는 백로지白露紙 4장. 오후 2시에 제일학교에서 열린 4개 학교 연구회[四學校硏究會]에 갔다. 모임이 파하니 6시 무렵이었다. 조 형趙兄과 함께 정척鄭戚을 방문했다. 중부님[仲父主]이 내려오셨다.

1월 21일. 일요일. 맑음. 정척鄭戚이 방문했다. 고 군高君이 정오正午에 세상을 떠났다.

1월 22일. 월요일. 맑음. 월봉月俸을 받았다. 서상목徐相睦 씨로부터 2원을 거두어들였다. 5원은 저금. 1원 14전은 와세다대학교 출판부[早稻田大學出版部]에 부쳤다. 일금 10원 53전 6리는 백미 7말[斗], 30전은 돼지고기[豬肉], 16전은 청어青魚 4마리, 16전은 곶감[乾柹] 100개. 50전은 국고금[國庫] 및 교육회教育會에 납부한 돈이다. 중부님[仲父主]이 행차를 돌리셨다. 병륙秉陸 또한 귀가했다. 오후 4시에 완산사完山寺에 가서 고 군高君의 유골을 장사지내는 데 참여하였다. 참으로 장부丈夫의 슬픈 정을 참기 어려웠다. 양 우梁友로부터 편지가 왔다. 20전은 석유. 신동조申東朝로부터 대구[大口魚] 2마리, 권창식權昌植으로부터 민어民魚 1마리, 서창용徐昌容으로부터 곶감[乾柹] 100개가 왔다. 정척鄭

戚 댁을 방문했다. 유광석柳光錫 군을 방문했지만, 만나지 못했다.

1월 23일. 화요일. 맑음. 정사년丁巳年 원월元月 원일元日이다. 일찍 학교에 나가서 출석出席을 기입했다. 임시 휴업. [정사년丁巳年]

1월 24일. 수요일. 맑음. 이연파李蓮坡 어르신 및 춘사春史 선생을 방문했다. 70전은 솔가지[松枝] 1짐[負].

1월 25일. 목요일. 맑음. 오전 7시에 전주역全州驛에 갔다. 오후 5시에 다시 같은 역에 갔다. 박윤병朴允秉 및 고故 고정훈高鼎勳 군의 유골遺骨을 전송했다. 이용대李鎔大 군 및 유장석柳璋錫 군을 방문했다.

1월 26일. 금요일. 맑음. 대원大原 교장이 돌아왔다. 김종국金鍾國 군으로부터 편지가 왔다. 60전은 솔가지[松枝] 1짐[負]. 정척鄭戚을 방문했다.

1월 27일. 토요일. 흐렸다가 갬. 오후에 제일학교 동창회同窓會 및 간친회懇親會에 갔다. 허헌許憲 씨를 방문했다. 돌아오는 길에 정 선생鄭先生을 방문했지만, 만나지 못했다. 48전은 솔가지[松枝] 1짐[負].

1월 28일. 일요일. 맑음. 이용대李鎔大 군이 방문했다. 함께 흑석동黑石洞에 갔다. 정충시鄭忠時 군으로부터 편지가 왔다.

1월 29일. 월요일. 맑음. 밤에 눈이 조금 내렸다. 5전은 신사비神社費.

1월 30일. 화요일. 맑음. 와세다대학교[早稻田大學]로부터 『세계사世界史』 제8권이 왔다.[7]

1월 31일. 수요일. 맑음. 추위가 아직도 혹독하다. 15전은 교육잡지教育雜誌 대금.

---

7 와세다대학교에서 간행한 통속세계전사(通俗世界全史)의 제8권은 중도고도(中島孤島)가 쓴 『봉건시대사(封建時代史)』이다.

2월

2월 1일. 목요일. 맑음. 오후 3시에 제일학교 연구회研究會에 갔다. 46전은 청어靑魚 20마리. 다만 10마리는 조 형趙兄 댁에 보냈다. 은동隱洞으로부터 편지가 왔다. 박윤병朴允秉 씨로부터 편지가 왔다.

2월 2일. 금요일. 맑음. 이발비는 20전. 80전으로 『목민심서牧民心書』를 매입했다.

2월 3일. 토요일. 맑음. 오후에 직원회의가 있었다. 동 5시부터 화원정花園町에 가서 황후皇后의 진영眞影을 맞이하였다. 10전은 김[海衣] 1첩帖. 2원은 집세[家貫金]로 납부했다.

2월 4일. 일요일. 맑음. 양홍기梁洪基 군과 한종석韓鍾錫 군이 방문했다. 병륙秉陸이 왔다.

2월 5일. 월요일. 맑음. 각처로 진영眞影을 보냈다.[8]

2월 6일. 화요일. 맑음. 경성에서 보낸 시찰視察하는 이가 학교에 왔다. 전월의 숙직료로 1원 30전이 왔다.

2월 7일. 수요일. 맑음. 박사博士 족숙族叔으로부터 편지가 왔다.

2월 8일. 목요일. 맑음. 제일학교에 가서 연구를 했다.

2월 9일. 금요일. 맑았다가 흐림. 눈이 조금 내렸다.

2월 10일. 토요일. 맑음. 김기룡金起龍 및 오수동吳壽同을 방문했다. 도서관에 갔다.

2월 11일. 일요일. 맑음. 소학교에서 기원절紀元節 축하회祝賀會가

---

8 이틀 전인 3일 토요일에 받아 온 "황후(皇后)의 진영(眞影)"을 여러 곳으로 보낸 것으로 보인다.

있었다. 종형從兄이 왔다.

2월 12일. 월요일. 눈. 20전은 북어北魚.

2월 13일. 화요일. 눈. 조금 개었다. 줄포茁浦의 아버님 앞으로 편지를 올렸다. 30전은 시장에서 썼다. 6원은 백미를 매입했는데, 곧 병석秉錫이 내놓은 돈이다. 종형從兄이 귀가했다.

2월 14일. 수요일. 맑음. 갑자기 날씨가 바뀌어 따뜻해졌다. 눈이 녹아서 물이 넘쳤다.

2월 15일. 목요일. 맑음. 생원生員 이한경李漢京 씨가 방문했다. 병덕秉德 군으로부터 편지가 왔다.

2월 16일. 금요일. 흐리고 따뜻함. 얼음과 눈이 녹아서 물이 넘치니, 도로가 진창이 되었다.

2월 17일. 토요일. 흐리고 비, 또한 바람이 불었다. 도서관에 갔다 왔다. 회동서관[滙東書]과 숭산당嵩山堂에 편지를 부쳤다.

2월 18일. 일요일. 맑음. 이 선생李先生을 방문했다. 10전은 석유.

2월 19일. 월요일. 맑음. 일금 50전은 솔가지[松枝] 1짐[負]. 김상수金尙洙가 방문했다.

2월 20일. 화요일. 맑음. 일기가 온화하다. 70전은 김치[沈菜] 및 소고기[牛肉].

2월 21일. 수요일. 맑음. 월봉月俸 가운데 1원 75전은 학교 교육회비[校敎會費]로 들어갔다. 2원은 백낙륜白樂倫 씨 가옥의 집세로 부쳤다. 1원 90전은 『국조인물지國朝人物誌』 및 『흠흠신서欽欽新書』 1부部.

2월 22일. 목요일. 맑음. 오후 3시 반 제5교시 수업 중에 기숙사에서 불이 났다. 각 관서 및 저자의 사람 약 천 명이 삽시간에 구름처럼 모여들었다. 수비대守備隊 및 소방대消防隊 등이 본교의 직원, 생도 및 제일학교의 직원, 생도와 공동으로 힘을 다하였는데, 동 5시에 불을 껐다. 석유는 10전.

2월 23일. 금요일. 맑음. 1원 14전은 와세다 출판부[早稻田出版部]에 부쳤다. 1원 10전은 솔가지[松枝] 2짐[負] 및 조기[石魚].

2월 24일. 토요일. 맑음. 30전은 신보申報 값. 청석여관靑石旅館 주인을 방문했다. 소고기[牛肉]는 10전.

2월 25일. 일요일. 맑음. 이발. 도서관에 갔다. 이 선생李先生을 방문했다. 벗 유광석柳光錫이 방문했다.

2월 26일. 월요일. 맑음. 20전은 교지기[校直] 어린아이에게 주었다. 30전은 신보申報 대금.

2월 27일. 화요일. 맑음. 10전은 새우젓[鰕醢] 1그릇[器]. 신문관新文館으로부터 『동경지東京誌』 1책이 왔다.[9]

2월 28일. 수요일. 맑음. 유광석柳光錫 군이 방문했다. 정척鄭戚에게 병문안을 갔다.

3월

3월 1일. 목요일. 맑음. 제일학교 연구회硏究會에 갔다.

9 『동경지(東京誌)』는 경주의 지지(地誌)인데, 이후에 여러 차례 증보되면서 주로 '동경잡기(東京雜記)'라는 이름으로 유통되었다. 1910년에는 일본인들이 중심이 된 조선고서간행회(朝鮮古書刊行會)에서 간행했고, 1913년에는 조선광문회에서 활자본으로 간행했다. 여기서는 신문관(新文館)에서 책이 왔다고 했으니, 아마도 1913년의 조선광문회 활자본 『동경잡기』일 가능성이 높은 듯하다. 다만 현재 가람문고에는 이 책이 보이지 않는다.

3월 2일. 금요일. 맑음. 서문밖 책사冊肆에 갔다. 일금 4원 76전은 백미 3말[斗] 5되[升]. 1원 20전은 여기저기 썼다.

3월 3일. 토요일. 맑음. 정척鄭戚을 방문해서 보았다. 도서관에 갔다. 30전은 장값[醬價]으로 썼다.

3월 4일. 일요일. 맑음. 조 형趙兄과 함께 정척鄭戚, 유 우柳友, 이 우李友를 방문해서 만났다. 밤에 유광석柳光錫 군이 방문했다.

3월 5일. 월요일. 맑음. 병석 아우[秉錫弟]가 집에서부터 왔다. 80전은 신문지를 내다 팔았다.

3월 6일. 화요일. 맑음. 병석 아우[釋弟]가 줄포茁浦로 갔다. 아버님께 올리는 편지를 부쳤다. 일관一丱이 뒤에 왔다가 쫓아갔다. 3원 10전은 생도용의 반지半紙 대금으로 전환상점田丸商店에 지급했다. 30전은 병석 아우[釋弟]에게 주었다. 1원 32전으로 『연려실기술』 별집[燃藜述別集]을 청구請購했다.[10]

3월 7일. 수요일. 맑음. 김필수金弼洙 군으로부터 편지가 왔다. 14전은 정척비井滌費. 10전은 이웃 노파에게 빌려주었다.

3월 8일. 목요일. 맑음. 대부大父께서 내려오셨다. 중부님仲父主이 내려오셨다.

3월 9일. 금요일. 흐림. 문명서관文明書館에 편지를 부쳤다.

3월 10일. 토요일. 맑음. 밤에 흑석동黑石洞에 갔다.

3월 11일. 일요일. 맑았다가 흐림. 조 형趙兄과 더불어 이 선생李先生

---

10 일기 원문의 "연려술(燃藜述)"은 이긍익(李肯翊, 1736~1806)의 『연려실기술(燃藜室記述)』을 뜻하는 말로 보인다. 현전하는 필사본 가운데에는 표제(表題)가 "연려술(燃藜述)"로 기록된 사례도 보인다. 『연려실기술』의 별집(別集)에는 전례, 문예, 천문, 지리, 대외관계 등의 내용이 실려 있다.

을 가서 보았다. 도서관에서 돌아와서 흑석동黑石洞에 갔다.

3월 12일. 월요일. 맑음. 일금 36전은 솔잎[松葉] 1짐[負].

3월 13일. 화요일. 맑았다가 흐림. 10전은 새우젓[鰕醢]. 신문관新文館으로부터 『연려실기술燃藜室記述』 별집別集 3책이 왔다.

3월 14일. 수요일. 흐리고 비 조금. 광학서포廣學書舖에 편지를 부쳤다.

3월 15일. 목요일. 맑음. 문명서관文明書館에 편지를 부쳤다. 삼제參弟가 와서 보았다.

3월 16일. 금요일. 맑음. 벗 정충시鄭忠時로부터 편지가 왔다. 삼제參弟가 돌아갔다. 30전은 약값.

3월 17일. 토요일. 맑음. 10전은 소고기[正肉]. 35전은 땔감[薪] 1짐[負].

3월 18일. 일요일. 비. 문명서관文明書館으로부터 편지가 왔다.

3월 19일. 월요일. 흐림. 김상만金相萬으로부터 서목書目 및 엽서가 왔다. 30전은 시장에서 썼다.

3월 20일. 화요일. 맑음. 김상만金相萬에게 편지를 부쳐서 『동국명산기東國名山記』 1부를 청구請購했다.[11]

3월 21일. 수요일. 맑음.

3월 22일. 목요일. 맑음. 어제가 황령제일皇靈祭日이었던 까닭에 오늘 월봉月俸을 받았다. 1원은 회비會費 및 여러 가지 비용[雜費]. 1원 30

11 『동국명산기(東國名山記)』는 성해응(成海應, 1760~1839)이 편찬한 책이다. 1909년에 일한서방(日韓書房)에서 간행한 번각본(飜刻本)이 다수 유통되었으며, 가람문고에도 이 판본이 남아 있다. 도서번호는 〈가람古 915.1-Se65d〉 이다.

전은 고곡古谷 선생의 연회비용[宴會費].[12] 3원은 백미 값.

3월 23일. 금요일. 맑음. 7원 10전은 백미 5말[斗], 50전은 홍어洪魚 1마리. 줄포茁浦에서 내려주신 편지가 있었는데, 일관一փ 편으로 왔다. 곧바로 답하여 편지를 올렸다. 10전은 등기[書留]에 썼는데, 전답증명田畓證明의 건을 올렸다.

3월 24일. 토요일. 흐림. 오후에 전주경찰서全州警察署에 불려갔다. 역사류歷史類의 책을 갖고 있는지 여부를 심문했다. 몇 시간 뒤에 순사巡査 2인과 함께 집에 돌아왔는데, 하나하나 수색하여 『동의록同誼錄』 및 『신단실기神檀實記』를 빼앗겼다. 비단 우리집만이 아니었으니, 교사 오륙 명의 집이 각기 이와 같았다. 동료同僚 이희태李希泰 군은 『고조선사古朝鮮史』를 빼앗겼는데, 변론하여 풀려났다.[13]

3월 25일. 일요일. 제법 춥다. 오후 5시에 일동이 화원정花園町으로 나가서 총독總督이 오는 것을 맞이하였다.

3월 26일. 월요일. 맑음. 오전 7시에 학교에 나가서 책상과 걸상을 정리하였다. 이로 인해 면모가 완전히 바뀌었다.[14] 총독이 와서 보았다. 곧 생도 일동을 인솔하여 구보로 정거장에 가서 총독을 전송하고 돌아왔다. 시간이 이미 오시午時였다. 아침밥이 곧 점심밥이었다. 오후 2시

---

12 고곡(古谷)이 누구인지는 분명하지 않지만, 경성고등보통학교의 교유(教諭)로 있었던 고곡전일(古谷傳一)일 가능성이 있다.

13 이희태(李希泰)는 가람과 함께 전주 제이공립보통학교에 교사로 근무했다. 이희태에 대해 언급한 부분은 뒤에 가필된 것으로 보이는데, 아마도 얼마 뒤에 소식을 듣고 이를 기록했을 듯하다. 이 문장에는 본문 옆에 가필한 까닭에 판독이 어려운 글자가 있는데, 확인되는 글자들을 통해 대략의 뜻을 짐작할 수 있다.

14 원문은 "因反換葉"이다. "환엽(換葉)"은 이근환엽(移根換葉) 즉 뿌리와 잎을 바꾸듯이 완전히 모습이 달라진 것을 이르는 말이다.

에 졸업식을 거행했다. 『동국명산기東國名山記』가 왔다.

3월 27일. 화요일. 맑음. 오전 7시에 정거장에 갔다. 병륙秉陸 및 평송금차平松金次 군을 전송했다.[15] 26전은 차비. 4원으로 그 동안에 빌린 돈을 갚아주었다. 도청道廳과 소학교小學校에 갔다.

3월 28일. 수요일. 맑음. 종일 틀어박혀 있었다. 55전은 잡비雜費.

3월 29일. 목요일. 맑음. 종일 문을 닫고 나가지 않았다.

3월 30일. 금요일. 맑음. 종일 두문불출杜門不出.

3월 31일. 토요일. 맑음. 18전은 인쇄지印刷紙 100장.

승운정기勝雲亭記

내가 약관弱冠일 때에, 집에서는 여러 빈객을 청하여 장차 삼가三嘉의 예를 행하고자 하였다.[16] 그렇지만 집이 좁은데다 정원과 뜰은 퇴락하여 무릎을 움직이기도 어려울 지경이었다. 이에 정자 하나를 엮었다. 그 잔치를 베푸는 날에는 빼어난[勝] 벗과 빈객賓客들이 구름[雲]처럼 모여들어 서로 더불어 기뻐하며 손뼉을 쳤다. 이로 인하여 그 정자의 이름을 승운勝雲이라고 하게 되었다. 해는 천호산天壺山에서 솟아나고,[17] 구름은 용악龍岳으로 돌아간다. 꽃[花卉]은 피어서 그윽한 향

---

15 평송금차(平松金次)는 전주 제일공립보통학교의 교사로 근무하고 있었다.

16 "삼가(三嘉)의 예"는 관례(冠禮)를 뜻하는 말이다. 관례는 삼가례(三加禮)라고도 하는데, 세 가지의 관건(冠巾)을 차례로 씌우는 형식을 취하여 각기 초가(初加), 재가(再加), 삼가(三加)라 이르기 때문이다.

17 천호산(天壺山)은 완주군 비봉면과 익산시 여산면에 있는 산이다.

기를 내고, 연못은 깊어서 서늘하다. 소나무 사이의 달은 맑고도 밝으며, 눈 덮인 대나무는 영롱하다. 그렇지만 빼어난 벗들의 모임이 어찌 한가한 날의 초대에서 말미암는 데 그칠 뿐이겠는가? 절로 풍치를 즐기는 선비에게 사랑받는 바 있을 것이요, 특히 이 정자에서는 많은 모임이 베풀어질 것이로다. 그 이름을 짓는 것이 마땅하였으니, 그 기문을 짓는 것이 또한 없을 수는 없도다. 그런 까닭에 이에 기문을 쓴다.

승운정시[仝詩]

용화산龍華山 아래 승운정勝雲亭에는
매화, 국화, 참죽과 원추리가 어지러이 뜰을 가득 메웠네.
꽃나무가 전하길 봄은 한 빛이라 하지만
훈훈한 바람 끊이지 않으니 사계절이 향기롭네.

龍華山下勝雲亭, 梅菊椿萱亂滿庭.
花樹相傳春一色, 薰風不絶四時馨.

한밤중에 일어나 앉아서[夜半起坐]

높은 누각 위에 홀로 앉으니
산하엔 밤기운이 맑도다.
기쁘게 깊이 호흡하면서
내 백 년의 정을 기약해보네.

獨坐高樓上，山河夜氣清.
欣然深呼吸，期我百年情.

빗속을 가다[雨中行]

번개 번쩍이고 우레 울려 천지가 흔들리고
미친바람에 거센 비가 옷깃을 때리네.
씩씩한 맨발에 진흙탕의 길이지만
오히려 만 리를 달려갈 마음이 있네.

電閃雷鳴天地動，狂風暴雨打衣襟.
軒軒赤脚津津路，猶有長驅萬里心.

우연히 읊다[偶吟]

산과 수풀은 호랑이의 집이요,
강과 바다는 어룡의 궁궐이라.
저 같은 한 소년이
천지 가운데 소요하는도다.

山林虎狼宅，河海魚龍宮.
如許一少年，逍遙天地中.

장난삼아 짓다[戲題]

울타리 아래엔 뱀과 전갈이 오고,
뜰 앞엔 호랑이와 이리 웅크렸네.
주인은 문 닫고 앉았으니,
필시 대담한 말 하리로다.
籬下蛇蝎至, 庭前虎狼蹲.
主人閉戶坐, 絶作大膽言.

『송구봉선생집』을 읽고[讀宋龜峰先生集]

지극하도다 성현의 일이여,
어찌 감히 시비를 말하겠는가.
이름을 바로잡아 무실務實을 일로 삼았고
분수를 따라 스스로 기미에 편안해했네.
선생의 사업은 이미 지나갔지만
사학斯學은 누가 능히 빛내겠는가.
넓고 넓은 천지는 크고
밝고 밝은 일월은 빛나네.
하루아침에 복과 화를 입으니,
수레 구르지 못해 끝내 휘날리지 못했네.
그때엔 지기知己가 적었으니
후세에도 또한 전하는 일 드무네.
옛사람 마음을 가히 알겠으니

책 덮고 오랫동안 탄식하게 되네.

至哉聖賢事, 何敢言是非.
正名事務實, 隨分自安機.
先生業已去, 斯學誰能徽.
浩浩乾坤大, 昭昭日月輝.
一朝被福禍, 輒軻終不揮.
當年知己少, 後世亦傳稀.
古人心可見, 掩卷久歎噫.

이해에 스물 일곱이라, 느낀 바 있어서 짓다[時年二十七, 有感.]

제갈량은 포의布衣로 한나라 왕실로 갔고,
[제갈량諸葛亮은 27세에 융중隆中에서 일어났다.]
나폴레옹은 갑옷 입고 이태리 정벌군을 이끌었네.
[나폴레옹[拿破崙]은 27세에 이태리 원정군伊太利遠征軍의 총대장總大將이 되었다.]
어지러이 좇으며 소씨는 문장학을 익혔는데,
[소노천蘇老泉은 27세에 문장을 배우기 시작했다.[18]]
고요히 산하를 바라보니 만리萬里의 구름이라.
[무릇 지금 20세기에는 중국[支那]에서는 대혁명大革命이 일어나고, 서구西歐는 대전쟁大戰爭 중이다.]

18 소노천(蘇老泉)은 곧 당송팔가의 한 사람인 소순(蘇洵)이다.

諸葛布衣赴漢室, 奈翁甲冑總伊軍.

謾放蘇氏文章學, 靜觀山河萬里雲.

구일기초

舊日記抄*

1910. 4. 5.~1911. 8. 31.

* 「舊日記抄」, 『現代文學』 3권 2호, 1957. 2.
이 글은 나중에 발표한 가람의 「구일기초(舊日記抄)」 중 한문일기에 해당하는 부분만 발췌하여 여기에 실은 것이다.

구일기초(舊日記抄)[1]

1910년(단기 4243년)

4월

4243년 4월 5일. 고산高山 고성리古城里 누님 집을 갔었다. 전주공립보통학교장全州公立普通學校長에게서 내가 한성사범학교입격통지漢城師範學校入格通知가 왔다 함을 그 이튿날 듣고 바루 돌아와 서울 갈 준비準備를 하였다.

동월 8일. 비는 오는데 당나귀를 타고 칠십 리七十里이나 달려가 두계豆溪 옆 은동隱洞 처가妻家에서 자고 또 사십 리 되는 태전太田 가 잤다.

동월 10일. 오전午前 7시 30분 서울 가는 기차汽車를 탔다. 차車 삯은 이 원二圓 팔십八十 전錢. 나는 기차汽車도 첨 보고 타기도 첨이다. 다른 승객乘客을 따라 차표車票도 샀었다. 백십百十 리里 당나귀 등에서

1 「구일기초舊日記抄」, 『현대문학』 3권 2호, 1957. 2. 한문일기 부분.

벗어졌던 엉덩이도 이 차車 속에서는 약간若干 아물어 들고 창窓 밖으로는 바라보이는 좌우左右의 색다른 풍경風景이 나를 현훈眩暈케 하고 여섯 시간 남짓하여 남대문역南大門驛에 이르렀다. 나는 보따리 하나를 들고 내려 구름다리 층층대를 넘어 출찰구出札口로 나섰다. 나를 맞는 이는 여관旅館집 머슴들이다. 서로 덤비어 내 보따리를 빼앗으려 한다. 마치 함진아비의 경마싸움과 같다. 그러나 다섯 손가락에 힘을 다드려 보따리를 꼭 잡고 화용도華容道 같은 그 곳을 벗어나 숭례문崇禮門으로 들었다. 실은 정한 여관旅館도 없으매 참한 한 여관旅館을 찾으려 하였다. 한 총각이 따라오더니 여관旅館을 찾으신다면 퍽 좋은 여관旅館이 여기 있으니 가십시다 하고 나를 친절히 인도引導한다. 나는 따라갔다. 한 샛골목으로 들어가 보니 가운데는 마루 한 칸 그 좌우左右로는 조그만한 방인데 방마다 이삼십二三十 되어 뵈는 부랑자浮浪者 같은 놈들이 전염병실傳染病室의 병자病者처럼 가득 들어누어 있었다. 그 중에는 머리를 들고 내다보는 놈도 있으며, 어서 들어오시오 하기도 한다. 나는 묵묵히 마루귀틀에 걸어앉아서 보따리만 잡고 있었다. 그리고 가만히 도피逃避할 꾀를 생각하였다. 방에 누었던 한 놈 두 놈 점점 일어나오며 이어 수작을 건넨다. 나는 수응하면서

"예서 한성사범학교漢城師範學校가 삼사십 리 됩니까?"

한즉

"꼭 삼십 리입니다."

한다.

"그러면 나는 한성사범학교漢城師範學校 재고시험再考試驗을 보러온 지라 그 근처近處로 가서 여관旅館을 정하여야겠소"

하고 보따리를 들고 일어서 슬멍슬멍 나왔다. 걸음은 더욱 잦았다. 그

골목을 벗어나자마자 뭇놈들이 쫓아나오며 갖은 욕설辱說을 다한다. 나는 모른 척하고 큰길로 나서 여러 행인行人 속에 섞여 갔다. 대사동大寺洞 대동기숙관大東寄宿館(지금 풍문고녀豊文高女 앞)을 종로 3가鍾路三街로 들어 빙빙 돌아갔다. 게는 벽돌집으로서 여러 방이 있으며 방에는 마침 입학시험入學試驗보러온 학도學徒가 많았다. 예서는 그 동지同志들과 안심安心 않을 수 없었다.

동월 12일. 당나귀 탄 둔종臀腫을 양약洋藥으로 다스렸다.

동월 14일. 오전午前 9시九時부터 오후午後 2시二時까지 재고시험再考試驗 즉 한문漢文, 일어日語, 체격검사體格檢査인데 빨가벗은 몸은 몸으로 이 시험장試驗場에서 나의 자형姊兄 조춘원趙春元을 만났다. 한동안 소식消息을 몰랐다가 그렇게 만나게 되니 그 순간瞬間엔 서로 맥맥하였을 뿐이었다. 그리고 또 고향故鄕 친구며 동창학우同窓學友들도 만났었다.

동월 16일. 중부대사동中部大寺洞 19통十九統 9호九戶 김진우金鎭雨 씨氏 집 사범학원師範學員 기숙사寄宿舍로 들었다.

5월

동5월 5일. 대황제폐하大皇帝陛下께서 동대문東大門 밖에 친경親耕를 하신다 하여 본本 사범학원師範學員 몇 사람만 먼저 갔었고 학원學員 일동一同은 오후午後 한 시 동대문東大門을 나서 지영祇迎하였다.

동월 13일. 매일신문每日新聞에 혜성설彗星設이 발표發表되어 인심人心을 소동하더니 과연 그 이튿날 아침에 큰 별이 동천東天에 떠서 그

꼬리가 중천中天까지 꿰뚫었다.

6월

동6월 5일. 호남학회관湖南學會館 호남학생친목회총회湖南學生親睦會總會를 가보았다. 임시회장臨時會長은 박병철朴炳哲로서 회장會長에 이은영李殷永 부회장副會長에 유성수柳星秀 총무總務에 허강許鋼이 천정薦定되었다.

7월

동7월 20일. 이동泥洞 윤상덕尹相德이 줄포茁浦서 내 가친家親에게 몇십 원을 꿔어 쓰고 와 내게 갚아주기로 하였다. 그동안 몇십 번 찾아가 독촉督促하였으나 매양 내일 내일로 미루다가 오늘은 꼭 가져 오기로 약속約束하였다. 종일 기다려도 아니 온다. 또 가서 본즉 또 가지고 온다고 한다. 밤에 또 갔더니 문門를 걸어 잠그고 천호만호千呼萬呼하여야 아무 대답도 없었다.

동월 21일. 오전午前 두 시에 일어나 소공동小公洞 이석현李石峴 씨氏 댁으로 가서 대문大門을 두드렸더니 골마리를 추껴들고 나왔다. 오늘 귀성歸省하겠다 하고 윤상덕尹相德에게 속은 일을 말한즉 3원三圓을 꿔어준다. 8시八時 남대문역南大門驛에 이르러 김천단체차金泉團體車에 올라 점심때쯤 하여 태전太田서 내렸다. 학우學友 6인六人과 함께 호명선扈明善 집으로 들었다. 연일連日 장마 끝에 홍수洪水가 났다. 호명선扈明善 집에도 중방 밑까지 물이 지내갔다. 방이 축축하여 앉을 수도 없다. 민대 방석을 깔고 점심을 먹고 우리 일행一行은 떠나려 하여 앞의 버드내물을 건늘 수 있겠느냐 한즉 머슴애놈이 나갔다 오더니 누가 건느다가 빠져 죽었다고 한다. 그러나 우리는 가 보아서 못 건느게 되면 그 곁에서 자겠다 한즉 지난밤에게서 도적이 났다 하며 자기 집에서 자고 가라고 한다. 그러나 우리는 짐군 하나를 데리고 나섰다. 홍순사洪巡査를 만나 동행同行. 버드내에 이르렀다. 옷들을 벗고 서로 손을 잡고 물에 들었다. 수심水深은 5척五尺 가량이고 물살이 퍽 세었다. 일행一行 중中 키가 가장 작은 신표성愼杓成 군君은 물고동처럼 오르락 나리락 하며 물살에 밀리기도 한다. 우리는 발들을 모래자갈에 힘주어 디디며 반달형으로 냇물을 비껴 건너갔다. 그 다음 가수원可水原에서는 배를 타고 건너서 달이 중천中天에 밝았을 때 두계豆溪에 이르러 홍씨상점洪氏商店 집에서 잤다.

동월 22일. 행구行具는 모다 홍 씨洪氏 집에 임치任置하고 내 명함名啣을 주며 홍 씨洪氏의 명함名啣을 물은즉 대답지 않고 후일 찾아갈 때 내 명함名啣만 보내어 두계豆溪 새로 지은 홍 씨洪氏 집으로만 찾게 하라한다. 일행 一行은 연산읍내連山邑內에 이르러 큰비를 만나 김응팔金應八 집으로 들어 피우避雨하다가 인하여 유숙留宿했다.

동월 23일. 일행一行 숙사비宿舍費에 91전九一錢이 모자랐다. 이걸 다 주고 가자하여 연산군수連山郡守에게 꿔자 하고 교섭위원交涉委員 두엇을 선정選定하여 교섭交涉한 바 군수郡守는 월봉月俸이 아직 오지 않아 할 도리가 없다고 거절拒絶한다. 이런 사실事實을 주인主人이 알고 그만한 일을 군수郡守께까지 알렸다 하고 야단이다. 이후 그 돈을 보내주겠다 하고 우리는 떠나 마구평馬九坪 아호鵝湖에 이르렀다. 비는 더욱 몹시 쏟아진다. 주막酒幕집 처마 밑으로 들어섰다. 마침 일인日人이 우체소포郵遞小包를 이 주막酒幕 집 마당에 잔뜩 쌓아 놓았던 것이 비에 다 젖게 되었다. 일인日人은 이 소포小包들을 이 집 방으로 옮기려하나 말이 잘 통하지 못하여 이 집 주인主人은 자기를 멸시하는가 하고 서로 감정感情만 돋구어 한바탕 싸움이 벌어졌다. 수렁마당에서 서로 안고 뒤적이를 한다. 그러다 희지부지 말았다. 이건 연산군수連山郡守가 논산論山에 전보電報을 쳐 논산論山 선부船夫를 보내달라고 하여 예와 기다린다는 것이다. 오후午後 세 시 배가 왔다. 우리도 아호鵝湖를 건너 표진강彫進江 우의 미륵불彌勒佛을 구경하였다. 퍽 거대巨大 장엄壯嚴하다. 표진강彫進江은 지금엔 한 개울이다. 숙향전淑香傳엔 중국中國 배경背景으로 하였으나 숙향淑香이가 빠졌던 표진강彫進江이 이것이었던가 한다. 심청전沈淸傳의 심청沈淸의 빠져죽었던 인당수印塘水가 황해도黃海道 장산長山곶 앞인 것과도 같다. 은진읍恩津邑을 당하여서는 일행一行이 갈리고 다만 소蘇, 김金, 오吳 3군三君과 더불에 여산礪山 내 집으로 갔었다.

8월

동8월 30일. 태전역太田驛에 이르니 어제 29일二十九日의 양국조칙讓國詔勅이 벽壁에 붙었다. 나는 이걸 보고 서울을 갈가 말가 하였다. 왜놈에게 나라를 빼앗긴 줄은 이미 알았지만 이렇게 되고 보니 망극망극罔極罔極하다. 이윽고 생각다가 차車를 타고 오후午後 9시九時 남대문역南大門驛에 내렸다.

동월 31일.

대동여관大東旅館서는 학생學生이 자문自刎하였고 금산 군수錦山郡守 홍관식洪寬植[2]이 자살自殺하였다고 들린다.

9월

동9월 4일.

밤 깊어서 본本 기숙학원寄宿學員 21인을 시청視廳에서 잡아갔다.

12월

동12월 3일.

본本 사범학교師範學校 제3회기념식第三回紀念式및 연회宴會가 있다. 본本 사범학교師範學校의 창립創立은 개국開國 504년(4228 을미乙未)이었으나 그 설비設備가 불완전不完全하여 융희隆熙 원년元年 12월 3일 송현松峴에 신축新築한 것이라 한다.

2 벽초 홍명희(洪命憙)의 아버지인 홍범식(洪範植, 1871~1901)이다. "홍관식(洪寬植)"으로 잘못 기록되어 있음.

1911년(단기 4244년)

2월

4244년 2월 29일. 경술庚戌 제석除夕이다. 칠언율시七言律詩 한 편篇을 지었다.[3]

到此漢城偶一年, 客中心事正凄然
萬端世慮難成語, 千里鄕懷不得眼
梅瘐柳新春已地, 砲振蘆燒夜深天
因循堪耐男兒志, 他日必期偉業傳

4월

동4월 8일. 오늘은 내 누이 혼인婚姻 날이었으나 학교學校 개학開學 날이 임박臨迫하였으므로 떠났다. 궂은비는 시름없이 내린다. 한복韓

3 이날 일기날짜는 원문의 내용과 한시로 보아 1911년 1월 29일의 오기로 보임.

服을 입고 짚신을 신고 사뭇 비를 맞으며 진 길을 걸었다. 40 리를 지나 울바위 주막酒幕에 이르렀다. 찬비는 옷 속까지 젖었고 배는 고프고 몸은 떨린다. 고향故鄕의 부로父老이었던 주막주인酒幕主人은 나를 보고 깜짝 놀래어 방으로 들여앉히고 화로火爐를 갖다 주고 일변 막걸리를 따끈하게 데어 한 사발을 권한다. 먹을 줄 모르는 술이지만 억지로 드리켰다. 바루 훈훈한 기운이 온몸에 돈다. 그리고 또 나서 걸어서 개태開泰재를 넘어 어두어서야 팔거리(두계豆溪)에 이르렀다. 한 주막酒幕으로 들었다. 두루마기 자락은 진흙투성이고 발뒷굼치는 짚신 뒤에 쏠려 오목하게 팡기어 희질희질하고 피는 버선에 배었다. 주막酒幕 방에는 마침 호남선湖南線을 놓노라고 각처各處서 모여든 역군장정役軍壯丁들이 비 때문에 일도 못하고 가뜩 들어찼다. 나는 옷을 벗었더니 장정壯丁들이 짜 말리고 화로火爐에 불을 피어 주기도 한다. 어떻게나 피로疲勞하였던지 저녁밥을 갖다 주는데 밥알이 모래 같아서 한 술도 못 먹었다. 이 밥상을 장정壯丁들에게 밀어주매 번쩍 다 먹어버린다.

동월 9일. 아침 먹고 고개 하나 넘어 은동隱洞 내 처가妻家를 다녀서 이날 태전太田 가 차車를 타고 서울까지 왔었다.

8월

동8월 23일. 사현社峴 이 생원李生員 어른과 애놈과 함께 나서 이리裡里서 점심 먹고 김제金堤가 잤다.

동월 24일. 새벽에 나서 가다 비를 만나 좀 멈췄고 포교浦橋에 이르러서는 비를 맞으며 나루를 건너 수구지 화호禾湖에 이르매 비가 마구

쏟아지는지라 염치를 불구하고 한 여염閭閻집으로 들어갔다. 젊은 여인女人이 혼자 바느질을 하며 그 방으로 들어오라 한다. 우리는 그 방 윗목에서 비가 그치기를 기다려 쿼쿠지 나루를 건너서 저물어서 줄포茁浦 강동리江東里에 이르러 아버님을 뵈었다.

동월 29일. 신기문辛淇文 집에서 조반朝飯 대접을 받고 오후午後 여섯시 부두埠頭로 나가 소증기선小蒸氣船을 탔다. 이 증기선蒸氣船은 증기기관蒸氣機關과 선실船室이 있는데 일인日人들이 타고 우리 한인韓人들은 이 증기선蒸氣船 뒤에 달아놓은 목선木船에 탔다. 일녀日女 하나도 여기 끼었다. 닻줄은 벌서 들었으나 떠나지를 않는다. 전송餞送하는 사람들이 부두埠頭를 덮었다. 아버님께서도 거기 서 계셨다. 한 시간 지나서 배는 나간다. 배가 줄포만茁浦灣 중터리에 이르렀을 때에 땅거미가 되었다. 부두埠頭를 돌아다보니 보일락말락한데 전송餞送하던 사람들은 돌아가고 오직 아버님께서만 하얀 옷으로 엄연히 서 계셨다. 배를 처음 타는 이 자식을 호호망망浩浩茫茫한 바다로 띄워 보내는 아버님 마음이야 그 어떠실가! 그 어두운 속에서라도 아버님께서는 멀리 떠가는 나의 모습을 분명히 보시는 것이다. 또다시 돌아다보면 그냥 엄연히 서 계셨다. 이때 이러하신 아버님의 마음을 나의 머릿속에서 영영 잊을 수 없다. 어느 부모父母가 자식을 아니 사랑할가마는 나는 이때 나를 가장 사랑하시는 이는 나의 아버님이라고 하였다. 밤은 컴컴하여지고 하늘에서는 별만 빤작빤작하고 파도波濤 소리가 높으며 주먹 같은 물방울이 이마에 떨어지고 배는 좌우左右로 기우뚱이우뚱하며 사람들은 서로 이리 밀리고 저리 밀린다. 점점 한기寒氣는 더욱 스며든다.

동월 30일. 새벽 군산항羣山港에 들어 해가 돋아난 뒤 부두埠頭로 올라 구복동九福洞 김홍두金洪斗 씨氏 집에서 조반朝飯하고 인천仁川가는 선표船票를 사 가지고 대판상선大阪商船인 목포환木浦丸을 탔었다. 저물어 떠났다. 이 배는 크고 편안하여 내 방에 누은 것 같다. 당천瑭川, 개주와 연도烟島를 지나 대양大洋에 나셨으나 캄캄한 밤이라 바다 풍경風景은 볼 수 없어 답답하다.

동월 31일. 일찍 인천항仁川港에 들어 날이 밝아 상륙上陸하여 바루 유현杻峴서 차車 타고 서울 왔었다.

기획

김익두 · 이경애

후원기관

전북대학교, 전라북도, 익산시, 전주시, 전북대학교 인문대학 국어국문학과

고문

김남곤(전 전북예총회장), 김성주(국민연금공단이사장), 김윤덕(전 전주시 국회의원), 서거석(전 전북대 총장), 송하진(전라북도지사), 김승수(전주시장), 박경철(전 익산시장), 정헌율(익산시장), 서창훈(전북일보 사장), 신효균(전 전주SBS 사장), 양희섭(전 전주KBS 총국장), 유춘택(전 전라일보 회장), 장명수 (전 전북대 총장), 전성진(전 전주MBC 사장), 전정희(전 익산시 국회의원), 최승범(전북대 국문과 명예교수) * 가나다 순. 2019년 5월 현재.

자문위원

고규진(전 전북대 인문대 학장, 전북대 독문과 교수), 김용택(시인), 백남혁(전 전라일보 · 전주도민일보 주필), 양병호(전 전북대 인문대 학장, 전북대 국문과 교수), 오하근 (전 원광대 국문과 교수), 유재희(가람 이병기 선생 자부), 김병곤(전 전북도의회 의장), 정병헌(전 숙명여대 교수), 진동규(시인, 한국문인협회 부이사장) * 가나다 순

운영위원

김은정(전 전북일보 기자), 김익두(전북대 국문과 교수, 간행위원장), 박태건(원광대학교 대안문화연구소 연구원), 복효근(전 전북작가회의 회장), 유범상(전북대 공과대 교수), 유화수(전 호원대 교수), 이경애(전북대 국문과 박사, 간행위원회 총무), 이민희(강원대학교 국어교육 과 교수), 이병천(소설가, 전북문화관광재단 이사장), 이원배(유족대표), 이태영(전북대 국문과 교수), 이희경(유족대표), 임귀택(전 익산시 여산 면 기초단체 의원), 임명진(전 전북대 국문과 교수), 이택회(전 남성고등학교 교사), 정군수(전 전북문인협회 회장), 황재문(서울대학교 규장각 한국학연구원 교수) * 가나다 순

간행·편집위원

위원장 : 김익두

위원 : 박태건 · 유범상 · 유화수 · 이경애 · 이민희 · 이택회 · 황재문

가람 이병기 전집 ❻

일기 I

지은이 이병기
펴낸이 김동원
펴낸곳 전북대학교출판문화원

초판 1쇄 인쇄 2019. 10. 1
초판 1쇄 발행 2019. 10. 15

전북대학교출판문화원 전라북도 전주시 완산구 어진길 32 (풍남동2가)
전화 (063) 219-5321~2
FAX (063) 219-5323
출판등록 2012년 8월 20일 제465-2012-000021호

값 40,000원

ISBN 979-11-6372-044-7 04810
ISBN 979-11-87892-59-5(세트) 04810

이 도서의 국립중앙도서관 출판예정도서목록(CIP)은 서지정보유통지원시스템 홈페이지(http://seoji.nl.go.kr)와 국가자료공동목록시스템(http://www.nl.go.kr/kolisnet)에서 이용하실 수 있습니다. (CIP제어번호 : CIP2019036125)